生活·讀書·新知 三联书店

清朝最后的120天

刘江华 著

Copyright © 2021 by SDX Joint Publishing Company.
All Rights Reserved.
本作品版权由生活·读书·新知三联书店所有。
未经许可，不得翻印。

图书在版编目（CIP）数据

清朝最后的 120 天／刘江华著．—北京：
生活·读书·新知三联书店，2021.5 （2025.7 重印）
ISBN 978 – 7 – 108 – 06974 – 0

Ⅰ.①清… Ⅱ.①刘… Ⅲ.①中国历史 – 研究 – 清后期
Ⅳ.① K252.07

中国版本图书馆 CIP 数据核字（2020）第 190900 号

责任编辑	钟　韵
装帧设计	薛　宇
责任印制	卢　岳

出版发行　生活·讀書·新知 三联书店
　　　　　（北京市东城区美术馆东街 22 号 100010）
网　　址　www.sdxjpc.com
经　　销　新华书店
印　　刷　北京新华印刷有限公司
版　　次　2021 年 5 月北京第 1 版
　　　　　2025 年 7 月北京第 3 次印刷
开　　本　635 毫米 × 965 毫米　1/16　印张 36.75
字　　数　492 千字　图 48 幅
印　　数　13,001 – 15,000 册
定　　价　88.00 元

（印装查询：01064002715；邮购查询：01084010542）

目 录

序　潘振平　　1

缘　起　**起义爆发**　1
　　一　武昌起义：猝发与必然　3
　　二　十年立宪之失败　7
　　三　清朝最后的 120 天　11

第一章　**动荡京师**　15
　　一　消息发酵　16
　　二　逃离京城　36
　　三　市面恐慌　45
　　四　谣言整肃　56

第二章　**调兵南下**　69
　　一　厉兵与换将　70
　　二　阳夏鏖兵　93

三　战事之余　　105

第三章　官场乱象　119
　　一　几近混乱的朝廷　　121
　　二　独立省份的督抚们　　132

第四章　袁氏出山　161
　　一　袁世凯出山　　162
　　二　出山八条件还原　　189
　　三　南下迎敌与北上弄权　　201

第五章　南北议和　223
　　一　袁方劝降，黎氏拒抚　　224
　　二　英方调停，汪袁密谋　　235
　　三　上海和谈，唐伍磋商　　260
　　四　隔空谈判，劳而无果　　301

第六章　财政困局　313
　　一　入不敷出，赤字财政　　314
　　二　动用内帑银　　330
　　三　发行"爱国公债"　　337
　　四　息借洋款　　349
　　五　袁世凯盗卖清宫瓷器真相　　363

第七章　清帝退位　379
　　一　御前商议退位　　380

二　清室优待条件的南北磋商　396

　　三　退位诏书的百年疑云　436

第八章　一国二主　457

　　一　总统职务的流转与让渡　458

　　二　孙袁共同治国的46天　474

尾　声　**妥协民国**　489

附　篇

　　汪精卫谋刺摄政王载沣案细节　496

　　末代摄政王载沣与最后一位太后隆裕　506

　　逊帝溥仪的禁宫生活　532

　　从通缉犯到座上宾——孙中山与晚清权贵的交往　548

参考书目　563

后　记　572

序

2011年纪念辛亥革命一百周年在中国乃至全球华人世界的热闹场景似乎还在眼前，时间一晃已经近十年。虽说喧嚣之后总会复归平静，却总有几个有心人仍在默默耕耘，然后就有了一份收获。

江华就是这样一个有心人。记得当年他说起正在从清朝覆灭入手，阅读这方面的史料，准备探讨其中一些有争议的问题，我有点吃惊，也颇为期待。多年以来，辛亥革命史的研究一直是"显学"，海峡两岸的学术界均投入了大量资源。逢五逢十的纪念活动及相关学术研讨不说，有关重要人物特别是革命党方面的人物资料编纂和研究、有关史实的历史记录和后人回忆，几乎年年都有发布，令人目不暇接。进入这个领域，需要勇气，更需要耐得住寂寞的坚韧。

大约三年前，江华完成了初稿。稿子以武昌起义到清帝退位为时间范围，叙述了清廷方面的对策和手段，这种角度是以往著述很少采用的。该书主要不是参与学术圈的讨论，而是面向知识大众，讲述中国最后一个王朝在退出历史舞台之前有关活动的最新知识。对一些存在争议的问题，详细比勘各种史料，整合相关研究成果，追溯来源，在此基础上做出判断。行文风格则一如其旧，以重建史实为宗旨，细节丰富，时间、地点和人物活动尽可能具体真实，不故作深奥，不含糊其词。兹举三例，以见一斑：

其一，清廷任命袁世凯出任湖广总督后，袁氏曾提过复出的条件，不少论著将其归纳为袁氏和徐世昌共同密谋的"六项条件"，似已成为共识。近年来有学者根据袁氏自己所说的"节略八条"，否定了袁徐共谋之陈说，但仍未找到原始文本，包括2013年出版的《袁世凯全集》也未收入。作者从2011年12月出版发行的八十卷《清宫辛亥革命档案汇编》所收的朱批奏折中，拣出一份附件，经过与多种相关文件的比对，断定即为"失踪"已久的袁氏节略原本。这一考订言之成理。而从该文内容和所署时间看，流传已久的袁氏"以足疾为由婉拒出山"的说法缺乏史料依据。

其二，武昌起义后，清廷为了支付庞大的军费开销，想尽一切筹款办法，如息借洋款，勒令亲贵大臣捐饷，发动官员购买公债，甚至变卖沈阳大内和承德行宫瓷器等，均无成效，只得动用内帑救急。清宫一共拨付了多少内帑？以往的记述或语焉不详，或出入较大。作者根据档案、官书、当事人日记等资料，统计出隆裕太后分八次下拨内帑银共一百六十余万两，分两次下拨黄金十六万两（约合白银六百万两），这些现金，是慈禧太后留下的。由此可见，财政困窘，是清廷不能支撑战局的主要原因之一。

其三，当年南北双方磋商的清室优待条件及其后拟定的清帝退位诏书，由于商讨时间较长、意见不一，所以留存下各种版本。本书抄录了现存所有版本，根据文献归纳主要分歧及其商讨的结果，并就一些争议问题的解决进行细致分析，从而基本复原了这两个重要文本形成的具体过程。这种写法，对于专门研究者可能多此一举，却有利于没有条件一一寻觅原始文件的读者进入当年的语境，体味历史事件如何发展变化，历史人物如何发挥作用，从而获取自己独特的理解和感悟。

书中此类叙述甚多，读者自可在阅读中发现。

关于清末历史事件和人物的研究，我只是四十年前在上海读书时有过一点涉猎，对于近年来的进展了解不够，本来不应该饶舌。承蒙江华厚爱，让我对他的新作先睹为快，由此生发一些感受与大家分享，若说得不对，敬请谅解和指正。最后，祝贺江华给读者奉献一部佳作，并预祝成功。

潘振平
2020 年 3 月

缘起 | 起义爆发

宣统三年八月十九日（1911年10月10日）[1]晚八时，位于武昌城内黄土坡的湖北新军第八镇工程第八营响起清脆的枪声，共进会会员、士兵程正瀛开枪打伤前来巡营的排长陶启胜，打响了武昌起义第一枪。[2]之后，一群士兵在革命党代表熊秉坤的带领下，冲出营房，走上大街，占据了武昌城中和门（今起义门）近旁的楚望台军械库。当晚，在炮兵的支援下，起义军开始攻打湖广总督署。狼狈之下，湖广总督瑞澂被迫凿开督署后花园临江的围墙，仓皇避往停泊在长江之上的楚豫兵轮。一夜激战过后，起义军于八月二十日清晨占据武昌，当天下午即宣告成立中华民国军政府鄂军都督府（俗称湖北军政府），并通电全国，宣布改国号为中华民国。

这一事件，史称"武昌起义"，辛亥革命的大幕由此揭开。

武昌起义带给了清廷巨大的压力。为镇压起义，清廷先是派陆军

---

[1] 本书涉及时间的间隔较密，为行文方便，只在关键处加注公历时间，其余处以旧历时间为主。读者可参看本书所附"120天大事记"的时间线索。
[2] 关于究竟是谁打的第一枪，熊秉坤率先开枪说是长期以来较主流的看法。冯天瑜、张笃勤先生借助湖北革命实录馆所藏档案，考证认为打第一枪者为士兵程正瀛。参见冯天瑜、张笃勤：《辛亥首义史》，湖北人民出版社2011年，第247—253页。

大臣荫昌率北洋新军两镇兵马南下，又于八月二十三日被迫重新起用赋闲在家三年的袁世凯。一番讨价还价之后，袁世凯再次出山。这是他在历史舞台上的又一次粉墨登场。在积极筹备武力镇压的同时，袁世凯派旧部刘承恩、蔡廷干等与湖北军政府方面接触，试图招抚，但未获进展。九月十一日、十月初七日，冯国璋率部先后攻占汉口、汉阳。尽管冯国璋宣称"长江随时可渡，武昌唾手可得"，[1]但袁世凯还是认为，彻底平定湖北革命党并非最佳策略。再加上种种形势的压迫，如湖北、湖南、陕西等十四省份宣布独立，海军的反正，以及南京、上海的丢失等，于是，在英国驻华公使朱尔典的斡旋下，袁世凯决定开始与南方民军议和。

十月二十八日，清廷议和全权大臣袁世凯的代表唐绍仪，与民军总代表伍廷芳、湖北军政府代表王正廷等在上海英租界市政厅举行了首次和谈，决定各处一律停战。之后，直至十一月十三日，南北双方共举行了五次和谈，商定清军后撤、速开国会以决定政体，并触及清室优待条件等重大内容。在此期间，十一月初十日，十七省代表在南京选举孙中山为中华民国临时大总统。眼看总统职位有落空之虞，袁世凯便改由自己直接与伍廷芳谈判。在孙中山多次承诺让出临时大总统一职后，袁世凯开始转而向清廷施压，逼迫清帝退位。几经交涉，清室的优待条件终获南北双方同意。鉴于南方各省相继独立的现实，也鉴于全国军民趋向共和的心理，更鉴于清廷财政濒于绝境的现状，隆裕太后被迫同意清帝退位，并于十二月二十五日（1912年2月12日）颁布退位诏书。

至此，清朝统治中原268年[2]的历史宣告结束，延续两千多年的

---

[1] 全国政协文史资料研究委员会编：《辛亥革命回忆录》第六集，中华书局1963年，第358页。
[2] 清朝的统治年限有三种算法：从1616年努尔哈赤建立后金算起为296年，从1636年皇太极改后金为清算起是276年，从1644年顺治入主中原算起为268年。本书从通史计算办法，即第三种算法。

君主专制制度宣告终结。此时此刻，距武昌起义爆发，不过短短的126天。

这短短的120多天，却发生了让人眼花缭乱的风云变化：袁世凯出山、南北和谈、清帝退位……而极端政治动态的变化中，又间杂着各地的社会动乱、财政上难解的困局、皇室的离心离德等，终于让不堪重负的清政府退出了历史舞台。这一切的开始，都是武昌起义时打向陶启胜的那一枪。

一　武昌起义：猝发与必然

尽管八月十九日夜武昌城的枪炮声意味着"沿袭268年的清王朝及两千余年的专制帝制之倾覆成为定局"，[1] 但起义的背景不得不让我们深虑，即武昌起义本身的猝发性和当时孙中山革命运动的低潮期。

毋庸置疑，湖北革命团体文学社和共进会早有起义的计划，但历史资料表明，武昌起义其实是一次猝发的事件。

为什么这样说？

原因之一是起义曾一再改期，最终爆发起义的八月十九日并非原定时间：武昌起义前的一个月，湖北两大革命组织共进会与文学社的代表刚刚同意取消两个团体的名义，合作革命。八月初三日，两团体确定中秋节起义，推蒋翊武为临时总司令，孙武为参谋长，刘公为军政府总理。但因起义的时间被侦知，湖广总督瑞澂加强了戒备，总指挥部于是被迫将起义日期由原定的八月十五日改为八月二十日。

八月十八日，孙武等人在俄租界宝善里装配炸弹，为起义做准备，不慎发生爆炸。赶来的俄国巡捕发现了炸药、名册、旗帜、文告等，抓走刘公之妻及弟弟刘同等人，并引渡给清方。审讯后，清方得知起义秘密，瑞澂立即下令闭城调兵，大肆搜捕革命党人。形势紧

---

[1]《辛亥首义史》，第7页。

急,当日下午指挥部召开紧急会议,决定当晚起义。情急之下,指挥部成员刘复基一度拔枪,"说服"临时总司令蒋翊武发布命令,以夜半南湖炮队的鸣炮为号,城内外同时动作。尽管当晚十点时,武昌城内各营已通知完毕,但一连串意外让当晚举事又一次成为不可能——运送弹药的杨洪胜在工程营被军警执获;临近发动时,军警突然包围设在武昌小朝街85号的总指挥部,逮捕了刘复基、彭楚藩等人(蒋翊武因蓄有长辫、着白布长衫且满脸村气,未被注意而乘间逃脱);负责传达命令的邓玉麟费尽周折出城到南湖、翻营墙进入炮八标营房时,已是半夜时分,士兵沉梦正酣。这样,蒋翊武临时决定的八月十八日起义计划也未能如期进行。八月十九日黎明,清廷处决了刘复基、彭楚藩、杨洪胜三人,并捕获了三十多位革命党人。

至此,湖北革命党起义的日期已由原来的八月十五日两次被迫改成八月二十日、八月十八日,且均未成功。不仅如此,起义领导机构还被破获,可谓挫折重重。但幸运的是,散处于各标营的革命党人自动计议,于八月十九日夜成功发动了起义。这点,可谓出乎各界之意料。

说武昌起义是一次猝发事件的另一原因是:当时,不仅全国性革命领袖孙中山、黄兴、宋教仁等远在现场之外,就连湖北地方革命团体共进会、文学社的首脑也或避(如刘公)、或伤(如孙武)、或亡(如刘复基)、或在逃(如蒋翊武),事变是由名不见经传的下层人物临场随机启动的,带有很大程度的"猝发"性质。[1]正在美国各地筹款的孙中山是在科罗拉多州丹佛的报纸上欣然得悉武昌起义[2]的消息的——事后他自己也承认,"按武昌之成功,乃成于意外"。[3]另一革命领袖黄兴则是在香港通过宋教仁自上海发来的电报得知起义消息的。

由于一时找不到具有足够威望的领导人,起义之后,湖北军政

---

[1]《辛亥首义史》,第8页。
[2] 中国科学院近代史研究所中华民国史组、广东省哲学社会科学研究所历史研究室合编:《孙中山年谱》,中华书局1976年,第104页。
[3] 孙中山:《孙中山全集》第6卷,中华书局1985年,第243页。

府不得不推举原清朝新军第二十一混成协协统黎元洪为鄂军都督。据记载，起义爆发后，黎元洪避匿于部属家中，后被挟持至湖北省咨议局，强令为都督。黎元洪害怕事后被清廷追究，一力推辞，以致被软禁于咨议局。此后几天，黎一直不言不语，甚至不吃不喝，盘膝闭目，成了"泥菩萨"。直到得知武汉三镇全部为革命军所占，才骤然改变态度，于八月二十一日同意剪掉自己的辫子。至于此前湖北军政府发布号令所署的黎元洪之名，均为他人代签[1]——一场以推翻清廷为目标的起义，竟然推举一位与革命素无渊源的清朝军官为领导，这也证明了武昌起义之仓促。

腐朽没落，倒行逆施，激化国内重重矛盾，天怒人怨，最终导致王朝的灭亡，这是总结朝代更迭的习惯性思维。宣统时在内阁任职的许宝蘅就将清的亡覆归结为天意，他在日记中说："古来鼎革之际，必纷扰若干年而后国亡，今竟如此之易，岂天心已厌乱耶？"[2]晚清政府的腐败无能，使得社会矛盾日益尖锐、民族危机日益严重，激起民变不断，最终民众通过革命手段推翻清政府的观点，至今依然是历史教科书的主流。[3]

鸦片战争后社会矛盾的加剧确实导致各地民变不断，但客观而言，宣统三年的民变状况并非最严重的。

海外学者杨庆堃根据清代历朝实录，曾对道光十六年（1836）后每十年清代民变数量进行过统计：

1836年后每十年清代民变数量[4]

年份	民变数量（次）	年份	民变数量（次）
1836~1845	246	1876~1885	385
1846~1855	933	1886~1895	314

---

[1] 杨天石：《帝制的终结》，岳麓书社2013年，第311页。
[2] 许宝蘅著、许恪儒整理：《许宝蘅日记》第1册，中华书局2010年，第394页。
[3] 北京市义务教育课程改革实验教材《历史》第2册，北京出版社2005年，第31页。
[4] 费正清、刘广京编：《剑桥中国晚清史（1800—1911年）》下卷，中国社会科学出版社1985年，第678页。

续表

年份	民变数量（次）	年份	民变数量（次）
1856～1865	2332	1896～1911	653
1866～1875	909		

而据张振鹤、丁原英等根据《清实录》及当时报刊、专著、地方志等所辑的《清末民变年表》，光绪二十八年（1902）至宣统三年（1911）这十年，各地人民的反抗斗争为1131次[1]，二十二省无处不有。

由于各地官员的瞒报，可以肯定，实际发生的民变数量会更高；由于统计口径的不同，两个统计数字并不一致，但还是可以得出鸦片战争后民变频繁的基本结论。与此同时，由上表可知，辛亥革命之前的十五年，653次民变的数目仅为"中上水平"，遑论远逊于咸丰六年（1856）太平军、捻军时的2332次，也不及表中933、909这两个数字。具体到宣统三年，《清末民变年表》的数据只统计到八月，共有107起。这个数据，虽比光绪二十八年的74起多，但和光绪三十四年（1908）的107起、宣统元年（1909）的143起相比，并没有显得十分突出。

孙中山等领导的同盟会，此时正处于革命的低潮期。辛亥革命前的十七年，孙中山一直流亡海外。自光绪二十一年（1895）广州起义发起对清廷的最初一击开始，十多年来，孙中山以极大的勇气，克服艰难险阻，曾领导和指导发动了惠州起义、萍浏醴起义、镇南关起义、黄花岗起义等，但无一例外，均以失败告终。由于在经费使用上存在分歧，光绪三十三年（1907）至三十四年间，同盟会内部还发生了两次倒孙风潮，面临分裂之虞。为了振作士气，汪精卫在宣统二年不惜铤而走险谋刺摄政王载沣。加上清廷正仿行立宪，可以说辛亥革命前，革命党人对清朝的威胁正处于低谷。

费正清等在《剑桥中国晚清史》中甚至持更为乐观的看法：

---

[1] 张振鹤、丁原英:《清末民变年表》,《近代史资料》, 总49、50号。

"到1908年时,清政权已经在一个多世纪的叛乱和外国压力中幸存了下来。与白莲教、太平天国和捻军等规模宏大的运动的情况相比,1895—1908年的一些小规模的分散的起义似乎就微不足道了。清政府轻而易举地把它们镇压了下去。"[1]偶发的武昌起义却促使清王朝垮台的史实,同样令他们颇为不解:"与此相反,表面上与1895—1908年一系列事件没有什么不同的1911年的一些事件,却导致了王朝的覆灭。"[2]

如果套用外忧内患导致王朝灭亡的观点,那清朝灭亡的时间应该是内乱最炽的太平天国时期,或者是外患最重的八国联军侵华时期。"外忧内患"既然不是清王朝灭亡最直接的原因,那么一个偶发的事件、一场仓促的起义,为何到最后却压垮了清朝这个当时经济总量全球第二[3]、统治中原已达268年的政权?这需要我们把目光投向清王朝灭亡前的十年甚至更早的时间……

二 十年立宪之失败

对于中国而言,鸦片战争之后面临的最大任务,就是实现现代化。其中的路径,则经历了由洋务运动到立宪运动的探索。

1894—1895年的甲午战争、1904—1905年的日俄战争,实行君主立宪的"小国"日本先后战胜了中、俄这两个实行封建帝制的大国。残酷的现实,让国人真切感受到宪政体制的优越性,激起了上至督抚下至庶民呼吁实行立宪的热潮。截至光绪三十一年五月(1905年6月底),在位的八位总督中就有滇、粤、江、鄂、直五位

---

[1]《剑桥中国晚清史(1800—1911年)》下卷,第582—583页。
[2]《剑桥中国晚清史(1800—1911年)》下卷,第583页。
[3] 正如费正清等在《剑桥中国晚清史》中所说的,由于"还没有一种全面的、精确的计量材料",要想计算出晚清时期中国的国民生产总值是十分困难的。据该书估算,19世纪70年代中国的国民生产总值约为33.4亿两[参见《剑桥中国晚清史(1800—1911年)》下卷,第9页]。纪录片《大国的兴衰》引用经济史学者贝罗克的统计,说中国经济总量世界第一的宝座直到1890年才被美国抢去。

奏请立宪，军机大臣瞿鸿机和奕劻也明确表示支持立宪变法。江浙立宪派人士张元济等则开始了"奔走运动"，并首次提出遣使分赴各国考察政治的主张。如此，使得立宪已成不可避免之趋势。连日会议讨论之后，慈禧于六月十四日发布谕旨，遣载泽等五大臣"分赴东西洋各国考求一切政治，以期择善而从"[1]。晚清立宪迈出了实质性的第一步。

在得到考察大臣载泽立宪可以使"皇位永固、外患渐轻、内乱可弭"[2]的承诺，并经过自己一番痛苦权衡后，慈禧终于下定立宪决心。光绪三十二年七月十三日（1906年9月1日），清政府发布《宣示预备立宪先行厘定官制谕》（俗称《仿行立宪上谕》），公开承认中国的专制制度不如西方资本主义制度优越。预备立宪进入正式启动阶段。

一个有限的君权、一个责任的内阁、一个民选的议会，此三者是君主立宪的题中之义。《仿行立宪上谕》虽已颁布，但何时立宪、如何立宪，清廷并没有给出明确的时间表和路线图。为此，自光绪三十三年五月至光绪三十四年八月《钦定宪法大纲》颁布前夕，以杨度为代表的立宪派人士发起了声势浩大的立宪请愿运动，全国有据可查的参与签名者达十五万人之多。[3]

在民众压力之下，各省督抚、出使各国大臣甚至包括军机大臣等纷纷奏请速开国会。军机大臣奕劻亲自向慈禧和光绪奏陈："若不及早将国是决定，使宪政克期实行，万一人心不固，外患愈深，陷中国于朝鲜地位，臣等不足惜，其如太后、皇上何？"[4]一番动情陈述让

---

[1] 故宫博物院明清档案部编：《清末筹备立宪档案史料》上册，中华书局1979年，第1页。
[2] 中国史学会主编：《辛亥革命》（四），上海人民出版社1957年，第28—29页。
[3] 周叶中、江国华主编：《博弈与妥协——晚清预备立宪评论》，武汉大学出版社2010年，第11页。
[4]《时报》，1908年9月6日。

素以狠辣著称的慈禧大为动容，当即答应宣布立宪年限。光绪三十四年八月初一日，清廷颁布《钦定宪法大纲》、《议院法要领》、《选举法要领》及《九年预备立宪逐年筹备事宜清单》，要求"自本年起，务在九年内将各项筹备事宜一律办齐"。至此，原本杳渺无期的立宪预备，终于有了明确的时间表。

然而，就在《钦定宪法大纲》颁布后不到三个月，光绪、慈禧相继去世。两位最高统治者的骤然逝去让清廷的立宪之路发生重大转折。

没有了慈禧的威权，清廷的立宪立即失去了约束、失去了耐性——先是民间的不满开始涌动：宣统元年十一月起至宣统二年九月，在江苏咨议局议长张謇等的策动下，"速即立宪派"发起了四次全国性的国会请愿运动，几十万人"哀请立宪"使得清廷被迫缩短立宪期限，"缩改于宣统五年，实行开设议院"[1]——比原计划提前了三年；接着是朝廷的处置变得乖谬：为遏制请愿速开国会运动，宣统二年十一月摄政王载沣下令将参与第四次请愿的东三省代表押解回籍，并将组织者温世霖发戍新疆。

庙堂与民间的龃龉、清政府的镇压行径，激起了国民的"普遍恶感"，加速了立宪派向革命派转变的进程，"天下之士灰心疾首，一瞑不顾，势迫形驱，相率入于革命"。[2]辛亥革命后，本为立宪派的张謇很快就与革命派的孙中山、黄兴等结成联盟，助推中华民国南京临时政府的诞生。最初的起因，或肇始于此。

更有甚者，宣统三年四月初十日，清廷公布首届责任内阁名单——十三名成员中，满族大臣竟占有九人，其中皇族七人，被称为"皇族内阁"。成立内阁本是彰显清廷立宪的成果和决心，而"皇族内阁"的粉墨登场，表明清政府毫无立宪的诚意，使"一般稍有知识

---

[1]《清末筹备立宪档案史料》上册，第79页。
[2] 铁道人：《铁庵笔记》，中国社会科学院近代史研究所藏档案。

者，无不绝望灰心于政府"。[1]

"皇族内阁"成立第二天，即副署了实行全国铁路干线国有政策的诏令，宣布将原本由广东、湖南、湖北、四川民众集资筹建的粤汉、川汉铁路收归国有，由此引发的四省声势浩大的保路运动，成为点燃辛亥革命的导火索。辛亥革命最终迫使清王朝退出历史舞台，也宣告晚清十年立宪之失败。

清廷决定立宪，最初曾获得了相当多的支持。光绪三十一年五大臣出洋考察启程之日，革命党人吴樾就怀揣炸弹上火车试图与五大臣同归于尽。有观点认为，革命党人之所以采取如此极端行动，是担心清廷立宪后，他们难以鼓动民众，故加以阻挠。光绪三十二年，得知清廷颁布《仿行立宪上谕》，决定实现立宪后，梁启超曾对友人说："今夕见号外，知立宪明诏已颁，从此政治革命问题，可告一段落。"[2]

假如立宪成功，武昌起义可能就不会发生，大清王朝或许能得以延续下去。我们不禁设问，历时十年、有良好意愿和坚定决心的晚清立宪改革为何没能成功？这其中自然有慈禧在光绪二十六年至光绪三十一年间的贻误，但更多可能在于其对君主立宪认识不透：以为只是对专制制度的修修补补，不知是自我革命、是对君权的限制；且立宪目的不纯，只想竭力维护皇权，而不是普及宪政价值；所持诚意也不足，整个改革方案空有宪政外壳，内里仍为专制特质。

也因此，从最初开始，清廷的立宪举措，均非主动而为，且无一不落后于立宪派和国内民众的企望——预备立宪的背后，是张元济、杨度运动请愿的身影和十五万民众的齐声呐喊；缩改立宪日期的背后，是张謇等数十万请愿民众的背书；限制君权的原因，是武昌起义和张绍曾等兵谏的结果。清廷立宪步调与立宪派、与民众要求的长期不对等，形成了"民心已向共和，君主依然立宪"的错位。最终，

---

[1]《时报》，1911年5月18日。
[2] 丁文江、赵丰田编：《梁启超年谱长编》，上海人民出版社1983年，第365页。

当清廷同意召开国会时,赞成者已寥寥无几,隆裕太后不得不接受共和、颁布退位诏书。

三 清朝最后的120天

武昌起义爆发仅120多天清朝即告灭亡的结果,可以说出乎很多人的意料。时为清功臣馆总纂的恽毓鼎,在清廷颁布退位诏书当天的日记中写道:

> 自武昌乱起,至今不过一百二十日。八月十九以前,犹是太平一统江山也。自来亡国,无如是之速者。[1]

对清朝灭亡原因的分析,自宣统三年十二月二十五日清帝逊位那一刻就已经开始。

曾任直隶总督的陈夔龙,把清亡的责任归因于让袁世凯出山,在其回忆录中愤怨地写下"项城[2]一出,而清社遂屋矣"[3]之语。而在恽毓鼎看来,清朝灭亡得如此之快是因为气数已尽,就像一个人"元气久离,偶触外邪,立蹶不救"。[4]造成这样局面的原因,一是由于慈禧晚年倦政、遇事退避,"唯求及身幸免"[5];二是由于载沣等任用亲贵、排斥汉人;三是掌权诸亲贵昏庸腐败无能,只知"借中央集权之名,为网利营私之计"。教育家和翻译家严复的分析则跳出政治范畴,提供了经济和社会的视角,他认为:第一是因为摄政王及其大臣的极端无能;第二是因为心怀不满的新闻记者给中国老百姓的头脑中带来了无数偏见和误解;第三是因为秘密会党和在日本的反叛学生酝酿已久;第四是因为在那之前几年间长江流域饥荒频仍,以及商业危

---

[1] 恽毓鼎著、史晓风整理:《恽毓鼎澄斋日记》,浙江古籍出版社2004年,第576页。
[2] 袁世凯为河南项城人,故人称"袁项城"。
[3] 陈夔龙:《梦蕉亭杂记》,中华书局2007年,第116页。
[4]《恽毓鼎澄斋日记》,第577页。
[5]《恽毓鼎澄斋日记》,第576页。

机引起的恐慌和各个口岸的信贷紧缩。[1]近年来，随着更多史料的发现和研究的深入，清王朝因腐朽没落而被革命推翻的历史观得到某种程度的修正，学者马勇在肯定清朝立宪和新政成就的同时，认为偶发的武昌起义之所以会导致大清的灭亡，主要是因为后者犯了成立"皇族内阁"和实行铁路干线国有政策这两大致命错误。[2]

陈夔龙的归于一人、前文所说许宝蘅的归于天意，自不免偏激和片面，不值一驳。而恽毓鼎、严复的分析，因离清亡之期过短，也缺少"旁观者清"的理性。至于像《国闻备乘》一书作者、清朝御史胡思敬在《审国病书》中所声称，大清灭亡是由于摄政王载沣不够专制——"大清之亡，亡在皇纲不振，威柄下移，君主不能专制，而政出多门"[3]的说法，包括那些"清亡的教训在于其改革，假如慈禧不改革而是进一步加强中央集权，清廷或许还能硬撑若干年"的论调，则是无稽之谈了。

我们无意否认清朝灭亡的必然性，这样的观点也早已有之，恽毓鼎就曾借唐代文学家韩愈之语如此评论清之亡："昌黎所谓'其绝必有处'，即无革命军，亦必有绝之者矣。"[4]近代学者杨天石也认为，辛亥革命在哪里发生、何时发生，虽有其偶然性，但是发生是必然的、清王朝的覆亡也是必然的，"存在着历史发展的铁的必然性"。[5]

决定一个政权命途的，从长远看，自然是政治、经济、军事、民心等历史合力的结果——比如政治腐败、经济危机、军事孱弱、民心背弃等。但从短期看，危机爆发后临机处置的正确与否也起到延缓或加速的作用。只是众多关于辛亥革命历史的著作，往往对清朝最后的

---

[1] 马勇：《清亡启示录》，中信出版社2012年，第125页。
[2] 马勇：《重寻近代中国》，线装书局2014年，第170—171页；《清亡启示录》，第11页。
[3] 胡思敬：《退庐全集》，《近代中国史料丛刊》第四十五辑，台北文海出版社1983年，第1301页。
[4]《恽毓鼎澄斋日记》，第577页。
[5]《帝制的终结》序言，第4页。

120天一笔带过,关于武昌起义后清廷的应对多只是寥寥几笔,而缺乏翔实、深入的剖析。这不能不说是一个遗憾。

鉴于此,本书将关注的时间,集中于从武昌起义爆发的宣统三年八月十九日(1911年10月10日)到清帝退位的十二月二十五日(1912年2月12日)这120多天。这120天,也是统治中原268年的清朝最后的120天。我们并没有对辛亥革命进行全景式的展现,而是沿着清廷处置武昌起义的时间链条,从京师动荡、清军南下、官场乱象、袁世凯出山、南北议和、财政困局、退位疑云、政权交接等方面,对武昌起义爆发后的重大事件、重大论断做证实或证伪;同时,以清宫档案等第一手资料为依据,尽量还原这120天的历史真相,向读者们展示起义爆发后清廷由惊恐、慌乱、挣扎到无奈退位的历史进程。探寻真实的历史进程,能够促使我们再次反思清朝的灭亡。

所有这些,都将为读者带来新鲜的阅读体验。在本书中,读者朋友们将看到京师官员的惊慌失措、看到底层民众遭遇粮价飞涨和金融危机的乱世哀痛、看到鼎革之际袁世凯汪精卫孙中山等的博弈与妥协、看到隆裕太后面对覆亡尽出内帑的无奈与无助……而如此种种,都是肇始于宣统三年八月十九日夜的那一枪。

这枪炮声,是如何穿越一千多公里,传入紫禁城的呢?我们就让子弹先飞一会儿,去看看清廷中枢是谁最先获知消息、第一时间又是如何反应的……

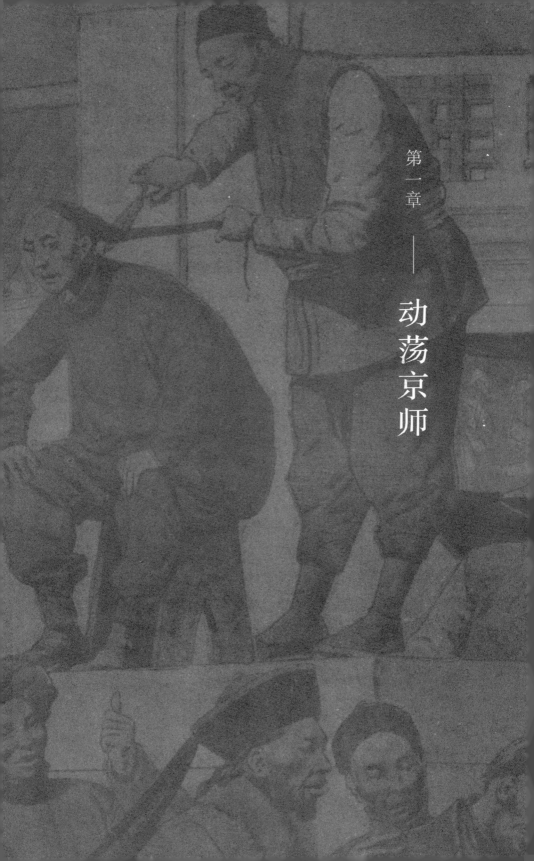

第一章

动荡京师

一　消息发酵

北京金鱼胡同一带曾是名闻遐迩的那园——即清末内阁协理大臣那桐的寓所。那桐是满洲镶黄旗人，和慈禧一样，属叶赫那拉氏。他是举人出身，在满洲贵族中属于文化水平较高的——当时就有"旗人三才子，大荣（庆）、小那（桐）、端老四（方）"之称。1900年八国联军侵犯北京，慈禧西逃，那桐充任留京办事大臣，因随奕劻、李鸿章等办理庚子议和有功而被重用，历任户部、外务部尚书，总理衙门大臣，军机大臣等。只是，伴随着官位升迁而更为突出的，并非其政绩，而是颇善货殖、生财有道[1]——那家的宅院，东西从金鱼胡同东口到原台湾饭店（今华尔道夫饭店）东墙，南北从金鱼胡同到西堂子胡同，占地约二十五亩，原有房廊三百多间，"台榭富丽，尚有水石之趣"[2]，闻名京师。而且，那园有座乐真堂戏楼，建于光绪、宣统年间，当时属于新式建筑，声光电一应俱全。加上地处市中心，遂成清末民初名重一时的达官贵人宴会之所，曾多次接待过孙中山、黄兴、段祺瑞等显赫人物。

辛亥革命前，那桐已然位居内阁协理大臣。宣统三年四月，清廷撤销旧内阁及军机处、内阁会议政务处，成立责任内阁：以庆亲王奕劻为内阁总理大臣（大体相当于首相、总理），那桐和徐世昌为内阁协理大臣；包括外务大臣梁敦彦、邮传大臣盛宣怀在内的十人为各部大臣，同时兼任国务大臣——十三人中宗室、满人占九人，这便是大家耳熟能详的"皇族内阁"。

庆亲王奕劻是根红苗正的皇室成员，祖父永璘为乾隆第十七子。永璘一支虽一度没落和边缘化，但有赖于奕劻自身的勤勉、认真，尤

---

[1] 那桐的日记中有不少诸如凑银万两与人合开当铺、存款两万两于钱庄放高利贷的记载，见北京市档案馆编：《那桐日记》下册，新华出版社2006年，第417、454、612页。
[2] 北京市东城区人民政府东华门街道办事处主编：《故宫墙外那些事儿》，新华出版社2013年，第186页。

其是在庚子议和中使慈禧全身而退之功——列强承诺不追究慈禧默许义和团攻使馆、杀洋人的责任，他得以在晚清官场扶摇而上。内阁总理大臣为清国最高行政首脑，已是位极人臣，奕劻却以贪腐知名，被称为"老庆记公司"。尽管弹章不断，但因其后台"计有八国之多"[1]，始终为慈禧和载沣所器重，此时已成为晚清最后一位世袭罔替的铁帽子王。徐世昌翰林出身，载沣摄政后入值军机，获封体仁阁大学士，为当时最受载沣和朝廷信任的汉人枢臣。有传闻说徐在东三省总督任上就预计到清廷失势，开始为日后绸缪，他也因能广结广交、左右逢源而有"水晶狐狸"之雅称，又因曾在民国时出任总统而被后人称为"翰林总统"。

辛亥年的农历八月十九日晚，武昌城枪炮声大作，湖广总督瑞澂仓皇逃离总督府，相较之下，千里之外的京师依然一切如常。这一天，五十五岁的那桐和往日一样，一早就起来前往西苑（今中南海）入值，午后去内阁公所值班。第二天，八月二十日，他也一早就离开金鱼胡同，往西苑上朝。而正是这一天的上午，清廷接到瑞澂的奏报，获悉八月十八日晚破坏湖北新军小朝街指挥部，拿获革命党二十余人并将彭楚藩等三人正法。"镇压成功"的讯息感染着清廷，在当时他们的眼中，这次对革命党的正法也许不过是一次理所当然的成功。高兴之余，摄政王载沣立即下旨对瑞澂提出表扬，"嘉其办理迅速"。[2]

但旋踵之间，武昌起义的消息传至京城，形势大变：京师的平静立即被打破，清廷也由高兴转为恐慌。

风云突变的八月二十日

总理大臣奕劻之外，那桐、徐世昌都有记日记的习惯。徐世昌的

---

[1] 溥仪：《我的前半生》，群众出版社1964年，第18页。
[2] 陈旭麓、顾廷龙、汪熙主编：《辛亥革命前后——盛宣怀档案资料选辑之一》（以下简称《辛亥革命前后》），上海人民出版社1979年，第200页。

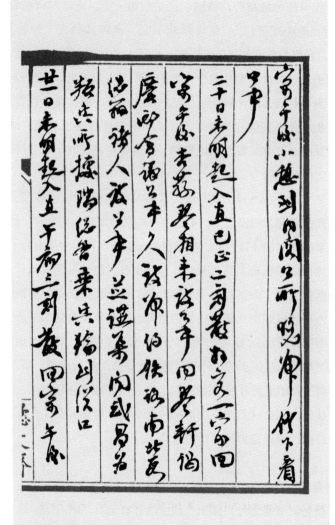

徐世昌接到武昌起义消息的日记

《韬养斋日记》，起自光绪十一年，迄于民国二十八年（1885—1939），前后凡五十五年。那桐日记，包括口述部分，从光绪十六年到民国十四年（1890—1925），前后共三十六年。根据宣统三年四月颁布的《内阁办事暂行章程》，"内阁总理大臣、协理大臣每日入对，各部大臣分班值日"。[1]所以，那桐、徐世昌二人的日记中，常有进西苑早朝的记载。他们二人的日记中，都记录下了武昌起义消息传至京师后那风云剧变的八月二十日。

那桐在那一天的日记中说：

> 早进西苑，午初散值。接到各处来电，知武昌新军变乱，踞城戕官，鄂督避往汉口，提督张彪被害（此信不确）。[2]

徐世昌则写道：

> 二十日，未明起，入直……闻武昌为叛兵所据，瑞总督乘兵轮到汉口。[3]

二十九岁的监国摄政王载沣，也有记日记的习惯。其日记从庚子年到庚寅年（1900—1951），前后共五十二年。[4]他在八月二十日的日记中写道：

> 庆邸送阅电报，关鄂事也，时事日亟。[5]

此处的"鄂事"，指的就是武昌起义。

清廷高层日记中的这些内容都明确表明，清政府确是在八月二十

---

[1]《博弈与妥协——晚清预备立宪评论》，第552页。
[2]《那桐日记》下册，第700页。
[3] 北京市政协文史和学习委员会编：《读辛亥前后的徐世昌日记》（以下简称《徐世昌日记》），北京出版社2011年，第107页。"入直"即"入值"之义。
[4] 载沣的原始日记原存于第四子溥任手中，"文革"期间，溥任将原始日记交给全国政协某君暂为保管，后来再去索取时，竟被告知原物已不明下落。好在1960年群众出版社编辑李文达与溥仪合作撰写《我的前半生》时，出版社曾聘请人员将载沣日记全部抄出。2014年，群众出版社首次将载沣从庚子到辛亥这十二年的日记整理为《醇亲王载沣日记》出版。
[5] 载沣：《醇亲王载沣日记》，群众出版社2014年，第413页。

日获悉武昌起义消息的。

清廷获悉武昌起义的链条

历史的大框架总是明晰的，但一些细节往往容易被忽略。武昌起义具体是在哪个时段被清廷得知，又是何人以何种方式奏报的呢？长期以来，尚无专文论述。散落于本书的各式各样的史实考证也提醒我们，尽管"辛亥革命可能是中国近代史上，各界史学家著述最多的专题之一"[1]，但仍存有不少历史空白需后人努力填补。

清廷要员中最早获悉武昌兵变信息的，是邮传大臣盛宣怀。任川粤汉铁路督办公所提调的王孝绳，当时正奉命到京城邮传部公干。他说，二十日上午，清廷下旨嘉奖瑞澂之时，盛宣怀已经知道武昌兵变的消息：

> 时盛宫保宅已得武昌失守警电。询内阁，已散值，急至徐相宅，尚未得耗。邀那相来，亦携外部警电至，同谒庆邸，再入内议定：派两镇援鄂（此酉刻在署盛宫保所面述）。[2]

王孝绳所说的"盛宫保"即盛宣怀，光绪二十七年他因赞襄和议、保护东南地方有功，被赏加太子少保衔，故称"盛宫保"。徐相、那相、庆邸分别指内阁协理大臣徐世昌、那桐和内阁总理大臣、庆亲王奕劻。

盛宣怀是如何得知武昌起义消息的呢？

盛宣怀时为邮传大臣，掌管全国通信、铁路两大通讯中枢，"清中央下达给各省督抚的电令，各省督抚上给清中央的电奏，以及督抚大臣之间来往的电报，绝大多数要经过盛宣怀之手转致，信息灵通，一时无两"。[3]

---

[1] 唐德刚：《袁氏当国》，广西师范大学出版社2004年，第31页。
[2]《辛亥革命前后》，第200页。
[3] 夏东元：《盛宣怀传》，四川人民出版社1988年，第311页。

具体到武昌起义的消息，盛宣怀则是通过河南巡抚电禀和汉口电报局电报两个渠道获悉的。

八月十九日夜，河南巡抚宝棻最先告知盛宣怀武昌兵变之事。宝棻在电报中说，接到湖广总督瑞澂万急电报，说鄂军有变，请求援助，为此他急派步兵一营前往支援。宝棻之所以给盛宣怀去电报，是请盛调派专车到郑州运送兵力前往武昌，"顷接莘帅万急电告鄂军有故，嘱派营速往，敝处已派汴军步队一营，准明日专车赴鄂，务乞速电京汉路局派专车在郑州立听用，万勿有误"。[1]湖广总督瑞澂，字莘儒，故称"莘帅"。军情万急，盛宣怀不敢怠慢，八月二十日立即电复宝棻，告知已"当即飞饬京汉路局照办"[2]——在郑州站无空车的情况下，从开封等地调专车和车头前往。

逃到"楚豫"兵轮后，瑞澂即于八月十九日晚给内阁、军咨府等发去长达六七百字的密电，详细告知武昌兵变情形并奏请派北洋劲旅南下平乱。但直至八月二十日早朝，清廷都还未收到瑞澂此电奏。

八月二十日上午九时，汉口电报局委员王庭珠也从汉口发电报给盛宣怀，告知武昌兵变之事：

> 昨夜武昌陆军兵变，城内军械、银饷均被占踞，其意似与川合踞城，不掳掠，故百姓尚安。莘帅现避"楚豫"兵轮，专候各路援师。[3]

两处电报相互印证，让盛宣怀确认了武昌起义的消息。李维格时为汉冶萍煤铁厂矿有限公司（简称汉冶萍公司）经理，据其日记可知：盛宣怀获悉武昌起义的时间，在二十日上午十一点之前。这天，盛宣怀先后来函、来电通知李维格前往盛府，李维格第一次去，看到了瑞澂处决彭楚藩等革命党人的奏报。但很快，盛宣怀又电话通知刚

---

[1]《辛亥革命前后》，第183页。
[2]《辛亥革命前后》，第184页。
[3]《辛亥革命前后》，第188页。

第一章　动荡京师

回到寓所的李维格等速来,"迨十一钟,补公处又来电话嘱速往晤,知事必有变,仍偕虎侯[1]同往,补公出示英文电报,骇悉武昌省城失守,鄂督出避"。[2]

只是,这一消息是通过怎样的传递路径,让当时清朝最高统治者、摄政王载沣闻知的呢?

按照前文所引王孝绳的记述,获悉武昌起义后,盛宣怀即赶往内阁协理大臣徐世昌位于东四五条胡同的家中。[3]听到消息后,刚刚退朝到家的徐世昌赶忙邀请内阁协理大臣那桐前来商议。此时,那桐也已知悉武昌起义的消息。三人商议后,决定立即告知内阁总理大臣、庆亲王奕劻。

但那桐、徐世昌日记所记,和王孝绳所言,有着细微的差别。

那桐当天日记中说,从西苑散值获知武昌起义消息后,"当访菊人,电约盛宫保、朗贝勒、荫大臣、寿、谭、邹、胡、曹各堂谈湖北事,酉正归"。[4]

菊人即徐世昌(字菊人);盛宫保、朗贝勒、荫大臣,分别指盛宣怀、军咨大臣毓朗和陆军大臣荫昌;"寿、谭、邹、胡、曹",则分别指陆军部副大臣寿勋、海军部副大臣谭学衡、曾署外务部右侍郎的邹嘉来、外务部左侍郎胡惟德和外务部右侍郎曹汝霖。

身为内阁协理大臣,同时协管外务部,[5]应该说,那桐获知武昌起义消息的渠道是多样的——八月二十日,汉口江汉关道齐耀珊、驻

---

[1] 补公,即盛宣怀。盛宣怀,又号补楼。林志熙,字虎侯,时为萍乡煤矿总办。
[2] 《辛亥革命前后》,第221页。
[3] 徐世昌家在东四五条,可见于《徐世昌日记》,第107页;又见吴长翼编:《魂断紫禁城——袁世凯秘事见闻》(以下简称《魂断紫禁城》),中国文史出版社2001年,第199页。
[4] 《那桐日记》下册,第700页。
[5] 那桐曾为外务部尚书,宣统元年出任军机大臣后依然为外务部会办大臣。据其日记,宣统三年四月内阁成立后,作为协理大臣的他,多次接见、宴请过外国驻华公使。见《那桐日记》下册,第689、691、695页。

开封的清军第二十九混成协统领应龙翔分别向内阁和军咨府发紧急电报，报告"鄂省兵匪勾结起事，武昌已被占据"，[1]希望即日派兵来收复湖北、维持大局。因为调兵需要上报，所以应龙翔在急电中还告诉军咨府，已"派步一营，附机器枪二，约明早可抵鄂"。[2]此外，汉口为外国驻湖北领事馆所在，武昌起义，无疑会影响到同为武汉三镇的汉口。八月二十日上午八点三十分，驻汉口外国记者就给各报北京总部发电报道"革命党占据武昌省城"的消息。[3]这样的消息，自然也会被外务部侦悉，并要向协管外务部、内阁协理大臣中排名第一的那桐汇报——或许是因为整理这些信息需要时间，或许是因为那桐正在早朝、未便汇报，或许是宝棻给盛宣怀的电禀为时更早，或许是王庭珠在电报局上班"近水楼台"使得奏报更为便捷，所以盛宣怀比那桐更早获悉武昌起义的信息。但可以肯定，见到盛宣怀之前，通过各地发来的电报，那桐其实已经获知武昌起义的消息。在奕劻、那桐、徐世昌三人中，那桐知悉武昌起义消息的时间最早。

按那桐日记记载，他知道消息后，即主动到徐世昌家里商量，到徐家后再邀盛宣怀等前来；而王孝绳的日记则说盛宣怀早于那桐先到徐世昌家，盛到徐家后再邀那桐前来。这两种几乎完全对立的说法，究竟哪一种说法更准确呢？我们看看徐世昌在日记中是如何说的：

> 二十日，未明起。入直巳正二刻散。拜客一家。回寓。午后杏荪、琴相来谈公事。同琴轩谒庆邸会议公事，久谈。归。约铁路南北段总办诸人谈公事并宴集。闻武昌为叛兵所据，瑞总督乘兵轮到汉口。[4]

那桐的官职比盛宣怀高，按惯例应该排在盛宣怀之前。徐世昌为

---

[1]《辛亥革命前后》，第184页。
[2]《辛亥革命前后》，第184页。
[3]《辛亥革命前后》，第188页。
[4]《徐世昌日记》，第107页。"杏荪"与"琴轩"分别为盛宣怀与那桐之表字，"琴相"指那桐。

人精细，当年曾被湖广总督张之洞疏荐为"明达时务，办事精细"[1]，又久居宦海，不可能不知道这点。他日记中盛宣怀的名字在那桐之前，这表明，盛宣怀确是早于那桐先到徐世昌处。至于他们具体谈了多久，那桐和徐世昌两人的日记，有不少可以吻合之处：当日内阁散值时间，那桐所说的午初（约为上午十一点到十一点四十），和徐世昌所记的巳正二刻（约为上午十点三十分），大体相差无几；见到庆亲王奕劻后，徐世昌所写的"久谈"和那桐所记的谈到"酉正"（下午六时），应该说也是一致的——从下午一两点谈到六点，不可以说不久了。

前文说过，载沣八月二十日日记说，是看了庆亲王奕劻送来的电报，才得知武昌起义消息的。但载沣日记中没有写庆亲王送电报的时间。许宝蘅时为内阁承宣厅[2]行走，当天他的日记里这样记载：

> 午后知湖北昨日拿获革命党三十余人，立即正法者三人，四钟时闻武昌失守，又闻督藩各署被焚，瑞帅带百余人逃出城，张虎臣被枪毙，汉口为英人保护，尚未动。又闻系昨夜十二时以后事，城中各军与党人联结，电报已不通。[3]

和那桐日记一样，许宝蘅也说湖北提督张彪被害，但后来证实这是误传。许宝蘅在日记中说自己获悉武昌起义的时间为下午四时，那载沣看到庆亲王所送电报的时间，自然早于下午四点。

综合上述几份日记，可以大体推出清廷中枢获知武昌起义消息的时间链条：因为邮传部主管全国铁路、邮政、电报，因此邮传大臣盛宣怀最早获悉武昌起义的消息。几乎与此同时，毗邻湖北的河南、湖南、安徽等省以及外务部的电报也汇总到内阁，尤其是协理大臣中排名第一、处理内阁日常工作的那桐处；因那桐在西苑入值，因此直到

---

[1] 苑书义等主编：《张之洞全集》第2册，河北人民出版社1998年，第1389页。
[2] 宣统三年废军机处成立内阁后，始设承宣厅，设厅长、副厅长各一人，职掌颁布及典守谕旨、法律命令，收受呈递折奏及办理阁议事件，请用御宝，收掌阁印等。
[3] 《许宝蘅日记》第1册，第367页。张虎臣即张彪。

中午散值后才看到。通过盛宣怀和那桐，徐世昌午后知悉此事。之后，他们告知内阁总理大臣、庆亲王奕劻，再由庆亲王转知摄政王载沣。此时，已是当日下午三四点。下午四时之后，武昌起义的消息开始在京城官员间竞相传播——时为民政部左参议（正四品，大体相当于现在的厅局级）的汪荣宝在八月二十日日记中写道："润田约晚饭，六时顷往，闻湖北兵变，武昌已陷，总督瑞澂退驻楚豫兵船中，提督张彪阵亡。"[1] 可见短短一天的时间，武昌起义消息的发酵已然从清廷高层扩展到整个京官系统。

奏报迟到的湖广总督

湖广总督瑞澂身处第一线，关于武昌起义，他的奏报毫无疑问最为权威。从八月十九日夜武昌起义爆发到八月二十日，瑞澂先后给清廷发去了三份电奏：其中第一封电奏发于武昌起义爆发的八月十九日夜，瑞澂逃至汉口"楚豫"兵轮后，即向内阁发去"万急"密电，告知当晚八点武昌兵变，自己退往"楚豫"兵轮，请派北洋劲旅第一镇迅速来鄂剿办，"饬派知兵大员率带北洋第一镇劲旅，多带枪炮，配足子药，刻日乘坐专车来鄂剿办"。[2]

此前向清廷奏报侦破湖北新军小朝街指挥部的奏报，瑞澂是八月十九日白天发出的——这封电报，第二天清廷即收悉，并在八月二十日早朝时传旨嘉奖。瑞澂在八月十九日晚上所发的这封"万急"电报，却似乎未能及时传至京城，至少在八月二十日早朝时，清廷中枢仍未收到。

电报为何被耽搁？

主要是因为武汉的电报机关已被湖北新军或破坏、或掌握。八月

---

[1] 汪荣宝：《汪荣宝日记》，韩策、崔学森整理，王晓秋审订，中华书局2013年，第304页。"润田"指曹汝霖。
[2]《辛亥革命前后》，第183页。

二十日，汉口电报局委员王庭珠就向盛宣怀报告："昨晚丑刻，有黄衣兵队五六十人，手持刀枪，撞门进局机器房、帐房，将机器全行拆毁，灯、钟、桌、椅、报底、洋帐亦尽行毁损，临行并将帐房内各物席卷而去，并云'我们系革党，特阻断交通，与瑞某作对，不与你们相干'等语。"[1] 王庭珠所说的"昨晚丑刻"，即八月二十日凌晨一点到三点，幸亏汉口电报局有备用机器，王庭珠等"将机线立时补接，以资交通"。汉口电报局在八月二十日这天也周知各电报局，"武昌两线于今晨两点四十分阻断，九江之线现亦不通"。[2]

武汉电报机关被破坏这点，在瑞澂八月二十日的第一封电报中，也得到确认。在这封电报中，瑞澂告知内阁、军咨府和海军部，"今日武昌、汉口电已不通"。[3]

电报局被破坏，自然耽搁了瑞澂奏折送达京城的时间。此外，匆忙出逃的瑞澂，虽登上海军部的兵轮，却忘了带海军部所给的密码，也因此失去了利用军电奏报的可能性——闵尔昌为袁世凯秘书，从袁世凯出任直隶总督时起直到袁世凯去世，始终为其掌管机要文牍。据他所藏的资料，八月二十日的第一封电报中，瑞澂曾告诉海军部等"钧部所发海密电码，现未携出"。[4]

查军机处随手登记档，清廷直到八月二十一日才对瑞澂的三份电奏做出处理，这距离武昌起义的发生已经过去了将近三天——这天，清廷接连颁布谕旨，将湖广总督瑞澂即行革职，令其戴罪图功，以观后效，派陆军大臣荫昌督兵南下镇压起义，派萨镇冰、程允和率水师赴鄂与荫昌会同作战等。[5] 这也表明，载沣等清廷中枢成员，最早并

---

[1]《辛亥革命前后》，第189页。
[2]《辛亥革命前后》，第189页。
[3] 卞孝萱辑：《闵尔昌旧存有关武昌起义的函电》，《近代史资料》，总1号。
[4] 卞孝萱辑：《闵尔昌旧存有关武昌起义的函电》，《近代史资料》，总1号。
[5] 中国第一历史档案馆：《军机处随手登记档》（以下简称《随手档》），档号：03-0337-2-1303-235。

不是通过瑞澂的奏折获悉武昌起义消息的。

保路运动与"牺牲品"盛宣怀

武昌起义爆发,是盛宣怀而非瑞澂第一时间向清廷奏报,盛因此大出风头。彼时的他,肯定想不到,武昌起义爆发后半个月,自己即被清廷革职、永不叙用,成为清廷处置武昌起义的第一个牺牲品。

盛宣怀(1844—1916),字杏荪,号愚斋,又号补楼,江苏武进人。同治九年(1870)入李鸿章门下任"文案兼充营务处会办",开始其官场生涯。有观点认为:"袁世凯在军事、政治上继承了李鸿章的衣钵,盛宣怀则主要是李鸿章经济设施方面的属意人。"[1]

盛宣怀在经济方面展现出了一定的天赋,在李鸿章的支持下,他脱离文牍生涯而转向实业,先后参与了轮船招商局、中国电报局、华盛纺织总局、中国通商银行的创办等工作。甲午战争后,清政府将部分官办企业改为官督商办,盛宣怀等人从政府手中接办了汉阳铁厂,并经营大冶铁矿、萍乡煤矿,还将三者合为汉冶萍公司,自任总理。不久又被清政府任命为铁路总公司督办。机缘种种,使他成为晚清官商第一人,更被誉为"中国实业之父"。

商场上长袖善舞的同时,盛宣怀在官场上也是一路亨通——历任署天津海关道、山东登莱青兵备道兼东海关监督、工部左侍郎、邮传部右侍郎等职。宣统二年出任邮传部尚书,宣统三年"皇族内阁"成立,改"尚书"为"大臣",盛宣怀留任邮传大臣,位列国务大臣。这点,可以说远胜清朝另一"红顶商人"、只捐了布政使虚衔的胡雪岩。

盛宣怀之所以成为武昌起义后清廷的第一个打击对象,是因为其推行的铁路干线国有政策。九月初五日,资政院在弹劾盛宣怀时,就认为"此次川乱之起,大半原因即以该部(邮传部)奏定仅给实用工料之款以国家保利股票,不能与鄂路商股一律照本发还,又将施典章

---

[1]《盛宣怀传》,第355页。

等所亏倒数百万弃置不顾，怨苦郁结，上下争持"。[1]

所谓的铁路干线国有，概言之，就是将川汉、粤汉铁路原由商民集资购买的股权收回，改由政府贷款修建，"所有宣统三年以前各省分设公司、集股商办之干路，延误已久，应即由国家收回，赶紧兴筑。除支路仍准商民量力酌行外，其从前批准干路各案，一律取消"。[2]

这一政策，四月初六日由给事中石长信提出。四月十一日邮传部上奏，清廷当日即发布谕旨同意施行。而在此之前，全国铁路，无论支线、干线，都可由当地商民集资兴建。如今收归国有，可谓政策大转弯。令人不解的是，如此重大政策，从完成论证到出台只用了短短的五天。

按照官方的口径，之所以要调整铁路修建政策，一是因为地方筹款缺口太大。比如根据光绪二十九年（1903）所拟铁路章程，四川要为川汉铁路筹集资金5000万两，但据盛宣怀的统计，到宣统三年实际只筹到1340万余两。[3]其他像广东筹到的1647万余两、湖南筹到的240万余两，都和修路所需资金相去甚远。二是修路进展缓慢。原定到光绪三十三年（1907），粤汉、川汉铁路相关的广东、湖南、湖北、四川这四省应完成施工的铁路线路总长6168里，而实际完成的线路只有237里，不到4%；川汉铁路本来预计到宣统元年（1909）竣工，而实际情况是光绪三十四年（1908）才开始动工。三是各省筹资增加百姓负担，而且因管理不善频频发生亏损、蚀本事件。据盛宣怀的统计，仅四川方面就发生多起：存于正元、兆康、谦余等近十家

---

[1] 中国第一历史档案馆：《军机处上谕档》（以下简称《上谕档》），宣统三年九月初五日。
[2] 中国第一历史档案馆编：《光绪宣统两朝上谕档》第三十七册，广西师范大学出版社1996年，第93页。
[3] 中国第一历史档案馆：《军机处录副档》（以下简称《录副档》），档号：03-7567-059。

钱庄的资金，因钱庄倒闭亏损约银140万两；被驻上海代表施典章挪用于购买兰格志股票的85万多两，因股灾血本无归；被前四川总督锡良挪用于筹建铜元局的250多万两成了呆账。[1]此外，还有虚报、贪污等情形。[2]四省统计结果，总共所筹集的3220多万两白银中，除四川省还剩700万两以外，其他的都已花光。而四川，虽还剩700万两，但此前业已亏损了500多万两。

照此说法，清廷实施铁路干线国有，既能加快铁路建设，又能减轻百姓负担，这本是好事。但具体实施过程中却闹出了被称为武昌起义导火索的保路运动。

以迅雷不及掩耳的速度颁布国有明诏后，对四省铁路股份具体如何收回等后续，度支部、邮传部却迟迟没有定论，一直拖至五月二十一日，才公布了相关政策，足见其当初出台之仓促。石长信上折前是否和盛宣怀勾结，迄今未见相关证据。但显然，如此重大的政策，如果没有主管全国铁路的邮传部主官盛宣怀首肯，无论如何，是难以出台的。

姗姗来迟的干线国有补偿政策，其主旨简而言之是在区分官股和商股的基础上再分省对待，补偿方式是附股和发银相结合。官股和商股的区分方法，按盛宣怀八月初八日所上奏折，主要是根据资金来源：

> 如湖南之米捐盐捐，湖北之赈灾捐，四川之土药盐茶灯捐土厘，系量假官力筹措而得；如四省之商股及四川、湖南之租股，系由商民集合而成。两项性质既殊，办法即应区别。[3]

---

[1] 为了改变四川不能铸银、被迫采用湖北银元的局面，光绪二十九年四川总督锡良上任后，决心建造铜元局，由川路公司垫资200万两。厂房修建了，机器安装了，清廷却迟迟不同意。没有政府授权，铜元局不能开张，根本产生不了任何经济效益。厂房和机器闲置不说，装运原材料的轮船在长江三峡的航道中又意外遭遇恶浪，十几艘船沉没。可谓祸不单行，损失巨大。
[2]《录副档》，档号：03-7567-021。
[3]《录副档》，档号：03-7567-059。

对于官股的处理比较简单，一律发给国家保利股票，地方政府没有也不敢有意见。比较复杂的是商股——其中湖南、湖北两省的股票照本发还现银；广东方面，考虑现在粤汉路"亏耗严重"、股票价格已下跌一半的现实，发给六成的保利股票和四成的无利但保本股票；四川方面，因修路所花掉的400多万两物料、工钱等发给国家保利股票，所剩的700多万两现银以及亏空的将近500万两，则由川汉铁路公司自己处置。

同样是亏耗严重，为何对广东和对四川的处理原则不一样呢？在盛宣怀等看来，广东的亏损是因为修路而造成的，是由于工程进展缓慢而带来的亏损；而四川呢，则是由于投资股票、铜元局等与铁路无关行业而造成的亏损，因此国家不能埋单。

本来四川所筹资金是自身操作不当而亏掉的，如果在商言商，清廷不赔偿也无可厚非。但显然，治国不能照搬经商那一套——除了算经济账，更要算政治账——崇祯二年时，鉴于"驿递一事，最为民害"并出于节省财政开支的考虑，崇祯皇帝听从臣下的建议裁撤全国驿卒。一年算下来，可节银六七十万两，但全国数万驿卒因此失业。他们当中不少人，像银川驿卒李自成，便加入了起义军。清人计六奇在《明季北略》中评论："祖宗设立驿站，所以笼络强有力之人，使之肩挑背负，耗其精力，销其岁月，糊其口腹，使不敢为非，原有妙用；只须汰其冒滥足矣，何至刻意裁削，驱贫民而为盗乎！"[1]这些孔武有力的驿卒，因为失去了生计而加入造反的队伍，给明朝带来了不可估量的损失。

更有甚者，清廷收回路权，还有以此向英、法、德、美四国银行抵押贷款之目的——盛宣怀在一份未发表的文件中讲得非常清楚："如铁路不为国有，则借款合同万不能签字。是铁路国有之举，其原

---

[1]计六奇：《明季北略》卷五，中华书局1984年，第99页。

动力实在于借款之关系。"[1]《川汉、粤汉铁路借款合同》规定，聘英、德人为总工程师，"工程造竣后，在借款未还清以前，大清政府仍派欧洲人或美洲人作为各该铁路总工程司"；在铁路所用材料方面，除钢轨由汉阳铁厂制造、不足之数向四国购买外，其余一切材料"应先尽由英、法、德、美公平购买"，"全路造竣后于此借款未还清以前，铁路总局若为此两路内购买外洋材料"，亦应先尽上述四国。[2]如此一来，四国银行团享有川汉、粤汉路修筑权、投资权乃至实质上的管辖权——这种名为收归国有、实为外国所有的举措，更使得四川保路运动蒙上了爱国的色彩。

七月初一日开始，成都出现了罢课、罢市，进而发展成围攻总督府等过激行为。八月初八日，清廷做出调整，宣布四川所有亏耗倒账，国家一概认还；而且不愿要国家保利股票者，先发六成现银，其余四成分两年还清——不像之前的五年后分十五年还清。[3]

可以说，这一补偿政策，远比广东等省更为优厚，但声势浩大的保路运动已一发不可收拾。清廷被迫抽调湖北新军第八镇所辖第三十一标及第三十二标（缺第二营）前往四川弹压。如此，四川保路运动，不仅在客观上使武昌兵力变得空虚，而且"分散了清政府的注意力，为革命党人的武装起义造成了可乘之机"。[4]

武昌起义的爆发，也带来盛宣怀命途的重大变化。

盛宣怀本是铁路商办的主张者。铁路在当时是赚钱的行业，也因此为西方各国所觊觎，争相通过借款来控制中国路权、攫取利润。鉴于此，光绪二十四年（1898），盛宣怀曾上书时任总理衙门大臣的庆

---

[1] 上海图书馆藏盛宣怀档案资料：《邮传部修正川汉、粤汉借款合同暨干路国有办法理由》，1911年10月。转引自《盛宣怀传》，第419页。
[2] 黄月波、于能模、鲍厘人编：《中外条约汇编》，商务印书馆1935年，第586—589页。转引自《盛宣怀传》，第420页。
[3] 《录副档》，档号：03-7567-059。
[4] 《重寻近代中国》，第171页。

亲王奕劻，建议成立中国造路公司，将铁路归为商办。在他看来，铁路归商办，外国请造铁路可以不归外交的"交涉"范围，而归商办铁路公司来"核议"。公司对"彼族"要求准与不准，一概以有利于我与否为准，从而达到"保自主之权"的目的。[1]

时隔十二年，盛宣怀为何改弦易辙、坚决主张铁路国有了呢？有论者认为，此骤然转向是为了满足其个人对铁路的控制权，"当年的铁路总公司，盛宣怀是督办，强调商办，权归公司，即权归盛氏；目今铁路在邮传部直接管辖之下，该部大臣是盛宣怀，权仍归他盛氏"。[2]如果盛宣怀真的以国之公器来满足个人私利，那他被清廷问责，可谓罪无可逭。

武昌起义爆发，直接威胁到盛宣怀的巨大经济利益——如处于革命党控制下的汉冶萍公司、汉阳枪炮厂等，都有其股份。盛宣怀为此坐卧不宁。从八月二十日得知武昌起义爆发到九月初五日被清廷当作替罪羊赶下台为止的半个月内，他设法通过一切可能的途径来保护自己在这一地区的资产。

为了尽快将起义镇压下去，他积极地替清廷出谋划策。八月十九日，接到河南巡抚宝棻发来的"鄂军有故"、要求备车运兵的电报后，他"当即飞饬京汉铁路局照办"。八月二十三日，盛宣怀主持的邮传部又急电上海招商总局："速备大轮船五只，须要船身宽大吃水稍浅，能由秦皇岛直达汉口……军务紧急，万勿迟误。"[3]鉴于湖广总督瑞澂和清廷中枢联系不畅，盛宣怀还积极筹划，通过其掌管的四通八达的通信系统，将电报发至汉口电报局，再让电报局人员紧急送至"楚豫"兵轮交给瑞澂。在电报中，他不厌其烦地询问张彪是否阵亡、湖北新军是否全部叛变等细节——"洋报统制已亡，是否的确？鄂军一

---

[1]《盛宣怀传》，第420页。
[2]《盛宣怀传》，第420页。
[3]《辛亥革命前后》，第205页。

镇一协是否全畔？"[1]，以供清廷决策参考。

八月二十九日，他更是一气儿替度支大臣载泽拟定了三份面见载沣时的"面奏节略"，在其中反复建议载沣下旨催促荫昌、袁世凯火速进兵，呼吁各地援兵尽快集结，"大军急援汉口，再复武昌，则各省便可无事。安危大局，决于迟速之间"[2]。甚至对自己的冤家对头袁世凯不吝赞扬，"袁世凯负知兵重望，此次闻诏即起，具见公忠体国"，并主张"应将新军及湘、豫各省援军悉归（袁）节制，以一事权"[3]。

盛宣怀和袁世凯同为李鸿章属下，本来关系尚洽，但也不免龃龉：袁世凯任清廷"驻扎朝鲜总理交涉通商事宜"全权代表期间，盛宣怀曾经在李鸿章面前拆其墙角，以至于李鸿章一度扬言要将袁世凯撤职。[4]光绪二十七年（1901）袁世凯出任北洋大臣后，趁盛宣怀丁忧之际，将有盛宣怀大量资产的招商局等企业改作官办。此后，两人多次斗法，积怨甚深。如今，面对革命党人起事，为了自己名下财产，盛宣怀不惜置以往恩怨于不顾，纡尊降贵。后来的历史也证明，由于贻误战机，清军未能及时平定武昌兵变，使得南方各省纷纷响应、相继独立，奠定了清朝覆亡的大局。这彰显出盛宣怀之远见。

除此之外，盛宣怀还向率军南下镇压武昌起义的陆军大臣荫昌许诺，如能将起义镇压下去、保住汉阳铁厂和枪炮厂，"两厂当合筹十万银元，重犒麾下有功将领士卒，决不食言"[5]。

但清廷已不再给盛宣怀发放此赏格的机会。九月初五日，翰林院侍讲程棫林、监察御史范之杰以及资政院总裁世续[6]等同时上折，弹

---

[1]《辛亥革命前后》，第184页。
[2]《辛亥革命前后》，第216页。
[3]《辛亥革命前后》，第217页。
[4] 刘厚生：《张謇传记》，上海书店1985年，第115页。
[5] 中国第二历史档案馆编：《中华民国史档案资料汇编》第一辑，江苏人民出版社1979年，第178页。
[6] 九月初九日起，世续病休，由李家驹正式接任资政院总裁。

劾盛宣怀"违法侵权、激生变乱",将武昌起义的原因归结于盛宣怀欺蒙朝廷、违法敛怨所致,认为盛宣怀"专愎擅权、隔绝上下、贻误大局",可谓误国首恶。当日,清廷下旨,将盛宣怀"即行革职、永不叙用"。[1]

铁路干线国有政策,其实是内阁副署、清廷明谕颁行的;商民股票偿还政策,也是邮传部和度支部共同筹划制定的。但武昌起义后,各省纷纷响应,到九月初四日,已有湖北、湖南、陕西宣布脱离清廷而"独立"。清廷将盛宣怀革职,无疑只是在找"替罪羊",以尽快制止事态的蔓延、度过统治危机。

但革职看来还不足以平怨。九月初六日,给事中陈庆桂上折要求将盛宣怀明正典刑,并将瑞澂、张彪等军法从事。[2]众多议员也纷纷弹劾盛宣怀"激成兵变之罪",按律"宜绞""当绞"。[3]

据日本驻华公使伊集院彦吉向外务大臣林董的报告,宣布革职的同时,清廷即撤走位于府学胡同的盛宣怀住宅之护兵。[4]盛宣怀本来就"对其一身之安危颇为忧虑"[5]——担心为革命党所害;如今被劾处以极刑,这更让其惶恐不安。九月初七日一早,盛宣怀即投往横滨正金银行北京支店长实相寺寓所寻求庇护,并决定当晚离开京城。生死安危之际,盛宣怀因经常办理外国借款而结下的西方列强"朋友圈"发挥了作用:美国驻华使馆获悉后,立即联络英国、法国、德国驻北京的外交代表"往见庆王,得其担保,不至于盛有害"。[6]

---

[1]《上谕档》,宣统三年九月初五日。
[2] 中国第一历史档案馆、海峡两岸出版交流中心编:《清宫辛亥革命档案汇编》(以下简称《档案汇编》)第69册,九州出版社2011年,第291页。
[3]《资政院第二次会议纪略》,宣统三年九月初四日。见夏东元编著:《盛宣怀年谱长编》下册,上海交通大学出版社2004年,第937页。
[4] 邹念之编译:《日本外交文书选译——关于辛亥革命》(以下简称《日本外交文书选译》),中国社会科学出版社1980年,第51页。
[5]《日本外交文书选译》,第54页。
[6] 中国史学会主编:《辛亥革命》(八),上海人民出版社1957年,第269页。

在各国施加压力之下，庆亲王被迫向包括英国驻华公使朱尔典在内的四国外交公使承诺：摄政王载沣认为将盛宣怀"即行革职、永不叙用"已经足够严厉，所以拒绝考虑陈庆桂等将盛宣怀明正典刑的要求，"他向我们保证，对盛宣怀不再施加更重的惩罚，并答应致函资政院总裁撤销该项决议"。[1]

九月初七日深夜，英、法、德、美、日五国使馆分别派出两名卫兵组成一支十人卫队，在美国使馆参赞丁嘉立和英国使馆参赞巴登的带领下，趁着夜色，护送盛宣怀去天津。纵横官商两界多年的一代巨贾，恓惶离京，此后至死未再踏足京城。九月初八日晨抵达天津后，他立即换乘德国船"提督号"去青岛"避难"，不久又转到日本控制下的大连。十一月十五日，盛宣怀乘坐日轮"台中号"避居日本神户。辛亥革命期间，财政困顿的南京临时政府曾一度想以汉冶萍公司、招商局为抵押向日本贷款。此事尽管后因各方反对而作罢，但当时正想夤缘革命党人并企图借助日本势力夺回相关实业的盛宣怀却慷慨同意。清帝逊位后，盛宣怀于1912年10月间回到上海。一度为民国政府所没收的盛氏财产，经过孙中山、袁世凯的斡旋，最后也予以归还。盛宣怀本人，在上海赋闲数年后，于1916年4月病逝，享年七十三岁。

一代官商撒手人寰，留下了带不走的巨额财富，也留下了他生前罗致的大批官私档案资料——这些档案资料，现藏于上海图书馆，约二千五百万字，是研究晚清历史包括辛亥革命历史所不可或缺的。

1912年5月，辛亥革命尘埃落定，川汉铁路公司又一次在成都召开股东大会，磋商铁路让归国有办法，公推刘声元、蒲殿俊等七人为代表，进京与交通部协商。11月2日，民国北京政府交通总长朱启钤与刘声元签署了将川汉铁路收归国有的合约。合约对川路公司更

---

[1] 胡滨译：《英国蓝皮书有关辛亥革命资料选译》（以下简称《英国蓝皮书》）上册，中华书局1984年，第59页。

为苛刻——"上海倒账之款"等川路亏损，辛亥革命爆发后清政府本已答应由国家承担的，如今却是"归公司自行清理"[1]。

在11月6日给临时大总统袁世凯的呈文中，朱启钤明确写道："前清末造规划及此，徒以国情不协，政治不良，遂至以国有问题，激动风潮，演成革命。然人民心理，不过借此推翻专制，而于反对国有之说，并非绝对的主张。"[2]

换言之，上年轰轰烈烈的四川保路运动，川人并非对朝廷政策有多少不满，只是借此去推翻清廷统治——不过是"经济搭台、政治唱戏"。因铁路干线国有政策而遭到参劾、罢官的盛宣怀，其实不过是政治的替罪羊、牺牲品。

二 逃离京城

武昌起义爆发和这一消息在京城的发酵大概花了三天时间：位居中枢的柄政者二十日中午获知消息，京师中下层官员和普通百姓，多在二十日下午或二十一日知悉。

一石激起千层浪，消息引发了整个京师的巨大震动——官民争相逃离，粮食价格飞涨，金融市场恐慌，各色谣言纷传。当北京《国风日报》登出武昌起义胜利和各地响应的消息后，"北京住民，大为慌恐，作官的更是忙了手脚。每日正阳门外东西两车站，行客拥挤，市面亦为之大动摇"[3]。

---

[1]《交通史路政编》，第16册，第22—23页。转引自宓汝成编：《中华民国铁路史资料（1912—1949）》，社会科学文献出版社2002年，第3页。

[2]《议定川汉铁路接收办法并合约草案》，《交通部呈文类编·路政》，第8—9页。转引自《中华民国铁路史资料（1912—1949）》，第3页。

[3] 中国社会科学院近代史研究所近代史资料编辑组：《辛亥革命资料类编》，中国社会科学出版社1981年，第88页。

官民争相逃离京城

  武昌起义的消息传到北京后所引起的恐慌之一，就是京城百姓的避难潮。在九月初六日、九月十九日的日记中，汪荣宝就写到"人心惶惧，纷纷迁避"[1]、"探悉京师尚安，惟出京者纷纷"[2]。

  京师为天下根本重地，按理说治安应为全国首善，武昌起义后京师官民为何纷纷选择逃离呢？原因之一是满汉分界的传言，汪荣宝在日记中说，"日来京师谣言甚多，或云民政大臣将勒令内城汉民移住外城，或云禁卫军队将对于汉人起暴动"。[3] 这种煽动满汉对立的传言，并非空穴来风。袁世凯心腹、署邮传大臣梁士诒的年谱中也说，当时代理民政大臣的桂春甚至有全部诛杀京城汉人的提议，"侍郎桂春且有尽诛京城汉人之议，畿辅警察，旗人为多，偶语沙中，猜疑益甚。人心惶惶不可终日"。[4]

  其次，尽管京师为全国首善，但也是各方势力紧盯的重点，无论是南方民军的北伐、北洋第六镇统制吴禄贞和阎锡山等的燕晋联盟，还是第二十镇统制张绍曾的滦州兵谏，其目标都是北京。此外，各种暗杀活动，也争相以京师高官为矢的，以图有更大影响。

  因此，在这样的背景下，京师官民纷纷逃离，也就不足为奇了。恽毓鼎在九月二十二日的日记中就说："西城大户全家晏然不动者，余与尚氏而已。此次迁避眷口，寄顿财宝，以贵族为最甚。"[5]

  王公贵戚、达官贵人等离开京城，又将避往何处呢？——天津租界。

  自咸丰十年（1860）清政府允许外国在天津设置租界以来，到

---

[1]《汪荣宝日记》，第310页。
[2]《汪荣宝日记》，第314页。
[3]《汪荣宝日记》，第310页。
[4] 王云五主编、凤冈及门弟子编：《民国梁燕孙先生士诒年谱》，台北商务印书馆1978年，第120页。
[5]《恽毓鼎澄斋日记》，第559页。

宣统三年（1911），天津已有英、法、德、意、俄、日、奥、比八国租界，占地约两万亩。这里既毗邻京师、往返便利，又远离南方革命中心，还可借治外法权卵翼于外国的庇护之下。此外，租界内金融机构、贸易商号林立，各类工厂聚集，并且有当时先进的电力、电话、自来水等基础设施，堪称北方首屈一指的现代化都市。因此一时成为避难的热门地。

避难天津的人群中：皇室宗亲方面，有皇太后隆裕之母，有庆亲王奕劻的眷属，有摄政王载沣的弟弟载洵；高官权贵方面，有袁世凯、徐世昌、那桐、两江总督张人骏等；统兵将领方面，有冯国璋、倪嗣冲、湖北提督张彪等。此外，也有汪荣宝、许宝蘅、曹汝霖、陆宗舆等中下级官员。

皇室方面。据徐铸成先生的《哈同外传》，辛亥年间，哈同[1]夫人曾想得到隆裕皇太后的匾额或"福"字恩赏，于是就到天津走隆裕母亲的关系。[2]由此可知，皇太后的母亲住在天津。溥杰在《回忆醇亲王府的生活》中证实，载沣的弟弟、曾为海军大臣的载洵当时在天津也购置了房产。清帝逊位后，载洵就居住在天津，后来也病逝于天津。

王公方面。比如奕劻，溥仪在《我的前半生》一书中说："宣统三年旧历十二月二十五日，隆裕太后颁布了我的退位诏。一部分王公跑进了东交民巷，奕劻父子带着财宝和姨太太搬进了天津的外国租界。"[3]袁世凯出任内阁总理大臣时，绍英署度支大臣。绍英的长子与庆亲王奕劻第八女在宣统三年二月完婚，绍英的后人马延玉根据《绍英日记》记载写就了《绍英奕劻两家联姻记》一文。其中说："婚后第三年，八格格（奕劻之女）在生第三子（马延通）时因产后血晕而

---

[1]哈同是以色列富商，曾控制上海"十里洋场"的经济达几十年。
[2]徐铸成：《徐铸成传记三种》，学林出版社1999年，第346页。
[3]《我的前半生》，第45页。

亡。当晚绍英赴天津向庆王奕劻告之此事。"[1] 奕劻后来死于天津，更是他早早就在天津购置房产、安置家眷的证明。1924年溥仪被赶出紫禁城后不久，即避往天津。他在《我的前半生》一书中有不少关于前清权贵在天津的记载，如"我在天津时，小德张（原隆裕太后的侍候太监）也住在天津。他在英租界有一座豪华的大楼，有几个姨太太和一大群奴仆伺候他，威风不下于一个军阀"等。[2] 小德张这栋大楼，位于今天的天津五大道，后被奕劻的儿子载振买走，成为庆王府（解放后一度作为天津市人民政府外事办等单位的办公机构，经重新修葺后现已对外开放）。而载振在天津的资产还有劝业场、交通旅馆、渤海大楼等。

大臣方面。有袁世凯、那桐等内阁总理大臣级高官，有度支大臣绍英等阁员，有两江总督张人骏等地方督抚。

袁静雪在《我的父亲袁世凯》中说：

> 在他（袁世凯）出发（武昌）以后，有一天，我们家里忽然得到一个惊人的消息，说是第六镇统制吴禄贞要派人杀害我们全家。这时候，全家上下惊慌万分，毫无办法……不久又传来消息，说吴禄贞在石家庄车站遇刺身死。在这次事件之后，我父亲考虑到，今后我家如果还住在彰德，未必不再发生同样事件，就让我们全家分批搬到天津。当时我们在天津是分别住在几个地方的：我娘和大哥住在德租界，大姨太太和二哥住在意租界，其余的二、三、五、六、八、九六个姨太太和我们小兄弟姐妹们都住在英租界小白楼"矿务局"。[3]

袁世凯家眷移居天津的说法，在袁克文的《辛丙秘苑》中也得到印证。只是按袁克文的说法，移居天津主要是为了躲避彰德的土匪之

---

[1] 马延玉：《绍英奕劻两家联姻记》，《紫禁城》，2003年第3期。
[2]《我的前半生》，第78页。
[3]《魂断紫禁城》，第17—18页。

清末天津的热闹景象

乱，而且是他向袁世凯提议的：

> 彰德虽一时镇平，而土匪四窜，奸宄四伏……昔于天津曾置一宅，予因以移眷居津为请，先公颇有允意，大兄力阻。既而彰德谣啄日甚，匪又掠于近村，家人日夜无宁息……先公遂决令迁津。[1]

曾为内阁协理大臣的那桐，宣统三年十一月二十八日夜到达天津，和家人会合。此后，他主要避居天津。[2]时为署度支大臣的绍英，在其1912年2月18日的日记中有"天津来电话云慈亲在津均安，慰甚"[3]之语。这表明，绍英家眷此时正避居天津。

地方大员方面，有两江总督张人骏、湖北提督张彪等。十月十二日，南京被民军占领。十二月初五日，两江总督张人骏在给清廷的奏折中，说自己在南京失陷后，"旋由海道绕至天津……在津延医诊治"。[4]在天津治病，自然只是张人骏的托词——治病是假，避难是真。湖北提督张彪，因在武昌起义中逃跑而被革职留任，但他早早在天津购置了地产。1925年，溥仪避往天津，所住的张园就是张彪在天津的房产。[5]

上行下效。由京师逃往天津避难的中下层官员，就更多了——像内阁阁丞（相当于秘书长）华世奎、曾任学部副大臣的杨度、外务部副大臣曹汝霖、内阁印铸局局长陆宗舆、直隶候补道洪述祖等，当时都避居天津。在给岳丈盛宣怀的书信中，冯敩干甚至有"京官逃避天津日以千计"之说。[6]

这样一来，天津城里便挤满了北京来的达官贵人。

逃离京城人数过多，以致资政院开会，到会议员都达不到三分之

---

[1] 袁克文：《辛丙秘苑》，上海书店2000年，第13页。
[2] 《那桐日记》下册，第707页。
[3] 绍英：《绍英日记》第2册，国家图书馆出版社2009年，第282—283页。
[4] 中国第一历史档案馆：《大清宣统政纪》（以下简称《宣统政纪》）卷六九。
[5] 《我的前半生》，第198页。
[6] 《辛亥革命前后》，第225页。

二的法定人数。宣统三年本为资政院第二次年会召开之期，第一次会议于九月初二日举行。十月初一日，候补参议陈毅上折指出，资政院议员共二百人，最近参会的不到一半：

> 自武昌告变、畿辅戒严以后，议员纷避出京，民选一空……每遇开会日期，其人数多则百有七人，少则八九十人或五十余人，甚至有数省竟无一人到会者……以致京外报纸于该院多所讥评，去岁既诋为狗争，今岁复訾为鼠窜。[1]

此时若开会，已不符合资政院章程中"非有议员三分之二以上到会不得开议"[2]的有关条款。无奈之下，陈毅奏请资政院暂停开会，"一切重要事件俟国会召集再行开议"。[3]

除了避往天津之外，一些和外国人关系好的权贵，还选择搬进京城使馆区。恽毓鼎在九月二十日的日记中说：

> 使馆街有六国饭店，朝贵恃有外国人也，群赁居之。每屋一间住十余人，每人每日收租洋九元，每箱一只日租三元。禁用仆婢，禁小儿夜哭。每餐仅饭一筒，盐煮白菜一器而已。[4]

即便生活条件简陋如此、入住条件苛刻如斯，"而人尚若蚁之附膻，至有宿于廊下者。偷生受辱，一至于此。锡三兄谓此直模范监狱耳"。[5]屋廊下都住满了人，可知入住者不少。

署度支大臣绍英的部分家人，则一度避入京城一家法国人开的医院，住了二十多天。事后他"捐助医院银三百元，赏下人卅元"[6]，以表谢忱。

---

[1]《档案汇编》第69册，第122页。

[2]《档案汇编》第69册，第121—122页。

[3] 宣统三年十一月十三日资政院举行最后一次会议后宣告解散。不过，据《盛京时报》等记载，出席的议员已由第一次会议时的一百二十多人减至七十三人。

[4]《恽毓鼎澄斋日记》，第558页。

[5]《恽毓鼎澄斋日记》，第558页。

[6]《绍英日记》第2册，第250页。

汪荣宝：一位中级官僚的避难样本

汪荣宝，光绪四年（1878）出生，曾在日本早稻田大学和庆应大学学习史学、政治及法律，是清末钦定宪法的起草者、京城立宪派的核心骨干，也是袁世凯智囊团的成员之一。宣统二年任资政院钦选议员，并于修订法律馆与宪政编查馆兼职。宣统三年任协纂宪法大臣。武昌起义爆发时，汪荣宝为民政部左参议，十月初二日补授民政部左丞。左参议为正四品，左丞为正三品，大体属于中级官僚。

九月初九日夜间，汪荣宝一家集体商议后决定去天津暂避。避难行动分两步进行："由六弟妇、外姑及秀英分携子侄辈"[1]作为先头部队"即于明早动身"，赴津暂避，汪荣宝等随后再去。"先头部队"刚走几天，九月十七日，在京城的汪荣宝就听说了保定陷落和吴禄贞被杀。虽然事后证实保定陷落只是传言，但当时这消息确实令人震惊，他与翰林院编修、资政院议员章宗元"因相顾失色，群谓北方大局将不可收拾矣"。[2]

祸不单行，当天，天安门前千步廊一带的吏部衙门失火。纷乱的救火队伍让汪荣宝等更为惊惶，当即决定第二天动身去天津避乱。正在此时，又听说天津已被革命军占据。情急之下，汪荣宝想到先去日本人开的华东饭店暂避，"拟暂借华东饭店为安顿家属之所"。[3]

但要入住华东饭店，须得有日本人介绍。这倒也难不住曾在日本留学的他——汪于是赶忙去拜访自己的朋友、日本医生下濑谦太郎，"乞得介绍书一件"。[4]到了晚间，接到好友曹汝霖的电话，知天津依旧平安。即便如此，汪荣宝还是预订了华东饭店当晚的房间，以防不测。

九月十八日凌晨两点多，汪荣宝携家眷坐火车前往天津，与先期赴津的家人会合。同行的，还有孙姓、黄姓两家。曹汝霖也安排自己

---

[1]《汪荣宝日记》，第311页。
[2]《汪荣宝日记》，第313页。
[3]《汪荣宝日记》，第313页。
[4]《汪荣宝日记》，第313页。

的妻子等同往,并委托汪荣宝帮忙照料。

一路情景,汪荣宝在日记中记载得十分详细:他们在北京东车场候车时发现,"车中拥挤,已无立足之地"。[1]见此,汪荣宝本想等下一趟车,但家人都不同意,加上朋友力劝,他也就只好委屈就道。经过八个小时左右的颠簸,十点半到了天津。按计划,汪荣宝先下车去找在天津的大哥了解情况,而其他人则去租界长发客栈住店。很快,他就得知,家眷等投宿不顺,租界长发客栈"已无空屋"。[2]一夜未睡、"倦甚"的汪荣宝,暂时也顾不上家眷了,先在大哥这里"睡数小时",[3]再去和他们会合。当晚,家眷等终于住进了长发客栈的分店,而汪荣宝,因为没有房间,只好带着被子往先期已到天津安顿的好友陆宗舆家投宿——"旋携襆被往闰生寓住宿"。[4]

武昌乱事绝非旦夕可平,而客栈又非久居之地。汪荣宝等"拟就租界赁屋居住"。[5]此时又碰到新的麻烦——武昌起义之后,天津租界的房子早就成了香饽饽,想找一处房子也是"颇不易得":九月二十日听朋友说日本公园附近有空房,但他们赶去看房时得知,房子已被人租下了。[6]几经努力,总算在九月二十一日于日租界内旭街租到一处房子,"楼底各两间半,另有厨房一间,月租七十元,先付两月"。[7]

内阁承宣厅行走许宝蘅赴津避难的经历,证实汪荣宝所言不虚。九月十八日许宝蘅也携眷赴津,比汪荣宝更惨的是,他还没挤上当天首班列车,而第二趟车过于拥挤的车厢,令他不住感慨"苦极":

第一次车上人已挤满,不能走,遂上第二次车,而人亦甚

---

[1]《汪荣宝日记》,第314页。
[2]《汪荣宝日记》,第314页。
[3]《汪荣宝日记》,第314页。
[4]《汪荣宝日记》,第314页。
[5]《汪荣宝日记》,第314页。
[6]《汪荣宝日记》,第314页。
[7]《汪荣宝日记》,第314—315页。

多……车中人又挤满,无处可坐,立亦仅一隙之地,苦极。[1]

到天津后,许宝蘅也看到不少熟人,而且最为麻烦的也是租不到房子,"遂至旅馆,熟人麇集……少息,晚餐后偕寄云至奥界、日本界看屋,皆已为人租去"。[2]

从此,汪荣宝开始了频繁往来于京津两地之间的"双城记"——据其日记统计,九月十八日抵津始到十二月二十五日清帝逊位这九十七天,他在天津的时间为六十一天。旭街租的房子两个月期满后,一家人又搬到天津人和里。[3]尽管日记中不时出现在天津期间"旅居无事"[4]这类记载,但此时的他,对北京可谓毫无眷恋之情——有事进京,办完事即走,像十月十八日,刚刚升任民政部左丞的他进京到部办事。事情一办完,就坐第二天四点五十分的火车去天津。最长的一次,足足三十四天没有离开过天津。

从《汪荣宝日记》中得悉,他的好友陆宗舆、曹汝霖等,当时也在上演京津两地的"双城记"——让眷属往天津租界避难,自己则是有事进京、完事即回。

三 市面恐慌

随着明清资本主义的萌芽、商品经济的进一步发展,银行、票号、钱庄、当铺等金融机构越来越融入百姓生活。武昌起义的消息传到京城后,掀起了经济上的动荡:京师食米,向来由南方各省供应,南省独立、道路不靖,来米之源一时阻绝,进而出现了粮食等的价格飞涨;出于对时局的担心、对政府的失望、对清廷行将就木的预判,人们争相到京师各大银行、银号提现,以致发生挤兑风潮。很快,一

---

[1]《许宝蘅日记》第1册,第374页。
[2]《许宝蘅日记》第1册,第374页。
[3]《汪荣宝日记》,第332页。
[4]《汪荣宝日记》,第325页。

諭旨御史蕭丙炎奏銀行信用亟宜維持謹陳管見一摺著度支部知道又片奏請飭禁止京中米石運往天津售賣等語著該衙門知道欽此

鈐章
欽奉

臣奕
臣那
臣徐

清廷禁止北京大米售往天津的諭旨

场金融恐慌从京城向全国蔓延……

粮价飞涨，禁止运米出京

武昌起义在京师引发的另一震荡，体现在粮食价格的异动上。

翻检中国第一历史档案馆所藏的《雨雪粮价情形》专题资料，我们可以得知，北京的粮价，宣统三年四月是"粟米每仓石价银二两二钱至五两四钱，麦是每仓石价银一两二钱至五两九钱"，五月、六月的价格与四月持平。

这种状况到八月发生了改变。八月十九日武昌起义爆发，朝野震动。当天，日本驻华公使伊集院彦吉在给外务大臣林董的电报中说：

一向准许向民间发卖之官仓米，自今日起已决定暂停发卖。此种措施，固属政府当局在当前情况下不得已而采取的应急之策，但若长此断然实行，将不免加剧人心动摇。[1]

八月二十五日，御史萧丙炎上奏"（京城）米价忽已飞涨。推原其故，固由于南省来米之源一时阻绝，亦实有奸商射利，将京中米石运往天津出售者"。[2] 为此，萧丙炎奏请禁止运米出京。

京师粮价涨幅如何呢？恽毓鼎在八月二十三日的日记中说，"米价飞涨至每石银十二两"，[3] 而且即便如此还买不到米。至于原因，恽毓鼎的分析和萧丙炎差不多："外米不至，奸商居奇。"[4] 照一石银十二两的价格，哪怕按四月最高售价一石五两算，也涨了1.4倍！至九月初一日时，恽毓鼎更是担心，"倘使仓庾空虚，都下十万户皆将饿死"。[5]

八月二十六日，清廷批准了萧丙炎的建议，"禁止京中米石运往

---

[1]《日本外交文书选译》，第2页。
[2]《录副档》，档号：03-7521-011。
[3]《恽毓鼎澄斋日记》，第552页。
[4]《恽毓鼎澄斋日记》，第553页。
[5]《恽毓鼎澄斋日记》，第553页。

天津售卖，下所司知之",[1]要求"民政部、顺天府、崇文门监督一体稽查，速即出示晓谕，无论何项人等，不准运米出京，并不准米商任意居奇、高抬市价"。

权贵纷纷来投，拉升天津粮价

御史萧丙炎的奏折和清廷禁止京城粮米外运的措施至少说明两点：一是北京的粮价已经飞涨，但还是比天津低，于是才会有商人将粮食贩卖至天津牟利；二是天津粮食需求比北京更大。

宣统三年天津一带的粮食收成如何呢？

这年五月十四日，直隶总督陈夔龙在《奏呈二月雨雪分寸单》中，还多次提到"得雪较多，可望丰收"。到了八月十四日，直隶赈抚办公处给直隶布政使、天津商务总会的报告却说，当年粮食歉收颇为严重，"今春顺直各属二麦歉收，夏秋之交，山水暴涨，河流决口，秋禾多遭淹没，秋收无望，食粮缺乏，民心惶惧"。[2]

真相究竟如何？十月初四日，陈夔龙给清廷上了《奏报秋禾实收分数片》，报告直隶当年粮食收成。直隶总督的辖境，大体相当于今天的北京、天津、河北，这份奏折主要是告诉最高层，今年顺天府（北京）、直隶（河北、天津）秋天的收成。其中说道："顺直各属本年秋禾除被水、被旱、被雹、被风、被虫各村外，顺天、保定等约收六分，永平、河间等约收七分余，天津、赵州等约收七分。"[3]

只有往年六七成的收成，缺口应该说不小。为此，陈夔龙不得不遵天津成兴号等六十六家粮商所请，上折奏请朝廷为赴河南、奉天、山东等产粮区购买粮食的天津粮商酌减火车"运粮脚价"和征捐

---

[1]《宣统政纪》卷六一。
[2] 天津市档案馆、天津市社会科学院历史研究所、天津市工商业联合会主编：《天津商会档案汇编（1903—1911）》下册，天津人民出版社1989年，第2015页。
[3] 中国第一历史档案馆：《雨雪粮价情形》专题资料，序号：12-13-0137。

税。[1]九月初二日,清廷同意陈夔龙所请:

> 电寄陈夔龙,据电奏,顺直各属,夏秋之交连遭大雨,继以飓风,秋禾晚谷全行折倒。灾情甚重,民食维艰,拟招商自备资本,分赴豫、奉、鲁三省及直隶之大名府一带采办杂粮,减价出粜。并援案将出产销场税捐一律全免;其火车运费,已商邮传部减收半价等语。着照所请,该衙门知道。[2]

从上文可知,直隶各地在宣统三年受灾颇为严重,各地的收成仅为平常的六七成。与此同时,七分收成的天津应该比六分收成的北京要好一些。

既然天津的收成比北京好,为何还需要从北京运米去接济,为何粮价会比北京的高?粮食买卖本属正常贸易,朝廷为何要下令禁止呢?

除歉收之外,更为直接的原因,就是前文所述的,数量众多的权贵、官员一下子涌入天津,使得天津的粮食需求一时间大大增加。因此,粮价随之飞涨,再正常不过了。

九月初五日,署理天津道洪恩广在所发布的《严禁津郡米粮出口告示》中说及天津米价飞涨的现象:

> 米价顿增。从前稻米每石八元六七角者,增至十三元五六角,籼米七元六七角者,增至十元有零。推之玉面、黍面、洋面等,亦无不较前顿涨。[3]

如此算来,天津稻米每石涨了五元,涨幅达58%。于是,从九月初五日起"本地所产米粮不准贩运出口"。[4]十一月十七日,天津又出台规定,"禁止杂豆出口"。[5]

---

[1]《天津商会档案汇编(1903—1911)》下册,第2018、2025页。
[2]《宣统政纪》卷六二。
[3]《天津商会档案汇编(1903—1911)》下册,第2019页。
[4]《天津商会档案汇编(1903—1911)》下册,第2019页。
[5]《天津商会档案汇编(1903—1911)》下册,第2023页。

为了缓解粮食紧张的局面，天津除了禁止当地所产米粮、杂豆出口外，还到奉天、山东、河南等产粮区买米。据统计，从宣统三年九月二十日到十一月二十二日，天津粮商到奉天已"购粮三十三万零九百石"。[1]

即使如此，粮食供应依然紧张，为此当地甚至想出了暂停酿酒以节约粮食之法——天津绅商陈元龄等就向直隶总督陈夔龙呈禀，建议自宣统三年十月初一日起至第二年二月初一日，天津全部七十五家烧锅（即酿酒厂）"暂行停烧四个月，约少省出粗粮十数万石，移作民食"。[2]

武昌起义爆发后，禁止运米出口的，不仅有北京、天津，还有号称"鱼米之乡"的浙江、江苏。因存粮不多，署仓场侍郎瑞丰等奏请"严禁江浙奸商运米出洋"——停止粮食国际贸易。八月二十九日，清廷批复同意。[3]两江总督张人骏九月初七日更改士兵发饷办法的奏折，也足以证明当时物价飞涨的事实——江苏巡防营薪饷，本来是每年分十个月平均发放，但武昌起义后，货币贬值过快，新招的三十营士兵改为"按月给薪"才得以招成。新兵、老兵办法不一，很容易引发不满。为此，张人骏请求也将老兵军饷改为按月发放。他在奏折中说：

> 值此百物昂贵，勇丁日用不敷……此优彼绌，不足以示均平。请自本年九月初一日起，将江宁各路巡防马步各营，一律按月给薪，并发给巡勇丁棉衣裤一套，以恤兵艰。[4]

年薪制改为月薪制，能将兵饷尽快发到兵勇手中，尽量减少通货膨胀带来的贬值损失。这样的境况，是不是类似于我们熟悉的1948—1949年间国统区的法币贬值呢？

而此时，一场金融恐慌确实正从京师向全国蔓延。

---

[1]《天津商会档案汇编（1903—1911）》下册，第2028页。
[2]《天津商会档案汇编（1903—1911）》下册，第2017页。
[3]《宣统政纪》卷六一。
[4]《宣统政纪》卷六二。

钞票成废纸，京师银号遭挤兑

八月十九日，日本驻华公使伊集院彦吉在报告中说，自湖北动乱消息传来，京师即暗自担心将发生银行挤兑之事。今日，本地各主要清国银行，如大清、交通、信成等行，都一齐发生以纸币兑换银元或提取存款等挤兑现象。[1]

仅仅六天之后，八月二十五日，御史萧丙炎在奏折中说，受挤兑风潮拖累，京城已有一二十家钱铺倒闭：

> 近日，大清总银行及北京储蓄银行执票取银者，几于给不暇给……于是市面恐慌，竟有不用该银行纸币之说。谣言四起，人心惶惶，恐大乱之作，必自此始矣……不惟大清银行受其影响，各城银号钱店皆被其实害，连日倒闭钱铺不下一二十家。而一切交易，非现钱不行，殊属不成市面。[2]

恽毓鼎八月二十三日的日记，印证了萧丙炎所奏："市面大扰，银行、钱店纷纷兑取银洋，周转不灵，遂致接踵闭门，钞票竟成废纸，甚至大清银行钞票亦不收用，是无国家矣。"[3]

甚至连皇室亲贵也加入了挤兑大军。和普通民众不同的是，他们是把钱从国内银行取出，存入外国银行。恽毓鼎九月十九日的日记说：

> 上月二十一以后，乱事初起，众亲贵竞向银行票号提取现银，挈存外国银行，且有倒贴子金以求其收纳者。庆王最多，二百四十万（外间传为二千四百万，恐无如此之多）。世中堂累代储积，有二百万。那中堂亦有此数。洵、涛两贝勒则仅百万。此外，极少皆数十万。[4]

日记中所说的庆王，指庆亲王奕劻。世中堂是时为总管内务府大臣的世续，那中堂便是那桐。洵、涛则指载沣的两个弟弟载洵和载涛，

---

[1]《日本外交文书选译》，第2页。
[2]《宣统政纪》卷六一。
[3]《恽毓鼎澄斋日记》，第552页。
[4]《恽毓鼎澄斋日记》，第558页。

当时分别出任海军大臣、军咨大臣——都是朱门绣户、显赫高官。

恽毓鼎所记各亲贵财产数目，不一定准确。但京城发生挤兑风潮，以及亲贵纷纷将钱存入外国银行，则确有其事。伊集院八月十九日给林董的报告也证实人们争相把钱存入外国银行的事实：

> 我横滨正金银行支行，自今晨起亦发生提款问题，其数额竟达万元之巨。幸而存款数目亦有所增加，故从结果看来，反而似乎受到良好影响。[1]

正金银行总部在日本横滨，光绪十八年进入中国，其北京支行宣统二年开业，坐落在东交民巷与正义路交叉路口东北转角（现为中国法院博物馆）。发生挤兑对银行来说本是灭顶之灾，而普通百姓纷纷取款的同时，皇室高官却将巨款悄悄存入，使得资金本不充裕的正金银行库存款项不降反增，可谓发了中国国难财。

内阁协理大臣那桐，就是日本正金银行的客户，十月二十二日他报效度支部的经费银一万两，用的就是正金银行银票；[2]十一月初八日他还将银三万两存入正金银行。[3]

可供选择的外国银行，除日本正金之外，还有英国汇丰银行。绍英时为度支部侍郎，八月二十五日他曾从汇丰银行取银七千两，取款原因就是市面发生挤兑，备现银以应急："此次系因恐有市面扰乱之事，故急备现款，以备需用也。"[4]

为了制止挤兑风潮，萧丙炎建议度支部（相当于现在的财政部）发出公告向储户保证：存款将由度支部乃至宫廷内帑担保。

八月二十五日，内阁印铸局局长陆宗舆也奏称"武汉事起，京城市面摇动"。为此，他建议，首先不论是度支部的大清银行还是邮传部的交通银行，以及各省官办银行发行的纸钞，都由度支部及各省藩

---

[1]《日本外交文书选译》，第2页。
[2]《那桐日记》下册，第704页。
[3]《那桐日记》下册，第706页。
[4]《绍英日记》第2册，第235—236页。

库担保、负责偿还，同时下令民间将纸币作为法定货币通用，铺户买卖等都不准不收；其次规定民间持票取现洋暂以二十圆为限，以杜绝大宗现银外流；第三是赶紧制订各省官钞交易汇兑办法，使得这些钞票彼此通用，这样一来民间就没有支取现洋之必要了；第四，在下令让各银行筹足现银的同时，制订现银支取之法。[1]

到了需出台法令限制只能取二十圆现银的地步，可见当时金融危机之严重。

掌辽沈道监察御史史履晋则在九月初九日奏请禁止王公大臣从国内银行取款转存外国银行。他在奏折中说，京师银号接连倒闭、各亲贵纷纷取走存在国内银行的存款，转存至外国银行，如此加重了京师银根吃紧的状况，应加以禁止：

> 京师银根奇紧，银行银号炉房已倒闭十余家，大清储蓄两银行又被拥挤……各王公大臣府第亟于自保财产，纷纷向银行提取现银、积存私宅，且有转存外国银行及收买黄金、金镑者，耳目昭彰，人心愈加慌恐，应请密谕各亲贵速将所提现款仍存大清银行，流通市面。[2]

但前文所说的那桐直到十月、十一月还在正金银行存储的事实表明，史履晋等的奏请并未被清廷采纳。

据陆军部军法正参领（陆军军衔名，三品，大体相当于旅团一级）丁士源的说法，京城发生银行挤兑风潮，和前去车站送荫昌南下的邮传大臣盛宣怀有关：

> 盛旋至站登车，持汉阳地图一纸，请荫大臣下令，全军攻汉阳时，如汉阳铁厂少受损失，即赏银十万元。荫大臣笑领之。盛即退至站台，向车窗高声曰："适所言，诸君勿忘。"荫大臣答

---

[1]《宣统政纪》卷六一。
[2]《档案汇编》第67册，第85页。

曰："君备款可耳。"[1]

丁士源说，盛宣怀、荫昌的这番对话，被在现场采访的各国记者误听为荫昌南下缺军饷、催盛宣怀筹备。报道一发，京津沪粤立即发生银行挤兑事件，"是时，台中中外记者咸闻之，认为荫虽南下，而军饷不足，通电世界，以致翌日上海、天津、北京、广东均发生大清银行挤兑之事"。[2]

相关档案中确已发现盛宣怀为汉阳铁厂一事给荫昌的亲笔信函。[3]不过丁士源所说，多少有夸大的成分。金融恐慌，是民众对政府失去信心的总爆发，即使盛宣怀对荫昌说过这一席话，顶多也只是引发金融恐慌"蝴蝶效应"的那个亚马孙流域的蝴蝶而已。

笼罩全国的金融恐慌

京城发生的挤兑风潮和金融危机，很快波及大江南北。

东三省方面。八月二十六日，日本驻关东民政长官白仁武在给新任外务大臣内田康哉的电报中说，因受湖北地区革命动乱之影响，奉天营口、大连两地经济界颇呈恐慌状态：

> 营口：过炉银价暴跌，自十六日晨起，大清银行、交通银行及官银号均遭挤兑，门前拥挤不堪，巡警用刺刀警戒。截至同日下午四时止，兑换款额为：大清银行十二万元，交通银行二万元，官银号五万元。大清银行除现存银币三十万元外，又于当天夜间急向奉天请领二百余万元。
>
> 大连：本日大清银行遭到挤兑，付出银币二十五万余元，兑取人数约达三百人，一时混乱非常。据闻，该行将于明日向营口方面调拨银币三十万元。[4]

---

[1] 丁士源：《梅楞章京笔记》，中华书局2007年，第313页。
[2] 《梅楞章京笔记》，第313页。
[3] 《中华民国史档案资料汇编》第一辑，第178页。
[4] 《日本外交文书选译》，第8页。

华北方面。除京城之外,九月初六日天津爆发银元挤兑风潮,九月十二日热河副都统溥良也电奏,"张家口近因鄂晋事起,金融机关异常窘迫"。[1]

其他像河南、江苏、安徽、江西,都发生了挤兑事件:八月二十四日,河南巡抚宝棻电奏,"昨得武昌警报,商民纷纷取现";[2]八月二十六日,两江总督张人骏也奏报,"鄂省变乱,裕宁官钱局大受影响,持票兑现者,纷至沓来,应接不暇"。[3]

受冲击的,除了大清银行、裕宁官钱总局等之外,还有交通银行。交通银行是具有国家银行性质的官商合办银行,由邮传部奏请设立,除经营银行普通业务外还经理路、电、邮、航四政的款项,并享有发行钞票的权力。其分支行号遍及全国,是清政府重要金融机构之一。武昌起义爆发后,交通银行立即遭遇挤兑等危机——汉口交通银行很快陷于瘫痪,八月二十日,汉口交通银行向总管理处连电告急说:"情形甚危,兑票甚多,各商号外虽照常,实则已停贸易。汉给应兑票款尚多,且虑存款来提。"[4]

汉口交通银行仅仅支撑了一天即宣布关门:

> 武昌陷后,人心大乱,既无长官,又无巡警,汉行持票兑现拥挤不堪,"匪徒"亦乘之而入。至二十一日四点钟后,现银固属难支,而来势尤为凶险,只得随各银行一律停市。[5]

此后,随着武汉战事进入胶着状态,汉口交通银行被迫终止营业,搬往上海。不仅如此,南京、上海、广东、山东、天津和营口等地的交通银行,也处于风雨飘摇之中。

各地督抚为了缓解危机,可谓煞费苦心:两江总督张人骏请求

---

[1]《宣统政纪》卷六三。
[2]《宣统政纪》卷六一。
[3]《宣统政纪》卷六一。
[4] 魏振民:《辛亥革命爆发后四个月间的交通银行》,《历史档案》,1981年第3期。
[5] 魏振民:《辛亥革命爆发后四个月间的交通银行》,《历史档案》,1981年第3期。

朝廷将两江造币分厂所存的新币一百余万尽数拨交大清、交通江苏分行及裕宁官钱总局，以备应付钞票取用；东三省总督赵尔巽奏请允许"开铸旧小银圆"；袁世凯出山后，针对河南钱荒，奏请允许自行开铸铜元，以济军需，九月初十日清廷同意河南"自行开铸当十铜圆，以应急需"。[1]

铜元铸造过多，自然会带来货币超发、通货膨胀，极易引发社会动荡。光绪三十四年，锡良出任四川总督时，筹款数百万创办四川铜元局，以改变四川无铸造铜元资格的状况。可即便修建了厂房、安装了机器，清廷都迟迟不同意开铸。如今，仅仅过了三年，面对财政紧张的困境，清政府再也顾不得那么多了，"痛快地"同意河南自行铸钱。

诚然，武昌起义后，挤兑风潮不仅出现在清廷所控制的京师以及河南、广东、江苏、东三省、山东等地，也出现在湖北、湖南等已为民军所控制的省份——当时的报纸登载，武昌起义后，湖北"商界听信谣言，徒滋纷扰，有意将各银行钞票，阻滞通用，殊于市面大起障碍"。[2]业已光复的长沙，"北城外和丰公司因纸币过多，银根日紧，一时将兑不及，以致大起谣风，拥挤至数万人"。[3]最后还是湖南副都督派兵前往弹压，打死两名乘乱闹事者，才得以将事态强行平息。

四　谣言整肃

除了要应对战争的爆发和经济的动摇外，清政府还不得不面临因战事变幻莫测、时局转换频繁而层出不穷的各种谣言——无论是

---

[1]《宣统政纪》卷六二。

[2]《南市之预防》，《时报》，1911年10月23日。转引自董丛林：《晚清社会传闻研究》，人民出版社2007年，第238页。

[3]《湖南革命军详情》，《时报》，1911年9月28日。转引自《晚清社会传闻研究》，第238页。

高居庙堂的统治阵营，还是不明底里的民间江湖，都显出极大的惶乱，"军政两界之风云，因之骤然变色……于是谣诼四起，人心动摇"。[1]清廷在十二月初七日的谕旨中也承认，"现在讹言繁兴，人心不靖"。[2]

百姓阶层关于战事、宫闱以及社会的谣言，广泛流传于京津一带。为整肃这些或伤及政府面子，或蛊惑人心的谣言，清政府没少下功夫。

战事谣言

武昌起义初期，由于电报局被民军占领，消息传递不便，于是坊间充满了各种关于武昌前线战局的流言。

八月二十日，那桐、汪荣宝的日记中都曾记载湖北提督张彪被杀的消息，[3]但其实张彪只是出逃并未阵亡。八月二十七日，汪荣宝听说，参加武昌起义的新军"已携赀溃逃，无烦官军一战矣"。[4]但很快有朋友去陆军部询问后回来告知，这只是谣言，"无叛军溃逃之说"。清功臣馆总纂恽毓鼎在八月二十三日的日记中评价说："一日谣言甚多，传某某处皆兵变失守矣，或系伪电，或出讹传，均无其事。"[5]

随着时间的推移，越来越多的地方开始响应武昌起义，宣布独立。于是，关于某地为革命军所占的说法便在京津一带频繁流传。

有关于南方各地独立的。八月二十二日，汪荣宝听说了扬州失守，长沙失陷，安庆、芜湖岌岌可危等传闻，[6]但实际上，湖南直到九月初一日才宣布独立。十月初三日，汪荣宝在火车上听说南京已为

---

[1]《辛亥革命资料类编》，第89—90页。
[2]《上谕档》，宣统三年十二月初七日。
[3]《那桐日记》下册，第700页；《汪荣宝日记》，第304页。
[4]《汪荣宝日记》，第307页。
[5]《恽毓鼎澄斋日记》，第552页。
[6]《汪荣宝日记》，第305页。

革命军占领,江南提督张勋逃遁。[1]第二天接到的电报即否定了此传言:"接浦局电报,但云南京岌岌可危,并未云不守。昨所闻于若木者,盖尚非确耗也。"[2]而南京被革命军占领,是在十月十二日。

还有关于天津独立的。九月十七日,在北京的汪荣宝听说吴禄贞第六镇兵变,保定、天津已陷落。但到晚上北京天津之间电话通信恢复后得知,天津无事,这仅为谣传。九月十九日,又盛传天津将在当日宣布独立。汪荣宝当时就在天津,他自己在第二天的日记中就否定了此传言:"昨夕本埠安稳无事,知所闻皆系谣言。"[3]汪荣宝的侄子时在上海,也听说天津即将被革命军占领,于是赶紧来电报催其速带家人回江苏老家。这让汪荣宝有些哭笑不得,在日记中说"不知其听得何种谣言也"。[4]看来,类似的战事谣言不仅流行于北京、天津,也盛行于上海等南方城市。

种种某地失守的谣言中,甚至有北京失守的说法。九月十八日,当日凌晨刚刚离开京城到天津的汪荣宝就在陆宗舆家中听到北京已被革命军包围的消息,"往旭街十号访闰生,闻京城有被围之信"。[5]这自然也只是虚惊一场。

宫闱谣言

除武昌前线和各地战况的谣言之外,当时还盛传朝廷要迁都、皇帝要逃往避暑山庄、隆裕太后要垂帘听政等事关宫闱的谣言。

皇帝北逃说。九月初八日,清廷给直隶总督陈夔龙的电报中说:"据电奏,天津等处日来浮言四起,竟谓宫府之内,有将以北狩之说

---

[1]《汪荣宝日记》,第319页。
[2]《汪荣宝日记》,第320页。
[3]《汪荣宝日记》,第314页。
[4]《汪荣宝日记》,第325页。
[5]《汪荣宝日记》,第314页。

进者。"[1]

北狩，是北逃的委婉说法。咸丰十年（1860）第二次鸦片战争期间，英法联军进军北京，咸丰皇帝害怕之余逃到承德避暑山庄，之后一直没有回京，一年后死于承德。当时咸丰的说法就是"北狩"。光绪二十六年（1900），八国联军攻占北京，慈禧太后带着光绪皇帝西逃至西安，当时的说法叫"辟地西狩"。

如今，"北狩"之说再起，清廷赶忙辟谣："现在人心不靖、谣诼纷纭，朝廷一以镇静为主，并无北狩之说。着即传谕士绅，万勿听信讹言，致滋纷扰。"[2]天津为北洋门户，为此，清廷在九月初八日的谕旨中，要求陈夔龙力保天津、直隶局面稳定，并派得力大员坐镇交通枢纽保定，以定人心而稳大局。可即便如此，也难以阻挡类似宫闱谣言的诞生与传播——十月初二日，在上海的庄畹玉给避居青岛的丈夫盛宣怀的信中，还有"昨有谣传，北京失守，庆戕摄逃"[3]之语。所谓"庆戕摄逃"，指的就是庆亲王奕劻被杀、摄政王载沣出逃。如今看来，这无疑是一则典型的宫闱谣言。

隆裕太后垂帘听政说。十月二十日，清廷下旨对吉林巡抚陈昭常等"传旨申饬"——相当于现在的通报批评。个中原因，是四天前监国摄政王载沣归政后，陈昭常等散布"宫廷不和"等说法，并推测隆裕将要实施垂帘听政。这令隆裕皇太后十分生气。隆裕在处分陈昭常的同时，也声明时下已经确定按照立宪政体施政，用人行政大权将归内阁，"与先朝垂帘训政制度迥不相同"。[4]"垂帘听政"说并不仅仅流传于朝廷高官内部。十月二十七日，日本驻华公使伊集院拜会袁世凯时，就以此传言向袁世凯求证。袁世凯回答说："至若皇太后垂帘听政一说，只是一纸空论，此种政治已成为历史陈迹，可

---

[1]《宣统政纪》卷六二。
[2]《宣统政纪》卷六二。
[3]《辛亥革命前后》，第220页。
[4]《上谕档》，宣统三年十月二十日。

言而不可行。"[1]

立孔子后裔为皇帝说。十月二十七日,在会见伊集院时,袁世凯就明确表示立孔子后裔为皇帝将会引发无尽麻烦,万不可行,"此种荒唐论调实不值一笑;单纯可以拥为君主之族系人物,不但无从寻觅,容或有之,而废黜现今皇帝另立新主,其结果只是在实质上成为共和政体,且会惹起更多纠纷,无论如何,不能考虑"。[2]

事实上,立孔子后裔为皇帝说,是英国方面炮制的。在拜会袁世凯的前一天,伊集院在给国内的电报中透露,当日他前往拜访英国驻华公使朱尔典。会谈结束告辞之后,朱尔典又追到庭院将其请回,"取出英国外务大臣绝密来电见示"。[3]密电的内容,就是提议册立孔子后裔为皇帝,并指示朱尔典就此征询伊集院的意见。

朝廷迁往蒙古、张家口说。日本人宗方小太郎光绪十年(1884)来华后长期在中国居住,负责搜集情报。他精通汉语,且能吟诗作赋,与清朝士大夫阶层常有交往,并同孙中山、黄兴、宋教仁等革命党人有联系。他曾在九月十八日的日记中写道:"满洲朝廷有迁至蒙古、张家口之说。"[4]此虽属孤证,但估计也不是风影之谈。

临时政府迁往天津说。由于南北和谈期间孙中山极力反对由清帝授权袁世凯组织临时政府,因此,为了撇清同清廷的关系,当时还有临时政府迁往天津的说法。台北"中央研究院"近代史研究所所长郭廷以在《中华民国史事日志》中就说,十一月二十九日的清廷御前会议上,袁世凯告病未至,赵秉钧、梁士诒等主张设临时政府于天津,与南京方面开议,恭亲王溥伟及良弼等力持不可。十一月三十日,袁世凯告诉朱尔典,清廷即将发布上谕委托其组织临时政府,临时政

---

[1] 骆宝善、刘路生主编:《袁世凯全集》第19卷,河南大学出版社2013年,第166页。
[2]《日本外交文书选译》,第283页。
[3]《日本外交文书选译》,第280页。
[4] 宗方小太郎:《辛壬日记》,中华书局2007年,第50页。

府设于天津。[1]类似的说法,汪荣宝显然也曾听说,他在十二月初一日的日记中说:"闻诸外部,皇帝退位之后,南中允将临时政府取销,另设临时政府于天津,未知是何用意。"[2]而且,临时政府迁往天津说,并非纸上谈兵,还有实际行动——十二月初二日,北京来电将京奉铁路所有专车调至北京,时在天津的汪荣宝等不胜惊惶,直到傍晚,才从法国领事馆得知这是为临时政府迁至天津做准备,"皇帝逊位后,总理即到津组织临时政府,各国公使亦同来。乃悟京电索车者殆即为此"。[3]不过,后因蒙古王公等的激烈反对,此议遂寝。

组织摄政会议说。十月二十七日,袁世凯主动告诉伊集院,他本人同意组织摄政会议:"只有组织摄政会议,本人倒是极为赞成。……按本人意见,无论如何应设一皇族席位。……又如摄政人数,有二人之说,亦有三人之说。"[4]但显然,袁世凯也知道各方难以接受皇族摄政的举措,"不但革命军方面不能同意,即一般民众舆论亦不能谅解,故万难实现"。最后也确实是不了了之。

袁世凯被刺、被罢斥说。袁世凯出山后,其言谈举止为中外所瞩目,自然也成了谣言攻击的主要目标。九月二十日,在天津的汪荣宝听说袁世凯在孝感遇刺。[5]事实上,袁世凯是十一月二十八日下朝时,在东华门外遭遇革命党人炸弹袭击,护卫官袁金标身亡,袁世凯本人安然无恙。十二月初二日,还盛传由于宗社党运动北京驻军(禁卫军及第一镇)暴动,袁世凯将被迫避往天津。[6]

南北双方进入磋商清室优待条件阶段后,京城一些拥护皇室的

---

[1] 郭廷以编著:《中华民国史事日志》第1册,台北"中央研究院"近代史研究所1979年,第11页。

[2]《汪荣宝日记》,第334页。

[3]《汪荣宝日记》,第335页。许宝蘅在日记中也记载了临时政府迁往天津之说,见《许宝蘅日记》第1册,第390页。

[4]《日本外交文书选译》,第283页。

[5]《汪荣宝日记》,第314页。

[6]《中华民国史事日志》第1册,第12页。

亲贵等反对共和、反对清帝逊位，一时间甚至有策动禁卫军驱逐袁世凯，以铁良或荫昌为总理，与民军决一死战的传闻。汪荣宝就听说，十二月初六日前后"连日廷议，多数反对共和，项城势不能再留，将以荫午楼为总理大臣，京师人心极为恐慌"。[1]在十二月初四日给外长格雷的信中，英国驻华公使朱尔典说：民军反对清廷授权袁世凯组织临时政府，清室中的铁良等宗社党头目表示要与民军一战。[2]这表明，朱尔典也听到了类似传闻。

社会谣言

当时的社会谣言，有诸如强迫满汉分界居住、京津火车停运等。这些谣言，或瞄准当时满汉间民族矛盾尖锐的现实，或针对京师官民纷纷避难天津的热点，也因此，都有着相当高的关注度。

清廷九月二十日的一道上谕说"近因各省纷扰、军人交哄、谣诼繁兴，并有以满汉强分界限，意在激使相仇"。[3]

满汉强分界限，顾名思义，就是让满族人和汉族人分开居住。客观而言，孙中山等领导同盟会，宣扬的就是排满兴汉，同盟会章程中开宗明义就提出"驱除鞑虏、恢复中华"。因此，武昌起义爆发后，各地满汉矛盾激化并不为奇。

武昌、西安等地独立之初，确有不少旗人被杀。时在汉口的英国传教士计约翰回忆说："一名叛军（指湖北民军）告诉我们说，这天他们在汉口杀了一百名满洲人。"[4]英国驻南京总领事伟晋颂在九、十月间给朱尔典的一份报告中，毫不隐瞒地担心，如果爆发战事，那些居住在南京的满族人必将遭到毁灭。[5]朱尔典则在十月十九日告诉外

---

[1]《汪荣宝日记》，第336页。"午楼"为荫昌表字。
[2]《英国蓝皮书》上册，第360页。
[3]《光绪宣统两朝上谕档》第37册，第296页。
[4] 计约翰：《辛亥武昌战守闻见录》，《近代史资料》，总72号。
[5]《英国蓝皮书》上册，第147页。

长格雷,他接到西安一位传教士的信,说"西安府的满族人几乎已被歼灭净尽"。[1]

另一方面,满人欲报复汉人的言行,也确实不少。前文说过,旗人桂春曾扬言要悉数诛杀京师汉人。桂春是民政部侍郎,他的表态很容易被误认为是朝廷的立场。武昌起义爆发后,闽浙总督松寿和福州将军朴寿害怕福建新军闹事,下令将所有的药库子弹移入旗界,十三岁以上的旗人男子均学打枪,妇女则各给刀一柄。协领文楷声称汉人仇视满人,还要组织杀汉党以抵制。如此,弄得福建到处流传旗兵将要大规模杀汉人,一时人心惶惶。[2]

但清朝建国已二百六十八年,满汉融合已久,如果真的互相仇杀,岂不引起社会大乱?清廷自知其中利害,于是赶紧颁旨进行澄清:

> 试思满汉皆朝廷赤子,一视同仁,尔军民人等群居州处近三百年,亦并无丝毫芥蒂,有何猜嫌致生疑忌?此等谣传,显系奸人暗中鼓煽、扰害治安,在稍明事理者自不至为其所惑,深恐无知愚民一唱百和、激生事端,用特明白宣示。[3]

幸运的是,大规模互相仇杀的势头很快被遏制了。

在武汉,据陆军第三中学学兵张任民《我参加辛亥武昌起义忆述》一文称,起义后几日间"武昌城内外无辜被杀戮者,不下千数人"。这一千多被杀者,既有满族军政人员及家属,也旁及汉人。[4]时为湖北军政府顾问的李国镛在《革命事略》中说:"二十二日,镛见各军士搜杀满人,遇即枪毙,尸横街衢,甚至有挟宿怨而戕害同胞者。"[5]李国镛见状,赶紧向湖北军政府都督黎元洪报告。黎元洪即下令将沿街尸首予以掩埋,并出示晓谕,要求"以后如遇满人,必须由

---

[1]《英国蓝皮书》上册,第141—142页。
[2] 尚秉和:《辛壬春秋》,中国书店2010年,伍辑6-480。
[3]《光绪宣统两朝上谕档》第37册,第296页。
[4]《辛亥首义史》,第279页。
[5] 李国镛《革命事略》第四次草稿。转引自《辛亥首义史》,第280页。

执法处讯办,不准擅行枪毙"。之后,汉口军政府也下达了禁止滥杀满人的命令。如此,使得屠戮满人的事态没有扩大。

西安方面,驻陕旗兵有五千人,加上家属超过万人,集中居住在满城。他们死命抵抗,与陕西革命军进行了激烈的战斗。陕西革命军攻下满城之后,"一些士兵和领队官杀害了一些不必要杀害的旗兵及其家属,俘虏了很多男女老幼,把他们集中管押在各处,(九月)初五日把他们遣送出城,令其自谋生活。将军文瑞跳井自杀"。[1]

至于福建的满洲旗兵,很快就投降革命军,一场屠杀也因此得以避免;而号称要杀京师汉人的桂春,很快于九月初九日被免去民政部左侍郎职,回仓场侍郎本任。因此可以说,除西安之外,各地旗兵和满人基本得以保全。

谣言整肃

乱世出谣言。武昌起义后的众多谣言,不少是因信息不够公开透明而产生的,反映了广大民众对未来不确定性的担忧。但也不可否认,其中一些是革命党或同情革命党者所制造的,当时就有"都人士女相惊以革命党且至。风声鹤唳,草木皆兵"的说法。[2]

武昌起义爆发后,应陆军部之请,清廷民政部曾于八月二十三日下令不准京城各报刊登武昌起义消息,但《顺天时报》"大书特书南京、广州、许州、岳州、九江、安庆等处失守之谣传",[3] 这让时为民政部左参议的汪荣宝直言"真堪痛恨"。

《顺天时报》所为,多是出于同情革命。除此之外,革命党还精心编织谣言,以瓦解清方斗志。宣统三年十二月十五日,内阁代递四川提督田振邦的奏折,言四川独立之始末。其中有这样一段:

---

[1] 全国政协文史资料研究委员会编:《辛亥革命回忆录》第五集,中华书局1963年,第10页。
[2] 《辛亥革命资料类编》,第90页。
[3] 《汪荣宝日记》,第306页。

川省所失城池，俱已收复，所余者惟灌县一处……讵意浦、罗九人释放以后，日与革党造作谣言，伪传电报，谓北京业已失守，各省均已独立，湖北革党，不日来川。[1]

当时成都与朝廷不通电报已经有一段时间，比如七月二十三日，湖广总督瑞澂就电陈朝廷"四川省城城外聚有乱党数万人，四面围攻、势甚危急……成都电报现已数日不通"；[2] 在八月二十日朝廷发给代理川滇边务大臣、补用道傅嵩炑的电报中，亦有"据电奏，川边邮电毁阻，文报不通"等语。[3]

电报不通、信息不畅，更为谣言的产生提供了便利。蒲殿俊、罗纶等伪造电报，说北京已经被革命军占领。身为署四川总督的赵尔丰"惑于谣传"、信以为真，于是大失方寸，以不当总督为条件，请求四川保路同志会保全其性命。据四川提督田振邦说，为此，赵尔丰还将其从前线调回成都、解除其兵权，并在十月初六日将总督印信交给蒲殿俊，以致四川第二天宣布独立。赵尔丰后来还是被四川革命军绑赴皇城公堂处决，不过，一条谣言经过革命党的巧妙利用，竟然能够产生如此大的威力，实在出人意料。

应该说，对于各种谣言、对于革命党的宣传渗透，清廷一直保持着高度警惕。

光绪三十四年（1908）十一月，当时光绪、慈禧刚刚驾崩，京师人心未靖，朝廷政务繁重。但即便如此，清廷还是发布上谕，要求严惩国丧期间肆意捏造谣言、刊印函单送给各学堂淆乱是非者，并下令邮传部对来自海外、寄往"京外各衙署局所学堂"的信件进行严格检查，"遇有自外洋寄来汉文函件，字迹封式在五件以上，分致上项各处者，立即拆阅。倘语涉悖诞，即刻一律焚毁"。[4]

---

[1]《宣统政纪》卷六九。其中的"浦、罗"指四川保路运动领导人蒲殿俊、罗纶。
[2]《上谕档》，宣统三年七月二十三日。
[3]《宣统政纪》卷六一。
[4]《宣统政纪》卷二。

武昌起义爆发后，清廷整肃谣言的措施之一，是"京师戒严……束制报馆"[1]，派"警察来干涉报馆，不准登载各种消息"[2]。据《汪荣宝日记》，八月二十二日，陆军部就咨请民政部下令不准京师各报馆刊载武昌起义的消息："陆军部咨请本部通饬京师各报，于鄂中乱事暂缓登载，各报均已照办。"[3]但从《汪荣宝日记》中所引的《顺天时报》可见，仍有不少报纸对民政部这一禁令虚与委蛇。

随着革命形势的发展，京师整肃的举措也越来越严厉。十一月二十五日，冯国璋就向内阁呈文，要求取缔鼓吹共和的报馆、禁止京师和直隶一带销售上海报纸，并严惩煽动鼓惑者。冯国璋在呈文中说：

> 闻南方各埠凡尊重朝廷、主张君主之报纸，不准售销。倘有反对共和之说者，或加禁锢，或处极刑。而京师重地……凡南方造言构乱各报馆一律禁止行销，即悖谬之函电等件亦应一律取缔。其京津报馆如有违悖报律、煽惑人心者，分饬民政部、直隶总督查明奏禁，所有京津一带藏匿之奸匪希图惑动人心、破坏秩序者，应分别按律从严惩治。[4]

不少人在今天仍惊羡于宣统时的法律成就，比如《民事诉讼律》修订完毕，比如《公司律》《破产律》《著作权律》的出台等。但从上文我们得知，在当时，民众基本的通信自由权甚至都没得到清廷的保护和尊重——字迹信封样式一致的，只要五封以上，就会被拆封甚至焚毁；至于报纸，只要是政见不同的，都面临被查禁的风险！

防民之口甚于防川，类似的查禁光绪朝即有，宣统元年悉仍其旧。宣统三年四月二十四日，御史陈善同给朝廷上了拯救"内乱叠生"时局的八条对策，其中第二条就是"禁流言"。[5]由此可知，辛

---

[1]《辛亥革命资料类编》，第89—90页。
[2]《辛亥革命资料类编》，第88页。
[3]《汪荣宝日记》，第306页。
[4]《档案汇编》第76册，第265—266页。
[5]《宣统政纪》卷五三。

亥年谣言危害程度之大，也可知查禁多年，效果并不佳。

武昌起义后的八月二十九日，河南巡抚宝棻上奏"近年海外革党，时有悖逆书函，邮寄内地，煽惑人心"。[1] 为此，宝棻请求朝廷下令让邮传部在"入口各埠暨内地各局，遇有寄交各处学堂、军队、会社公函，悉心检查"。

查了多年，状况依旧。而且，此时的清廷已力不从心、无暇顾及了。因此，收到宝棻的奏折后，清廷没有再度严令各部门严查，皇帝的批复只有轻描淡写的六个字——"着邮传部知道"。

---

[1]《上谕档》，宣统三年八月二十九日。

第二章

调兵南下

在前门火车站准备南下的清军

一　厉兵与换将

笼罩京城的起义消息，催促着清廷拿出应有的军事应对。有评论认为，武昌起义爆发后，清廷其实"以惊人的速度做了一次徒然的努力"。[1]而调兵南下，便是清廷诸多努力中的第一步。这样一场震惊了京师的起义，清廷应该调集多少人马才能镇压得住？而实际上，清廷又具体派出了多少人南下呢？长期以来流传的"统帅荫昌怯战不敢南下，指挥不动北洋各镇，以致清廷被迫起用袁世凯"的说法，又是否可信呢？

编制与兵力

为镇压武昌起义，八月二十一日，清廷发布谕旨，令陆军大臣荫

---

[1]拉尔夫·尔·鲍威尔：《1895—1912年中国军事力量的兴起》，中华书局1978年，第185页。

昌率第一军两镇[1]人马南下武昌，令海军提督萨镇冰、长江水师提督程允和率水师赴鄂，同时由荫昌节制湖北军队和湖南、河南等地派往湖北的援军。

> 着军咨府、陆军部迅派陆军两镇陆续开拔，赴鄂剿办；一面由海军部加派兵轮饬萨镇冰督率前进，并饬程允和率长江水师即日赴援，陆军大臣荫昌着督兵迅速前往。所有湖北各军及赴援军队，均归节制调遣，并着瑞澂会同妥速筹办，务须及早扑灭，毋令匪势蔓延。[2]

两镇兵马南下之说，也见于监察御史史履晋八月二十三日奏请起用袁世凯的奏折："窃自武昌兵变，警告万急，现已派荫昌督带两镇前往。"[3]此外，还见于陆军部档案，"军咨大臣训令……本日奉上谕，

---

[1]"镇"相当于现在的师，"协"相当于现在的旅，"标"则相当于现在的团。
[2]《上谕档》，宣统三年八月二十一日。
[3]《档案汇编》第75册，第228页。

派荫大臣督兵两镇往剿并令本府迅编两镇等因"。[1]

但南下的究竟是哪两镇兵马？要弄清楚这个问题，我们需要对晚清部队编制有一个初步了解。

据罗尔纲先生的《晚清兵志》，清廷所编练的新式陆军三十六镇（实际只练成二十镇和九个混成协）实行全国统一编号，一镇辖两协四标：

> 如第一镇步队则编第一协第二协，第一标至第四标，马队炮队则编为第一标，工程队辎重队则编为第一营。第二镇步队则编为第三协第四协，第五标至第八标，马队炮队则编为第二标，工程队辎重队则编为第二营。以下各镇依次编排。若遇有未编成全镇的，则暂空其协、标、营数，以待补编……其混成协及未编成镇协各省陆军均系暂时性质，一待成镇，即依号次编列。[2]

武昌起义前夕，清军正在直隶永平（现河北秦皇岛、唐山一带）进行年度秋操（相当于现在的演习）。陆军部丁士源其时正陪同军咨大臣载涛参加永平秋操，武昌起义爆发后他又跟随荫昌南下，担任副官长。在其所著的《梅楞章京笔记》一书中，丁士源说参加秋操的部队主要来自第二、第四、第二十镇和禁卫军、永平巡防队等。为秋操需要，将王占元统率的第二镇第三协临时改编为混成第一协。关于南下部队的番号，丁士源如此记载：

> 电命保定陆军步兵第二十二标马继增率全标，并机关枪十二架，南下分防铁路沿线，至汉口刘家庙为止。又电命开封宝抚台，派陆军步兵第五十二标统带官张锡元，带同机关枪一队（九架）赴汉口，于武胜关及驻马店两处，留兵分防车站……第一混成协、第四镇全镇，于二十日陆续由滦州登车南下。[3]

---

[1]《档案汇编》第79册，第19—20页。
[2] 罗尔纲：《晚清兵志》第4卷，中华书局1997年，第212页。
[3]《梅楞章京笔记》，第311—312页。

按清军编号规则，马继增的第二十二标隶属第六镇，张锡元的第五十二标隶属第十三镇。丁士源的记载表明，南下清军来自第四、第六、第十三镇，以及临时改为第一混成协的原第二镇第三协。

但关于南下清军的番号，时人的记载就已不统一。

恽毓鼎时在京城，其子恽宝惠时任陆军部文书科长，后跟随荫昌南下，为其综理文案。在八月二十四日的日记中，恽毓鼎说南下的有第一镇和第六镇："陆军第一镇、第六镇及抽调各镇兵队陆续开发（拔）。"[1]

法国驻华公使馆武官高拉尔德在八月二十五日致法国陆军部长的报告中，则说南下的陆军来自第二、第四、第六镇：

> 陆军大臣荫昌将军在保定府的军队（第十一协）和河南的军队（五百人）乘三列火车在一天之后，于10月15日离开北京。他大概指挥如下组成的两个师：第十一混合协（有一部分到达了目的地，约一万六千人，四十八门大炮，二十四挺机枪）；第三混合协（15日由开平启程）；第四镇将于17日启程。[2]

时人记载的不统一，导致今人著述中关于首批南下清军编制的表述彼此矛盾。杨天石先生在《帝制的终结》一书中说是第二、第四镇：

> 10月12日（八月二十一日），清廷宣布革去瑞澂职务，命他暂署湖广总督，戴罪立功。同时命第四镇统制王遇甲率二、四两镇各一部星夜驰援，命陆军大臣荫昌赶赴湖北指挥，命海军提督萨镇冰率领海军和长江水师开赴湖北江面。[3]

冯天瑜、张笃勤先生在《辛亥首义史》一书中说是第二、第四和第六镇：

> 10月12日，清廷令正在永平参加秋操的第四镇统制王遇甲

---

[1]《恽毓鼎澄斋日记》，第552页。

[2] 章开沅、罗福惠、严昌洪主编：《辛亥革命史资料新编》第7卷，湖北人民出版社2006年，第354页。

[3]《帝制的终结》，第312—313页。

留着八字胡的昌荫

率二、四两镇各一部星夜南下,同时派陆军大臣荫昌率北洋第一军(总统官荫昌兼,由陆军第四镇和第二镇的混成第三协、第六镇的混成第十一协编成)……南下镇压武昌起义,荫昌指挥调遣所有湖北各军及赴援军队。[1]

仅上述所引资料,关于第一批南下清军,就已有丁士源的"第二、第四、第六和第十三镇",恽毓鼎的"第一、第六镇",法国武官及冯天瑜等的"第二、第四和第六镇"以及杨天石的"第二、第四镇"这四种说法。

历史的真相究竟是什么?

八月二十三日,清廷就派遣部队南下一事专门下旨:

> 现在派兵赴鄂亟应编配成军,着将陆军第四镇暨混成第三协、混成第十一协编为第一军,已派荫昌督率赴鄂;其陆军第五镇暨混成第五协、混成第三十九协着编为第二军,派冯国璋督率迅速筹备,听候调遣。至京师地方重要,亟应认真弹压。着将禁卫军暨陆军第一镇编为第三军,派贝勒载涛督率驻守近畿,专司巡护。[2]

留着精致八字胡的荫昌,从外表看,更像一位风雅之士而非掌兵之人。咸丰九年(1859)出生的他,为满洲正白旗人,年轻时曾入京师同文馆学德文,说明他属于家境贫寒的八旗子弟。毕业后,荫昌被派往奥地利学习陆军,与德皇威廉二世(时为太子)为同班同学。或许因为这层关系,日后他曾出任驻德公使。荫昌归国后参与了北洋新军建设,也算与北洋集团颇有渊源,历任北洋武备学堂总办、江北提督、陆军部侍郎等职,时为陆军大臣。

冯国璋与荫昌同龄,同样家世清贫。但冯国璋聪明好学、勤奋刻苦。他秀才出身,后入北洋武备学堂,毕业后以清朝驻日公使裕庚

---

[1]《辛亥首义史》,第293页。
[2]《上谕档》,宣统三年八月二十三日。

随员的身份赴日,其间手抄了大量关于军事训练的资料。归国后协助袁世凯小站练兵,与王士珍、段祺瑞并称"北洋三杰"(王士珍为龙,段祺瑞为虎,冯国璋为豹)。值得一提的是,冯国璋先后担任过北洋速成武备学堂、陆军贵胄学堂等军事院校的总办,也因此,北洋集团中不少军官都是他的门生、故旧。至于陆军贵胄学堂,学员多为王公世爵、四品以上的宗室以及现任二品以上满汉文武大员子弟。该学堂还附设王公讲习所,载沣未出任监国时,多次前往听课。此项机缘也让冯国璋颇得满洲贵族的信赖。武昌起义爆发时,冯国璋为军咨府正使、副都统、禁卫军东军总统官(正二品,大体相当于现在的军级)。

照此谕旨,第一批南下的是陆军第四镇和混成第三协、混成第十一协。第四镇驻天津,统制本为吴凤岭,因临时有事,从永平秋操起就由该镇所统之第八协统领官王遇甲代理。谕旨中的混成第三协秋操临时改番号为混成第一协,统领为王占元,隶属驻保定的第二镇;混成第十一协隶属驻京师南苑的第六镇,统领为李纯。

八月二十二日,先头部队出发。部队出发当日,清廷即告知河南巡抚宝棻,"荫昌所带兵队,已于今日专车陆续进发"。[1]八月二十四日早八点,统领王占元率第二镇第三协由柏树庄(位于今北京市大兴区)开拔;第四镇主力则由统领王遇甲督率,于八月二十六日在开平(今河北省唐山开平区)登车南下。

值得注意的是,主力南下时,和最初的谕旨相比,部队已小有变更——据清宫所藏陆军部档案,除原定第四镇全镇、第二镇第三协、第六镇的混成第十一协之外,增加了第五镇第九协的混成第十七标,"第五镇之混成第十七标(施统带从实统率)步队一标,马队一队,炮队两队,工辎各一队"。[2]或许,正是这一临时的变卦造成很多史书关于南下部队编制的记载驳杂互歧——但综上可以得知,首批南下

---

[1]《宣统政纪》卷六一。
[2]《档案汇编》第79册,第7—10页。

陆军来自第二、第四、第五、第六和第十三镇。

紧接而来的问题是：清廷究竟派了多少官兵南下？

据清宫档案，首先出征的第一军中，主力部队第四镇兵员为6391人，其中还包括战时新增的大接济（大约相当于现在的后勤保障）官兵531人，也就是说战斗部队不足6000人；此外还有马、骡2328头（匹）。除步队外，第四镇还有马队、炮队、工程队和辎重队，但均不满员——像本为一营人马的工程队就少了后队，炮队本应为三营却只有两营等等。[1]至于其他两协：混成第三协4287人，马骡1519头（匹）；混成第十一协3743人，马骡1973头（匹）。[2]镇协两项相加总数约为14000人。

据光绪三十年（1904）奏定的《新建陆军营制饷章》，两镇为一军，两协为一镇（12512人），两标为一协（4038人），此外还有骡马2218头（匹）。照此推算，南下第四镇6300人约占满建制一镇人马的五成；第三、第十一两协共8000人，约为一镇人马的七成。这和冯国璋十月十七日给内阁电中的"第一军本一镇两混成协，人数仅及七成"[3]说法，正相吻合。14000人的总数和八月二十四日袁世凯对庆亲王奕劻所言也大体相当——"现去各镇协实数仅及两万。除分留后路外，计战兵不过一万数千人"。[4]

因此可以说，南下的两镇，既有两协此前并不属于同一镇的问题，也有建制均不满员的问题——这毫无疑问会影响战斗力。

十月底南北和谈开始不久，袁世凯根据南北议和协议，令时为署湖广总督、第一军总统的段祺瑞退兵百里。段商定方案后，复电袁世凯，其中提到在湖北前线的清军兵力为两万人、总数约为三万人，"兹事体大，汉口前线有常胜兵二万，故先命张彪部队驰赴花园停驻

---

[1]《档案汇编》第79册，第7—10页。
[2]《档案汇编》第78册，第371—377页。
[3]《档案汇编》第79册，第152页。
[4]《档案汇编》第78册，第85页。

候令。并将后方之一万人抽编五千人，成两支队，分驻阳逻、黄陂之东南，以防江西革党援鄂，扰乱后方。如十日后无事，然后照电逐渐撤退"。[1]

而今人冯天瑜、张笃勤在《辛亥首义史》中却说，"南下之北军约两万五千人"。[2]

一万四千人、两万人、两万五千人，究竟哪一个更为可信？

一万四千人只是首批南下清军的数字，而且这个数字无疑是缩水的——因为清宫档案中只记载了南下清军步队的具体人数，而没有马队、炮队、工程队和辎重队的具体人数。

九月中旬，原属第二军的第三协、第五协部分人马终于抵达前线。由于第二军尚未筹建完毕，因此暂归冯国璋的第一军节制。冯国璋在十月十七日给内阁的电报中就透露，后来曾补充了两标人马，"第一军本一镇两混成协，人数仅及七成……虽续增混成两标……实不敷用"。[3]两标为一协共四千人。加上首批一万四千人，南下清军步队大体为一万八千人。这和段祺瑞向袁世凯所汇报的"汉口前线有常胜兵二万"相差无几，和袁世凯向奕劻所汇报的"实数仅及两万"也相吻合，应该是可信的。至于冯天瑜、张笃勤"南下清军约两万五千人"的说法，可能是根据南下清军为两镇，而每镇约一万两千五百人的编制推算而来的，只是个大概数字。

夭折的第二军

八月二十三日清廷即下旨筹建第二军，但直到十月十一日占领汉阳之后，面对要求乘胜进兵、夺占武昌的舆论，时为第一军总统的冯国璋还奏请催调第二军前来。这表明，将近两个月过去了，第二军尚

---

[1]《梅楞章京笔记》，第339页。
[2]《辛亥首义史》，第293页。
[3]《档案汇编》第79册，第152页。

未抵达湖北前线。

在一封给军咨府、内阁、陆军部的电报中，冯国璋就抱怨目前兵力太少，"遍地皆匪……我军只有此数……匪迹不靖，遽得武昌亦不可守，必得大枝援兵专顾后路，而各要害之处亦必有兵严守，以绝其窜扰之路，方有肃清之一日"。[1]

为此，冯国璋希望军咨府等令段祺瑞率第二军早日南下负责后路，以便自己能专心进攻。十月十六日，清廷让冯国璋抽调兵马支援段祺瑞肃清各路土匪。冯国璋在第二天的复电中就以兵力不足为由加以婉拒，"第一军本一镇两混成协，人数仅及七成，屡次战事以来，伤亡甚众。现在每协实数不过一标有余……虽续增混成两标，而兼顾黄陂、应城，已不敷用，若再抽拨，实更难支"。[2]

第二军为何迟迟未能南下？主要有这几个原因：

一是张绍曾的"滦州兵谏"。根据清廷八月二十三日谕旨，陆军第五镇暨混成第五协、混成第三十九协编为第二军，以冯国璋为总统。据《晚清兵志》，第五镇驻防山东，第三镇的混成第五协和第二十镇的混成第三十九协均驻防东北。[3]

武昌起义前夕，第二十镇的部分人马正由统制张绍曾率领，由奉天赶到滦州参加永平秋操。八月二十三日，冯国璋即致电告知"参与秋操之混成协编为第四十协，并派张统制绍曾带领，由秦皇岛乘兵轮开往长江一带，定二十九出发"。[4] 根据这一电令，编入第二军的第二十镇人马，番号已由原来的第三十九协改为第四十协，并定于八月二十九日南下。张绍曾同情革命，不愿"自残同胞"，但又不敢立即率部起义，便与本镇第三十九协统领伍祥桢、第四十协统领潘矩楹，以及蓝天蔚、卢永祥等人发动"滦州兵谏"，于九月初六日联合向清廷提

---

[1]《档案汇编》第70册，第134—135页。
[2]《档案汇编》第79册，第152页。
[3]《晚清兵志》第4卷，第212—215页。
[4]《辛亥滦州兵谏函电选》，《近代史资料》，总91号。

出"立宪政纲十二条",以武力逼迫清廷立即实行君主立宪、停止镇压武昌起义。此时的张绍曾部队,近在京畿,一旦倒戈,或将威胁京师。恐慌的清廷连忙接受张绍曾等的建议,制定《宪法重大信条十九条》,同意实行立宪。随即,清廷借机免去张绍曾统制一职,改由潘矩楹代理。尽管事件前后不到十天,但无疑影响了第二军集结的进程。

二是第二军总统由冯国璋改为段祺瑞的临时换将。对于冯国璋出任第二军总统,袁世凯一开始是赞成的——八月二十七日给冯国璋的信中,袁世凯就说,"执事已拜援鄂第二军之命,此行大有裨益";[1]在八月二十九日给内阁的代奏电中,他对冯国璋更是不吝表扬,"军咨府正使、副都统冯国璋,饶有识略,详明谙练,从凯治兵甚久"。[2]

九月初二日,冯国璋遵令抵彰德面见袁世凯、请授机宜。[3]两人一夜长谈之后,袁世凯改变主意,次日奏请改冯国璋为第一军总统;与此同时,举荐时为江北提督(驻淮阳,今江苏淮安)的段祺瑞为第二军总统,并调第二军在信阳一带集结,"拟请先派冯国璋充第一军总统,即由此迅赴前敌,商承荫昌,先布守局……拟请饬下府部即调第二军陆续开拔,在信阳州一带,择地集合。俟段祺瑞北来,即派充是军总统,会合第一军,早图规复"。[4]

袁世凯为何要改变主意由冯国璋出任第一军总统呢?首先是为接替荫昌张本;其次和冯国璋相比,段祺瑞更熟悉第二军。

光绪二十一年(1895)袁世凯小站练兵时,德国留学归来、时年三十二岁的段祺瑞即已跟随,出任新建陆军炮队统带;袁世凯出任山东巡抚后,段祺瑞率军驻防济南。[5]段祺瑞曾两度担任第三镇统制官,[6]

---

[1]《袁世凯全集》第19卷,第11页。
[2]《袁世凯全集》第19卷,第17页。
[3]《清政府镇压武昌起义档案》,《历史档案》,2011年第3期。
[4]《袁世凯全集》第19卷,第26页。
[5] 吴廷燮:《段祺瑞年谱》,中华书局2007年,第10页。
[6]《段祺瑞年谱》,第15页。

而第二军主要由第三、第五两镇的兵马组成,由段统领,更能有如臂使指之效。只是,主帅的更换自然也会影响第二军组建的进展。

三是地方督抚的滞留。鉴于第二军所属的第三、第五两镇所用为管退快炮,九月初三日奏调第二军两镇南下信阳州一带驻扎的同时,袁世凯请军咨府为该两镇补充足够的弹药。[1]但九月初五日,军咨府告知袁世凯:原定编入第二军的混成第四十协已调往郑州保护铁路,改调奉天第二混成协和第三镇的第五混成协。驻扎山东的第五镇也被地方所留——由于形势吃紧,山东巡抚孙宝琦想留出一协在山东驻防。[2]

九月初七日,清军攻占汉口。在前线指挥的荫昌告诉朝廷:部队"攻入汉口,兵力已疲",请陆军部、东三省总督、山东巡抚"迅令第五、第二两混成协及第五镇全镇,赶紧开赴信阳,以资调遣"。[3]但军咨府第二天回复,只有第二混成协能保证在初十日以前开拔,而第五混成协需在十天之后——九月二十日才能出发。至于第五镇,虽已准备完毕,但仍需"与陆军部、东督商酌"才能调动。[4]

起初,袁世凯主张前线清军以守为主,因此并不急于让第二军南下。八月二十九日,他告诉内阁,待自己到湖北前线视察之后再定第二军行止,"备援不妨先定,而调发不必甚急"。[5]随着战事的发展,袁世凯改变了主意,先后于九月十一日、九月十三日多次催促内阁、军咨府和陆军部调度兵马组建第二军——"前敌兵力已疲,非增兵不能进取""非增兵不足言进攻""切盼第二军先来数人,用作分支,即可定期先取汉阳",[6]但直到九月二十二日袁世凯北上进京接任内阁总理大臣,第二军也始终未能如期抵达。

---

[1]《袁世凯全集》第19卷,第26页。
[2]《袁世凯全集》第19卷,第29页。
[3]《宣统政纪》卷六二。
[4]《袁世凯全集》第19卷,第32页。
[5]《袁世凯全集》第19卷,第17页。
[6]《袁世凯全集》第19卷,第33、35、39页。

延至九月十三日，袁世凯才接到东三省总督、山东巡抚同意放行第五协及第五镇的消息，"接奉督、东抚来电，第五协及五镇混成协即将开拔"。[1]九月十五日，第五协行抵锦州，"约三四日亦可抵孝"。[2]九月十七日，第五镇混成第十九标一部抵达孝感。九月十九日，第二军总统段祺瑞抵达保定，陆军部也为该军筹备了"军帽一万顶，皮鞋一万双，裹腿一万付，棉衣、裤五千套……布靴、鞋各二万双"。[3]至此，第二军的筹建才初现眉目。

在筹备第二军的同时，袁世凯采取同民军谈判的怀柔策略。在此情况下，多次表示"万无和理，退兵之议，更有难行"[4]的冯国璋，显然和袁世凯的主张大相径庭，已不适合在前线指挥。十月十八日，清廷将其调离湖北前线，改任察哈尔都统，并于次日下旨重组第二军：撤销原来的第三军番号，改为禁卫军，以冯国璋为总统；鉴于原来的第二军迟迟未能集结，也一并撤销，由军咨府、陆军部另行派兵南下；重新编配第二军，主要负责拱卫畿辅及海防一带，总统由冯国璋兼任；署湖广总督段祺瑞兼第一军总统。[5]

十月二十八日，南北和谈正式开始。鉴于湖北前线战事趋稳，清廷此后未再加派官兵南下。也就是说，原定南下湖北的第二军，只来了第三镇的一协和第五镇的一标共六七千人，和一军两万五千人的编制相去甚远。

被"小丑化"的荫昌

在传统叙事中，时年五十二岁的陆军大臣荫昌多以"白鼻小丑"的形象出现。

---

[1]《袁世凯全集》第19卷，第35页。
[2]《袁世凯全集》第19卷，第40页。
[3]《袁世凯全集》第19卷，第44页。
[4]《辛亥革命》（八），第193页。
[5]《宣统政纪》卷六六。

有批评其不庄重的。时为军咨府第二厅厅长的冯耿光回忆:

(荫昌领命当天)身穿袍褂,脚下却蹬一双长统的军用皮靴。他不仅打扮得很奇特,而且走上来时,十足地摆出了一副三花脸的姿态,实在使在座的人们有些忍俊不禁……(大家向他道喜时)荫昌随着就有声有色地说:"我一个人马也没有,让我到湖北去督师,我倒是去用拳打呀,还是用脚踢呀?"在座的人看到这种情形,觉得一位掌握全国兵马的陆军大臣作出这样的行动,未免荒唐儿戏。[1]

有嘲讽其怯战的。张知本曾参加武昌起义,并被推举为湖北军政府司法部长。他在接受采访时曾说:"彼(指荫昌)设司令部于火车,车前后各置一车头,胜则进,败则退,行动果称灵便,而将怯兵庸,由此可见。"[2]还有说法称某日凌晨,有一个卫兵到火车上报告,有三四百革命党,直奔火车而来,荫昌立即命令开车北逃。随即得知,那只是百十个下地摘棉花的农民,压根不是革命党。[3]

还有批评其纨绔无能的,说"荫昌是一个典型的八旗子弟,要说玩的,门门精通,就是干不了实事。一笔好字写得,两口芙蓉(大烟)抽得,三圈麻将搓得,四声昆曲唱得"。[4]

人们似乎习惯而简单地认为,这一时期清朝的将领就应该是这样:怯懦、腐朽而无能。但历史上的荫昌,既没有这般无能,也不至如此怯战。

荫昌兼任南下清军统帅及前线指挥官的时间总计十六天:从八月二十一日到九月初六日。九月初六日,清廷下旨调荫昌回京,任命冯国璋为第一军总统,授袁世凯为钦差大臣,节制湖北前线各军。也就

---

[1]《辛亥革命回忆录》第六集,第351页。
[2] 沈云龙等:《张知本先生访问纪录》,台北"中央研究院"近代史研究所,1997年,第19—20页。
[3]《辛亥革命回忆录》第五集,第433—434页。
[4] 张鸣:《辛亥:摇晃的中国》,广西师范大学出版社2011年,第36页。

是说，清军统帅由荫昌变为袁世凯，而前线陆军指挥官则为冯国璋。

我们先看看荫昌是何时南下武昌的，最南又到了什么地方。

八月二十一日清廷颁旨任命，二十三日，荫昌即奏请刊刻行营关防；二十四日晚，登车南下。[1]

至于具体出发时间，恽毓鼎八月二十四日的日记说："晨起宝惠叩辞入署，未刻从荫大臣乘专车赴彰德，与项城面商办法。"[2] 未刻为下午一点到三点。

遗憾的是，尽管儿子恽宝惠随荫昌南下，但恽毓鼎所记仍有误：荫昌离京的时间不是下午一点到三点，而是下午五六点。这方面，英国驻华使馆武官韦乐沛给国内的报告说得很清楚："10月15日星期天，荫昌以及参谋总部乘坐下午五点三十五分的军用专列离开北京。亲王载涛和政府高级官员到东站送行。"[3] 更关键的是清宫档案印证了韦乐沛的报告——陆军部所收档案记载："八月二十四日下午六点钟，荫大臣率同行营人员乘京汉专车南下，廿六夜行抵信阳。"[4]

此时，无论是军咨府还是被革职留任的湖广总督瑞澂，都在催促荫昌督兵迅速南下——军咨府强调，"湖北事机危迫，时期万无可缓，贵大臣所辖之军队务令速赴汉口攻击匪徒，沿途万勿延误为要"。[5] 瑞澂八月二十五日也发电报向荫昌转致垂盼之意，"兵匪在武汉要隘均已布置，盼公速临，以图恢复。如再迟延，恐难下手"。[6]

荫昌出发之前的八月二十三日，清廷已下旨起用袁世凯为湖广总督——无论是出于寻求北洋新军缔造者支持，还是协商军地双方合作的考虑，荫昌都应前往拜会袁世凯。于是，八月二十五日，荫昌"专

---

[1]《汪荣宝日记》，第306页；《魂断紫禁城》，第211页。

[2]《恽毓鼎澄斋日记》，第552页。

[3] 章开沅、罗福惠、严昌洪主编：《辛亥革命史资料新编》第8卷，湖北人民出版社2006年，第93页。

[4]《档案汇编》第79册，第60页。

[5]《档案汇编》第79册，第90页。

[6]《档案汇编》第79册，第92页。

车过彰德时停驶,特将最后一节花车另挂至洹上村站",[1]拜访袁世凯。

冯天瑜、张笃勤在《辛亥首义史》中写到了访袁之事:

> 荫昌说鄂匪易平,袁世凯说黎元洪为将,不得以匪视之。而北上逃官为了掩饰自己败逃的责任,盛称民军声势。于是荫昌变虚骄为畏怯,不敢贸然南进,惟恐打了败仗,陆军大臣面子难堪。[2]

荫昌和袁世凯相见,两人是密谈,并无外人在侧。当时跟随荫昌前往洹上见袁世凯的恽宝惠说,到了之后,"袁即偕荫昌至另室谈话,我等另有人招待"。[3]袁世凯的心腹王锡彤其时恰在彰德,他也说:"二十五日荫至,袁公仍称病,荫谒于寝室,语秘不得闻。"[4]

不过此后在给盛宣怀等人的书信中,袁世凯披露了两人所谈的主题——八月二十六日袁世凯告诉盛宣怀,"荫帅过晤,踊跃从事,想不难指日荡平也";[5]在八月二十七日给冯国璋的信中,袁世凯也有"前夕荫帅过彰,接谈片时。识议明超,踊跃前进。蠢兹小丑,不难一鼓荡平"之语;[6]同一天,在给时任湖南提法使张镇芳的信中,袁世凯也说,"前夕午楼过彰晤谈,兴致颇为踊跃"。[7]

这些细节说明,此时的荫昌,非但没有畏怯,反而兴致颇高、踊跃向前。

八月二十六日夜荫昌行抵信阳,行营暂驻信阳。八月二十九日起,前线战报改由荫昌奏报。这天,荫昌告诉朝廷,五天前清军击退意图破坏滠口南段铁桥的民军,并"获叛匪三名,夺获战马三十匹并

---

[1]《魂断紫禁城》,第211页。
[2]《辛亥首义史》,第395—396页。
[3]《魂断紫禁城》,第211页。
[4]《袁世凯全集》第19卷,第2页。
[5]《袁世凯全集》第19卷,第11页。
[6]《袁世凯全集》第19卷,第12页。
[7]《袁世凯全集》第19卷,第13页。

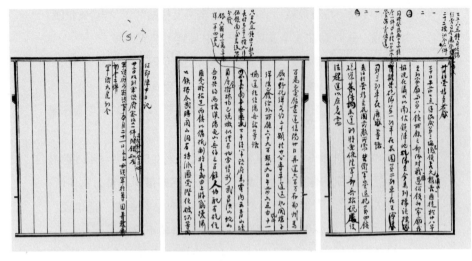

《陆军部派兵赴鄂抗拒革命军阵中日记》

服装若干"。[1]三十日,荫昌奏请设立行营司令处、启用关防。这意味着,他已全面接手湖北前线部队的指挥工作。

坊间盛传,从行抵信阳,直到九月十二日返京,荫昌一直逗留在信阳,未再南下。为了催促荫昌南下,八月二十九日,邮传大臣盛宣怀还替度支大臣载泽草拟了面奏节略,由载泽向摄政王载沣请旨令荫昌南下。

所说的载泽面奏节略,共三件,其中两件都有催促荫昌不要逗留信阳、迅速南下之语——"惟自来用兵,未有统帅畏缩不前而能使将士用命者也。为今之计:一在催荫昌进兵,一在命袁世凯赴鄂";[2]另一件说得更为明确:"信阳远在豫境,距汉口数百里,呼应不灵,万无顿兵遥制之理……荫昌若再逡巡不进,贻误事机,岂能当此重咎!"[3]

---

[1]《中华民国史档案资料汇编》第一辑,第 175 页。
[2]《辛亥革命前后》,第 216 页。
[3]《辛亥革命前后》,第 216—217 页。

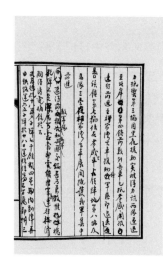
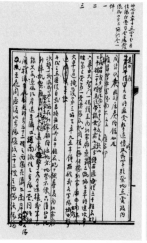
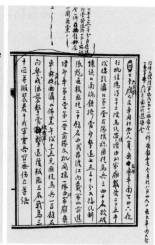

除请载泽出面外，盛宣怀自己在九月初二日复奏红十字会事务折中，也请旨催荫昌南下："臣不揣冒昧，拟请乘此电线尚可直达行营，降旨严饬荫昌亲临前敌。"[1]

御史之中，也有不少催促荫昌南下的。御史温肃早在八月二十三日就上折说："荫昌则宜亲临前敌，方易调度。"[2]

荫昌是否真的一直逗留河南信阳、未再南下呢？

恽宝惠在回忆文章中明确写到荫昌南下抵达湖北孝感，"陆军大臣行营专车驶至孝感，即因前面兵车拥塞，不能前进"。[3]

张知本等为革命党人，说荫昌不敢南下，或有诋毁对手以鼓舞己方士气之目的；恽宝惠为荫昌亲信，其言辞或有替荫昌回护之意；盛宣怀催荫昌南下，是想让清军尽快收复有其资产的汉阳铁厂，为利益所驱，在奏折中也有夸大其词的可能。

---

[1]《辛亥革命前后》，第218页。
[2] 中国史学会主编：《辛亥革命》（五），上海人民出版社1957年，第402页。
[3]《魂断紫禁城》，第212页。

还好，清宫档案为我们解开了这一历史谜团。

清宫陆军部档案收有《陆军部派兵赴鄂抗拒革命军阵中日记》两件，作者虽不详，但从内容看，明显为跟随荫昌南下武昌之人所写。日记作者八月二十四日离京、九月十二日返京的行程与荫昌的行止完全吻合。日记内容，抄录了当时军咨府、陆军部及各镇协的作战命令，也有前线部队的行止，以及军械粮草的调度等。笔迹略显潦草，记载简略，不少处还留有空白，可以看出为戎马倥偬之际写就，颇为仓促。但其中透露了不少荫昌南下的情况，对考辨上述关于荫昌的传闻，提供了新鲜的视角和可信的史料：

> （八月二十四日）下午六点钟，荫大臣率同行营人员乘京汉专车南下，廿六夜行抵信阳……（三十日）是日行营移至花园。[1]

日记中所说的"花园"，是隶属孝感的孝昌县花园镇，位于汉口北一百多公里。该镇素有楚北重镇之称，古有"占据花园，逐鹿中原"之说。1949年5月，进驻武汉之前，中共湖北省委、省人民政府和省军区就在花园镇成立并正式办公的。而上述日记表明，八月三十日，荫昌行营已离开信阳继续南下直至孝感地界。

九月初一日，荫昌继续南行四十公里至孝感县城。当日的《陆军部派兵赴鄂抗拒革命军阵中日记》说："是日行营进至孝感，以便就近指挥一切。"[2] 而在九月初六日给内阁总理大臣、军咨府、陆军部及袁世凯的密电中，荫昌也说自己已到孝感，"（九月）初一日，荫昌行抵孝感县，督率迅筹布置，当将炮队炮弹陆续运赴前敌，粮秣子弹筹备充足"。[3]

不仅如此，荫昌九月初四日发自孝感的一份电报表明，他还在继续南下，一度抵达距汉口只有二十公里的滠口，"刻在距汉四十里之

---

[1]《档案汇编》第79册，第60—64页。
[2]《档案汇编》第79册，第71页。
[3]《中华民国史档案资料汇编》第一辑，第176页。

滠口，与匪相持……自孝感发"。[1]要知道，袁世凯后来督师，最南也就到滠口而已。[2]

这表明，荫昌一直逗留信阳的说法，并不准确。清宫档案证实：荫昌不仅南下至距信阳一百七十公里的孝感，甚至还抵达距汉口前线仅二十公里的滠口。而且，查询清宫档案可知，即使载泽面奏、御史奏请，清廷也未曾下过催促荫昌南下的谕旨。这表明，清廷确信荫昌并未在信阳逗留。九月初二日盛宣怀再次上折也佐证了清廷确实未曾下旨催促荫昌。否则，盛宣怀也就不用亲自上折奏请了。

荫昌并非无能之辈。光绪二十七年（1901），湖广总督张之洞遵旨保荐人才时，一次性向朝廷推荐了陈璧、荫昌、梁鼎芬、徐世昌等九人。在奏折中，张之洞就肯定荫昌"前赴德国学习武备，于练兵本原、功用均能得其窍要"。[3]张之洞所荐九人，如陈璧后来官至邮传部尚书，徐世昌历任东三省总督、内阁协理大臣，都是一时之选。而在张之洞的荐表中，时为副都统的荫昌排名还在徐世昌之前。

不过，荫昌以火车为行营倒是事实。在九月初七日的日记中，恽宝惠的父亲恽毓鼎证实，荫昌和随员都住在火车上，"十日中大臣和随员皆宿火车，未登岸也"。[4]不但住在火车上，荫昌本人还在火车上办公。在他发布的第一号命令中，就有"本大臣在列车办公"之语。[5]

或许正因这点，才会衍生出荫昌为了逃跑便利、不敢离开火车的坊间传言吧。

---

[1]《清政府镇压武昌起义电文一组》，《历史档案》，1981年第3期。
[2]九月十三日，袁世凯就通知冯国璋、萨镇冰来滠口会商军事。见《袁世凯全集》第19卷，第36、37页。
[3]《张之洞全集》第2册，第1388页。
[4]《恽毓鼎澄斋日记》，第555页。
[5]《梅楞章京笔记》，第313页。

荫昌"运作"回京说的真相

在湖北的将近十天里，荫昌主要做了哪些事呢？

先头部队抵达后，枪炮子弹明显不足。八月二十九日正式接统前线部队后，荫昌首先催促陆军部等赶送枪械弹药。经其努力，陆军部虽表示大炮正在预订中，但子弹可以尽快送达，"史高德炮十八尊，子弹七千余颗，四星期内到津，再由铁路运；六五子弹于廿八日运往信阳三百万，郑州三百万已电饬尽运信阳，卅日再运六百万存郑州；马厂山野炮弹各约二千颗，于廿八日专车运送；机关枪子弹除已发给外，所余六十九万颗廿九日午前六点由混成十一协运往信阳兵站"。[1]

其次是发饷。清宫档案记载，八月二十八日九点钟，奉荫昌之命，副官长丁士源将第二十二标的月俸饷银当面交予标统马继增分发，"银六箱，计一万二千两、洋一千四百元"。[2]

正当荫昌在前线忙着调运枪械、补发饷银之际，九月初六日，清廷下旨调其回京继续主持陆军部事务，"陆军大臣荫昌部务繁重，势难在外久留。着即将第一军交冯国璋统率，俟袁世凯到后，荫昌再行回京供职"。[3]

清廷为何要调荫昌回京？是不是真的如某些说法所称，是荫昌不愿逗留前线、活动运作的结果？

据军咨府第二厅厅长冯耿光回忆，最初提出让荫昌督兵南下时，内阁协理大臣那桐就说："武昌兵变是一隅之蠢动，何必陆军大臣亲临督剿呢？"[4]尽管最终摄政王载沣支持派荫昌南下，但反对的声音始终未平。

主张调回荫昌的理由，一是那桐所说的陆军大臣不宜轻出；二是调回荫昌才好专任袁世凯，以免二人互相掣肘。

---

[1]《档案汇编》第79册，第62—63页。

[2]《档案汇编》第79册，第63页。

[3]《宣统政纪》卷六二。

[4]《辛亥革命回忆录》第六集，第350页。

八月二十七日，给事中蔡金台以近邻日本为例，指出陆军大臣主管全国军政、不宜轻出："荫昌则位为陆军大臣，主管全国军政，似未便因鄂省一隅旷官轻出。即如近今日本诸大战，未尝以陆军大臣亲履行间。盖部臣之职在于统筹全局，居中赞助，不当轻任领军，使一蹶而震动全国也。"[1]

袁世凯显然也赞成这一主张，并借此来实现以心腹冯国璋取代荫昌之目的。九月初四日，冯国璋告诉陆军部副大臣寿勋，袁世凯和他都觉得荫昌以陆军大臣统一军与身份不符，不得已才主张调荫昌回京："在荫大臣智勇兼优，确有治军谋略。第以大臣而统数军则可，若兼统一军，躬莅戎行，则非其责矣。所以宫保奏派弟改统第一军，盖亦揆情度势，万不得已之举也。"[2]

而主张专任袁世凯者，则以直隶总督陈夔龙和盛宣怀等为代表。清廷八月二十三日上谕中曾有"袁世凯现简授湖广总督，所有该省军队暨各路援军均归该督节制调遣。荫昌、萨镇冰所带水陆各军并着袁世凯会同调遣"之语，八月二十七日，监察御史齐忠甲就上折指出，"仅会同调遣，不归该督节制，似亦未能迅赴事机"，建议"饬荫昌即行回京，所带水陆援军统归袁世凯节制调遣"。[3]

陈夔龙曾任湖广总督，可谓熟谙湖北政情。八月二十九日，他就致电清廷，建议调荫昌回京、专任袁世凯："现在袁世凯总督两湖，责无旁贷，所有援鄂陆军，又多为其旧部，似应将前敌剿抚事宜，责其一手经理，庶几事权既专……陆军大臣责在统筹全局，为全国人心所系，似应居中调度，并商同军咨府筹画一切，未宜轻置前敌，偏顾一隅。"[4]

同在这天，盛宣怀在替载泽所拟的《袁世凯宜明降谕旨催其赴鄂

---

[1]《档案汇编》第64册，第369—370页。
[2]《中华民国史档案资料汇编》第一辑，第190页。
[3]《档案汇编》第65册，第30、31页。
[4]《清政府镇压武昌起义电文一组》，《历史档案》，1981年第3期。

节略》中也指出:"至一军两帅,为行军所忌。俟该督(袁世凯)抵汉,应将新军及湘、豫各省援军悉归节制,以一事权。"[1]除此之外,御史麦秩严、史履晋先后于九月初一日和九月初二日上折,吁请清廷调荫昌回京统筹全局、让袁世凯专责湖北军务。[2]

这些奏折,是否都是荫昌、袁世凯运作的呢?袁世凯与盛宣怀是宿敌;至于陈夔龙,属同情清室者,和袁世凯关系并不十分融洽——他对袁世凯出山后所为颇有微词,曾在其回忆录《梦蕉亭杂记》中批评袁世凯不肯进兵收复武汉三镇、进京后架空摄政王载沣,遂致清朝覆亡,"项城一出,而清社遂屋矣"。[3]袁世凯组阁后,陈便多次上折请辞并于十二月离任。获悉清帝退位后,陈夔龙更是莫名感伤,"病中惊起,无泪可挥。瞻望阙廷,神魂飞越"。[4]因此,他奏请专任袁世凯,应该更多出于维持清朝统治的公义。这样的宿臣,包括了众多的御史,并非荫昌所能运作得了的。

九月初七日第一军总统冯国璋抵达孝感,迅即赶赴汉口。九月初八日起,冯正式负责前线战事。

在冯国璋抵达之前,九月初六日拂晓,清军第四镇第七协暨混成第三协分三路进攻汉口,至九月初七日占领汉口街市。两天战斗,清军在洋油厂一带"毙匪千数百人,夺获山炮三十六尊"。[5]

汉口取胜使荫昌得以邀功,清廷于九月初九日下旨,称赞荫昌"忠勇可嘉、督率有方、尤堪嘉尚"。[6]也是在此时,荫昌接到回京供职的上谕。[7]与冯国璋交接之后,九月初十日,他离开孝感北上;九月十一日在信阳与袁世凯晤谈后,"凯旋"进京。

---

[1]《辛亥革命前后》,第217页。
[2]《档案汇编》第65册,第358—361页;《辛亥革命》(五),第446—447页。
[3]《梦蕉亭杂记》,第116页。
[4]《梦蕉亭杂记》,第116—117页。
[5]《宣统政纪》卷六二。
[6]《宣统政纪》卷六二。
[7]《中华民国史档案资料汇编》第一辑,第177页。

九月二十六日，袁世凯在京组阁，荫昌改任军咨府大臣。袁为大总统时，荫昌任总统府侍从武官长、参谋总长，成为唯一留在民国担任高官的满洲人。据说光绪和慈禧去世后，摄政王载沣打算杀掉袁世凯，荫昌曾多次在载沣面前为袁世凯求情。袁之后仅被放逐回籍，有荫昌不小的功劳，所以袁氏全家一直视荫昌为"恩上"。[1] 1915年，袁世凯政府颁布新国歌《中华雄踞天地间》——很多人不知道的是，这首国歌的作曲者，竟是荫昌。

身为陆军大臣，不能以武略安邦定国，却凭乐曲青史留名。如果说对荫昌而言，幸或不幸尚在两可之间，那对大清而言，这绝对是个天大的不幸。

二　阳夏鏖兵

汉口古称夏口，清末设夏口厅，清军南下后与革命军在汉口、汉阳交战了四十余天，因而这次在汉阳、汉口发生的战争被称作"阳夏战争"。这场战争是辛亥革命期间爆发的规模最大的战役，虽不具备转折性战役的意义，但也深深影响了后续的历史进程。[2]

起义之初的民清兵力

武昌起义爆发后，清廷先调派不满员的两镇兵马南下；而战争的另一方，武昌革命军的兵力是否相当？

按照光绪三十三年（1907）陆军部的《奏定陆军三十六镇按省分配限年编练章程》，"湖北居全国适中之地，宜厚兵力，以资策应"，[3] 应有两镇兵马驻守。但限于财力、兵力，至宣统三年只练成新军第八

---

[1]《辛亥首义史》，第294页。
[2]《辛亥首义史》，第392页。
[3]《晚清兵志》第4卷，第199页。

镇和混成第二十一协。而驻守武昌城的，除了第八镇的新军，另有少量绿营抚标、警察、巡防队。

八月十九日晚，武昌城内工程第八营首先发难，引发各标营奋勇起事。之后，二十九标、测绘学堂、三十标、四十一标、陆军第三中学在城内响应，辎重队、炮八标、三十二标、马八标在城外响应。据估算，驻扎武昌城内及城郊的各兵种标营及各军校学生共约七千名，参加武昌起义者约四千人。其中站在清方一边的，为宪兵营、辎重八营、第三十标旗兵营、教练队、督署卫队，约两千人。此外，驻扎武昌城内及城郊的警察一千五百名、巡防队一千余名，也支援清军作战。[1]

也就是说，八月十九日夜至二十日晨，革命军与清军对战，双方各拥兵力四五千，大体相当。但革命军切断电话线路，使得瑞澂、张彪等无法调动指挥部队，加上掌握了炮队，因此可以说，起义之初，革命军在兵力上占有优势。

武昌起义爆发之后，扩大军事力量为民军当务之急，"10月14日（八月二十三日），军务部以军政府都督的名义，发出募兵告示，规定能募得三四十人者任排长，百人上下可任队长"[2]，不出三日即超额完成募集四协之众的目标。如此一来，武昌民军数量增加到八协。按照一镇两协的建制，至八月二十六日，民军相当于有了四镇兵马，将近五万人。而前文说过，此时清军首批南下的两镇一万四千多人尚未完全就位。

刘家庙易手

八月二十四日，清军标统马继增统带的步队第二十二标抵汉口江岸。第二天，即同民军进行了两场战斗，从午后一直打到午夜——

---

[1]《辛亥首义史》，第268页。

[2]《辛亥首义史》，第356页。

午后，革命军派出三四十人的马队，欲破坏滠口南端铁桥，被清军击退。晚七点三十分，马继增获悉二十余名民军正由武昌渡江向戴家山前进，当即率第三营、第一营前队及机关枪一队由刘家庙乘车前往滠口拦击。至夜十一点，击退民军骑兵一百余名，俘获骑兵三名、战马三十匹，并服装若干，清军则无人员伤亡。[1]这一战事发生在荫昌抵达之前，主要由瑞澂、张彪、马继增等指挥。

南北双方第一次大规模战斗发生在八月二十七日。当日凌晨三时，民军三千人对刘家庙发起进攻，揭开汉口之役的序幕。当时，南下清军第二批步队刚乘火车抵刘家庙车站，正在下车，未及展开。因此，清方仅有张彪残部、河南混成协、岳州巡防营共两千人应战。战事从凌晨打到晚上，据瑞澂致军咨府的电文称，已抵刘家庙的北洋军"退回不肯援应"，战事一起，即"向滠口退去"，刘家庙为民军所夺。[2]但由于清方海军的炮击，民军不得不撤出。下午三时，民军再次发起攻势，又因清军军舰炮袭被迫撤退。晚上七点后，清军重新占据刘家庙车站。二十八日清晨，民军三千余人再次进攻刘家庙，民军炮队同时轰击清舰，支援步队。战斗至当天下午三时左右，民军完全占领刘家庙江岸车站，清军被迫退至滠口。

刘家庙之役，民军阵亡一百四十八名，伤者三百余名；清军却死者数百，伤者盈千。民军取得了明显的胜利，时称"刘家庙大捷"。此外，八月二十七日民军撤出刘家庙时，清军曾乘坐火车追击。未料支持革命的铁路工人毁路十余丈，清军火车刹车不及、出轨倾覆。此时，埋伏在铁路两侧稻田的民军和四周民众一齐杀出，一举消灭清军数百人。

但瑞澂、萨镇冰在二十八日致清内阁请代奏电中，对此失利只字未提，只是奏报"击败匪众，刘家庙失而复得"，并将清军伤亡惨重

---

[1]《中华民国史档案资料汇编》第一辑，第175页。
[2]杨玉如编：《辛亥革命先著记》，科学出版社1958年，第129页。

被焚毁的汉口街区

的原因归结于兵力太单、北洋军不肯接应,"惟津兵不奉命令,不肯前进……本日伤亡甚众,兵力愈单,津兵折回,别无援应"。[1]

民军本应借刘家庙获胜之威乘胜前进,但不懂军事的汉口前线指挥何锡蕃下令收兵,错失良机。不仅如此,从刘家庙到滠口的铁路线须经过一窄长隘路。此处四面是湖水,火车的通过全赖中间三座铁路桥,为兵家必争之地。民军曾两度占领三桥桥北,但未加强设防,最终此要地被清军夺去。八月二十九日上午起,醒悟过来的民军开始发动进攻,企图夺回要地。但由于诸如在滠口附近铁路桥北中清军埋伏等原因,三次进攻均告失败。

汉口纵火之谜

八月二十九日起,荫昌接统前方战事指挥工作。但直至九月初六日,双方并未发生大的战事:清军方面,一是调兵遣将,南下的清军主力陆续抵达孝感、滠口一带;二是准备粮秣军械,经荫昌催请,陆军部将保定和三家店军械局所存枪械尽数调往前线,[2]另又派人到芜湖等处购买大米以及骡马所需饲料等。[3]也就是说,这一周,清军在做大战前的准备。

九月初六日拂晓,清军开始对汉口民军发动三路进攻:一由滠口向三道桥(今黄陂区三道桥),一由代家山向造纸厂,一由长江舰队攻民军右侧。民军多为新兵,训练未精,不善于利用地形,被清方机关枪射杀多人后士气大受打击;炮战中,民军大炮也不如清军管退炮威力大;祸不单行的是,慌乱之间指挥官张景良下令烧毁刘家庙的弹药及辎重,以致军心动摇,民军纷纷向大智门溃败。如此,使得清军占领了刘家庙以及日德租界以北一带市区,并缓慢地向市区推进至跑

---

[1] 卞孝萱辑:《闵尔昌旧存有关武昌起义的函电》,《近代史资料》,总1号。
[2]《辛亥革命》(五),第334页。
[3]《辛亥革命》(五),第335页。

马场。初七日战斗继续,清军在第六镇混成第十一协炮队支援下,占领了汉口街市。

清军在进攻之际和占领之后,纵火焚烧汉口,引起了极大的民愤。而过去有记载,说汉口纵火是民军自为。

汉口的大火究竟是谁烧起来的?

攻占汉口后,九月十三日,汉口前线指挥官、第一军总统冯国璋在给袁世凯的报告中说是炮战引发的大火:

> 初九日辰初,我与匪彼此炮战,匪炮火时为我击灭。徒步匪人众多,皆匿汉镇,多方诱击,终不显露,街市复杂,断难冒放……汉镇连日为炮火轰击,焚烧多处,料匪难驻足。初十日……汉镇火愈猛。相持竟日,我军占领由义门东至江岸、西至铁道之线。是夜露营。十一日黎明,西北风暴作,汉镇火愈烈。我军接续攻扫,节节巷战,每攻一段,冒火蹈险……[1]

"焚烧多处""汉镇火愈猛""冒火蹈险"——冯国璋的报告承认汉口确实被火烧。但与此同时,他又说并非清军纵火,而是由于双方"炮火轰击",加上"西北风暴作"引起的。而且,冯国璋还认为,尽管民军在民房内藏匿不出,但因"街市复杂",清军大炮还不敢轻易施放。

九月十一日起出任民军总司令的黄兴,在九月十二日给友人的信中也认为是炮战引起的大火:

> 别后抵鄂,敌人已占汉口租界下之刘家庙,依租界设立炮兵阵地,相持数日不下,至昨日风起,汉镇房屋中炮火起,全市被焚。[2]

但和黄兴的观点不同,时为湖北民军战时总司令部参谋的湖北安陆人辜仁发,认为是冯国璋下令纵火的:

---

[1]《袁世凯全集》第19卷,第36页。
[2]黄兴:《黄兴集》,中华书局1981年,第76页。

冯国璋在革命军撤退之后，亲到汉口市内视察。革命军未退出的士兵，隐藏房屋当中，冯到之处，枪声四起，冯军不敢深入。冯乃献策荫昌，大烧汉口，铁忠等从而怂恿，遂采其毒策。冯纵令部队放火，火烧街市，肆行抢劫，并不准保安会救火，有救者当被枪杀。火延烧三日三夜不熄，天为之变赤，上自硚口，下至蔡家巷，汉口繁盛区域俱成一片焦土，被害者不下数十万家，损失财产无法统计，市民男、女、老、幼，伤的伤、死的死，为数更难估计了。[1]

冯国璋不肯承认，自有推脱之意；民军方面指责冯国璋纵火，或有因冯是敌对一方而不够客观之嫌。

汉口时为各国驻湖北领事馆所在地，不少领事馆在给国内的报告中都提及汉口大火事件，而且都一致认为是清军纵火所致。

汉口日本总领事馆九月十一日晚八时的第十九号情报中，明确表示是清军"火攻"引发汉阳大火：

> 汉口市区昨夜大火始终未熄，由今日正午益加炽烈，市中心满春戏院附近因此化为焦土。今晚火势仍极猛烈。盖因革命军坚守市区不退，官军迫不得已而实行火攻之故也……冯（国璋）称：为了驱逐顽强的敌人，除不惜将中国市区全部焚毁外，甚至或将不免要求各国租界内之外国人暂时全部退出也未可知云云。[2]

英国驻华公使朱尔典在给英国外交大臣格雷的电文中，也持清军纵火说，"清军在驱逐起义军后，进入了汉口城，并纵火焚烧"。[3]在九月初九日致英国海军部的电报中，英国驻华总司令官的观点也和朱尔典并无二致，"清军于今日下午二时进入汉口，在逐出起义军后，

---

[1] 中国人民政治协商会议湖北省委员会编：《辛亥首义回忆录》第一辑，湖北人民出版社1957年，第190—191页。
[2] 《日本驻汉口总领事馆情报》，《近代史资料》，总25号。
[3] 《英国蓝皮书》上册，第74页。

便纵火烧城"。[1]

汉口大火殃及不少商铺，其中包括一家意大利货栈。清廷外务部十一月初三日给陆军部、军咨府的一份咨文表明，这家货栈还通过意驻华外交机构向清廷索赔："驻汉意领事调查报告，以该处马贝利贝利·戈尼利意华公司货栈因军事火灾所受损失，计银实逾五万两之上。"[2]外务部为此还担心意大利方面漫天要价，"此项损失于议给赔偿之前又将与时俱增"。

综上可以证实，汉口大火，有部分是双方炮战所引发的，但更主要的是清军纵火后，火借风势，才造成如此大的损失。

"窃全国精华，尽在汉埠，商民林总，皆属同胞，遭此惨祸，谁不痛心！"[3]清军汉口纵火的暴行，不仅让上此折的清陆军第二十镇统制张绍曾、第三镇协统卢永祥、第二混成协统领蓝天蔚、第三十九协统领伍祥桢以及第四十镇协统潘矩楹等痛心，也引发了国内外华人的愤慨——冯国璋的好友、时为军咨府第一科科员的崔作模在密电中告知冯国璋，清军的汉口烧杀引发了极大民愤，提醒冯国璋赶紧上疏辩解，"资政院、报界谓官军在汉口惨杀焚烧，公讧甚裂（烈）。闻资政院已派四人密查，请速上疏辩解"。[4]袁世凯告诉冯国璋，留学比利时、法国的学生等已致电资政院提出抗议，欧洲报纸对此也大加批评，"汉口自经鄂变，库廒无损，官军大肆焚掠，商民受害，欧报痛诋"。[5]

为了平息民愤，清廷被迫于九月十五日下旨，要求袁世凯"迅速确查、按律治罪，并着详查人民损失财产，由国家一律赔偿"。[6]九

---

[1]《英国蓝皮书》上册，第37页。
[2]《档案汇编》第72册，第363页。
[3]卞孝萱辑：《闵尔昌旧存有关武昌起义的函电》，《近代史资料》，总1号。
[4]《中华民国史档案资料汇编》第一辑，第207页。
[5]《中华民国史档案资料汇编》第一辑，第207页。
[6]《宣统政纪》卷六三。

月十五日,刚刚接任资政院总裁的李家驹上折,点名要求对冯国璋等予以治罪。

九月二十四日,摄政王载沣接见刚刚抵京准备出任内阁总理大臣的袁世凯。其时,袁世凯对载沣说:"汉口官军惨杀商民一案,臣查实系冯国璋、铁忠、丁士源等为之。现时舆论沸腾,若不将冯、铁、丁等解京,科以重罪,恐不足折服民心。并恳皇太后速颁内帑,赔偿汉口商民之所失,以收人心。"[1]

此番高层对话表明,就连袁世凯也承认清军在汉口纵火烧杀之事。但冯国璋继续留任湖北前线指挥官、继续指挥汉阳之战的事实说明,清廷和袁世凯并未追究冯国璋之责。

清廷和袁世凯可以袒护冯国璋,却无法挽回失去的民心。汉口一场大火,烧尽了清廷九月初九日下罪己诏、赦免党人等所做的努力。清陆军第二十镇统制张绍曾在九月十六日的奏电中就说:"连日朝廷宣告实行立宪,谕旨朒切,下民怨气,渐就消弭,乱事可期平定。乃复以此激起全国人民之公愤,实于立宪前途,大有妨碍。"[2]

而相关的追责工作,一直持续到清帝逊位之后。1912年3月12日,孙中山应社会各界要求,致电袁世凯,要求惩办当年进攻汉口时惨杀湖北军民的清军将领:"据军商各界呈称'易迺谦、王遇甲、丁士源、徐孝刚等前在汉口惨杀军民,绝灭人道,乡里切齿,咸欲得而甘心。共和成立以后,又对于南方代表谩诋共和,故意挑起南方恶感,南方将士皆称应行宣布死刑。应请径电袁总统,先行停止委用'等语。自系实在情形,即希查核办理。"[3]没提"首犯"冯国璋,本身就已有妥协意味。可即便如此,各界的呼请也并无效果——毕竟,在袁世凯心目中,易迺谦等都是有功之臣:民国成立

---

[1]《袁世凯全集》第19卷,第49页。
[2] 卞孝萱辑:《闵尔昌旧存有关武昌起义的函电》,《近代史资料》,总1号。
[3] 孙中山:《孙中山全集》第2卷,中华书局1982年,第231页。

第二年，1913年11月，易迺谦、王遇甲、丁士源均升任陆军少将。至于冯国璋，前清时就已获封二等男爵，此时更出任直隶总督，继续受到袁世凯的重用。

袁世凯的偏袒，其实早在汉口纵火案爆发之初就已现端倪。当时，尽管国内外一片指责声，他依然坚持认为汉口纵火案只是少数清军所为，"若因数三败类，玷辱军人名誉，尽弃前攻（功），讵不可惜"。[1] 他所提出的对策，只是要求冯国璋整顿部队纪律，"望通饬各营，整顿纪律，谆详浩诫为要"。

争夺汉阳

让我们把目光再转回战场。

在攻占汉口之后的军事会议上，冯国璋曾强调："为今之计，惟有先取汉阳。"[2] 但清军在汉口之役中伤亡颇大，须休整部队、等候增援，乃"休兵十日，掩死吊亡"。[3] 随着九月十七日、十九日第二军前部抵达孝感，南下清军陆续到位，在前线的兵力近两万人，而且装备和训练远优于民军。

据冯国璋的参谋长张联棻回忆，冯进攻汉阳的部署如下：第六镇统制李纯率混成第十一协及混成第十九标的炮一队，分甲乙两支队，渡襄河出击民军左侧；代理统制王遇甲率第四镇直渡襄河，进攻民军正面；吴金彪部和马继增部则相互配合，分别从孝感和驼落口（有武汉西大门之称，今武汉硚口区舵落口）向汉阳攻击前进。[4]

但从九月十二日开始，刘承恩、蔡廷干应袁世凯之命派员持书前往劝降黎元洪。因此，九月十三日至二十一日，民军、清军之间无明显的战斗。日本驻汉口总领事馆向日本外相如此报告："两军

---

[1]《中华民国史档案资料汇编》第一辑，第207页。
[2]《辛亥革命回忆录》第六集，第370页。
[3]《辛亥革命》（五），第233页。
[4]《辛亥革命回忆录》第六集，第370页。

一方面隔长江，一方面隔汉水略有炮战，一时闻炮声隆隆，不见其他活动。"[1]

由于黎元洪迟迟没有答复，九月二十八日起，清军开始炮击汉阳。二十九日，清军按原作战部署进攻汉阳。

民军方面也是严阵以待。汉口丢失后，九月十一日黄兴退返武昌，后被推举为"民军战时总司令"。十三日，黎元洪效法当年刘邦、韩信拜将的故事，在武昌阅马场用木板搭建拜将台，举行拜将仪式，授黄兴战时总司令委任状、印信和令旗。拜将仪式后，总司令部也宣告成立。

汉阳战时总司令部成立之初，时任第六镇统制的吴禄贞与山西都督阎锡山计议组织燕晋联军，准备直取北京，推翻清廷。为与湖北民军取得联系，吴禄贞派他的副官长、福建人王孝缜来到武汉，与黎元洪联络。但很快，吴禄贞于九月十七日在石家庄遇害。[2]民军南北夹攻的计划因之失败。

到九月二十日止，总司令黄兴所辖的防守汉阳各部计有：鄂军第一协蒋肇鉴两标，第四协张廷辅两标，第五协熊秉坤两标，第二协第四标，加上工程营、辎重营、炮队团以及湖南两协援军等，兵力共两万余人。[3]

九月二十五日晚九时，民军总司令部先于清军三天发出对汉口清军总攻击的命令。民军原计划从青山渡江偷袭汉口，包抄清军后路。冯国璋获悉后曾惊呼："兵力渐薄，被匪抄我后路，虽分兵抵御，如无援军速来，万难久持。"[4]但这一奇袭行动因指挥官成炳荣的怯懦而以失败告终。在清军强大炮火的压制下，加上驻守汉阳的湘军第一协

---

[1]《日本驻汉口总领事馆情报》，《近代史资料》，总25号。
[2] 钱基博：《吴禄贞传》，卞孝萱、唐文权编：《辛亥人物碑传集》，团结出版社1991年，第174—175页。
[3]《辛亥首义史》，第419页。
[4]《辛亥革命》（五），第348页。

统领王隆中和第二协统领甘兴典擅离前线等原因，民军节节败退，最终被迫于十月初七日退出汉阳。至此"阳夏"鏖兵四十天告终，清廷取得了这场战争名义上的胜利。

战报统计表明，自九月二十六日至十月初七日，民军共阵亡军官137人，伤85人；士兵阵亡2693人，伤400余人。一个月前，汉口战事正酣之际的九月初七日，黄兴、宋教仁一行自上海抵达武昌，战事正处下风的湖北军政府，大喜过望之余，连夜特制了两面长一丈二尺的大旗，上书斗大"黄"字，派人骑马在武昌城内和汉口没有被清军攻陷的地方跑了一圈，以鼓舞士气。想当初风头一时无两，看如今伤亡惨重，总司令黄兴不禁愤懑万分，几度欲自杀，经左右劝解乃止。[1]

三 战事之余

"阳夏战争"结束了，然而战争之余的一些细节，却值得我们回过头来细细思考一番，比如清军薪饷、赏格之厚此薄彼，比如清廷在战事处置上的失误等。

赏格厚此薄彼

按光绪三十年奏定的《新建陆军营制饷章》，一军两镇，共25355人，骡马4469头（匹），每月官兵薪饷加杂项开支大约为20万两。[2]

毫无疑问，去前线打仗，要比平常危险，因此往往会厚赏。清军抽调部队南下，发饷的标准是什么呢？九月初六日，荫昌在奏折中曾透露会给出征官兵加饷，"其出征加饷及行营需用各项经费，已向各银行拨兑现银洋圆，分批解运无误"。[3]

---

[1]《辛亥首义史》，第406、431页。
[2]《晚清兵志》第4卷，第228页。
[3]《辛亥革命》（五），第335页。

至于加饷的标准，十二月初五日，冯国璋在给陆军部的咨文中予以明确：月薪方面，八月下旬调用的，预支两月薪水，另给九、十两月薪水；九月上旬调用的，预支一个月薪水，另给九、十两月薪水；九月下旬至十月上旬调用的，预支一月薪水，另给十月薪水。[1]也就是说，八月下旬调用的第一批清军可以领到四个月的薪水，九月上旬调用的则为三个月，之后出征的领两个月。

九月二十九日，清军协统陈光远在给袁世凯的书信中说道："至各级官长蒙陆军部先给两个月薪水，已与何统领等商同派员解回厂站两防，分给各该员家属具领，则前敌官长，既无内顾之忧，自益坚其杀敌致果之志也。"[2]这也证实，清廷确实是按冯国璋说的标准给南下部队发饷的。

多付薪水之外，清廷官员还信奉"重赏之下，必有勇夫"。九月初二日盛宣怀建议学习当年湘军的重赏之法，"臣窃见从前湘淮军剿贼之时，每遇悍匪，挑选奋勇冲锋陷阵，每勇一名不过元宝两个，即能得其死力"。[3]他还身体力行，表示要拿出十万银元作为清军攻取汉阳的赏金。

袁世凯则开出抢夺民军大炮一尊赏银千两的赏格，可谓大手笔。九月初八日，他告诉内阁，"兵入街市，恐涉兵险，请饬统将重悬赏格……再，凯曾悬赏格抢炮一尊赏银千两，初六日得匪炮卅尊，已电荫大臣代垫发赏，由凯拨还"。[4]查询清宫档案，果真找到袁世凯请荫昌代为垫发赏格的信函："曾交华甫赏格单，抢炮一尊，赏银一千两，现共计三万两，请午帅即垫发，候凯到奉还。"[5]此时袁世凯尚在

---

[1]《袁世凯全集》第19卷，第371页。
[2]卞孝萱辑：《闵尔昌旧存有关武昌起义的函电》，《近代史资料》，总1号。
[3]《辛亥革命前后》，第218页。
[4]《袁世凯全集》第19卷，第31—32页。
[5]《中华民国史档案资料汇编》第一辑，第176页。"华甫"为冯国璋表字，"午帅"指荫昌。

彰德老家，都不忘让先赴前线的冯国璋带去奖赏标准。如此急切的举动表明当时清廷官员对厚赏的重视程度。

除获胜后的犒劳、赏金，袁世凯还专门拿出银万两，奖赏作战勇敢的官兵。冯国璋告诉前线部队："官兵每胜一次，即有犒劳一项；官兵凡告大捷，则有赏号（赏给钱或物）一项。至代赏一项，则奉宫太保发银万两，专赏前敌尤为出力之官兵。"[1]

前文说过，盛宣怀曾许诺清军拿下汉口、汉阳后，汉阳铁厂等将筹送赏银十万元。没有想到的是，九月初五日盛宣怀即被免职、永不叙用。如此一来，十月初七日拿下汉阳之后，这笔钱从哪里支发，就颇为有趣了。

冯国璋先向荫昌索要，因为当初是荫昌宣布的。十月二十日，他致电荫昌说："前奉钧传第一军各镇协标营克复汉口汉阳后，赏银元十万元。究竟此款，应如何核发，以昭信实，请速示遵。"[2]

此时荫昌已由陆军大臣转任军咨府，不直接掌管部队，也不像袁世凯有宫中内帑作为军饷。因此，他只好请内阁筹拨。十月二十一日，荫昌以军咨府名义给内阁发咨文，"查此款想系盛宫保预许之赏号，应如何办理之处，即希贵阁酌核电复可也"。[3]

明明是自己当初亲口告知部队的，在这份咨文中，荫昌却打起了马虎眼，用"想系"来推脱自己的责任。但显然，内阁一时也拨不出银两，因此迟迟未复。没办法，四天之后，荫昌只好再次给内阁发公文，"查此项赏银系荫昌在前敌督师时，特下命令传谕第一军全军：如将汉口、汉阳均克复后赏银十万两，彼时因盛宣怀允筹款十万元，是以有是命令以资奋勉。现在汉口、汉阳既经克复，自应照数颁赏，

---

[1]《袁世凯全集》第19卷，第371页。宫太保即指袁世凯，溥仪登基不久后即封袁为太子太保。

[2]《中华民国史档案资料汇编》第一辑，第213页。

[3]《档案汇编》第71册，第296页。

以昭大信而励军心"。[1]

这次，荫昌承认此十万赏银是自己答应的，同时又指出是盛宣怀当初所许诺的。由于此时冯国璋已奉调回京出任禁卫军总统，因此，荫昌在咨文中请内阁转知署湖广总督段祺瑞，"应如何筹措之处请贵阁酌核办理，并先期会覆段总统可也"。

虽然赏银是盛宣怀昔日所承诺、虽然盛宣怀已经被免职，但政府"信用"不能失，这笔赏格——银洋十万元最终由清度支部筹措于十一月发放，奖赏攻占汉口、汉阳之官兵。具体的发放标准是："二、四两镇……共应发银五万八千八百五十两。第六镇……应发银四万两，……十九标……发银万两，同资犒赏。"[2]总计下来，赏银数量还超过了盛宣怀当初许诺的十万银元，为十万八千八百五十两。

除薪饷、赏银之外，清军的支出，还有津贴、工饷、购械、抚恤以及支付民夫、挑夫的费用等，甚至还有收枪的费用。据冯国璋的报告，为了避免民军撤退时所遗留的枪支再度为民军所得，故有出价收枪之策："收枪一项，则以匪党溃败，枪械子弹散失民间，故出价收回，虽未能扫数以清，亦可稍弥后患。"[3]

种种师出有名或无名的支出，使得清廷前线部队军费支出自然不菲。冯国璋九月初八日接统、十月二十五日离职，担任第一军总统不到两个月的时间，但据其统计，"除已支现银、银圆、铜圆暨移交段总统铜圆六百八十三万枚外，[4]尚不敷湘平银九百九十四两五钱三分"。[5]

冯国璋的统计，没有明确区分银两、银元、铜元，自是无法折算出准确数字，但所剩不多应是事实——为了填补亏空，冯国璋还向段

---

[1]《档案汇编》第72册，第158页。
[2]《中华民国史档案资料汇编》第一辑，第213—214页。
[3]《袁世凯全集》第19卷，第372页。
[4] 银元一元等于铜元一百枚，如此折算为六万八千三百元。
[5]《袁世凯全集》第19卷，第372页。

祺瑞的第二军司令处借了京平银一万两。

按一军月饷二十万两的标准,从八月底到十月底,第一军在湖北用兵两个月,饷银仅为四十万两。而荫昌南下时度支部拨了军费一百五十万两,后来隆裕太后又给袁世凯拨了内帑银一百万两专用于军饷。如今看来,这些钱已被袁世凯、荫昌和冯国璋花得差不多了。各地纷纷独立,本就使得清廷的赋税收入等大大减少,这般的花钱速度,无疑远超其承受能力,迫使清廷不得不考虑与民军和谈、不得不动用内帑,最终也因财政困厥等而不得不接受共和。

翻检清宫档案我们还发现,这种大手笔的赏格,只用于湖北前线,因为那里由袁世凯所统。十月中旬,直隶提督姜桂题的武卫左军配合河南地方部队收复大同、潼关,袁氏内阁度支部只赏银一万两。[1]十月下旬,曹锟率第三镇收复井陉、固关,度支部赏银为两万两。[2]按一镇人马满员一万两千人算,每人平均一两多。就连隆裕太后,也没有袁世凯这样的大手笔——九月二十四日,鉴于禁卫军第一镇和姜桂题部队弹压保卫地方勤苦,她动用内帑奖励了两万多名士兵,标准仅为每人一两。

袁世凯的厚此薄彼,主要是为了笼络自己编练的北洋旧部,但无疑会让清廷其他部队寒心,也让清军在阳夏战争的胜利少了些举国同欢的况味。

南下调度失措

阳夏战争虽然名义上是清军取得了胜利,但检讨清廷有关武昌起义的军事应对,诸如认识不足、调度失当、统筹未全以及管理缺位等问题,则是难以回避的。

八月二十一日,清廷中枢讨论平乱主帅人选,决定由荫昌督兵

---

[1]《宣统政纪》卷六九。
[2]《宣统政纪》卷六六。

南下。在讨论时，内阁协理大臣那桐就说："武昌兵变是一隅之蠢动，何必陆军大臣亲临督剿呢？"此前一天，尚赋闲洹上的袁世凯获悉武昌起义消息后却大惊失色，说"此乱非洪、杨比也"。[1]武昌起义后各地纷纷独立的事实证明了那桐昧于时局，也反映了清廷中枢要员对武昌起义严重后果的估计不足。

前文说过，关于南下清军编制的记载，可谓众说纷纭。而众说纷纭的背后，是清廷慌乱的调度：清廷不令参加永平秋操的第二十镇南下，而调远在山东驻扎的第五镇之混成第十七标。这无疑是舍近求远、贻误战机。

停止秋操，调第二镇、第四镇、第六镇之第二十二标和第十三镇之第五十二标南下，是军咨大臣载涛的主意。军咨府[2]本就"掌全国筹防用兵事务"，[3]载涛又正在检阅部队，因此由其派兵南下可谓顺理成章。而且，载涛当时还有南下统兵之念，"辛亥秋，武昌革命事起，正值涛邸阅操于开平，就近发兵赴武汉。涛邸欲亲率三军往，不得朝命乃止"。[4]朝廷之所以不准，是因为摄政王载沣不愿自己的亲弟弟载涛身履险境，而改派陆军大臣荫昌督率。载涛要比荫昌更熟悉以秋操部队为主的南下清军，但载沣出于私利，阻止载涛南下，这又一"舍近求远"无疑会影响部队的指挥效率和战斗力。

八月二十四日，第二十标标统马继增统带的步队抵汉口江岸。该标本驻扎信阳，因此抵达得最早。八月二十七日，混成第三协抵达刘家庙；第四镇第七协在孝感下车，占领阵地；第八协及马队三营在祁

---

[1]《辛丙秘苑》，第3页。
[2] 军咨府由陆军部军咨处发展而来。宣统三年四月与首届责任内阁同时成立，大体相当于现在的总参谋部。以郡王衔贝勒载涛、贝勒毓朗为首任军咨大臣，下设军咨使、副官等，并辖五厅。
[3] 张德泽：《清代国家机关考略》，故宫出版社2012年，第313页。
[4] 毓长：《述德笔记》卷七，《近代中国史料丛刊》第十六辑，台北文海出版社1966年，第117页。

家湾下车，支援马继增部。[1]至此，第一军的大部分兵力才抵达湖北前线，此时距八月十九日武昌起义爆发已经过了八天，湖北民军已趁机于八月二十五日招募组成了五协兵马和工兵、辎重各一营。[2]

南下清军不仅行动缓慢，更严重的问题是未配全大炮：第四镇为南下清军主力，八月二十一日参谋长易迺谦派时在陆军部任职的蒋作宾负责枪弹配给。未料，蒋作宾是湖北人，担心清军的大炮毁了武昌城，便自作主张将大炮安排在最后的第51号列车上。如此一来，直到九月初一日，第四镇的大批炮车才运送到孝感，而前方各炮队虽随车携去山炮野炮七十二尊，却有炮无弹——实弹只有二十五个。[3]

不仅第四镇如此，军咨府军咨使良弼在调度时也犯下了同样的筹划未周之错——以为南方水网纵横，不利大炮转运，未让南下清军携大炮南下。前线攻击不利后，军咨府才于八月二十八日补发，"战稍不利，乃调炮队往。初有言南省地多江河，不利转运，不必以炮往者。至是，叛军列炮于江岸，兵士多有伤亡。良君弼始悔其误，乃补发焉"。[4]直到九月初一日晚十一时，第一批火炮才运抵距武汉一百多公里的湖北孝昌县花园镇。[5]

前线未能及时配置炮队，有蒋作宾故意之举，有良弼无知之误，也有运输调度不力的原因。京汉铁路时为单轨，大批兵车南下而又管理不善，以致兵车拥塞铁路；孝感所停空车极多，以致在孝感的大批军队不能前进，所停空车均因煤水缺乏而难以动弹"。[6]

缺乏步炮配合，使清军的战斗力受到严重影响，最初基本上处于被动防守状态，颇为吃亏，"匪察我军未配炮队，专以炮火从远处攻

---

[1]《档案汇编》第79册，第60—66页。
[2]《辛亥首义史》，第357页。
[3]《梅楞章京笔记》，第312页。
[4]《述德笔记》卷七，第118页。
[5]《档案汇编》第79册，第60—66页。
[6]《档案汇编》第79册，第80页。

击，火力过猛，我军不能久支，遂依江岸退至滠口"。[1]随着大炮的陆续到位，清军火力才开始占据上风，"初七日我军复以混成第十一协炮队增加向匪猛攻，约二小时之久，匪步渐不能支，炮队亦相继溃退"。[2]可以说，炮队的部署到位为清军九月十一日夺取汉口、十月初七日攻占汉阳提供了保障。

兵贵神速，武昌起义八月十九日爆发，直至九月初七日，号称精锐之师的南下北洋清军才形成战斗优势。可以说，军咨府的不知兵致大炮调度失误在前，邮传部的无能为致火车调度失误在后，使得清军丧失了平定武昌起义的宝贵时机。

第二军迟迟未能调配成军则让我们清楚地看到，清廷始终没有解决好兵力驻防和动员的问题。

清朝有八旗兵约二十万人、绿营兵约六十万人，总兵力达八十万。这是当时世界上最庞大的常备军。为何一军两镇兵马，却如此难以调配呢？茅海建先生曾指出：清军是分散驻守的，不像今天的军队整师、整团、整营地集中驻扎在某一营房。之所以如此，是出于政治考量而非军事得失——警卫宫禁皇园陵寝和守卫各级衙门官府等种种长期性差使，需要众多且分散的士兵；维护城市治安、弹压盗匪等，也需要众多且分散的士兵；为了更有效地监视民众以防造反，为了使各地方官随时可以找到一支可资利用的部队，为了克服当时的交通困难而能及时镇压绝大多数在乡村活动的反叛者和盗匪，更需要众多且分散的士兵。以少数民族入主中原的清朝，其基本对策就是用兵力相对集中的八旗监视兵力分散的汉人绿营。[3]

分散布防的特点，使得清廷很难集中机动兵力。根据茅海建先生的统计，鸦片战争时期，天津守军有镇标两营，加上天津城守营、葛

---

[1]《档案汇编》第79册，第61页。

[2]《档案汇编》第79册，第78页。

[3] 茅海建：《天朝的崩溃——鸦片战争再研究》，生活·读书·新知三联书店2014年，第54—55页。

沽营，总兵力达二千四百人。但道光二十年七月（1840年8月）英军抵达天津海口时，直隶总督琦善奏称天津存城兵只有不到八百人；福州将军统辖的绿营兵共三营四千四百六十三人，道光二十一年七月（1841年9月），福州将军保昌奏称，除向例各处值班外，实存兵一千零四十名。[1]也就是说，能够参加战斗的只有总兵力的四分之一。

这种状况直到武昌起义爆发也没有太大的改变，起义爆发后，湖广总督瑞澂向邻省河南求援，河南巡抚宝棻就告诉朝廷，"豫省防军尽数散驻在外。省城新军除分派各处外，所驻无几"[2]，最后，仅能派出步队一营前往增援。

海军的倒戈

武昌起义爆发后，海军在战争过程中的倒戈反正更是带给清廷巨大的损失。

清廷八月二十一日下令海军和长江水师开赴武汉，协同陆军进攻民军。八月二十六日海军提督萨镇冰乘楚有舰抵汉。此后，当时排水量在国内名列前茅的海琛、海筹、海容三舰（三舰排水量均为二千九百五十吨，而最大的、排水量四千三百吨的海圻舰，其时正在欧洲访问），以及楚同、江贞等十多艘炮舰先后开往阳逻（今武汉阳逻港）。八月二十七日清军与民军在汉口刘家庙大战，尽管清方仅有张彪残部、河南混成协、岳州巡防营共二千人，但当日由于海军发炮支援，民军最终不得不退却。[3]

海军本少有参与革命活动的，巡洋舰队中"无一曾入同盟会之人"，[4]但辛亥年间海军官佐接触革命书报，思想发生了转变，武昌起

---

[1]《天朝的崩溃——鸦片战争再研究》，第55—56页。
[2]《辛亥革命前后》，第187页。
[3]《辛亥首义史》，第439页。
[4]《辛亥革命回忆录》第六集，第109页。

义后开始酝酿反正、响应。加上此时各舰缺米缺煤，[1]更是无心应战。萨镇冰是黎元洪就读北洋水师学堂机械科时的老师，为此，黎曾修书劝说萨镇冰及楚有、楚同等舰舰长转向革命；原湖北咨议局议长、湖北军政府民政长汤化龙也致书其胞弟、时任舰队代理参谋的汤芗铭，劝汤芗铭策动海军反正。

萨镇冰接到黎元洪信后，复信只表示希能和平解决，并未同意反正。但对舰队里的革命行动，他也没有严加整顿。

萨镇冰是福建闽侯（今福州）人，其祖先为蒙古人，明末随清兵入关，驻福建，故入闽籍。十一岁即考进马尾船政局学堂，学习天文、驾驶，毕业成绩名列第一。后与刘步蟾、严复等成为清政府首批送往英国格林威治皇家海军学院学习者。归国后参加过中日甲午海战，历任广东水师提督、海军提督等。他精通业务，常住在舰上，往来各港口基地，视察形势，亲自指挥官兵练习航海技术，以及演放鱼雷等战斗操作；萨镇冰"待人谦和，对下无骄傲暴躁之态"[2]——某日他在舱内午休，管旗下士前来送旗语，见状便将毡毯替他盖上，以免着凉。萨醒后得知，便把这位下士找来，说"你心田很好"，当场便将女儿许给他为妻，并出资送其求学。萨身为一品大员，只有一儿一女，能出此举，可知其思想之开放。因此，他在海军士兵中颇有威信。

萨镇冰的默许为海军革命力量的发展提供了方便，海琛、海容、海筹三舰电报通讯官张怿伯、金琢章、何谓生等利用掌管各舰通信便利的职业优势，通过电码联络、策动。此后，海军中同情、支持革命者逐渐增多。海琛舰长荣续、海容舰长喜昌均是满人，虽与革命形同水火，但已无可奈何。海筹舰长听了何谓生的进言，表示赞许反正，

---

[1] 袁世凯曾电奏"驻鄂师舰及鄂兵船均缺米煤各物"，清廷九月初二日下旨令上海、九江两地接济，见《宣统政纪》卷六二。
[2]《辛亥革命回忆录》第六集，第123页。

且会予以便利。九月初七日青山炮战，清军发炮虽多，但炮弹不是指向天空就是落在水面，表明海军反正已有重大进展。九月十一日三艘"海"字舰自湖北阳逻开抵江西九江，海容、海琛两舰舰长自动去职。九月二十三日，萨镇冰坐江贞舰东行，经黄石港改搭英太古商轮，转赴上海，潜往香港——此举意味着他放弃了对海军的领导。[1] 十月十七日清海军北洋舰队和南洋舰队召开代表会，宣布归附民军，公举程璧光为海军总司令。这标志海军反正工作全部完成。

海军本是清军进攻民军的重要力量，刘家庙之战清军能反败为胜，就有赖海军火炮力量的支持。海军反正后，倒戈参与对清军的进攻：十月初三日，为掩护民军向谌家矶进攻，海军炮轰清军沿江炮位约两小时，击毙清军三四百人，并不断炮击清军在二道桥、三道桥和在江岸的工事。海军反正，使得进攻武汉三镇的清陆军失去了水路支持，还加强了民军的进攻力量。此消彼长，清军的进攻可以说受到了严重打击。

更为严重的是，海军反正，使得清军失去了对长江沿线省份，诸如江西、安徽、江苏及上海的控制，坐视这些省份独立而无可奈何。从这点看，清军遭受的损失更是难以估量。

海军的反正，是在开往武汉参战之后，属于临时起意。之所以能成功，有汤芗铭、张怿伯等人的暗中运作之功，也有黎元洪致书劝说之力，但更重要的，是海军领导的"不作为"——海琛、海容两舰舰长为满人，却没有能力弭乱于萌芽状态；海军提督萨镇冰人品、业务均无问题，但平生长恨"厕身海军垂三十年，屡历战争，从未一获胜利"，[2] 因此十分不愿打内战、同室相残，[3] 察觉军心异动后未经请

---

[1] 萨离开前曾用灯语通知各舰："我去矣，以后军事，尔等各船艇好自为之。"见《辛亥革命回忆录》第六集，第121页。

[2]《辛亥首义史》，第443页。

[3] 萨镇冰一生不打内战，不仅表现在辛亥革命时期，在1917年的护法运动、1926年的北伐战争中亦是如此。

示即挂冠而去,连英国驻华公使朱尔典都说萨对清廷"冷淡"——"萨镇冰提督的舰队对清朝的事业似乎始终仅给予冷淡的支持;我承认,当我听说他率领的三艘巡洋舰于11月12日悬挂革命军旗帜驶向下游的时候,我并不感到十分惊讶"。[1]这种局面的出现,表明"革命""共和"确是当时民心所向、大势所趋。而从管理角度看,在如此重要的岗位上,配置的却是一批缺乏应变能力、缺乏忠诚度的军官,清海军大臣载洵难辞其咎。

海军反正对袁世凯是一个沉重的打击,此后的奏折中他多次提及此事,十一月初九日他上奏吁请召开王公会议以定是否举行国会公决时,就痛诉"汉口既下,海军继变。汉阳虽得,金陵复失"。[2]因此,他万不得已,只好听从朱尔典的建议与民军议和。十二月初十日,他上奏请求清廷收回封侯成命时也说,入京就任内阁总理之初,眼看京畿部队练成、山东取消独立的好消息接踵而至,以为危局可平,未料"汉口甫下,海军继叛。汉阳既克,金陵复失",[3]形势为之逆转,只好息战和商。

南下部队行动迟缓、未携炮随行,第二军迟迟未能编配成功南下,以及海军的倒戈,严重阻碍了清军攻占武汉的进程。阳夏战争持续四十多天,清军才占领汉口、汉阳。按袁世凯的说法,此时进攻武昌,未必不能攻下,"臣亲赴前敌,激励将士,规复汉口。若竟乘势进取武昌,未必不下"。[4]但这四十多天内,全国形势已发生了巨大变化——全国二十二省,已有十四省宣布独立,大半中国已不为清廷所有;海军反正,南京、上海宣布"光复",中国财税重地随之丢失;就连北方腹地山西,边疆省份蒙古、新疆等,也是

---

[1]《英国蓝皮书》上册,第111页。
[2]《袁世凯全集》第19卷,第209页。
[3]《宣统政纪》卷六九。
[4]《宣统政纪》卷六九。

伏莽处处。此时的清廷虽在武汉有兵力优势，但就全国而言，已经处于不利的位置。

武昌起义爆发前的永平秋操，本为分散驻防的清军难得地提供了一次大部队迅速集结的良机。如果能抓住这个机会，果断配炮南下，正确部署，或可迅速攻占武汉三镇，底定武昌起义，再以此机动部队为主力，镇压、威慑各省起义。这样，时局或将为之一变。但因清方的种种失误，使得阳夏战争持续了四十多天，清军主力被拖住。这为全国各地的独立赢得了宝贵时间。

就此，冯天瑜、张笃勤评论说：

> 阳夏战争历时四十余日，重创清军生力，杀伤北洋精锐万名以上……拖住清军主力，给各省光复创造时机……造成北洋军受创、海军全数反正的局面；至于政治上，清廷虽然做出发"罪己诏"、黜摄政王、宣布提前立宪等种种姿态，却一概失效，各省竞相"易帜独立"，清王朝的崩溃已成无可挽回的大势。[1]

---

[1]《辛亥首义史》，第452页。

第三章

官场乱象

费正清在《剑桥中国晚清史》中写道:"中华帝国有一个不可思议的地方,就是它能用一个很小的官员编制,来统治如此众多的人口。"[1]清朝的文武官员,大约为两万六七千人,[2]却要管理超过四亿的人口。1∶1.5万的官民比应该说低得令人惊讶。[3]这使朝廷无疑面临着繁重的管理任务,亟需官员们的勤勉、敬业和高效。

为此,规范官员行为的《钦定大清会典》对官员请假有着明确的规定:病假方面,二品以上官员,比如在京旗员堂官[4]以上以及汉官侍郎、内阁学士以上,须亲自向皇帝请假;地方督抚请病假,还需要互相证明(如总督请假,由巡抚出具验明书,反之亦然),并报皇帝批准。事假方面,只有父母疾病、修墓迁葬回乡省亲、完婚,以及服侍父母、祖父母出远门等有限的几种情况方能获准,而且申请事假还有任官资格、年限的要求。[5]

武昌起义的爆发引发了官员的请假、辞职潮:不包括九月十一日奕劻内阁辞职导致的20多位二品以上高官的离去,仅据《大清宣统政纪》所做的不完全统计,从武昌起义爆发到清帝逊位,二品以上高官请假者,至少有57人之多。众多请假官员中,有请假拒绝上前线的,如四川总督岑春煊、第五镇统制张永成等;有一再陈情使得清廷无奈允准的,如直隶总督陈夔龙、度支部副大臣陈锦涛、署湖广总督王士珍等;有不待允准即擅自离岗的,如海军提督萨镇冰、大清银行

---

[1]《剑桥中国晚清史(1800—1911年)》上卷,第24页。

[2]清朝文武官员的数量,费正清在《剑桥中国晚清史(1800—1911年)》中的数据为两万名文官和七千名武官,见该书上卷第16页;《中国政治制度通史》的数据为文武官员约26372人,见白钢主编:《中国政治制度通史》(清代),人民出版社1996年,第533页。

[3]据人力资源和社会保障部公布的《2016年度人力资源和社会保障事业发展统计公报》,截至2016年底,全国共有公务员719万人。按人口13.83亿推算,公务员和全国人口的比率为1∶192。国际上,近年的数据,美国官民比为1∶15,日本为1∶150等。

[4]堂官是各部衙门尚书、侍郎等的通称,因在各衙署大堂上办公而得名,均为二品以上。

[5]《中国政治制度通史》(清代),第585—586页。

武昌起义后,仓皇逃跑的清朝官吏

监督叶景葵等;有在京师衙门挂名实则避居天津的,如法制院副使章宗祥、民政部左丞汪荣宝等;有托名请假实则携款潜逃的,如军咨府测地局局长金骐等。

武昌起义后,当时全国22省中,先后有14省宣布独立。在独立大潮中,负保土守疆之责的总督巡抚将军提督,或如湖南巡抚余诚格、江苏巡抚程德全、广西巡抚沈秉堃等未放一枪即拱手投降,或如湖广总督瑞澂、安徽巡抚朱家宝等仓皇逃匿,甚至还有像广东水师提督李准主动派人和革命党联系谋求独立的。

林林总总的请假、辞职、逃亡乱象,使清廷官员请假制度形同虚设,也反映了清廷高官的腐朽无能。这些官场乱象,严重影响了清廷中枢的运转。

一 几近混乱的朝廷

现在时事多艰,朝廷宵旰忧勤、孜孜求治,凡在臣工应如何夙夜在公、勤供职守。乃近来京外大臣动辄托词请假，几于无日无之，甚有一再续请者，殊属不成事体。嗣后，内外诸臣务当共体时艰、力图振作，除实在患病准其请假外，倘再有托故请假、藉图安逸者，一经查出，定即严行惩处。[1]

这是宣统三年三月十三日（1911年4月11日），清廷曾发布的一道上谕。官员无故频繁请假已严重到让朝廷专门下旨严禁的程度——这样的内容今天看来不禁引人发笑……但这只是清末官场乱象的一瞥。清宫档案表明，高官请假风，在武昌起义爆发之前即有。出于对时局和大清命运的担忧，不少官员选择早早避离政坛，以求苟全性命于乱世。

但即便下旨，也抑制不住请假风。就在这条上谕发布后的第二天，恭亲王溥伟就奏报"假期又满，病仍未痊"，请求免去其所兼任的禁烟大臣之职并继续请假。朝廷的处置呢？——继续赏假一个月，上谕中的"严行惩处"变成了说着玩玩。

请假高官剧增

宣统三年六月起，请假的高官剧增，请假的名目也五花八门，我们不妨来看一看都有哪些。

有请假以避繁难的。闰六月初一日的《军机处上谕档》收录了这样一封信：

筱石制军阁下启者，日前请假电奏已经代陈，奉旨允准。近日政体当已渐就痊可，朝廷倚任方殷，时承监国摄政王垂问。北洋地方重要，阁下措置妥协并承天语褒嘉。假满后，务希如期电奏销假，仰慰宸廑。敬请台安！那、庆、徐同启。[2]

"筱石"是直隶总督陈夔龙的字，"那、庆、徐"分别指内阁协理

---

[1]《光绪宣统两朝上谕档》第37册，第63页。
[2]《光绪宣统两朝上谕档》第37册，第178页。

大臣那桐、内阁总理大臣奕劻和内阁协理大臣徐世昌。尽管摄政王载沣温语有加,但九月二十八日,陈夔龙还是以"旧病骤增"为由要请假,未获批准后陈仍从九月到十二月三次请求开缺,直至十二月十六日清廷不得不"赏假三个月",[1]由张镇芳署理直隶总督兼北洋大臣。十月二十三日起,东三省总督赵尔巽也多次上折请求开缺。

有请假以避上前线的。九月二十一日,北洋六镇的第五镇统制张永成以骤患吐血为由请假并将统制一职交他人代理。此时袁世凯正调第五镇南下武昌,张永成此举明显是不愿赴前线。因此,他的请假清廷并未批准,"着责成张永成力疾从公、毋得少有诿卸,所请委员代理之处,着毋庸议"。[2]岑春煊八月二十三日被授四川总督,八月二十五日即以"病益加剧"为由,请朝廷"请另简贤员督师入川"。[3]之后更是多次上折、执意请假,直至清帝逊位,他都未曾动身赴任。

有请假以潜逃的。十一月,军咨府测地局局长、候选道金骐托病请假。最终却被发现,金骐请假是假,携款潜逃是真。恼怒之下的清廷立即下旨,要将金骐革职拿办。[4]但是否拿获,就不得而知了。

有请假以拒官职的。九月二十六日组阁时,袁世凯提名梁敦彦为外务大臣、严修为度支大臣、梁启超为法部副大臣等。还没上任,十月初一、初二日,严修即以"衰病侵寻、精神委顿"[5]为由两度请假并请求辞职;十月初二日,外务大臣梁敦彦以"卧病多日"为由请假并请求辞职;十月初二日、初十日,梁启超以"患病甚深,不克起程"[6]为由,请假并请求辞职。

而且,《大清宣统政纪》所记,并非请假高官的全部,比如曾为

---

[1]《袁世凯全集》第19卷,第457页。
[2]《宣统政纪》卷六四。
[3]《宣统政纪》卷六一。
[4]《宣统政纪》卷六八。
[5]《宣统政纪》卷六五。
[6]《宣统政纪》卷六五。

内阁协理大臣的那桐,从十月初八日开始频繁请假,之后在十月十八日、十月二十九日、十一月十六日、十二月初六日连续请假。此后,直到十二月二十五日清帝逊位,那桐始终未曾上班。[1]这都可见于《那桐日记》。再比如署邮传部副大臣李经迈奏请开缺,见载于《袁世凯全集》等。[2]部院大臣、督抚高官、将军都统,本是朝廷重器,此时则已成敝屣。

武昌起义后二品以上高官请假辞职表(据《大清宣统政纪》)

姓名	所辞职务	品级	时间及事由	清廷处置
岑春煊	四川总督	正二品(加尚书衔总督为从一品)	八月二十五日病请开缺	不同意,催促抓紧医治。但岑此后多次奏请开缺,始终未曾赴任
世续	资政院总裁、大学士	正一品	九月初九日因病乞休	同意。九月二十日补授总管内务府大臣
奕劻	内阁总理大臣	正一品	九月十一日奉职无状请辞	皇族内阁总辞职,涉及二十多位二品以上官员
唐绍仪	邮传大臣	从一品	九月十八日请求开缺	不同意。九月二十六日清廷准许暂行开缺
李准	广东水师提督	从一品	九月十八日病请开缺	不同意
张绍曾	长江宣抚使	正二品	九月十八日病请开缺	不同意。但张绍曾第二天继续上折,清廷被迫同意
王士珍	署湖广总督	正二品	九月十九日恳请收回成命	不同意,赏假。九月二十四日,王士珍再次上奏"因病恳请开去署任",朝廷没有办法,只好批准。袁世凯组阁后,任命王为陆军大臣,他也没有上任
田文烈	陆军部副大臣	正二品	九月十九日恳请收回成命	不同意
达寿	袁世凯内阁理藩大臣	从一品	九月二十八日恳请收回成命	不同意
陈夔龙	直隶总督	正二品	九月二十八日病请开缺	不同意,赏假。十月二十四日、十二月初八日、十二月十六日续请,清廷最终同意

[1]《那桐日记》下册,第704—709页。
[2]《袁世凯全集》第19卷,第364页。

续表

姓名	所辞职务	品级	时间及事由	清廷处置
陈锦涛	度支部副大臣	正二品	九月二十八日恳请收回成命	不同意。但陈续请,最后清廷于十月十七日被迫同意
严修	度支大臣	从一品	十月初一日恳请收回成命	不同意。但严修始终未赴任,十一月清廷被迫以绍英署度支大臣
梁敦彦	外务大臣	从一品	十月初一日病请开缺	不同意
梁启超	法部副大臣	正二品	十月初二日病请开缺	不同意。但梁始终未赴任,清廷被迫于十一月十一日允准
溥良	察哈尔都统	从一品	十月初六日因病解职	同意
马龙标	陆军第二镇统制官	正二品	十月初八日因病请解职	同意
杨文鼎	陕西巡抚	从二品（加侍郎衔巡抚为正二品）	十月初十日乞休	同意
秦绶章	镶黄旗满洲副都统	正二品	十月初十日因病乞休	同意
宝棻	河南巡抚	从二品	十月十三日因病乞休	同意
陈昭常	吉林巡抚	从二品	十月十八日奏请开缺回籍	不同意。十一月二十九日陈续请,清廷依然不同意
吴凤岭	陆军第四镇统制官	正二品	十月二十三日因病请解职	同意
孙宝琦	山东巡抚	从二品	十月二十七日因病请解职	同意
刘廷琛	学部副大臣	正二品	十月二十九日因病乞休	同意
林绍年	弼德院顾问大臣	正二品	十一月初三日病请开缺	不同意,赏假。十二月初二日林续请,清廷被迫同意
赵尔巽	东三省总督	正二品	十一月初五日假期届满,病仍未痊,继续请假	赏假
绍昌	弼德院顾问大臣	正二品	十一月十五日病请开缺	不同意,赏假。绍续请,清廷十二月十七日同意
定成	大理院正卿	正二品	十一月十五日因病请解职	同意

续表

姓名	所辞职务	品级	时间及事由	清廷处置
杨士琦	署邮传大臣	正二品	十一月十六日电请解职	同意
章宗祥	内阁法制院副使	从二品	十一月二十日奏请开缺	同意
冯耿光	军咨府第二厅厅长	二品衔	十一月二十日奏请开缺	同意
墨麒	兴京副都统	正二品	十一月二十一日病请开缺	同意
那晋	正白旗蒙古副都统	正二品	十一月二十三日病请开缺	同意
诚全	正黄旗满洲副都统	正二品	十一月二十六日病请开缺	同意
良揆	正红旗蒙古副都统	正二品	十一月二十七日病请开缺	同意
袁世凯	内阁总理大臣	正一品	十一月三十日因病请假。十二月间曾奏请开缺	赏假，开缺未允
李家驹	资政院总裁、内阁法制院院使	正二品	十二月初五日奏请开缺	不同意。十二月初八日，李续请，清廷被迫同意
唐景崇	学务大臣	从一品	十二月初五日病请解职	不同意，赏假
增祺	正白旗蒙古都统	从一品	十二月初五日病请解职	不同意，赏假
李经迈	署邮传部副大臣	正二品	十二月初五日奏请解职	同意
胡建枢	署山东巡抚	从二品	十二月初五日因事请解职	同意
周树模	黑龙江巡抚	从二品	十二月初七日病请开缺	不同意，赏假。十二月十七日周续请，清廷依然不同意
绍英	署度支大臣	正二品	十二月初七日病请解职	不同意，赏假
奎俊	总管内务府大臣	正二品	十二月十一日病请解职	不同意，赏假
王塽	弼德院顾问大臣	正二品	十二月十一日病请解职	同意

续表

姓名	所辞职务	品级	时间及事由	清廷处置
冯国璋	禁卫军总统	从一品	十二月十二日奏请开缺	不同意
张怀芝	安徽巡抚	从二品	十二月十四日病请收回成命	不同意
郭曾炘	典礼院副掌院学士	正二品	十二月十四日病请解职	不同意,赏假
齐耀琳	河南巡抚兼安徽巡抚	从二品	十二月十五日电请罢黜	不同意
刘式训	出使法国、巴西大臣	二品	十二月十六日病请解职	不同意,赏假
舒清阿	荆州副都统	正二品	十二月十七日病请解职	不同意,赏假
徐世昌	军咨大臣	从一品	十二月十九日奏请开去兼差	同意
姚宝来	禁卫军协统官	从二品	十二月十九日病请解职	同意
李殿林	典礼院掌院学士	从一品	十二月二十一日请假修墓	同意,赏假
锡良	热河都统	从一品	十二月二十二日因病解职	同意
增崇	总管内务府大臣	正二品	十二月二十三日病请解职	不同意,赏假
善豫	正黄旗护军统领	正二品	十二月二十三日病请解职	同意
段祺瑞	署湖广总督、第一军总统	正二品	十二月二十四日电请开缺	不同意

任命无章可循

官员纷纷请假,说明对清廷的信心不足。而随着请假高官的增多和局势的日益恶化,清廷的官员任命也开始变得无章可循。

湖广总督这样的重要职位一月竟换了五人。八月十九日武昌起义爆发,湖广总督瑞澂逃往楚豫兵轮躲避,八月二十一日被清廷革职留任。八月二十三日,清廷发布上谕,任命袁世凯为湖广总督。袁世凯

第三章 官场乱象 | 127

虽于八月三十日正式接受任命、开始筹划，但并未立即到任，九月初九日，他才从河南彰德南下湖北。但尚未抵达武汉，九月十一日，清廷已经任命他为内阁总理大臣，湖广总督则"着魏光焘（前两江总督）补授，迅即赴任，毋庸来京陛见"。[1]九月十二日，清廷又下令，"袁世凯着迅即来京，魏光焘未到任以前，湖广总督着王士珍署理"。但王士珍并未赴任，先后于九月十九日、九月二十四日上折"恳请开去署任"。朝廷没有办法，只好批准其辞职，赏本为直隶候补道、尚在袁世凯大营效力的段芝贵副都统衔，护理湖广总督。三天之后的九月二十七日，袁世凯又举荐段祺瑞署理湖广总督。从八月十九日至九月二十七日，仅一个多月，湖广总督的出任者，就有瑞澂、袁世凯、魏光焘、王士珍、段芝贵、段祺瑞——其中，瑞澂逃跑，魏光焘和王士珍根本未赴任。

山西巡抚则半年换了五任。五月二十一日，山西巡抚丁宝铨以假期又将届满、病尚未痊愈为由，请求开缺，清廷同意了其请求。第二天，立即任命陈宝琛为山西巡抚。但还没等陈宝琛启程，新的谕旨又到了——六月十五日，隆裕皇太后选定陈宝琛和陆润庠、伊克坦为宣统皇帝的老师，结果陈以侍郎候补改任都察院副都御史，山西巡抚由陆锺琦补授。

由于陆锺琦九月初八日为山西新军所杀，山西巡抚又开始换将。九月十四日，第六镇统制吴禄贞请旨启用山西巡抚行营木质关防获得清廷允许。这表明，此时的吴禄贞已经接任山西巡抚。

吴禄贞本是革命党人，筹划山西独立、北上攻打京师而被袁世凯侦悉。九月十七日，吴禄贞为自己的卫队长马蕙田所杀。于是到了九月二十五日，山西巡抚变成了张锡銮。十二月十四日，山西巡抚再次换人——由山西布政使李盛铎署理山西巡抚，原山西巡抚张锡銮同日

---

[1]《光绪宣统两朝上谕档》第37册，第286页。

被下令"着即日交卸，迅赴奉天会办防务"。[1]

从四月到十二月，八个月的时间，山西巡抚换了六任，走马灯似的换人，治理民生从何谈起？

湖南巡抚的变动也不亚于山西巡抚。四月十一日，清廷发布谕旨，宣布将包括粤汉铁路等在内的铁路干线收归国有，这引起湖南商绅的不满。湖南巡抚杨文鼎代奏了湖南商绅的意见，被朝廷"传旨严行申饬"，也就是严厉批评。七月份起，杨文鼎调任陕西巡抚，湖南巡抚则由原陕西巡抚余诚格接任。九月初一日，湖南陆军炮营、陆军标营、水师叛变，余诚格则登湘帆小轮逃走了。

丢掉了长沙省城的余诚格被清廷革职留任，但蹊跷的是之后他一直下落不明（实际上是逃往了上海）。因"革职湖南巡抚余诚格久无下落，湖南提法使亦未简放有人"，[2]十一月二十一日，清廷发布谕旨，以湖南辰沅永靖道朱益濬升补湖南提法使并署湖南巡抚。

令普通大众万万没有想到的是，朱益濬的任命让清廷颇费周折：

> 现值湘境大半为革军占踞，文电不通，未便明降谕旨，恐激生枝节。拟俟奉旨后由内阁录旨知照该署抚钦遵，专人妥递以昭慎重。[3]

原来，湖南大部分已经被革命军占领，电报不通，明降谕旨则又担心被革命党侦知而让朱益濬处于险境，最后清廷想出了一个折中办法：派专人拿着任命书去湖南找朱益濬，通知其上任！

在自己的辖境，任命巡抚这样的从二品大员（相当于今天的省部级干部），竟然通知不到被任命者，而且连任命书都不敢颁布，被任命者竟然也毫不知情。这种现象，在大清朝，可谓罕见。

官员管理的乱象，还体现在安徽巡抚的任命上。安徽九月十八日

---

[1]《光绪宣统两朝上谕档》第37册，第411页。
[2]《上谕档》，宣统三年十一月二十一日。
[3]《上谕档》，宣统三年十一月二十一日。

独立，巡抚朱家宝直到十月二十二日仍"尚无下落"。[1]朝廷只好重新简命——但令人不解的是，清廷决定让河南巡抚齐耀琳兼任此职！由一省巡抚兼任另一省巡抚，这在清朝历史上也属少有。此时，河南正配合姜桂题武卫左军攻打潼关等处，齐耀琳自顾不暇，哪管得上安徽事务？直到十二月十四日，清廷才任命张怀芝为安徽巡抚。

官员任命的乱象，一度引起外国使团的抗议。九月二十六日，袁世凯组阁时，任命梁敦彦为外务大臣。北京外国使团认为此举违反了光绪二十七年（1901）的《辛丑条约》——该约规定外务部班列六部之首，除设尚书之外，还应派亲王主管，"大家一致同意采取这一建议：提醒清政府注意此项国际准则"。[2]

此前梁敦彦曾出任过外务部尚书，但那时外交重大事务由庆亲王奕劻兼管。九月初九日，资政院通过决议，反对皇族懿亲担任国务大臣。如此一来，内阁总理大臣奕劻、协理大臣那桐，以及度支部尚书载泽等，都被迫退出内阁——亲王担任外务大臣的规定也因此流于空文。这点，朱尔典等驻华公使也明白，"在已经发生变化的情况下，也许不可能要求履行此项规定"。[3]但按理说，在袁世凯内阁名单公布之前，应该先向外国使团做相关通报、谋求各缔约国的同意。如今看来，由于时局纷乱、人心不靖，当时并没有人做相应的提醒。

朱尔典等交涉的结果，是清外务部于十月十二日、十一月初二日送来了照会，一再解释外务部最近改组的原因，保证这一变化实质上是符合《辛丑条约》的，以寻求各缔约国的同意。最后，经各驻华公使向本国政府汇报获同意后，一场外交纠纷才得以平息。[4]

---

[1]《宣统政纪》卷六六。
[2]《英国蓝皮书》上册，第338页。
[3]《英国蓝皮书》上册，第338页。
[4]《英国蓝皮书》上册，第338、357页。

处分无法生效

绥远城将军贻穀办理垦务时,利用手中权力,开设公司,伙同下属姚学镜等贪污公款,数额巨大,除去各项报销和查封的家产所抵押的之外,应追赃款竟然达到数万两。此外,贻穀还犯下纵容兵勇杀人等罪名。光绪宣统之际,贻穀被判处斩监候(相当于死缓)。因之前已拘押了三年,宣统三年正月朝廷改判:如能将所欠的银两还清,则从轻发落,发往新疆效力赎罪。[1]

武昌起义后时局动荡,前往新疆的道路已不通,对贻穀的处分竟然变得无法执行。十一月十八日,清廷给直隶总督陈夔龙下旨:"现在道路梗阻,已革绥远城将军贻穀着暂缓发往巴藏,即在易州安置。俟时局稍定,再请旨办理。"[2] 尽管地点已由新疆改为甘肃巴藏,但各省纷纷独立,山陕一带正在交兵,道路不通,仍然无法将贻穀发配,只好改在河北易县监禁了。

同样无法生效的,还有对上海道蔡乃煌的处分。宣统二年十二月,浙江海关将浙江当年分派的赔款银两押解到上海,并按规定存入源丰润银号。时为上海道的蔡乃煌,竟拖延不给办理相关手续,以致这笔银两迟迟没能提出。没想到,之后不久,源丰润银号倒闭,这笔赔款一下子打了水漂!

清廷大怒,先将蔡乃煌革职,又立即下令两江总督张人骏、江苏巡抚程德全查办,勒令蔡乃煌一个月内偿还。清查后发现,蔡乃煌还欠江海关道银三百七十万两。[3] 但或许蔡乃煌私下进行了运作,或者是张人骏、程德全不当回事,一个多月过去了,既未查清账目,也没有将蔡乃煌控制住,反而让他趁机逃了!

宣统三年闰六月二十四日(1911年8月18日),清廷再度下旨让

---

[1]《宣统政纪》卷四八。
[2]《宣统政纪》卷六八。
[3]《天津商会档案汇编(1903—1911)》上册,天津人民出版社1989年,第562页。

张、程二人将"蔡乃煌迅速拿获,严行监追查办"。[1] 但蔡此时已经不在上海,躲到了青岛外国租界内。之后,当张人骏等派员去青岛提解蔡乃煌时,发现蔡已先期逃遁。估计是逃到了海外,要不然八月二十四日张人骏也不会请求朝廷让外务部知会各国,共同缉拿。[2] 至于蔡乃煌所造成的亏空,最后以其在直隶、广东、浙江、河南等地的产业抵还,但显然是资不抵债。由于清廷已被武昌起义之事弄得焦头烂额,而且蔡乃煌与袁世凯有旧,[3] 此事最终不了了之。直到1916年5月22日,蔡乃煌才在广州被龙济光、岑春煊逮捕枪毙,判词为"蔡乃煌无罪可科,国人皆曰可杀",这也被评为中国司法史上最别开生面的判决词。[4]

跑到国外去的,还有银行官员。九月二十三日,学部国子丞徐坊奏报:大清银行监督叶景葵既未奏请开缺,也未在部告假,就出境潜逃——既没有请假,也没有辞职,就偷偷跑到国外去了。叶景葵这一做法,和我们今天某些出国不归的"裸官"十分相像,而清廷鞭长莫及,只能让"度支部查明具奏"。[5]

赏功罚过为治世要诀。犯了错误的官员,没有得到应有的处分,则其他官员会心存侥幸,以致有令难行。有罪不罚,有功不赏,是造成乱世之重要原因;而有罪难罚,有功难赏,则是乱世的一大征兆。

二 独立省份的督抚们

宣统三年九月初十日,为制止直隶各衙署官员携家眷逃难成风

---

[1]《宣统政纪》卷五七。
[2]《宣统政纪》卷六一。
[3] 光绪三十三年(1907)"丁未政潮",蔡乃煌帮助袁世凯成功扳倒政敌岑春煊。蔡也因此获上海道台美缺。袁世凯被贬居彰德期间,与蔡乃煌还时常通信。袁称蔡为"仁弟",甚至在信中曾称蔡为"知己";蔡每次都会随信送来食物、衣料等礼物,袁也有回赠。见《袁世凯全集》第18卷,第417、432、491、537、623、653页。
[4] 姜鸣:《天公不语对枯棋:晚清的政局和人物》,生活·读书·新知三联书店2006年,第157页。
[5]《宣统政纪》卷六四。

以致"全埠人心为之摇动"的乱象,直隶总督陈夔龙颁布"严禁官员携眷外迁"札示。陈夔龙做出此禁令的理由之一,就是"有守国之责者,以社稷为休戚;有守土之责者,与土地共存亡。此天地之常经,古今之通义"。在陈夔龙看来,官员"平日居官授职,厚糜国家禄糈,临事乃举家潜逃"属于"廉耻道丧,坏千百世之人心",必须严禁。[1]

"疾风知劲草,板荡识诚臣",武昌起义之后,守国者、守土者失德的现象频频出现,同社稷休戚与共等"古今之通义"已被抛诸脑后。

清廷诸省中,如果不包括曾经假独立的山东,武昌起义后独立的,有湖北、湖南、四川、贵州、云南、江西、安徽、江苏、浙江、福建、广东、广西、陕西以及山西十四个省份。

这些独立省份督抚的命运,可大体分为四类:逃亡的,如湖广总督瑞澂、湖南巡抚余诚格、安徽巡抚朱家宝、贵州巡抚沈瑜庆、两广总督张鸣岐;被礼送出境的,如云贵总督李经羲、浙江巡抚增韫(先被蒋志清即蒋介石活捉,后被浙江都督汤寿潜释放);主动与民军合作的,如广西巡抚沈秉堃、江苏巡抚程德全;殉清的,有仰药自杀的江西巡抚冯汝骙、吞金自杀的闽浙总督松寿;被杀的,有署四川总督端方、赵尔丰和山西巡抚陆锺琦。

武昌起义后独立省份督抚命运

姓名	职务	独立时间	命途
瑞澂	湖广总督	八月十九日	逃亡上海
钱能训	护理陕西巡抚	九月初一日	与西安将军文瑞对抗革命军。西安被占后藏匿在随从家,用手枪自杀未死,经医治后出潼关。西安将军文瑞则投井自杀
升允	前陕甘总督	九月初一日	时在西安郊外草滩,陕西独立后赶赴甘肃平凉,后被授陕西巡抚,继续与革命军对抗
冯汝骙	江西巡抚	九月初三日	先逃离南昌,后在九江自杀

[1]《天津商会档案汇编(1903—1911)》下册,第2385页。

续表

姓名	职务	独立时间	命途
陆锺琦	山西巡抚	九月初八日	被杀
李经羲	云贵总督	九月初十日	被俘,后被礼送出境,潜往香港
沈瑜庆	贵州巡抚	九月十四日	潜往上海
增韫	浙江巡抚	九月十四日	被俘。经浙江都督汤寿潜说情,未被处决,礼送至上海
程德全	江苏巡抚	九月十五日	主动独立,改任都督
沈秉堃	广西巡抚	九月十七日	主动独立,改任都督
朱家宝	安徽巡抚	九月十八日	潜往上海
张鸣岐	两广总督	九月十九日	潜往香港。广东水师提督李准亦潜逃香港
松寿	闽浙总督	九月十九日	吞金自杀
赵尔丰	署四川总督	十月初七日	十一月初三日被杀
端方	署四川总督	十月初七日	十月初二日被杀
张人骏	两江总督	十月十二日	逃往天津

瑞澂与督抚逃亡之风

最先登场的,是湖广总督瑞澂引发的督抚等高官逃亡的风潮。

八月十九日武昌起义爆发后,湖广总督瑞澂、湖北提督张彪仓皇出走,布政使连甲、提学使王寿彭、交涉使施炳燮、巡警道王履康均微服出城,提法使马吉樟、劝业道高松如、盐法道黄祖徽等高级官员不知下落。省城武昌随即丢失,汉阳、汉口相继不保。

在八月十九日的《致清内阁、军咨府、陆军部、海军部、度支部请代奏电》中,瑞澂为自己出逃的行为辩解,说获悉武昌兵变、工程营和辎重营已经起事后,他曾同张彪、铁忠、王履康分派军警应对,并派张彪及协统黎元洪率马、步共三队前往军械局与革命军作战。但那时,士兵已不服指挥,张彪和黎元洪的命令难以执行。不久,革命军进攻总督署,"枪声愈逼近署,枪子均从屋瓦飞过"。[1] 此时,他还带着总督署仅有的特别警察队一百余人,亲率出外抵御,"无如匪分

---

〔1〕卞孝萱辑:《闵尔昌旧存有关武昌起义的函电》,《近代史资料》,总1号。

数路来攻，其党极众，其势极猛"，他只好"退登楚豫兵轮，移往汉口江上，以期征调兵集，规复省城"。

瑞澂先积极抵御再从容撤退的说法显然是在为自己粉饰。其实，他是仓皇逃窜的。

在当时，就有瑞澂从总督府花园后墙凿洞逃走的说法。

英国传教士计约翰时在武昌，曾以《辛亥武昌战守闻见录》为题记录了八月十九日至十一月初三日两个多月的见闻，其中写道：

> 据当地消息说，总督大人听到军队哗变后，便在其衙门的后墙上挖了一个洞出逃，来到街上后便逃向离后墙最近的一处岗位，对他效忠的官兵放他过去。他登上当地公司的一艘游艇，被转送上"漕江"号炮舰，舰艇起锚驶至俄租界附近的锚位处停泊。[1]

当年参加进攻湖广总督署的湖北革命军起义者的回忆细节，和英国传教士计约翰所写颇有不同，但瑞澂凿后墙出逃这点，倒是一致的：八月十九日晚，吴兆麟、熊秉坤率众从楚望台出发，夜十一时许，下令进攻湖广总督衙署，因兵力不足，无功而返。此后，炮八标入城，在中和门城楼、楚望台、保安门、蛇山建立炮位。吴兆麟又派人前往督署附近放火。借着火光，炮队轰塌督署房屋多处。瑞澂一开始还组织抵抗，"等到督署签押房中弹，他令张彪、李襄邻等坚守，自己却携带家小，以及督署总参议铁忠、宪兵营管带果兴阿，从后围墙凿开一洞，在一排卫兵簇拥下，出文昌门登上停泊江边数日的楚豫兵舰"。[2] 八月二十日凌晨二时半，吴兆麟再次发布命令，分三路向督署进攻，清晨时占领督署。

当时的指挥官熊秉坤后来也确认了瑞澂从后花园出逃的说法：

> 督署附近火起，炮又猛烈，瑞澂即率卫兵一排，携家小、

---

[1] 计约翰：《辛亥武昌战守闻见录》，《近代史资料》，总72号。
[2] 《辛亥首义史》，第273页。

细软，洞穿督署后垣，由文昌门逃上楚豫兵舰。[1]

如果说上述记录者所说尚非其亲眼所见，那时在现场的瑞澂夫人廖克玉所忆应是真实可信的。她就承认瑞澂是从总督府后花园逃走的：八月十九日晚，兵变消息传进总督衙门时，瑞澂与张彪、张梅生（瑞澂的幕宾）等人商量。张梅生、张彪主张死守待援，楚豫舰管带陈德龙则说，到兵舰上照样可以指挥。此前，廖母已关照廖克玉，等到瑞澂进来时劝他快点逃走——原来，她们母女是革命党的卧底。本来还在犹豫的瑞澂立即下令在后花园挖了个墙洞，爬过去后一家都上了楚豫舰。[2]

瑞澂临阵弃城逃跑，按清律当处斩。当时诸如御史温肃等都曾上折奏请将瑞澂锁拿讯问，但度支大臣载泽在摄政王载沣面前竭力袒护——载泽之所以袒护瑞澂，是因为瑞澂是其妹夫；而载泽是端亲王绵愉之后，其妻为光绪之皇后隆裕的胞妹。八月二十一日，清廷仅给瑞澂"撤职留任"的处分，从轻发落，令其"戴罪立功"：

> 此次兵匪勾通，蓄谋已久，乃瑞澂毫无防范、预为布置，竟至祸机猝发，省城失陷，实属辜恩溺职，罪无可逭。湖广总督瑞澂着即行革职、带罪图功，仍着暂署湖广总督，以观后效。即责成该署督迅即将省城克期克复，毋稍延缓。倘日久无功，定将该署督从重治罪。[3]

据内阁承宣厅行走许宝蘅所记，九月初一日，御史们又纷纷奏请将瑞澂正法，但还是被载沣压下：

> 全台奏请将张彪、瑞澂正法，拟旨谕知，已派袁督查办，

---

[1] 全国政协文史资料研究委员会编：《辛亥革命回忆录》第二集，文史资料出版社1962年，第11页。

[2] 全国政协文史资料研究委员会编：《辛亥革命回忆录》第八集，中国文史出版社2012年，第428页。

[3] 《上谕档》，宣统三年八月二十一日。

协理入对后，又将旨撤下。[1]

九月初五日，就在朝廷将其革职、又令其暂时掌管湖广总督印信并戴罪图功之际，瑞澂逃往了上海。

瑞澂在致内阁电中解释此事说，八月二十九日开轮下驶到九江，一面筹拨铜元四千串，以一半运交萨镇冰，一半运交张彪；一面在九江买米两千石。正在装运间，九江于九月初二日夜突然发生兵变，道署被抢，炮台被占，电局及招商码头被踞，并有以二十万购拿瑞澂的传言。楚豫兵轮子弹无多，兵心涣散，怕成为众矢之的，士兵甚不愿他在舰上。其他各舰也因为九江兵变，纷纷开轮上驶，不听调遣。他无兵无将，无法可施，迫不得已，改坐商轮，到上海暂住，以图日后再与革命军作战，"以瑞澂衰病之身，一死诚何足惜；第念际此种族革命，以人之多寡为消长，在彼族方冀我族多死一人，即少一敌。且与其以身饲匪，上亵国威，何如伏阙请诛，借彰宪典"。[2]

瑞澂坐商轮逃往上海的说法，也得到其夫人廖克玉的证实。据廖克玉所言：

> 我和妈妈在楚豫轮上住了两夜，瑞澂要我们先搭长江轮到上海，到了上海，就住在哈同花园，哈同夫妇待我们很热情。大约隔了一个月，瑞澂带了两个仆人来到上海。我看他辫子剪掉了，胡子剃掉了，人也憔悴不堪……不久，有人编了一本戏，叫《鄂州血》，骂瑞澂听女人的话，临阵脱逃，在大舞台上演。[3]

瑞澂逃到上海，并不是求清廷将其正法，而是为了苟活。据徐铸成先生的《哈同外传》，瑞澂在上海，一直被哈同保护在爱俪园里。哈同先是摆酒给他压惊，之后又拨了一部分房子，让他全家居住，安

---

[1]《许宝蘅日记》第1册，第369页。
[2]《清政府镇压武昌起义电文一组》，《历史档案》，1981年第3期。
[3]《辛亥革命回忆录》第八集，第429页。

享清福，瑞澂做了四年寓公之后，于1915年死去。[1]徐铸成认为，瑞澂交给哈同的保护费应不会是小数目。

廖克玉所忆和徐铸成所述也表明，瑞澂一直住在上海，并没有像传言所说的由上海逃亡到日本。

获悉瑞澂逃往上海的清廷，愤怒之下于九月初八日下旨，让两江总督张人骏拿问瑞澂、押送来京：

> 该革督竟不遵旨戴罪图功，乃敢潜逃出省，辜负朕恩，偷生丧耻，实堪可恨，何能再予姑容？着张人骏即派员将瑞澂拿解来京，交法部严讯治罪。[2]

至于瑞澂带出的湖广总督印信，朝廷命张人骏派员收取后送往袁世凯军营。

第二天，张人骏即致电上海道刘燕翼，要刘缉拿瑞澂：

> 瑞莘督奉旨拿解，已委员赴沪会拿，望不动声色，先行看管。至要。[3]

九月十二日，张人骏接到刘燕翼回电，后者表示虽已见到瑞澂，但因其住在租界内，无法捉拿：

> 遵即亲自督同廨员宝令，驰赴瑞革督寓所察视，见工部局已派有探办多人在彼保护。据瑞革督面称，自知身为大臣，不应辜恩溺职，早当恭诣阙北请罪。惟现染病恙，拟医治少愈即力病起程，已径自电求宪台核示。至瑞革督寓居公共租界，在工部局警权范围之内，非华官所能看管。[4]

而据廖克玉回忆，是她出钱请哈同帮忙疏通，才使瑞澂得以免遭捉拿的：

> 他（瑞澂）到上海后，天天担心被清廷捉到北京治罪，我

---

[1]《徐铸成传记三种》，第374页。
[2]《光绪宣统两朝上谕档》第37册，第278页。
[3]《两江总督张人骏辛亥电档选辑》，《历史档案》，1981年第3期。
[4]《两江总督张人骏辛亥电档选辑》，《历史档案》，1981年第3期。

爱俪园即哈同花园,是民国时期上海的名园
孙中山、王国维、章太炎等名流都曾访问过此园

花了三千元，托哈同疏通，才算没事。[1]

据说，北京一些满洲青年贵族对瑞澂的"失职"十分愤恨，曾组织一"暗杀团"前往上海，企图杀死瑞澂，后因全国形势骤变，谋杀计划未能实施。[2]

清廷对瑞澂的纵容，助长了督抚们的逃亡之风。

九月二十六日，御史温肃在请求严惩武昌失陷后逃亡的湖北官员的奏折中批评道："自湖北肇乱以来，地方官望风逃窜，几不知国法为何物……未闻一人死节者。"[3] 温肃说，湖北失陷后，一个多月以来，除了给瑞澂、张彪革职留任处分之外，并没有追究像布政使连甲[4]等逃匿官员的责任，反而还给这些官员留着职位、不任命新的接任者，"以至各省效尤，不以为耻"。

瑞澂逃到上海后，朝廷曾下令让张人骏将其缉拿查办。但让人啼笑皆非的是，几天之后，张人骏自己就上奏朝廷：九月十七日起，省城江宁（今南京）的新军"叛变"，包括江宁布政使樊增祥、江苏交涉使汪嘉棠等高官，以及各署局所供差人员，都仓皇出走、不知下落，"事后查访，仅有署江宁县知县陈兆槐尚未离城"。[5]

张人骏连自己的部下都管不住，又哪有脸面去管瑞澂？

更具讽刺意味的是，十月十二日，江宁失陷，张人骏也临阵逃逸了。十二月初五日，他在给清廷的电报中说，江宁失陷之后，由于没有了立足之地，他和江宁将军铁良本想到京候命，于是先偷偷到了上海，因革命党搜查甚严，只好"由海道绕至天津"。[6]

---

[1]《辛亥革命回忆录》第八集，第429页。
[2]《辛亥首义史》，第292页。
[3]《宣统政纪》卷六四。
[4] 连甲后来走了袁世凯的门路。经袁奏保，连甲只被处革职留任。而且九月十四日，清廷还下旨让连甲在袁世凯军营效力，负责湖北地方善后。见《宣统政纪》卷六三。
[5]《宣统政纪》卷六五。江宁县知县只是个七品小官。
[6]《宣统政纪》卷六五。

张人骏所说的到京候命，只是一种托词。他到天津之后，又以身体有病为借口，要留在天津治病。而清廷对他，也是无可奈何，无关痛痒地说了句"失守地方，本属咎有应得。惟念该督效力有年，此次与铁良、张勋坚守苦战，援绝城陷，情尚可原。既据奏称病难速痊，着开缺听候查办"。[1]最后所谓的"查办"，也就是以会办江防事宜的江南提督张勋护理两江总督完事。

清廷为何对张人骏如此"客气"、如此淡定？其实此前已有安徽巡抚朱家宝、两广总督张鸣岐逃匿事件，清廷早就见怪不怪了。

九月二十五日，安徽省城安庆失陷，安徽巡抚朱家宝城破时逃匿。日本人宗方小太郎记载：

> 11月19日（九月二十九日），下午二时乘三井会社之小汽船至满洲丸，面会舰长向井弥一大佐，并迎接自安庆避难来沪之巡抚朱家宝及自汉口避难来沪之汉阳制铁所总办李维格，二人均旧友也。[2]

两个月后的十二月初八日，朱家宝才向清廷报告安庆失守的情况。而朝廷对朱家宝的处分与对张人骏的相同——开缺听候查办："失守地方，本属咎有应得。惟近年安徽屡次变乱，均经该抚立即扑灭，不为无功。此次悉力防守，卒以饷绌兵单、省城失陷，情尚可原，着开缺听候查办。"[3]民国初年，段祺瑞执政时，朱家宝还出任直隶省长。

十月初二日，广东水师提督李准奏报两广总督张鸣岐逃匿，清廷接报后，大惊失色：

> 所奏情形异常骇异……张鸣岐受国厚恩，一误再误，实属辜恩溺职。究竟逃至何处、是否潜匿外界？着该提督查明具奏，再行核办。[4]

---

[1]《宣统政纪》卷六九。
[2]《辛壬日记》，第52页。
[3]《宣统政纪》卷六九。
[4]《宣统政纪》卷六五。

张鸣岐的逃亡，得益于英国方面的帮助：九月中旬，张鸣岐眼见省内形势已难以控制、全国独立省份日益增多的形势，便与龙济光、李准等商议，宣布"独立"。广东咨议局开会公举张鸣岐为临时都督，龙济光为副都督——当初镇压黄花岗起义的刽子手摇身变成了新政权的都督，这引起了广东革命党人的强烈不满，纷纷提出要审判张鸣岐。

张鸣岐见状，赶紧于九月十八日夜逃到英国领事馆避难，并在英国人的帮助下逃往香港：

> 在总领事的安排下，他于（11月）9日（九月十九日）上午八点离开广州，乘英国船"汉第号"前往香港……晚上，他上岸到汇丰银行经理提供的一所房屋下榻，因为过于疲劳而谢绝了总督府的晚宴邀请。[1]

而向清廷报告张鸣岐出逃的广东水师提督李准，也于十月二十七日逃往香港。

海军提督萨镇冰，本是负责指挥军舰赴武昌攻打民军的最高军事指挥官。得知海军将官同情革命之后，既不愿背叛清廷，又不愿攻打民军的他，以看病为由离开武昌东去上海，将自己置身事外。萨镇冰的"中立"与离开使得海筹、海容、海琛三舰为民军所有。抵达上海不久，他又转往香港。十月十二日，清廷收到香港方面的电报，"初十日萨军门（镇冰）到香港，又闻不日拟赴福州（萨镇冰是福州人）"。[2]

与萨镇冰几乎同时避往香港的，还有李鸿章的侄子、云贵总督李经羲。

李经羲总督云贵时，力主开办云南讲武堂并兼任云南讲武堂的总

---

[1]《辛亥革命史资料新编》第8卷，第23页。
[2] 中国第一历史档案馆编：《清代军机处电报档汇编》（以下简称《电报档》）第24册，中国人民大学出版社2005年，第330页。

办。他大力支持讲武堂事业，曾对学员说，他云贵总督可以不做，但讲武堂不可以不办。蔡锷身处困难时，李经羲曾资助他五百银元，并收过他的门生帖子，还将他人揭发蔡锷反朝廷的密信拿给他看，劝其小心谨慎从事。

九月初九日云南闹独立，李经羲及其家属避往法领府，"蔡公当即派员前往慰问，并请法领代为招待……（昆明城秩序安定后）蔡公旋即亲赴法领府谒李经羲，请其出维大局，李以个人历史关系，不肯遽出，且滇中军人亦多不同意，恐生不测，邀不复相强"。[1]

云南独立时，李经羲曾去信劝蒙自总兵投降。新任都督蔡锷便借此说服部下，说李氏对革命尚有功劳。后参议会做出决定，护送李氏全家出境，乘滇越线火车离开云南，"行时蔡公与（雷）飙等均随轿步行，送至车站照料上车，并派彭权率兵一连随车送至河口"。[2]

十月十三日，李经羲经越南抵香港。十四日，清廷在香港的线人即奏报："云贵总督李帅昨由海防到香港，现觅住宅，似久逗留。李准仍在香港。"[3]李经羲后来辗转到达上海，清帝逊位后避居青岛。袁世凯称帝前，为安抚清室，曾将他与徐世昌、赵尔巽、张謇等封为"嵩山四友"。

萨镇冰、李经羲和李准在香港的行踪说明：除了天津、青岛、上海之外，香港也是辛亥年官员潜逃的主要地点。同时，这些电报也让我们惊讶于当时清廷对官员监视之严密。但即便如此，也难挡高官们的逃逸风潮。除了瑞澂、张人骏、朱家宝、李经羲等之外，逃匿的督抚，至少还有潜往上海的湖南巡抚余诚格、贵州巡抚沈瑜庆等。

据许宝蘅所述，十月十三日，山东巡抚孙宝琦曾上折参劾弃城逃亡的各司道。但孙宝琦的奏折被袁世凯原封不动地送还，未做处理。

---

[1] 全国政协文史资料研究委员会编：《辛亥革命回忆录》第三集，文史资料出版社1962年，第411页。

[2]《辛亥革命回忆录》第三集，第411页。

[3]《电报档》第24册，第348页。

第三章 官场乱象 | 143

袁世凯之所以如此，是因为他心里明白，这么多督抚逃匿朝廷都没有处理，如果只处理出逃的司道官员，岂能服众？[1]

端方的人头

能逃走尽管不光彩，但或许也比掉脑袋要强一些。任职四川的端方、赵尔丰两位署理总督，就是为民军所杀。个中原因，与四川保路运动的失控有关。

宣统三年端方被再度起用，多少有让其戴罪立功的意味。此前，这位晚清新政派官员已赋闲两年。

端方，咸丰十一年（1861）出生于直隶的一个满洲贵族家庭，自幼过继给伯父桂清为子。曾祖父乌尔棍布为郑亲王、做过九门提督，养父桂清是慈禧的亲信、同治帝的老师，曾任总管内务府大臣。世代簪缨的家庭环境，让端方自小便见多识广，出落成满人中的才子。

不仅有才，端方的思想也开明：百日维新伊始，他被任命为农工商总局督办，负责创建这一中国传统官制中不曾有过的新机构。农工商总局即后来商部的前身。在条件有限的情况下，他在京城椿树胡同租赁民房作为农工商总局的办公场所，开局仅十多天，他便连上十道言事奏折，最多的一天曾上了三道奏折，倡言振兴农业，无意中担当了改革派的急先锋。[2]

光绪三十一年（1905），慈禧派五大臣率团出洋考察政治，为清廷实施君主立宪做准备，端方就是五大臣之一。有评论认为，如果说在清末请求立宪的高官中主张最力者是曾放言"官可不做，法不可不改"[3]的袁世凯，那排在第二的无疑就是端方——他的儿子端继先被他送往美国留学，弟弟端锦则经他推荐到日本学习铁路技术。据统

---

[1]《许宝蘅日记》第 1 册，第 381 页。
[2] 张海林：《端方与清末新政》，南京大学出版社 2007 年，第 6—7 页。
[3]《辛亥革命前后》，第 28—29 页。

计,出任鄂苏湘三省巡抚期间,端方创造了中国新政中至少三十项"第一":在湖北创办中国历史上最早的现代幼儿园,建立湖北、湖南、江苏的第一个现代公共图书馆,筹办中国历史上第一次工商博览会,第一个派遣女子公费出国留学,等等。[1]

宣统元年(1909),端方就任两江总督满三年,"蒙恩擢授"直隶总督。两江、直隶历来为全国八大总督之最重要者,尤其是直隶总督,经李鸿章时代"坐镇北洋、遥执朝政",俨然成了清廷外交中枢;再加上拱卫京师,地位之重要自不待言。而此时,端方刚过四十八岁,且已"重负疆寄"八年之久,入阁拜相,前景可期。未料,五月被御史胡思敬参劾有收受古董贿赂、侵吞赈款等情状,好在后来查实并无贪墨之事。

但祸不单行,同年十月慈禧太后葬礼,李鸿章之孙、农工商部左丞李国杰参劾端方"沿途派人照相。初三日举行迁奠礼焚化冠服时,该督乘舆横冲神路而过,又于风水墙内借行树为电杆。实属恣意任性、不知大体"。[2]此折上后,摄政王载沣立即下旨,直接革去端方直隶总督之职。

抛去端方上述种种行为有方便沟通、留存影像纪念的本意,即便根据清《官员处分则例》,按其被参各款,端方最多被革职留任或降级留任,更别说对直隶总督兼北洋大臣这样的倚重之臣,清廷本来可以宽免其罪而让其戴罪立功的。有研究者认为,载沣之所以下此重手,是因为此前端方一再以新政元老自居,接连上《敬陈管见折》《请选硕德通才以备顾问折》等,一口气推荐了陈宝琛、梁鼎芬、梁敦彦等十多位自己中意的"洞悉外情"和"富于经验"的新政人才,建议载沣在每天听政之外,"匀拨二三小时",[3]令这些新政人才分班

---

[1]《端方与清末新政》,第559—571页。
[2]《宣统政纪》卷二三。
[3]端方:《端敏忠公奏稿》卷十五,《近代中国史料丛刊》第十辑,台北文海出版社1966年,第1805页。

轮值，讲解宪政；要载沣礼聘通晓宪政之员作为顾问，并奏请载沣在休息处东华门内三所听顾问讲课、学习宪政；《请选硕德通才以备顾问折》中"将三所附近闲房量加修葺，作为顾问官值班之所，令其轮流入值"[1]之语，对宫内事务在细节上指手画脚。这些都被认为严重触犯了外官论政的大忌。

当时外界舆论有不少人为端方鸣冤，包括外务部尚书那桐在内的高官，纷纷为端方求情。英国驻华公使朱尔典也表示深深的同情——他在1909年给外交部的中国年度报告中说："1909年以一个进步的有影响力的政治家（指袁世凯）的解职为开端，而以另一个在外人看来其自由倾向仅次于袁世凯的进步政治家端方的革职为终结。"[2]

赋闲两年之后，宣统三年骤然而至的保路运动，打乱了端方的遁世隐官生活。铁路干线国有政策出台后，考虑端方曾出任过湖北、湖南巡抚且在当地官声颇佳，清廷于四月二十日任命端方以侍郎候补出任督办粤汉、川汉铁路大臣，前往收回路权。

清廷这一任命是端方自己没有料到的，因为他一直都不甚赞同"铁路国有"或"主权洋有"主张。拖至六月初四日，在朝臣和上谕的催促下，他才颇不情愿地离京南下，前往武汉。

由于署四川总督赵尔丰处置四川保路运动风潮不力，七月二十日清廷派"端方前往查办，仅准酌带兵勇两队"。[3]此时端方人在武昌，因此所带入川兵勇也就是湖北新军。

端方入川，自武昌文昌门登船出发，所率前往四川的部队，为湖北新军第八镇所辖第三十一标全标及第三十二标之一营（缺两队），合计官佐目兵共二千人。据当时入川的湖北新军第三十一标标本部司书生丁振华所言："其中多系参加秘密组织，受同盟、共进各会孙武、

---

[1]《端敏忠公奏稿》卷十六，第1865—1866页。
[2]《端方与清末新政》，第506页。
[3]《上谕档》，宣统三年七月二十日。

李作栋、季雨霖、胡祖舜、邓玉麟等之运动联络者……陈镇藩[1]即为受孙武运动之首要人物。"[2]可以说，从这一刻起，端方踏上不归路的命运已被决定。

八月二十六日抵达四川奉节时，士兵曾鼓噪前进。此时正值端方自施南陆路到达奉节与大部会合，看到军心不稳，便集合队伍慰劳，并给每人先发银质奖章一枚、五品军功札子一件，大施笼络手段，暂时把事态压下去。为了严密封锁武昌起义消息，端方采取了各种办法，"凡每到一处即派专员坐守，电局往来电文由彼译出，凡关于革军之件，概匿而不发"。[3]抵达重庆后，端方"命各部队散驻重庆市各郊区，不准士兵进入城市"，以免士兵知道武昌起义消息。[4]

但纸终究包不住火。九月二十三日，部队抵达资州。此时四川新军中的鄂籍同志与驻资州的湖北新军取得联系，武昌起义的消息也开始在入川部队中流传。各部队代表暗开会议，跟随端方入川的部队虽是湖北新军，但"诚恐川省同志会同志与我军发生误会，致起冲突，我军亟应先杀端方以表明态度和立场，一面再去电报响应武昌"。[5]端方及其弟弟端锦因此被杀——此前的九月十六日，由于岑春煊迟迟未赴任，清廷已让端方署理四川总督，只是可怜的端方至死未悉。

关于端方死状，说法甚多。据《清史稿》、尚秉和《辛壬春秋》所载，端方是被队官刘凤怡推至天上宫后处死的。[6]恽毓鼎的日记中

---

[1] 陈镇藩，字育武，湖北安陆人，日本警官学校毕业，与孙中山过从甚密，从事革命运动有年。
[2] 《辛亥革命回忆录》第二集，第98页。
[3] 中国人民政治协商会议湖北省暨武汉市委员会等编：《武昌起义档案资料选编》上卷，湖北人民出版社1981年，第212页。
[4] 中国人民政治协商会议湖北省委员会编：《辛亥首义回忆录》第四辑，湖北人民出版社1961年，第176页。
[5] 《辛亥革命回忆录》第二集，第100页。
[6] 赵尔巽等：《清史稿·列传二五六》，中华书局1977年，第12787页；《辛壬春秋》，伍辑6-437。

说得更详细:"闻端午桥(端方,字午桥)同年在资州为叛兵所戕,先割一耳,乱刀殒之,断其首送湖北伪军政府。"[1]

而据当时在场的丁振华回忆,十月初二日晚,当时被推为统领的陈镇藩命令王占林等三十余人为护令员,全副武装,执令旗,整队到天后宫行辕请出端方,将其解至天上宫(第十六协司令部)。

> 端方坐在丹墀中间,端锦侍其旁。端方见形势不好,哀告曰:"我们都是同胞,素极亲爱,若要关饷,自流井的四十万两银子,马上可到。今天饶兄弟一命,将来国家定有相当办法。"各武装同志当答曰:"您今天之所以有此遭遇者,是您先辈种下祸根,投入旗籍,残杀汉人。你可知道对汉人之扬州十日、嘉定屠城、薙发令、文字狱,摧残我汉族无所不至。这些血债,你是偿还的负责人。"端方俯首无言,连喊两声"福田救我(福田是第三十一标统带曾广大的字)"。这时,经事前公推之正法执行人卢保汉、任永森、孙世栋、陈宜亭、谷玉亭等六同志即用指挥刀将端方斩首。贾智刚同志复杀端锦。[2]

杀死端方后,入川湖北新军通电起义,由资州东返湖北。端方兄弟二人的尸身被厚予装殓,至于首级两颗,则函于铁桶内,以带回武昌献缴鄂军都督府。铁桶由丁振华等一路看守。据丁振华回忆:

> 自十月初四日从资州旋师东下,经过之东川各县镇军政府及民团商会,俱要求我军将押解之端方弟兄两颗首级,开匣参观,有时并为照相。沿途押解两颗首级,白天有军队负责,夜间则指定司令部丁振华、周寿世二人看守。[3]

十二月初十日,入川湖北新军抵达武昌,陈镇藩等立即晋见黎元洪,献上端方首级以及重庆、万县捐助的饷银三十万两、盐款三十万

---

[1]《恽毓鼎澄斋日记》,第568页。
[2]《辛亥革命回忆录》第二集,第102页。
[3]《辛亥革命回忆录》第二集,第104页。

两。黎元洪高兴之余,为入川鄂军颁发"戡难川东、回援楚北、筹助巨款、勋绩卓然"奖牌。[1]

至于端方的结局,大多数文章即记述至此,《辛壬春秋》也只说"其首送武昌……民国元年,鄂军始归元改葬"。[2] 2012年,收藏家仝冰雪将所收袁世凯总统府大礼官黄开文的照片及档案集纳成书,其中有一段,介绍了端方头颅的辗转经过:

> 奉清廷谕旨入川查办"保路运动"的端方、端锦两兄弟在四川资州被哗变卫兵所杀,革命军将他们的头颅分装在两个煤油桶里,用桐油浸之,携至武昌请赏。都督黎元洪赏给其人白银四万两,收留其头。当时黄开文得到消息,因往日曾与端氏兄弟有一面之交,打探得知其头弃置在武汉洪山禅寺,乃往见黎元洪,以四百两白银赎回,包以红毯,运到京汉铁路刘家庙车站材料厂内。他发电报给袁世凯(时在北京任内阁总理),请袁令端方之弟端仲刚(字绪)到汉殓取。直到民国二年,端方家人才往汉口迎取其头。其家人临走时,黄开文见他们旅费缺乏,就向朋友转贷五百元资助,很多人称为义举。[3]

黄开文的档案,让我们得知了端方最后的结局。

四川提督田振邦十月二十五日的奏折中说端方死于宣统三年十月初七日(1911年11月27日):"初七日,(四川)竟宣布独立。同日,督办铁路大臣端方同伊弟为自带之军兵变,均于资州遇害。"[4]端方的弟弟、内阁典礼院直学士端绪,在为端锦请谥的呈文中,也持此观点:"十月初七日,兵心哗溃,是晚职兄即被戕害。"[5]但田振邦、端绪等说多来自听闻,丁振华、陈镇藩等亲历者所持的十月初二日端

---

[1]《辛亥首义回忆录》第四辑,第181页。
[2]《辛壬春秋》,伍辑6-670。
[3] 仝冰雪编著:《北洋总统府大礼官》,中国人民大学出版社2012年,第66页。
[4]《宣统政纪》卷六九。
[5]《档案汇编》第78册,第11页。

方被杀说，应该更为可信。

宣统三年十一月十九日，清廷下旨追赠端方太子太保衔，赐谥忠敏。其弟端锦，被杀时仅为四品的河南候补知府，清廷也加恩破例予以赐谥——清帝逊位当日的最后两道谕旨，一道就是给端锦赐谥的。

王人文不作为、赵尔丰尝苦果

和端方一样，署四川总督的赵尔丰也是武昌起义后被杀的职衔较高者。

宣统三年年初，四川总督赵尔巽奉调东三省总督，照例要向朝廷推荐自己的继任者。所有人（包括王人文）都以为赵尔巽会推举四川布政使王人文，未料赵尔巽"举贤不避亲"，密折里保的是自己的胞弟、时任川滇边务钦差大臣的赵尔丰，并举荐王人文接任川滇边务钦差大臣。

王人文，云南大理人，时年四十七岁，与赵尔巽交好。光绪三十三年（1907）赵尔巽以湖广总督改授四川总督，入川时将王人文从陕西布政使调至四川担任布政使。四川巡抚之缺于乾隆年间已废，由总督行巡抚事，因此在大多数省份一般为第三把手的布政使，在四川是第二把手——也就是说，王人文虽属平调，但实权增加了。

川滇边务大臣一般赏侍郎衔，为正二品，略高于布政使的从二品。从这点说，王人文属于升官了。但川滇边务大臣是苦缺，要处理最为棘手的川藏交界处民族事务，推进改土归流，驻地位于川藏交接的四川巴塘（今四川甘孜藏族自治州巴塘县），是高原苦寒之地。

赵尔巽此举是否有私心呢？其弟赵尔丰光绪三十二年（1906）起即出任川滇边务大臣，而且比王人文足足年长十八岁。应该说，他比王人文更有资格接任四川总督。这样的安排，也更符合"爵以赏功，职以任能"乃至论资排辈的组织人事原则，因此得到朝廷的同意也是情理之中。

赵尔丰未到任之前，由王人文护理四川总督。但他情绪很大，发牢骚说"垂老投荒""以素昧边事者办理边事,岂有不凿枘者乎"。[1]据说,在酒酣耳热之后,他甚至还抱怨朝廷:"丧服初满(指为慈禧和光绪服丧),即以巨款制戏具,以官职为市场,国事不纲,于斯极矣!"官场不如意的他,进而对整个组织、整个体制产生不满,在铁路国有这一涉及四川众多民众利益调整的关键时期,护理川督王人文开始不作为。

王人文的不作为,首先表现在四月时赞同四川咨议局暂缓誊黄[2]铁路干线国有政策的上谕。而且对于川人把国家回收商股当作捐款的误会,王人文并未加以解释,以致五月初六日朝廷在谕旨中如此批评他:"前降谕旨,指明停止租股并饬妥筹办法,何至误为捐款?强词夺理、情伪显然。该署督目击情形一切,弊实应所深悉,乃竟率行代奏,殊属不合。"[3]

其次,王人文的不作为还表现在五月初一日接到盛宣怀和端方征求川路公司账款处理原则的"歌电"后,迟迟没有按照要求公之于众让广大股民获知。最终,"歌电"迟至五月初十日才得以公布,错过了九天宝贵的沟通时间。而此时,中央政府与四国银行团签订借款合同的具体条款传到成都,使得川路高层将保路上升到民族利益的高度。"借款就是卖国"的信息先入为主,让后面的工作陷入被动。

再者,王人文还不配合中央政府的工作。如不配合查账工作,闰六月二十五日,盛宣怀等就抱怨:"查明进出账目方能办理接收事宜,此一定之理;而川路自四月奉旨之日起,即由部臣咨请川督派员到局查账。据护督电,系派劝业道往查,数月以来,尚无咨报。"[4]又如对川汉公司股票回收办法落实不力,未能及时与中央沟通、确定回收方

---

[1] 雪珥:《辛亥:计划外革命——1911年的民生与民声》,中国画报出版社2011年,第112页。
[2] 所谓誊黄,就是将朝廷文件抄在黄纸上公布于众。
[3]《上谕档》,宣统三年五月初六日。
[4]《录副档》,档号:03-7567-041。

式，八月初八日邮传部在《片奏密筹借款收回商股情形》中，就对王人文的举措表示不满，"屡次电商川督，究应如何办法。复电初则专指合同为不然，继则无暇计及路事"。[1] 再比如在立场上与清廷不一致，四川保路同志会成立后不久，王人文即上折弹劾盛宣怀，要求废止与四国银行签订的借款合同，进而提出应该先治盛宣怀"欺君误国"之罪，"罪其一人而可以谢外人，可以谢天下，可以消外患，可以弭内乱"，[2] 呼吁朝廷"必不爱一盛宣怀而轻圣祖列宗艰难贻留之天下"。这是地方行政长官第一次旗帜鲜明地在铁路问题上表态，而且与中央政府完全不一致。盛宣怀的幕僚周祖佑事后曾评论说："设当时行政官稍加禁遏，当不至此。乃王护院畏其锋势，一味姑容，以致路事风潮迄今未平静者。"[3]

王人文还被传欺骗清廷。恽毓鼎在九月十二日的日记中披露，七月间，王人文曾在报纸上登载其参劾盛宣怀铁路国有政策、批评借洋款之谬的奏折，"一时钦为伟论，传诵殆遍"。但后来，恽毓鼎得知，王人文此参折，只是讨好四川方面，实际上并未上达清廷——"王具此疏，传示四川咨议局，以悦其心，而实未入告。唯送稿报馆，请其传播，以邀时誉而已"。[4] 果真如此，王人文便是在欺上瞒下，进一步恶化局势。

宣统三年五月初三日、初六日，因为"率行代奏"咨议局反对铁路干线国有的奏折，湖南巡抚杨文鼎、护理四川总督王人文分别被清廷"传旨申饬"（相当于"通报批评"）。但最后，两人的结局有着很大的差别：杨文鼎调任陕西巡抚，从当时革命前沿湖南调到相对稳定的陕西，无疑是一种褒奖。而王人文呢，在署川督赵尔丰到任、交接工作后，进京述职。走到西安，就被护理陕西巡抚钱能训奉旨软控，

---

[1]《宣统政纪》卷六〇。
[2]《辛亥：计划外革命——1911年的民生与民声》，第113页。
[3]《辛亥：计划外革命——1911年的民生与民声》，第114页。
[4]《恽毓鼎澄斋日记》，第556页。王人文其实上了此折，但被留中了。

准备解送到京问责,但随即爆发的革命救了他。民国成立,王人文受封为辛亥八功臣之一。

王人文不作为的苦果,最后由赵尔丰承受。宣统三年三月二十三日,赵尔丰被任命署理四川总督,成为家里继其兄赵尔巽之后的第二位总督,一时间赵家风头无两。八月二十三日,清廷任命岑春煊为四川总督,六十五岁的赵尔丰回任边务大臣一职。但岑春煊迟迟没有赴任,所以依旧由赵尔丰署理。九月十六日,清廷任命端方署理四川总督,但因电报不通,端方并未知悉。十月初二日,端方被杀。也就是说,直到十一月初三日被四川起义军处死,赵尔丰实际上一直是清廷在四川的最高统治者。

作为四川实质上的最高统治者,在风起云涌的四川保路运动中,赵尔丰一直采取强硬手段。因此与四川民众、革命党结怨也就在情理之中——七月十五日,数千四川民众围攻省城,赵尔丰调来兵马,枪杀数十人并缉拿了带头闹事的蒲殿俊、罗纶、张澜、胡嵘等十一人后,才击退了民众。

进入八月,四川情势更为严重。兄弟情深,为了救自己的弟弟赵尔丰,赵尔巽曾想过不少办法:比如八月三十日,赵尔巽曾奏请由陕西派兵马入川救援,但遭到钱能训的拒绝——钱回奏"陕省兵力过单,添练防营召集稍稽时日。俟布置粗定,然后可图赴援之举,此时实无余力"。[1]赵尔巽甚至还奏请由奉天代募五营兵马,训练之后,设法开往四川。但显然,远水难解近渴。此外,十月二十一日,赵尔巽又致函袁世凯,请袁密饬赵尔丰率军援陕以脱危难。[2]

种种努力最终归于失败,赵尔丰于十一月初三日为四川起义军所杀。当时面对川民的独立呼声,赵尔丰曾让政于蒲殿俊。但不久后四川防军兵变,蒲殿俊出逃,标统尹昌衡率部入成都,自立为都督,后

---

[1]《宣统政纪》卷六一。
[2]《档案汇编》第71册,第311—312页。

率兵攻入督署，将赵尔丰押至贡院处死。

中国第一历史档案馆所藏《赵尔巽全宗案卷》里，收录有不少袁世凯给赵尔巽的信函。其中有一封信封上写着"奉天赵都督台启，双挂号，大总统府缄，谨封"。

在信里，袁世凯将手写的《挽亡妾王氏》送给赵尔巽，并附赠自己新写的三首诗。

《挽亡妾王氏》共三副挽联，分别为五十八字一副、七十四字一副和十四字一副。

之一（五十八字）

凶耗自蚕丛，正是国亡家破肠断心摧。又闻君解脱尘缘，舍我竟归干净土；

泉台逢大妇，念予负重身轻存难死易。暂时在草间偷活，代吾善事所生天。

之二（七十四字）

去也太匆匆，□□八载辛劳倾心相助。卿甘茹苦，我未成名。当此际颠沛流离，不留一毫累家室；

别时真草草，讵料百年永诀执手缘悭。恨无绝期，情何以遣。待他日营斋致奠，可能半点到泉台。

之三（十四字）

从此青山埋白骨，难期碧落与黄泉。[1]

《挽亡妾王氏》里的王氏是谁？初看题目，或以为袁世凯在挽自己的亡妾。果真如此，将这样的挽联送给赵尔巽并不合情理。而根据袁世凯女儿袁静雪、儿子袁克齐以及旧部陶树德等人的回忆，袁世凯一妻九妾，妻为于氏，九妾分别为沈氏、李氏、金氏、吴氏、杨氏、叶氏、张氏、郭氏、刘氏，并无"王氏"。[2]

---

[1] 中国第一历史档案馆：《赵尔巽全宗案卷》，案卷号612，胶卷编号112。
[2]《魂断紫禁城》，第323—328页。

分析第一副挽联，蚕丛是蜀国首位称王的人，代指四川。"凶耗自蚕丛"，应是指赵尔巽的弟弟赵尔丰在四川为革命党所杀之事。刚刚收到弟弟在四川的噩耗，又获悉你离开我的消息——这是以赵尔巽的口吻所写的。由此可以推断，这应是袁世凯为挽赵尔巽死去的小妾王氏而作的。

所送的三首诗，包括袁世凯的两首新诗《辛亥除夕有感二首》和一首挽诗。辛亥这一年，湖北武昌起义，全国战乱频仍，清帝退位，袁成临时大总统。政局变幻莫测，袁世凯自是百感交集。他这两首诗也反映了这些变化：

其一

鄂变崇朝起，生灵肝脑涂。帝心万尧舜，盛事继唐虞。
海内疮痍满，长安气象殊。求仁斯已矣，鹬蚌莫相揄。

其二

国破家何在，遗民伏海隅。眼将穿蜀道，心更切辽都。
骨肉皆离散，田园已尽芜。此生余一死，不复望来苏。[1]

第一首诗中的"鄂变"指武昌起义，"生灵肝脑涂""海内疮痍满"说的是战争造成的破坏。

如果说第一首诗中的"鹬蚌莫相揄"只是委婉表达了希望与赵尔巽和衷共济之意，那第二首这方面的意思就更明确了："蜀道"指代赵尔巽的弟弟赵尔丰，辛亥这一年赵尔丰作为署四川总督，处于革命风暴的中心，为革命者所杀。但其家人仍在四川，身为哥哥的赵尔巽自然很牵挂。袁世凯的诗体贴地关照到这点。至于"心更切辽都"，自然是表达对赵尔巽的关心了，"辽都"指奉天，是赵尔巽东三省总督衙门所在地。

所送挽诗，则是悼念赵尔丰的。信中注有"闻川变代旭初作"，虽暂不知"旭初"是谁，但正表明此诗为袁世凯所作，表达的也正是

---

[1]《赵尔巽全宗案卷》，案卷号612，胶卷编号112。

袁世凯的心情：

> 数载镇边关帕首，靴刀备尝险难忆。
> 自收瞻对克桑披，辟对封疆二万里。
> 知秉孤忠昭大节，空留正气永千秋。
> 一朝兴奇祸恤民，保国不谅苦衷谁？[1]

信是袁世凯在 1914 年 7 月 14 日寄出的，距他 1913 年 10 月当选中华民国大总统已过了大半年。此时的袁世凯，可谓大权在握。赵尔巽曾为东三省都督，当时避居青岛。武昌起义后，赵反对共和，并在清帝逊位后推出"东三省反对共和十二条"，东三省因此是降下大清黄龙旗、升起民国五族共和旗最晚的地方。1914 年，袁礼聘赵尔巽为清史馆馆长。赵趁机以替赵尔丰"昭雪罪名"为出山条件。袁之诗作，即为笼络手段。

只是堂堂中华民国大总统，纡尊降贵，竟为部属的小妾写挽联，笼络之心多少显得过于刻意。

陆锺琦阖家被戕

陆锺琦曾为摄政王载沣的老师，宣统三年时才刚被任命为山西巡抚，到官未逾一个月，武昌起义便爆发了。九月初八日，山西新军突入抚署，陆锺琦"方晨睡，闻警跃起，披衣出。幕友或劝之避。锺琦曰：'死耳，何避为？'"[2] 见到新军，陆锺琦出言呵斥曰："尔辈将反邪？"[3] 话未说完，中枪而亡。其子陆光熙（字亮臣）以及在抚署的妻子唐氏等同时被杀。

阎锡山时为山西新军第八十六标标统，也是攻打巡抚衙门行动的指挥者，起义成功后被举为山西都督。宣统三年九月初八日正是其

---

[1]《赵尔巽全宗案卷》，案卷号 612，胶卷编号 112。
[2]《辛壬春秋》，伍辑 6-454。
[3]《清史稿·列传二五六》，第 12790 页。

二十九岁的生日。据其后来回忆：

> （山西新军攻进抚署时）陆巡抚此时衣冠整齐，立于三堂楼前，陆公子亮臣随其旁。陆公子说："你们不要动枪，我们可以商量。"陆巡抚说："不要，你们照打我罢！"当时因陆巡抚之随侍有开枪者，遂引起革命军之枪火，陆巡抚与其公子亮臣均死于乱枪之中……（他们）与我们的立场虽异，而他们忠勇孝的精神与人格则值得我们敬佩。因为立场是各别的，人格是共同的，故我对他们的尸体均礼葬之。[1]

按《清史稿》的说法，陆锺琦的幼孙也同时遇害："叛军入内室，其妻唐氏抱雏孙起，并遇害。"[2]而据尚秉和的《辛壬春秋》，这个幼孙终得以保全："光熙母唐夫人方拥幼孙卧，变兵入。夫人恐杀其孙也，翼蔽之，变兵并杀陆夫人。"[3]恽毓鼎和陆锺琦为旧交，在其日记中曾记录陆锺琦被杀之事，他也认为陆锺琦的幼孙幸免于难："阖门大小十八口皆被戕。有乳妇匿公一幼孙，幸免于难。"[4]

陆家有人幸免于难的说法，应该可信。时为山西起义军敢死队队长的郭登瀛后来回忆："陆家一个小女孩由陆家的保姆抱出，从后门逃走了。这个女孩后来留学德国，我的儿子曾经见过她。"[5]

阎锡山还说，陆锺琦被杀死后，山西新军一标三营管带熊国斌曾带着全营士兵找他为陆锺琦报仇，但被他击毙。[6]

自杀殉清的冯汝骙和松寿

江西巡抚冯汝骙和闽浙总督松寿是以自杀来殉清。

---

[1] 阎锡山：《阎锡山早年回忆录》，《近代史资料》，总55号。
[2] 《清史稿·列传二五六》，第12790页。
[3] 《辛壬春秋》，伍辑6-455。
[4] 《恽毓鼎澄斋日记》，第558页。
[5] 《辛亥革命回忆录》第八集，第172页。
[6] 阎锡山：《阎锡山早年回忆录》，《近代史资料》，总55号。

《清史稿》载，冯汝骙在九江"仰药以殉"，[1]《辛壬春秋》也说冯汝骙"辛巳夜，仰药死"。[2]看来，冯汝骙喝药自杀而亡，应该可信。

　　本在江西南昌的冯汝骙，为何要到九江呢？武昌起义后不久的九月初十日夜，新军在南昌起义，宣布江西独立，冯汝骙出逃抚署、躲入旺子巷民家。[3]因其为官时颇得民心，南昌各界便推举他为都督。冯汝骙却不同意做都督，只愿意继续做巡抚，同时表示不会追究新军起义之事。没办法，南昌士绅改推举协统吴介璋为都督。九月十三日，冯汝骙离开南昌，登轮准备前往上海"埋没姓名，桃源避世"。但九江已于九月初三日宣布独立，拥马毓宝为都督。冯汝骙船行至九江，即被革命军拦截。马毓宝将冯汝骙迎至城内，馆于孙氏宅，仍劝其为都督。冯汝骙不从，九月十七日夜服毒自杀。[4]

　　福建的独立过程，则远比江西惨烈。

　　福建部队多为左宗棠旧部。清廷改革军制，福建军队编为第十镇，孙道仁任统制，许崇智任协统。武昌起义后，福建咨议局曾要松寿让权归政，松寿本已同意，无奈因福州将军朴寿反对而未果。九月十八日夜，福建党人从南阳秘密运来枪弹，推第二十协协统许崇智为总指挥，以大炮轰击旗营。清军兵力，包括八旗二千五百名、捷胜营二千名以及杀汉团五百名，共五千人。[5]《辛壬春秋》中说，战斗开始不久，"总督松寿闻变，自经死"，[6]自经，即上吊。

　　与《辛壬春秋》上吊说不同的是，《清史稿》中说松寿是得知旗兵失利后吞金而亡的——"愤甚，饮金以殉"。[7]

---

〔1〕《清史稿·列传二五六》，第12789页。
〔2〕《辛壬春秋》，伍辑6-466。
〔3〕《辛壬春秋》，伍辑6-466。
〔4〕一说冯汝骙是吞服大量鸦片自杀。
〔5〕全国政协文史资料研究委员会编：《辛亥革命回忆录》第四集，文史资料出版社1963年，第460页。
〔6〕《辛壬春秋》，伍辑6-480。
〔7〕《清史稿·列传二五六》，第12787页。

哪一种说法更为可信呢？

当时，同盟会福建总部机关设在桥南社，刘通为桥南社《建言报》编辑，对"福建革命活动及光复情况，知之最全面"，[1]他曾撰文回忆：

> 十九日早战事作后，闽浙总督松寿吞叶子金自杀于盐道前（在督署后门）高开榜画像店。[2]

看来，《清史稿》的松寿吞金自杀说应该更为准确。

至于福州将军朴寿，他曾下令将所有的药库子弹移入旗界，并组织满人准备与革命军决一死战，因此颇为革命军记恨。福建独立后，朴寿易服逃亡藏匿，很快被捉，经美国领事说情被放。之后，革命军诡称奉统制孙道仁之命请其到于山面商善后事宜。朴寿推辞说走不了路，革命军便雇了一顶小轿，并由八旗统领德润陪往，将其囚禁在大士殿客堂。不久，福建起义策动者彭寿松命将其押往他处，行至于山第四炮台边，押送者从后面用刀猛砍，将朴寿杀死于观音阁亭下。[3]朴寿侄子景煦给清廷的奏报中，也说其叔"力竭被执，将四肢分裂，抛弃于山之下"。[4]两种说法中朴寿的死状都十分惨烈。

如果我们把范围扩大一点，为革命党所杀的清朝督抚级大员，还有光绪三十三年（1907）被徐锡麟枪杀的安徽巡抚恩铭、宣统二年（1910）被温生财暗杀的护理广州将军孚琦、宣统三年（1911）为革命党人炸死的新任广州将军凤山等。甚至还有光绪三十一年（1905）吴樾谋炸出洋考察五大臣、宣统元年至宣统二年间汪精卫谋刺摄政王载沣、宣统三年彭家珍炸毙宗社党首领副都统良弼、宣统三年革命党人炸袁世凯等。和平年代，这种暗杀行为自不值得提倡，但鼎革之际，革命党人不惧头悬国门而慨赴燕市、乐作楚囚，我们钦佩其精神的同时，也不得不慨叹当时社会矛盾之激烈和为官风险之高。

---

[1]《辛亥革命回忆录》第四集，第453页。
[2]《辛亥革命回忆录》第四集，第463页。
[3]《辛亥革命回忆录》第四集，第462页。
[4]《袁世凯全集》第19卷，第417页。

第三章 官场乱象

第四章

袁氏出山

在清朝的最后120天，有一位不得不说的人物——他就是我们熟悉的袁世凯。他因巧妙周旋于清室和民军之间定分止争、助推共和而一度被誉为"中华民国之第一华盛顿"，[1]最终又因变共和为帝制而被骂为"窃国大盗"。1916年元旦他登基时，人们将洪宪年号中的"洪"字一分为二，讽刺他"半是前清，半是共和"；做了83天皇帝死后，民间更送挽联"袁世凯千古，中国人民万岁"——寓意其对不住中国人民。袁世凯确实饱受争议，但又不愧为时代枭雄。

武昌起义可谓袁世凯人生的重大转折点：没有武昌起义，他可能继续投闲洹上、终老彰德；武昌起义后他趁时而起，旬日之间尽握清廷军政大权。而他的出山，也彻底改变了清朝的命运和辛亥革命的历史走向……

一　袁世凯出山

八月二十一日，清廷令陆军大臣荫昌统率清军南下镇压武昌起义。八月二十二日的谕旨中，还以荫昌为主处理武昌起义之事，要"荫昌到鄂后即着瑞澂会同筹划，迅赴事机"。[2]但仅仅过了一天，清廷的态度就发生了180度的大转变——八月二十三日，清廷接连发布两道谕旨：一是任命袁世凯为湖广总督；二是令袁会同荫昌节制、调遣湖北军队和各路援军。"袁世凯现简授湖广总督，所有该省军队暨各路援军，均归该督节制调遣，荫昌、萨镇冰所带水陆各军并着袁世凯会同调遣，迅赴事机，以期早日戡定。"[3]

由此，已被罢黜、赋闲在家三年的袁世凯重新获得起用。三年前差点面临杀身之祸的他，如今得以再度出山，个中的华丽转身，究竟

---

[1]李宗一：《袁世凯传》前言，中华书局1980年，第3页。
[2]《上谕档》，宣统三年八月二十二日。
[3]《上谕档》，宣统三年八月二十三日。

荷兰画家胡博·华士1899年为小站练兵时期的袁世凯画的肖像是袁世凯唯一一幅油画肖像

是何人之力呢？

罢黜之灾，性命之虞

光绪三十四年十月二十一日（1908年11月14日），光绪病逝。袁世凯时为军机大臣兼外务部尚书，还奉慈禧之命，恭办光绪丧礼。慈禧翌日薨逝，临终前还将袁世凯等列为顾命大臣。

表面看，袁世凯颇受慈禧重用，圣眷正隆。但其实，此时的袁世凯，正深受慈禧的猜忌——他的兵权已经被剥夺殆尽。

袁世凯从天津小站练兵起家，并在新建陆军的基础上，先后编练成六镇（一镇相当于现在一个师），而当时全国编练成的新军只有二十镇。[1]北洋六镇中，第一镇驻扎京畿，其他五镇也是围绕京畿分驻河北保定、河北青县马厂、山东、北京南苑等地，可以说均处于清室的卧榻之旁。

自己卧榻之旁所驻扎的部队，掌管者却是汉人袁世凯。"北洋六镇中，凡官兵教室饭厅正中都悬挂袁世凯的花袍大像，士兵夫役均称袁为'宫保'而不冠姓，官兵心目中只知有袁氏而不复有清室"，[2]这种说法，虽有夸大之处，但袁氏出身李鸿章淮军，本就深知湘淮军"兵为将有"之传统，因此牢固掌控其一手打造的北洋六镇自是题中之义。由此引起慈禧太后和八旗贵族的猜忌，也是自然。

光绪三十二年，北洋六镇刚刚编练完成，清廷即设立近畿督练公所，以旗人凤山为督办大臣。北洋第一、第三、第五、第六镇划为京畿四镇，归凤山节制，第二、第四两镇暂由时任北洋大臣、直隶总督的袁世凯调遣训练。[3]由旗人凤山而不是编练者袁世凯节制京畿四镇，清廷此举，防范之意已明。

---

[1]《晚清兵志》第4卷，第211—218页。
[2]《魂断紫禁城》，第170页。
[3]《晚清兵志》第4卷，第203页。

光绪三十二年十月初三日，袁世凯上折，以"心虽有余而力常不足，臣之才智不过中人，臣之气体本甚羸弱，自近岁叠应艰巨，精力益逊于前"和"现值改定官制，明诏所布，首以专责成为言"为由，请求免去其所兼的参预政务、会办练兵事务，以及办理京旗练兵、督办电政、督办山海关内外铁路、督办津镇铁路、督办京汉铁路等八项兼差。[1]

就袁世凯而言，这份奏折多少有点试探清廷态度之意。慈禧却没有客气，仅仅两天之后就以官制改革为由，将袁世凯所有的兼差一概免掉，"该督任事实心，办事均尚妥协，现在改定官制，各专责成，着照所请，开去各项兼差"。[2]

光绪三十三年七月二十七日，慈禧调袁世凯入京，出任军机大臣兼外务部尚书，"外务部尚书着袁世凯补授。同日奉上谕：大学士张之洞、外务部尚书袁世凯均着补授军机大臣"。[3]

军机处自雍正朝设立伊始，即为有清一代的中枢权力机关。哪怕是大学士，如果不入军机，也是徒有虚名。袁世凯以军机大臣兼外务部尚书，表面看是升了官，但实际上是彻底剥夺了袁世凯的兵权。时为第五镇炮兵团长的唐在礼就如此评论：

> 当年秋天，清廷先调湖广总督张之洞晋京入阁办事；接着调直隶总督袁世凯入京授外务部尚书。两人同时补授军机大臣。这样做，是怕袁猜疑，请一位张之洞去陪陪他。实际上不要说袁对此事看得雪亮，就是我们也看得出来，张之洞、袁世凯的实权搞掉了，袁世凯连暂归直隶总督就近带领的第二、四两镇的兵权也没有了。[4]

明升暗降，令人不得不服老佛爷慈禧的御下手段。只是，天不假年，袁世凯进京不到一年，光绪、慈禧便相继离世。

---

[1]《录副档》，档号：03-5468-023。
[2]《录副档》，档号：03-5468-023。
[3]《上谕档》，光绪三十三年七月二十七日。
[4]《魂断紫禁城》，第88页。

百日之服未满，光绪三十四年十二月十一日，清廷就以"足疾"为由，将刚新封太子太保不久的袁世凯免官，令其回籍养病，"军机大臣、外务部尚书袁世凯夙承先朝屡加擢用，朕御极后复予懋赏。正以其才可用，俾效驰驱。不意袁世凯现患足疾，步履维艰，难胜职任。袁世凯着即开缺，回籍养疴，以示体恤之至意"。[1]

谕旨虽是以年仅三岁的清帝溥仪之名义所下，实际上表达的，却是溥仪的父亲、摄政王载沣以及光绪皇后隆裕的意见。

袁世凯是否真的有"足疾"呢？

袁虽身材短小，体态臃肿，但眸如点漆，说明其精力充沛、气血充足。光绪三十四年《纽约时报》记者托马斯·F. 米勒德专访完袁世凯后写道："他目光炯炯，敏锐的眼神显示出了他身体的健康和心情的安定。"[2]只是，在恰当的时候患恰当的病是为官的一大秘诀。据清宫档案，袁世凯此前确实多次上折请病假。光绪三十三年五月二十七日，时为直隶总督的他就曾上《奏为患疾请赏假一月事》，其中将自己的病状归为"因血气过耗、虚火上炎、遍体发烧、热不可耐……医者云病起于忧劳过度、血气太亏，以致血脉流弱，未能合度。现宜暂停药饵，亟须专心静养，方有转机"。[3]七月初三日，他又上折表示病体未愈，请求续假一个月，"臣受病已经数载，非旦夕所能痊愈。且元气亦过于耗亏，非急切所能培补。近虽发烧较前略减，而头晕心跳、目眩耳鸣诸症似未见轻，盖以秋令将交。后犯咳痰旧疾，精神疲萎，弥易健忘，仍须加意调摄，方可徐图收效"。[4]

"血气太亏"也好，"元气耗亏"也罢，都不是什么具体症状，所谓的"头晕心跳、目眩耳鸣"，也算不上重病。两份奏折所提到的旧疾，只有"咳痰"。在遭受慈禧猜忌时上这两份请假奏折，袁世凯主

---

[1]《上谕档》，光绪三十四年十二月十一日。
[2] 张社生：《袁世凯旧影》，北京日报出版社2018年，第90页。
[3]《录副档》，档号：03-5483-001。
[4]《录副档》，档号：03-5484-023。

要目的是细述自己的功劳：早年在朝鲜平乱——"长而请缨出列军旅，旋膺使命海外（朝鲜）"；义和团运动期间的"东南互保"——"抚东两年，适遇拳祸，外防内靖，百计经营"等。另一方面，以养病为名，观察、试探清廷的态度和举措。

不过，此时摄政王载沣说袁世凯患有"足疾"，倒也没有冤枉他。袁世凯次子袁克文在《洹上私乘》中说袁世凯是在跪拜叔父时扭伤的，"先公既任军机大臣，家十叔祖自乡来视先公。因久违别，乃行跪拜礼。拜起微蹶，遂致足疾，不良于行者数月。每晨入宫哭奠，辄扶杖而趋，至内有小监扶行"。[1]"哭奠"之时还得太监搀扶，可知光绪、慈禧丧礼期间，袁世凯确实行走不便——袁氏出任军机大臣已是一年前的事情，这表明袁之"足疾"早已有之。当初慈禧并不以袁氏"足疾"为忤，一年多来袁氏的表现也算称职。此时载沣忽然旧病重提，难免显得生硬。和慈禧顺势免官、明升暗降的手腕相比，载沣斧凿痕迹太重。

罢黜袁世凯，是溥仪登基、载沣摄政后晚清政坛的一件大事。谕旨虽短短数行，个中实情，传言甚多，但应该说尚无令人信服的证据，属悬案一桩。

流传最盛的，是载沣为其兄光绪报仇说，说他恨袁氏在戊戌变法时向慈禧告密，出卖光绪。此时，康有为等改良派怀疑光绪之死为袁世凯所害，联名致电各省督抚并鼓动民政部尚书善耆、度支部尚书载泽等对袁世凯采取断然措施。[2]

此外，近来还有从国际关系角度加以解读的。如在《袁世凯罢官归隐说》一文中，马勇先生认为由于联合美国抵制日本的外交努力失败，身为外务部尚书的袁世凯被迫引咎辞职。[3]李宗一先生在《袁世

---

[1]《辛丙秘苑》，第44页。
[2]《帝制的终结》，第261—262页。
[3] 马勇：《袁世凯罢官归隐说》，《史学集刊》，2011年第4期。

凯传》中,也说载沣一开始是以外交问题为由对袁世凯问罪的:

> 对于袁世凯势力的膨胀,他愤嫉已久。为把军政大权迅速集中在自己手里,他拟杀掉袁。善耆、载泽也都在背后怂恿。可是他生性怯懦,惧于袁的内外奥援,不敢贸然下手。为了取得元老重臣的支持,他便以袁瞒着他与美国谈判互派大使为口实,与奕劻、张之洞商讨杀袁。[1]

尽管罢黜袁氏的内情莫衷一是,但一时间袁世凯面临杀身之祸倒是确凿无疑。[2]

只是载沣要杀袁世凯,首先遭到奕劻的反对,并引来荫昌、严修等纷纷上疏求情。时为军机大臣的张之洞也"反复开陈",理由是皇帝刚刚登基就诛杀老臣,于国不利,"主上冲龄践阼,而皇太后启生杀黜陟之渐,朝廷有诛戮大臣之名,非国家之福。吾非为袁计,乃为朝局计也"。[3]

无奈之下,载沣只好硬说袁世凯"患足疾",勒令其"开缺回籍养疴"。

回籍养疴三年整

光绪三十四年十二月十五日(1909年1月6日),袁世凯仓皇辞京——敢往车站送别的,只有杨度和学部侍郎严修等数人。载沣对袁氏集团不仅拔其主干,还剪其枝叶——宣统元年正月邮传部尚书陈璧被革职、永不叙用,学部侍郎严修乞休。接着徐世昌内调邮传部尚书,由满人锡良继任东三省总督;二月,民政部侍郎赵秉钧休致(相

---

[1]《袁世凯传》,第156页。
[2] 袁静雪说袁世凯当时曾连夜出京,入住天津有英方背景的利顺德大饭店,并有避往日本之念。见《魂断紫禁城》,第11页。李宗一也采信了袁世凯避往天津之事,见《袁世凯传》,第156页。但二者所记,在细节上有很多矛盾之处。
[3] 胡钧:《张文襄公(之洞)年谱》卷六,第16页,《近代中国史料丛刊》第五辑,台北文海出版社1966年,第275—276页。

当于提前退休）；五月，直隶总督杨士骧病死，满人端方调任。第二年，唐绍仪短暂出任邮传部尚书后乞休，铁路总局局长梁士诒被撤职，江北提督王士珍以病自请开缺。

袁世凯是河南项城人（今属周口市），项城位于河南东部，而其"养疴"之地，却先选择了河南北部的卫辉（今辉县市、卫辉市一带），后又北迁至彰德（今安阳市）北门外洹上村——两地距项城都在二三百公里之外。既是"归籍养疴"，为何不回项城老家呢？

袁静雪在《我的父亲袁世凯》中解释了个中原因：袁世凯任直隶总督时期，生母刘氏在天津病逝，于是袁请假，送母亲灵柩回项城安葬。可是，到了项城，袁世凯同父异母的哥哥袁世敦竟拒绝将刘氏葬入祖坟正穴，因为刘氏是"庶母"。袁世凯据理力争，甚至与之多次争吵。他以封疆大吏的身份，仍未能压二哥一头，最终还是被严词拒绝，迫不得已另买新坟地安葬母亲。从此之后，袁世凯与袁世敦不再往来，"直到我父亲做了总统，他们老兄弟俩还是不相闻问的"，[1]袁世凯也再没有踏足项城老家。

袁世凯不回项城，先在河南卫辉住了几个月。因卫辉住所狭窄，水土不宜，加之当年天气干旱，一家人病倒不少。于是，在宣统元年五月间迁到彰德北门外洹上村。这里原为袁世凯亲戚、天津盐商何炳莹的一座别墅，[2]"前临洹水，右拥太行"。袁"爱其朗敞宏静"，即购此别墅，加以改建扩充，题名"养寿园"。

养寿园亭台楼阁，错落有致，山石叠翠，池水碧绿。袁世凯雇人在园内开凿了一个大水池，引洹水入园，池内养鱼养蟹、种植荷菱；池中修建了一座水心亭，夏季来临或月圆之时，他便带家人划船过去，在水心亭赏月吃饭。养寿园之外，袁世凯命人开辟了菜园、果木园、桑园等各种园子，饲养了猪、羊、鸡、鸭等家畜家禽，自给自

---

[1]《魂断紫禁城》，第2页。
[2] 袁世凯第四子袁克端娶了何氏之女为妻。

足,一副渔樵耕读、与世无争之态。甚至在袁静雪的记忆里,还有袁世凯和她生母赏月下棋,"偶然一语不合,也会闹起气来。有一次我母亲竟气得把棋盘、棋子都扔到水里了"。[1] 此时的袁世凯,似乎已无往日开府建牙、入值军机的威严。

袁静雪回忆,袁世凯隐居期间,"每天起床后,就和我三伯世廉(当时因病由徐州道解职后前来彰德,住在宅子里的西院,后来病重身死,我五叔又搬来同住)下棋谈心。有时他就独自到花园内钓鱼"。[2] 隐居期间,袁氏喜欢钓鱼,看来不假,在养寿园的养寿堂,就悬挂着集龚自珍诗句的对联:"君恩毂向渔樵说,身世无如屠钓宽。"

说起袁世凯钓鱼,还有一段有趣的公案。有一张流传甚广、题名为"蓑笠垂钓图"的照片——照片中二人,右边的人戴着斗笠、披着蓑衣,在渔舟上静坐垂钓,左边的则扶着摇橹。上海《东方杂志》曾刊载此照片,因此知者甚众。人们多认为披着蓑衣垂钓者就是袁世凯,显示其寄情山水、渔樵足乐、不问世事。而此照片拍摄者袁克文披露,披蓑衣者是其三伯袁世廉,摇橹的才是袁世凯。"一日,泛小舟于汇流池,先伯戴笠披蓑,危坐其中,先公则执楫立于后,使克文以镜摄之。影成,印数百纸,分致戚友焉。"[3]

隐居期间,素乏诗情的袁世凯竟也诗兴大发,自署"容庵主人",写有《洹上杂咏》十六首;又与前来访问的友人互相唱和,编就《圭塘倡和诗集》,收录十三题十五首。[4] 圭塘是洹水上的桥名。"诗言志",这些诗,有意无意地反映了他的真实想法——其中有诸如"寄语长安诸旧侣,素衣早浣帝京尘"等表明远离官场、避世隐居的句

---

[1]《魂断紫禁城》,第12—13页。
[2]《魂断紫禁城》,第13页。
[3]《辛丙秘苑》,第45页。
[4] 袁克文辑《圭塘倡和诗集》时收十三题十五首,而骆宝善、刘路生在编辑《袁世凯全集》时据袁世凯手稿等比对,仅录五首。见《袁世凯全集》第18卷,第622页。

袁世凯垂钓的照片

子，也有比如《登楼》中的"开轩平北斗，翻觉太行低"等传达政治野心、自负之志的语句。[1]

袁世凯虽居乡下，却与外界保持着紧密联系。从《袁世凯全集》所收可知，此期间他与两江总督张人骏和端方、山东巡抚袁树勋、河南巡抚宝棻等督抚，与长江水师提督程允和、江北提督王士珍、直隶提督姜桂题等将领，还有学部侍郎严修、顺天府尹凌福彭等京师官员，都有联系。袁世凯还在洹上设立了电报房。

> 那时，他每天要接到很多从各方面发来的信件和电报。为了处理这些信、电，他每天上午要用一两个小时的时间来办理"公务"。他设置了一个电报房，从而能够更迅速地和各方面加强联系。他向各方面伸出了触角，等待着再起的时机。[2]

袁世凯违例设立电报房的说法，除了袁静雪的记述之外，还有其他记录佐证。宣统三年八月二十四日，陆军大臣荫昌南下镇压武汉起义路过彰德时，曾前往拜访袁世凯，陆军部秘书科科长恽宝惠、总参议易迺谦和军法正参领丁士源陪同前往。恽宝惠就亲眼见到袁世凯宅院中有电报室：

> 上灯后，备席相款，袁并亲出周旋。饭后回站，路过院中，见某室挂有电报处牌子，机声嗒嗒，聆之甚晰。其时袁尚系罢斥在籍之人，而仍有此种不应有之设备，盖各方面电报消息，此三年中固无一日隔阂也。[3]

袁世凯虽居乡下，凭借昔日门生故旧和北洋势力，却依然显赫。袁静雪就说：

---

[1]《袁世凯全集》第18卷，第622、620页。在袁静雪的回忆中，袁氏所作诗中，还有《自题渔舟写真二首》（其一）的"投饵我非关得失，吞钩鱼却有恩仇"和《自题渔舟写真二首》（其二）的"野老胸中负兵甲，钓翁眼底小王侯"等明显对清室不满的诗句，但袁克文所辑《圭塘倡和诗》未见，可知是后人附会的。按理，袁世凯时处嫌疑之地，也不会写这样授人以柄的诗句。

[2]《魂断紫禁城》，第16页。

[3]《魂断紫禁城》，第211页。

在过年的时候，总有他的一些"北洋"老部下来给他拜年；同时，在项城老家里的我六叔等人，也来洹上和他共度佳节。这时候，他就叫人传北京京剧界的名角，如谭鑫培、王瑶卿、王惠芳、杨小朵、德珺如等来唱"堂会"。这种"堂会"戏，在他的生日和正妻于氏整寿的时候，也同样是"传"来唱过的。[1]

别的名角儿不提，能请到谭鑫培，则是非同小可。谭鑫培，又名"谭叫天"，在京剧界名望很高，唱功做功都有独创，不但供奉内廷，而且颇得恭亲王奕䜣赏识。曾有文章记载：

有一次，西太后召谭等在颐和园演剧，并赏王公大臣们听戏。谭老板的戏码是"捉曹放曹"，他扮陈宫。在宿店时，曹操请陈宫饮酒，陈宫说"不用"，曹认为是不满意他杀吕伯奢全家之事。陈宫回答曹操的台辞，应该是："你的疑心忒大了！"但谭见恭王在座，恐怕"疑心"（与奕䜣音近）二字犯忌，就改了别的同义词，代替了"疑心"。奕䜣听了大喜，以为"伶人"有此灵机，此谭老板之所以为谭老板。到唱完了戏，恭王特请谭鑫培到他的休息室，让了烟茶，大加赞美，逢人就夸他艺术造诣极深。因此，谭鑫培的名声更响，清廷达官贵族，对他都另眼相待。[2]

袁世凯五十大寿时，官任军机大臣兼外务部尚书。为了能让谭鑫培唱双出给袁贺寿，时为外务部会办大臣[3]的那桐亲自到谭家相请并一揖到地！如今，已被罢官的袁还能把谭叫到距京城五百公里之外的洹上村，可见袁世凯影响力依旧。

当然，即便已经隐居乡间，即便影响力依旧，但毕竟失宠于摄政王载沣，因此"回籍养疴"三年期间，袁世凯依旧面临着被翻旧账的

---

[1]《魂断紫禁城》，第 13 页。
[2]《魂断紫禁城》，第 301—302 页。
[3] 外务部职官，首为总理亲王，下面会办大臣、会办大臣兼尚书各一人，第一个会办大臣一般为军机大臣。见《清代国家机关考略》，第 300—301 页。那桐时为大学士、军机大臣。

危险。宣统二年正月,御史江春霖参奏庆亲王奕劻"老奸窃位、多引匪人",就捎上了袁世凯,"窃溯戊戌变政,全局为前军机大臣袁世凯一人所坏。世凯因得罪先帝,乃结庆亲王奕劻为奥援,排斥异己,遍树私人,包藏祸心,觊觎非望"。[1]不过碍于奕劻的面子,载沣没有下狠手治袁世凯,而是批评江春霖"莠言乱政",令其"回原衙门行走,以示薄惩"。宣统二年十二月,载泽、盛宣怀联名上奏,直言开平煤矿之所以迟迟未能收归国有,主要是"袁世凯(时为直隶总督)狃于成见,不肯实行助力,以致始终不克收回,实属失机太甚"。[2]

武昌起义的一声枪响,给袁世凯的政治生命带来了转机。

八月二十日是袁世凯五十二岁生日。虽已在彰德赋闲"养病"三年,寿诞之际,依然是贺电不断、贺者频仍——赵秉钧、张锡銮、倪嗣冲、袁乃宽、王锡彤等门生故吏、旧友新朋,都来袁世凯隐居的洹上为其祝寿。此时的袁世凯,正忙于酬答。二十日晚,正当梨园名角粉墨登场、各位嘉宾酒酣耳热之际,武昌起义的消息传来。袁世凯大为惶恐,赶忙下令停止祝寿活动。其子袁克文回忆:"辛亥八月二十日,正演剧为先公祝嘏,京津亲故咸集洹上,翌日犹备续演,而武汉起义之电至矣。座客相顾失色,先公曰:'此乱非洪、杨比也。'剧、宴皆止。"[3]不仅当晚的演出,连第二天的庆寿活动也取消了。

八月二十三日,阮忠枢[4]持庆亲王等人所写的信函,前来劝袁世凯出山;与阮忠枢一道前来的杨度却劝袁世凯不要应命——袁克定、王锡彤"力阻杨","他人或祖阮,交进迭谏",两种观点,交锋激烈。

王锡彤为袁世凯亲信幕僚,代表袁在京经营实业,八月十八日专程从北京赴彰德为其祝寿。阮忠枢来后,王锡彤曾与袁世凯有一段对话如下:

---

[1]《宣统政纪》卷三〇。
[2]《宣统政纪》卷四六。
[3]《辛丙秘苑》,第3页。
[4]阮忠枢,字斗瞻,小站练兵时即跟随袁世凯,曾为袁世凯文案。

> 王：公之出山，为救国也。清廷亲贵用事，贿赂公行，即无鄂祸，国能救乎？
>
> 袁：不能，天之所废，谁能兴之？
>
> 王：然则公何以受命？
>
> 袁：托孤受命，鞠躬尽瘁。
>
> 王：专制之国，不容有大臣功高震主，家族且不保，前朝此例甚多。同是汉族已不能免，况非一族。
>
> 袁（大声曰）：余不能作革命党，余且不愿子孙作革命党。[1]

由于此前摄政王载沣对袁世凯的冷落，加上觉得清廷气数已尽，王锡彤显然不赞成袁世凯出山。而这段对话表明，彼时的袁世凯对武昌革命军充满仇视。

谁复用了袁世凯？

武昌事起，让前来祝寿的各位宾朋，看到了袁世凯东山再起的机会。"闻武昌有乱事，人心皇皇，然群以为袁公必将起用。"[2]

那袁世凯出山究竟为谁所荐？长期以来大概有四种说法：奕劻推荐说，那桐、徐世昌争取说，奕劻、那桐、徐世昌联合推荐说，载洵、史履晋推荐说。

奕劻推荐说。时任军咨府第二厅厅长的冯耿光，曾作为北方代表参加南北和谈。他在《荫昌督师南下与南北议和》中就主奕劻推荐说：

> 奕劻（对摄政王载沣）说："当前这种局面，我是想不出好办法。袁世凯的识见、气魄，加上他一手督练的北洋军队，如果调度得法，一面剿一面安抚，确实有挽回大局的希望。……并且

---

[1]《袁世凯全集》第19卷，第2页。
[2]《袁世凯全集》第19卷，第1页。

东交民巷也有'非袁出来不能收拾大局'的传说。"[1]

冯天瑜、张笃勤的《辛亥首义史》采信了这一说法。

张之万是徐世昌座师,其孙张达骧在《袁世凯与徐世昌》一文中,也认为是奕劻奏请袁世凯出山。但略有不同的是,他认为奕劻是收受了袁世凯的巨额贿赂才推荐的:

> 辛亥年阴历八月十九日,革命军在武昌起义,袁世凯乘机以巨金赠送庆王。庆王揣知其用意,乃以袁部军队由袁亲自指挥镇压革命较为有利为借口,奏请起用袁世凯为两湖总督。[2]

那桐、徐世昌争取说。八月二十五日,武昌起义后的第六天,时为署直隶长芦盐运使的张镇芳在给袁世凯的信中说,他拜访奕劻后得知,是那桐、徐世昌争取的袁世凯出山:

> 二十一日早朝,摄政非常惊慌,那、徐请召宫太保,而庆不开口,欲试摄之伎俩也。
>
> 是日两钟,芳谒见,庆谓此乱若非及早扑灭,深恐蔓延,非宫太保出山,则长江一带不堪设想。并自叙交情与姑忍而避嫌之意,亦逆料童蒙不能不求我也。昨闻招斗瞻至内室,面交亲笔信,令其赴邺。想系言摄政惭愧、恐不应命,与诸小爷恳求之诚。且自言至好,祈出而拯济时艰,不可坚辞之语。芳虽未见其信,可想而知,亦实情也。[3]

此信也收录在《袁世凯全集》中。张镇芳是河南项城人,是袁世凯大嫂之弟[4],属袁世凯的心腹。袁世凯掌权后,于宣统三年十一月任命张镇芳以三品京堂候补、在度支部上行走,襄办爱国公债事务;宣统三年十二月十六日,直隶总督陈夔龙请辞,张镇芳即调署直隶总督兼北洋大臣。虽为代理,但半年之内,由三品而出任正二品(加尚

---

[1]《辛亥革命回忆录》第六集,第353页。
[2]《魂断紫禁城》,第195页。
[3]《袁世凯全集》第19卷,第13—14页。
[4]《辛丙秘苑》,第19页。

书衔总督为从一品)之职,可谓平步青云。没有袁世凯的襄助,岂能如此?

这封信说明,获悉武昌失守后,八月二十一日早朝时,身为内阁协理大臣的那桐和徐世昌都劝载沣起用袁世凯,而庆亲王奕劻虽然也认为需袁世凯出山,但当时没表态。

奕劻、那桐、徐世昌联手推荐说。张国淦在武昌起义前为清内阁统计局副局长,后作为北方代表团代表随唐绍仪参加南北议和。民国成立后,历任总统府秘书长、国务院秘书长,以及内务总长、教育总长、司法总长等职。他在《辛亥革命史料》一书中,援引时为内阁阁丞(宣统三年所设,大体相当于内阁秘书长)的华世奎对其所述之语,认为是奕劻、那桐、徐世昌三人联手推荐袁世凯出山的:

> 庆、那、徐等素党袁,武昌事起,举朝皇皇,庆等连日已私电致袁,并派员至彰德秘密商议大计,信使络绎。他们本无应变之才,都认为非袁不能平定,且是袁出山一绝好机会。乃于二十三日,由庆提议起用袁,那、徐附和之。摄政不语片刻,庆言:"此种非常局面,本人年老,绝对不能承当。袁有气魄,北洋军队,都是他一手编练,若令其赴鄂剿办,必操胜算,否则畏葸迁延,不堪设想。且东交民巷亦盛传非袁不能收拾,故本人如此主张。"泽公等初颇反对,鉴于大势如此,后亦不甚坚持。摄政言:"你能担保没有别的问题吗?"庆言:"这个不消说的。"摄政蹙眉言:"你们既这样主张,姑且照你们的办。"又对庆等说:"但是你们不能卸责。"于是发表袁湖广总督。[1]

载洵、史履晋推荐说。时为北京外城巡警总厅厅丞的吴笾孙,在八月二十七日给袁世凯的信中,转引载洵之言,说袁世凯能出山是由于海军大臣载洵、御史史履晋的奏请。

---

[1] 张国淦编著:《辛亥革命史料》,龙门联合书局1958年,第108页。其中"奕"和"庆"均指奕劻,"泽公"指度支大臣载泽,"那""徐"分指那桐、徐世昌。

北京外城巡警总厅隶属民政部，负责内九城之外京师地面的治安保卫工作。吴筱孙写信，是想到袁世凯军营效力，寻求升迁机会。他在信中说，起用袁世凯，颇得冯公度之力，是冯说动海军大臣载洵向哥哥载沣推荐的：

> 昨日，海军部参事冯公度[1]来云（冯系洵近人，动必相从，如振大爷之于祝瀛元也）：洵贝勒闻学堂有传单明日起事，嘱来相告，预为防范。并云，吾师此次出山，多伊之主动，一面求洵向三耳[2]陈说，此次大局，非师不能收拾，一面托史履晋陈奏（冯、史最契受业，深知实非虚语），请吾师出山。原练六镇，均归统辖，督师前往。至发表时，而六镇悉属统辖之说竟未一齐发表，令人不解。又云，洵邸嘱转致，请速出山，所有一切事宜，伊必竭力相助，即嘱冯公度转达，必能达其目的云云。[3]

袁世凯出山是武昌起义后清廷对付南方民军的重要一步。此事尽管已过百年，但仍存不少历史疑点，有辨析之必要。

从八月二十日获悉武昌起义消息到二十三日袁被授为湖广总督期间，那桐和徐世昌每天都进宫入值，商量如何处置事变，但都没有在日记中述及起用袁世凯详情。那桐那几天的日记只说"湖北事更紧急""鄂事益急""鄂事汉口被占，简袁世凯督川"。[4]徐世昌的日记更为淡定，只在八月二十日说"闻武昌为叛兵所据"，在二十三日记"袁世凯补授湖广总督"。[5]

显然，那桐和徐世昌二人是知道起用内情的，或许是因不得私自泄露廷议内容这一官场严规，他们二人没有在日记中记载详情。

---

[1]冯恕，字公度，清末进士，曾任海军部参事，随载洵出访英、美、法等八国考察军事。

[2]"三耳"即摄政王载沣——繁体摄字作"攝"，故称。

[3]《袁世凯全集》第19卷，第18页。

[4]《那桐日记》下册，第700—701页。

[5]《徐世昌日记》，第107、109页。

既如此，不妨问一问，到底是谁推荐起用了袁世凯？

先看看张镇芳二十五日信中所言是否属实。按照张信所说，八月二十一日早朝，那桐和徐世昌即奏请袁世凯出山，庆亲王奕劻因为避嫌，没有当场表态。不过，事后看来，即便那、徐奏请，载沣当时也没有采纳——当日的谕旨是派荫昌督军南下。

那奕劻是否如张镇芳信中所说，派阮忠枢"赴邺"给袁世凯送信呢？

八月二十四日，袁世凯曾亲笔给奕劻回信，此信蕴含的信息相当丰富，故抄录如下：

> 久疏音敬，驰慕时深。阮参议[1]来彰，盥诵赐笺，叩聆壹是。章京幼读父书，粗知大义。山林钟鼎，皆出天恩。区区愚诚，神人共鉴。承传监国摄政王密谕各节，感悚涕零。即捐糜顶踵，亦不足以云报称于万一。惟章京旧恙实未全愈，在平日精神尚勉可支，特近因入秋骤寒，突患痰喘作烧之症，头眩心悸，思虑恍惚。现赶加医治，一面料理筹备。一俟稍可支撑，即力疾就道。病中昏瞀，不能尽言，余嘱阮参议详达。所有应行筹办各事，另具函牍，呈候训示祗遵。谢恩折已在赶缮，明日拜发。[2]

袁信中的"阮参议来彰，盥诵赐笺"表明，阮忠枢确实曾奉奕劻之命前往彰德。这点，奕劻没有骗张镇芳。至于"山林钟鼎，皆出天恩。区区愚诚，神人共鉴"等表忠心之语透露，奕劻或在信中对载沣当年罢黜袁世凯之举进行了解释，希望袁世凯不计前嫌，尽快出山。

"承传监国摄政王密谕各节"一句尤为重要，说明阮忠枢此行，除带来奕劻的信外，更重要的任务是传达摄政王载沣的密谕。

密谕的内容是什么呢？此信末尾有"谢恩折已在赶缮，明日拜发"一句。八月二十五日，袁世凯也如约上了《新授湖广总督谢恩并

---

[1] 阮忠枢时为内阁法制院参议。
[2]《袁世凯全集》第19卷，第3页。

沥陈病状折》，也就是说，密谕的内容就是准备任命袁世凯为湖广总督（因阮出发时谕旨尚未公布，故为密谕）。由此亦可知，阮忠枢出发时，摄政王载沣已同意起用袁世凯。

八月二十一日早朝时，载沣并未同意那、徐所奏起用袁世凯。二十三日却下旨授袁为湖广总督。是不是真如吴筱孙在给袁世凯的信中所言——载洵、史履晋让他改变了主意？

史履晋时为掌辽沈道监察御史，八月二十三日，他确实上了《武昌兵变大局岌岌请起用袁世凯及岑春煊等宿臣》一折，奏请起用袁世凯，理由主要是北洋六镇均为袁之旧部，指挥起来较为便利。奏折中说：

> 窃自武昌兵变，警告万急，现已派荫昌督带两镇前往。惟荫昌系陆军大臣，为全国耳目所系，倘少有疏虞，易损国家威重。查北洋所练第一、二、三、四、五、六镇均系袁世凯旧部，拊循多年，将士用命。若派袁世凯署理湖广总督，责以督师各镇、克复已失城池，似觉略有把握。[1]

史履晋此折，还较少为史家所注意。清廷有奏折言事的传统，很多谕旨都是针对言官奏折而发。史履晋此折，虽不敢说直接导致载沣改变主意，但确为载沣起用袁世凯提供了"机会"。张镇芳、吴筱孙之信，以及史履晋此折，使得长期以来模糊不清的袁世凯起用问题形成了完整的链条——载沣一开始并不同意那桐、徐世昌所请；之后，冯公度说动载洵去游说摄政王载沣，又暗中动员御史史履晋上折；二十三日早朝讨论史履晋奏折时，奕劻同时力荐，那桐、徐世昌附和，最终使得载沣同意起用袁世凯。这样的链条，也可与冯耿光所记、华世奎所言互相印证。

清代言官独立奏事，载洵等为何能说动史履晋呢？原来，冯公度与史履晋交好，两人还共同投资创办了北京第一家民用电灯公司。

---

[1]《档案汇编》第 75 册，第 228 页。

载沣改变主意的时间,极大可能出现在二十三日早朝。这天散朝的时间,远比平时要晚——《那桐日记》记"未正散值",[1]徐世昌日记记"未初三刻"。[2]这个时间,大约相当于下午两点三十分至四十五分,一改往日"巳正"(上午十点)、"午初"(上午十一点刚过)、"午初三刻"(约为上午十一点三十分至四十五分)散朝的惯例,为整个八月散朝最晚的一天!

当天为清世宗雍正忌日,奕劻、那桐、徐世昌等先陪同皇上至寿皇殿[3]行礼,后才入值讨论。尽管有这样的因素,但当日朝堂确发生了激烈的争论——时为内阁承宣厅(原军机处)行走的许宝蘅在日记中记载,当天载沣两度向隆裕太后请旨:"命袁项城为鄂督,岑西林为川督,监国诣仪鸾殿请懿旨二次。"[4]这使得散朝时间严重延后。而经过此番争论,载沣和隆裕太后最终同意起用袁世凯。

"幕后推手"

坊间有不少传闻,说武昌起义爆发后,袁世凯看到自己东山再起的机会,便送给庆亲王奕劻一大笔银子,让其促成自己出山。比如前引张达骧《袁世凯与徐世昌》一文,再比如《袁世凯窃国记》一书:

> 武昌炮一响,袁暗中掀髯而笑,表面却装做"主忧臣辱"的样子,阴令徐世昌孝敬庆记一笔大数目,以图待机起用。[5]

更有人说,袁世凯给奕劻送钱,远在辛亥革命之前。比如刘厚生在《张謇传记》中说,在奕劻成为军机大学士之际,时为直隶总督的袁世凯曾派杨士琦给送去银十万两,并承诺今后还将不时孝敬:

---

[1]《那桐日记》下册,第701页。
[2]《徐世昌日记》,第108页。
[3] 寿皇殿在今景山公园内,为供奉清代历朝皇帝神像之所。
[4]《许宝蘅日记》第1册,第368页。仪鸾殿即今中南海怀仁堂;袁世凯,河南项城人,故称袁项城;岑春煊,广西西林人,故称岑西林。
[5] 台湾中华书局编辑部编:《袁世凯窃国记》,东方出版社2008年,第48页。

光绪二十九年……庆王有入军机的消息,为袁世凯所闻,即派杨士琦赍银十万两送给庆王。庆王见了十万两一张银号的票子,初犹疑为眼花,仔细一看,可不是十万两吗?就对杨士琦说:"慰亭[1]太费事了,我怎样能收他的。"杨士琦回答得很妙,他说:"袁宫保知道王爷不久必入军机,在军机处办事的人,每天都得进宫侍候老佛爷,而老佛爷左右,许多太监们,一定向王爷道喜讨赏,这一笔费用,也就可观。所以这些微数目,不过作为王爷到任时零用而已,以后还得特别报效。"庆王听了,不再客气。不多几时,荣禄死了,庆王继任入军机之后,杨士琦的说话,并不含糊,月有月规,节有节规,年有年规。遇有庆王及福晋的生日,唱戏请客,及一切费用,甚至庆王的儿子成婚,格格出嫁,庆王的孙子弥月周岁,所需开支,都由世凯预先布置,不费王府一钱。那就完全仿照外省的首府、首县,伺候督抚的办法,而又过之。[2]

胡思敬在《大盗窃国记》中说,袁世凯所送银两数目比刘厚生说的十万更多,有三四十万两:"奕劻初入政府,方窘乏不能自舒,世凯进贿动辄三四十万。"[3]

此外,还有袁世凯隐居期间不忘厚赂奕劻的说法,"袁伏处河南彰德三年余,绝无出山之望。而其雄心不死,常卑辞厚币以结老庆。又令徐世昌、荫昌等为之疏通"。[4]

袁世凯真的为自己出山进行过类似运作吗?

前文说过,清廷八月二十日获悉武昌起义消息,八月二十三日即发布袁世凯为湖广总督的谕旨。如果袁世凯要运作,必须在八月二十三日之前。

这是否可能呢?袁当时隐居河南彰德,自不可能亲自出马。想运

---

[1] 袁世凯字慰廷,或写作慰亭。文献中亦有作"慰庭"的情况。
[2]《张謇传记》,第127—128页。
[3]《退庐全集》,第1350页。
[4] 陈晨编:《袁世凯轶事》,人民日报出版社2011年,第115页。

作，只能委托亲人或亲信办理。

一个可能的人选是其长子、时为农工商部右丞的袁克定。

袁克定为袁世凯诸子中较为热衷政治者，且颇有野心。其弟袁克文就说，袁世凯未进京前，第六镇统制吴禄贞曾经常乔装打扮到锡拉胡同袁家与袁克定密谋驱逐清帝，"适吴禄贞简山西巡抚，大兄知吴有异志，约为兄弟。每夜，吴以巨帽覆首，轻车过锡拉胡同大兄寓宅，大兄屏退仆从，深室密谈"。[1]但以笔者的有限见闻，目下尚未发现武昌起义后袁克定替父给奕劻等送礼的记载。

英国驻华公使朱尔典曾向英政府报告：武昌起义爆发后，袁克定多次代表其父亲前来面见自己——如八月二十九日，袁克定告诉朱尔典，"除非他父亲被授予直接指挥军队的权力，否则其父非常不愿意动身去汉口"。此外，根据朱尔典给英国外长格雷的电报，袁克定至少在九月十二日、二十四日曾去拜访朱尔典，或通报袁世凯两周后抵京等动态，或就当下时局征询意见。[2]只是，这些都发生在袁世凯被起用之后，无法看成袁世凯为出山而进行的运作。

袁世凯想运作，还有可能是通过其昔日部属、亲信等。但袁世凯失势后，其亲信至交除徐世昌外，基本被摄政王载沣摒弃，如陈璧、唐绍仪、赵秉钧、严修、梁士诒等。这些人中，除曾任铁路总局局长的梁士诒外，大多远居外地，并不在京。

应该说，想要搞清楚袁世凯是否为了出山而给奕劻送礼是十分困难的——毕竟送礼不是什么光彩的事情，当事双方都不太可能详加记录。此外，在短短的两三天时间内让摄政王载沣起用自己先前罢黜的袁世凯，如果不是事出紧急，如果不是载沣本人同意，仓促之间，恐怕再多的银子也难以做到。

---

[1]《辛丙秘苑》，第4页。
[2]李丹阳译注：《英国外交档案摘译：武昌起义后袁世凯父子与英国公使的密谈》，《档案与史学》，2004年第3期。

但至少有两点可以确定。一是武昌起义爆发后,确实有人在暗中运作,想让袁世凯出山。陈夔龙时为直隶总督,晚年他在回忆录《梦蕉亭杂记》中说,当时,袁世凯的门生故旧等集资运作并前来劝说他上疏奏请袁世凯出山,但被其拒绝:

> 辛亥八月,武昌发难,总督出走。……项城赋闲已久,乘机思动。其门生故旧遍于京津等处,不恤捐集巨款输之亲贵,图谋再起。监国以彼从前废斥,其咎非轻,不敢贸然起用。该党以监国素重视余,谓得北洋一保,必生效力。某君黉夜来谒,极为关说。余严词拒之,谓项城前系一品大员,此时起用与否,朝廷自有权衡;不宜由疆臣奏保,致涉植党之嫌。倘贸然上疏强令出山,不特无以尊朝廷,亦非所以厚爱项城也。其人嗒然而去,复运动连疆某督、某抚,即时电保。谓非任用项城,不能收拾危局。监国惑之,未能一意坚持。[1]

清朝为了防止臣僚之间结成朋党、削弱君权,对官员之间的举荐确曾有严格规定:不得疏荐三品以上官员的任用。光绪十年闰五月十八日,刚刚交卸两江总督、回京师再度入值军机的左宗棠,上折举荐曾纪泽,希望朝廷畀以曾纪泽"疆圻重任"。[2]此举就遭到时为御史的赵尔巽参奏。赵尔巽认为左宗棠所为与体制不合——曾纪泽已为都察院左副都御史,为正三品,自有朝廷体察,不应由左宗棠保举。[3]因此,陈夔龙以此为由,谢绝保举袁世凯出山,可谓合情合理,显示了浮沉宦海多年的圆滑。

按照陈夔龙此说,袁世凯故旧之所以来,除了直隶总督为"天下第一总督"、地位重要之外,还因为摄政王载沣对他颇为看重。但其实还有另一层原因,陈夔龙未点破,那就是希望通过陈夔龙走奕劻的

---

[1]《梦蕉亭杂记》,第115—116页。
[2] 左宗棠:《左宗棠全集·奏稿八》,岳麓书社1996年,第497页。
[3] 中国第一历史档案馆:《大清德宗景皇帝实录》(以下简称《德宗实录》)卷一八六。

门路——八国联军攻占北京期间，陈夔龙曾作为奕劻的助手，协助办理和议等事务，自然而然被看成奕劻一党。

《梦蕉亭杂记》成书于1924年，其时袁世凯已逝，并因复辟帝制而为天下所唾骂，陈夔龙自无为袁世凯回护之必要，故敢于在书中披露。他甚至认为袁之出山乃清朝灭亡之肇始，"项城一出，而清社遂屋矣"。不过，说载沣受督抚联保所惑而起用袁世凯，则不符合史实——袁世凯被起用，主要还是朝廷中枢里的运作，督抚即使有联保，也来不及发挥作用。

其次，袁世凯喜欢用钱收买皇室亲贵和高官，也是有迹可循的。中华民国初建时，吴景濂为临时参议院议长。在南北统一政府还未成立以前，时为临时大总统的袁世凯曾命国务总理唐绍仪向比利时借款一千万元。当时临时参议院曾先后十次发函要求政府说明借款用途，但政府始终没有回复。民国元年秋季，袁世凯约吴景濂到他府中，让他看一部账本，并说："这个账本贵院来文屡次催送审议，因为用途甚为复杂，而且和改造民国的体面有关，所以不能发表。"[1]据吴景濂回忆："清帝退位的时候，所有清帝左右的官宦及有权势的人，都得到了袁世凯的赠款，谁得多少都详细地记在账册上。"[2]只有恭亲王溥伟因强烈反对清帝退位，袁世凯没敢拿钱贿赂他。那接受赠款的官宦中，自然有庆亲王奕劻。

如果说刘厚生、胡思敬等人所言，还有传闻和野史的成分，那吴景濂所言，应该可信——当年参议院议员们听了吴的介绍后，"众人都认为是实情，只有叹息而已"。[3]

民国成立、袁世凯出任大总统期间，其亲信唐在礼曾任总统府陆海军大元帅统率办事处总务厅厅长，并兼任军需处处长，负责调拨支

---

[1]《魂断紫禁城》，第250页。亦见于吴景濂：《吴景濂自述年谱》，《近代史资料》，总106号。
[2]《魂断紫禁城》，第251页。
[3]《魂断紫禁城》，第251页。

付特别费。据其回忆，特别费中，就专门有"政治性的收买费用"一项，收买对象很多：

> 有的对象原来就和袁接近，他们并不打算投靠民党，但民党却在拼命拉他们，因而这些人就不免要给费用。有的对象以往并不靠袁，但自己却有相当实力，这类人是袁特别注意的目标。还有后起的和新兴的师、旅长以上的军政人物，如模范团的青年军官等等，也要给些钱。[1]

具体的对象中，有黎元洪、汪精卫；而清室重要人物，有时任内务府总管的世续，也有庆亲王奕劻等。至于收买的金额：

> 每笔一两万元的寻常得很，这类数目一般给各军队的师长、旅长等高级军官的较多。四五万的也不少，并不算什么大数目，这是给一般的都督（将军）、民政长（巡按使）、一流人物的。八万、十万的，是数目较大的一类，这是给更重要的各省军政大员的。更有特大的，至少十万，多到二三十万乃至四五十万的，这是支给清室重要人物、北方重要人物、南方有特别关系的人或属密探行动等费。[2]

正因袁世凯一以贯之的贿赂高官习惯，也因庆亲王奕劻"细大不捐"[3]的特点，人们很自然就认为袁世凯为了出山肯定送了不少银子。袁世凯曾送钱给奕劻应该不假，但具体到武昌起义爆发后重新出山一事上，在被起用前短短的两三天内，他是否送巨金给奕劻以求起用、是否有时间和恰当的人员操作此事，目前尚未找到确切的证据。

是谁去请袁世凯出山的？长期以来，徐世昌去彰德请袁世凯出山的说法流传甚广。

---

[1]《魂断紫禁城》，第123页。
[2]《魂断紫禁城》，第124页。
[3]《清史稿·列传八》，第9098页。

李宗一的《袁世凯传》言:"汉口革命军攻占重要战略据点刘家庙后,清军退至滠口。徐世昌奉奕劻之命,自北京潜赴彰德,劝袁'力疾就道'。"[1]

冯天瑜、张笃勤的《辛亥首义史》言:"清廷还在10月20日派内阁协理大臣徐世昌前往彰德请袁世凯就职。"[2]

杨天石所著的《帝制的终结》言:"10月14日(八月二十三日),清廷于无可奈何之中起用袁世凯为湖广总督,岑春煊为四川总督,但袁以'旧患足疾尚未大愈'为借口,托辞不出。10月20日(八月二十九日),奕劻派徐世昌赴彰德动员。"[3]

就连当时与袁世凯同住在彰德的袁静雪,也持徐世昌劝说袁世凯出山的观点:"这时候,听说他的老朋友,当时的内阁协理大臣徐世昌也来劝他出山了。"[4]

胡绳的《从鸦片战争到五四运动》、郭剑林的《翰林总统徐世昌》、台湾中华书局编辑部编的《袁世凯窃国记》,以及林林总总各种袁世凯传记等,多持徐世昌赴彰德劝袁世凯说。

如此记载,是基于徐世昌与袁世凯之间的亲密关系而想当然。徐世昌大袁世凯四岁,祖籍浙江,其曾祖父、祖父在河南为官,因此他在河南卫辉府(今卫辉市)长大,并与袁世凯成了同乡。两人的结识,早在袁发迹之前的光绪四五年间——某日,袁世凯正在陈州袁宅仰山堂读书,一个秀才前来拜访,两人一见如故,遂换帖结拜为兄弟。[5]此人便是徐世昌。他当时穷困潦倒,正在陈州授馆课童。得知徐世昌苦无路费北上应试后,袁世凯便解囊相赠,使徐得以首途北上。徐世昌此去,科场得意——光绪八年中举,光绪十二

---

[1]《袁世凯传》,第175页。
[2]《辛亥首义史》,第456页。
[3]《帝制的终结》,第313页。
[4]《魂断紫禁城》,第17页。
[5]《袁世凯传》,第11页。

年中进士、入翰林院。光绪二十一年袁世凯小站练兵，两年后便奏调徐世昌来营，管理参谋营务处。从此，徐世昌便成为袁一生的重要谋士，并随着袁世凯的升迁而一路扶摇——累官东三省总督、邮传部尚书等。

尽管二人关系密切，但实际上，从八月十九日辛亥革命爆发至九月二十三日袁世凯进京，徐世昌与袁世凯从未见面，徐世昌也从未赴河南彰德劝说袁世凯，而是一直在京忙于公事。据徐世昌八月二十一日到九月二十三日的日记，他每天都是天还没亮就起床，到内廷值班。[1] 袁世凯所在的彰德距北京大约五百公里，按照清末民初火车运行速度，快车单程也需十二个小时左右[2]，往返一般需要三天的时间。如果徐世昌去了彰德，那怎么可能每天都在京城呢？

徐世昌会不会为了掩盖彰德之行而虚构日记内容呢？应该不会，其八月二十三日所记雍正忌日随皇帝到寿皇殿行礼等，同日的《那桐日记》都有记载[3]。九月初一日的《那桐日记》中还有同徐世昌一起吃饭的记录。[4]

此外，像奕劻、徐世昌、那桐三位总、协理大臣，包括国务大臣，如果有事请假或出差，《军机处上谕档》里都会有标注。比如，宣统三年八月十四日奕劻请假，当日批复的谕旨中就写有"臣奕（假）臣那臣徐"；[5] 同年八月二十三日谕旨中，由于此时荫昌已奉命督师南下，因此其名字下注有"差"字。[6] 而据《军机处上谕档》，从八月十九日到九月二十五日袁世凯正式就任内阁总理大臣前，徐世

---

[1]《徐世昌日记》，第108—120页。
[2] 据宣统元年京汉铁路列车时刻表，当时京汉线列车，上午九点十分从北京正阳西门西站开出，正点到达彰德府的时间为晚上八点十二分。见《袁世凯旧影》，第143页。
[3]《徐世昌日记》，第108—109页；《那桐日记》下册，第701页。
[4]《那桐日记》下册，第701页。
[5]《光绪宣统两朝上谕档》第37册，第240页。
[6]《光绪宣统两朝上谕档》第37册，第246页。

昌始终"入直"、逐日副署上谕。

由此，可以得出这样的结论：从未有徐世昌赴彰德劝袁出山之事。他们之间如果有沟通，则应是通过书信和电报往来。《袁世凯全集》主编骆宝善、刘路生夫妇在《袁世凯与辛亥革命》一文中，也持徐世昌未曾于彰德见袁世凯说。至于武昌起义爆发后袁世凯与徐世昌如何沟通，该文则说："在袁应诏复出前后之三数日内，二人函电交驰，往复共有四通。徐的来信是派一位申姓道员专送，可见其谨慎及重视程度。两人的来往电报及徐之来信，今尚未得见。"[1]

骆宝善、刘路生夫妇所言，尚属孤证，是否真的如此，有待进一步考证。但徐世昌未曾赴彰德劝袁世凯出山，是确凿无疑的。

无论如何，蛰伏三年之后，袁世凯终于迎来了东山再起的机会。上任前，一番讨价还价自是少不了的，更何况，此番要赴的，是刀光剑影的沙场。

二 出山八条件还原

为尽快平定武昌起义，八月二十三日，清廷任命袁世凯为湖广总督，并派阮忠枢领摄政王载沣密谕、持庆亲王奕劻亲笔信函前往彰德劝驾。袁世凯并没有痛快答应立即出山。对此，不少人认为袁世凯是拒绝出山。其实，据清宫档案和《袁世凯全集》，这一说法并不准确——袁从未拒绝出山，只是在拖延出山时间。

借"足疾"拖延，一石二鸟

袁世凯以"身体有病"为由拖延出山。但有趣的是，关于病情，在给奕劻、徐世昌的信中和在给朝廷的奏折中，袁世凯的表述并不一致。

---

[1] 骆宝善、刘路生：《袁世凯与辛亥革命》，《史学月刊》，2012年第3期。

在八月二十四日给奕劻的回信中，袁世凯说："入秋骤寒，突患痰喘作烧之症，头眩心悸，思虑恍惚。"[1]

八月二十五日，袁世凯又给奕劻写信——收信人多了徐世昌。袁氏对自己病情的描述和上一封信大体相同，"所患旧恙既未大痊，日来骤感秋寒，痰喘作烧，头眩心悸，精神恍惚"。[2]

而同日给朝廷的《新授湖广总督谢恩并沥陈病状折》中，袁世凯除了提及痰喘、发烧等症状外，还专门说到了足疾旧伤："惟臣旧患足疾，迄今尚未大愈。去年又牵及左臂，时作剧痛。此系数年宿疾，急切难望全愈。"[3]

为何会有这样的差别呢？三年前，载沣以"现患足疾，步履维艰，难胜职任"为由将袁世凯罢黜。如今，袁世凯是借机一吐胸中块垒。

尽管对病情的表述不同，但在这些奏折和信稿中，袁世凯始终表示将一面赶紧医治，一面着手筹备，"一俟稍可支持，即当力疾就道"，[4]对南下武昌，并无推诿之意。

对比同在八月二十三日被授四川总督的岑春煊之态度，更能看出袁世凯的积极。七月二十三日，清廷就下旨让岑春煊"由上海乘轮即刻起程，毋稍迟延"，[5]前往四川会同赵尔丰办理剿抚事宜。八月十一日，岑春煊已到武昌，但声称"感受风热，触动旧症，万难前进"，[6]并请开去差使。获悉武昌起义后，岑春煊更是掉头东返上海。得知自己被任命为四川总督后，岑春煊先后于八月二十五日、二十六日、三十日给清廷去电，以"病益加剧"为由，不顾清廷一再催促，拒绝上任。此后，尽管清廷满足了岑春煊拨饷银一百万两、调幕宾前来襄

---

[1]《袁世凯全集》第19卷，第3页。
[2]《袁世凯全集》第19卷，第8页。
[3]《袁世凯全集》第19卷，第7页。
[4]《袁世凯全集》第19卷，第3、7、8页。
[5]《宣统政纪》卷五九。
[6]《宣统政纪》卷六〇。

助等请求，[1]但到十月十三日岑春煊还是上折表示"时艰病危，万难就道，仍恳开缺，另简贤员，以图补救"。[2]无奈之下，清廷只好让已经抵川的川汉、粤汉铁路督办大臣端方暂署四川总督。直到清帝逊位，岑春煊也没有进四川接任总督。

袁世凯无疑比岑春煊积极、主动多了。

八月二十三日得知自己被授湖广总督后，袁世凯二十五日上折谢恩并沥陈病状。载沣阅后，于八月二十七日朱批要袁世凯赶紧医治、尽快赴任："知道了。现在武昌汉口事机紧迫，该督夙秉公忠，勇于任事。着即迅速调治，力疾就道，用副朝廷优加倚任之至意。"[3]仅仅过了一天，八月二十八日，袁世凯就致电内阁表示拟先刊用"湖广总督"木质关防。

关防是临时官印的一种。正式官印不在身边时，奏请先刊刻木质官印代替，是官场规矩。比如，宣统三年九月十三日，第六镇统制吴禄贞出任山西巡抚时，也是先刊刻木质官印。[4]尽管此时瑞澂已被革去湖广总督一职，但还保管着湖广总督大印，且人在武昌，因此袁世凯就奏请先刊用木质关防。启用关防，意味着袁世凯已经接受清廷的任命。

二十四日到二十八日这五天里，袁世凯之所以没有立即答应出山，一方面是要着手筹备，另一方面是等待清廷答应其出山条件。

顺便提一句，瑞澂带走的湖广总督大印，直到九月初二日，才由已逃至九江的他转呈两江总督张人骏，再由张人骏转交袁世凯，"于九月初二日将湖广总督银关防一颗，交由该员陈世光赍送江海关道，转呈江督，另行委员送交袁世凯接收"。[5]

---

[1]《中华民国史档案资料汇编》第一辑，第187页。
[2]《宣统政纪》卷六五。
[3]《录副档》，档号：03-7461-133。
[4]《宣统政纪》卷六三。
[5]《清政府镇压武昌起义电文一组》，《历史档案》，1981年第3期。

节略八条

关于袁世凯的出山条件,此前的辛亥革命研究多指为六条。

李宗一在《袁世凯传》中说:

> 汉口革命军攻占重要战略据点刘家庙后,清军退至滠口。徐世昌奉奕劻之命,自北京潜赴彰德,劝袁"力疾就道"。两人密谋以后,便以袁氏的名义向清廷提出明年开国会、组织责任内阁、宽容武昌事变诸人、解除党禁、给予指挥军队全权、供给充足军费等六项条件,由徐世昌带回北京,转告载沣。这六条有两个意思,即收买人心、总揽军政大权。[1]

冯天瑜、张笃勤《辛亥首义史》直接转引了李宗一的说法,只是文字略有差异:

> 袁世凯见徐世昌,面述"出山"的六个条件:(1)明年即开国会。(2)组织责任内阁。(3)宽容参与此次事变诸人。(4)解除党禁。(5)须授予指挥水陆各军及关于军队编制的全权。(6)须予十分充足的军费。[2]

此外,还有其他版本的袁世凯出山六条件,但除了顺序和个别表述不同外,主要内容大同小异。如杨天石先生《帝制的终结》:"袁提出明年召开国会、组织责任内阁、宽容事变党人、解除党禁、给予指挥军队全权、供给充足军费等多项条件。"[3] 章开沅等主编的《辛亥革命史》:"(袁世凯)继而又通过徐世昌提出了'出山'的六个条件。"[4]

可是,李宗一先生并没有交代袁出山六条件的出处。其他相关著作中,也没有发现出山六条件的原文。也因此,尽管此"出山六条"被视为确据而在权威史籍、专业辞书和坊间小说辗转引用,但《袁世凯全集》主编骆宝善、刘路生夫妇却认为:"原始档案和第一手文献

---

[1]《袁世凯传》,第175页。
[2]《辛亥首义史》,第515页。
[3]《帝制的终结》,第313页。
[4] 章开沅、林增平主编:《辛亥革命史》,东方出版中心2010年,第1149页。

不支持这个来源不明的袁徐密谋六条之说。"[1]

据骆宝善、刘路生夫妇考证，最早使用袁世凯出山六条件的，是1930年出版的一部著作：

> 以笔者的有限涉猎，最先引用这个六条的是1930年出版的李剑农著《戊戌以来三十年中国政治史》。……"政治六条"之说源出何处不详。查辛亥革命时期，新闻媒体报道袁世凯出山消息甚多，但不见有袁徐密谋"政治六条"之事。民初，袁世凯生前死后，有关袁世凯的著述已有陆续出版。例如，以反袁为标榜的《黄远生遗著》《袁氏盗国记》，稗官野史、笔记小说如《袁世凯轶事》《袁世凯轶事续录》《袁世凯全传》（以上均1916年）等，都未提及"政治六条"之事。仅《最新袁世凯》一书，提及徐世昌到洹上，但不是密谋，而是劝驾。可见，"政治六条"一说的出笼，当在袁世凯死若干年之后。[2]

可以肯定的是，出山前袁世凯曾经向清廷提出过要求。在袁世凯的往来信件中，确实有要朝廷帮忙解决若干出山困难的记载：八月二十四日给奕劻的复信中，袁世凯有"所有应行筹办各事，另具函牍，呈候训示祗遵"之语；[3]八月二十五日给奕劻、徐世昌的信中说到"所有应行筹办各事，谨缮具清折，敬呈察核"；[4]八月二十七日，在给心腹张镇芳的信中，袁世凯说得更为明确："另又开具节略八条，大意谓无兵、无饷，赤手空拳，何能办事……此项节略已交斗瞻带京面呈承泽。如各事照办，兄自当力疾一行。"[5]

显然，袁世凯给奕劻、徐世昌信中所说的"所有应行筹办各事"，和在给张镇芳信中所说的"开具节略八条"，就是一回事。骆宝善、

---

[1] 骆宝善、刘路生：《袁世凯与辛亥革命》，《史学月刊》，2012年第3期。
[2] 骆宝善、刘路生：《袁世凯与辛亥革命》，《史学月刊》，2012年第3期。
[3] 《袁世凯全集》第19卷，第3页。
[4] 《袁世凯全集》第19卷，第8页。
[5] 《袁世凯全集》第19卷，第13页。

刘路生夫妇在论及袁世凯出山时曾有"(袁)拜折谢恩,并致函内阁,提出了八项要求。然后南下督师"[1]之语,但长期以来,未见此"节略八条"具体内容的公布。[2]

其实,这个"节略八条",就收藏于清宫档案中。

为纪念辛亥革命爆发一百周年,2011年12月,中国第一历史档案馆、海峡两岸出版交流中心共同出版了煌煌八十卷的《清宫辛亥革命档案汇编》,首次集中公布了清宫所藏辛亥革命的档案,不少此前从未公开过,其中就有袁世凯的这份清单。

清宫档案显示,此清单出自《宫中朱批奏折》,但未署日期,可知并非独立件而是附件,应是附于八月二十五日给奕劻、徐世昌的信中。抬头作"谨将应行筹办各事分条胪列呈请钧核训示",用"钧核"而不是"圣鉴",表明此件袁世凯不是写给摄政王载沣的,而是写给奕劻或徐世昌的——在袁世凯八月二十五日的《新授湖广总督谢恩并沥陈病状折》中,确实也没有这方面的内容。

清单共一千一百多字,袁世凯在其中提出了应对武昌起义八个方面的举措,主要内容为:(1)必须赶速筹备而不可轻敌;(2)必须预筹救援之师;(3)从直隶后备部队中调集万人,先编成二十四五营,作为将来鄂省驻防之军;(4)将保定军械局购置的枪炮供前线使用;(5)请饬度支部先筹拨三四百万金备作军饷及各项急需;(6)拟先刊行营木质关防,以昭信守;(7)请准不拘成例奏调人员;(8)请稍假

---

[1] 骆宝善、刘路生:《袁世凯与辛亥革命》,《史学月刊》,2012年第3期。
[2] 刘路生的《袁世凯辛亥复出条件考》(《广东社会科学》2003年第4期)、郑焱的《武昌起义爆发后袁世凯"出山"史实考辨》(《求索》1991年第6期)、侯宜杰的《袁世凯:从出山到逼宫》(《中国文化报》2011年12月8日第7版)均否定了袁世凯"出山六条件"说,也提到了袁世凯所说的"节略八条",但未能找到"节略八条"的完整内容。丁健《辛亥革命时袁世凯出山问题的成因及真相考述》(《北京档案》2019年第4期)摘录了袁世凯的"节略八条",但囿于篇幅限制,并未全文收录,也未对其前因后果做深入分析。

事权，让军咨府、陆军部不得过于遥制。[1]（清单全文详见本节附录）

收到袁世凯所上清单后，奕劻等抄录后进呈给摄政王载沣，很快又回信告知载沣、载泽的意见。此信见于八月二十七日的《军机处上谕档》中：

> 慰廷宫保阁下顷诵：来函并尽筹各节所开手折，已照录呈监国摄政王并交泽公阅过，均可照办，即请分别电奏请旨遵行。余嘱阮参议详细电奏陈，先此布覆。即颂勋绥，惟希密照。那、庆亲王、徐。[2]

《军机处上谕档》本只收录军机处所拟、以皇帝名义颁布的谕旨，这封罕见地收录到《军机处上谕档》的回信，其中的"来函并尽筹各节所开手折"，和袁世凯二十四日、二十五日信中说的"所有应行筹办各事"，正好吻合。

收到此信后，八月二十八日，袁世凯接连上了三封"致内阁请代奏电"。三电的内容，均未越出所开节略八条的范围，分别为：奏请启用木质关防；在直隶、山东、河南等省招募曾经入伍壮丁一万二千五百人编练为二十五营，并请饬下度支部速拨军费四百万两；奏调王士珍、冯国璋、倪嗣冲、张锡銮等人。[3]

三封奏电的发出，意味着袁世凯正式接受清廷任命、开始筹备用兵武昌之事。八月二十三日清廷发布谕旨，二十八日袁世凯即正式筹备。五天的时间，可以说并不长。因此，说袁世凯"以足疾为由婉拒出山"并不准确，袁世凯并未拒绝，只是拖延出山而已。

载沣的临时变卦

八月三十日，清廷下旨同意袁世凯的刊刻木质关防、编练一万两

---

[1]《档案汇编》第78册，第83—89页。
[2]《上谕档》，宣统三年八月二十七日。慰廷是袁世凯的字，"那、庆亲王、徐"则分别指那桐、奕劻、徐世昌，泽公指时为度支大臣的载泽，阮参议则指阮忠枢。
[3]《袁世凯全集》第19卷，第17—18页。

千人、拨款四百万两、奏调相关人员四项请求,并催促袁世凯南下,"以便就近妥筹调度,早靖匪氛"。[1]

但此谕旨颁发不久,载沣的态度就发生了变化。当天内阁给袁世凯发去急电,告知载沣认为招募万余新兵训练成营后再出山需时太久,要袁世凯尽快前往湖北,接替荫昌指挥南下的清军:

现在湖北军情万急,倘俟阁下所募军队招齐再督师前进,诚恐缓不济急,监国摄政王甚为廑念,授意命促阁下迅速启程。俟到前敌,即将荫大臣撤回。所有派出之水陆各军均暂归阁下节制并暂不由府部遥制,以重事权。……朝廷倚任甚专,希即遵本日电旨,赶即料理迅速启程,以慰廑系。内阁。卅。[2]

载沣同意了袁世凯在"节略八条"中提出的军咨府、陆军部"稍假事权"、减少遥制的建议,但关键的两条,并没有完全同意——袁世凯提出在直隶等地征调万人组成二十五营,清廷担心时间来不及,希望袁世凯先赴湖北指挥前敌各军;袁希望拨款三四百万两作为军费,清廷至此尚未给出明确的拨款时间表。

也因此,袁世凯收悉此电后不得不在八月三十日致电昔日政敌、邮传大臣盛宣怀,希望邮传部借款以充军费:"(度支)部拨款辗转需时,恐难迅速接济。倘有急需,可否由贵部设法挪借,能借若干,示覆。"[3]盛宣怀的回复无疑给袁世凯迎头泼了一盆冷水,"邮部预算本入不敷出……公属筹挪,舍外借恐无策,似难嫌其迟缓"。一句话,邮传部无钱可借。

没兵、没钱,这本是袁世凯最为不满的两点。八月二十六日,袁世凯曾向两江总督张人骏抱怨自己无兵无权、何谈剿抚:"凯现赴鄂,无地驻足,亦无兵节制,用何剿抚?"[4]同日在给盛宣怀的电报中,

---

[1]《宣统政纪》卷六一。
[2]《档案汇编》第78册,第338页。
[3]《袁世凯全集》第19卷,第21页。
[4]《袁世凯全集》第19卷,第10页。

袁世凯也说："鄂军尽变，库款全失，赤手空拳，用何剿抚？"[1]在二十七日给心腹冯国璋的信中，袁之不满，表现得更为明显："鄂军全变，各路援军极少。兄纵前往，无兵节制，赤手空拳，用何剿抚？"[2]

但即便载沣不同意先练兵万人[3]再赴前线、未明确拨款时间表，袁世凯也没有推辞不赴任，而是调兵遣将、积极筹备——收到新谕旨的当天，他给河南巡抚宝棻、直隶提督姜桂题去信，同意接收他们推荐的刘洪贵、邱昌锦等赴湖北效力，同时要盛宣怀发军人乘车执照和军用品运输执照各二百张。九月初一日，又调遣老部下刘承恩、蔡廷干、黄开文等前来。

由于清军在前线初战不利，湖南、陕西、九江等地相继独立，清廷被迫赋予了袁世凯更大的权力——九月初六日，清廷下旨任命袁世凯为钦差大臣，节制前线水陆各军；九月初九日，袁世凯离开彰德，初十日行抵信阳，正式南下湖北、镇压南方革命军。

这一去，袁世凯开始了在清廷和革命军之间的左右逢源，最终出任中华民国首任大总统，登上了人生的巅峰，书写了中国历史上"东山再起"的又一传奇。这一去，袁世凯再也没能回洹上村养寿园，直到1916年病逝后才归葬彰德袁公林。

附：袁世凯《扑灭武汉革命军应行筹办各事务》
（即节略八条、出山八条件）

一、武汉据长江上游，为天下枢纽，逆匪系久练之兵，与寻常土

---

[1]《袁世凯全集》第19卷，第11页。据统计，湖北军政府成立之初，清点湖北藩库、官钱局、造币厂，共接收现银和纸币等达二千万元。见《辛亥首义史》，第369页。

[2]《袁世凯全集》第19卷，第12页。

[3]此二十五营人马，直到十月中旬才编练成军，此时袁已任内阁总理大臣，此军也由湖北巡防军更名为武卫右军，用以拱卫京师。见《袁世凯全集》第19卷，第117页。

實數僅及兩萬除分留後路外計戰兵不過
一萬數千人恐難敷用似須損籌濟師
三近畿陸軍雖由世凱創練現距卸練兵差
使五六年之久將士兵多非原練之人
關近年稍有暮氣亟須隨時振勵方可得
力現鄂省本無防營陸軍已全數變去世凱
赤手空拳何能濟事如專恃援軍勢必諸
多扞格未可用以攻堅目下協政匪壘將次
駐防克復地面彈壓外屬各州縣亦必須本
省有可特之兵力擬就直隸續備後備各軍
調集萬餘勉日成軍作為鄂省駐防之軍現
在陸軍章制甚多文法較繁一時未能編集
擬從簡易仿照湘淮軍章制調集直隸續備
後備各兵先編成二十四五營世凱俟病勢
稍減先即赴鄂布置以援軍量力穩進其新集

六現在調委人員增集軍隊及各項公事無關
防不足昭信守瑞前督困守江心印信一時亦
難交接擬先刊行營木質關防以便開用
七此次變亂非同尋常須集羣才佐理如有調
用人員應請政府主持准其奏調如其逃亡之
官缺亦請暫准不拘例案便宜擇人奏請補著
八軍諮府陸軍部成立未久實驗較少用兵之
道因時變化未可繩以文法違為牽制不敢
言閫內閫外之權限然必須請府部稍假事
權方可奏效
以上八條係擇其最要者先陳節略如合鈞意
即分別奏咨開辦俟病勢稍減再隨時相機籌
畫陸續陳達總之匪不難平惟盼內外協力共
矢公忠方能濟變扶危免致全局潰裂也

謹將應行籌辦各事分條臚列呈請鈞核訓示

一武漢長江上游為天下樞紐逆匪稱久
圖橫滅恐湘鄂及沿江各省發發可危萬
練之兵與尋常土匪不同若不以全力趕
一再有勾結響應等事則大局益難收
拾惟王師宜出萬全倘有挫失全局立
見反解必須趕速籌備知彼知已足以制其
死命方可節節進圖規復現亦不可輕啟
致涉孟浪

二聞逆匪已據武昌漢陽漢口叛兵計逾萬
人技獺器利槍炮廠軍械庫造幣廠司庫
均為佔踞既有器械資財嘯聚必日眾目下
當已數倍於原叛之數又聞在龜蛇等山安
設巨礮築壘防守官兵地處攻勢以兵家言
之攻守相衡須加於匪眾數倍現去各鎮協

各營陸續後發以現在軍情揣度收復漢口及
武昌省城似尚不甚難追攻其炮壘規復漢陽
必須厚集兵力方可得手彼時新集鄂軍已
抵防次正可應用事關增兵須奏明辦理

四保定軍械各局前由世凱購備各槍炮計可
供萬人之用擬奏請
餙下軍部盡肯撥用接濟如不敷用再請江南協撥
或酌量購補

五鄂省局庫均失財政已竭擬奏請
飭度支部先籌撥三四百萬金備作軍餉及各項急
需倘鄂事久延牽動沿江各省財政全局亦
將糜爛而賠欵無著尤恐外人干預財政大局
益不可問似不得不商請度支部權度輕重
竭力維持事非一隅保全實大

匪不同。若不以全力赶图扑灭，恐湘粤及沿江各省岌岌可危。万一再有勾结响应等事，则大局益难收拾。惟王师宜出万全，倘有挫失，全局立见瓦解。必须赶速筹备，知彼知己，足以制其死命，方可节节进图规复。现亦不可轻敌，致涉孟浪。

二、闻逆匪已据武昌汉阳汉口，叛兵计逾万人，技娴器利，枪炮厂、军械库、造币厂、司库均为占踞。既有器械资财，啸聚必日众。目下当已数倍于原叛之数。又闻在龟蛇等山安设巨炮，筑垒防守。官兵地处攻势。以兵家言之，攻守相衡须加于匪众数倍。现去各镇协实数仅及两万。除分留后路外，计战兵不过一万数千人，恐难敷用，似须预筹济师。

三、近畿陆军虽由世凯创练，现距交卸练兵差使五六年之久，将士兵卒多非原练之人。闻近年稍有暮气，亟须随时振励方可得力。现鄂省本无防营，陆军已全数变去。世凯赤手空拳，何能济事？如专恃援军，势必诸多扞格，未可用以攻坚。目下协攻匪垒，将来驻防克复地面、弹压外属各州县，亦必须本省有可恃之兵力，拟就直隶续备后备各军调集万余人，克日成军，作为鄂省驻防之军。现在陆军章制甚多，文法较繁，一时未能编集，拟从简易，仿照湘淮军章制，调集直隶续备后备各兵，先编成二十四五营，世凯俟病势稍减，先即赴鄂省布置，以援军量力稳进，其新集各营陆续后发。以现在军情揣度，收复汉口及武昌省城，似尚不甚难。迨攻其炮垒、规复汉阳，必须厚集兵力方可得手。彼时新集鄂军已抵防次，正可应用。事关增兵，须奏明办理。

四、保定军械各局前由世凯购备各枪炮计可供万人之用，拟奏请饬下军部直省拨用接济，如不敷用，再请江南协拨或酌量购补。

五、鄂省局库均失，财政已竭，拟奏请饬度支部先筹拨三四百万金备作军饷及各项急需。倘鄂事久延，牵动沿江各省财政，全局亦将糜烂，而赔款无着尤恐外人干预，财政大局益不可问。似不得不商请度支部权度轻重、竭力维持。事非一隅，保全实大。

六、现在调委人员、增集军队及各项公事，无关防不足昭信守。瑞前督因守江心，印信一时亦难交接，拟先刊行营木质关防，以便开用。

七、此次变乱非同寻常，须集群才佐理，如有调用人员，应请政府主持，准其奏调；其逃亡之官缺，亦请暂准不拘例案，便宜择人，奏请补署。

八、军咨府、陆军部成立未久，实验较少，用兵之道因时变化，未可绳以文法，遥为牵制，不敢言阃内阃外之权限，然必须请府部稍假事权，方可奏效。

以上八条系择其最要者先陈节略，如合钧意，即分别奏咨开办，俟病势稍减再随时相机筹画、陆续陈达。总之，匪不难平，惟盼内外协力、共矢公忠，方能济变扶危，免致全局溃裂也。[1]

三 南下迎敌与北上弄权

从九月初九日离开彰德南下，到十二月二十五日清帝逊位，袁世凯的行止可分为前后两阶段——九月初九日至九月二十二日在湖北前线，主要任务可概括为"迎敌"；九月二十四日到十二月二十五日在京城，主要任务可概括为"弄权"。

南下后的谨慎与踟蹰

袁世凯次子袁克文在谈到父亲出山时曾说："辛亥八月，武汉变起，先公奉诏督师，驻节兵站斗室中，备历辛艰。"[2]准确说来，从九月初九日到九月二十二日，袁世凯直接指挥前线部队的时间，其实不到半个月。这不到半个月的时间里，袁世凯始终处于攻与守的徘徊、

---

[1]《档案汇编》第78册，第83—89页。
[2]《辛丙秘苑》，第32页。

和与战的踌躇、受与辞的犹豫之中。

南下之前的九月初四日,因不明敌情,袁世凯奏派冯国璋统率前线部队时就表示,清军目前应以守为主,等准备完成后再图进攻,"现在宜昌、黄州、长沙先后不保,军情益紧,亟宜厚集兵力,拟请先派冯国璋充第一军总统,迅赴前敌,商承荫昌先布守局,俟筹备完善,再图进攻"。[1]

在第二天致荫昌电中,袁世凯再度强调清军不可轻举妄动,并说了一段著名的话:"王师宜策万全,稍有失利,大局益危。必须筹备完全,厚集兵力,知彼知己,一鼓荡平。"[2] 这是袁世凯出山前的基本态度,在八月二十五日提的"出山八条件"中,第一条即有"惟王师宜出万全,倘有挫失,全局立见瓦解。必须赶速筹备,知彼知己,足以制其死命,方可节节进图规复。现亦不可轻敌,致涉孟浪"之语。[3]

九月初七日清军占领汉口,使袁世凯对战局的看法一度变得颇为乐观。九月初十日,他告诉内阁:"今日全军抵汉,兵势甚盛。定十二日合攻武汉。"[4] 此时,他甚至认为底定全国指日可待,"厚集兵力,克复武汉,即分胜兵,进复长沙、九江、宜昌、西安,不难克日荡平"。[5]

九月十一日,袁世凯抵达孝感,看望伤员、激励将士,当晚驻扎在距离武汉四十五公里的萧家港(今孝感市肖港镇)。九月十二日同萨镇冰、冯国璋会商后,袁世凯一改先前的乐观判断——第二天,他奏请朝廷暂停进攻汉阳,同时催促奉天省第五协和山东第五镇混成协迅速南下以编练第二军,"昨与冯国璋筹商,用奇兵袭取汉阳,然以疲兵渡河攻坚垒,死伤必多,尚无把握,未便轻举。……伏祈饬催该

---

[1]《宣统政纪》卷六二。
[2]《中华民国史档案资料汇编》第一辑,第190页。
[3]《档案汇编》第78册,第84页。
[4]《袁世凯全集》第19卷,第33页。
[5]《袁世凯全集》第19卷,第35页。

两协迅即南下,早图规复"。[1]

袁世凯为何一改几天前的乐观态度呢?

抵达前线后他发现,尽管已经占据汉口,但清军仍存不少困难:一是兵力不足,"前敌万余人,伏守江岸,延绵二十余里,与匪持隔江河,进退两难,疲劳已甚",[2]而"迭催第二军速来接应,迄未到防"[3];二是民军占据有利地形安设炮位,利用汉阳兵工厂生产的枪炮袭扰清军,"匪据形胜,枪炮星布,非增兵不足言进攻,非露宿风日,势难持久,而对岸枪炮,不时狙击,颇难立足",[4]"武昌距汉口江面,不过四里,蛇凤青等山,设炮对轰。汉口地居洼下,士卒守岸,两面受敌,日有伤亡,且日夜防守,兵力颇难支持"。[5]为此,袁世凯的结论是:"现就此疲兵,颇难兼顾攻守"。[6]

袁世凯的徘徊与荫昌当初的"踊跃前进"形成鲜明对比,这也显示出袁氏用兵的谨慎。长期亲历戎行、执掌北洋,又曾在朝鲜率兵平乱的袁世凯毕竟要比荫昌更知晓"兵者,国之大事、死生之地"的特性。

而且,在袁世凯刚到湖北前线之时,全国各省中已有湖南、陕西、云南、贵州以及江西的九江、南昌宣告独立。[7]各省争相共和的事实,无疑逐渐消解着袁世凯进兵的信心。

此时袁世凯内心的纠结,还体现在对民军究竟应劝降还是进攻上。

听到武昌起义消息之初"余不能作革命党,余且不愿子孙作革命党"的表态,折射出袁世凯对革命党的排斥与仇视。彼时的他,恨不

---

[1]《袁世凯全集》第19卷,第35页。
[2]《袁世凯全集》第19卷,第35页。
[3]《中华民国史档案资料汇编》第一辑,第204页。
[4]《袁世凯全集》第19卷,第35页。
[5]《中华民国史档案资料汇编》第一辑,第204页。
[6]《袁世凯全集》第19卷,第35页。
[7]《辛亥首义史》,第489—502页。

得立即进攻，将武昌起义即刻扑灭。但最初的激动平静后，身为湖广总督的他不得不思考平乱的实际问题。自古平乱，不外乎剿抚两道。与给荫昌的谕旨相比，清廷给袁世凯下旨时，态度其实已有细微的变化：八月二十一日给荫昌下旨要求是"剿办"，而对袁世凯，则是要求剿抚兼施，"湖广总督着袁世凯补授，并督办剿抚事宜"。[1]也因此，清廷加给袁世凯头衔的全称是"钦差大臣太子太保节制赴援水陆各军督办剿抚事宜湖广总督"。

袁世凯自己在答应清廷出山、准备南下武汉的同时，也着手准备对湖北民军以及黎元洪实行剿抚并施之策——奏调王士珍、段芝贵、倪嗣冲等，自是为了用兵；而奏调黄开文、蔡廷干、刘承恩，则是为了劝降。

八月二十八日，袁世凯亲自去函，诚邀时为铁路总办的黄开文来彰德，"鄂变猝兴，猥承恩命。责任重大，惧不克胜。……台从如可贲临，面谈一是，尤所翘盼"。[2]

翻检袁世凯档案可知，在朝廷任命公布至出山之前，袁世凯曾拒绝过诸如前直隶布政使王廉、总兵徐邦杰等的毛遂自荐。此期间袁氏出面邀请前来彰德面谈的，仅冯国璋、王士珍以及黄开文等寥寥数人。

冯国璋大家已熟知，王士珍为袁世凯旧部、前江北提督，被称为"北洋之龙"。那这个黄开文究竟有何特殊之处呢？

黄开文，广东蕉岭人，小袁世凯七岁。少年时随父亲在汉口长大，后入福州船政学堂、天津北洋电报学堂学习。北洋电报学堂的毕业鉴定称"该生英文极好，所有往来交涉文件均能通晓"。[3]光绪二十八年至二十九年（1902—1903）间，黄开文出任北京电报局、电话局总办，为督办电政大臣袁世凯的下属，得以与袁相熟。载沣上

---

[1]《宣统政纪》卷六一。
[2]《袁世凯全集》第19卷，第15页。
[3]《北洋总统府大礼官》，第8页。

台,袁世凯被迫赋闲洹上,此时黄开文正兼任光绪葬所崇陵的监修。崇陵位于河北易县,当时,黄开文的家安在河南修武县。两头兼顾的黄开文,每当路过洹上时,都会去拜谒袁世凯。逢年过节,还把河南清化(今博爱县)的名产清化春笋,或路上各站所产的食品带给袁世凯。袁世凯对黄开文很客气,"公亦必具书答谢"。[1]黄的长女黄玉凤也常去袁府拜谒,和袁世凯的太太颇为投缘。

袁世凯此番调用黄开文——于公,是要熟悉汉口、通晓英文的黄开文办理汉口对外交涉事宜,并寻求和湖北民军接触的机会;于私,也不无感激黄开文多年孝敬之意。他还很细心地致函邮传大臣盛宣怀,要盛为黄暂留"道清铁路总办"职位,黄到汉口后,袁世凯即让其署理湖北黄德道兼江汉关(即汉口海关)监督。[2]

九月初一日,袁世凯以汉口为租界所在地、洋人聚集,需有人同汉口外国人打交道为由,上折奏调黄开文、蔡廷干、刘承恩入幕。[3]虽未曾查到袁调用刘承恩的具体日期,但九月初二日,清廷即下旨同意袁世凯调用蔡、黄、刘随营差遣。由此推测,三人应是同时被袁世凯奏调的。[4]

蔡廷干为广东中山人,有着颇为传奇的身世。同治十二年(1873),十二岁的他作为第二批幼童赴美留学。因国内守旧派反对,在美国学了八年之后,所有赴美幼童悉数被召回。蔡回国后入大沽水雷学堂学习,毕业后入北洋水师,官至福龙号鱼雷艇管带(武职正四品),与小其三岁、也在北洋水师的五品顶戴、二管轮黎元洪为同僚。蔡参加过中法战争、甲午海战。在甲午海战中虽英勇作战但受伤被俘、囚于大阪。《马关条约》签订后,所有被俘遣返官兵均受革职

---

[1]《北洋总统府大礼官》,第59页。
[2]《北洋总统府大礼官》,第63页。
[3]《清政府镇压武昌起义电文一组》,《历史档案》,1981年第3期。
[4] 有说法称,刘承恩宣统三年八月二十四日刚从湖北回到家里,二十八日即被袁世凯召到河南彰德,委以办理南下招抚事宜。见《辛亥首义史》,第516页。

遣散处分。直至袁世凯继任北洋大臣后，经其保奏才慢慢恢复官职，充任了新军（小站练兵）的骨干。英文流利的蔡廷干经唐绍仪推荐，为袁收入幕府，日见重用。湖北襄阳人刘承恩早年毕业于北洋武备学堂，后投至袁世凯幕府，随袁赴天津小站编练新军，光绪二十六年（1900）调任湖北武建左旗第一营管带，后留驻广西十余年，既是袁世凯的心腹又是黎元洪的旧交。袁世凯重新调二人入幕，显然是为了做黎元洪的工作。

九月初九日袁世凯离开彰德当天，清廷发布罪己诏、开党禁、不再以亲贵充国务大臣等四道谕旨，以安抚人心、招抚民军。收到谕旨后，袁世凯立即令前线部队停止前进，由刘承恩等设法将书信和谕旨转交黎元洪，企图劝降。

九月十四日，袁世凯南下至滠口，再次与萨镇冰、冯国璋及各统将详细筹商，正式提出了先劝降再攻打汉阳的进兵方略：

> 然照此防守，兵力日疲，久恐生险。现拟就此兵力，谋攻汉阳，而顾此失彼，亦多涉险。两险并计，宜从其轻。反复筹思，策难万全。已饬令统将赶备粮弹，探查路径，并密授进攻方略。如黎逆数日后仍无降服确情，拟即督饬进取汉阳。若复此处，汉口自固。[1]

面对劝降，黎元洪迟迟没有回复，此时他显然并无就抚之意。因此，袁世凯于九月十八日向内阁发狠说："议抚数日，尚无确复，非痛剿不可。无论朝廷如何，世凯决不奉停战之诏。"[2] 后收到黎元洪的回信，正在回京途中的他则幡然转向，于九月二十二日告知资政院因黎元洪有求抚之意，故已暂时停战，"黎元洪关于议和之第三次文牍，含有和平解决之意。……倘和议成立，则可望大局之转换。故暂行停

---

[1]《中华民国史档案资料汇编》第一辑，第204—205页。
[2]《袁世凯全集》第19卷，第45页。

战,以便和平了结"。[1]

除攻与守的徘徊、和与战的踌躇之外,还有受与辞的犹豫。

九月十一日,清廷下旨任命袁世凯为内阁总理大臣。袁世凯例行公事地"电奏力辞"[2]后,很快于十三日电告内阁:"俟段祺瑞等抵鄂后,即行赶程晋京,勉力组织完全内阁。"[3]与此同时,奏调唐绍仪、梁鼎芬、伍廷芳、梁敦彦、瞿鸿玑等进京襄理。此时的袁世凯,已经接受了内阁总理大臣一职。

尽管内心可能已经迫不及待,但直到九天之后的九月二十二日,袁世凯才北上晋京。

为何要拖这么长的时间？

主要是因为武昌起义改变了清廷若干施政方式。武昌起义爆发、各省争相共和的事实,直接引发第二十镇统制张绍曾联合第二混成协协统蓝天蔚等于九月初八日发动兵谏,要求年内召开国会、实行君主立宪,并迫使清廷于九月十三日颁布和实施具有君主立宪性质的《宪法重大信条十九条》(简称"十九信条")——其中第八条规定：内阁总理大臣由国会公举、皇帝任命。也就是说,袁世凯要想出任内阁总理大臣一职,从程序上,须经资政院推选后再由清帝任命,而不能像之前由清帝直接任命即可。

九月十七日,醒悟过来的袁世凯赶忙提醒内阁,"新颁重大信条第八条,总理大臣系属公举,而世凯以钦简忝颜赴任,是信条已全失信用,益难昭信于全国"。[4]并于同日致电资政院："若认组织内阁之命,公等所拟之信条即首先失其信用。"[5]于是,资政院于九月十八日开会进行投票表决。当日资政院与会议员仅有八十七人,袁世凯获

---

[1]《袁世凯全集》第19卷,第47页。
[2]《袁世凯全集》第19卷,第37页。
[3]《袁世凯全集》第19卷,第37页。
[4]《袁世凯全集》第19卷,第43页。
[5]《袁世凯全集》第19卷,第44页。

七十八票的支持,得以当选总理。随后,经资政院总裁李家驹等奏报,清廷再次下旨任命袁世凯为内阁总理大臣。[1]这一"乌龙事件"表明,新鲜出炉的"十九信条"显然让清廷不太适应,不少官员对于此背景下清室和政府该如何运作尚不甚明了,时为署湖广总督、第一军总统的段祺瑞就曾感慨:"现在为官,不可不明十九信条也。"[2]

概而言之,从九月初九日离开彰德南下,到九月二十二日北上,袁世凯一直处于徘徊、踌躇与犹豫之中。在患得患失、左右为难之间,他除了催第二军南下、为部队筹措"军帽一万顶,皮鞋一万双,裹腿一万付,棉衣、裤五千套……布靴、鞋各二万双"[3]外,并未发动大规模战事。

掌管全国军权和禁卫军调度

九月二十三日,袁世凯抵京。从此至十二月二十五日,他和隆裕太后、载沣之间,就一直上演着或明或暗的博弈。

抵京次日,在等候召见前和各王公大臣交谈时,袁世凯还放低姿态,表现得十分谦虚,"此次朝廷起用世凯,实系破格之隆恩。然世凯孱弱之躯,恐难膺此重寄。……仍望诸大臣之匡扶,俾挽危机,以臻于平和"。[4]

被清帝任命为内阁总理大臣之初,袁世凯曾"电奏力辞"——显然,这只是例行文章。抵京之际,他表现出对内阁总理大臣一职"淡然"的态度,"此次晋京,原专为消弭各省乱事起见,并无希望总理大臣之任"。[5]

---

[1] 袁世凯的对手中,岑春煊得两票,黄兴得两票,王人文得两票,那彦图得一票,锡良得一票,梁启超得一票。见《资政院第八次会议记事》,《盛京时报》1911年11月8日。
[2] 《梅楞章京笔记》,第337—338页。
[3] 《袁世凯全集》第19卷,第44页。
[4] 《袁世凯全集》第19卷,第49页。
[5] 《袁世凯全集》第19卷,第69页。

但很快，袁世凯就开始了弄权之路。

本来按照宣统三年四月制定的《内阁官制》，内阁并不过问军国大事。《内阁官制》第十四条规定："关系军机军令事件，除特旨交阁议外，由陆军大臣、海军大臣自行具奏。承旨办理后，报告于内阁总理大臣。"[1]也就是说，军事问题由陆军部、海军部直接向载沣及皇帝奏报，而不必经内阁同意，只要事后通报内阁总理大臣即可。《内阁办事暂行章程》说得更清楚："按照《内阁官制》第十四条，由陆军大臣、海军大臣自行具奏事件，应由该衙门自行具折呈递，毋庸送交内阁。"[2]这明显将内阁总理大臣排除在军国大事之外。不仅如此，宣统三年四月初十日，在责任内阁成立当天，载沣又宣布军咨处升格为军咨府，任命载涛和毓朗为军咨大臣，将掌管全国军事的军咨府置于同责任内阁对等的地位，彼此制约。

袁世凯出任内阁总理大臣后，一反奕劻内阁的做法，逐步加强了对全国军权的掌控。袁氏对军权的控制，可分为控制湖北前线军队、控制近畿兵力、控制禁卫军和控制全国兵力四步。

九月初六日，在下旨调荫昌回京的同时，清廷授袁世凯为钦差大臣，赋予其节制派援水陆各军的权力：

> 湖广总督袁世凯授为钦差大臣，所有赴援之海陆各军并长江水师暨此次派出各项军队，均归该大臣节制调遣，其应会同邻省督抚者，随时会同筹办。凡关于该省剿抚事宜，由袁世凯相机因应，妥速办理。军情瞬息万变，此次湖北军务，军咨府、陆军部不为遥制，以一事权而期迅奏成功。[3]

此前，部队调动主要由远在北京的军咨府遥控。比如，根据《陆军部派兵赴鄂抗拒革命军阵中日记》记载，八月二十四日，军咨府就

---

[1]《宣统政纪》卷五二。
[2]《宣统政纪》卷五二。
[3]《上谕档》，宣统三年九月初六日。

第四章　袁氏出山 ｜ 209

曾下令，命清军在滠河北岸方面集中，命混成第三协乘火车向大智门刘家庙一带前进。[1]如今，这一权力让渡给了袁世凯。

此外，清廷还准许袁世凯随时撤换不得力的将弁，甚至赋予其对统制以下官兵生杀予夺的权力：

> 袁世凯现已授为钦差大臣……有不得力将弁，准其随时撤换。统制以下，如有煽惑观望及不遵命令、退缩不前者，即按军法从事，不得优容迁就，以肃军纪而励戎行。[2]

要知道，按清制，承平时期，守备（武职正五品）军衔以上官兵的处分，须由督抚奏明朝廷后才能实施。显然，袁世凯获得了比荫昌更大的权力。

袁世凯进京后，掌管湖北前线第一军的，先后为冯国璋、段祺瑞，均属其心腹。九月十一日，清廷又特意下旨，继续由袁世凯节制湖北一带的军队，"袁世凯现授内阁总理大臣，所有派赴湖北陆海各军及长江水师，仍归袁世凯节制调遣"。[3]因此可以说，袁世凯对湖北前线军队的控制"悉仍其旧"。

九月二十三日，袁世凯刚刚抵京候任内阁总理大臣，清廷就赋予其节制近畿部队的大权，"现在军事未定，所有近畿各镇及各路军队并姜桂题所部军队，均着归袁世凯节制调遣，随时会商军咨大臣办理"。[4]

这道谕旨，可以说是载沣给袁世凯的见面礼——姜桂题时为直隶提督，小站练兵时就跟随袁世凯，本来就会听袁的指挥。虽说调遣时还需要和军咨大臣会商，但此时任军咨大臣之一的徐世昌，不仅在小站练兵时就与袁搭档，而且还与袁义结金兰。据此，袁世凯名正言顺地获得了京城周边部队的指挥大权，清廷的安全可以说已

---

[1]《档案汇编》第79册，第60页。
[2]《宣统政纪》卷六二。
[3]《上谕档》，宣统三年九月十一日。
[4]《上谕档》，宣统三年九月二十三日。

被袁世凯掌控。

十月初七日，军咨大臣载涛又奏请：

> 第三军内之第一镇营队，除步队四营、马队一营驻紫禁城，未便抽调外，其余各营，请改由袁世凯任便调遣，并请将第三军名目撤销。[1]

清廷同意了载涛所请——至此，湖北一带、直隶一带的部队，除禁卫军之外，均归袁世凯节制。

禁卫军直接负责保护皇帝的安全，是清室安全的最后一道屏障，本来只有摄政王载沣才能调动，而这，最终也为袁世凯所渗透。禁卫军原为两协人马，一直由载沣的弟弟载涛负责并编练成军。七月二十五日载沣检阅时，对"精神振奋、动作如法"的禁卫军十分满意，"专司训练禁卫军大臣、郡王衔贝勒载涛着加恩赏穿黄马褂"。[2] 八月二十三日，清廷欲将禁卫军暨陆军第一镇编为第三军时，督率者依然是载涛。

袁世凯进京后，通过"掺沙子"等手段，慢慢架空载涛督率禁卫军的权力：先是在十月十二日奏请由徐世昌出任专司训练禁卫军大臣。十月十六日载沣不再摄政。第二天，清廷即下旨将原来由载沣管辖调遣的禁卫军改由专司训练禁卫军大臣负责训练，"其向归监国摄政王管辖调遣之禁卫军，着专司训练大臣督饬认真训练"。[3]

客观而言，这份谕旨仅列明了禁卫军的训练问题，而没有规定由谁调动。仅仅过了两天，十月十九日袁世凯又奏请对禁卫军做人事变动，将载涛踢开并调冯国璋进京担任禁卫军总统，具体掌管禁卫军：

> 着派冯国璋充禁卫军总统官，所有原设之训练处着即改为军司令处，贝勒载涛等务须妥为交代再行离任。嗣后即责成该总

---

[1]《上谕档》，宣统三年十月初七日。
[2]《宣统政纪》卷五十九。
[3]《上谕档》，宣统三年十月十七日。

统官认真训练，随时妥拟扩充办法，候旨遵行。[1]

这份谕旨颇有些不同寻常之处——设立总统官，意味着只有两协的禁卫军升格为军级单位。载涛本是专司训练禁卫军大臣，总统官只负责禁卫军训练的具体事务，二者并不妨碍，如今在任命下一级的总统官冯国璋时，却把上一级的载涛给免了。

不止于此，之前身在湖北前线的冯国璋，挟收复汉口、汉阳之威，坚持要攻打武昌、完全收复武汉，没有领会袁世凯"养敌"以"逼宫"的意图。如今，将冯国璋调离前线，第一军划归段祺瑞指挥，可免打乱袁的部署；另一方面，冯国璋曾负责陆军贵胄学堂，该学堂主要面对满族贵胄子弟，冯也因此得以同清皇室宗亲颇为熟稔，由其掌管禁卫军大权，清室自然放心。袁世凯这一步，既可打消清室顾虑、掌控清室，又妥善安置了冯国璋，还保证自己与南方议和的战略得以实施，可谓一石三鸟，相当高明。

至于对全国武装力量的控制，袁世凯则通过渗透军咨府、把持陆军部和海军部来实现。宣统三年时，军咨大臣有载涛，以及宗室毓朗、陆军大臣荫昌（兼）。九月二十一日，清廷下旨，免去毓朗军咨大臣之职，改授袁世凯心腹徐世昌，"大学士徐世昌着授为军咨大臣，毓朗着开去军咨大臣差使"。[2]

至于本属皇帝的全国陆海军统率大权，原来"暂由监国摄政王代理"。[3] 载沣退居藩邸后，鉴于皇帝溥仪年龄尚小、隆裕太后一介女流，因此不得不规定"所有陆海各军，暂责成现行专司诸大臣督率管理"。所谓的专司大臣，即陆军大臣和海军大臣。此时的陆军大臣为王士珍，署海军大臣为谭学衡。王士珍小站练兵时即跟随袁世凯，谭学衡虽为铁良所识拔，但看到清廷大势已去后开始投靠袁世凯，且资

---

[1]《上谕档》，宣统三年十月十九日。

[2]《上谕档》，宣统三年九月二十一日。

[3]《上谕档》，宣统三年十月十七日。

历等尚不足以驾驭全国海军力量,只有唯袁世凯马首是瞻。可以说,全国陆海军的最高统帅虽名义上仍为皇帝溥仪,但军队的实际控制权,此时已在袁世凯手中。

淡化皇室对内阁的影响

光绪三十三年八月十三日(1907年9月20日)设立的资政院是晚清政府与立宪派妥协的产物,也是中国第一个具有议会色彩的全国性议事机构,在国会未组成之前代行国会职权。宣统三年九月十三日(1911年11月3日)颁布的《宪法重大信条十九条》,则确立了议会制内阁的雏形,其中诸如"总理大臣由国会公举,皇帝任命"等规定,强化了资政院的权力。袁世凯深知协调好与资政院关系的重要性——九月二十四日抵京第二天,被摄政王载沣召见完毕后,他就会见了资政院总裁李家驹,承认自己对于"十九信条"下内阁总理大臣的地位和作用尚不明了,也不知资政院和自己的政见是否一致,并表示上任之前必须搞清楚这两个问题,"非讨论明白,不能担此重任"[1]——否则,只有辞职。

汪荣宝时为资政院议员,九月二十三日,正在天津的他接到电话,让其迅速回京参加资政院会议——资政院此次会议,就是商量在"十九信条"前提下如何平衡与袁世凯及其内阁的关系:"袁相已到,本院应与接洽一切,故今日特开谈话会计议对待袁相之法。"[2]

袁世凯"辞职",无非是以退为进,目的在于与资政院厘清内阁总理大臣的权力边界。既处厘清阶段,意味着资政院和袁世凯之间有着彼此协商的余地和互相退让的空间,但资政院从一开始就倾向于妥协——会议的结果,不是袁世凯前来咨询,而是公举汪荣宝等四人于九月二十四日晚前往袁世凯私宅锡拉胡同寓所,为袁世凯

---

[1]《汪荣宝日记》,第316页。
[2]《汪荣宝日记》,第316页。

解疑释惑：

> 晚饭后……诣锡拉胡同谒袁。袁首述主张君主立宪之宗旨及理由，次述对于信条上种种之疑问，次言对内对外各种困难情形，末言辞职之意。余等一一为之解释，并劝其当以天下为己任，不可固辞。袁允再商。[1]

九月二十五日，汪荣宝等向资政院通报与袁世凯晤谈的情况。本来议员代表提出了不少协商条件，"以总理既经就任，所有本院应与接洽办理之事甚多，因各抒所见，提出各项条件，预备协商"。[2]但汪荣宝等再次妥协了，第二天自行撤销部分容易引发疑问的条件，"开议员谈话会，将协商条件逐一讨论，颇有争辩，余等虑生意见，乃将条件内易生疑问者自行撤销"。[3]此后，由于议员纷纷逃离京师，资政院达不到法定开会人数，十月后就基本处于休会状态，对袁世凯和内阁的监督自然也就无从谈起。

在资政院妥协的同时，袁世凯则强化了内阁的独立性，淡化了皇室对内阁的影响。

宣统三年四月官制改革，设立责任内阁，"所有旧设之内阁、军机处、会议政务处着即一并裁撤"。[4]

责任内阁成立之初，曾有将官署设在紫禁城外马神庙京师大学堂旧址（今北大红楼至沙滩后街一带）的想法。五月二十二日，那桐、徐世昌两位内阁协理大臣曾到此考察——那桐当日日记就有"约同菊相到大学堂看视房间，拟改作内阁之用"[5]的记载。宣统三年为多事之秋，这一设想未能付诸实施，最后只能暂寓协和门外文华殿南、今

---

[1]《汪荣宝日记》，第316页。

[2]《汪荣宝日记》，第316页。

[3]《汪荣宝日记》，第316—317页。

[4]《醇亲王载沣日记》，第399页。

[5]《那桐日记》下册，第692页。徐世昌当天日记里也有"同琴相到大学堂查看房舍"的记载，见《徐世昌日记》，第59页。

东华门附近的内阁大堂办公。

袁世凯组阁第二天，即筹划将内阁搬出紫禁城。内阁承宣厅行走许宝蘅，后曾出任袁世凯总统府秘书，得以近距离观察袁世凯。其九月二十七日日记中记载："四时到法制院，因项城意欲将法制院屋改为总理大臣公所，将来拟于此处办事。"[1]

法制院办公地点在东安门（今北京东城区南、北河沿大街东侧与东华门大街交会处）外，十月初三日起，内阁搬至此办公，法制院办公地点则迁往北池子。许宝蘅十月初二日日记中说："自明日起改在内阁公署办事，即以法制院改为公署，法制院迁于北池子。"[2]这意味着内阁办公地点由紫禁城内搬到了紫禁城外。

十月份，内阁公署再度搬家——由东安门搬到石大人胡同。与此同时，袁世凯官邸也从锡拉胡同私宅搬入石大人胡同——离紫禁城越来越远。

石大人胡同，即今北京东城区外交部街，光绪三十四年为迎接德国王储访华，在此专门修了迎宾馆。不过德国王储最终并未来华，进京后的袁世凯成了这座新宅院的主人，内阁公署也设置于此。宣统三年十一月二十八日袁世凯退朝遭遇炸弹袭击后，一直请假未再上朝，即居于此。十二月二十五日，袁世凯就在此接受隆裕太后颁下的退位诏书。1912年3月10日，他也是在这里就任的中华民国第二任临时大总统。

袁世凯为何要将内阁公署搬出紫禁城呢？原来，以前的内阁总理大臣是由皇帝直接任命的，《宪法重大信条十九条》规定内阁总理由资政院选举、皇帝任命。如此一来，袁世凯成了资政院选出的内阁总理大臣。将办公场所搬出皇宫，无疑有淡化内阁的皇室色彩、彰显内阁独立性之意。

---

[1]《许宝蘅日记》第1册，第377页。
[2]《许宝蘅日记》第1册，第377页。

停止大臣"入对奏事"

与将内阁公署搬出紫禁城几乎同步的,是停止皇帝召见大臣、停止大臣"入对奏事",强化内阁权力。

十月初二日,袁世凯奏请暂行停止"入对奏事":

> 现在完全内阁业经组织……所有与立宪制度抵触事项,拟请暂行一律停止……除照内阁官制召见国务大臣外,其余召见官员均暂停止……除照内阁官制得由内阁国务大臣具奏外,其余各衙门应奏事件均暂停止,所有从前应行请旨事件均咨行内阁核办……各部例行及属于大臣专行事件毋须上奏,其值日办法应暂停止……向由奏事处传旨事件均暂停止。内外折照题本旧例,均递至内阁,由内阁拟旨进呈,再请钤章。[1]

一个月之后的十一月初一日停止"入对奏事"正式实施:

> 除业经规定奏事各衙门外,嗣后凡向应奏事人员关于国务有所陈述者,均呈由内阁覆办,一切封奏概行停止。[2]

不仅如此,袁还威胁说,再有违反者,将由内阁总理大臣按照英国君主立宪制度的规定加以弹劾。

袁世凯这一新规和原来相比有哪些变化?

首先是官员面见皇帝奏事方面的变化。宣统三年四月内阁成立时颁布的《内阁办事暂行章程》规定,皇帝除了可召见内阁总理大臣、协理大臣外,还能召见各部大臣及各省督抚、将军等,只是要由内阁总理和协理大臣带领:

> 各部大臣仍得请旨自行入对……内外新官制未经一律施行以前,按照向例,得蒙召见人员于国务有所陈述者,由内阁总理大臣或协理大臣带领入对……凡例应奏事人员,及言官奏劾国务

---

[1]《袁世凯全集》第19卷,第66页。
[2]《上谕档》,宣统三年十一月初一日。

大臣，仍得自行专折入奏。[1]

至于像御前大臣、领侍卫内大臣、军咨处、海军司令部、内务府各大臣，以及各省督抚、将军等，皇帝均可召见。

而袁世凯新规要求"除照内阁官制召见国务大臣外，其余召见官员均暂停止"。也就是说，只有内阁总理大臣和国务大臣才能当面向皇帝奏事——其他的像各省督抚、将军等，都不能随便见皇帝。[2]

其次是官员上折奏事方面的变化。原来御史、各部大臣、各省督抚和将军等都可以直接向皇帝上折奏事，只是上折后需抄送内阁。如今，袁世凯规定，除皇室事务外，只有国务大臣才能给皇帝上折奏事，"其余各衙门应奏事件均暂停止"。

不能直接奏报皇帝，各衙门事务则一律向内阁请示办理，非上折不可的，由内阁代递。其他官员，包括各省督抚和将军要上折，哪怕事关国务，也都需递送内阁处理，"嗣后凡向应奏事人员关于国务有所陈述者，均呈由内阁核办，一切封奏概行停止"。[3]

第三是官员值班方面的变化。原来的《内阁办事暂行章程》规定，"内阁总理大臣、协理大臣每日入对，各部大臣分班值日"。[4] 如今，袁世凯改为"总理大臣不必每日入对，遇有事件，奉召入对，并得随时自请入对"，[5] 同时取消各部轮流值班的做法。

第四是官员引见方面的变化。《内阁办事暂行章程》的规定是，"各衙门带领引见，暂仍照旧办理"。所谓"照旧"，就是京外道台、知府一级官员的升转迁调，经内阁考核合格后，上任前须觐见皇帝；通判、同知一级官员的分发，也需皇帝首肯。十一月初五日，袁世凯

---

[1]《博弈与妥协——晚清预备立宪评论》，第552页。
[2] 主管皇室事务的总管内务府大臣除外，但"具奏后，仍即时知照内阁，但所奏以不涉及国务为限"，见《袁世凯全集》第19卷，第66页。
[3]《袁世凯全集》第19卷，第176页。
[4]《博弈与妥协——晚清预备立宪评论》，第552页。
[5]《袁世凯全集》第19卷，第66页。

提出这些官员经内阁考核合格后即可上任,无须再引见,"嗣后凡照例各项分发人员经臣阁考验堪以分发者,即准其发往,无庸引见验放,以符新章"。[1]

内阁公署迁出紫禁城、停止皇帝召见国务大臣之外的官员、停止大臣入对奏事,带来清廷权力中枢决策程序的重大变化。

此前,一直由摄政王载沣代表宣统皇帝处理政务。光绪三十四年十一月二十一日(1908年12月14日),摄政王载沣首次当政。有关程序,许宝蘅在当天的日记中如此记述:

> 今日摄政王在养心殿办事,召见军机如前制。按养心殿为先皇帝平日居处之所,由内右门入,街西为遵义门(与月华门相对),门内为养心门,中为养心殿。余随堂官入遵义门,门下南向小屋奏事处宫监所居,堂官于此听起,见起后缮旨上述,如旧制。[2]

按此可知,当时军国大事均由摄政王裁决。但是,时隔三年,情况彻底改变了。

宣统三年十月初三日,袁世凯内阁公署在东安门原法制院办公的第一天,许宝蘅在当天的日记中写道:

> 六时二刻黎明到公署,七时总理至,办事,拟旨三道,九时偕顺臣送进呈事件匣入乾清门,交内奏事处呈监国钤章发下,领回公署,分别发交。午饭后一时与阁丞、厅长同阅各折件,拟旨记档,至四时半方毕,五时晚饭,散归。[3]

对此,马忠文在《从清帝退位到洪宪帝制——〈许宝蘅日记〉中的袁世凯》一文中如此评论:"这天袁世凯到了总理公所办公。先由他拟旨,由许宝蘅等人入乾清门交内奏事处,呈载沣钤印,领回公

---

[1]《袁世凯全集》第19卷,第198页。
[2]《许宝蘅日记》第1册,第226页。
[3]《许宝蘅日记》第1册,第378—379页。

署,分别发交。摄政王只是履行钤印的程序。"[1]

客观而言,《宪法重大信条十九条》对责任内阁制的理解有错误之处,所确立的议会制内阁和英国的议会制内阁尚有差距。比如第九条"总理大臣受国会弹劾时,非国会解散,即内阁辞职",只是强调内阁总理个人对于国会的责任,而不强调内阁对国会负责。综观全文,并没有关于国务大臣副署的规定,这并不符合内阁制的精神。[2]但弱化君权、行政大权收归内阁是明白无误的。如此一来,夹在皇帝与内阁之间的监国摄政王载沣,就变得十分尴尬,他既非皇帝,内阁相关决议无须其签署;行政权等也已归内阁,监国、摄政便无从谈起,最终只能辞职、退归藩邸。

袁世凯的改革也要求各级官员重新适应。十月初二日,时为民政部左参议的汪荣宝奉旨补授民政部左丞,由正四品越过从三品升为正三品,可谓超擢。欣喜之余,汪荣宝不禁有些疑惑:内阁已要求停止入对奏事,那是否还要上谢恩折呢?为此,他还专门去法制院询问。询问的结果是,"谢恩折照旧呈进,惟毋庸递膳牌"。[3]所谓"膳牌",是指文武人员入觐,排定日期后须先递进内廷的"名片"——"膳牌以极薄木片为之,涂以白油粉,阔一寸,长不及尺,其上寸许绿色,中间书某官某人",因"牌至御前,在用膳之顷,故曰膳牌"。[4]皇帝看到膳牌后,将当日准备召见官员的名牌留下,奏事处便传知觐见,并依次宣召而入。如今,既然皇帝不能随便召见臣工,膳牌自然也派不上用场了。

如何看待袁世凯促成的这些变革?

无论是奏折言事制度还是召见臣工制度,都是内廷连接外朝的渠

---

[1] 马忠文:《从清帝退位到洪宪帝制——〈许宝蘅日记〉中的袁世凯》,《北京师范大学学报·社会科学版》,2012年第2期。
[2]《博弈与妥协——晚清预备立宪评论》,第496页。
[3]《汪荣宝日记》,第319页。
[4]《中国政治制度通史》(清代),第67页。

道,让深居大内的皇帝借以加强与臣工的联系,了解民情,听取各方意见,以便于决策。康熙在谈到明朝皇帝长期不理政事、不与朝臣见面议事时曾说:"彼时人主不出听政,大臣官员俱畏太监。"[1]在他看来,皇帝既不熟悉周围的大臣,也不了解外界的世道,造成了明末宦官弄权、政务敝败。嘉庆曾亲自撰文,阐述皇帝每日听政、召见官员的优越性,"我朝家法,无一日不听政临轩,中外臣工内殿进见,君臣无间隔暌违,上下交泰,民隐周知"。[2]

广义的引见,可以分为陛见和引见两种。陛见指凡外任的省级官员,如总督、巡抚、布政使、按察使,以及武职的将军、都统、提督、总兵等,每当升转迁调或任职至一定期限,均得奏请陛见,目的是向皇帝述职请训。清代陛辞请训的做法,从顺治年间便已开始。至于引见,也叫觐见,也始于顺治年间,指中下级官员在出任新职前,得按例觐见皇帝,以取得其首肯。这些举措,反映了统治者对用人权的重视,也是清帝控制各级官员的重要手段。

从这个角度说,袁世凯的这些变革,无疑切断了皇帝的耳目,使得皇帝变成了聋子、哑巴,只能听到、看到内阁筛选过的信息。如此,严重削弱了皇权,大大增强了内阁的权威。而内阁,则在袁世凯的掌控之下。本来《宪法重大信条十九条》就已将大部分君权转移至资政院,以致被御史欧家廉评为"资政院以十九信条削尽君权"。[3]如今,袁世凯的这一举动更是要让皇帝与外界隔绝。难怪十一月初一日,欧家廉在奏折中说此举将使得皇帝实权尽失:

> 停止奏事入对、撤销直日,人心愈疑,以为实权既去,空文亦亡,朝廷自此替矣……徒使我皇上以一孺子,茕然独处于内,诸臣累然屏迹于外,内外隔绝、上下不通,宁知复取我君父

---

[1]《中国政治制度通史》(清代),第65页。
[2]《中国政治制度通史》(清代),第65—66页。
[3]《宣统政纪》卷六七。

置于何地？[1]

尽管如此，在当时实行君主立宪制和责任内阁制的国家中，无论英国、德国还是日本，都规定阁臣以外不得上奏，以免影响内阁威严，正如袁世凯在奏折中所说，"诚以立宪之国，以总理大臣担负责任，凡定政治之方针、保持行政之统一者，皆责成于内阁。如在廷上奏之件规定未严，恐致议论纷呶，贻误大计"。[2] 从这个角度看，这些都是君主立宪制度的题中之义，袁世凯所做的，只是在某种程度上推行真正的责任内阁，并不为过。

只是，袁世凯就任中华民国大总统后，或限制国务总理唐绍仪，或暗杀即将参与组阁的国民党党首宋教仁，使得民国责任内阁有名无实。这些让我们明白，尽管在光绪年间推行新政之际，袁世凯曾提出废科举、办新式学堂，曾吁请预备立宪、成立责任内阁等，也曾喊出"官可不做，法不可不改""当以死力相争"[3]等口号，俨然立宪"急进派"，但其本人并未真正认同君主立宪制和责任内阁制，只不过将之用作投机夺权的工具罢了。

---

[1]《宣统政纪》卷六七。
[2]《袁世凯全集》第19卷，第176页。
[3]《辛亥革命前后》，第28—29页。

第五章 —— 南北议和

从十月十三日第一次停战开始，尽管清廷和民军在各地时有冲突，但双方大规模的战斗基本结束。这种状态持续到十二月二十五日清帝退位。在长达两个多月的时间里，南北双方进入停战议和阶段：孙中山、袁世凯、伍廷芳、唐绍仪等纷纷登场，试图在谈判桌上找到既能和平解决清廷统治危机又能满足革命党人政治愿景的途径。

和谈伊始，清廷还以招抚民军为旨圭；和谈最后，却是清帝的退位。谈判之初，袁世凯还是清廷的议和全权大臣；谈判最后，一变而成革命党人选举出的大总统。还有黎元洪对和谈的前倨后恭，孙中山的当选、失态与让位，袁世凯与汪精卫的密谋，为汪精卫、黎元洪和袁世凯三方居间调停者朱芾煌的被拘与险些被杀，清廷代表唐绍仪的"倒戈"等等。种种反转，构成了清朝最后120天中最波谲云诡也最色彩斑斓的一段。

一 袁方劝降，黎氏拒抚

八月二十八日，袁世凯调黄开文、蔡廷干、刘承恩入幕，主要目的就是着手准备与湖北民军以及黎元洪的接触。身为湖北人又与黎元洪有旧的刘承恩，作为"委派前敌招抚事宜、选用道"，[1]最早迈出劝降的实质性一步。

送书信，袁方试探

八月底、九月初，阳夏战争正在紧张进行，南北双方正互视对方为仇雠。刘承恩要想同湖北军政府取得联系，需先物色能为湖北军政府所信任之人。他想到了同乡，正在北京"争铁路民有的代表"、随州人张伯烈。

---

[1] 中国第二历史档案馆编：《中华民国史档案资料汇编》第二辑，江苏人民出版社1981年，第49页。

张伯烈，字亚农，早年留学日本。宣统二年，清廷准备借款修筑川粤汉铁路，张伯烈等被推举为湖北代表进京请愿，迫使清政府同意成立湖北商办铁路公司，"先君被推于庚戌年秋季达北都，哭诉于邮传部及某当道私邸绝食三日，事卒缓"。[1]宣统三年毕业回国后任河南提学使署顾问、代理提学使等。1913年当选第一届国会众议院议员，1922年曾担任众议院副议长。后因厌恶政治而辞官改做执业律师。1931年，文绣向天津地方法院提出与末代皇帝溥仪离婚，所聘请的辩护律师，即为张伯烈。官司轰动社会，张也因此名噪一时。

刘承恩向张伯烈透露了袁世凯愿与民军和谈的意图。之后，张伯烈南下，于九月初十日在湖北新沟被汉川民军司令梁钟汉截获。获悉张为湖北"争铁路民有的代表"后，梁钟汉请张伯烈到办公室促膝长谈。张伯烈告诉梁钟汉：

> 清廷已起用袁世凯，袁氏挟削职归里之怨，或有起而代之的打算。但能否与革命军真正合作，或出于利用一途，尚难揣测。据接近袁氏的刘承恩讲："袁氏可与革命军合作。拟即晋省，报告黎都督。目前战事不能长久，当有和议的转机。"[2]

张伯烈离开新沟到武昌后，如何转述刘承恩传递的信息，已不得其详，故张伯烈向梁钟汉介绍刘承恩"和议"使命的相关信息，是目前所知袁世凯向湖北民军方面放出的最早的和谈"试探气球"。[3]

与此同时，刘承恩还通过三井洋行的日本商人给湖北军政府送信。在给袁世凯和内阁的呈文中，刘承恩说：

> 九月内武昌通信难以觅人，遂邀请三井洋行之日本商人高

---

[1] 据张伯烈次子张实所撰《张亚农先生讣告暨哀启》（附像赞），1934年铅印。
[2] 中国人民政治协商会议湖北省委员会编：《辛亥首义回忆录》第二辑，湖北人民出版社1957年，第26—27页。
[3] 《辛亥首义史》，第516页。

木洁松、尾喜惣太等两人过江送信。第二次又过江粘贴上谕告示，旋被扣留，九日始行释放。[1]

十月二十一日，经内阁奏请，清廷决定优奖这两位日本商人，赏高木洁松、尾喜惣太二人各四等宝星。

宝星是晚清功勋制度之一种，共分五等，根据光绪七年正式颁布的《奖给洋员宝星章程》，外国商人一般是颁给第五等宝星勋章。此次袁世凯奏请授予两位日本商人四等宝星，属于破格奖赏。

通常认为，辛亥革命后清廷与民军和谈，是英国驻华公使朱尔典促成的。但显然，三井洋行的高木洁松、尾喜惣太这两位日本人，才是最早为南北双方和谈牵线搭桥的外国人士。

高木洁松和尾喜惣太不止一次过江，除了九日被释放的那一次外，至少在九月十二日还去过一次——九月十三日，袁世凯在给清廷的电报中证实了此事，"昨奉初九日恩旨四件，已令前敌暂停进。一面出示晓谕招抚，令鄂员作书，雇洋人往武昌向黎逆宣布圣德，劝解投顺"；[2] 九月十四日，他又告知清廷，"前日令营务处刘振（承）恩及张彪等，致函黎元洪，招其归顺，使洋人送往"。[3]

这表明，九月十二日那次带去的，除了相关谕旨内容和刘承恩的信外，还有湖北提督张彪写给黎元洪的信。

张彪给黎元洪的信已不可考。据相关档案，此番刘承恩给黎元洪的信，写于九月十一日，而且已是第三封。

在信中，刘承恩通报清廷下罪己诏、宣布实行立宪等政策的同时，也转达了袁世凯和平了结武汉兵争之意：

宋卿仁兄大人麾下：

叠寄两函，未邀示覆。不识可达签典否？顷奉项城宫保谕

---

[1]《中华民国史档案资料汇编》第二辑，第49页。
[2]《袁世凯全集》第19卷，第35页。
[3]《袁世凯全集》第19卷，第38页。

开,刻下朝廷有旨,一下罪己之诏,二实行立宪,三赦开党禁,四皇族不问国政等因。似此,则国政尚可有挽回振兴之期也。

遵即转达台端,务宜设法和平了结。早息一日兵事,地方百姓早安静一日。否则,势必兵连祸结,胜负未见,则不但荼毒生灵、靡费巨款,迫至日久息事,则我国已成不可收拾之国矣。况兵者汉人,受蹂躏者亦汉人,反正均我汉人吃苦也。[1]

"宋卿"为黎元洪的字,从此信中"叠寄两函"之语可知刘承恩之前曾给黎写过两封信,但黎元洪都没有回复。这也表明,袁世凯方面尝试与黎元洪的接触,是在九月十一日之前,侧面证实了此前通过张伯烈传递口讯、派日本商人过江送信之事。

刘承恩的第三封信,意在劝黎元洪等停战就抚,故不乏引诱之意——以袁世凯名义担保将重用黎元洪等人:

至诸公皆大才槃槃,不独不咎既往,尚可定必重用,相助办理朝政也。且项城之为人诚信,阁下亦必素所深知。此次更不致失信于诸公也。[2]

刘承恩此信,黎元洪回复了——这是黎元洪回复袁世凯方的第一封信。在信中,黎元洪首先表示湖北革命军起义并无称帝之心,只是为了百姓的福祉:

今日国民主义大昌,自谋幸福,为人道之当然。如有不明此义而必以强力相压者,即为民贼之尤。武汉义兵不过欲排除民贼,恢回四百兆众之自由幸福而已,初无帝制自为之心,此可质诸天地鬼神者也。[3]

与此同时,黎元洪等明确表达了不为富贵所利诱、拒绝就抚之意:

---

[1] 寿臣:《辛亥革命始末记》,《近代中国史料丛刊》第四十二辑,台北文海出版社1969年,第167页。
[2]《辛亥革命始末记》,第167—168页。
[3]《辛亥革命始末记》,第168页。

来书殷殷欲保全清朝帝统，讵清朝皇室生有两头四臂、特异于汉族，宜使永远不失其贵，高踞四百兆之上乎？至以富贵利达相饵，元洪与诸将士均不敢奉命。[1]

此前，很多史书认为黎元洪对刘承恩的三封信均未给予回复，这种看法显然是错误的。九月十一日的《国民公报》也刊载了这封《黎元洪覆函》，[2]可知确有其事。

黎元洪的复函，明显是不愿意与清廷和谈，但袁世凯在九月十四日给内阁的电报中却说黎元洪"称现开会议，一二日定局再告，语气尚恭顺"。[3]袁世凯此举，不知是善意的谎言还是有意的蒙骗。

见来使，劝袁覆清

九月十七日，刘承恩派侦探王洪胜渡江到武昌面见黎元洪说和。由此，袁世凯方获得了与黎方面商的机会。此前九月初七日，清军刚刚攻占汉口，因此黎、王此次时长一两个小时的谈话，气氛不算友好。

黎问："你系何处人？"

王答："湖北襄阳人。"

黎问："你同刘大人是同乡？"

王答："是。"

黎问："随刘大人几年？"

王答："十几年。"

黎问："送信是什么意见？"

王答："意在两下取和，以免汉人受害，保全大局。因打仗的时，坏的房子，失的银钱，全是汉人的。"

---

[1]《辛亥革命始末记》，第168页。
[2]徐忱、徐彻：《黎元洪全传》，中国文史出版社2013年，第103—104页。
[3]卞孝萱辑：《闵尔昌旧存有关武昌起义的函电》，《近代史资料》，总1号。

黎说:"你们大人要是未打汉口以前来说,就好说了,可惜来晚了。"

王答:"我们大人上月二十四日由清江才到家,官保二十八日打电话招我们大人到彰德府,才派办理招抚事宜。我们大人到汉口,业已打过几次仗了,汉口房屋已经烧坏了。"

黎说:"现在要说和,须将皇族另置一地与他居住,管他的吃穿,不准他管我们汉人的事情。"

王答:"现在朝廷有旨,政府各大臣旗人庆亲王、那桐等,都已开缺,派袁宫保总理内阁大臣。"

黎说:"官保见事差矣!这时不该出来。先前官保做直隶总督,好好的,为什么开缺?现在有乱事,又请官保出来,为什么不叫满人带第一镇[1]来打仗?可见旗人大有奸心。"

黎说:"这个时候,不将皇上推倒,随便和了,以后大权归他,他更比从前加一倍的狠,我们更无有法子了。"

黎又说:"要照满人一登位时对待我们汉人光景,现在我们汉人应分将他满人的全家杀完,这才可以报前仇。现在我们许给他一块地方,供应他的吃穿,是很对得住他的。"

黎问:"张彪常向你们大人那里去不去?"

王答:"未去过,听说他去见官保,官保也未见他。"

黎说:"瑞澂、盛宣怀两人,令人可恨的狠,将来就是太平了,也要拿住杀他。你回去即将我的话,禀知你们大人。你们大人若是能过江来,就请过来谈谈,要过来时,先派人送个信来,我好派人到江边去接。"[2]

此番见面,只是彼此试探,并无获实际进展的可能。但其中的一大亮点——不知是深思熟虑还是巧合为之——是黎元洪提出了

---

[1]实际南下的是清军第一军,而非第一镇。
[2]卞孝萱辑:《闵尔昌旧存有关武昌起义的函电》,《近代史资料》,总1号。

"将皇族另置一地与他居住,管他的吃穿"这一安置清室的初步想法。后来民国政府让清室"暂居宫禁、优给岁费",追本溯源,或即发轫于此。

此时,全国二十二省(不含被日本占据的台湾)中,已有湖南、陕西、云南、贵州等宣告独立,浙江、上海的独立也如箭在弦,[1]胜利的天平正向革命党倾斜。因此,在与王洪胜见面时,黎元洪态度颇为强硬,并不足为奇。

九月十八日,资政院通过任命袁世凯为内阁总理大臣的议案,清廷催促袁进京供职。本想在清廷面前炫耀一下和谈成果的袁世凯,久候无果,心中未免恼怒——在当日给内阁的电报中,他一反常态,力主进攻民军:"议抚数日,尚无确复,非痛剿不可。无论朝廷如何,世凯决不奉停战之诏。"[2]

就在袁世凯发狠要进攻之际,刘承恩又通过俄国驻汉口领事敖康夫致书黎元洪。黎元洪复信表示欢迎刘承恩前来和谈。获悉消息后,此时已北上的袁世凯于九月二十日让冯国璋暂缓攻击,同时派蔡廷干和刘承恩过江去见黎元洪。

前线停战,非同小可,自须上报朝廷。九月二十一日,北上进京刚抵达信阳的袁世凯电知资政院:"适黎元洪又来覆书,意似悔过。已遣大员二人赴武昌恳切劝导,但能破除种族革命成见,必为吁恳朝廷宥其既往,酌加录用。"[3]

九月二十一日,蔡廷干、刘承恩由汉口过江,下午四点经汉阳门入武昌城。黎元洪事先派两人在江边等候,并派卫兵十二人护送蔡、刘至咨议局,与自己及湖北军政府各部部长等见面。

此番会见,时人撰《折冲樽俎之纪事》加以记载。文中"都督声

---

[1]《辛亥首义史》,第489—502页。
[2]《袁世凯全集》第19卷,第45页。
[3]《袁世凯全集》第19卷,第46页。

色俱厉,……刘(承恩)面赤不能答""各部长代表均言项城如此行为,实太无人格。蔡、刘均唯唯。当晚设筵,款待甚丰。各部长均在局陪饮,畅谈革命之原理及革[1]国革命之历史"[2]等词句表明,此文为同情革命者所撰,但其中也透露了一些颇值玩味的细节。

会见地点在湖北咨议局议事厅(咨议局亦为湖北军政府所在地),此时双方还兵戈相向,可谓敌人,见面之后,如何称呼对方?按照《折冲樽俎之纪事》一文,刘承恩称黎元洪为"都督",[3]或许是众多革命党人在座之故,黎元洪只称袁世凯为"项城",而没有像上次见王洪胜时那样称"宫保"。刘、蔡前来,是见黎元洪的,可为何军政府各部部长都在场呢?"黎元洪原想单独会晤,以探明来意,但革命党人不愿让黎元洪与刘承恩等私相授受,故决定召开大会,共同商议。"[4]显然,黎元洪此时未获革命党人的完全信任。

待寒暄并介绍了清廷"下诏罪己,宣誓太庙,将一切恶税恶捐全行改除"等措施之后,刘承恩等威胁说目前已有两国以保护侨民为借口派兵船前来武汉,图谋分裂中国,希望黎元洪"传知各省,暂息兵端。一面公举代表入京组织新内阁,共图进行之策",[5]以免给外国人以借口,使中国面临被瓜分之祸。

刘承恩以外国势力要挟,表明其对清方实力信心不足。这点立即为黎元洪所识破。因此,对刘承恩所谓的"一举而两善存"之想法,黎元洪并不认同,直言:"项城真愚矣!分(裂)之言可以吓天下人,能吓湖北人乎?"

不仅如此,黎元洪还反劝袁世凯率兵调头,返旆北征,推翻清

---

[1] 原文如此,疑为"各"之误。
[2]《辛亥革命始末记》,第174页。
[3] 称都督有承认其独立合法性之嫌,应是像此前通信时称黎元洪为"宋卿"的可能性更大。此文毕竟为同情革命者所撰,很有可能在行文时做了改动。
[4]《辛亥首义史》,第518页。
[5]《辛亥革命始末记》,第172页。

武昌起义时的黎元洪

廷，出任民国总统：

> 予为项城计，即今返旆北征，克复冀汴，冀汴都督非项城而谁？以项城之威望，将来大功告成，选举总统，当推首选。项城不此之为，乃行反间下策，成否尚不可知。吾不知项城何以愚拙至是。[1]

虽观点未合，但民军礼数尚周。当晚，黎元洪等设宴款待蔡廷干、刘承恩，"款待甚丰。各部长均在局陪饮……至十二点钟始散"。因需等候回信，蔡、刘二人当晚即下榻于都督府内，"二十二日早餐毕，都督派卫队数人护送渡江"。[2]

蔡廷干、刘承恩来之前，黎元洪曾召集湖北军政府各部部长等要员开会，商定应对之策。九月二十二日返回汉口之时，蔡廷干、刘承恩就带回了黎元洪给袁世凯的回信。第二天，蔡廷干携信进京面见袁世凯。此信后为袁世凯秘书闵尔昌所藏，"经几位老先生按笔迹判断，认为是汤化龙所写"。[3]

汤化龙原为湖北省咨议局议长，武昌起义后出任湖北省军政府民政长。此信主要内容有三：一是历数清廷自戊戌变法以来的欺骗性行为，立宪政体迟迟未能践行，如今又重用满族亲贵排挤汉人，"兵权、财权，为立国之命脉，非毫无智识之奴才，即乳臭未干之亲贵"；二是行反间之计，劝袁世凯倒戈反清，"趁此机会，揽握兵权，反手王齐"；三是批评李鸿章当年在辛丑和谈时尽心为清廷，"奴性太深"，并借此提醒袁世凯，一旦平定武昌起义，很可能因功高盖主而蹈"飞鸟尽，良弓藏，狡兔死，走狗烹"之覆辙。[4]

袁世凯派刘、蔡渡江面见黎元洪的一个目的，是想"剀切解释种

---

[1]《辛亥革命始末记》，第173页。
[2]《辛亥革命始末记》，第174页。
[3] 卞孝萱辑：《闵尔昌旧存有关武昌起义的函电》，《近代史资料》，总1号。
[4] 卞孝萱辑：《闵尔昌旧存有关武昌起义的函电》，《近代史资料》，总1号。

族革命之荒谬,并告朝廷有意采择党人之希望",[1]以便达成和议。如今,湖北军政府方面非但没有接受,反而翻出当年载沣罢黜袁世凯的旧账:"己酉解职之候,险有生命之虞。他人或有不知,执事岂竟忘之?"[2]并劝袁世凯挥戈反向、推翻清廷。可以说,袁氏劝抚的目的完全归于失败,南北双方的试探性接触未获实质性进展。

攻汉阳,以战促和

黎元洪对袁世凯的策反,袁世凯自不敢告知清廷。不过在九月二十三日给亲信冯国璋的电报中,他透露了心里话——"时艰日难,惟力战乃可图生,务激励将士,一鼓复汉"。[3]并下令冯国璋攻占汉阳,以获取谈判的资本。

九月二十三日,袁世凯抵京出任内阁总理大臣,转而采取武力威逼民军和谈的策略。二十五日,他告诉英国驻华公使朱尔典,"黎元洪坚持要除掉满清王朝,并拒绝了他所有的提议",[4]同时透露自己的策略是用武力促使民军妥协。

十月初一日至初二日,冯国璋指挥清军第八协和第十一协由蔡甸、驼落口渡汉水准备进攻汉阳。同日,冯国璋致电内阁,反对和议:"万无和理,退兵之议,更有难行。"[5]初五日,清军攻陷汉阳三眼桥、汤家山等处,民军退守十里铺。初六日,十里铺失陷。十月初七日,冯国璋指挥清军攻占汉阳。

战场失败,民军顿陷被动。此时,加上俄国驻汉口领事敖康夫、英国驻华公使朱尔典的斡旋,黎元洪被迫接受谈判。

---

[1]《袁世凯全集》第19卷,第47页。
[2] 卞孝萱辑:《闵尔昌旧存有关武昌起义的函电》,《近代史资料》,总1号。
[3]《袁世凯全集》第19卷,第48页。
[4] 李丹阳译注:《英国外交档案摘译:武昌起义后袁世凯父子与英国公使的密谈》,《档案与史学》,2004年第3期。
[5] 公孙訇:《冯国璋年谱》,河北人民出版社1989年,第13页。

二 英方调停，汪袁密谋

在冯国璋筹划进攻汉阳之时，南北双方之间的接触其实并未中断。

汉阳丢失，黎元洪主动求和

九月二十二日蔡廷干北上后，刘承恩应孙发绪[1]之约，连续两天在汉口德明饭店与之会面。湖北军政府顾问李国镛在《李国镛自述》中记载，参加会谈的，有清军高级军官王遇甲、易甲鹏以及德国人延兴呵。[2]这次会谈，属私人性质，双方并未达成任何协议。

九月三十日，袁世凯派蔡廷干、刘承恩再次前往汉口，与黎元洪方的代表孙发绪、曾广为谈判。

此番谈判，地点在俄国领事馆，俄国驻汉口领事敖康夫充当谈判的"中间人"。

刘承恩发言的主旨，和此前见黎元洪时所谈差不多——强调清廷已重组内阁、决定确立君主立宪制度，武昌起义的目标已达，自可休兵。同时以外国正准备武力干涉作恫吓：

> 宫保（袁）之意以为鄂军此举系改良政治起见，现今政府所有皇族执政之员均已更换，将来政治改良进步必易，定可为君主立宪之国。至于前此所云必须另建民主一节，终非完美办法。已闻某国已准备十万精兵，借口保护东亚邻邦，并有向某亲王云及包为平治地方并保皇室平安等语。倘故为激烈之要求，恐惹起惨烈之干涉或许保护之事，则中国前途大有可危。是以命我前来向诸公恺切劝谕，不必为过激之举，早日和平了结为是。[3]

---

[1] 孙发绪，字蕴斋，安徽桐城人，原为湖北候补县丞，武昌起义后任湖北军政府顾问。

[2] 李国镛：《李国镛自述》，《近代史资料》，总25号。

[3] 《刘承恩呈袁世凯禀》（原件），中国社会科学院近代史研究所藏。转引自《袁世凯传》，第182页。

湖北军政府方面，依然持黎元洪等所谈到的建立民主政体、要求清帝逊位的立场。因此，针对刘承恩所言，孙发绪当即反驳说：

> 清政府已失全国之信任。袁宫保向来明达，如此大事已定之时，必欲推戴满清为君主，不独鄂省一方面不表同情，恐各省国民及热心志士亦将不能俯就。好在我等虽不认满清为君主，必仍保其安富尊荣。至于外人干涉等语，此系恐吓小孩子之语，况国际公法载有明文，岂堂堂袁项城素称大人物而不明此理！[1]

由于双方目标差距过大，因此从下午六点辩论到晚上十一点也毫无结果，只好暂告结束。

敖康夫既是俄国驻汉口领事，也是驻汉各国外交使团团长。湖北军政府成立之初，为了争取各国的承认，黎元洪曾派军政府顾问李国镛等到汉口俄租界见敖康夫。此次和谈失败之后，十月初二日，汉阳战事进行期间，敖康夫又提议双方先罢兵，再议和。

关于敖康夫的调解工作，刘承恩在十月初二日《为到港议和情形事》的电报中向清廷做了汇报：

> 复据俄领事敖康夫云主张罢兵，承恩答云战事我等不能擅专；渠云致函冯军统，答云宗旨不合，冯军统亦不能自主。回与冯军统面述提议情形，复函俄领事云罢兵一节军统亦不能自主，请不必致函。复据俄领事来信，据云不必与冯军统阅看，可呈官保。谨将原函择要录呈：使我军退往滠口，谈判不成仍回原地，黎军不得阻拦，亦不得过汉河。[2]

由此可知，敖康夫主要做了这几项工作：一是劝刘承恩罢兵，二是准备写信劝说冯国璋罢兵。在刘、冯二人均表示无法做主后，敖康夫又写信给袁世凯。此信全文虽已无法查到，但刘承恩在电报中记录

---

[1]《刘承恩呈袁世凯禀》（原件），转引自《袁世凯传》，第182页。
[2]《电报档》第24册，第265页。

了其要点——清军暂北撤至滠口，但民军不得过汉水进驻，若双方谈判不成，清军再南返移驻原来占据之地。

敖康夫的方案只要求清军退兵而未对黎元洪方做出规定，自然引起清方的不满。正忙于调兵遣将攻打汉阳的冯国璋就直言："惟事已至此，万无和理。"[1] 护理湖广总督段芝贵更是指责敖康夫偏袒，"刘道承恩回港面述革党提议、俄领袒护情形，直无公理……俄领阴谋已遂，另生枝节，亦属必有之事"。[2] 二人均一致表示要进攻——冯国璋说"退兵之议，更有难行"，段芝贵也说："国事已至于斯，若不用命血战，定至养痈贻患。"[3]

当然，清廷和民军此番没有谈成，并不能全怪敖康夫，双方所列条件差距过大。湖北军政府方面提议要清室逊位，此时的清廷是万难接受的，刘承恩十月初二日告诉内阁："党代表提议，建立民主，将我政府另置一地，保全安富尊荣。与宪命之意不合，故难就议。"[4] 段芝贵也认为"革党出言悖谬，宗旨不合"。[5] 至于袁世凯，此时刚刚上任内阁总理大臣，立足未稳，自然也不敢贸然接受民军此提议。

十月初七日冯国璋攻占汉阳。武汉三镇之汉口、汉阳已为清军所占，位于武昌的湖北军政府的安全受到严重威胁。情势危急，当日民军在武昌鄂军都督府举行大会。据出席会议的同盟会会员范腾霄回忆，会上，民军总司令黄兴在报告汉阳失守经过后提议放弃武昌而攻南京，"汉阳既失，武昌不易保守。不若弃武昌，以武昌之众顺流而下攻南京"。[6] 黎元洪起立表示赞同黄兴的意见。后因范腾霄力争，

---

[1]《电报档》第24册，第265页。
[2]《电报档》第24册，第263页。
[3]《辛亥革命》(八)，第194页。
[4]《电报档》第24册，第265页。
[5]《电报档》第24册，第263页。
[6] 范腾霄：《辛亥首义前后》，中国人民政治协商会议湖北省委员会编：《辛亥首义回忆录》第三辑，湖北人民出版社1958年，第72页。

加上张振武拔刃而起，大声说"有敢再言放弃武昌者斩"，黎元洪才表示了坚守的决心。[1]

虽勉强同意坚守武昌，但此时的湖北军政府其实已处于慌乱状态。黄兴、汤化龙等陆续离开，前往上海。黎元洪的眷属也迁居上海麦根路。十月初十日，湖北军政府都督府中炮起火。傍晚，黎元洪乘机率亲信秘密出走，避往葛店（西距武汉市中心22公里左右）；军务部长孙武也一度出城"办公"。

军事上的失利迫使黎元洪主动回到谈判桌。

十月初七日汉阳失陷当天，黎元洪就派湖北军政府外交部副部长王正廷往访美国驻汉口总领事顾临，请其斡旋停战三日。

为何要派王正廷出面？王曾在光绪三十三年赴美学习法律，宣统三年从耶鲁大学毕业后回国，留美背景使王与美国驻汉总领事得有交谊。值得多说一句的是，王正廷后曾出任蒋介石南京政府外交部长，他还热心体育事业，致力于奥林匹克运动在中国的开展，因其对中国体育事业的贡献，被誉为"中国奥运之父"。

黎元洪此时的停战条件是什么呢？据日本驻汉口总领事松村贞雄给日本外务大臣内田康哉的电报，王所带来的条件为："愿停战三日，由黎元洪向各省革命军征询意见，在满清朝廷之下建立立宪政体。如获同意，即与官军议和；如遭拒绝，即无抵抗让出武昌城。"[2]

细心的读者可能还记得，九月二十一日双方见面时，刘承恩说明清廷已颁布《宪法重大信条十九条》，同意实行君主立宪，而黎元洪当时还提出要建立民主共和，并奉劝袁世凯率兵掉头北上、推翻清廷，将来出任民国总统。[3] 如今，战场失利，黎元洪不得不放下身段，表示愿意接受君主立宪政体，甚至答应让出武昌城！

---

[1] 范腾霄自传手稿（未刊本），转引自《辛亥首义史》，第524页。
[2] 《日本外交文书选译》，第256页。
[3] 《辛亥革命始末记》，第172页。

英国驻华公使朱尔典的调停

美国方面如何处置黎元洪的请求，目前尚不可得知。但实际上，英国方面一直在密切关注着战事的发展。

光绪年间，袁世凯率清兵驻扎朝鲜时，就与时为英国驻汉城总领事的朱尔典相熟相知。宣统初年，袁世凯被载沣罢黜，时已改任驻华公使的朱尔典曾为其抱不平。这样的交谊，使得袁世凯一家对朱尔典十分信任。九月二十四日袁世凯抵京第二天，即派长子袁克定代表自己转告朱尔典，"黎元洪和武昌起义的领袖们，已促请袁世凯出来担任中华民国的总统，他们保证充分支持他"，[1]并代表袁世凯征询朱尔典的意见。显然，袁世凯转告的，是黎元洪九月二十二日复信中所说的"以项城之威望，将来大功告成，选举总统，当推首选"[2]之内容。这类信息如果传开，必然会让清廷大为惊慌从而对袁世凯极为不利，属于高度机密内容。袁世凯将此告知朱尔典，足见对其之信任。只是，民军同意推举，是以袁世凯答应推翻帝制为前提的。袁世凯把这一"假设条件"当作"充要条件"转告朱尔典，也足见袁氏的狡猾与心机。九月二十五日，袁世凯又接见朱尔典。二人相见时，袁世凯却并未亲自征求朱尔典关于民军推举其为总统一事的意见，转而通报自己实行君主立宪的方针及所面临的困难，摆出一副清室荩臣之态。袁之多变，可见一斑。此后，袁克定还多次将诸如袁世凯想把临时政府迁往天津等机密告知朱尔典。[3]

英国政府方面也希望通过支持袁世凯来维护自己的在华利益。九月二十五日，袁世凯抵京第三天，外交大臣格雷即电告朱尔典，表明英国政府的这一态度：

> 我们对袁世凯怀有很友好的感情和敬意。我们希望看到，作

---

[1]《辛亥革命史资料新编》第8卷，第100页。

[2]《辛亥革命始末记》，第173页。

[3] 李丹阳译注：《英国外交档案摘译：武昌起义后袁世凯父子与英国公使的密谈》，《档案与史学》，2004年第3期。

为革命的一个结果,有一个强有力的政府,能够与各国公正交往,并维持内部秩序和有利条件,使在中国建立起来的贸易获得进展。这样一个政府将得到我们能够提供的一切外交上的支持。[1]

于是,基于自己与袁世凯的交谊,也为了英国的在华利益,朱尔典开始积极斡旋南北停战。

此时,袁世凯也有意和南方民军和谈。十月初三日,在接受《巴黎时报》特派员采访时,袁世凯就明确表示要对民军实施招抚手段,"先与武昌议和,倘不就抚,则将召集临时国会,决定国是"。因为袁世凯觉得,此时再用兵力扑剿为时已晚,"当事起时,能亟平之,实为上着。现已太迟,如救火然,东扑而西复起,非兵力所能济事矣"。[2]

十月初五日,朱尔典拜会袁世凯,强调:"战事的继续进行,将使汉口的英国人士遭受危险并感到惶惶不安。"[3]而袁世凯也心领神会,同意通过英方向黎元洪传递和谈信息。第二天,朱尔典即指示英国驻汉口代总领事葛福向黎元洪转达此意,促成南北和谈:

> 他(袁世凯)向我保证:如果能够根据双方都很满意的条款达成一项休战协定,他将乐于下令停战。他授权我通过您转达他的那个意思。
>
> 此事可以由您本人采取非正式的和口头转达的形式,将上述意思告诉黎元洪都督。您应尽力说明:大约六个星期以来英国人士所处的危险局势,不应再延续下去,而且应避免毫无价值的流血牺牲。[4]

此时因为汉阳失守,"革命军逃往武昌,士气低落",[5]黎元洪正

---

[1]《英国蓝皮书》上册,第58页。
[2]《袁世凯全集》第19卷,第71页。
[3]《英国蓝皮书》上册,第73页。
[4]《英国蓝皮书》上册,第73—74页。
[5]《英国蓝皮书》上册,第94页。

让王正廷找美方斡旋。如今，英方秉袁世凯之意主动表示和谈，让本来就已"准备接受立宪政府"的黎元洪喜出望外。十月初七日葛福前来的当天，黎元洪即通报了己方的停战条款：

（一）停战十五天，在此期间内，目前各方所占领的领土应各自驻守。（二）已加入革命党的所有省份的代表在上海集会；他们将选出全权代表与袁世凯指派的代表进行谈判。（三）如有必要，停战继续延长十五天。[1]

十月初九日，朱尔典正式出面开始调停南北议和——在当日给清廷的节略中，他告知清廷，已指示英国驻汉代总领事葛福"拟于大停战问题未定时（期）间，设法先办三日之停战"。[2]

十月初十日，袁世凯提出暂时停战条款，第二天又提出正式停战条款：

（一）双方各自驻守现已占领的土地。不得秘密地进行侦察活动。（二）停战期限定为三天。（三）在上述期间内，军舰不得利用停战的机会在武昌或汉口南北两岸停泊，从而获得一个更有利的地位。在停战期满以前，军舰必须退往武昌下游若干距离的地方。（四）在停战期间内，任何一方不得增调援军，修建炮台，或在其他方面增加军事力量。（五）为了防止对这些条件的违犯行为，英国总领事应作为证人在停战协定上签字。[3]

十月十三日，朱尔典收到葛福的报告："通过我的调解，双方已同意无条件地停战三天。"[4] 至此，南北双方达成首次停战协议：自十月十三日早八时起至十月十六日早八时止，停战三日。

此番调停，十月初六日动议，十月十三日达成。和九月双方试探将近一个月的毫无成效相比，朱尔典的工作可谓高效。

---

[1]《英国蓝皮书》上册，第96页。
[2]《中华民国史档案资料汇编》第二辑，第46页。
[3]《英国蓝皮书》上册，第103页。
[4]《英国蓝皮书》上册，第105页。

有说法称，袁世凯之所以愿意停战，是与朱尔典之间达成了举其为总统等三点默契：

> 1911年11月间，袁世凯与朱尔典经过密商，达成三点默契：一、立即停战；二、清帝退位；三、袁世凯为大总统。一、二两款为达到第三款的手段。[1]

是否真的如此呢？

当时外界确有袁世凯要当总统的传言——十月初二日邮传部郎中罗惇曧曾奉梁启超之意去拜见袁世凯，其在第二天给梁启超的信中就说："外人揣测，谓袁将为总统。"[2]但以笔者有限的所见，无论是朱尔典给国内的报告，还是与袁世凯有关的档案，都尚未发现与此默契相关的史料。

当然，南北停战、清帝退位、举袁为大总统等，在当时无疑属于机密事件。一个例子，此番调停，中英双方就对日本严格保密。日本驻华公使伊集院曾于九月二十八日拜会袁世凯，当时袁世凯只是表示正在想调解之法，未透露将由英国出面调停："镇平武昌叛军，实为当前之急务。但若徒恃刀兵，亦非良策，当前既无和解之途，只好继续使用武力，同时筹拟调解办法。"[3]直到十月初十日，在葛福通知日本驻汉口的第三舰队司令官川岛次郎[4]后，日方才获悉南北停战消息。对此，日本外务大臣内田康哉在当天给伊集院的电报中，还颇为不满，"此次发生如此重大事体，英国驻清公使竟未与我公使先行磋商而径自单独行动，实属遗憾"。[5]

调停的具体工作，由葛福代表英方，驻汉口海关正监督黄开文、陆军部军法正参领丁士源代表清方，与黎元洪方交涉。尽管最后签订

---

[1]《辛亥首义史》，第530页。
[2]《袁世凯全集》第19卷，第70页。
[3]《日本外交文书选译》，第250页。
[4]武昌起义后川岛被各国推为总指挥，以保护各国在武汉侨民的安全。
[5]《日本外交文书选译》，第259页。

的停战条款经民军修改后文字略有出入，也采纳了黎元洪"双方各守目前战地"的内容，但主旨基本为袁世凯十月十一日所定版本。停战协议生效后，十月十三日，葛福就向朱尔典报告："目前的情况几乎同袁世凯所要求的完全一致。"[1]

按照英国领事与各国领事所议定，停战条款先由湖北军政府盖印，再送清军盖印。关于民军盖印，还有一个小插曲。十月十一日上午，葛福派馆员盘恩渡江到达武昌，送去停战条款正式文本让湖北军政府盖章，此时都督黎元洪已出走武昌城，是由蒋翊武、吴兆麟接谈的：

> 蒋翊武、吴兆麟二人不便明言都督已携印他去，乃诡称都督城外办公处距此尚远，可在此休息用餐后，同返城内军务部盖印。与此同时，蒋翊武、吴兆麟又用电话通知军务部长孙武做好准备，恰逢孙武亦外出，军务部职员高楚观、张汉仆只好便宜行事，高楚观拟条文，张汉仆刻都督印。[2]

此外，停战协议最初并无英国驻汉代总领事葛福的画押保证。据冯国璋给清内阁的电报，经其催促，葛福才于十月十三日送来补签的公函，"午后一点钟接到英使停战公函，并签有字据"。[3]

停战协议，用的竟是私刻的公章，而且湖北军政府的一二号人物黎元洪、孙武对此竟不知情；作为担保的英方也未按照事先约定签字画押。如此不严肃地对待严肃的停战协议，给南北双方后来此起彼伏的"停"与"战"埋下了伏笔。

袁世凯与汪精卫的秘密接触

在通过朱尔典与黎元洪进行停战磋商的同时，袁世凯与汪精卫之间，也进行着秘密接触。

---

[1]《英国蓝皮书》上册，第105页。
[2]《辛亥首义史》，第532页。
[3]《档案汇编》第79册，第147页。

宣统二年，汪精卫因谋刺摄政王载沣而被判"永远监禁"。[1]武昌起义后，清廷解除党禁，汪精卫等人被释。汪精卫出狱后行踪如何，各种记载语焉不详、互相矛盾。但汪出狱后如何与袁世凯秘密接触，为南北和议的重要环节，实有考察之必要。

汪精卫出狱后去过哪里？

关于汪精卫出狱后的行踪，大体有赴彰德和在北京小住后赴天津两种说法。

张江裁之父张伯桢与汪精卫同年同乡，宣统三年九月十六日汪精卫出狱时，当时在清廷法部工作的张伯桢是唯一的迎接者。或许正是这样的渊源，使张江裁后来能够出任汪伪政权监察院秘书，得以近距离接触、观察汪精卫。张所著的《汪精卫先生庚戌蒙难实录》（也称《庚戌实录》）、《汪精卫先生行实续录》，也因有大量原始资料而为汪精卫研究者所倚重。

据张江裁所言，汪精卫出狱后，鉴于袁世凯已被任命为内阁总理大臣，他首先"结克定（袁世凯的长子）为友"，并偕赵铁桥、袁克定，赴彰德见袁世凯。[2]

出版于1945年的雷鸣先生所著的《汪精卫先生传》，所持观点与张不同，认为汪精卫出狱后不久即赴天津办报：

> 当先生出狱时，同盟会在南方的行动虽已公开，惟在北方则尚在半秘密状态中。先生出狱后所以不即离开北京，大概已奉有党的命令担任北方活动。据传先生与袁氏心腹杨度联络，曾有国事共济会的组织。不过先生在北京并没有逗留多久，因为在同年十一月间，在天津出版了一张叫做《民意报》的新刊物，地址在天津法租界西开平安里四十一号，该报的总编辑就是先生本

---

[1] 详见本书附篇《汪精卫谋刺摄政王载沣案细节》。
[2] 张江裁：《汪精卫先生行实续录》，中国风土学会1943年，第6页。转引自蔡德金：《汪精卫评传》，四川人民出版社1988年，第51页。

人，发行人为赵铁。[1]

行文中的"大概""据传"，表明雷鸣先生写此书时，也缺乏相关实据。

蔡德金先生在《汪精卫评传》中则说汪氏出狱后曾小住京师泰安客栈，不久即赴天津出版《民意报》、成立"京津同盟会"：

> 汪精卫出狱后，只在泰安客栈小作逗留，旋即迁往他处，开始了拉拢袁世凯、实现南北议和的活动。……往天津，与黄复生、彭家珍等人组织"京津同盟会"，汪自任会长。"京津同盟会"还出版《民意报》，汪任总编辑。《民意报》于12月20日正式发行。[2]

历史真相究竟如何？

首先，张江裁"汪精卫赴彰德见袁世凯"的说法肯定和史实不符。汪精卫九月十六日才出狱，而袁世凯早在九月初九日就离开彰德南下武汉督师了——九月初十日，他先后致电内阁和冯国璋，通报"凯已抵信阳"。[3]因此，更大的可能，是袁世凯抵京后两人才见面。

汪精卫出狱后，在京短暂逗留后确实去过天津，但很快又回京城了。汪荣宝时在天津，据其日记所记，九月下旬，汪精卫在天津，与他还有杨度等发起成立了"国事共济会"：

> （二十二日）二时半赴晳子约……商榷国民议会发起事，预议者除余及晳子外，有孟鲁、静生、继新、翊云、远容，议决先组织一团体，名为国事共济会，由会中提出一陈情书于资政院，请召集国民议会，解决近日纷争之问题。[4]

九月二十四日，汪荣宝回京，直至十月初三日再赴天津。在其九

---

[1] 雷鸣：《汪精卫先生传》，政治月刊社1944年，第88—89页。
[2]《汪精卫评传》，第51—52页。
[3]《袁世凯全集》第19卷，第32页。
[4]《汪荣宝日记》，第315页。其中"晳子"指杨度，"孟鲁"为署内阁法制院参议李景铢，"继新"为汪精卫表字"季新"之误。

月二十七日、九月三十日的日记中,都有在京城与汪精卫等筹办"国事共济会"的记载:"旋往李孟鲁家,与晢子、静生、季新诸君商榷国事共济会办法。"[1]"十时顷访晢子,关于共济会问题,商榷许久,静生、季新先后来谈,留饭。"[2]这表明汪荣宝回京后,汪精卫也迅速由天津赶回京师。

谁向袁世凯推荐了汪精卫?

袁世凯九月二十三日抵京,汪精卫出狱后见过袁世凯,是确凿无疑的。只是他是如何夤缘结识袁世凯的呢?综合各种著作,居间介绍者,除前文所说的袁克定之外,还有严修、杨度、梁士诒、朱芾煌等不同的说法。

时为邮传部郎中的罗惇曧,在十月二十三日给梁启超的信中,写到是学部侍郎严修把汪精卫介绍给袁世凯的:

> 汪兆铭自共济会后,时来往京津之间,先由严修介绍见袁。袁谓:国民会议,我极赞成,惟我站之地位,不便主张民主,仍系君主立宪,万一议决后,仍系君主多数,君当如何?汪答:议决后我必服从多数;惟以我观察时论之趋向,必系民主多数。如议决民主,公当如何?袁谓:既经议决,王室一面我不敢知,我个人必服从多数。[3]

雷鸣先生则认为汪精卫是通过杨度与袁世凯结识的:

> 先生(汪精卫)出狱之后,在北京稍住时期中,曾与袁氏亲信杨度有所接洽。……通过先生与杨度的暗中接洽,由先生代表中山先生与袁世凯成立了袁氏支持共和政体的三大默契。[4]

《袁世凯传》作者李宗一,持杨度和梁士诒将汪精卫引荐给袁世

---

[1]《汪荣宝日记》,第317页。
[2]《汪荣宝日记》,第318页。
[3]《袁世凯全集》第19卷,第151页。
[4]《汪精卫先生传》,第90页。

凯之观点：

> 由梁士诒和杨度介绍，袁世凯到北京不久，即接见了……汪精卫，对汪一再表示自己早已同情革命。以后又指令袁克定和汪结拜为兄弟，借以笼络汪为自己效力。[1]

税西恒、何鲁和唐午园为京津同盟会会员，曾协助汪精卫等到天津组织京津同盟分会。他们曾撰有《记京津同盟会二三事》一文，其中认为是朱芾煌介绍汪精卫与袁世凯认识的：

> 朱芾煌原是同盟会会员，清末在日本留学时与袁世凯的长子克定相识交往，及至武昌起义后，袁世凯到北京执政之初，朱芾煌因袁克定关系，曾为袁世凯进行种种阴谋活动。……朱继又向袁献策，称与近在天津的汪精卫有旧，愿代袁与汪秘密拉拢。经朱从中活动，袁汪关系一拍既合。汪即决定到南京向临时大总统孙中山力主和议。[2]

众说纷纭，究竟应该是谁呢？

朱芾煌介绍说的可能性最小，此说提到汪袁达成共识后汪即决定到南京向临时大总统孙中山力陈和议。但其实孙中山迟至十一月初六日才回到上海，而汪精卫在十月中旬已随唐绍仪等从北京到汉口再到上海参与南北和谈。在此之前，自然没有前往南京的时间和理由。冯耿光当时是参加南北和议的北方代表之一，他随北方代表团从武昌前往上海时，就在船上遇到了汪精卫。这证明汪精卫没有去南京：

> 当晚，我就乘武昌政府代包的一条约有七、八百吨的上游小江轮洞庭号顺流东下。……在船上忽然发现一位美少年……后来经人介绍，才知就是名赫一时的谋炸摄政王载沣的汪兆铭。此人我和他同县、同庚……我们在船上握手忆叙前事，从应试谈到炸摄政王，倒也忘了江行的寂寞。我觉得他年纪虽轻，阅历不

---

[1]《袁世凯传》，第183页。
[2]《辛亥革命回忆录》第六集，第57页。

少，见地、口才都很不差。[1]

梁士诒介绍说在梁士诒的年谱中并未发现有相关佐证。但袁世凯出山后，曾派人密告梁士诒："南方军事，尚易结束，北京政治，头绪棼如，正赖燕孙居中策划一切。请与唐少川预为布置。"[2]燕孙、少川分别为梁士诒、唐绍仪的表字，他俩同汪精卫都是广东人。从宽泛的角度讲，拉拢汪精卫、秘密建立与南方民军的联系渠道，也属政治筹划的范围。

严修推荐说或有可能。严修为袁世凯知交，据其曾孙严文凯回忆，袁世凯被载沣罢黜后离京时只有两个朝臣为他送行，一个是杨度，一个就是严修。[3]因此，如果确为严修所荐，袁世凯应该会给面子。

杨度与袁世凯交好，此时在筹建"国事共济会"等事情上同汪精卫多有合作，因此由他介绍汪精卫与袁世凯相识，也是有可能的。

概而言之，由于缺乏足够的史料，究竟何人引荐汪精卫与袁世凯结识，目前想下确切的结论，还相当困难。

汪袁密会达成了哪些默契？

一般认为汪袁密会达成的默契，有袁世凯运作清帝退位、民军举袁世凯为总统等内容。

曾为北方和谈代表之一的张国淦先生，以其亲身经历证明，汪精卫曾拉上魏宸组[4]劝说袁世凯接受共和，并许诺举袁为总统：

> 袁世凯到北京就职内阁总理大臣时，一方面表示绝不赞成共和，另一方面又声称不妨加以研究。因此，便约请汪精卫到东城锡拉胡同袁宅谈，汪每晚饭后七、八时谒袁，十一、二时辞

---

[1]《辛亥革命回忆录》第六集，第359页。
[2]《袁世凯全集》第19卷，第22页。
[3] 严文凯口述、周利成整理：《一代人师——严修》，《天津日报》，2017年2月21日。
[4] 魏宸组，同盟会会员，中华民国南京临时政府成立后任外交部次长。1919年作为中国代表出席巴黎和会，拒绝在《凡尔赛对德和约》上签字。

出……（三日后汪邀魏宸组同往）言："中国非共和不可，共和非公促成不可，且非公担任不可。"袁初退让，后也半推半就矣。（以上系汪、魏当日告我者。）[1]

再比如，蔡德金在《汪精卫评传》中说，九月廿四日汪精卫与杨度共组"国事共济会"，并发表意见书，主张南北即日停战，举行临时国民会议，协议政体；汪还亲笔致函武昌军政府，主张南北联合，要求清帝退位，选举袁为总统。[2]

《袁世凯传》作者李宗一还透露，袁克定要求汪精卫斡旋推举袁世凯为总统之事，甚至要求要对蒙藏行使皇帝名义：

> 据当时呈报袁世凯的一份说帖记载，袁克定曾向汪提出解决时局的三个条件："举伊父为临时总统"，"南北统一"，伊父对蒙藏用"皇帝名义"，并要求汪质商于南方革命党人。[3]

但也有与张国淦、蔡德金、李宗一"相悖"的观点。

比如蔡德金说，在彰德见到袁世凯后，汪精卫"责以大义，动以舆情。谓逐幼帝灭清廷改建民主共和政体，此其时矣"，[4]一番密谈之后，汪精卫与袁世凯达成了袁氏支持共和政体的三大默契：

> 一、保全领土。二、由国民会议运动决定休战与国体问题。三、为达到第二项目的，一方运动北方资政院，他方运动武昌政府。[5]

按照这一说法，汪袁之间只是约定停战、召开议会决定国体，并无"举袁世凯为总统"之内容。

《杨度集》的说法似乎也"印证"着蔡德金所言：十月初三日，杨度曾将南北即日停战、举行临时国民会议决定国体的内容写成奏

---

[1] 转引自《汪精卫评传》，第53—54页。
[2]《汪精卫评传》，第51、52页。
[3]《袁世凯传》，第183页。
[4]《汪精卫评传》，第51页。晚清民国时，尚未对"政体""国体"进行明确区分，两者所指基本相当于今日之政体。
[5]《汪精卫先生传》，第90页。

折呈递内阁，[1]汪精卫等也按"国事共济会"章程所定给上海、武昌民军政府去电请求同意。但最终，"资政院不为议决，内阁不为代奏，而武昌军政府亦无回电，上海回电只承诺国民会议，于停战与否并未提及"。[2]运动南北双方的努力均告失败，"国事共济会"不得不于十月十五日宣布解散。

其实，汪精卫"举袁世凯为总统"的亲笔信，是另通过朱芾煌送往武昌军政府的。蔡德金在《汪精卫评传》中就说，汪亲笔函写好之后，"袁克定密派留日学生、同盟会会员朱芾煌将信送往武昌"。[3]

由此，引发了朱芾煌事件谜云。

朱芾煌事件谜云

十月初十日，冯国璋的部队在武汉前线抓到一嫌疑人。坊间说，此人一看要被抓，立即将一封书信吞进肚子。审讯后，该人供称叫朱芾煌，为同盟会会员，却持有"钦差大臣袁"的龙票（即护照）。冯国璋电询袁世凯，袁氏含糊其词，袁克定则飞函驰救。

要想顺利运作推举袁世凯为总统，需要袁世凯方面、湖北黎元洪方面以及江浙民军方面的一致同意。江浙民军方面，由汪精卫负责协调；湖北方面，由于汪精卫与黎元洪等交情素浅，自需有人居间斡旋。这个人，汪精卫选择了朱芾煌。因此，朱芾煌被抓，是南北双方正式谈判前的关键事件。而关于此事的记载，尚有众多待解之谜。

朱芾煌如何结识袁世凯？

对普通读者而言有些陌生的朱芾煌，其实与大名鼎鼎的胡适曾是

---

[1] 此前的九月三十日，杨度曾向资政院陈请南北即日停战、举行临时国民会议决定国体，但"经三四议员讨论后，喻君志韶起而反对，宗室某君和之，拍案大呼，声震议场，秩序大乱"，最终未获通过。见《汪荣宝日记》，第318页。
[2] 刘晴波主编：《杨度集》，湖南人民出版社1985年，第542页。
[3] 《汪精卫评传》，第52页。

上海中国公学的同班同学。光绪三十四年,上海中国公学发生学潮,二十三岁的朱芾煌与胡适等退校组织"中国新公学"。因为经费困难,选派同学到各省募捐,朱被派至河南彰德,因此结识袁克定。宣统元年朱芾煌东渡日本求学,追随孙中山,加入同盟会。据朱芾煌后人如如、建华在《辛亥南北议和与朱芾煌——缅怀祖父朱芾煌先生》一文中的回忆,武昌起义后,朱立即由东京返国,奔走平津一带,一面会同革命党人策划北方革命运动,一面利用与袁克定的私交关系,携袁克定书信,只身前往河南彰德面见袁世凯。袁克定信中写道:

> 友人朱芾煌君为同盟会会员,素与晢子相熟。武汉失守以后,自香港来京,由晢子转介,云奉该党首领黄兴密示,欲与官保大人面商时局机密大计。男意朱君所谈容或有裨于父亲大人运筹帷幄,请予赐见,万幸。[1]

袁世凯初有疑虑,怀有戒心,以"闯吾私宅,绑送彰德府究办"相威胁试探。朱无所畏惧,剖析时局,指出武昌起义炮响,革命风暴席卷全国,清廷政权岌岌可危,为免国家分裂,外强入侵,生灵涂炭,望袁审时度势站到革命党人一边,以和平的方式推翻清政府,兵不血刃而创造新中国。届时革命党人通过民选,当会推举袁为民国大总统。袁世凯因此释放了朱芾煌,而革命党与袁世凯之间也有了一条秘密沟通的渠道。

袁克定是否真的写信推荐朱芾煌、袁世凯是否真的威胁过朱芾煌,上文所引尚属孤证,暂且按下不表。

朱芾煌前往武昌是否确有其事?

1913年1月,辛亥革命尘埃落定,此前曾被孙中山任命为总统府秘书的朱芾煌辞去官职,选择赴欧洲游学,考察英法等国风土民

---

[1] 如如、建华:《辛亥南北议和与朱芾煌——缅怀祖父朱芾煌先生》,《两岸关系》,2011年第8期。

情,研究各国思想文化及政治制度,以备将来报效国民。时为中华民国临时副总统的黎元洪为此专门致电袁世凯,请其资助朱芾煌,电文中提到朱芾煌在辛亥革命期间的功绩:

> 顷张民政长培爵电称:前同盟会蜀人朱芾煌,于南北统一之际,奔走调和,屡濒危难,其劳不减于精卫、石曾,恬退自甘,不希勋赏。近欲游历欧美,藉增学识,可否资助游资,俾宏造就等语。查该员起义之初,曾经通款来鄂,艰苦卓绝,诚属不可多得之才。[1]

黎元洪"通款来鄂"之语表明,朱芾煌去武昌,确有其事。那他南下武昌带着什么呢?自九月十五日起,张联棻即担任冯国璋第一军参谋长,自始至终参与朱芾煌事件处理工作。他在《记辛亥武汉之战》一文中说,朱芾煌"手持袁世凯任直隶总督时的一张通行护照,声称要见冯总统,有要事相商"。[2]照张联棻的说法,朱芾煌带的是袁世凯光绪年间任直隶总督时的通行护照,而不是坊间传说的持"钦差大臣袁"[3]的龙票。

台北"中央研究院"近代史研究所所长郭廷以编著的《近代中国史事日志》,逐日记载了道光九年至宣统三年(1829—1911)期间的大事。其中说,朱芾煌南下带着汪精卫写给湖北民军的信件,"袁克定密遣留日学生朱芾煌(字绂华)携汪兆铭函到武昌,主南北联合"。[4]汉阳失陷后力主坚守武昌的同盟会会员范腾霄,在其自传手稿中也记述了朱芾煌携汪精卫密函来武昌之事:

> 朱芾煌携有同盟会要员汪精卫致此间同志秘函,大意说他已与袁世凯商妥,命朱芾煌来鄂交涉,彼此暂时按兵不动,俟袁

---

[1] 易国干、宗彝、陈邦镇辑:《黎副总统(元洪)政书》卷十六,上海古今图书局1915年。

[2] 《辛亥革命回忆录》第六集,第382页。

[3] 九月初六日清廷授袁世凯为钦差大臣,节制前线各部队。

[4] 郭廷以编著:《近代中国史事日志》,中华书局1987年,第1436页。

世凯迫使清帝退位,然后选袁为大总统云。[1]

多方印证,表明朱芾煌确实曾携汪精卫密信南下。而朱芾煌所吞的,应该就是湖北军政府方面的回信,"朱芾煌返抵北京即向袁世凯当面报告,袁询问密件如何处理,朱答已吞入腹中。袁对朱芾煌的做法颇为赞赏"。[2]

朱芾煌为冯国璋部队所执,引发袁克定相救之公案。袁克定写给冯国璋的手札,原件现藏台北"中央研究院"。全文曾收入1960年出版《中国现代史丛刊》第一册,后为中国社科院近代史研究所的《近代史资料》转载:

> 朱君芾煌系弟擅专派赴武昌。良以海军背叛,我军四面受敌;英人有意干涉,恐肇瓜分;是以不得不思权宜之计,以定大乱。今早有电,谅达记室。朱君生还,如弟之脱死也。此上。敬请勋安。弟定顿首。[3]

"朱君生还,如弟之脱死也"——袁克定为何如此紧张?这和朱芾煌同盟会会员的身份有关,更和朱芾煌所肩负的秘密使命有关。袁克定之所以强调此举为自己所"擅专",自然是为了撇清袁世凯与此事的关系——试想,清军将士正在前线和民军浴血奋战,身为内阁总理大臣的袁世凯却和对方暗通款曲,此事要是张扬出去,袁世凯颜面何在?

袁克定此信并无年月日,函中言及"海军背叛"事,则应为九月二十一日后所书——这天,清海军的海琛等舰驶离汉口前往九江,后于途中起义。因清廷于十月十九日任命冯国璋兼任禁卫军总统,冯于十月二十五日交卸进京。可知此信写于九月下旬至十月上旬之间。1913年出版的《宪法新闻》第10期谈丛栏所登的《黎副总统历史》

---

[1]《辛亥首义史》,第531页。
[2]《辛亥首义史》,第532页。
[3]《袁克定致冯国璋函》,《近代史资料》,总45号。

一文，就说朱芾煌去武昌的时间为"十月初"。[1]

袁克定在密札中说特派朱芾煌去武昌寻求南北双方和谈之道。冯天瑜、张笃勤先生在《辛亥首义史》中就说，当冯国璋电询袁世凯时，"袁不愿将和谈计划透露给冯，故复电闪烁其词"。[2]

朱芾煌去武昌所为何事？

据大多数论著所载，朱芾煌在十月初十日被抓。可此前一天，冯国璋已电告内阁"今日黄道开文面称：英领调停，息战三日"，[3]也就是说，十月初九日，冯国璋就已知悉停战调和之事。因此，如果朱芾煌真的只为南北双方停战而来，袁世凯自无向冯国璋隐瞒的必要，也就不至于在复电中闪烁其词了。

由此可知，袁世凯、袁克定父子欺骗了冯国璋。朱芾煌此行，并非只为南北和谈，而是另有特别任务——和民军商谈"连袁倒清，举袁为大总统"，或说是"一去摄政王，一撤冯国璋兵柄，事济以大总统奉之"。[4]

《近代中国史事日志》宣统三年十月初九日条中也说，朱芾煌此来有与民军密谈倒清推袁之意，"主南北联合，要求清帝退位，举袁世凯为总统。军政府表示同意"。[5]民军方面，还派李国镛、马伯援、夏维松在汉口俄领事馆与朱芾煌商议。俄驻汉口领事敖康夫曾请清军派代表与会，但冯国璋因无袁世凯电报指示，未予回应。

宣统三年十一月二十七日，在此事发生一个多月后，经袁克定介绍，廖宇春曾在京城拜访朱芾煌。在这次会见中，朱芾煌亲口告诉廖宇春，他去武昌的目的，就是与民军商议推举袁世凯为大总统：

---

[1]《袁克定致冯国璋函》，《近代史资料》，总45号。
[2]《辛亥首义史》，第531页。
[3]《中华民国史档案资料汇编》第二辑，第47页；《辛亥革命》（八），第195页。
[4]《辛亥革命》（五），第234页。
[5]《近代中国史事日志》，第1436页。

> 由芸台[1]介绍,访朱君芾煌于西河沿中西旅馆,畅谈良久。……朱君曰:吾曩在武昌,与民军订推袁之说。[2]

冯国璋是否真的要杀朱芾煌?

朱芾煌见过民军代表后,离开汉口租界前往会见冯国璋,因此被抓,并身陷险境。前引《黎副总统历史》一文说:"十月初,朱芾煌承项城密意赴鄂通款,为冯国璋拘执,几殆。"[3]

对此,在与廖宇春见面时,朱芾煌自己说过,"过汉口,往见冯,几为所害。芸台力电营救始免,否则久为泉下人矣"。[4]不仅如此,朱芾煌还将此事写于日记中。民国元年,正在美国留学的胡适偶然读到了朱芾煌的日记。如今朱芾煌日记尚未发现,因此胡适当年十二月五日日记中的有关记述,就成了证实朱芾煌曾南下武昌运作民军许袁世凯为总统的有力证据:

> 在叔永处读朱芾煌日记,知南北之统一,清廷之退位,孙之逊位,袁之被选,数十万生灵之得免于涂炭,其最大之功臣,乃一无名之英雄朱芾煌也。
>
> 朱君在东京闻革命军兴,乃东渡冒险北上,往来彰德、京津之间,三上书于项城,兼说其子克定。克定介绍之于唐少川、梁士诒诸人,许项城以总统之位。……朱君曾冒死至武昌报命,途中为北军所获,几死者数次。其所上袁项城书,皆痛切洞中利害,宜其动人也。此事可资他日史料,不可不记。[5]

日记中提到的"叔永",是我国著名的学者、科学家、教育家和思想家任鸿隽。任与朱芾煌都是重庆人,他俩与胡适为同学,三人课

---

[1] 袁克定,字芸台。
[2]《袁克定致冯国璋函》,《近代史资料》,总45号。
[3]《袁克定致冯国璋函》,《近代史资料》,总45号。
[4]《袁克定致冯国璋函》,《近代史资料》,总45号。
[5] 胡适:《胡适留学日记》第1册,上海书店1947年,第129—130页。

余常在一起议论国家的前途命运，故萌发了推翻清政府的革命思想。任鸿隽后也和朱芾煌一样加入同盟会，并经常去孙中山好友宫崎滔天处为国内革命党人买枪。或许因为这些原因，使得任鸿隽保存了朱芾煌的日记。可惜的是，日记中所提到的朱芾煌日记以及朱芾煌上袁世凯三书，迄今未见。

廖宇春文中的"往见冯，几为所害"、《宪法新闻》中的"几殆"、《胡适留学日记》中"几死者数次"等词句表明，朱芾煌当时确实有生命危险。有说法称，当时冯国璋曾疑心朱是奸细，有枪决朱芾煌的打算。[1]

冯国璋第一军参谋长张联棻说，正是因为他的劝解，冯国璋才没有杀朱芾煌：

> 冯国璋和我商议对付之策，决定据情电报袁世凯请示。袁世凯接了电报，随即回电，电文大意是："此人不是好人，专门在外破坏你我兄弟名誉，请你就地正法，但克定刻不在京。"冯国璋看了袁的回电，便说："杀了吧。"我细读袁世凯的电报后面一句话，似有隐情，便说此人不可杀。冯国璋再拿电报一看，才看出电报尾子上，还有"但克定刻不在京"的一句话，他问我这事如何办。我建议向北京打电报询明袁克定现在何处。这个电报打出去后，得北京张士铨回电，说袁克定现在彰德。再打电报给彰德袁克定。袁克定回了电报，电文是："我与朱芾煌生死相共，如他死，我亦不能生。"冯国璋看了袁克定的电报，才知道朱芾煌此人是如此的重要，和我研究结果，派出宪兵一连，乘火车一辆，将朱芾煌押送到彰德，交与了袁克定。[2]

张联棻所记的袁克定回函大意，和前文所引袁克定复函全文主旨，基本吻合。而据王树楠《武汉战纪》所载，朱芾煌至彰德后，冯

---

[1]《辛亥首义史》，第531页。
[2]《辛亥革命回忆录》第六集，第382—383页。

国璋始知其此行目的,高呼为袁克定所骗,后悔将朱芾煌送回,只是为时已晚:"后知其谋,顿足曰:'吾为竖子所绐,大事去矣!'"[1]

由此可知,冯国璋一开始确有准备枪决朱芾煌之念,但经张联棻劝说后改变了主意。此外,张联棻还否认了冯国璋接见朱芾煌的传言:

> 以后有人说,朱芾煌在武汉战役的时候,他曾经和冯国璋见过面、谈过话,这是与事实不符。这件事情,由对传朱芾煌问话到派宪兵押送去彰德交与袁克定,都由我亲自办理,其间朱芾煌始终没有和冯国璋见过一次面。[2]

临上车返京前,朱芾煌"致书俄领事馆转李国镛,谓到京后,两日即有停战电至"。[3]很快,南北双方于十月十二日商定停战三天——果如朱芾煌所说"不出三日,必有好音"。这也再度证实朱芾煌事件发生的时间,应在十月上旬。

冯国璋的政治觉悟

十月初八日,刚因攻下汉阳而被新封为二等男爵的冯国璋还在下令炮击武昌。有记载说,袁世凯曾于十月初十日在三小时内七次致电冯国璋止其进攻,其中还说"不得汉阳,不足以夺民军之气;不失南京,不足以寒清军之胆"。[4]

不过,这一说法没有得到清宫史料的支持。在中国第一历史档案馆所藏的《军机处上谕档》中检索"袁世凯",共有593条记录;在《军机处录副档》中以"袁世凯"为第一责任人进行检索,共有记录2504条;《军机处电报档》收录了以内阁名义发出和收到的电报。但这三处档案中,包括新近出版的《袁世凯全集》、此前出版的《冯国

---

[1]《辛亥革命》(五),第234页。
[2]《辛亥革命回忆录》第六集,第383页。
[3]《近代中国史事日志》,第1437页。
[4]《辛亥首义史》,第532页。

璋年谱》等，都没有找到袁世凯给冯国璋的这七封电文。

当然，冯国璋此时尚未完全领悟袁世凯的停战意图，却是显而易见的。

十月初九日黄开文已告知英方将调和南北停战，第二天，冯国璋还致电内阁，报告清军已攻占黄陂，言外之意是清军的攻击目前进展顺利。《冯国璋年谱》甚至说，冯国璋曾向隆裕太后表示，自己一人即可平息武昌民军之乱，"是月，托人向隆裕太后启奏，要求拨给饷银四百万两，愿把平息'叛乱'的任务独自承担下来，无须依靠袁世凯"。[1]

另有记载言，十月十一日至十三日，南北双方密切磋商第一次停战条款之际，冯国璋曾接见袁世凯特使。袁使说："革命军一旦反攻过来，你如何办？"冯答："我只有尽忠报国，不知有他。"袁使又说："天下纷扰，你不要固执己见，倘时机到来，你可酌情行事。"冯答："我意已执，请勿多言。"[2]显然，此时的冯国璋，还持继续进攻的主张。

尽管与袁世凯分歧已现，但此次停战，南北双方尚未委任正式谈判代表，因此冯国璋等作为前线最高指挥官曾参与其中。和谈也充分展示了冯国璋的政治意识。

十月初二日，俄驻汉口领事敖康夫想直接和冯国璋商量停战，冯国璋的答复是"宗旨不合……罢兵一节军统亦不能自主，请不必致函"。[3]最后，冯国璋既没有同意停战，也没有接敖康夫的信函——冯之所以如此，是他觉得自己只是前线指挥官，而停和战的权力应该属于中央政府。无奈之下，敖康夫只好让刘承恩将信函转致袁世凯。

---

[1]《冯国璋年谱》，第15页。
[2]《冯国璋年谱》，第15页。
[3]《电报档》第24册，第265页。

十月十二日，清军和民军签订第一次停战协议。由于事发仓促，英国驻汉口代总领事葛福没有来得及像事前所说的那样出具保证函。为此，冯国璋念念不忘，再三催促，"请英使速补公函为据"。[1]十月十四日午后一点收到英国方面签名的保证书后，冯国璋立即电告内阁。

更能体现冯国璋政治意识的，莫过于十月十四日开始的第二次停战谈判。十月十七日，葛福曾向冯国璋转达了黎元洪的两条要求：

> 一、停战三日期满，续停战十五日，期内，全国清军、民军均按兵不动，各守其已领之土地；二、清总理大臣派唐绍仪为代表，与黎大都督或其代表人讨论大局。[2]

冯国璋看后认为，既然黎元洪方面已告诉英方湖北方面指挥不动山西、陕西等地民军，[3]那他自是无权代表"全国民军"；再者，"各守其已领之土地"八字，意味着承认民军对所占地方的主权，这关系到国际交涉，为此他向内阁表示"碍难承认"；[4]更为严重的是第二条，"第二条内总理大臣上所加之字，是彼又自命为一国，尤为不妥。因万一第三国出而认为国际团体，将来交涉即更为难"。[5]也就是说，冯国璋认为，在总理大臣之前加一"清"字，按照谈判对等原则，暗含湖北军政府自命一国的意图，更不能同意。

十月十九日，冯国璋向内阁奏报了经湖北军政府盖章、英领事签字保证的第三次停战有关条款：

> 一、停战十五日，由西历十二月初九日即十月十九日早八点起，至二十四日即十一月初五日早八点止，期内除秦晋蜀三省另有专条外，两军于各省现在驻兵地方，一律按兵不动。

---

[1]《档案汇编》第79册，第147页。
[2]《辛亥革命》（八），第200页。
[3]《辛亥革命》（八），第200页。
[4]《电报档》第24册，第366页。
[5]《电报档》第24册，第366页。

二、袁总理大臣派唐绍仪尚书为代表，与黎大都督或其代表人讨论大局。

三、因秦晋蜀三省电报不通，恐难即日停战，是以所有以上停战条件与该三省无涉；惟停战期内，两军于该三省各不增加兵力或军火。此条询明，已有之兵力开战及剿土匪不在此例。[1]

对比发现，正式条款对湖北军政府无法指挥的陕西、山西、四川，另作具体规定；原来"清总理大臣"的"清"字改为"袁"字，避免了给外界这是两国政府间谈判的误会。可以说全面吸收了冯国璋的建议。

这样的政治觉悟，非一般军事将领所能具备的。冯国璋后来能出任民国总统，也是其来有自。

三　上海和谈，唐伍磋商

以战促和与英方调停双管齐下，黎元洪被迫回到谈判桌。就在袁世凯与黎元洪协议停战的同时，南北双方开始互派代表，筹划面对面的正式和谈。

十月十七日，清廷发布谕旨，以袁世凯为和谈全权大臣，派员与南方民军进行和谈，"现在南北停战，应派员讨论大局，着袁世凯为全权大臣，由该大臣委托代表人驰赴南方切实讨论，以定大局"。[2] 民军方面，则在十月十九日委任伍廷芳为议和全权代表。

民军与清廷南北双方的公开谈判由此正式拉开帷幕。

北方和谈代表完全名单还原

从十月二十八日正式谈判到十二月二十五日清帝退位，南北和

---

[1]《辛亥革命》（八），第201—202页。
[2]《上谕档》，宣统三年十月十七日。

谈[1]历时将近两个月——如果算上经朱尔典斡旋的南北双方自十月十三日起的正式停战，算上袁世凯与黎元洪九月间的接触，南北议和的时间会更长。

为何南北双方要改为选派代表和谈而不是像此前那样由袁世凯派刘承恩等与黎元洪的代表接触谈判呢？原来，此时全国已有多省宣布独立，湖北军政府已无法完全代表它们了。十月初九日，朱尔典在给清廷的节略中就透露，广西、江西、湖南、安徽、湖北、江苏、浙江、福建、广东各省代表已到武昌，民军的行动已非黎元洪一人所能擅定。比如，尽管黎元洪有意让南北双方在武汉和谈，但各省代表却倾向于将会谈地点设在上海：

> 伊等在彼议办停战以后前往上海，会见袁官保委派代表之事。其宗旨即每省各自独办，惟因黎元洪系此举之倡，均稍有愿让之情，黎督仅能代表湖北发言，今因汉阳克复致武昌为难守之区，其议论不无更改。又，其余他代表肯让到如何地步，尚未知悉。[2]

黎元洪此时既已无法代表独立各省发言，南北双方各选代表进行和谈，也就理所当然了。

南北和谈双方代表中，最先确定的，是北方代表唐绍仪。据日本外务大臣内田康哉致驻华公使伊集院的电报，十月十三日，袁世凯即告知朱尔典将派唐绍仪南下："袁世凯已向该公使秘密透露，……特派唐绍仪前往南方探询意向。唐绍仪将负此使命于一两日内动身。"[3]

武昌起义爆发后不久的九月初五日，因所推行干线铁路国有政策被指为策乱之源，邮传大臣盛宣怀被免职。与此同时，清廷任命唐绍

---

[1] 谈判桌之外，南北双方还有着相当复杂多变的运作。本章所说的"南北和谈"，主要是双方和谈代表在谈判桌上的博弈。谈判桌之外诸如清室优待条件、清帝退位等的运作，则见其他章节。
[2]《档案汇编》第78册，第323页。
[3]《袁世凯全集》第19卷，第110页。

仪为邮传大臣。

任邮传大臣也就一个多月，唐绍仪为何又改任袁世凯的和谈代表了呢？

唐绍仪生于同治元年（1862），比袁世凯小三岁，与孙中山同乡，都是广东香山县（今中山）人。同治十三年随第三批幼童赴美国留学，后入美国哥伦比亚大学文科学习，回国后就职于总理衙门。光绪十一年，二十六岁的袁世凯被清廷任命为"驻扎朝鲜总理交涉通商事宜"的全权代表，走马上任时，所带的二十多名随员中，就有唐绍仪。光绪三十四年，袁世凯被监国摄政王罢职，时为邮传部尚书的唐绍仪也受牵连，短暂任职后只好乞休、退居天津。可以说，唐绍仪以其与袁世凯的长期友谊及曾经的患难与共，赢得了袁的高度信任。

另一方面，唐绍仪在外交谈判上确有过人之处。光绪三十年，他作为清政府全权议约大臣，赴印度就西藏条约与英国代表谈判，其间坚持中国对西藏享有主权，严词拒绝英国企图霸占西藏的侵略要求，维护了中华民族的尊严和国家领土主权。随后，唐绍仪还参与主持中俄、中日关于东北问题的谈判，既拒绝了俄国保留和扩张东北权益的无理要求，也限制了日本在东北攫取权益。在天津海关道（后称海关监督）的两年中，他经办接收八国联军占领的天津城区并主持收回秦皇岛口岸，受到朝野上下的赞扬。光绪三十年，唐绍仪前往印度与英国交涉西藏事务，时为直隶总督的袁世凯亲自上折奏留，其中说："而两年来中外相安无大枝节者。讵臣一手一足之烈所能济事，实唐绍仪赞佐之力居多。"[1]

既同袁世凯关系密切，又"谙练交涉，胆识兼优"，因此唐绍仪被袁世凯选为自己的全权代表，也在意料之中。

只是，抛弃邮传大臣即国务大臣之尊，转而出任袁之私人代表，在外人看来，多少有点纡尊降贵。唐绍仪为何愿意呢？

---

[1]《袁世凯全集》第12卷，第477页。

据时为民政大臣的赵秉钧说，袁世凯曾派洪述祖劝唐趁机与其联合推翻清廷，并许诺将来以唐为国务总理：

> 唐绍仪到京，住东交民巷六国饭店。直隶候补道洪述祖，在北洋时与唐有旧，力劝其不就邮传大臣职务，乘此机会，仿照美、法，将中国帝制，改造民主。其进行，一方面挟北方势力，与南方接洽；一方面借南方势力，以胁制北方。……照此做去，能使清帝退位……创建共和局面，官保为第一任大总统，公为新国内阁总理。[1]

清帝退位后，袁世凯当选中华民国临时大总统，唐绍仪果然成为了民国首任国务院总理。当然，这种说法是否可信，连记录者张国淦本人也有怀疑："此民元年赵秉钧在国务院称赞洪述祖之才言之，似有过誉之处。"与此同时，他还引用国务院秘书程经世的话加以质疑："此事外间绝少知者，除赵之外，唯国务院秘书程经世言，洪曾劝唐不任职，未言其他。"[2]

唐绍仪为何代表的是袁世凯而非清廷呢？这主要是因为，如果作为清廷的代表，根据谈判对等的原则，那就意味着承认民军也是合法政府了。这无疑是清廷不能接受的。

北方议和代表团，除唐绍仪为全权代表之外，杨士琦、严修为副代表——有说法认为严修未曾南下，但十月二十三日，跟随南下的外务部司员曾宗鉴在给外务部的电报中，明确表示唐绍仪和副代表严修二十二日过江与黎元洪等会谈，"昨唐、严过江，微闻黎有罢手意"。[3]

除代表、副代表之外，北方代表团还设了三名参赞：汪兆铭、魏宸组、杨度。此外，还有各省代表二十二人。时值战乱，自然无法选

---

[1]《辛亥革命史料》，第289页。
[2]《辛亥革命史料》，第289页。
[3]《电报档》第24册，第399页。

上图:（左起）章宗祥、陆征祥、周自齐、朱启钤、曹汝霖在中山公园

下图：周自齐（右）和弟弟周自元1900年摄于华盛顿

举，基本上是袁世凯从各省在京人员中指定的。

北方代表团成员名单，以往多援引中国史学会主编的《辛亥革命》和张国淦的《辛亥革命史料》二书。

《辛亥革命》一书所录名单为：刘若曾（直隶），许鼎霖（江苏），章宗祥（浙江），关冕钧（广西），严复（福建），张国淦（湖北），冯耿光（广东），侯延爽（山东），齐照甲（吉林），郑沅（湖南），蔡金台（江西），蹇企益（贵州），渠本翘（山西），张镕（云南），孙多森（安徽），傅增湘（四川），刘笃庆（甘肃），雷多寿（陕西），熙钰（蒙古），广山（黑龙江）。[1]

张国淦《辛亥革命史料》所记名单，并不完整：直隶刘若曾，山东周自齐，山西渠本翘，陕西于邦华，江苏许鼎霖，浙江章宗祥，安徽孙多森，江西朱益藩，湖北张国淦，湖南郑沅，四川傅增湘，福建严复，广东陈锦涛等。[2]

对比发现，两份名单并不一致：主要体现在山东、陕西、江西、广东四省代表上。张国淦《辛亥革命史料》中，此四省代表分别为周自齐、于邦华、朱益藩、陈锦涛，而《辛亥革命》一书则认为是侯延爽、雷多寿、蔡金台、冯耿光。

山东代表原来确实定为周自齐，但周自齐十月十七日刚被任命为度支部副大臣，[3]且据时为署度支大臣绍英的日记，十月十八日周即上任，可知其并未参与南北和谈。[4]也正因为周自齐无法参加，故改派侯延爽。这种原定代表后再改派的，还有福建——本定为溥仪的老师陈宝琛，陈以年老而请辞，后改派严复。

之所以任命周自齐为度支部副大臣，是由于原副大臣、广东南海人陈锦涛因病解职，由此也可知陈不会担任广东省代表。据后来出

---

[1]《辛亥革命》（八），第68页。
[2]《辛亥革命史料》，第289页。
[3]《宣统政纪》卷六六。
[4]《绍英日记》第2册，第259页。

任广东省代表的冯耿光回忆,他在袁世凯十月十八日召见全体和谈代表的前一天才接到去袁世凯锡拉胡同官邸开会的公函,当时还不明就里。到后才知,自己已被定为广东省代表。可知事发仓促。[1]而蔡金台曾在信中告诉赵尔巽自己当选议和代表并得到袁世凯接见,[2]这应是其充任江西代表的例证。至于陕西代表,于邦华为资政院议员,但其为直隶枣强人(今河北衡水枣强县),因此不可能出任陕西代表,张国淦所记显然有误。而从《大清宣统政纪》可知,雷多寿是陕西渭南人,时任度支部主事,兼署北盐厅厅长。

无论是《辛亥革命史料》还是《辛亥革命》,均缺奉天省代表。据《绍英日记》,可知奉天代表为绍英的四哥、时任民政部右丞的绍彝——绍英十月十七日日记写道:"唐绍仪[3]为总理大臣代表,严修、杨士琦参预讨论,各省派参议一人,奉天派四哥前往,国家大事,不敢予辞。"[4]

至此,我们得以还原北方代表团全体成员名单:代表唐绍仪,副代表杨士琦、严修,参赞汪兆铭、魏宸组、杨度。二十二省代表分别为:直隶刘若曾、山东侯延爽、山西渠本翘、陕西雷多寿、江苏许鼎霖、浙江章宗祥、安徽孙多森、江西蔡金台、湖北张国淦、湖南郑沅、四川傅增湘、福建严复、广西关冕钧、广东冯耿光、云南张错、贵州蹇企益、甘肃刘笃庆、奉天绍彝、吉林齐照甲、黑龙江广山,以及八旗的章荣福、蒙古的熙钰。共二十八人。

二品高官伍廷芳的"反转"

北方和谈代表确定为唐绍仪时,南方和谈代表的人选尚无的耗。故此,十月十三日晚,袁世凯曾向日本驻华使馆武官阪西中佐抱怨:

---

[1]《辛亥革命回忆录》第六集,第357页。
[2]《袁世凯全集》第19卷,第233页。
[3] 日记中绍英避溥仪和自己名讳写为"唐世怡",今统一。
[4]《绍英日记》第2册,第259—260页。

民军各省并无明确统一的联系人,无交涉核心,而分别与各独立省份进行和谈难期成效。[1]

直到十月十九日,南方各省代表在武昌举行会议,才推举伍廷芳为全权总代表。

有清一代二百六十八年所任命的难以计数的官吏中,系统受过西方教育、获执业律师资格而又跻身高官行列者,伍廷芳是唯一一人。他祖籍广东新会,与梁启超同乡,其先世贫苦异常,父亲为谋生而远赴南洋。伍廷芳于道光二十二年生于新加坡,武昌起义爆发这一年他已有六十九岁高龄。

伍廷芳三岁随父回国,或许因为父亲在南洋经商之故,年少的伍廷芳曾被误以为是富家子弟而遭绑架。脱逃后,得到外国传教士和在香港办报的亲戚陈言的帮助,赴港求学,时年十四岁。从香港圣保罗书院毕业后,即在香港法院做译员。同治十三年,他以在香港工作的薪俸积蓄,自费赴英留学,入伦敦林肯法律学院攻读法学。两年后结业,经过考试获得律师证书,成为第一个取得英国律师资格的中国人。光绪四年,又被第八任港督轩尼诗任命为第一个华人"太平绅士"。

伍廷芳在林肯学院学习时,正是郭嵩焘出使英国之际,伍曾去拜访。倾谈之下,郭对伍的才华学识十分欣赏,欲留其在驻英国使馆工作。但伍廷芳辞而未就,后继续回香港工作。光绪八年起入李鸿章幕府,并参与《马关条约》谈判。光绪二十二年,他受命出使美国、日本、秘鲁。在任期间,追回八国联军侵华期间美军在中国抢掠的数十万银元,并用其中的一部分兴建了中国驻美使馆。

光绪二十八年,伍廷芳结束六年任期回国,先后任商部左侍郎、外务部右侍郎、署刑部右侍郎等职,官至二品。受命与沈家本充任修订法律大臣后,先后制定了《公司律》《破产律》等。正是由于他们的坚持,清廷最终废止了诸如凌迟、连坐等酷刑。

---

[1]《袁世凯全集》第19卷,第109页。

光绪三十三年，伍廷芳再次出使美国、墨西哥、秘鲁、古巴。由于美国是孙中山的主要居留地之一，因此身为驻美大臣的伍廷芳不时要打探这位比他小二十四岁的革命党人的消息。

光绪三十四年五月，旧金山领事许炳榛奏报孙中山将从美国搭船潜回北京。清廷获悉后，大为惊恐，一改往日多由外务部与各驻外使馆联系的惯例，罕见地以军机处和外务部的名义让伍廷芳赶忙核实。伍廷芳随后电奏清廷，"孙未在美，闻早窜东南洋"。[1]而且据他询问，许炳榛的消息也只是来自"报馆密信及传言"。考之《孙中山年谱》[2]和《孙中山评传》[3]等权威著作，孙中山其时正在河内、新加坡、广西一带，指挥镇南关起义。可知伍廷芳的消息还是比较准确的。

除被动应询之外，职责所系，伍廷芳还曾主动向清廷报告革命党的动态。宣统元年，他致电清廷，呈报革命党从美国运送军火回国策划起义的消息："访闻近有逆党由南洋电美华侨筹办款项，及有美人代购炸药乘美国丸赴香港，转运京师各省，希图举事。"[4]

既如此，伍廷芳为何从清廷二品高官转而支持革命？而且辛亥革命后，还担任过沪军都督府外交部长、武昌临时中央政府外务总长，冒被责以不忠之名甚至被暗杀之危险，出任南方和谈总代表并连续向摄政王载沣、庆亲王奕劻上书呼吁清帝退位、实行共和呢？[5]

原来，宣统元年年底伍廷芳任满回国之际，曾途经欧洲，广泛接触了积极宣传革命的海外华人。长期在海外浸淫于西方民主共和制度之中，想到清廷朝政腐败、官场黑暗、国势衰微、民不聊生的社会现实，以及光宣之际的假立宪把戏，原来一直持维新救国的他，逐渐

---

[1]《袁世凯全集》第17卷，第596页。
[2]《孙中山年谱》，第63页。
[3] 茅家琦等：《孙中山评传》，南京大学出版社2001年，第350—355页。
[4] 丁贤俊、喻作凤编：《伍廷芳集》，中华书局1993年，第300页。
[5] 在给庆亲王的信中，伍廷芳曾自言"或将责廷芳以不忠"，见《伍廷芳集》，第369页。伍廷芳在上摄政王书中则直接提出"君主立宪政体，断难相容于此后之中国"，希望溥仪和摄政王载沣"幡然改悟，共赞共和"，见《伍廷芳集》，第367页。

对清廷实行民主不再抱希望。归国后，伍廷芳寓居上海，并于宣统二年向清廷呈递了《奏请剪发不易服折》。剪发虽只是移风易俗的事项，但由于留辫子是清朝服饰的组成部分，入关之初强迫汉人剃发留辫时竟有"留头不留发，留发不留头"之说。如今伍廷芳提倡剪发、否定辫子，实际上含有否定"国朝旧制"并与"祖宗成法"割裂的意义，"对于伍廷芳这样曾经官居二品的大员来说，可以视为对清王朝失去信赖的象征，也可以说是他思想转变的标志之一"。[1]

因此，伍廷芳答应出任南方和谈总代表，可谓水到渠成；他在南北和谈中坚持共和的主张，也就不足为奇。南北和谈结束后，他以"观渡庐"笔名编辑的有关南北议和的资料集，名字就叫《共和关键录》。值得一提的是，伍廷芳之子伍朝枢，也是民国时期知名的外交家——1919年，曾和顾维钧、陆征祥、王正廷等代表中国出席巴黎和会。在力争从日本手中收回原被德国占有的山东权益未果后，他们同仇敌忾，拒绝在巴黎和约上签字。

关于伍廷芳出任南方议和总代表，有不少传言。赵凤昌曾为张之洞的幕僚，晚号惜阴主人，南北议和的秘密会议，不少在其居所惜阴堂举行；南北双方关键人物，如孙中山、黄兴、唐绍仪、伍廷芳等，多为其座上宾，以致赵有"民国产婆"之誉。其子赵尊岳曾说，为了请伍廷芳出任南方议和总代表，时为沪军都督的陈其美亲自登门邀请。伍初意不从，陈其美就跪在门前、执意相邀，"陈其美一日径投刺造访，请出任南方议和代表。伍不识陈，却之再三，陈竟长跪以求。伍感其诚，始允就任"。[2]

不过，赵尊岳此说，更多像小说家言——首先陈其美为沪军都督，伍廷芳为都督府外交部长，说"伍不识陈"，不合情理。再者，据相关史料，南方各省推伍廷芳为谈判总代表，是十月十九日之事，且伍廷

---

[1]《伍廷芳集》前言，第8页。
[2] 赵尊岳：《惜阴堂辛亥革命记》，《近代史资料》，总53号。

芳自始至终都表示十分愿意接受此职。十月十九日当天，湖北军政府都督黎元洪致电陈其美，要陈告知伍廷芳"请（清）袁内阁派唐绍仪为代表来鄂讨论大局，十一省公推先生为民军代表与之谈判"。[1]黎元洪在电报中说"此举关系至重"，并已委托江苏代表雷奋前往迎接。尽管认为谈判地点以上海为宜，但在当日给黎元洪的复电中，伍廷芳即同意接受此任务："辱十一省公推廷为民国代表，谊不敢辞。"[2]

十月二十一日，伍廷芳再次致电黎元洪，表示"代表民国赴鄂谈判一节，谊不敢辞，抑亦弟所深愿"；[3]在十月二十二日给英国驻沪总领事法磊士的信函中，伍廷芳也说："黎元洪将军与十一省份已经推举本人为他们的代表，以便与唐绍仪举行谈判；这是我完全愿意担负起来的一项任务。"[4]这些都表明，伍廷芳出任南方和谈总代表，无须陈其美的跪求。

不过，据伍廷芳给庆亲王奕劻的信，因为他答应出任南方和谈总代表，加上思想转向支持共和，一度被清廷视为叛徒，还被载涛、良弼列入暗杀名单，"比闻涛邸及良弼等，重募死士，暗杀汉人，悬赏三等，廷芳亦在应杀之列，道路传闻，必非无因而至"。[5]

南方议和代表团的成员，还有副使、湖北特派代表胡瑛、王正廷，以及参赞温宗尧、汪兆铭、王宠惠、钮永建，外交部秘书陈经、虞熙正、关文湛、余沅，外交部翻译沈宝善、何智辉、曾广勷、蔡序东，司法部秘书刘汝霖、朱文炳，专任议和事职员李范之、张公室（张竞生）、曾广益，电政局特派译电员史丹銳、潘茂昭。[6]

---

[1]《伍廷芳集》，第371页。
[2]《伍廷芳集》，第371页。
[3]《伍廷芳集》，第371页。
[4]上海社会科学院历史研究所编：《辛亥革命在上海史料选辑》，上海人民出版社1966年，第1185页。
[5]《伍廷芳集》，第370页。
[6]观渡庐编：《共和关键录》，《近代中国史料丛刊续编》第八十六辑，台北文海出版社1989年，第19—24页。亦见于《辛亥革命》（八），第69—70页。

考察这两份名单，可以发现不少有趣之处：汪兆铭（汪精卫）同时出任南北双方议和代表团的参赞——既代表南方，又代表北方，可谓奇闻；唐绍仪主张"共和"，杨士琦维持"君宪"——两位立场迥异之人，分任北方代表团正副使，也是有趣。

袁世凯以汪精卫、魏宸组为北方议和代表团参赞，自是因为此前汪、魏二人曾与其交谈多日，也有向南方民军示好之意。汪精卫本已随唐绍仪南下。但十月十九日在汉口举行的湖北、湖南、浙江、江苏等十一省革命军政府代表会议上，除推伍廷芳为民国议和总代表，还以温宗尧、汪精卫、王宠惠、钮永建为参赞。[1] 于是，就出现了汪精卫同时代表南北双方的局面。

考察这两份名单，还可以发现：在谈判桌上决定着大清国命运的人多为广东人——南北双方的总代表伍廷芳、唐绍仪，代表团主要成员汪精卫、温宗尧、王宠惠、冯耿光，在南北方之间斡旋奔走的蔡廷干、黄开文，以及幕后为袁世凯出谋划策的梁士诒，都来自广东；更不用说当时名满天下的"中国留学生之父"容闳，以及孙中山、康有为、梁启超、胡汉民等。洋务运动后清廷开始派幼童出洋留学，但当时大多数国人还以科举为正途，因而应者寥寥。广东地处沿海，思想开放，出国者众，如上文中提到的伍廷芳、唐绍仪、温宗尧、蔡廷干等，都是出洋留学的佼佼者。一时间，广东成了人才的渊薮，到20世纪初，已超越曾成就"同治中兴"且以曾国藩、左宗棠、胡林翼为代表的湘系集团，引风气之先。

袁世凯的和谈底线

唐绍仪既要代表袁世凯前往和谈，那出发前，袁世凯给了什么锦囊妙计呢？走笔至此，我们有必要梳理一下从答应出山至今袁世凯政治主张的变化轨迹。

---

[1]《汪精卫评传》，第54—55页。

获悉武昌起义之初，袁世凯"余不能作革命党，余且不愿子孙作革命党"的表态，透露他当时仇视革命党之心和效忠帝制之意。这正如黎元洪在九月十一日给袁世凯的复函中所批评的，"来书殷殷欲保全清朝帝统"。[1]九月十二日南下前线视察之后，清军兵力单薄、人马疲惫的现状，以及湖南、陕西等地的相继独立，使得他接受现实，加快了"抚"的步伐，同湖北军政府接触。此时，袁世凯的政治主张，转为君主立宪——九月二十二日，黎元洪复信中的"嗣又奉读条件，谆谆以'立宪'为言"、[2]九月二十四日载沣召见时袁世凯谈及政治改革时说的"若朝廷体恤民意，立即召集国会，实行宪法，不惟武汉一隅立即可告靖，即各省变乱，亦将同时归于消弭"[3]等，都表明此时的袁世凯已持君主立宪的主张。

九月二十三日袁世凯抵京时，全国独立的省份已达十二个；抵京前两日，海军"海"字三舰驶离武汉，宣布起义。这些让袁世凯感到，帝制，哪怕是君主立宪，都难以坚持，共和观念已深入人心。

袁世凯抵京之后，汪精卫、魏宸组又连日上门游说——"袁初尚搭君主官话，连谈数夜，袁渐渐不坚持君主，最后不言君主，但言中国办到共和颇不易。汪、魏言：'中国非共和不可，共和非公促成不可，且非公担任不可。'袁初推让，后也半推半就矣"。[4]如此种种，再加上汪精卫等"举袁为民国总统"的许诺，使得袁世凯内心已从主张君主立宪转为促使清帝退位、接受共和。只是，由于南方暂无确凿答复和保证，让清室接受共和也非旦夕之功，以致此时的袁世凯呈现出表里不一的矛盾状态——明里依然声称主张君主立宪，暗里却悄悄与南方暗通款曲。

---

[1]《辛亥革命始末记》，第168页。
[2] 卞孝萱辑：《闵尔昌旧存有关武昌起义的函电》，《近代史资料》，总1号。
[3]《袁世凯全集》第19卷，第49页。
[4] 转引自蔡德金：《汪精卫评传》，第54页。

十月十八日，唐绍仪等南下前夕，袁世凯接见和谈代表团各代表。据在场的张国淦所记，袁世凯以极沉重的语气，用几十分钟的时间，大谈维持君主立宪制度的必要性：

> 君主制度，万万不可变更，本人世受国恩，不幸局势如此，更当捐躯报国，只有维持君宪到底，不知其他。[1]

在场的广东代表冯耿光，也记下了袁世凯其时坚持君主立宪的表态：

> 我是主张现在实行君主立宪最为恰当，将来国民程度渐渐开通，懂得共和的真谛，再慢慢改为共和政体。[2]

这些表明，袁世凯在公开场合所谈的，是维护君主立宪制度。袁氏的这些表态，让在场的北方代表刘若曾、许鼎霖等在被接见后"喜形于色，以为君主绝无问题"。江西代表蔡金台也在信中告诉赵尔巽："初承诺时，项城谓'满清君主'四字十九可保。"[3]

张国淦显然对袁世凯有更深刻的了解，已明了袁氏的表里不一，禁不住嘲讽刘若曾、许鼎霖二人"殊为懵懵"。[4]冯耿光也写道：

> 尽管袁世凯矢口高唱"忠君爱国，主张君主立宪""如不幸局势有变，必当捐躯图报"等语，而我们却料定"袁项城一定要推翻清室"。[5]

离京南下之前，唐绍仪和袁世凯之间有过多次商谈。虽然时为北方代表团湖北代表的张国淦坦承"究竟袁如何授意，非外间可得闻知"，[6]但通过唐绍仪、袁世凯等的表态，还是能略知端倪。

十一月初一日与伍廷芳进行第二次和谈时，唐绍仪公开表示自己

---

[1]《辛亥革命史料》，第289页。
[2]《辛亥革命回忆录》第六集，第357页。
[3]《袁世凯全集》第19卷，第233页。
[4]《辛亥革命史料》，第289页。
[5]《辛亥革命回忆录》第六集，第359页。
[6]《辛亥革命史料》，第289页。

完全赞同共和立宪，"共和立宪，我等由北京来者，无反对之意向"。[1]

日本采用的是君主立宪制，出于自身利益考量，自然希望中国予以效仿。唐的这番表态为日本方面侦知，十一月初三日，日本驻华公使伊集院面见袁世凯，对"唐曾公开言明其本人原系一共和论者"[2]表示不满。袁世凯强调自己坚决主张君主立宪、"绝无赞成共和之意"，同时透露在唐离京时他曾授意要其一意贯彻君主立宪。

但应该说，如果没有袁世凯的授意，第二轮谈判之时，唐绍仪不敢作此表态。由此推断，袁世凯接见议和代表和伊集院时维持君主立宪的话语，只是表面文章。

除此之外，袁世凯还授意唐绍仪秉持和平解决之宗旨，促成南北方停战。十一月初八日，在给内阁的电报中，唐绍仪就说："绍仪出都时，总理大臣以和平解决为嘱。"[3]这里的"总理大臣"，指的就是时任内阁总理大臣的袁世凯。

南北和谈地点的变更

十月十九日，唐绍仪离京赴汉。但其抵达汉口的时间，并非英国驻华公使朱尔典向外交大臣格雷所报告的十月二十日，[4]而是二十一日——这天，唐绍仪和杨士琦致电内阁说："今日上午十二钟抵汉口，寓英界。特闻。"[5]

在汉口稍事休整后，唐绍仪等即过江同黎元洪见面。因当时民军和清廷还处于战争状态，唐绍仪觉得进武昌城有碍，黎元洪亦感不便，于是选择武昌城外毡呢厂（今武汉理工大学余家头校区工程学

---

[1]《共和关键录》，第39页。
[2]《袁世凯全集》第19卷，第182页。
[3]《辛亥革命》（八），第223页。
[4] 朱尔典二十日报告中有"唐绍仪已受任为袁世凯的代表，他将于今日午后抵达汉口"之语，见《辛亥革命在上海史料选辑》，第1185页。
[5]《辛亥革命》（八），第203页。

院）作为会谈地点。[1] 随黎元洪到毡呢厂与会的有孙发绪、胡钧、夏维崧、杨玉如、杜锡钧、何锡蕃等人。唐、黎在毡呢厂举行餐叙，所用西餐器具，系从英国领事馆和英国商人处借来的，毡呢厂总办张正基负责招待工作。[2]

两个中国人餐叙，用的却是西餐器具。或许是双方彼此尚不信任、害怕对方在饮食中下毒，所以由第三方——英国领事馆提供服务？

至于唐、黎会谈的内容，十月二十三日，跟随唐南下的外务部司员曾宗鉴曾向外务部报告：

> 昨唐、严过江，微闻黎有罢手意，惟以信条反汉、党人吃亏为虑，南方代表已赴沪。在鄂议四条：一推翻满清；二优礼皇室；三厚待满人；四统一各省。[3]

朱尔典在十月二十五日给格雷的报告中也说：

> 武昌革命军政府向唐绍仪提出的建议如下：（一）推翻满清王朝。（二）优待皇室。（三）对满人一律予以体恤。（四）统一中国。[4]

两人所记，大体相同。看来，朱尔典的情报相当准确。英方借餐具之举，可谓回报丰厚。只是谈判地点很快就由汉口变为上海，因此唐、黎二人所议，只好暂时被搁置。

按照袁世凯本意，收复汉口、汉阳后黎元洪已被制服，武汉军事形势对清军有利，应以湖北军政府和黎元洪为谈判对手、以汉口为谈判地点。汉口为外国领馆驻地，因此湖北军政府方面最初也同意在此议和。

但最终，南北双方谈判地点改在了上海。

---

[1] 熊炳琦：《武汉战纪初稿》，《辛亥革命史丛刊》编辑组：《辛亥革命史丛刊》第三辑，中华书局1981年，第158页。

[2] 张正基1956年10月谈话记录，转引自《辛亥首义史》，第536页。

[3] 《电报档》第24册，第399页。

[4] 《英国蓝皮书》上册，第166页。

更改谈判地点的请求由南方议和总代表伍廷芳提出。就当时的大环境而言，上海已于九月十四日宣布独立，南京也于十月十二日独立，沪宁一带此时已成为全国革命的大本营。九月二十二日，江浙两省代表雷奋等致电各省，倡议已经宣布独立的十四省代表来上海开会，发起成立临时国会。在此电中，雷奋等向十四省宣布，已"公推伍廷芳、温宗尧二君为临时外交代表，以便与外交团正式交涉"。[1] 由于交涉事务繁杂，十月十九日接到各省推举他为议和总代表的照会时，伍廷芳就表示无法离开上海赴鄂，"唯此间组织临时政府，各省留沪代表，未许廷一日远离。又交涉甚繁，实难遵召"。[2]

为此，伍廷芳提议唐绍仪前来上海谈判，并请黎元洪做唐绍仪的工作："恳即转致唐公速来沪上，公同谈判，即由尊处立派专轮护送尤妥。"[3]

现有史料表明，抵达汉口的十月二十一日，唐绍仪就同意改到上海谈判。当天，湖北军政府外交部长胡瑛、副部长王正廷奉黎元洪之命前与唐绍仪商谈。随后，胡、王向时在武昌的各省代表汇报：唐绍仪十分乐意赴上海和谈，"廿一日，唐君绍怡[4]至鄂，因伍先生未到，瑛等先以私人资格谒晤，告以伍电，唐欣然乐从"。[5] 当日过江与黎元洪见面时，唐绍仪再度表达了愿往上海之意："今日怡过江晤黎元洪，商定在沪会议，由黎电告上海。"[6]

十月二十二日，唐绍仪正式致电清内阁，同意去上海谈判，"顷由英领事介绍黎元洪代表王正廷，据称现在推总代表伍廷芳不能来汉，拟同往上海会议等语，怡已允许赴沪"。[7]

---

[1]《辛亥革命在上海史料选辑》，第1063页。
[2]《伍廷芳集》，第371页。
[3]《伍廷芳集》，第371页。
[4] 当时为避宣统帝溥仪名讳，仪字改用怡字代替。
[5]《辛亥革命在上海史料选辑》，第1075页。
[6]《电报档》第24册，第393页。
[7]《电报档》第24册，第395页。

唐绍仪为何同意到上海和谈？袁世凯为何愿意放弃原定的和谈地点汉口呢？

有一种说法认为是英国人在其间起了关键作用，所举的例证之一，就是伍廷芳曾致函英国驻沪总领事法磊士，请其斡旋朱尔典出面做袁世凯的工作："贵总领事倘愿以电报敦促贵国公使，由其商请袁世凯，要袁对唐绍仪发出指示，令其前来上海与我等会谈，将不胜感激。"[1]

伍廷芳此信，是十月二十二日发出的。而由前可知，十月二十一日唐绍仪就同意更改谈判地点。因此，英方的调停对唐绍仪其实并没有任何作用。相反，唐绍仪还劝说袁世凯改变态度——朱尔典就告诉英国外交大臣格雷，"袁世凯一直希望在汉口开会，但经唐绍仪劝告后便即让步"。[2]至于袁世凯方面，经过唐绍仪的劝解和英方的调停，最终也同意改在上海谈判。十月二十二日，也就是唐绍仪正式致电内阁同意更改和谈地点当日，朱尔典告诉法磊士，"要唐绍仪前往上海举行会议的指示已经发出"。[3]

唐绍仪的爽快同意甚至连黎元洪都没有想到。十月二十二日，他致函唐绍仪对此大加赞扬："昨得沪电，伍先生因国事未克即临，欲恳公莅沪谈判。顷闻面达此意，竟蒙允许。非对国民推至诚之心，何能出此？元洪尤为倾倒。"[4]一个"竟"字，既透露了黎元洪的意外之喜，更透露了唐绍仪和清方急于求和之心。

临时更改和谈地点引发的插曲犹如长江江面的一朵小涟漪，很快归复于平静。十月二十四日，唐绍仪等乘坐英国轮船洞庭号离开武汉顺长江东下，三天后，抵达上海。[5]

---

[1]《辛亥革命在上海史料选辑》，第1185页。
[2]《辛亥革命在上海史料选辑》，第1189页。
[3]《辛亥革命在上海史料选辑》，第1186页。
[4]《辛亥革命在上海史料选辑》，第1041页。
[5]《电报档》第24册，第399页；《辛亥革命回忆录》第六集，第427页；《伍廷芳集》，第372页。

唐绍仪（左二）抵达上海参加南北议和

冯耿光回忆，北方代表团临行前，袁世凯总理府"庶务处送来每人一张银额二百两的大清银行支票，作为旅费"。但当时清室不稳，其信用大打折扣，因此市面上现洋的兑率要比银两高出不少，"记得二百两银子原可换到二百八十元，当时我们只换到二百三十元"。[1]

尽管名义上为"和谈代表团"并以唐绍仪为团长，但实际上，北方和谈代表团的管理相当松散。

首先，并非全部成员都到了上海。和谈地点变更后，袁世凯就表示"如有不愿去者亦不勉强"。[2] 署度支大臣绍英的四哥、时任民政部右丞的绍彝为奉天省代表，担心哥哥安全的绍英，赶紧致电代表团副代表杨士琦进行疏通，绍彝也就没去上海，由汉口直接北返，于十月二十七日抵京。

其次，和大部分代表入住沧州酒店不同，唐绍仪住到了位于戈登路的英商黎德露（也译为李德立、李德利）家中，并不与代表团成员住在一起。黎德露是个老中国通，早年在中国传教，后为英国卜内门洋碱公司在中国的代理人。卜内门曾牵头开发秦皇岛北戴河避暑

---

[1]《辛亥革命回忆录》第六集，第357页。
[2]《绍英日记》第2册，第261页。

胜地，唐绍仪任天津海关道时，曾负责收回秦皇岛口岸管理权。黎、唐二人因此相熟。黎德露后来曾于十一月二十六日亲自致电庆亲王奕劻，要清帝退位以实行共和，"请皇室幸离北京，一切政权交与袁宫保及革军首领，俾渠等组织临时政府以待国会取决君主、共和问题"。[1] 在和谈这样的敏感时刻，唐绍仪选择入住赞成革命与共和的黎德露之家，个中含义，不言自明。

再次，尽管跟随唐绍仪南下的各省代表有二十多人，但他们实际上都没有参加南北双方的和谈。冯耿光就说，北方代表到上海后就没聚会过一次，以致"到达上海以后，确实是一无所事"。[2] 另一代表章福荣则回忆说："开会时仅由南北两代表各带随员三四人，其余双方各代表均不列席。……我们要求旁听，唐未许可。闻南方各代表要求旁听，亦未允准。后又开了三四次会，都是如此。"[3] 按照冯耿光的记述，之所以不允许代表们与会，是因为北方代表团人数较多，他们刚到上海就有传言说，北方来这么多人，"是想来占议员位额、多争票数的"。唐绍仪为避免给人口实，便不准许代表与会。

此外，作为和谈副代表的署邮传大臣杨士琦，刚到上海就有人威胁说要剪他的辫子，吓得他一直躲在亲戚家，甚至连署邮传大臣的官职都不要了——十一月初五日，和谈刚开始不久，他就给留守北京的邮传部副大臣梁士诒发去电报，请求在清廷文件中不要署他的名字，甚至请求开去职务："未交卸之国务大臣在此十分危险。日行公事由单万勿再寄。阁臣署名钞内亦望将弟名去下，能开去署缺尤妙。"[4] 而且，因为和谈陷入僵局，杨士琦表示要避往青岛："本拟明日往青，

---

[1]《电报档》第 24 册，第 506 页。
[2]《辛亥革命回忆录》第六集，第 360 页。
[3]《辛亥革命回忆录》第六集，第 427—428 页。
[4]《辛亥革命》（八），第 218 页。

亦因伍代表不愿议和人散，只得暂行忍受。"[1]

袁世凯试图瞒天过海

十月二十八日，南北和谈在上海英租界内市政厅正式举行。光绪三十四年（1908）六月，因美国减收庚子赔款，清廷曾派时任奉天巡抚的唐绍仪作为专使，赴美致谢。负责接待唐绍仪的，就是时任驻美大臣的伍廷芳。彼时尚叙同僚之谊，三年后再见面，却已分别代表政见截然不同的南北方，各为其主。

此前，经英方调停，十月十三日早八点至十月十六日早八点，南北双方第一次停战。到期后，又展期三天，再次停战至十月十九日。十月十九日，南北双方再次议定，自十月十九日早八时起，至十一月初五日早八时止，各战场均停战十五日，是为第三次停战。[2]这十五天的停战，为南北和谈创造了条件。

南北和谈从十月二十八日正式开始，至十一月十二日第一阶段止，共举行了五次会谈。

二十八日下午两点半，[3]南北双方举行第一次会谈。关于第一次会谈的情形，沪军都督陈其美的一封电报中曾如此记述：

> 彼此验看文凭，交换意见，伍廷芳之参赞与会者，为温宗尧、王宠惠、汪兆铭；唐绍仪之参赞与会者，为杨士琦。于是伍廷芳全权代表，提出民军议和条件四项：（一）废除满洲政府；（二）建立共和政府；（三）优给清帝岁俸；（四）优恤年老贫苦之满人。[4]

---

[1]《辛亥革命》（八），第218页。
[2] 李新总编，韩信夫、姜克夫主编：《中华民国史·大事记》第1卷，中华书局2011年，第292页。
[3] 此为伍廷芳辑录的《共和关键录》所载时间，张国淦在《辛亥革命史料》说开会时间为下午三点。两相比较，自然亲历者伍廷芳所记更为可信。
[4]《辛亥革命史料》，第290页。

而据伍廷芳编著的《共和关键录》，陈其美此电报讹误颇多：当日与会者，民军方面有总代表伍廷芳，湖北特派代表王正廷，参赞温宗尧、王宠惠、汪兆铭、钮永建；清廷方面，除唐绍仪之外，还有随员欧赓祥、许鼎霖、冯懿同、赵椿年——并无杨士琦。此外，根据会谈记录，双方第一次会谈，只谈了停战问题，并未涉及废除满洲政府、建立共和政府等四项条件。[1]

会谈开始，伍廷芳首先指责停战期间清军频繁违约，进攻山西、陕西。后经协商，双方同意各拟电报，分致袁世凯和黎元洪，以及山西、陕西军政府都督，请一律停止军事进攻。在电报中，伍廷芳将已取消独立的山东和未独立的东北均包括在停战范围之内。唐绍仪初有疑义，经伍解释并将东三省改为奉天之后，唐即表示认可。对此，唐绍仪、杨士琦在二十九日给内阁的电报中抱怨，"昨日会议，彼强词夺理之语甚多，只有极力忍耐"，同时请求内阁下令"切实禁军队进攻，俾重行开议，以期了结"[2]。

有趣的是，山西、陕西虽已宣告独立，但民军与其电报不通，为此，伍廷芳还得托清政府将电报发给上述两省的军政府大都督；[3]而皖北等处虽未宣告独立，但已同清廷失去联系，唐绍仪也只好请民军方面帮忙通知其停战，"皖北等处，敝虑电报不通，亦请贵代表代传"。[4]

十一月初一日的第二次会谈，讨论的主旨是政体问题——君主立宪还是共和立宪。由于此前议定的停战期限四天后即将到期，因此双方首先讨论续展停战期限的问题。唐绍仪一开始提议再停战十五天，伍廷芳嫌"未免太长"。最后双方同意"续议停战七日，自十一月初

---

[1]《共和关键录》，第33页。
[2]《辛亥革命》（八），第214页。
[3]《电报档》第24册，第421—422页。
[4]《共和关键录》，第34页。

五日八时起,至十一月十二日早八时止"。[1]此为南北双方的第四次停战。

随后,双方开始讨论政体这一实质问题。唐绍仪表示自己完全赞同共和立宪,"共和立宪,我等由北京来者,无反对之意向"、[2]"共和立宪,万众一心,我等汉人,无不赞成"、[3]"我之意,欲和平解决,非共和政体不可"。[4]他甚至还告诉民军方面,自己早年留学美国,接触共和思想可以说比民军代表团成员还早,"我共和思想尚早于君,因我在美国留学,素受共和思想故也"、[5]"今所议者,非反对共和宗旨,但求和平达到之办法而已"。[6]

尽管伍廷芳表示只要承认共和"则一切办法皆可商量",但关键在于如何"筹一善法,使和平解决,免致清廷横生阻力"。[7]实行共和立宪,则意味着民选总统,那"清室之待遇,旗兵之安置"等,都需要妥为安排。通观第二次会谈的记录,面对唐绍仪"请示办法"的提问,伍廷芳其实尚无具体方案,倒是唐绍仪抛出了自己曾向清廷上奏之法——"请国民大会决定君主民主问题"。[8]

南北和谈前的十月十九日,黄兴曾致电汪精卫,表示袁世凯若"能顾全大局,与民军为一致之行动,迅速推倒满清政府……中华民国大统领一位,断推举项城无疑"。[9]黄兴让汪通过杨度向袁世凯转达此意。觉得时机尚未成熟,袁世凯答以"此事我不能为,应让黄兴为

---

[1]《袁世凯全集》第19卷,第178页。
[2]《共和关键录》,第39页。
[3]《共和关键录》,第40页。
[4]《共和关键录》,第44页。
[5]《共和关键录》,第40页。
[6]《共和关键录》,第40页。
[7]《共和关键录》,第40页。
[8]《共和关键录》,第42页。
[9]《黄兴集》,第94页。

之"[1]——言外之意,要他推翻清室,他做不到,应该由黄兴来做并出任总统。正当民军方面以为袁世凯反对推翻清室时,第二次和谈期间,唐绍仪一针见血地告诉伍廷芳:袁世凯内心其实也赞成共和,"不过不能出口耳"。[2]可以说,和谈伊始,唐绍仪就将袁世凯的底牌悉数亮出。与此同时,唐绍仪还表示用七天时间可说服清廷接受共和立宪制度,"既予我以七日停战之期,则可以用劝解之法,使和平解决"。[3]

但从十一月初一日第二次会谈结束,到第三次会谈开始的十一月初十日,其间休会竟然长达十天。为何要拖延这么久?这十天究竟发生了什么?

十天的休会,和唐绍仪对形势的错判有关——他对袁世凯的估计过于乐观了。

第二次会谈结束的第二天,唐绍仪告诉清廷,黄兴昨日再次以私人身份前来拜访,表示"革命党坚决主张共和,似已毫无折冲余地"。唐绍仪分析,尽管这是私人性质的交流,但应该是代表了民军方面的意思,"双方若公开坚持各自主张,谈判必至破裂"。[4]为此,他建议清廷接受共和主张。

从十一月初二日开始,唐绍仪便每日数电催促清廷答复。[5]与此同时,他还利用民军的态度向清廷施加压力——十一月初四日,唐绍仪在当日的第三封电报中告知内阁,由于已经休会三日,民军方面多次催问何时重开和谈,"且疑我意延搁,阴修军备"。[6]十一月初八日,他向内阁抱怨,"民军宗旨以改建共和政体为目的,若我不认共和,即不允再行开议"。[7]

---

[1]《共和关键录》,第40页。
[2]《共和关键录》,第40页。
[3]《共和关键录》,第41页。
[4]《袁世凯全集》第19卷,第179页。
[5]《袁世凯全集》第19卷,第199页。
[6]《辛亥革命》(八),第218页。
[7]《辛亥革命》(八),第222—223页。

但由于没有得到外国方面的支持、没有获得清室方面的同意，袁世凯显然觉得此时还不是表态支持共和的时机。

十一月初二日，袁世凯告诉唐绍仪：各国都不赞成共和，要唐劝说民军放弃此主张，"近日体察各国情形，皆不赞成共和，日本因恐波及，尤以全力反对。如再相持，人必干预"。[1]

确实如此。日本参事官松井很快就向日本驻华公使伊集院汇报，"唐曾公开言明其本人原系一共和论者"。[2]十一月初三日，伊集院就此向袁世凯表示不满：唐绍仪身为官方代表，本应坚持君主立宪主张，但据来电观之，似对共和体制并不反对。[3]而当袁世凯提出希望日本公开表态支持君主立宪时，伊集院又说这只是双方之间的默契或希望，不能作为日本政府的原则立场公开发表。[4]

既不能接受民军方面提出的实行共和政体的要求，又不能让和谈僵局无限期延续，怎么办？朱尔典建议袁世凯"将计就计"，接受民军召开国会的方案以拖延时间，"双方继续停战两三个月，在此期间内多方筹备，以便召开不偏不倚之国会，议决国体"。[5]

民军要求完全共和，朱尔典的方案仅是召开国会，决定实行君主立宪还是共和。显然，双方还存在着很大的差距。但袁世凯决定采取朱尔典方案，并开始相关运作。

据徐世昌对张国淦所言，袁世凯先邀徐世昌前来计议，认为共和乃大势所趋，决定奏请召开国民会议，以此向清室施压：

> 据徐世昌言："唐电到后，袁约余（徐自谓）计议，认为国体共和，已是大势所趋，但对于官廷及顽强亲贵，不能开口。若照唐电召开国民大会，可由大会提出，便可公开讨论，亦缓脉急

---

[1]《袁世凯全集》第19卷，第178页。
[2]《袁世凯全集》第19卷，第182页。
[3]《袁世凯全集》第19卷，第182页。
[4]《袁世凯全集》第19卷，第179页。
[5]《袁世凯全集》第19卷，第184页。

受之一法。"[1]

为了说服清室,袁、徐二人商定,先由徐世昌去说服庆亲王奕劻。奕劻同意之后,袁即到庆王府与其商议相关细节,再由内阁奏请召开宗室近支王公会议。会上,奕劻首先表态支持召开国民大会决定政体,最终使得清室同意并颁布相关谕旨:

> 乃由余(指徐世昌)先密陈庆邸。得其许可,袁即往庆处计议,当约集诸亲贵在庆处讨论(载泽未到),决定赶由内阁奏皇太后召集王公大臣会议。次早,皇太后据内阁奏召集近支王公会议,庆邸首先发言,毓朗、载泽表示不赞成,然亦说不出理由。其余俱附庆议,于是允唐所请,当即下召集临时国会之谕。[2]

除了皇室的同意,召开国民大会一事显然还需要国际上的支持。尽管方案由朱尔典本人提出,但毕竟未获英国官方的明确指示。因此十一月初三日当袁世凯希望英国表态支持君主立宪时,朱尔典态度变得暧昧,一再强调"迄今为止之所谈,无非本使之个人意见"。[3]两天后,庆亲王奕劻和袁世凯又找到朱尔典,"拿出一份拟将发给唐绍仪的电稿",[4]再次征求其意见,朱尔典依旧没有明确表态。

经过戊戌变法、甲午战争和日俄战争,进入20世纪之后,日本很快取代英国,成为在华影响力最大的国家。[5]因此,见过朱尔典之后,奕劻和袁世凯于同日又立即去征求日本驻华公使伊集院的意见。和朱尔典的暧昧不同,伊集院的态度倒是十分明确——担心此举将使中国不可挽回地选择共和政体,进而影响日本利益,中国"变成共和国体,我国国民在思想上必受到不少影响"。[6]

---

[1]《辛亥革命史料》,第294页。
[2]《辛亥革命史料》,第294页。
[3]《袁世凯全集》第19卷,第183页。
[4]《辛亥革命在上海史料选辑》,第1192页。
[5] 茅海建:《戊戌变法史事考》,生活·读书·新知三联书店2005年,第564页。
[6]《袁世凯全集》第19卷,第183页。

朱尔典的暧昧和伊集院的明确都表明，二人最先考虑的是本国利益，而并非与袁世凯的友情——朱尔典不立即赞成，是担心万一将来中国选择共和政体，那此时支持君主立宪的表态无疑会招致新政府的不满；伊集院明确反对，则是担心中国实行共和将与实行君主立宪的日本背道而驰。

至于袁世凯，也对英、日两国玩了个小心机。

十一月初五日见伊集院时，袁世凯曾告诉对方，"革命军方面绝对不能接受"召开国会商决政体的方案，而他之所以出此策，"是把难题推给对方，对方如果拒绝，谈判即行决裂，然后再下最后决心"。[1]更关键的是，袁世凯还告诉伊集院，英方已表示支持，"采取此种步骤，诚属万不得已，且英公使已表赞同"。

但实际上，十一月初五日这天，朱尔典刚刚致电向国内请示。两天后，英国外交大臣格雷的指示才到达北京："不论中国人民喜欢哪一种政体，我们所要求看到的，是一个巩固而统一的中国。"[2]尽管格雷此电可以理解为有支持袁世凯之意，但袁在十一月初五日就对伊集院说英国方面已同意，显然有"假传旨意"之嫌。

袁世凯不知道的是，为了弄清楚英国方面的意图，以避免诸如十月初英方瞒着日方单独调和南北停战之类的事情再度发生，日本国内多次指示驻英临时大使山座圆次郎追问英方态度。此外，英、日两国驻华公使朱尔典和伊集院已经达成协议——每逢袁世凯约见之前，两人会先碰头；约见之后，两人还要再见面，对会谈笔记。十一月初三日，袁世凯先后约见朱尔典和伊集院，通报准备颁发的召开国民会议决定政体谕旨。朱尔典事后向格雷报告，"按我们的惯例，伊集院先生和我在往访总理大臣之前就此事会商一次"，[3]"我的日本同事（指

---

[1]《袁世凯全集》第19卷，第199页。
[2]《辛亥革命在上海史料选辑》，第1192页。
[3]《辛亥革命史资料新编》第8卷，第173页。

伊集院）在同日晚些时候会见了总理大臣,其后我们与他对了一下我们的会谈笔记"。[1]

因此,袁世凯这种企图瞒天过海的手段,英、日两国均十分清楚——十一月初六日,英国外交部代理亚洲司长蓝格雷就向山座圆次郎抱怨袁世凯假传英、日两国政府旨意,"袁确曾致电唐绍仪,示意英、日两国政府偏袒君主立宪政体等等,袁世凯未经与英、日两国政府商谈而竟贸然出此,此等行径,殊为不当"。[2] 就袁世凯对唐绍仪所说的"六个列强不会承认共和,而愿意坚持维护君主制",英国外交大臣格雷也于十一月初四日指示朱尔典提出抗议:"您应该强烈驳斥袁世凯所发表的言论,因为他的言论是有害的,而且至少就英国人来说,也是极不真实的。"[3]

尽管英国朱尔典方面态度不明,尽管日本伊集院以正在等待国内答复为由希望袁世凯"复唐绍仪电可稍缓一两日再发",[4] 但种种史料表明,十一月初五这天,"鉴于周围情势及其本人之处境,实万难再事迁延"[5] 的袁世凯已决定采纳朱尔典召开国民大会决定政体的建议。未能如愿的伊集院,不禁颇为懊恼,威胁袁世凯说:"由此产生之一切后果及今后事态如何发展,应由阁下负完全责任。"[6]

十一月初九日,隆裕太后召集近支宗室王公举行第一次御前会议,讨论袁世凯率全体内阁成员关于召开国民会议以决定政体之奏请。隆裕太后对宗室王公"面加询问皆无异词",[7] 乃予以同意。同日,清廷发布谕旨,"由内阁迅将选举法妥拟,协定施行,克期召集

---

[1]《辛亥革命史资料新编》第8卷,第174页。
[2]《日本外交文书选译》,第325页。
[3]《辛亥革命史资料新编》第8卷,第147页。
[4]《袁世凯全集》第19卷,第200页。
[5]《袁世凯全集》第19卷,第200页。
[6]《日本外交文书选译》,第327页。
[7]《宣统政纪》卷六七。

国会"。[1]至此，第一次会谈引发的僵局得以缓解。

为破僵局，袁世凯等不得不频繁与朱尔典、伊集院等磋商。南北和谈，本属内政，谁又能想到，还得时时征询英、日等外国政府的意见呢。

孙中山当选与唐绍仪辞职

经过十天休会，十一月初十日，南北双方的第三次会谈开始。此次会谈有两大成果：一是达成再度停战协议，二是将清室优待条款具体化。

伍廷芳最初提出的停战条款，共有七条：

一、国民会议未能决国体以前，清政府不得额外借债，亦不得运动借外债；

二、所有山西、陕西、湖北、安徽、江苏全境内之清兵，于十一月十一日起，七日之内一律退出境外，民军亦不得进袭。但境内之行政权由民军政府管理。其山东、河南等处民军已经占领之地方，清军不得来攻，民军亦不得进袭；

三、国民会议由各省代表组织，每省三人，每人一票，若到会代表不及三人者，仍有投三票之权；

四、到会省数有三分之二，即可开议；

五、开议共和问题，从多数取决，两方均须服从；

六、开会场所在上海城；

七、开会时间定于十一月二十日；

如允此七条办法，可自十二日上午八时起再继续停战。[2]

一番磋商，唐绍仪拒绝了其中的第四、第六和第七条。所接受的四条中，关键改动在于第二条——原来是"所有山西、陕西、湖北、

---

[1]《宣统政纪》卷六七。
[2]《辛亥革命》(八)，第226页。

安徽、江苏全境内之清兵，于十一月十一日起，七日之内一律退出境外，民军亦不得进袭。但境内之行政权由民军政府管理"，经唐绍仪争取，撤兵时间推迟了一天，撤兵后这些地方不交民军，而是由清方委派巡警保护，但撤兵期限由原来的七天变成了五天，"自十一月十二日早八时起，所有山西、陕西、湖北、安徽、江苏等处之清兵，五日之内一律退出原驻地方百里以外，只留巡警保卫地方。民军亦不得进占，以免冲突"。[1]

即便如此，唐、伍所达成的三条款还是让清廷和袁世凯十分不快。在十一月十一日给唐绍仪的第一封电报中，袁世凯就认为：要求清军必须退出已经占据的山西、陕西、湖北、安徽、江苏等地，而民军却不必退出已占领的山东、河南等处，这明显有失公允，"官军尚未全败，士气激烈，现只令一面退扎，而民军仍旧，何以抑制士气"。[2] 而且，袁世凯还觉得，五日内退出百里之外过于仓促，"湖北辎重甚多，安徽不通电报，五日内退出恐来不及"。袁氏的这些不满，无疑为两天后的唐绍仪被解职埋下了伏笔。

除停战条款之外，双方还磋商了"优待清室条款"，在将条款分为"关于清皇帝之待遇"和"关于满蒙回藏之待遇"两部分的同时，还罗列了四条"关于清皇帝之待遇"和五条"关于满蒙回藏之待遇"。这是双方首次将优待清室条件具体化。[3]

十一月十一日的第四次会谈，主要讨论国民会议的地点和各省代表问题。和此前一天会谈双方气氛和缓不同，这一次谈判，双方争论得很激烈。

关于国民会议代表，唐伍同意每省各派代表三人，每人一票，代表不足三人者，也拥有三票投票权。由于此时南方独立省份已达十四

---

[1]《共和关键录》，第47页。
[2]《袁世凯全集》第19卷，第224—225页。
[3] 详见本书第七章"清室优待条件的南北磋商"节"附录一"。

处,而清廷控制的省份只有八处(内外蒙古、前后藏、东三省则各合为一处)。照此计算,民军显然占据优势。就连唐绍仪也承认,"料投票必为共和,但形式上事耳"。[1]

关于开会的条件,伍廷芳最初主张到会代表达到三分之二即可开会,唐绍仪则认为过于草率,"三分之二,未免太少,举总统亦不如是草草"。[2]最后双方商定,"如各处代表到会之数有四分之三,即可开议"。[3]

国民会议召开地点之争最为激烈:袁世凯曾表示必须选在北京,伍廷芳则坚持以上海为宜。其间,双方分别提议过汉口、威海卫、烟台、香港等地,但都未能为对方所接受。

第四次会谈举行的前一天,十七省代表在南京举行会议,以十六比一的票数选举孙中山为中华民国临时大总统。当日孙中山致电袁世凯,解释组织临时政府是因为"东南诸省久缺统一之机关,行动非常困难,故以组织临时政府为生存之必要条件",同时表示虚位以待袁世凯,"文虽暂时承乏,而虚位以待之心,终可大白于将来。望早定大计,以慰四万万人之渴望"。[4]

面对民军的"变卦",一直觊觎总统一职的袁世凯心中之不快,可想而知——此前,对于第三次和谈所签的退兵百里条款,袁世凯虽不满,但为了顾全唐绍仪面子,仍表示"既经定议,惟有竭力筹办"。[5]获悉民军选孙中山为总统后,袁氏便未再掩饰不满。

第四次会谈举行当天,他即电知唐绍仪,直接全部取消唐、伍之间议定的国会代表产生办法,"代表人数四条,断无效力,本大臣不

---

[1]《共和关键录》,第52页。
[2]《共和关键录》,第52页。
[3]《共和关键录》,第54页。
[4]孙中山:《孙中山全集》第1卷,中华书局1981年,第576页。
[5]《袁世凯全集》第19卷,第225页。

能承认,请取消"。[1] 在紧接着的下一封电报中,他又强调在北京开国会这点不能改变:"昨采北京舆论,且明达时务者,金谓必须北京开办正式国会,否则无人承认。请竭力支持,勿稍松动。"[2]

十一月十二日的第五次会谈,是唐绍仪和伍廷芳之间的最后一次正式会谈。

由于此前双方议定的国会召开方案遭到袁世凯的否决,本轮会谈中,唐绍仪多次提到了辞职:"清政府不信任我,我只可辞职。凡我所答应之事,必清政府能为之,我乃能诺。不然,我只可辞职也。""我办不到,只可辞职。"伍廷芳也直言不讳地表达对袁世凯的不满:"彼此全权代表签字之后,如再欲反对,是为违理,为天下所笑。"[3]

这次会谈,充分暴露了南北双方在召开国会决定政体方面的明显分歧:关于国民会议召开地点,伍廷芳坚持在上海,袁世凯要求在北京——会谈当日,袁氏再度致电唐绍仪,取消此前议定的关于国民会议召开条款,并强调"国会地点必在北京,断不迁就"。[4]

关于国民会议召开时间,唐绍仪提议一个月后召开,伍廷芳觉得太迟,提出九天后的十一月二十日召开。

更大的分歧,体现在国民会议代表产生方式上。十一月十二日,袁世凯给唐绍仪发去新选举法八要点。新办法废弃了唐绍仪辛苦争得的代表人数达四分之三方可召开国民会议条款,采纳了民军早前提出的全员三分之二以上到会即行开会。此外的大部分条款则属另起炉灶:各厅、州、县等各选议员一人,各藩属每旗各选一人,代表选定后由地方行政长官发给印文执照等。[5] 照此规定,国民会议的召开势必迁延时日。这让本来就反对召开国民会议的南方无论如何是难以接

---

[1]《袁世凯全集》第19卷,第227页。
[2]《袁世凯全集》第19卷,第229页。
[3]《共和关键录》,第55—56页。
[4]《袁世凯全集》第19卷,第232页。
[5]《袁世凯全集》第19卷,第231页。

受的——第五次会谈期间，伍廷芳曾透露："南京代表团来电，不认国民会议，故我亦为难至于极地。"[1] 言外之意，南京方面认为，临时政府已经成立，共和已定，何必再开会表决？

处于左右为难之中的唐绍仪等北方和谈代表，于十一月十二日集体辞职。唐在辞职电中说：

> 此次奉派代表来沪讨论时局，原为希冀和平解决，免致地方糜烂起见。到沪后，民军坚持共和，竟致无从讨论。初经提出国会议决一策，当亦全体反对。多方设法，方能有此结果。今北方议论既成反对，而连日会议所定条款，宫保又不承认，仪等才识庸懦，奉职无状，自明日始，不敢再莅会场。除知照伍廷芳外，请速另派代表来沪，不胜迫切待命之至。[2]

十一月十四日，袁世凯复电，同意唐绍仪辞职："迭接来电，请辞代表之任，现经请旨，准其辞任。"[3] 同日，他告知民军议和总代表伍廷芳，由于一时找不到合适人选，今后由他和伍廷芳直接在电报中"谈判"——"至另委代表接议，一时尚难其人，且南行需时。嗣后应商事件，先由本大臣与贵代表直接往返电商"。[4]

唐绍仪辞职，意味着南北和谈进入伍廷芳和袁世凯直接"谈判"的第四阶段。关于唐绍仪辞职以及袁世凯处置的是是非非，历来争论颇多。

辞职原因，按唐绍仪辞职电所言，是他和伍廷芳所签的关于召开国会等条款未获袁世凯承认。对此，袁世凯在给伍廷芳的电文中说，之所以要撤销这些条款，是因为唐绍仪逾越权限，未经请示即擅作主张："其（指唐绍仪）权限所在，只以切实讨论为范围。乃迭接唐代

---

[1]《共和关键录》，第56页。
[2]《袁世凯全集》第19卷，第236页。
[3]《袁世凯全集》第19卷，第236页。
[4]《袁世凯全集》第19卷，第237页。

表电开与贵代表会议各条，均未先与本大臣商明，遽行签定。"[1]

而前四川总督岑春煊认为，袁世凯之所以逼迫唐绍仪辞职，是因为孙中山当选临时大总统，他自己的愿望落空了。十一月二十一日，岑致电批评袁世凯不承认此前所签条款的做法既违反圣意也违反民意，"不图撤回和使，重启战端。皇上不以君位自私而公必反遏其德意，国民以人道为重而公必自逞其兵威"。[2]并直言不讳地指出，"道路传言，方谓民军选定总统，公因失望，遽反所为"。

上述各观点，差异甚大。显然，想正确理解唐绍仪辞职事件，首先需厘清唐绍仪的权限。

唐绍仪的权限，来自袁世凯颁给的一份咨文。为便于说明问题，特将咨文抄录如下：

> 钦命全权大臣内阁总理大臣袁为咨行事。本日奉旨：现在南北停战，应派员讨论大局。着袁世凯为全权大臣，由该大臣委托代表人驰赴南方切实讨论，以定大局。钦此。遵旨委托贵前大臣为本大臣之全权代表，即希克日遵旨前往。除分咨外，相应咨行查照可也。须至咨者。右咨前邮传大臣唐。宣统三年十月十七日。[3]

袁世凯认为，唐绍仪作为自己的代表"其权限所在，只以切实讨论为范围"。[4]因此，唐绍仪签订协定之前，应先征得他的同意，"如有应行签订之条款，必须经本大臣允许，方能正式签押。查唐代表前后所签各款，其未经商承本大臣允许者，显系逾越权限"。[5]

伍廷芳则反驳说，"以定大局""遵旨委托贵前大臣为本大臣之全权代表"字样表明，唐绍仪"不仅有讨论之权，并有决定之权，已无

---

[1]《袁世凯全集》第19卷，第237页。
[2]《电报档》第24册，第493页。
[3]《袁世凯全集》第19卷，第125页。
[4]《袁世凯全集》第19卷，第237页。
[5]《袁世凯全集》第19卷，第251—252页。

疑义……是则，贵大臣所有之全权，已尽交与唐使，唐使所签之约，与贵大臣自行签约无异"。[1]

看得出来，对同一份咨文，双方强调的重点明显不同：袁世凯强调的是"切实讨论"，而伍廷芳强调的"以定大局"，可以说颇为有趣。伍廷芳的这番理解，被袁世凯认为是强行解释文凭上的字义，"须知'以定大局'之'定'字，是底定、平定之义"，[2]而不是决定。他还告诉伍廷芳，像召开临时国会决定政体这样的事情，就连他也要请旨定夺，"唐代表受本大臣委托，即有讨论全权，亦不能驾乎本大臣之上"。[3]

应该说，从袁世凯给唐绍仪的咨文看，唐绍仪确实只是前来讨论，并未被赋予签约等全权。这点和伍廷芳所持"全权代表"之委任状实有不同。

伍廷芳的委任状有两个，其一为十一省代表公推伍廷芳为南方议和总代表之后，湖北军政府所发照会：

> 照会。中华民国中央军政府大都督黎为照会事。照得鄂省起义各省先后响应，即宜筹画进行之方与对待之法，昨由英领事转袁世凯电，即日派唐绍仪来鄂开议。此特对待，非望实交孚之员，不足当斯重任。兹由代表团公举临时政府外务总长伍廷芳，学问纯深、阅历素优、洞悉外交机宜，堪充兹任命。兹照会贵总长迅速首途来鄂，以便对待一切。须至照会者。右照会临时政府外务总长伍。十月十七日。[4]

不过，此照会只是通知，并未对伍廷芳的权限做出规定。

《惜阴堂辛亥革命记》一文为赵尊岳遗作，主要记载其父赵凤昌在辛亥革命期间的功绩。据此文，十月二十八日开始和谈前一天，伍廷

---

[1]《共和关键录》，第80页。
[2]《袁世凯全集》第19卷，第274页。
[3]《袁世凯全集》第19卷，第274页。
[4]《共和关键录》，第16页。

芳才突然发现自己并无任何可证明身份与权限的文书。情急之下,伍赶紧写信给赵凤昌。赵凤昌设法赶发一委任状给伍廷芳,总算解了燃眉之急,"逮部署就绪,已定翌日假英租界市政厅开会矣。伍忽念及代表尚无证书,焦迫无计,立移先公函请速发给,备开会时审验之用。先公固不预琐事,得函大以为异,然不能不立为转达,且促缮发,次日始克持赴会场"。[1]

《伍廷芳集》中,确实收录了他十月二十七日晚就此事给赵凤昌的信,"顷唐使来拜,已约明日两打钟在小菜场议事厅开议。全权文凭,乞明日午前掷下为祷"。[2]

最后伍廷芳拿到的,为一通委任状:

> 今委任伍廷芳为议和全权大使。中华民国。[3]

南北和谈十月二十八日开始,其时中华民国临时政府尚未正式成立,因此,委任状落款为"中华民国",于法理上并无效力。伍廷芳对袁世凯给唐绍仪的照会"字字讲求",但其实他的委任状也经不起推敲。

在当时,不仅袁世凯对唐绍仪越权不满,包括前文已说过的日本驻华公使伊集院,以及隆裕太后、英国驻华公使朱尔典,都对唐绍仪有意见。

据时为内阁承宣厅行走的许宝蘅所记,隆裕太后当时对唐绍仪颇有微词,至于由袁世凯直接与伍廷芳谈判,则是隆裕太后的旨意——"太后谕:'我现在已退让到极步,唐绍仪并不能办事。'总理对:'唐已有电来辞代表。'太后谕:'可令其回京,有事由你直接办。'"[4]

在十一月十八日给外交大臣格雷的电报中,朱尔典明确支持袁世凯接受唐绍仪的辞职,"对清政府来说,这四项条款至少是片面的、有

---

[1] 赵尊岳:《惜阴堂辛亥革命记》,《近代史资料》,总53号。
[2]《伍廷芳集》,第376页。
[3]《共和关键录》,第17页。
[4]《许宝蘅日记》第1册,第387页。

欠公平的",[1] "和议终于失败的原因,显然在于国民会议的组织与其开会的日期及地点这几个问题。在所有这些问题上,道理无疑是在袁世凯那一边"。[2] 而且,朱尔典对唐绍仪倾向共和亦有不满,"唐绍仪从一开头已经发现,他的对手是坚决要求推翻清朝而实行共和的,且由于受到环境重大的影响,他似乎对于实行共和的道理也表示了同情"。[3]

无论正确与否,朱尔典关于唐绍仪辞职原因的分析;朱尔典、伊集院等关于唐绍仪倾向共和的观察,应该说给我们提供了第三方的视角。实行君主专制的清廷,派去的谈判代表唐绍仪却同情共和,这尚难确认是不是袁世凯有意为之,但足以说明实行共和在当时已是民心所向、大势所趋。

南北双方上海密会

辞职之后的唐绍仪,继续逗留在上海,一是有居间为袁世凯和民国传递消息之必要;二是上海有众多的旧友新朋,斡旋其间,于清廷、民国关系甚大。

甲午战争之后,唐绍仪一度在上海做寓公。在此期间,他结识了赵凤昌,两人过从甚密,互以兄弟相称。武昌起义后,唐绍仪出任邮传大臣之前,笃信共和的赵凤昌曾致函时在天津的唐绍仪,直言推翻清室"大事计旦夕即定",劝唐"宜缓到任"。[4] 应该说,这些话,非知己难以出口。

十月十八日,唐绍仪南下汉口前,即给赵凤昌发电报,通报自己"明日赴汉口开议",[5] 请赵凤昌帮忙劝说张謇、汤寿潜等江浙素有名望

---

[1]《辛亥革命在上海史料选辑》,第1200页。
[2]《辛亥革命在上海史料选辑》,第1202页。
[3]《辛亥革命在上海史料选辑》,第1199—1200页。
[4]《辛亥革命在上海史料选辑》,第1052页。
[5]《辛亥革命在上海史料选辑》,第1070页。

之人前来汉口参加和议。伍廷芳欲将和谈地点改至上海时,赵凤昌十月二十日致电唐绍仪,请唐绍仪"径来沪上开议"。[1]被视为国内立宪派领袖的张謇,也于十月二十一日致电唐绍仪,请其前来上海,"伍君为黎代表,各省公认,但伍不能赴鄂讨论大局,亦以公来沪为宜"。[2]这些都表明,唐虽代表北方,但与南方共和派、立宪派都素有交谊。

南北和谈期间,除了与伍廷芳在公开场合谈判外,唐绍仪私下与民军方面的接触也颇为活跃。

在十月二十七日晚给赵凤昌的信中,南方议和总代表伍廷芳有"顷唐使来拜,已约明日两打钟在小菜场议事厅开议"[3]之语。由此看来,会谈之前,唐绍仪和伍廷芳已先有私人接触。

除谈判桌上公开议和外,唐、伍二人常在惜阴堂研究有关具体细节。据张国淦《辛亥革命史料》记载:

> 唐代表本倾向共和,惟以清政府关系,不能于会议席上,明白主张,而以各方面情形复杂,亦感觉此项问题之困难。……伍、唐同乡老友,共和主张,又在同一条路线。有赵凤昌者,曾在张文襄幕,与伍、唐俱旧相识,有策略,此次革命,活动甚力。赵住上海南洋路,伍、唐遂假其寓所,每夜同往聚谈,在议场时,板起面孔,十足官话,及到赵处,即共同研究如何对付北方,以达到目的。[4]

"每夜同往聚谈",足见唐、伍私下交往之密。伍廷芳之外,唐绍仪更是不忘赵凤昌、张謇两位旧友。抵达上海当晚,唐绍仪即到惜阴堂拜见赵凤昌,达成在中国建立共和政体的和谈目标,"其夕即来惜阴堂深谈,即席定以共和政体为鹄的,谓来日所议,仅幹成此局之步

---

[1]《辛亥革命在上海史料选辑》,第1071页。
[2]《辛亥革命在上海史料选辑》,第1071页。
[3]《伍廷芳集》,第376页。
[4]《辛亥革命史料》,第292页。

骤耳"。[1]

此外，和谈开始不久，唐绍仪与黄兴就开始私下接触。对此，唐氏并不隐瞒——十一月初二日，他告诉袁世凯，黄兴昨日再次以私人身份前来拜访，表示"革命党坚决主张共和，似已毫无折冲余地"。[2]

经赵凤昌等引荐，唐绍仪得与刚刚归国的孙中山等民国要人相见：

> 孙、唐同乡里，彼此一见，以乡音倾盖，握手称中山，似故交。黄为湘人，则微示礼数，称克强先生。此后，不三五日而一晤，尽掬肺腑……唐于名分为清廷代表，一切自不能不于议席有所争持。然阴主共和，谋之至笃，孙、黄咸相敬佩，未尝目之为敌军代表也。[3]

十一月三十日，孙中山曾请伍廷芳偕唐绍仪来南京，商议清帝退位、统一北方政府等要事。[4] 由于觉得时机尚未成熟，又担心行踪泄密招致非议，唐绍仪未敢前往；清室优待条件最后定稿之前，伍廷芳、汪精卫于十二月十七日前往南京，征求孙中山和临时参议院的意见。那一次同行的，就有唐绍仪。[5]

胡汉民当时跟随孙中山在上海，十一月十三日中华民国南京临时政府成立后出任总统府秘书长。他后来在自传中也提及唐绍仪与南方人士接触之事："时清廷与袁世凯使代表议和者为唐绍仪，各省革命军之代表，则为伍廷芳同志；更推精卫与王正廷、王宠惠、温宗尧、胡瑛参赞其事。唐亦时与精卫密商，不拘行迹也。"[6]

除前文所说的以达成共和为目标外，唐绍仪与南方各派在惜阴堂的密会，还达成以下事项。

---

[1] 赵尊岳：《惜阴堂辛亥革命记》，《近代史资料》，总53号。
[2] 《袁世凯全集》第19卷，第179页。
[3] 赵尊岳：《惜阴堂辛亥革命记》，《近代史资料》，总53号。
[4] 《孙中山全集》第2卷，第27页。
[5] 《共和关键录》，第128页。
[6] 胡汉民：《胡汉民自传》，台北传记文学出版社1982年，第62页。

确立唐绍仪加入同盟会,并为第一任内阁总理。据说,袁确立为民国大总统,而南方革命党人坚持要求第一任内阁总理必须由同盟会员担任。如何寻找能得到南北双方同意之人选,一时成为难题。最后,唐绍仪加入同盟会并出任第一任内阁总理,使难题迎刃而解:

> 孙宣言让贤,选袁为首任正式大总统。约法定责任内阁制,总统无施政之权,且移都南京,袁南下就职,又应以党人为首任内阁总理。袁初勿之允,几在惜阴堂辩论调处,终以唐绍仪加入同盟会为内阁总理,粗偿南北之愿,事始克谐。[1]

唐绍仪是否真的加入了同盟会?确有此事,1912年3月,经孙中山签字主盟、黄兴和蔡元培联名介绍,唐绍仪加入了同盟会。民军第一军军长柏文蔚曾在南京与唐绍仪晤面,其后来回忆:

> 唐自孙中山先生介绍加入同盟会后,对同盟会非常忠实,与余晤谈之下,知其已向孙中山先生建议,用政治手法来对付袁世凯。陆军总长问题,若北方不接受,便使黄兴担任南京留守,掌握南方军事,保全实力,以待变化。……一个北方代表能有此苦心孤诣之建议,可谓难能可贵矣。[2]

商定第一届内阁名单。"统一之局既定,袁任总统,唐任总理,无异词,于是进拟第一任内阁名单。"[3]这份名单,主要由唐绍仪在惜阴堂与汪精卫、张謇、熊希龄、宋教仁、章士钊等计议,孙中山、黄兴间或参与、发表意见。今天,确实发现了赵凤昌在秘密谈判中所拟内阁名单的史料:

> 正袁副黎,南北内阁唐,北陆段祺瑞,南参谋长黄兴,南财熊希龄,北外陆征祥,南学蔡元培,南农张謇,南法伍,北邮梁士诒,北海程璧光,北民徐世昌。[4]

---

[1] 赵尊岳:《惜阴堂辛亥革命记》,《近代史资料》,总53号。
[2] 柏文蔚:《五十年经历》,《近代史资料》,总40号。
[3] 赵尊岳:《惜阴堂辛亥革命记》,《近代史资料》,总53号。
[4] 《辛亥革命在上海史料选辑》,第1083页。

名单中的"南""北"为来自南方民军或北方原清廷的简称，"财""外"等分别是财政部、外交部等各部的简称。除像伍廷芳出任司法总长、徐世昌出任民政总长等少数几个人外，其他人选和后来唐绍仪内阁阁员名单相差无多。无疑，这是唐绍仪与南方各派在惜阴堂密会的成果。

除了唐、伍之间公开谈判，除了唐绍仪与南方的秘密接触，在此期间，在上海文明书局还有另外一个秘密谈判的会场。北方出席者是陆军小学堂总办廖宇春和北京红十字会会长夏浚眙，南方出席者是与黄兴关系密切的江苏民军总参谋长顾忠琛、元帅府秘书官俞仲还等。

廖宇春即前文说过的采访朱芾煌者，他早年留学日本，曾任清政府驻日公使馆随员。回国后，襄助冯国璋、段祺瑞办北洋陆军学校近十年，并跟随袁世凯在天津小站练兵，任保定陆军小学堂监督。民国元年被授为陆军中将。采访朱芾煌后，他出版了《新中国武装解决和平记》一书，述其参与南北议和经过，因涉及袁世凯在议和时的内幕而为袁世凯忌恨、摒弃；还以"草莽余生"之名编辑出版了《辛亥革命大事录》，记录其在辛亥革命期间的见闻。

廖宇春此行，得到了段祺瑞第二军总参议官靳云鹏的同意。廖以私人身份秘访黄兴，斡旋和平，并携有段的密码本。可知其使命亦为段祺瑞所准许。

黄兴则密谕顾忠琛，让他去同廖宇春商洽——十一月初一日，黄兴还颁给顾忠琛一份委任状，"委任顾忠琛君与廖宇春君商订一切"。[1]

会谈中，顾忠琛极为坦诚地透露了南方可推举袁世凯为总统之底牌："和战之机，实惟项城操之。现在反正者十余省，联军北伐者数十万，决无屈服君主问题之理。项城果能颠覆清政府，为民造福，则大总统一席，愿以相属。"[2]

---

[1]《黄兴集》，第96页。
[2]《帝制的终结》，第332页。

对此，廖宇春自然满意，但他表示，希望得到黄兴和程德全的"一纸证书"，并订立草约。十一月初一日，顾忠琛将黄兴的委任书交给廖，双方议定五条：一、确定共和政体；二、优待清皇室；三、先推覆清政府者为大总统；四、南北满汉军出力将士各享其应得之优待，并不负战时害敌之责任；五、同时组织临时议会，恢复各地之秩序。[1] 这是南北双方首次在纸面上为袁世凯出任民国总统做出承诺。

十一月初四日，廖宇春回汉口向段祺瑞复命。段祺瑞是袁世凯的心腹爱将，有理由相信，廖宇春与顾忠琛的会面情形及所订草约，袁世凯均能知悉。

南北双方公开谈判半个月，唐绍仪与伍廷芳取得的最大成果，就是维持谈判前双方的停战状态。而私底下的接触，则达成了以共和为目标、袁世凯为大总统、唐绍仪为总理、唐绍仪加入同盟会等重要共识。和古今中外众多的谈判一样，重大问题的解决都不在谈判桌上而在谈判桌之外。这点，正如陆游对其子所说的"汝果欲学诗，工夫在诗外"。

四 隔空谈判，劳而无果

十一月十四日，袁世凯正式取代唐绍仪，和伍廷芳直接谈判。说是谈判，但两人并未见面，而是通过电报往返磋商，因此可以说是"隔空谈判"。

光绪三十三年（1907）七月时，袁世凯曾出任军机大臣兼外务部尚书；也是这一年，伍廷芳再度出任驻美国、秘鲁、古巴公使。在光绪三十四年年底袁被解职前，伍廷芳正为袁世凯之部下。《袁世凯全集》第17、18卷收录有三四十封外务部给伍廷芳的电报，从中可

---

[1]《黄兴集》，第96页。

第五章 南北议和 | 301

以看出外务部与伍廷芳之间的合作颇为融洽。唯一的例外，是光绪三十四年八月，日本驻中国代理公使向清廷外务部抗议说伍廷芳在演讲中提出建立中美联盟抵制日本。外务部的电报中用了口气颇为强硬的"究竟有无此语，希即电复"[1]。经伍廷芳电复否认并表白自己"向慎言，凡涉国际，无不小心"[2]后，此事即告一段落。

三四十封电报中，多是公事公办口吻，看不出袁、伍之间的私谊。只是，载沣上台、袁世凯被解职后，伍廷芳曾来信问候。伍之来信，迄今未见；袁之复信，则写于宣统元年（1909）闰二月。袁世凯的复信，尽管充斥着和其他众多复信一样的介绍自己因病回籍、田园养疴等千篇一律的内容，但在抬头中，袁世凯竟然称长其十七岁的伍廷芳为"仁弟"[3]——要知道，同年九月接替伍廷芳出任驻美公使的张荫棠，尽管小袁世凯七岁，袁世凯却称其为"仁兄"！[4] 或许，两年多的上下级关系、同僚之谊，让袁世凯内心不知不觉地流露出与伍廷芳的一丝亲近。

光绪三十四年三月十八日，袁世凯会同庆亲王奕劻向朝廷举荐外交人才，出使日本大臣胡惟德、出使荷兰大臣陆征祥、出使英国大臣李经方、候补五品京堂张荫棠、候补五品京堂梁士诒五人位列其中。或许此时伍廷芳刚刚出任驻美大臣，成效未睹，袁氏此折，没有举荐伍廷芳。[5]

综上可知，袁世凯和伍廷芳的关系，可概括为有公义而少私谊。袁世凯敢以"隔空"谈判的底气，或许就来自他曾为伍廷芳上司的优越感。

---

[1]《袁世凯全集》第18卷，第95页。
[2]《袁世凯全集》第18卷，第95页。
[3]《袁世凯全集》第18卷，第406页。
[4]《袁世凯全集》第18卷，第447页。
[5]《袁世凯全集》第17卷，第463页。

袁伍续谈南北停战

双方会谈的第一件事情,还是延长停战期。

十月初七日攻占汉阳之后,袁世凯基本停止了进攻态势。此后,南北双方多次续签停战协议。

南北双方六次停战(资料来源:《大清宣统政纪》)

停战次序	开始时间	结束时间	停战天数
第一次	十月十三日早八时	十月十六日早八时	3
第二次	十月十六日	十月十九日	3
第三次	十月十九日早八时	十一月初五日早八时	15
第四次	十一月初五日早八时	十一月十二日早八时	7
第五次	十一月十二日早八时	十一月二十七日早八时	15
第六次	十一月二十七日早八时	十二月十一日早八时	14
第七次(未果)	袁世凯提议自十二月十七日早八时起到十二月二十四日早八时停战七天,但伍廷芳未同意		

由上表可知,十一月十四日袁世凯亲自出马谈判时,距唐绍仪与伍廷芳此前约定的停战期十一月十二日已过去两天。因此,续议停战成为袁世凯和伍廷芳之间的头等大事。

十一月十四日,袁世凯致电伍廷芳,提议第五次停战,停战期为十五天,"计未商定之事甚多,拟再将停战期限展长十五天,自十二日上午八钟起至二十七日上午八钟止。可否,希电复"。[1]

伍廷芳并未立即同意。第二天,他电复袁世凯:此前和唐绍仪讨论召开国民会议办法,除了会议地点和日期外,其他已就绪;如要延长停战期限,请袁世凯先下令清军退兵百里之外,并就国民会议召开地点和日期问题给出答复。[2]十一月二十二日,临时大总统孙中山更是宣告议和破裂,表示将亲率大军北伐,并声称民军已过淮河,现离徐州仅六十公里。[3]

---

[1]《袁世凯全集》第19卷,第238页。
[2]《共和关键录》,第78页。
[3]《冯国璋年谱》,第17页。

民军方面最终还是同意了此次停战。

十一月二十一日，清廷内阁致电包括署湖广总督段祺瑞在内的各省督抚，"本日接上海伍代表电称：停战延期至十一月二十七日早八钟止"。[1]这表明，袁世凯的第五次停战提议，得到了民军方面的同意。

在袁世凯和伍廷芳"谈判"期间，双方停战还不止一次。

十一月二十四日——距停战期满前三天，袁世凯又主动致电伍廷芳，提出第六次停战，"本政府必冀达和平解决之目的，以免生灵涂炭。现在停战日期瞬将届满，是否尚须展限，以便彼此协商，希酌定速复"。[2]

十一月二十六日——停战期满前一天，伍廷芳复电同意第六次停战，"今阁下既以和平解决为词，提议延期，本代表承认再展期十四日"。[3]也就是说，自十一月二十七日午前八时起，至十二月十一日午前八时止，继续停战十四天。

按照民军方面的设想，在第六次停战期内应促使清帝退位。十二月初八日，伍廷芳就在电报中对袁世凯说："现在停战之期至十一日上午八时为满，务望于期满之前，迅将清帝退位确实宣布，以期和平解决。"[4]

到十二月十一日，清帝仍未宣布退位，而双方停战期至此已结束，且此前并未宣布停战延期。一时间，山西、山东、江苏等地都出现了双方交战的情况。[5]此前一天的十二月初十日，清廷内阁给东三省总督赵尔巽发去电报，告知"停战期满，开战有日"[6]，要赵尔巽严

---

[1]《袁世凯全集》第19卷，第292页。
[2]《袁世凯全集》第19卷，第315页。
[3]《共和关键录》，第343页。
[4]《共和关键录》，第115页。
[5]《袁世凯全集》第19卷，第433、442、443页。
[6]《袁世凯全集》第19卷，第406页。

防"革党乘机而起，骚扰地方"。

十二月十六日袁世凯让仍在上海的唐绍仪转告伍廷芳，提议第七次停战，停战期为七天，"请自十七早八钟起，至念四早八钟止，续停战一星期，以便协商"，[1]但伍廷芳并未予以回复。袁世凯又在第二天指示唐绍仪催促："商自十七至念四停战一星期，催速复。"[2]

由于十二月初八日段祺瑞已率各路将领五十人通电全国，"请定共和政体"。清方各路将领同意共和，就意味着南北双方结束敌对状态。因此，十二月十七日当天，伍廷芳潇洒回复："现在北洋军队已全体赞同共和，毋须再议停战。"[3]第七次停战遂告流产。

伍廷芳的判断是正确的。十二月十八日，段祺瑞再度致电内阁，威胁要率第一军全军将士入京，实行"兵谏"，清理反对共和的二三王公。内外压力之下，隆裕太后于十二月二十五日发布退位谕旨。南北双方关于停战的谈判，至此落下帷幕。

也就是说，从十月初七日至十二月十一日，南北双方总共进行了六次停战。十二月十一日至二十五日这半个月的时间，双方未再就停战签订协议。但在之前的谈判中，唐绍仪和伍廷芳曾商定：以后两军须得有全权代表电报声明和议决裂，方可下令开仗，[4]因此双方之间并未发生大规模战事。

当然，不可否认，停战期间，南北双方小规模冲突始终不断。比如，十月二十六日，英国驻华公使朱尔典给驻沪英总领事法磊士发去《为袁世凯责问革军仍运兵队事》的电报。其中说："据袁宫保责问，现在革军用轮船运送军队，由南京至汉口，又由广州至上海，此举似

---

[1]《袁世凯全集》第19卷，第460页。"念"即"廿"。

[2]《袁世凯全集》第19卷，第472页。

[3]《共和关键录》，第214页。

[4]后经袁世凯修订为：如果一方开火，另一方可以尽力抵御，同时电告主议之人责问对方。36小时之内没有回复，则视为对方撕毁和议。见《袁世凯全集》第19卷，第253页。

于和议有碍,且破坏停战原议。"[1]而伍廷芳则反过来指责清军违反停战协定进攻山西娘子关:"此次停战以后,民军确行遵守,惟清军屡屡违约,蒙蔽钧听,妄以土匪污损名誉,群情颇愤……此次袭攻娘子关,于停战期内而不停战,意若置诸土匪之列,其为诬罔,岂复待言?"[2]

清军在停战期间违约进攻之事,也不打自招地呈现在清廷的谕旨和奏折中。十月二十五日,河南巡抚齐耀琳就上奏,武卫军十九日攻占阌乡县(今属河南灵宝市)、二十一日"克复"潼关:

> 惟现在停战期内,未便遽行奏请,致贻口实。已由臣商明度支大臣,先行拨银二万两发交该军分别犒赏,并按照停战条件饬令暂停进攻,稍缓再行奏请奖励。[3]

同在十月二十五日这天,第六镇统制官曹锟也奏称打败革党袭击,占领井陉县、娘子关等;山西巡抚张锡銮称占领固关、旧关等。

至于民军方面,在停战期间,也不时有购买飞船、[4]在徐州铁路大桥埋炸药、[5]由黄鹤楼向清军射击并炮轰汉阳署关、[6]陕西山西民军不断进攻河南[7]等军事挑衅举动。

幸运的是,虽然双方小冲突不断,但始终未再爆发大规模战争。

"万国议和,向无此例"

从十一月十四日接手议和到十二月二十五日清帝退位,袁世凯和伍廷芳之间谈判的议题,主要包括唐绍仪权限之争、谈判方式之争、

---

[1]《电报档》第24册,第411页。
[2]《电报档》第24册,第420页。
[3]《上谕档》,宣统三年十月二十五日。
[4]《孙中山全集》第2卷,第21、25页。
[5]《袁世凯全集》第19卷,第198页。
[6]《袁世凯全集》第19卷,第230页。
[7]《袁世凯全集》第19卷,第273页。

退兵之争、国民会议相关问题之争以及清室优待条件之争这五项。[1]

十一月十三日辞职时,唐绍仪曾向袁世凯提出以后可由英国驻上海、汉口总领事帮忙向民军传递谈判事项,"今早已将电辞代表职任一节,面告伍代表,停止开议。……嗣后如有应商革军各事,请由英使交鄂沪英领转交前途可也"。[2]

袁世凯在接受唐绍仪辞呈的同时,又让他继续留在上海。至于商榷方式,袁世凯并未采纳唐绍仪的建议,改而直接和伍廷芳"谈判"——当日,他告诉伍廷芳:"嗣后应商事件,先由本大臣与贵代表直接往返电商,以期简捷,冀可早日和平解决。"[3]

明明有谈判代表唐绍仪在上海,却不让他主持谈判;明明说是谈判,双方却不见面而通过电报往返沟通。这一谈判方式遭到了伍廷芳的拒绝,也成为双方最初讨论的焦点之一。

伍廷芳之所以坚持面谈,原因之一是电报往返容易引发误会。十一月十五日,他致电袁世凯:"远隔数千里,仅以电报往返,必有难于通悉之处。故会议通例,必须面商。虽通函尚不能尽,何况电报?"[4]

谈判史上从来没有过以电报代替面谈的先例,这也是伍廷芳反对"隔空谈判"的理由。十一月十六日,伍廷芳再次要求袁世凯来上海面商:

> 电报往返,词意易致误会,即如此次来电,已多舛错,无从索解。故昨电请贵大臣亲来上海,实为不可再缓。此次贵大臣欲将全权代表已订定之约随意更改,并以电报代会议两节,万国

---

[1] 唐绍仪权限之争参见本章第三节"上海和谈,唐伍磋商"。清室优待条件之争详见第七章"清室优待条件的南北磋商"节。
[2]《中华民国史档案资料汇编》第二辑,第53页。
[3]《中华民国史档案资料汇编》第二辑,第53页。
[4]《共和关键录》,第77页。

第五章 南北议和 | 307

议和，向无此例。即使本代表勉强依从，亦必为世界所笑。"[1]

但袁世凯显然不怕万国笑话，也不为伍廷芳的反对所动——为了消除伍廷芳译电传达不准的担忧，他指定由上海道台刘襄孙专门负责译送电报，煞有介事地表示："直接商议，须得代递代译电报人，以免文字讹舛。谨派刘君襄孙经理。此后敝处去电，即交刘译送。如尊处来电，亦交刘译稿、存留。"[2]并在之后向伍廷芳保证："此后直接电商，已委刘道用密码译转，断无舛误。"[3]

袁世凯还表示，如果伍廷芳觉得电报说得不够详尽，可以采用信函方式，"如虑有不能详尽之处，尽可函商"。[4]他甚至转而请伍廷芳来北京面谈，"如仍不能详尽，则贵代表可亲来北京面商，本大臣自应任切实保护之责"、[5]"如嫌不便，贵代表可亲来北京"。[6]袁氏这般"成大事不拘小节"的定力，估计要让伍廷芳自愧不如了。

伍廷芳要袁世凯派代表或亲自来上海谈判的要求，袁世凯始终未答应；袁世凯要伍廷芳来北京面谈，自然也遭到伍廷芳的拒绝。直到清帝退位，双方依然采取电报往返相商的方式进行谈判。名为谈判，双方代表却未曾见面，这确实成了谈判史上的奇闻。十二月十二日，此时距袁世凯接手已过一个月、距清帝退位不到半个月，在给孙中山的电报中，伍廷芳还抱怨"袁氏忽撤销代表，自与廷芳直接电商……廷以议和非可电商……始终坚持不允"。[7]这表明伍廷芳虽然始终未同意袁世凯"隔空谈判"提议，但面对袁世凯的"耍赖"，伍廷芳也始终无可奈何。

---

[1]《共和关键录》，第83页。
[2]《袁世凯全集》第19卷，第248页。
[3]《袁世凯全集》第19卷，第258页。
[4]《袁世凯全集》第19卷，第252页。
[5]《袁世凯全集》第19卷，第252页。
[6]《袁世凯全集》第19卷，第258页。
[7]《中华民国史档案资料汇编》第二辑，第66—67页。

"退兵之争",袁氏妥协

袁、伍争论的第二点,是退兵之争。唐绍仪、伍廷芳在第三次和谈时商定,自十一月十二日早八点起,五日之内,所有山西、陕西、湖北、安徽、江苏等处清军退出百里以外,留巡警保卫地方。当时,袁世凯就对只要求清军退而民军不退很是不满。接手谈判后,袁世凯立即向伍廷芳抗议,"只令一面退扎,而民军仍旧,殊不公平",[1]同时提出新的退兵方案:清军退出汉阳、汉口百里以外,汉口民军也一律退到长江南岸;陕西境内的清军、民军各退五十里;其他相距已超过百里以外的,可以不用退兵;退兵期限,像汉阳、汉口等处北方军队较多的地方,五日内实难办妥,可以酌议延期等。[2]

但民军方面始终认为"各处民军皆系就地起事,只有停止进攻,无所谓退。惟清军队皆自北方调来,志在攻取",[3]因此需要退兵。最终,袁世凯做了让步。十一月十八日,他告诉伍廷芳,"现在汉阳、汉口,我军已实行退出",[4]而不再要求民军撤退。

在此期间,双方还曾讨论过提取二十万元用于各处灾区义赈议题。两江总督衙门在上海通商银行有一百万银元存款。十一月十二日唐绍仪、伍廷芳曾商定从中提取二十万元,交予华洋义赈会,用于各灾区赈济。十一月十四日袁世凯提出增加一条,"又将此项拨出二十万元,交与北方慈善救济会,如各处灾区义赈之需"。[5]但伍廷芳以"已经订定之条文,不便随后再行添改"为由,表示"应另行商议"。[6]虽袁世凯曾于十一月十七日抗议"同是国民,无使北方向隅之理",[7]但此事最终还是不了了之。

---

[1]《袁世凯全集》第19卷,第238页。
[2]《袁世凯全集》第19卷,第238页。
[3]《共和关键录》,第79页。
[4]《袁世凯全集》第19卷,第275页。
[5]《袁世凯全集》第19卷,第239页。
[6]《共和关键录》,第83页。
[7]《袁世凯全集》第19卷,第258页。

"国会"谈判，悬而未决

袁、伍之间最大的分歧，莫过于国民会议代表选举及召开办法。此前，唐绍仪和伍廷芳就此曾商定四条：

一、国民会议由各处代表组织，每一省为一处，内外蒙古合为一处，前后藏合为一处；

二、每处各派代表三人，每人一票，若有某处到会代表不及三人者，仍有投三票之权；

三、开会之日，如各处到会之数有四分之三，即可开议；

四、各处代表江苏、安徽、江西、湖北、湖南、山西、陕西、浙江、福建、广东、广西、四川、云南、贵州，由中华民国临时政府发电召集；直隶、山东、河南、东三省、甘肃、新疆，由清政府发电召集，并由民国政府电知该省咨议局；内外蒙古、西藏，由两政府分电召集。[1]

袁世凯接手谈判后，对此四条全部否定，其理由是每省只有三人，代表性不够，而且"各藩属辖境甚广"，[2]像察哈尔、哈萨克部落、新土尔扈特等都没有代表，将来易生争端，"若有一处不选议员，不列议席，将来议决断难公认"。[3]为此，他要求重选代表并坚持国民会议在北京召开，多次表示"开会地点之必在北京……万难更易"。[4]

显然，双方在此事上的分歧相当明显——伍廷芳认为代表产生办法此前已经确定且由双方全权代表签字，再更改将为天下万国所笑；坚称现在所余问题只是开会地点与日期，不必再讨论代表产生的办法，并批评袁世凯提出新办法是故意迁延时日。[5]

---

[1]《辛亥革命》(八)，第90—91页。
[2]《袁世凯全集》第19卷，第231页。
[3]《袁世凯全集》第19卷，第231页。
[4]《袁世凯全集》第19卷，第295、309页。
[5]《共和关键录》，第91—95页。

但袁世凯无动于衷,继续抛出代表选举新办法和《临时国会选举法》。代表选举新办法共九条,《临时国会选举法》更是煌煌九章、十七条。在当时战乱的情况下,就连朱尔典也认为难以实施,"袁世凯自己所拟订的选举办法,似乎无需那样详尽,从而不易付诸实施"。[1]

鉴于此,十二月初七日,袁世凯主动简化选举办法,"酌量变通,俾手续较简,庶召集较速",并将开会地点由北京改为天津,"至开会地点,如不能到北京,惟有改在天津,介北京、上海之间,于南、北议员均属便利"。[2]但民军方面始终没有同意。

可以说,除了同意清军后撤、商定延长停战期、互相通报对方违反停战协议之处并要求对方停止进攻外,在十二月十六日开始磋商清室优待条件之前,袁世凯和伍廷芳的谈判没有取得什么成果,连他们自己也承认,"讨论旬日,迄未就绪"。[3]

在南北和谈陷入僵局的同时,清政府的财政困局也愈演愈烈。

---

[1]《辛亥革命在上海史料选辑》,第1202页。
[2]《袁世凯全集》第19卷,第387页。
[3]《袁世凯全集》第19卷,第315页。

第六章

财政困局

武昌起义后民军所占据各省，素为清廷财税收入重地，尤其是江浙上海广东一带。一方面为平定战乱而消耗与日俱增，一方面因各地战乱而财税锐减。此消彼长，拮据顿现。清廷本想通过与民军和谈以度过政治危机，但扑面而来的财政困局，令其周旋的空间日益逼仄。

一　入不敷出，赤字财政

宣统三年正月初二日，清廷发布上谕，将武清、天津二县本应在春天缴纳的租税延缓征收：

> 上年顺天直隶各属被灾地方业经分别蠲缓粮租，小民谅可不至失所。惟念今春青黄不接之时，民力未免拮据，加恩着将被灾歉收之武清等州县厅各村应征本年春赋地丁钱粮等项，并原缓宣统二年及节年地丁钱粮等项，分别缓至本年麦后及秋后启征。其坐落武清、天津二县地方之津军厅、苇渔课纳粮地亩并归入该二县灾歉村庄一律办理，以纾民力。[1]

武清、天津、津军厅、苇渔课均为直隶天津府道管辖之地。乍一看，朝廷、摄政王载沣和隆裕太后还颇为了解民情，知道民间有青黄不接之苦，主动让农民缓交地租，展现了爱民如子的民本情怀。

再仔细想，还觉得此时清朝财政状况应该不错。要不然，朝廷怎么会主动让农民缓交租税呢？

而实际上，这道谕旨只是走过场，是一种形式主义的例行公事。因为从咸丰三年（1853）开始，在每年的正月初二，清廷都会颁布类似的谕旨。缓交的地点，一开始除武清、天津之外，还有安徽、江苏等遭受洪泽的省份。到了光绪朝后，慢慢固定为武清、天津地区。

这样的公文，正是统治中原二百六十八年的清王朝已显制度刚性

---

〔1〕《上谕档》，宣统三年正月初二日。

和惰性的例证。这样的形式主义，不仅中央政府如此，地方政府也是如此。宣统元年十一月，清廷曾下旨批评地方形式主义，"向来各省奏报雨水粮价，原为考察雨旸、慎重民食起见，乃近来奏报，几等具文，惟四川尚属详细"。[1]

至于清政府此时的财政状况，不但不像这道谕旨所展示的那般良好，反而十分糟糕。

东三省工资只发六成

全国总体财政是入不敷出的。根据《清史稿》的记载，宣统二年，度支部奏请试办宣统三年预算，全年收入约银2.97亿两，支出则为约银3.4亿两，财政赤字4400多万两。[2] 宣统四年的预算，也不乐观：根据宣统三年八月二十七日度支部最后上奏的宣统四年全国预算表册，全国财政赤字为4300多万两。[3]

宣统三年财政预算最后运行的结果如何呢？

1912年4月27日，此时清帝已经逊位，民国新任财政总长熊希龄要求各地如实上报一年的开支和债务数。与此同时，他对全国的财政状况做了一个估算。根据他的估算，宣统三年岁入2.97亿两，但岁出3.5亿两，出入两抵不敷银5300万两，再"统新旧各项计算，是本年（指宣统三年）不敷款共有二万六千万之巨额。而外债、纸币两项，在前清时代继长增高，约计外债二十万万元，纸币三万三千万元"。[4]

1912年4月29日，袁世凯以中华民国临时大总统的身份在参议院北京开院礼上发表演讲时说："去年（即宣统三年）中国岁入

---

[1]《宣统政纪》卷二六。
[2]《清史稿·志一百》，第3709页。
[3]《宣统政纪》卷六一。
[4]《辛亥革命在上海史料选辑》，第1037页。

共银二万六千万两。"[1]熊希龄的2.97亿两和袁世凯的2.6亿两，虽未完全一致，但和《清史稿》所记的2.97亿两相一致。光绪二三年间（1876、1877），左宗棠进兵收复新疆时，全国财政总收入为银七八千万两。经过三十多年的发展，增加至约3亿两，增长了近3倍，增速将近10%，可谓快速，但财政依然紧张。

一些具体的案例，更能彰显此时清廷财政的紧张状况。

首先是拖欠工资，养廉银六成给发。这在宣统刚刚登基的光绪三十四年十一月就开始出现，"今吉林各缺养廉银数，按照奉天核扣，六成给发，公费按照奉天九成核发"。[2]

养廉银制度定于雍正朝，当时，地方官吏借白银运输有损耗，以"耗羡"之名多收租税并归为己有。雍正为了减轻农民负担，将耗羡归公并拿出一部分用于地方官的补贴，定名为养廉银。根据级别的不同、职缺的重要性和所处地方来发放，从督抚到县令，大约从几万两到几百两。[3]至于公费银，大体相当于今天的办公经费。

按照奉天章程，吉林巡抚每年养廉银15000两、公费银36000两；提法司、交涉司、度支司每年每缺养廉银6000两、公费银12000两；民政司每年养廉银5000两、提学司每年养廉银4000两，公费各支12000两；劝业道每年养廉银3000两、公费银9600两。

清朝官员俸禄很低，像尚书、总督等一品官，年俸也就银180两。尚书有双俸、有各地的"冰敬""炭敬"等孝敬，地方官则多靠养廉银。六成发放，则意味着吉林这些高官，每年拿到的养廉银少了好几千两——事情不到十分紧急，是轻易不会在这些高官头上动土的。

而奏折中"按照奉天核扣"之语，则表明这是东三省的统一规定，奉天早已实施，而非吉林一省施行。

---

[1]《袁世凯全集》第19卷，第754页。

[2]《宣统政纪》卷一。

[3] 张廷玉等：《清朝文献通考》卷四二《国用》，商务印书馆1936年，第5244—5246页。

东北三省财政紧张的状况，可以说在宣统执政三年期间一直没有好转。

宣统三年闰六月十九日，东三省总督赵尔巽上了《奏为编成奉省宣统四年度岁出预算表册送部核定事》的奏折，其中提到，除海米关经费及解部各款不计外，统计国家行政经费岁出共库平银1166万多两，地方行政经费岁出共库平银366万多两；收入方面，除关税收入不计外，国家岁入及部协各款共库平银1182万多两，地方岁入共库平银335万多两。出入相抵，实亏库平银约15万两。[1]

相对而言，财政赤字只有15万两的奉天省还算好的。宣统三年，全国各省的财政状况多不乐观。

黑龙江巡抚周树模奏称，预计黑龙江省岁入银540万余两，岁出581万余两，[2]财政赤字为41万两。

湖南巡抚杨文鼎奏，预计湖南财政收入约银766.1万两，而地方行政经费支出就达923.27万余两。此外，当年应还外国银行借款及利息等49.6万两，湖南历年积亏有将近300万两，再加上新增亏空100万两等，即便他已经竭力节省9.8万余两，湖南当年的财政赤字还是高达600多万两。[3]

江西巡抚冯汝骙奏，江西这一年的财政赤字为200多万两，为此奏请试办公债，先偿旧欠，分年摊还。[4]

安徽巡抚朱家宝抱怨，全省收入不过500万两，上交中央的京饷、各省协饷等就需320多万两，加上新旧各军军饷140多万两，"能留作本省行政经费者，实已无几"。[5]

新疆巡抚袁大化闰六月初四奏称，各省给新疆的协饷至今未到，

---

[1]《录副档》，档号：03-7518-062。
[2]《宣统政纪》卷三八。
[3]《宣统政纪》卷三九。
[4]《宣统政纪》卷五五。
[5]《宣统政纪》卷五三。

新疆库存银仅十余万两,财政艰难。[1]

财政紧张,广东有赌不禁

宣统三年闰六月十三日,有人参奏粤省私赌盛行,朝廷于是下旨让两广总督张鸣岐"认真查禁,务绝根株,毋稍疏纵"。[2]

张鸣岐的答复令人大跌眼镜——闰六月二十二日,张鸣岐奏称:粤省原收赌饷476.5万余两,今因禁赌,筹款抵补后,本年尚不敷银196万多两[3]——原来,广东不查禁赌博,是因为要靠抓赌罚款来弥补地方财政赤字。这不就是典型的钓鱼执法和养鱼执法吗?

其实,早在宣统二年,就不断有人举报广东赌风太盛、贻害百姓,呼吁查禁。据这年十一月御史温肃的奏报,"部议以筹抵赌饷未足为辞"[4]——这表明,由于没有其他收入来弥补禁赌后损失的赌饷,为免地方财政紧张,广东及相关部门表示赌博尚不能禁!

广东是没钱吗?

温肃替广东算了一笔账:广东一年赌饷收入是400多万两。而据广东巡抚袁树勋的奏报,广东盐务加饷每年可收200万两、烟酒等税可收200万两。两项相抵,应该是相差无几,禁绝赌博后,收入缺口也就是数十万两。

而且,查阅资政院预算案后温肃发现,宣统三年广东预算原本盈余300多万两。但两广总督张鸣岐害怕这笔钱被中央收走,便又追加预算,将这300多万两全部"花掉",而追加的事项,竟然多是计划于宣统四年才办的事,被张鸣岐提前挪至了宣统三年!

也就是说,如果张鸣岐没有"突击花钱"而将这300多万两的预算盈余留在宣统三年,那即使广东禁赌,财政依然比较宽裕。为此,

---

[1]《宣统政纪》卷五七。
[2]《宣统政纪》卷五七。
[3]《宣统政纪》卷五七。
[4]《宣统政纪》卷四四。

温肃在奏折中说,"除害较急于兴利……粤民吁恳甚切,请饬两广督臣即日禁绝"。[1]

温肃的这份奏折上交后,清廷让有关部门商量,但迟迟没有音讯,以致才有宣统三年闰六月其他人的再次举报。

中央和地方的财政博弈

八月十九日武昌起义爆发。其时,包括东三省在内,清廷共有二十二个省,截至十月十二日,已有湖北、湖南等十四省宣布独立。

武昌起义爆发之前,清廷正计划裁减全国绿营巡防队,以提高战斗力、节约财政开支。以黑龙江为例,按照资政院核定的结果,该省用于巡防营的经费,宣统三年将减少22.5万多两。而巡防营兵丁数量,从宣统三年起将裁减四成。

武昌起义爆发后,各地以土匪出没、防卫任务紧要为理由,纷纷要求添募兵丁:先是陕甘总督长庚奏请在已挑募骑兵三营的情况下再添防军数营;八月二十三日,两广总督张鸣岐表示"鄂乱既成,粤省必大受影响……省城现有兵力仍属单薄不敷分布",请求"再添募数营";八月二十四日,浙江请求添兵,直隶请求添兵二十营,两江总督张人骏请求添兵十营共五千人;八月二十五日,顺天府、河南请求添兵;八月二十六日,山东、陕西请求增募士兵。[2]

在此情形下,八月二十八日,清廷被迫宣布各省绿营巡防队一律暂缓裁减:"裁减绿营巡防队系顾全财政起见,惟当此时局艰危,绿营巡防队可以辅陆军巡警所不及……所有宣统三年预算案内各省奏明碍难裁撤之绿营巡防队,均着免其裁减。"[3]

按惯例,除甘肃、新疆、台湾等少数省份需要中央协饷、财政援

---

[1]《宣统政纪》卷四四。
[2]本段所引,均见《宣统政纪》卷六一。
[3]《上谕档》,宣统三年八月二十八日。

助之外，其他各省需要定期向中央上缴银两（即俗称的"京饷"），以维持中央政府运转及赔付外债等。像湖南一省，一个月"应解京饷、各省协饷、练兵经费、边防经费、顺天备荒经费、京师大学堂经费、铁路经费、盐厘厘金等银共四十四万余两"。[1]

武昌起义之后，各地不断添兵，就需多方募饷。以加强防卫为由，各地纷纷提出暂缓解送甚至截留京饷：八月二十三日，两广总督张鸣岐请求准许添兵的同时，提出"于应解京部各款酌量截留"。八月三十日，江西巡抚冯汝骙表示京饷等江西应解各款只能等"防务稍松，再行照解"。安徽巡抚朱家宝、湖南巡抚余诚格更提出截留京饷。不过，清廷除同意湖南"缓解十万两"外，其他多是答以"京饷关系大局。所请酌量截留之处，碍难照准"。[2]

截留京饷的同时，各地还相继请求中央拨库款救济：八月三十日，鉴于"市面支空、非现银不能挽救"，江西巡抚冯汝骙先是请求度支部让上海的银行先借给二十万两救急，九月初九日又奏请拨百万新币。九月十三日，热河副都统溥良说张家口金融机关异常窘迫，请拨银元二十万元；九月十九日，荆州将军连魁奏报荆州危机，请朝廷迅拨大宗饷项，或由河南先行垫拨。[3]

面对江西、热河、荆州等地的拨款请求，清廷的答复倒是痛快——"库款奇绌"，[4]言外之意，就是要求各地自己想办法。

就连地方要枪炮的请求，清廷也多不应允。九月十三日，新疆巡抚袁大化奏请调兵来新疆加强防卫并请拨给枪炮子弹等，清廷就没有答应，"库款支绌，军储缺乏，饷械不易筹拨"。[5]

地方截留京饷，中央则开始拖欠地方经费。清军南下与湖北民军

---

[1]《宣统政纪》卷六一。
[2] 本段所引，均见《宣统政纪》卷六一。
[3] 本段所引，均见《宣统政纪》卷六一。
[4]《宣统政纪》卷六二。
[5]《上谕档》，宣统三年九月十三日。

作战，河南成了后方基地，负责大军后勤军需等。这笔开支，度支部曾答应设法接济。九月初十日，河南巡抚宝棻抱怨，他派人去京城要钱却一无所获："昨委员回豫，仅据交到银十五万两，并以北军业经拨款，无需由豫接应，此项专作本省防费。"一句话，度支部说现在不需要河南接济了，但以前所花的钱，度支部也不认账了，只是给了银十五万两用以河南防务。至于宝棻"拨银四五十万两练兵筹防"的请求，度支部则表示借到洋款后再拨。[1]

九月初六日，广西巡抚沈秉堃请求朝廷"筹拨的款五十万两"以加强防守。当年太平天国就是在广西起事的，殷鉴不远，清廷不敢大意，要度支部想办法。度支部一开始以"桂省为粤省兼辖之区"，将皮球踢给广东，要两江总督张鸣岐统筹兼顾。在张鸣岐表示无钱可拨后，面对沈秉堃的一再陈情，度支部最后没办法，于九月十三日搬出陈年旧账、采取了"转移支付"的手段，"查张鸣岐前在桂抚任内，曾于捐输溢额项下拨有各种专款。去任之日，计桂全铁路项下尚存二百数十万；积谷经费项下尚存十余万；路矿垦牧项下尚存五十余万，合计应有三百余万"。[2]这些本来都属于专款、不准挪借别用，现在筹防无款，只好允许沈秉堃先挪用了。不过，在寅吃卯粮的财政状况下，估计这笔钱早已花掉，沈秉堃很可能又是竹篮打水一场空。

进入十一月，面对部库一空如洗的现状，袁世凯内阁还想到让各省援助、向内务府借款等办法，但收效甚微。

对于这种要款，袁世凯本身也不抱多大希望。在十一月十一日的一份奏折中，他说："昨已由臣世凯、臣绍昌[3]电商各省督抚设法迅筹协济，惟除有事地方，所余不过数省，且屡经奏请拨款，恐内外艰窘、一致殊难。"[4]

---

[1]《宣统政纪》卷六二。
[2]《宣统政纪》卷六三。
[3] 应为署度支大臣绍英之误。
[4]《上谕档》，宣统三年十一月十一日。

第六章 财政困局

果然不出所料，各地答复均不乐观：

东三省总督赵尔巽回复迅速，哭穷哭得也爽快，十一日即表示"奉库久罄，两月以来，全赖维持纸币赖以支住，断无现款拨供汇解"；[1]同日，直隶总督陈夔龙也表示没钱可解送。[2]

十二日，吉林巡抚陈昭常表示帮不上忙，"现在全省绅民对财政监察甚力，即有现款外运，势必全力抵抗，加之人心浮动，讹言孔多……再四思维，实无他法"。[3]

十四日，河南巡抚齐耀琳也表示没有现款，目前正在筹集，"俟有成数，即行押解"；[4]热河都统锡良则说"现计各库所存仅堪支放军一月兵饷之用，困难情形与部库相同。辗转图维，实无筹济之法"。[5]

十五日，新疆巡抚袁大化不但表示新疆没钱，反而向中央要钱，说"东南糜烂，恃西北为根据，新省再有疏虞，大局愈难收拾"，为此请求度支部"酌拨若干"。[6]这样的答复，估计会让袁世凯有些哭笑不得。

问了一圈下来，答应支援的，只有黑龙江和山东两地。

十一月十二日，黑龙江巡抚周树模说，黑龙江本来就穷，近来为陆军部垫炮款价银30余万两，又被奉、吉两省借用洋关税银10余万两至今未还；收入方面，各省协饷停解，大连关税10万两停拨。但为了支援中央，他勒令广信公司添发纸币，筹出30万元，将于一月内分两次解京以济急用；[7]同日，山东巡抚胡建枢表示，山东"勉措

---

[1]《电报档》第24册，第463页。
[2]《电报档》第24册，第463页。
[3]《电报档》第24册，第469页。
[4]《电报档》第24册，第477页。
[5]《电报档》第24册，第472页。
[6]《电报档》第24册，第478页。
[7]《电报档》第24册，第469页。

银三万两、洋三万元，解京济急"。[1]

纡尊降贵一番，朝廷也就要到了不到银40万两。至于内务府方面，内务府总管世续九月二十七日告诉署度支大臣绍英同意借款10万两，"晚至世相处，为内务借款十万两事，世相云月内可交库也"。[2]但区区几十万两，对于濒临绝境的清廷财政来说，显然无济于事。

开始拖欠赔款与外债

随着财政状况的恶化，各地出现拖欠赔款和外债之举。

道光朝第一次鸦片战争失败后，清政府被迫签订不平等的《中英南京条约》，赔款银2100万圆；咸丰朝第二次鸦片战争签订的中英、中法《北京条约》等，累计赔款1600万两；光绪时的《中俄伊犁条约》，赔款500多万两；甲午战争后的《中日马关条约》，赔款2.3亿两；光绪二十七年的《辛丑条约》规定清政府向英、法、德、美等八国赔偿白银4.5亿两，分四十年赔付完，本息合计达到9亿多两。

这些赔款，主要通过两个途径进行偿付：

一是关税、厘金、盐税收入。1912年4月29日，临时大总统袁世凯发表演说时曾介绍："查关税、厘金及其他入款抵付外债者，每年计银五千万两。而庚子赔款系以关税、盐课作抵。"[3]

二是摊到全国百姓头上，由各省每年催缴送递，比如湖北省每年被摊派的赔款额为70万两，四川每年被摊派的赔款额为200万两。[4]

由于赔款事关国际，清廷向来催抓得很紧——《辛丑条约》所定的庚子赔款更是清廷的头号要务，通常由各省在合同规定付款期限前

---

[1]《电报档》第24册，第470页。
[2]《绍英日记》第2册，第262页。
[3]《袁世凯全集》第19卷，第754页。有统计表明，当时清政府每年应付外债和赔款的本息为5290万余两。见王开玺：《武昌起义后清政府财政的彻底崩溃》，《历史档案》，1993年第4期。
[4]《宣统政纪》卷三九。

一个月将赔款解送上海,集中后统一支付。宣统元年正月,时为两江总督的端方电奏浙江等省应解赔款未能按期汇到。初七日,清廷即下旨让"度支部电知各省迅将应解赔款数目按期汇沪,勿得迟误"。[1]

　　武昌起义的爆发改变了这一规则。

　　八月三十日,江西巡抚冯汝骙电奏,由于"财政奇窘,近日商家竞提存款,民间争兑现银",江西九月应解的赔款16万两,请求度支部帮忙代筹,"请饬部将九月应解赔款十六万零,暂行代筹"。[2]九月,由于财政紧张,上海道请求延期支付赔款,管辖上海的两江总督张人骏派"道员虞和德力向各国银行磋议,并请派前驻藏帮办大臣、副都统衔温宗尧在沪会办"的同时,奏请朝廷与各国驻华公使咨商。无奈之下的清廷,只好于九月初八日同意张人骏所请、让外务部办理,"电寄张人骏等。据电奏,沪市银根紧急,沪道请展缓赔款,实出万不得已,请切商驻使……着外务部知道"。[3]

　　两江辖区包括今天的上海、江苏、安徽、江西,是大清的财赋重地,罕见地提出暂缓支付赔款,可见"银根紧急"到何种程度!

　　清廷拖欠赔款,立即引起国际社会的注意。九月十八日的巴黎《西格尔报》报道:"中国国库空虚,上月赔款尚未交付。"[4]

　　清廷是否真的延期支付赔款了呢?

　　1912年4月11日,英国驻华公使朱尔典在信中告诉英国外交大臣格雷:

> 唐绍仪估计需要一笔二亿一千五百万两的款项(约合三千万英镑)……这几乎等于庚子赔款的一半。在过去十年间,偿付这笔赔款使中国财力遭受沉重负担,现在中国已完全停止偿付。[5]

---

[1]《上谕档》,宣统元年正月初七日。
[2]《宣统政纪》卷六一。
[3]《宣统政纪》卷六二。
[4]《档案汇编》第69册,第220页。
[5]《英国蓝皮书》上册,第555页。

在6月的一封信中,朱尔典又向格雷谈及清政府拖欠偿还外债之事:

> 拖欠应付的赔款七个月(最后一次是1911年9月30日支付的),不计利息,达一百七十四万一千一百八十七英镑,大约需要一千一百六十万两至一千三百九十万两……应于12月31日偿还的赔款总额达三百七十万一千一百十五英镑(不计算欠付的利息)。[1]

朱尔典的统计,主要是赔款,并不包括借款。按朱尔典的说法,武昌起义爆发之后,清廷就未再支付庚子赔款。正是觉得中国拖欠未付的赔款太多,时为北京外交使团团长的朱尔典,一度考虑接管中国的海关。

1912年4月29日,袁世凯在参议院开院礼上也承认,"现因商业疲滞,税项减收,致无力解付外债"。[2]

由此看来,武昌起义爆发后,清廷暂停支付外债确有其事。至于拖欠的各项外债数额,据英国驻南京总领事伟晋颂所引新任国务总理唐绍仪的报告,大约在三千万两:

> 有去年6月为进行币制改革和修筑粤汉铁路而筹措的二亿两借款的利息达一千万两,还有已经到期但自革命爆发以来没有偿付的中国其他借款和赔款的利息,迄今总共为二千万两。[3]

而袁世凯对参议院说,"各省共有借款一千万两,庚子赔款一千二百万两,均于春季到期,并未解出"。[4]袁世凯所统计的欠款额,尚未包括修筑粤汉铁路的借款利息,如果加上此项一千万两,实数为三千二百万两,和伟晋颂所统计的三千万两相差无几。

---

[1]《英国蓝皮书》上册,第585页。
[2]《袁世凯全集》第19卷,第754页。
[3]《英国蓝皮书》上册,第556页。
[4]《袁世凯全集》第19卷,第754页。

国库存银仅二十万两

八月十九日武昌起义爆发，陆军大臣荫昌率军南下镇压。出发前，他先去拜会度支大臣载泽，寻求财政支持。二十六日，荫昌告诉陆军部军需司司长苏锡弟，"部库仅存现银数百万"。[1]九月初六日，荫昌上折说"粮饷等项前后由度支部领到银一百五十万两"。[2]还能拿出一百五十万两，如此看来，度支部尚有存银数百万两之说，并非虚言。但对比雍正、乾隆时期大清国库存银四五千万两，此时的大清国可以说是够穷的了。

更为严重的是，随着时间的推移，一方面独立省份日多，战乱导致商业基本停滞，清廷能够收到的关税、厘金、地租等大不如前；另一方面，战争消耗不断增加。彼减此增，清廷国库存银日渐减少，财政状况迅速恶化。

九月初九日，清廷同意资政院奏请，不准亲贵懿亲再担任国务大臣，载泽因此被免。九月二十六日，绍英署理度支大臣，上任伊始，自然要摸清家底——十月十一日，他在日记中提到：部库实存现银九十八万七千一百七十一两二钱六分三厘一毫，辅币七十四万枚。[3]也就是说，此时大清国库存银已不足百万两。作为主管者，相信绍英的记载应该准确。从九月的几百万两，到十一月的不足百万，两个月左右时间，清廷库款减少了几百万两。一个月之后，国库存银又少了五六十万，十一月初九日，袁世凯告诉隆裕太后："现在库中只有廿余万两，不敷应用。"[4]

九月初十日，新任署民政大臣赵秉钧奏陈整顿民政部大约需银七十万两，摄政王载沣就说度支部余款仅二十万两，"摄政王无精打采，头脑似已完全混乱，毫无定见，只憺然答称：关于经费开支问

---

[1]《中华民国史档案资料汇编》第一辑，第182页。
[2]《辛亥革命》（五），第335页。
[3]《绍英日记》第2册，第247页。
[4]《绍英日记》第2册，第265—266页。

题，希与泽公谈，现度支部余款仅二十万两，如此数目，实恐无法筹措"。[1]这也证实了袁世凯所说的库款只剩二十多万两并非妄言。

两个月左右花掉了几百万两银子，这些钱都花哪儿去了呢？宣统三年十一月初十日，被提名为南京临时政府实业总长的张謇，曾撰《对于新政府财政之意见书》，对清政府的财政支出做了如此分析：要想维持全国各地的正常运作，仅赔款、海陆军费、行政费三大宗，每年支出至少一万二千万两——其中，铁路抵债外的赔款四千万至五千万两，陆军军饷两千多万两，海军五百万两，边防办事大臣协饷一千万两，行政费三千万两，平均每月支出一千万两。[2]武昌起义后，因财政拮据，清廷拖欠赔款，每月可"少"支出赔款四百万到五百万两，但军饷、行政费等，依然需要四五百万两。因此，两个月花掉清廷国库几百万两，不足为奇。

三万两白银引发的兵变

从宣统三年十月初五日起到十一月底，伊犁将军志锐、塔尔巴哈台参赞大臣额勒浑、科布多办事大臣忠瑞，三位"部级"官员（伊犁将军从一品，参赞大臣、办事大臣为二品），围绕三万两白银，不顾脸面所展开的争执，让人心酸的同时，更能确切领略到清廷财政之紧张状况。

事情起于阿尔泰山城所领的十九万两修城银。十月初，伊犁将军志锐以边疆防务需饷甚急为理由，请求清廷先将此款转拨给他作为军饷，等朝廷划拨的军饷到了之后再扣还。[3]

这下捅了马蜂窝。塔尔巴哈台参赞大臣额勒浑也盯上了这笔钱，十月初五日，额勒浑上奏说，"塔城改练军队，推广屯工，需款孔

---

[1]《日本外交文书选译》，第56页。
[2]《张謇全集》编纂委员会编：《张謇全集》第1卷，上海辞书出版社2012年，第236页。
[3]《宣统政纪》卷六五。

亟"。[1]为此,他请求清廷将这笔修城银两的一半借拨给他。由于之前已经答应给了志锐,于是清廷让额勒浑与志锐商量。

这笔钱实际控制在科布多办事大臣忠瑞手里。十月初十日,忠瑞上奏清廷,说阿尔泰守军军饷,得靠这笔钱才能支撑,这笔钱"并非闲款可比,断难挪动"。[2]

这下朝廷没了主意,同意忠瑞不拨借此款的同时,让度支部和新疆巡抚袁大化设法筹拨一笔钱给志锐。

此时的度支部已经是"库款奇绌",袁大化更早已抱怨各省协款均未能如数拨给,哪有钱给志锐——十一月二十日,袁大化还向清廷打报告要钱呢。志锐也明白这点,对度支部和新疆巡抚不抱希望,而是继续盯着这笔钱。十月十三日,朝廷接到志锐"伊犁为沿边要区,较阿城尤为吃重,请仍将阿城修城款项指拨应用"报告之后,下令"度支部迅速查核办理"。[3]

争款的故事仍在继续。清廷十一月初九日的谕旨透露,度支部曾和科布多办事大臣忠瑞商量,请求忠瑞先拨两三万两给志锐使用。但不知是忠瑞不肯还是志锐嫌少,二人继续为这笔钱向清廷告状。这下清廷生气了,批评二人不搞团结、不识大体,"乃志锐、忠瑞仍各存意见、互相龃龉,殊属不知大体。当此时局危急,务当和衷共济,以免贻误"。[4]

时隔不久,清廷又在十一月十六日安抚没要到钱的志锐:

> 现在部库如洗,饷项奇绌。伊犁所需,势难兼顾。即令饬部筹拨,亦属空言无济。该将军世受国恩,身膺边寄,务宜勉为其难,暂商新疆巡抚,就地设法。一俟筹有的款,即行拨给。[5]

---

[1]《宣统政纪》卷六五。
[2]《宣统政纪》卷六五。
[3]《宣统政纪》卷六五。
[4]《宣统政纪》卷六七。
[5]《宣统政纪》卷六八。

言外之意，就是朝廷也没钱，志锐你世受国恩，先勉为其难，设法就地解决吧——志锐的祖父为曾任湖广总督、陕甘总督的裕泰，他本人为光绪六年进士，这在旗人中可谓凤毛麟角，而其更为引人注目的身份，是光绪皇帝两位妃子——瑾妃和珍妃的堂兄。尤其是珍妃，颇得光绪宠爱，光绪二十六年慈禧西逃前将其"沉于井"[1]；他另一个妹妹瑾妃，此时虽居紫禁城，但因光绪的皇后隆裕排挤而边缘化，至隆裕去世后，经袁世凯出面干预，她才得以主持后宫事务。

就在志锐、额勒浑、忠瑞三人还在为十九万两银子拉锯的时候，志锐所统率的兵营于十一月十九日夜发生兵变，伊犁将军志锐次日被杀。当时已被任命为杭州将军但仍在伊犁将军兵营的广福事后报告，兵变的原因是欠军饷，"伊犁陆军因志锐到任后久未发饷，又纷纷裁撤，边地天寒，窘迫无计"。[2]兵变的结果，是"两方伤毙三十人，志锐已被戕，印信遗失"。

《清史稿》记载，志锐原为杭州将军，宣统三年刚刚被任命为伊犁将军。志锐赴任行至新疆时，得知武昌起义的消息。部属劝其延缓上任，但志锐未听。[3]结果，他抵伊犁不久，因欠饷而遭遇哗变。兵变发生后，士兵曾推志锐为都督，但他拒绝出任，终致被杀。

志锐虽死，这笔钱引发的争吵仍在继续。十一月二十六日，改任伊犁参赞大臣的额勒浑说，伊犁兵变，塔尔巴哈台形势紧张，急需钱用。他请求朝廷让忠瑞将之前答应拨给伊犁的银三万两，全部拨给塔城。[4]

朝廷刚刚答应了额勒浑，新疆巡抚袁大化又杀了出来，提出要将这三万两银"就近截用"，留在省里使用。两边都得罪不起，朝廷也不管了，让袁大化和额勒浑自己商量去，"前据额勒浑电奏，已有旨

---

[1]《清史稿·列传二一四》，第8932页。
[2]《电报档》第24册，第499页。
[3]《清史稿·列传二五七》，第12797页。
[4]《宣统政纪》卷六八。

饬将前拨伊犁银三万两径解塔城，该抚拟就近截用，着与额勒浑商酌办理"。[1]

堂堂大清国，竟然拿不出十九万两银子，导致伊犁将军兵营因没钱发饷而发生兵变，导致"幼颖异"[2]、满族中少见的进士、伊犁将军志锐被杀，实在令人心酸；为了几万两银子，三位一二品大臣互不相让、斯文扫地，实在令人唏嘘。

二　动用内帑银

"帑"本指国家收藏钱财的仓库，逐渐引申为国库里的钱财、公款。"内帑"则泛指内府里的钱财，即皇帝、皇室的私财、私产——相当于皇帝私房钱。[3]武昌起义爆发后，清廷财政紧张、国库日绌，隆裕太后被迫动用内帑银来救急。

隆裕太后有内帑银，这在当时清廷高层中并非秘密：在宣统三年九月十二日的日记中，度支部副大臣绍英就说："闻内帑尚有存储，第讨领不易。不知将来能办到否。"[4]

慈禧所留的内帑银

这些内帑银，是从何而来的呢？

是慈禧所留。

这点，隆裕也没有否认——八月二十九日拨付内帑银二十万两给袁世凯救济湖北灾民的谕旨就说："现将孝钦显皇后所遗宫中内帑内

---

[1]《宣统政纪》卷六八。
[2]《清史稿·列传二五七》，第12797页。
[3]《红楼梦》第四回中写薛蟠"且家有百万之富，现领着内帑钱粮，采办杂料"。曹雪芹：《红楼梦》，人民文学出版社2006年，第40页。此处的内帑，即皇帝私房钱之意。
[4]《绍英日记》第2册，第249页。

拨银二十万两，由内务府发交袁世凯派委妥员在湖北一带核实赈济，以惠灾民。"[1]九月十三日拨内帑银十万两给四川总督岑春煊时，谕旨也说"现将孝钦显皇后所遗宫中帑银十万两由内务府发交"。[2]慈禧谥号孝钦，这都表明，这批内帑银确为慈禧所留。

慈禧所留内帑银，究竟有多少呢？这有多种说法。

据清功臣馆总纂恽毓鼎的记载，九月十七日，隆裕太后召见摄政王、阁臣及诸亲贵，流泪斥责他们："汝等执政不及三年，使大局贴危若此，举朝直无一忠臣。予决与宗社共存亡，不离一步也。"说着，她拿出一册账簿给摄政王看："先太皇太后储蓄之款，尽载册中。计黄金十五万两，白银二百万，予不留分毫，可拨金八万、银百万，充军饷等用。"[3]一席话，说得摄政王等在座诸位大臣赧然而退。

按恽毓鼎此说法，隆裕太后手中的内帑银为"黄金十五万两，白银二百万"。黄金十五万两，相当于银两多少？时为湖南布政使的郑孝胥在日记说，八万两黄金大约相当于银三百万两：

  报言，太后出帑金八万余两，值银三百余万，以作军用。西报云，此项藏金尚系一千八百七十余年所贡，有广东、湖北封条；若内廷悉出所藏，可敷清还赔款之用云。北京各银行分买此金，以德华所买为最多。[4]

照此推算，黄金十五万两相当于银五六百万两，加上原有白银二百万两，隆裕太后的内帑银约为七八百万两。

今人贾英华的《末代皇帝的非常人生》一书中则认为，这批内帑银，是光绪二十六年（庚子年，1900）八国联军侵华、慈禧西逃时留在紫禁城的。传给隆裕时，有黄金三十六万两、白银四百多万两：

---

[1]《上谕档》，宣统三年八月二十九日。

[2]《上谕档》，宣统三年九月十三日。

[3]《恽毓鼎澄斋日记》，第559页。

[4]中国历史博物馆编，劳祖德整理：《郑孝胥日记》第3册，中华书局1993年，第1382页。

据记载,庚子年,慈禧太后尚在宁寿宫大殿存放白银六百万两,西逃之前移至储秀宫大殿,幸而未遭受损失。返回京城后,慈禧修葺仪鸾殿、海晏堂,耗去二百万两。慈禧殡天时,尚余四百万两白银。至于宫中所存黄金,除慈禧殡天时打造金塔用去一万两,尚余三十六万两。以上全部被隆裕太后承受。此后,隆裕太后修建延禧宫的水座铁楼,用去一半白银。武昌起义后,袁世凯逼其迅速补充军费。隆裕太后在无奈之余,命司房将黄金分成二十二万两以及十四万两这两笔帐。在袁世凯逼迫下,隆裕太后不得已先交出二十二万两黄金劳军。后又交出所余下的黄金,悉数被袁世凯充做"筹安会"的经费。[1]

历史真相究竟是怎样的呢?我们先看看隆裕太后下拨内帑银的过程。

八次共拨白银一百六十余万两

内帑银分为白银和黄金两种。据清宫档案记载,从武昌起义爆发到清帝逊位,隆裕太后先后拨过八次内帑银。

八月二十九日,拨内帑银二十万两给袁世凯用于湖北救灾;同日,因福建漳州等地遭受水灾,又拨内帑银两万两给闽浙总督用于救灾。[2]

九月初三日,因直隶、吉林、江苏、安徽、山东、浙江、湖南、广东八省水灾严重,各拨内帑银三万两,共二十四万两,用于救灾。[3]

九月初四日,给新成立的慈善救济会拨内帑银三万两。[4]

九月初六日,拨内帑银一百万两给湖广总督袁世凯,用作军费——此项内帑银拨付时就声明是"由内务府发交度支部,专作军

---

[1] 贾英华:《末代皇帝的非常人生》,人民文学出版社2012年,第49页。
[2] 《宣统政纪》卷六一。
[3] 《宣统政纪》卷六二。
[4] 《宣统政纪》卷六二。

中兵饷之用"。[1]恽毓鼎在第二天的日记中称赞:"隆裕皇太后发内帑一百万两充军饷,此举为历史所无。"[2]

九月十二日,因吉林遭遇大火,拨内帑银三万两善后。

九月十三日,鉴于四川用兵已两个多月,百姓"惨遭祸难,荡析流离",拨内帑银十万两给四川,用于救济。[3]

十月初一日,拨内帑银赏禁卫军、左右翼巡警等每名一两。第二天,禁卫军和步军统领衙门即奏报全军数目,共两万一千二百二十四名。[4]如此推算,此番隆裕所拨的内帑银大约在两万一千两。

此八次所拨,总数为一百六十四万两左右。由上可以看出,内帑银的用途主要有三方面:一是用于救灾、赈济,二是用作军费,三是用作赏银。

以上八次,均为隆裕太后主动下拨。进入九月后,随着独立省份的增多、清廷财政状况的恶化,开始打内帑银主意的地方督抚和部院大臣越来越多。

九月十三日,直隶总督陈夔龙致电清廷,请拨内帑银,"津地重要,市面银根奇紧,请颁借内帑银一百万两"。[5]也在这天,山东巡抚孙宝琦电奏,由于山东须采购军粮运往河南以接济南下镇压武昌起义的清军,"恳就颁发内帑充军饷百万项下迅速拨赐十万金,以便分委干员赍领、四出设法采购"。[6]和直接拒绝陈夔龙不同,考虑军需万紧、前敌购粮极关紧要,度支部满足了孙宝琦的要求。但此十万两只是从隆裕太后九月初六日拨给袁世凯作为军费的一百万两中匀出,并非增拨内帑。

---

[1]《上谕档》,宣统三年九月初六日。
[2]《恽毓鼎澄斋日记》,第555页。
[3]《宣统政纪》卷六二。
[4]《上谕档》,宣统三年十月初一日。
[5]《宣统政纪》卷六三。
[6]《宣统政纪》卷六三。

中央层面，九月十五日，度支部副大臣绍英听说，庆亲王奕劻请求隆裕太后拨内帑银来发军队和官员的月饷，"闻庆邸执求领内帑以发月饷之说"。[1]一个"执"字表明，奕劻应该是奏请过多次。为此，隆裕分两次下拨了内廷所存的黄金。

两次拨下黄金十六万两

九月十九日，东三省总督赵尔巽在京城的耳目嵩寿在电报中向其报告，"昨由内帑发出足金银七万九千余两"。[2]照此说法，九月十八日，隆裕太后下拨了内帑银黄金八万两。

九月二十六日，在朱尔典给英国外交大臣格雷的信中，也提到隆裕下拨内帑黄金八万两（约合银三百万两）：

> 关于已故慈禧太后所积攒的内帑。人们听说过许多而真正知道的却很少，现在终于被用来支付清政府目前的费用。大约一个星期以前，有三十三箱金条，约合银三百万两或折合四十万英镑，已由内廷交给度支部，并由该部存入汇丰银行本地分行。约占全部金条的三分之一已经出售，并转交陆军部，以供购买军火和支付兵饷。[3]

朱尔典的信为二十六日所写，他说的一个星期以前，也就是十九日左右。朱尔典在信中还提到这批存入汇丰银行北京分行的内帑银的细节，"大部分金条所附印记表明，它已储存四十多年没有使用，庚子赔款和近年来任何其他紧急需要都从来没有动用过"。[4]

朱尔典所说和郑孝胥所记、赵尔巽的耳目嵩寿所报，可以互相印证——隆裕太后下拨的第一批黄金八万两，折银为三百多万两。

但当时有人计算，按照已经缩减的标准，维持清朝行政当局两个

---

[1]《绍英日记》第2册，第256—257页。
[2]《赵尔巽全宗案卷》，案卷号：591，胶卷编号：110。
[3]《英国蓝皮书》上册，第126页。
[4]《英国蓝皮书》上册，第127页。

月的最低款额为三百万两。[1] 因此，即便不考虑军饷问题，仅靠内帑支持，也是难以为继的。

第一批内帑银确实到了十一月即告用罄。

在十一月十二日的第五次和谈中，为了解决南北双方的财政困境，伍廷芳提议将南京造币局存于通商银行的银一百万两取出，按南方民军占七、北方清廷占三的比例分配（伍廷芳认为民军所辖的省份多，理应多分。后经谈判改为南六北四）。唐绍仪接着提议再从大清银行中提取存款，理由是四十万两银北方政府一天即花光，而且八旗兵饷还大多未发。伍没同意，认为清廷内帑尚多，足够北方政府支用，不必再提。唐绍仪当时就告诉伍廷芳，内帑银黄金八万两已花完了——"伍：内帑甚足。唐：八万黄金，已尽提出矣"。[2]

连伍廷芳都知道隆裕太后拨内帑八万两之事，可见此事在当时流传之广。而唐绍仪的回答，也侧面证实隆裕太后拨的第一批内帑银在十一月中旬即已用完。

十一月初九日，内阁总理袁世凯、署外务大臣胡惟德在《革军力主共和、代表请开国会，奏请召集宗支王公会议折》中又向隆裕太后哭穷，"库帑告罄，贷款无从，购械增兵，均为束手"。[3]

无奈之下，隆裕太后下拨第二笔内帑银黄金八万两。时为内阁承宣厅行走的许宝蘅在十四日的日记中说：

> 总理入对……（太后）又谕："现在宫中搜罗得黄金八万两，你可领去用，时势危急若此，你不能只挤对我，奕劻等平时所得的钱也不少，应该拿出来用。"总理对："奕劻出银

---

[1]《英国蓝皮书》上册，第316页。按民初政府财政总长熊希龄的计算，所需更多，他曾向黄兴抱怨财政紧张问题，"仅湖南允助三十万金，然只供南北两方二日之用"。见徐进：《"南北"与"猜嫌"》，《读书》，2018年第7期。

[2]《辛亥革命》（八），第93页。

[3]《中华民国史档案资料汇编》第二辑，第51页。

十五万。"太后谕:"十五万何济事,你不必顾忌,仅(尽)可向他们要。"[1]

儒家正统观念中"君子喻于义,小人喻于利",隆裕太后身为一国之母,却支招让袁世凯去找庆亲王奕劻等募款。看到这样的细节,我们莞尔一笑的同时,也明白面对财政困局,隆裕太后已经招架不住了。而且,若非已到紧急关头,她也不会出此下策。

隆裕所拨之八万两黄金,由署度支大臣绍英查收。他在十一月十五日的日记中写道:"皇太后交下金八万两,当收部库。"[2]绍英是经手人,所记应最为准确。

隆裕太后又拨黄金八万两的消息,在京的外国人立即知悉。十一月十七日,朱尔典向格雷汇报:

> 我从权威人士处得知,三天前袁世凯阁下从宫中获得八千根金条,每根十两重,总共相当于约二百八十万两白银,加上白银则总数达到三百万两(即三十七万五千镑)有余,他即刻把所有这些款项都转而用于政府的开支。[3]

这从侧面证明隆裕太后在十一月十五日下拨了第二笔内帑银——黄金八万两。

经此两次下拨,慈禧所遗留的内帑银中的黄金已所剩无几。在十二月初一日的御前会议上,恭亲王溥伟,以及前任度支大臣载泽说起冯国璋请发三个月军饷以镇压民军。隆裕太后当时就回答说:"现在内帑已竭,前次所发之三万现金,是皇帝内库的,我真没有。"[4]

黄金十六万两(约合白银六百万两)、白银一百六十万两,这应该就是隆裕太后所拨的内帑银的总数。

《大公报》当时的报道中,还提供了另外一种说法——隆裕太后这

---

[1]《许宝蘅日记》第1册,第387页。
[2]《绍英日记》第2册,第268页。
[3]《辛亥革命史资料新编》第8卷,第188页。
[4]《辛亥革命》(八),第113页。

些内帑银,并非无偿拨付,而是用以购买爱国公债,前后共拨了三批:

> 皇太后屡颁内帑,经袁内阁知会度支部,作为购买爱国公债款,并填给收单进呈。兹查所收之款,第一次内帑黄金七万九千九两五钱,第二次内帑银一百万两,第三次内帑银二十万两、金八万两,共计折合银元一千万零十六万二千九百十元。[1]

史料表明,逊清皇室确有上千万元的民国债票。只是,隆裕太后下拨内帑银的次数和数量,比《大公报》所报道的多。

前后共七八百万两的内帑银,并没有帮助清廷走出财政困境:就在第二批内帑黄金下拨前的十一月十一日,袁世凯奏请变卖盛京和承德避暑山庄的大内瓷器以充军饷;十二月十三日,袁世凯、绍英又上《奏为部款支绌军民交困拟息借洋款事》一折,其中就承认:"窃自军兴以来,饷源旱竭,仰蒙慈恩叠颁内帑支持数月,今又告罄,市面艰窘异常。"[2]

三 发行"爱国公债"

面对亟待缓解的财政危机,九月初九日,清廷动议发行爱国公债。说是"爱国公债",其实只是清政府自己的"国债",是爱清朝的公债,与爱国无关。

清政府最初的设想,是要把爱国公债和新货币宣统宝钞一并发行。但众所周知,发行新货币的过程一般也就是一次财富掠夺的过程,政府往往会在新币发行之际将旧币贬值,从而让民众的财富缩水。九月十三日颁布的《宪法重大信条十九条》规定,内阁重大政策须经资政院同意方可实施。在度支部将这两个议案提交资政院审议

---

[1]《内帑抵作爱国公债》,《大公报》,1912年2月9日,第2张。
[2]《录副档》,档号:03-7525-235。

时，由于多数议员不赞成发行宣统宝钞[1]，时任度支大臣的载泽只好当场声明撤回。作为议员的汪荣宝在九月十二日的日记中也有"旋开会（爱国公债案付审查，宣统宝钞案否决）"[2]的记载。至于爱国公债提案，经重新修改后，于十月初九日获得资政院通过。

按照度支部的计划，爱国公债募集工作自十一月初一日启动，募集的额度为三千万元，"专备经常军需之用"，也就是作为军费，属有息借款——年息六厘，分九年还清，"前四年付息不付本，自第五年起每年归还二成，至第九年付清"。[3]

官员购买额度实行累进制

十月二十四日，袁世凯奏请施行资政院批准通过的《爱国公债章程》——章程共十四条。此外，度支部还制定了十五条实施细则，以及七条奖励和处分规则。

在表示"凡帝国臣民均得购买"的同时，规定"王公世爵、京外大员、京外各衙门官吏，凡就公家职务者"[4]都有购买的义务。根据度支部制定的《爱国公债施行细则》，官员购买爱国公债的额度按收入实行累进制：算上官俸、养廉、公费、薪津等，收入在一千五百至两千元的，以收入的2.5%购买；两千至五千元的，按收入5%的比例购买；五千至八千元的，比例为7.5%；八千至一万元的，比例为10%；一万至两万元的，比例为12.5%；收入两万元以上的，购买国债的比例则为15%。[5]

为了顺利推进公债购买工作，除了在官报登载之外，度支部还印制了章程、实施细则，以及奖励和处分规则，分送各部。根据《清宫

---

[1]《袁世凯全集》第19卷，第162页。
[2]《汪荣宝日记》，第312页。
[3]《袁世凯全集》第19卷，第163页。
[4]《袁世凯全集》第19卷，第163页。
[5]《袁世凯全集》第19卷，第164页。

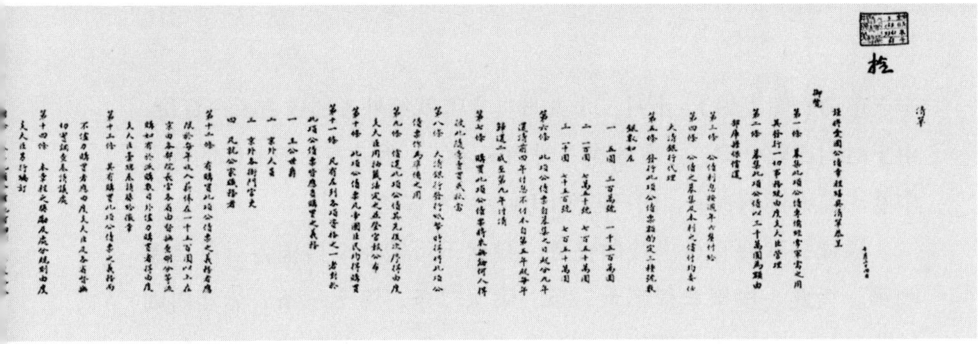

爱国公债章程

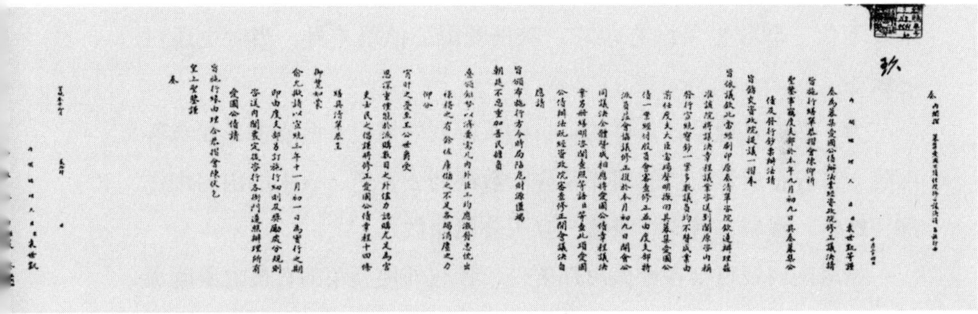

袁世凯奏请实施爱国公债折

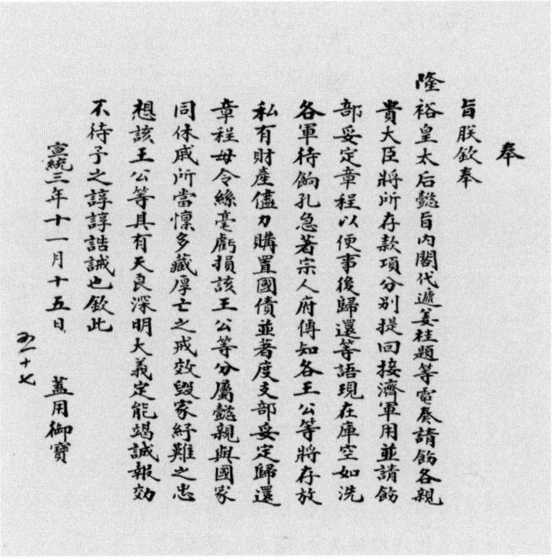

奉

旨朕欽奉

隆裕皇太后懿旨内閣代遞姜桂題等電奏請飭各親

貴大臣將所存款項分別提回接濟軍用並請飭

部妥定章程以便事後歸還等語現在庫空如洗

各軍待餉孔急著宗人府傳知各王公等將存放

私有財產儘力購置國債並著度支部妥定歸還

章程毋令絲毫虧損該王公等分屬懿親與國家

同休戚所當懔多藏厚亡之戒效毀家紓難之忠

想該王公等具有天良深明大義定能竭誠報効

不待予之諄諄誥誡也欽此

宣統三年十一月十五日

蓋用御寶

二十七

隆裕太后下旨令王公大臣购买爱国公债

辛亥革命档案汇编》，十月二十九日度支部就给外务部送去了一百份。由于时间比较仓促，三联收据一时尚未印好，因此在给外务部的咨文中度支部不得不表示"俟三联单印成后再行咨送"。[1]

这样一项要官员出钱的任务，显然不可能完全指望各官员自愿购买。为此，根据章程第十一条、第十二条、第十三条，清廷内阁将购买指标摊派给各部院长官和各督抚，要求"各部院长官、各省督抚照下列表式预行调查、分等派购，填给三联实收，将第二联存案单随银送部库查收。俟债票印成，凭实收换给债票"。[2] 如此看来，不仅三联收据单没有印好，就是爱国公债票本身，当时也还付之阙如。

为了掌握各地符合条件的官员购买额度的情况，度支部还要求各部院、各省将所管人员的薪俸及应购数额列表咨送，表中的内容细化到"姓名、官职、薪俸、兼薪、应买公债额数"。[3]

除对国内及直辖各处做出部署外，各驻外使领馆的官员也要购买国债。十一月初六日，外务部就将购买爱国公债的各项文件发给驻外各使馆领署——包括十名派驻大臣和十三名领事。在咨札中，外务部告诉这些驻外使节，公债以五元为倍数，购买数不足五元或不是五元倍数的零头，可以不算。[4]

认购：奕劻十万两、载沣八千两

《爱国公债章程》第十一条规定：王公世爵、京外大员、京外各衙门官吏和凡就公家职务者，均有购买爱国公债的义务。王公世爵的通知工作，看来是由宗人府负责——已退居藩邸、不再摄政的醇亲王载沣在十一月初八日的日记中记载："宗人府送到《爱国公债章程》。

---

[1]《档案汇编》第72册，第225页。
[2]《档案汇编》第72册，第230—231页。
[3]《档案汇编》第72册，第231页。
[4]《档案汇编》第72册，第60页。

阅悉。"[1]

王公世爵购买爱国公债的情况如何呢？

庆亲王奕劻时常被指对贿赂大小不拒，以致家有巨资，他应该也是较早购买爱国公债者之一。根据袁世凯十一月初九日下午和日本驻华公使伊集院的谈话，经伊集院劝募，庆亲王已购买了十万元的爱国公债。[2]而据绍英所记，除此十万元爱国公债之外，奕劻后来又捐银五万两，用以购买短期债。[3]

十一月十三日，载沣买了一万一千多元的爱国公债，比规定多了一千多元。为什么会多了呢？原来，此番爱国公债收的是银元。醇亲王每年岁俸为银五万两，合银元六万二千五百元。根据章程，收入二万元以上，按15%的比例认购，故载沣应爱国公债数为银元九千三百七十五元（合库平银七千五百五十两）。但载沣送去的是京平银七千五百五十两，折算后实为库平银八千零三十二两，合银元一万一千三百二十五元。对此，载沣在日记中还得意地写道，"比应购数目尚余一千九百五十元"。[4]大清每年所给岁俸高达五万两，如今时局阽危，购买爱国公债多出一千多元，竟也怡然自得。此番心思，颇为有趣，也颇为耐人寻味。

横向比较其他王公世爵可知，醇亲王载沣所买公债其实并不多——远不及庆亲王奕劻的十万元、那桐的十一万元，仅和弼德院副院长荣庆购买数相当：十一月初八日，荣庆派儿子去度支部交爱国捐一万元。[5]荣庆的岁俸，无疑要比亲王载沣的五万两少，但所买公债额数和载沣差不多，这其中显然有超额认购的部分。

总体而言，王公世爵购买爱国公债的积极性并不高。十一月初八

---

[1]《醇亲王载沣日记》，第423页。
[2]《袁世凯全集》第19卷，第212页。
[3]《绍英日记》第2册，第263、268页。
[4]《醇亲王载沣日记》，第424—425页。
[5]荣庆著、谢兴尧整理：《荣庆日记》，西北大学出版社1986年，第201页。

日，刚刚交款的荣庆就在日记中说，"闻交者尚少，所交列天字第十号"。[1] 爱国公债募集工作十一月初一日启动，八天过去了，才有十位王公世爵认购。

十一月十五日，隆裕太后下旨，要求王公亲贵尽力购买国债：

> 现在库空如洗，各军待饷孔急，着宗人府传知各王公等，将存放私有财产尽力购置国债，并着度支部妥定归还章程，毋令丝毫亏损。该王公等分属懿亲，与国家同休戚，所当懔多藏厚亡之戒，效毁家纾难之忠，想该王公等具有天良、深明大义，定能竭诚报效，不待予之谆谆诰诫也。[2]

事情发展到要隆裕太后再次下旨动员的程度，也从侧面证明王公世爵购买爱国公债之不积极。

武将勒捐，督抚劝捐

十一月十三日，作为袁世凯心腹的直隶提督姜桂题上奏，联合冯国璋、张勋、张怀芝、曹锟、王占元、陈光远、李纯、王怀庆、张作霖等共十五名武将致电内阁，声称誓死反对共和，并请饬各亲贵大臣将在外国银行所存款项提回接济军用，由度支部妥定章程以便事后归还。姜桂题等电奏勒捐之事，在《许宝蘅日记》中也得以印证，"昨日各路军队统领来电请亲贵牺牲财产，将士牺牲性命，不认共和"。[3]

姜桂题等的勒捐，是否由袁世凯授意呢？通电发表次日，冯国璋在给华世奎的信中说：

> 天津各路军统联名奏请饬亲贵大臣将存放银行款项提回借充军用一电，事前虽未与弟会商，而发电以后则已得有通告。此为支持危局起见，断无不表同情。且军队不认共和，弟已表同情

---

[1]《荣庆日记》，第201页。
[2]《袁世凯全集》第19卷，第240页。
[3]《许宝蘅日记》第1册，第387页。

于先矣。汉卿军门[1]与弟情事相同,自亦决无异议。[2]

此事发生一个月后的十二月十四日,姜桂题又告诉内阁阁丞华世奎,此次通电由时为天津镇总兵的张怀芝(字子志)主笔,均系通电发出后知会,事先并没有会商,"所有联名奏请及迳电亲贵各节,系张子志军门主稿,均系发后通知"。[3]

冯国璋的"事前虽未与弟会商"和姜桂题的"发后通知"都表明,勒捐之事,并非袁世凯授意。

与姜桂题"勒捐"同时发生的,还有赵尔巽等人的"劝捐"。十一月十六日,赵尔巽、陈夔龙、段祺瑞、锡良、齐耀琳、胡建枢、陈昭常、周树模等各地督抚联名电奏,请令亲贵大臣立将外国银行存款提出,以充军饷。

众督抚联名具奏,隆裕太后自不敢怠慢。第二天,她再次下旨,一面将前日对姜桂题奏请的批示发给赵尔巽等,以安定人心;一面将赵尔巽等的奏折抄给各王公大臣阅看:

> 前据提督姜桂题等电奏,请饬各亲贵大臣将所存款项提回接济军用。已有旨谕令宗人府传知各王公等,将私有财产尽力购置国债票。兹又据该督抚等奏请,情词尤为恳切,着将十五日谕旨电寄各该督抚阅看。并将该督抚等电奏钞给宗人府,传知各王公等一体阅看。该王公等休戚相关,深明利害。务宜仰念时艰,竭诚图报,以纾朝廷宵旰之忧。[4]

隆裕在谕旨中虽未摊派数额,但劝各王公等捐款纾难之意,可谓跃然纸上。

与此同时,为加强爱国公债募集工作,十一月十六日,清廷应内阁之请,免去张镇芳湖南提法使之职,令其到度支部襄办爱国公债事

---

[1] 姜桂题,字翰卿,亦作汉清、汉卿。
[2]《档案汇编》第78册,第48页。
[3]《档案汇编》第76册,第223页。
[4]《宣统政纪》卷六八。

务。张镇芳，河南项城人，是袁世凯大嫂之弟，长期在直隶任职，可谓袁世凯心腹。

姜桂题等"勒捐"、赵尔巽等"劝捐"、隆裕太后"下旨"三管齐下，各王公世爵亲贵等购买爱国公债的"热情"明显提高：曾为内阁协理大臣的那桐，十一月二十三日就购买了爱国公债八万两，"托阜通交库京平足银八万两，合十一万二千八百元，系桐认购爱国公债之款，领有收据一纸"。[1]

王公世爵购买爱国公债不够踊跃，除他们吝啬之外，还有一个原因尚未为大家所重视，那就是——类似的劝捐，当时可谓层出不穷。

国债之外，有度支部借款，此类借款为短期公债。如前文所言，奕劻为此曾捐了五万两；十月二十二日那桐也报效了度支部银一万两，"约傅梦岩左丞[2]来，交其桐报效度支部经费京平银壹万两、正金银行银票一张"。[3]原本，这些钱都是无偿捐赠，后来由度支部改为借款，借期半年并支付利息，"钟秋岩送来前交借款字据两纸，皆公义堂名下，其一万两者系四年四月廿三日到期，息一分，期半年；其三万两者系四年五月初八日到期，息一分，期半年"。[4]和外债五六厘的年息相比，此次借款的一分利率堪称"高利贷"。

国债、短期借款之外，还有各种组织的募捐。十一月十五日，醇亲王载沣就接到自治联合会的募捐通知，"自治联合会公禀劝捐"。[5]十一月二十三日，购买爱国公债之后，那桐还特意写信给内城议事会，好让对方知道自己已经捐款，不要再逼捐。

不仅要购买国债、向度支部借款、面对各种组织的募捐，王公亲

---

[1]《那桐日记》下册，第707页。
[2] 傅梦岩时为度支部司官。
[3]《那桐日记》下册，第704—705页。
[4]《那桐日记》下册，第706页。
[5]《醇亲王载沣日记》，第425页。

贵们还不得不牺牲部分地租——东三省总督赵尔巽曾奏请将奉省各王公本年应征地租尽数留在奉天,留充军饷。十一月十九日,隆裕太后下旨同意赵尔巽所请。[1]

根据载沣日记,为了解决财政危机,庆亲王奕劻等还提议王公将朝廷分给的旗地变卖充饷,只是后因"旗地无人承买,碍难报效变价"[2]而作罢。

前清公债,民国偿还

清廷通过爱国公债最终募集了多少银两,目前尚未查到准确的记载。宣统三年十二月初一日的《盛京时报》曾在报道中说:"不料度支部之所发表,计收到各亲贵大臣报效军饷银两及短期公债、爱国公债之详细数目,统计不过百余万元,仅足供军饷半月之用。"[3]据英国驻华公使朱尔典的电报,清廷靠发行"爱国公债"只获得一百万两左右,而从皇族成员的捐献中,另获得了两百万两。[4]

曾为南方议和谈判团秘书的张竞生[5]记载:十一月二十六日,载泽对隆裕太后说:"袁世凯言库款支绌,军饷不足,不能开战,实则筹饷种种名目,如爱国公债,如短期国债,及向亲贵大臣勒捐等项,现已筹有一千余万,钱已到手,因何不战?"[6]他的这一说法,和尚秉和《辛壬春秋》如出一辙,只是时间稍有差异,据尚秉和说,十二月初四日的第四次御前会议上,各亲贵反对共和,载泽当时就说袁世凯以军饷不足不能开战,后颁内阁短期公债,勒捐亲贵大臣并内帑

---

[1]《宣统政纪》卷六八。
[2]《醇亲王载沣日记》,第426页。
[3]《论亲贵大臣之不爱国》,《盛京时报》,1912年1月19日,第1版。
[4]《英国蓝皮书》上册,第316页。
[5] 又名张公室,时为南方和谈代表团秘书,卢梭《忏悔录》最早的中文译者,后成哲学家、美学家、性学家、文学家和教育家,著有《性史》一书。
[6] 张竞生:《张竞生文集》下卷,广州出版社1998年,第349页。

"黄金八万两、款近千万两,仍不开战,是何居心"。[1]

张竞生、尚秉和毕竟不是御前会议的参加者,所记未必准确。[2]但爱国公债的购买额,远未达最初三千万元的目标,应该是实情。爱国公债实施之初,东三省总督赵尔巽曾提出以此作为准备金发行三千万元军用票之设想,[3]甚至设计了"一角、二角、一元、五元、十元、五十元、一百元"七种面额。此事后来再无下文,也从侧面证明爱国公债的发行效果并不如意。

十二月二十二日,那桐收到度支部送来的购买国债的收据。度支部还表示,这些爱国公债将换成股票,"度支部送来爱国债实收一纸,十一万二千八百元,以备换股票之用"。[4]

按照最初的设计,爱国公债分两次销售:第一次是十一月初一日起至十二月底,第二次是宣统四年正月初一日起至二月底止。如今,度支部已开始给那桐等购买者送去收据,表明第一期爱国公债发行工作暂告一段落。而那桐拿到收据三天后,清帝即宣布退位,爱国公债的第二期发行工作也就自然终止。

前清所借的各种债务,用途之一是和民军打仗。具有讽刺意味的是,这笔债款最后却是由民国政府来偿还。

短期公债方面。1912年4月25日,那桐收到民国政府财政部一万多两还款。民国政府方面告知:前清度支部所借的短期公债,将分三期返还,这次的一万多两是第一笔本息,"前购短期公债,经财政部议定,分三期归还,今日由中国银行付给第一期,京平足银一万三千三百两矣"。[5]同年6月25日的那桐日记又有:"短期公债

---

[1]《辛壬春秋》,伍辑 6-538 至伍辑 6-539。
[2] 像张竞生把第四次御前会议的召开时间十二月初四日误写为十一月二十六日,尚秉和关于第四次御前会议的记述中,也有载沣出席而写成未出席、溥伟未出席而写为出席等讹误。详见本书第七章"御前商议退位"一节。
[3] 中国第一历史档案馆:《军机处电报档》,档号:2-02-13-003-0695。
[4]《那桐日记》下册,第708页。
[5]《那桐日记》下册,第744页。

今日财政部归还一万三千四百两,是前捐短期公债四万两均已还清矣。"[1]

至于爱国公债,由度支部制定的《爱国公债施行细则》第六条规定:公债票利息自购买之次月初一日起算,每年于四月内、十月内各付息一次。[2] 1912 年 5 月 31 日,距 1 月 11 日购买爱国公债四个多月时间,那桐果然收到相关的利息,"今日取爱国公债第三次息,银三千三百八十四元"。[3]

看来,前清政府的债务,袁世凯治下的中华民国政府依旧承认。民国承清祚,也继承了其债务。只是,在《那桐日记》中,仅找到这一次付息记载,其他各期的利息和本金,是否偿付、何时偿付、如何偿付,尚不得而知。

王公亲贵的存款

姜桂题等的"勒捐"和赵尔巽等的"劝捐",看来得到了社会舆论的普遍支持。强大压力之下,各王公亲贵等纷纷表示自己并无多少存款:十一月十五日这天,载沣就派家臣特木尔博赫到袁世凯处"声明无款,并已经购公债事"。[4]

为了打消外界疑虑,十一月二十日,载沣更是主动去信要求袁世凯到中外银行查自己名下有无存款,"致袁相函,备述捐款,请查中外银行私款事"。[5]载沣带头而引发的亲贵自请调查银行存款潮,可见于十一月二十六日的《盛京时报》:

  闻日昨各亲贵王公联名函致袁内阁,大意略谓,此次所担任购买之爱国公债,系将历年薪俸积蓄之余资已均用尽。而

---

[1]《那桐日记》下册,第 749 页。
[2]《袁世凯全集》第 19 卷,第 164 页。
[3]《那桐日记》下册,第 747 页。
[4]《醇亲王载沣日记》,第 425 页。
[5]《醇亲王载沣日记》,第 425 页。

> 外间喧传各亲贵在外国银行均有存款甚多，谣言纷纷，实无其事。请即派人调查，若果有存款则情愿受罚；如无其事，须请极力昭雪此不白之冤。至此次筹款一节，定当再行设法，以纾国难。[1]

在醇亲王载沣、庆亲王奕劻等的要求下，清查存款工作开始了。《大公报》报道说：

> 经外务部蔡左丞、度支部周副大臣会同详密探询，各银行内庆、醇邸、涛、洵、朗贝勒、伦贝子、泽公、世太保、那中堂诸位名下均无存款，并据各银行声称，官界存款统计不过三百万。[2]

报道中所说的"蔡左丞""周副大臣"，分别指外务部左丞蔡绍基、由外务部左丞升任度支部副大臣的周自齐；至于"涛、洵、朗贝勒、伦贝子、泽公、世太保、那中堂"，分别指军咨大臣载涛、海军大臣载洵、训练禁卫军大臣毓朗、农工商大臣溥伦、内务府总管世续以及那桐。

关于此次核查亲贵银行存款的情况，署度支大臣绍英在十一月二十六日的日记中写道："至内阁会同外务大臣交覆总理大臣函，为查明亲贵大臣在各银行并无存款事。"[3]这表明，《大公报》所说的由外务部和度支部共同进行存款查询并非虚言。

也是在十一月二十六日这天，收到外务部和度支部的报告后，袁世凯去函证明载沣除岁俸外并无私款。当日，载沣在日记中写道："二十六日，夕又接袁相函一件，大致查明本府并无私款事。"[4]

十一月十六日赵尔巽等奏请劝捐时，折中曾有"外间盛传，仅亲贵存储外国银行之款，俱系现银，数及三千万"[5]之语，如今查询的

---

[1]《亲贵果未在外国银行存款乎》，《盛京时报》，1912年1月14日，第4版。
[2]《清查亲贵存款之报告》，《大公报》，1912年1月18日，第1张。
[3]《绍英日记》第2册，第269页。
[4]《醇亲王载沣日记》，第426页。
[5]《各省督抚与亲贵》，《盛京时报》，1912年1月13日，第2版。

结果——私款没有,公款只有"三百万"之数,可谓相去甚远。袁世凯只好把解决财政困局的目光,投向息借洋款。

四　息借洋款

晚清财政赤字,入不敷出,借款已成惯常。

宣统三年正月二十四日,为了还击御史关于官办铁路滥借滥费的参劾,邮传部尚书盛宣怀等上《奏为遵查邮传部官办铁路被参滥借滥费各款据实复陈事》折辩解,其中披露了宣统二年铁路借款情形:汴洛铁路续借一千六百万法郎,收赎京汉铁路借款四百万镑,兴办工艺实业借款一百万镑,新奉铁路借日币六十四万元,吉长铁路借日币二百五十万元。[1] 在当时,一镑约等于二十五法郎,或约等于银七两、银元八到十元。各种货币折算后,修路贷款总数超过银元二千万元。[2]

虽上折强行辩解,但就连盛宣怀也觉得借洋款太多。因此,宣统三年正月,当陕甘奏请借款筹办甘肃新疆铁路时,盛宣怀就流露出为难之意。他告诉朝廷:"该两路借款统在一万万以上。近来借款多处,

---

[1]《录副档》,档号:03-7567-002。
[2] 法郎与银元的比率,宣统三年九月初六日度支部奏请借外债折中有"法郎九千万或英镑三百六十万(合银二千五百多万两)"之语(《档案汇编》第66册,第287页)。这表明,法郎与银的比率为3.6∶1,与英镑的比率为25∶1。英镑与银两、银元的比率,1912年4月11日,朱尔典在给外交大臣格雷的信中曾提及,中华民国新任国务总理唐绍仪"估计需要一笔二亿一千五百万两的款项(约合三千万英镑)"(见《英国蓝皮书》上册,第555页)。由此推算,一镑大约相当于银七两。至于银两和银元的比率,我们可以从清宫档案和时人的日记中推出。宣统三年十一月,清外务部在要求各驻外使领馆署购买爱国公债时,曾公布了当时银元和银两的兑换标准,"照币制则例,每银元一元五角作库平足银一两"(《档案汇编》第72册,第61页)。醇亲王载沣在这年十一月的日记中也记下了银两和银元的比率,"银元九千三百七十五元(合库平银七千五百五十两)"(《醇亲王载沣日记》,第424—425页)。由此推测,宣统三年银两和银元的兑换比例约在1∶1.2至1∶1.5。

几于无可抵押。"[1]

"借款多处，几于无可抵押"

显然，借洋款外债的，并非仅仅邮传部。宣统三年是清廷试办财政预算的第一年，根据清宫档案，在武昌起义之前，清廷中央政府关于息借洋款的动议至少有七次、数额高达一亿六千万元：

二月二十三日，邮传部奏请向日本正金银行借款一千万日元，由邮传部出给小票，年息五厘，九五扣（即每百元只给九十五元），以二十五年为期。[2] 为何要借此一千万呢？原来，当年为赎回京汉铁路，邮传部曾向度支部借官款五百万两，利息六厘，分七年摊还。度支部后来将这笔钱划给海军部购船用，如今船已造好，准备交付，海军部要钱而邮传部没有，只好向正金银行借。

三月十二日，邮传部与英国大东电线公司及丹麦大北电线公司订立整顿电报电话借款合同。

三月十七日，度支部尚书载泽与英、法、德、美四国银行团订立合同，为整顿币制及兴办实业借款一千万镑。

三月十八日，为修筑津浦铁路向德华银行借款五百五十万英镑。

四月十一日，清廷明旨宣布实行铁路干线收归国有政策，为此要回收原来百姓所认购的干线股权。根据邮传部的统计，广东、湖南、四川和湖北四省百姓认购的股权合银大约三千万两。[3] 为偿还股银，四月二十二日，邮传大臣盛宣怀与英、法、德、美四国银行团订粤汉及川汉铁路借款合同，共一千万镑。八月初八日，再借四百万镑。

因实行铁路干线收归国有政策，广东开始收回粤汉路股权。担心

---

[1]《录副档》，档号：03-7567-003。
[2]《录副档》，档号：03-7625-123。
[3]《录副档》，档号：03-7567-059。

股民不认纸币而要现银,五月十四日,两广总督张鸣岐奏请向外国银行借现款五百万两,以备周转,并于十八日获度支部同意。按当时的比率,五百万两大约合银元六百万至七百五十万元。

不计数额不详的整顿电报电话借款,仅以上各项统计,宣统三年武昌起义前清廷的借款额就达到银元1.635亿至1.65亿元。

按前文所说的1∶1.2的比价,1.635亿至1.65亿元为1.37亿两左右,约占宣统三年全国财政收入的一半。[1]武昌起义后,各地为筹备防务纷纷增兵请饷,清廷为平乱而致军费开支大大增加。而随着独立省份的增多,京饷无着、赋税收入锐减,在动用内帑等救急的同时,清廷无疑比以往更亟盼借洋款纾困。

八月二十六日,武昌起义爆发后第七天,在拜会度支大臣载泽后,陆军大臣荫昌告诉陆军部军需司司长苏锡弟,度支部已着手准备借洋款,"现在出征军费,需用方钜,正拟向外国银行借款,尚不知能否办到"。[2]果不其然,九月初六日,度支部即上折表示,因"军需紧急、供给不敷",已和法国资本团代表男爵勾堆、华法公司代表甘锡雅草订合同,借款9000万法郎或360万英镑(合银2500多万两),"年息六厘,九六扣,六十年还清"。[3]虽按定章,借国债须经资政院同意,但因"军需万急",清廷当日就予以批准。

八月三十日,海军大臣载洵与美国贝里咸钢铁公司代表在北京订立造船借款合同,借款额为2500万两。[4]

九月初十日,度支部又奏请续借洋款500万两,并于第二天在资政院获准通过,"经资政院于本年九月十一日议准,由度支部息借银

---

[1] 宣统三年全国财政收入在2.6亿至2.9亿两之间,见本章"入不敷出,赤字财政"节。
[2]《中华民国史档案资料汇编》第一辑,第182页。
[3]《档案汇编》第66册,第287页。
[4]《近代中国史事日志》下册,第1411页。

五百万两"。[1]

十月二十七日，在会见日本驻华公使伊集院时，袁世凯曾表示要向英国或者日本借款二百万至四百万两。袁世凯主动提及财政困难问题，令伊集院有些"始料所未及"。[2] 由于担心南方民军反对，伊集院"深表同情"之余，并未答应，只是提醒袁世凯"善自筹划，克服一时困难，切莫造次"。

由上可知，从八月十九日武昌起义爆发至九月初十日，不到一个月的时间，清廷计划息借洋款数目已达到五千五百万两（合银元六千六百万至八千二百五十万元）。

和中央政府一样，武昌起义之后，地方政府也是借款频仍。

地方政府中最先想到要息借洋款的，是两江（管辖江苏、安徽、江西）方面。八月二十一日，两江总督张人骏就奏请借长期洋款五百万两作为地方公债。九月初一日，他又电奏，由于此前议借的"轻息长期洋债五百万两，除还重息短期债项三百五十万两外，加以清付利息、挪支军储赈粜，所余无几"，为此，拟"向洋行加借二百万两，以已还腾出之官产为之抵押"。[3] 也就是说，武昌起义爆发不到半个月，两江就奏请息借洋款七百万两。

两江之外，其他各省或为维持市面，或为筹备防务，纷纷奏请借款。一时间，地方政府的借款可谓呈喷薄之势：

八月二十六日，山东巡抚孙宝琦电奏拟向德华银行借银三百万两；[4] 九月初一日，陕甘总督长庚电奏请求向比利时借款二三百万两；[5] 九月初五日闽浙总督松寿奏请息借洋款两百万两；[6] 九月初八

---

[1]《录副档》，档号：03-7525-235。
[2]《袁世凯全集》第19卷，第166页。
[3]《清政府镇压武昌起义电文一组》，《历史档案》，1981年第3期。
[4]《宣统政纪》卷六一。
[5]《电报档》第24册，第262页。
[6]《宣统政纪》卷六二。

日，东三省总督赵尔巽奏拟向正金、道胜两银行商借钞币各五百万元；[1]九月十六日，直隶总督陈夔龙奏请以本省实业官股及烟酒税抵押向洋行借银两百万两[2]。几处相加，地方政府息借洋款的数目已超过两千万两。

综上所述，武昌起义之后，清廷中央政府和地方政府计划的借款额，不下六七千万两，约占年度总收入的三分之一。加上武昌起义前的借款，总计达到近两亿两！

各国声言中立，清廷借款竞相失败

但史料表明，这些借款，只有一笔得以借成——十二月十三日，内阁总理大臣袁世凯、署度支大臣绍英奏报，以崇文门税项作抵押，通过奥地利商人斯可达，向德国瑞记洋行借款三十万英镑，"九五扣，年息六厘，分五年清还，指定崇文门税项作为归还本息之用"。[3]据说，后来从瑞记洋行借到的钱款为七十万镑（合银四百九十万两左右），用以维持北京市面之用。[4]这笔借款，是武昌起义后清廷唯一借到的洋款，数额也比最初的三十万英镑多，实属不易。

其他的借款，虽经清廷批准，但无一成功。

中央政府层面：关于借款的传言确实不少，比如《汪荣宝日记》九月初四日记载，"闻本日借外国债三千万元，已签押"[5]；九月初七日，恽毓鼎听说，"已商借奥国巨款四千万两，以供军需及维持京师市面金融界之恐慌"。[6]但实际上，尽管时为度支部侍郎的绍英曾在

---

[1]《宣统政纪》卷六二。
[2]《宣统政纪》卷六三。
[3]《录副档》，档号：03-7525-235。
[4]中华民国史料研究中心编印：《中国现代史专题研究报告》第三辑，中华民国史料研究中心1973年版，第40页。
[5]《汪荣宝日记》，第309页。
[6]《恽毓鼎澄斋日记》，第555页。

八月二十七日、八月二十九日、九月初九日、九月初十日、九月十九日、九月二十三日等多次为借款事加班,[1]但在绍英任上,包括度支部九月初六日与法国人勾堆所签的三百六十万英镑借款、九月初十日所计划的五百万两借款始终没有成功——十一月十一日,袁世凯和已升任署度支大臣的绍英奏请变卖大内瓷器充军饷、行政经费,奏折中就有"现在部库一空如洗,议借外款既经绝望、募集公债亦尚需时"[2]之语。十二月初十日,袁世凯在请辞所封侯爵的奏折中,也不得不承认"借款屡议,迄无所成"。[3]

地方政府层面:两江总督张人骏九月初七日向清廷报告,"宁省息借洋款,各国洋商,因鄂事未定,意存观望"。[4]陕甘总督长庚向比利时的借款,尽管外务部在其催促下已将相关照会递交比国政府,但也没有下文。清廷十月十一日的一道谕旨中,有"电寄赵尔巽。据电奏,奉省财政綦绌,借款无成,如京师借款有着,请先拨现银一百万两"[5]等语。这表明,赵尔巽想向日俄银行借的一千万两,最终也没借成。

而按照往昔惯例,出于逐利和控制清廷的目的,外国银行总是争着借款给清廷。

光绪二十九年(1903),四川总督锡良奏请设立川汉铁路公司,以不招洋股、纯粹自办为号召。尽管如此,由于中国近代铁路是个暴利行业,加上出于攫夺铁路沿线经济控制权的目的,外国财团争着要贷款给清廷。英国驻华公使萨道义给锡良发来照会说,修筑川汉铁路,希望能向英、美等国银行借款,并表示此事他已和主管外务部的庆亲王奕劻多次协商。法国驻重庆领事也发来照会,意欲主动借款襄

---

[1]《绍英日记》第2册,第237—239页。
[2]《上谕档》,宣统三年十一月十一日。
[3]《宣统政纪》卷六九。
[4]《宣统政纪》卷六二。
[5]《宣统政纪》卷六五。

助四川修铁路。见中方不甚热心，又连续来函诘问锡良："究竟铁路公司是贵总督主政？抑或是公司主政？请即明白赐复。"[1]

光绪三十四年（1908）五月，张之洞与英、德、法三国签订的《湖北湖南两省境内粤汉铁路、鄂境川汉铁路借款草合同》（湖广铁路借款）规定：贷给清政府五百五十万镑，借款及筑路材料，由三国平均分摊；粤汉铁路湘鄂段、川汉路鄂段的总工程师分别由英、德派遣。

获悉消息后，美国即向清政府提出抗议并要求加入借款阵营。由于美国的介入，三国银行团变成了四国银行团。宣统二年（1910）四月十五日，四国银行团订立协定，共对粤汉、川汉铁路借款六百万英镑，四国银行团各摊四分之一。

那武昌起义之后，洋商和外国银行的态度为何发生了180度的大转折、不肯借款给清廷了呢？

英驻华公使朱尔典本主张给清政府贷款，并曾于八月三十日致电外交大臣格雷：

> 没有财政资助它不能维持下去，但我认为，尽管这种保证像通常那些不能履行其义务的国家一样，在我们向它提供援助前仍应坚持，无论其形式是更多的贷款还是暂缓偿付赔款。[2]

但出于保护本国侨民安全以及维护本国利益的需要，武昌起义之后，经美国动议，英、法、德等西方各国保持中立——既不支持清廷，也不支持民军。如此一来，双方均不得罪，将来不管哪一方上台，都能继续维持列强在华利益。

九月十八日，在巴黎东方汇里银行举行的法、英、德、美四国银行团会议通过决议：由于局势不明朗，暂不考虑借款给清廷。二十一

---

[1] 张永久：《革命到底是干吗？1911，辛亥！辛亥！》，天津社会科学院出版社2011年，第29页。
[2] 《辛亥革命史资料新编》第8卷，第89页。

第六章 财政困局

日,英国银行团的汇丰银行代表阿迪斯写信给坎贝尔爵士说:

> 四家银行一致认为,他们在目前紧要关头的态度应像各自的政府一样,保持中立。他们认为,介入一场结果尚不明了的冲突是不明智的,以财政援助来加深内战的恐怖是不得当的。[1]

九月二十四日,格雷通知朱尔典不能向清政府或民军方面贷款:

> 曾有人问我对有关贷款给满清政府之意见……我答称目前似不宜贷款给中国政府……尤其认为不宜贷款给中国革命领导者。我们一向极为审慎,迄未资助任何一方,因为支持任何一方,皆可能导致另一方的中国人产生排外暴动。[2]

十月初三日,驻俄大臣陆征祥致电外务部说,俄方告知"各银行团暂均有严守中立之议"。[3] 法国外长则于十二月初九日告诉法国驻伦敦、柏林、圣彼得堡、华盛顿各地公使:

> 迄今为止,六大列强至少分别表现出了它们不介入的愿望。它们拒绝了对清皇朝的金钱上的任何支持,也拒绝了对南京临时政府的任何承认……法国明确表示了它保持中立的愿望。[4]

汪荣宝在日记中也记载了几次息借洋款最终未成的情形:十月十六日,接到朋友的来信,说"法国借款成画饼,两合同均已签字,而法政府来电言,英、美、德、法、俄、日六国连约决定不借华债";[5] 十一月初三日,听说"外债又无从借贷";[6] 十一月初五日,汪荣宝得知,不但向法国借款不成,就连原来已有眉目的美国借款,也因美国政府的阻挠而告吹,"法债既作罢论,日前美债渐有成议,复为上海美总领事一电所尼"。[7]

---

[1]《辛亥革命史资料新编》第 8 卷,第 96—97 页。
[2]《辛亥革命史资料新编》第 8 卷,第 102 页。
[3]《电报档》第 24 册,第 269 页。
[4]《辛亥革命史资料新编》第 7 卷,第 249 页。
[5]《汪荣宝日记》,第 323 页。
[6]《汪荣宝日记》,第 328 页。
[7]《汪荣宝日记》,第 328 页。

提用银行股本和工程款落空

为了缓解财政危机、筹集军费，在向外国银行借款的同时，清廷还想了不少其他办法。

比如想到提取在俄亚银行的股本或以股本作抵押进行贷款，并让驻俄公使陆徵祥办理。宣统三年十月初三日，陆徵祥向外务部报告，俄亚银行拒绝了提取股本和以股本作抵押贷款的请求，"中国存款系股本存款……银行通例，股本不能为借款之抵押，公积金性质亦同。又询以'不能抵借，能否提取'？彼称非银行停歇，断不能提取股本"。[1]

再比如打工程款的主意。武昌起义前，法国人勾堆曾获得武汉长江铁桥等工程的修建和经营权。实际上，勾堆并没有钱，他是想借此在巴黎证券市场发行债券，募集资金。对这种空手套白狼的做法，财政捉襟见肘的清廷也只好睁一只眼闭一只眼。

十月初七日，冯国璋收复汉阳，清廷抓住时机，催促勾堆赶紧按合同支付工程款，以挪用作为军费。于是，从十月初九日到十一月初八日，驻法国代办戴春霖的主要任务，就是催促勾堆履行合同。

为了完成任务，戴春霖先赶往英国，与时在英国的勾堆见面，还做了法国政府的工作，希望法政府出面催促。为了打消法国方面的顾虑，清廷还于十月十二日"此地无银三百两"般地给戴春霖发去一封电报，让戴转告法外务部：

> 现在汉阳克复，大局已有转机，革党主张共和，决难成事。此次借款，并非供前敌之用。早日交付，则筹备有资，可期迅复秩序，裨益中外匪浅。[2]

十月十三日，戴春霖向清廷报告：勾堆说工程款"与英资本家已议有端倪"，但与此同时，勾堆又表示各国已决议暂不向中国贷款，

---

[1]《电报档》第24册，第269页。
[2]《电报档》第24册，第333页。

"惟昨回法见外部司长，据云英、法、德、俄、美、日本诸国会议，现时中国如向与议各国商借款项，概行拒绝，业经公决定议"。[1] 总之，工程款和债券短期内无法转给清廷。钱没弄到，清廷于十一月初恼羞成怒地宣布与勾堆的合同作废。[2]

为了能借到钱，清廷甚至想到了所罗门这样的小国，但最终也没成功。十一月初十日，驻美国使馆代办容揆报告清外务部，尽管他与前驻美大臣张荫棠亲自出马，"再商锁（所）罗门，彼本愿借，惟碍美政府守局外，恐受责暂作罢"[3]——所罗门害怕美国指责，也不敢借款给清政府。

南京方面抵押贷款未成

实事求是地说，英美等国不仅反对给清政府贷款，也没有借款给同样陷入财政危机的南方民军。南方民军尤其是南京临时政府的财政窘况，从胡汉民的一段回忆中可见一斑：

> 一日，安徽都督孙毓筠以专使来，言需饷奇急，求济于政府。先生[4]即批给二十万。余奉令至财政部，则金库仅存十洋。总长因在沪，次长愈彷徨无策。余乃提取粤北军款六万余，更益以他款为十万元，予之。皖使以初见先生批，继减其半数，反以为予靳之也。[5]

金库仅有现银十块，胡汉民东挪西凑，总算给安徽都督凑了十万元。安徽方面因为不知情，还说原来孙中山批了二十万而胡汉民只给了十万，认为是胡汉民克扣并因此衔恨呢。

如此境地，南京方面也只有借款一法了。

---

[1]《电报档》第24册，第341页。
[2]《电报档》第24册，第453页。
[3]《电报档》第24册，第461页。
[4] 指孙中山。
[5]《胡汉民自传》，第67页。

据英国外交大臣格雷九月二十四日给朱尔典的信件，孙中山曾托友人道森先生为担保，提出向英国借款一百万英镑，但遭到格雷的拒绝，答以"我们不可能插手中国革命事业"。[1]

十月，黄兴曾委托何天炯[2]为赴日借款代表，与日方秘密洽谈借款之事，为此还特地给何写了委任状："兹因军事需财孔亟，特委任何君天炯赴东借募巨款，所有订立条件悉有全权，但不得损失国权及私利等弊。"[3]

何天炯赴日后，联系正避居日本的盛宣怀并取得盛的同意，由汉冶萍公司担保向日本三井洋行借款五百万日元，归民国政府使用。

十月，民军还以江苏省铁路公司所有之铁路、车辆及其他一切财产为担保，通过日清汽船公司向大仓洋行借款二百五十万两——后来改为借款三百万元。[4]

南京临时政府成立第二天，就责令以招商局为抵押向日本借款一千万两，但遭到招商局拒绝。十二月初二日，南方民军将领姚雨平等十七人联名给招商局发去最后通牒，要求招商局同意作抵押。十二月十四日，招商局临时股东总会在张园举行，会上提出向日本借款一千万元，年息七厘半，交款五年后，分十五年偿还。[5]但到会的股东只有四千三百九十六股，约为招商局全部四万股的十分之一，未到会的主要股东均不同意。最后裁定本次会议决议无效，拟于明年阴历三月间召开定期股东总会，再行表决。[6]

此外，当时还有民军以苏沪铁路作担保拟向美国借款七百万元、

---

[1]《辛亥革命史资料新编》第8卷，第102页。
[2] 何天炯，字晓柳，广东梅县人，同盟会会员。广东光复后，任军政府顾问，时在上海。
[3]《黄兴集》，第96页。
[4]《日本外交文书选译》，第377页。
[5] 陈旭麓、郝盛潮等：《孙中山集外集》，上海人民出版社1990年，第168页。
[6]《日本外交文书选译》，第360页。

第六章 财政困局

以浙江盐税作担保拟借款八百万元之说。[1]

南京临时政府这些借款计划,也均未成功。

汉冶萍公司借款,所签条件为"公司以私人资格与日商订合办,其股份系各千五百万元"。[2] 由于此举很容易使日方掌握对公司的控制权,牺牲利益甚大故反对者甚多——就连民军内部,不但参议院多次质询,包括黎元洪、张謇、赵凤昌、熊希龄、汪精卫等都不同意,张謇更是以辞去实业总长来表示反对。

十一月二十九日,黎元洪致电孙中山,明确反对汉冶萍和招商局两项贷款:

> 以汉冶萍公司为抵押借取外债之议一经传来本地,立即物议沸腾,业已屡电相争……前有某国曾表明愿向湖北提供贷款三百万元,求以汉冶萍为抵押,同人等闻之莫不愤慨。盖因汉冶萍之产业与国家陆、海军之前途关系綦重,而从来利权外溢已久,切望废除合办之约,归还已受之款,以免镠辖于无穷。至于招商局借款,倘或成立,则民国之航权必随之丧失净尽。尊处向来关心国利民福甚切,务望极力维持大局,另设他法,万勿因眼前之小利而轻听外人之甘言。[3]

英美等国也对日本不守中立之举提出交涉,十二月十五日,前驻美大臣张荫棠[4]向外务部报告:"美谓日本不守局外,藉端借款,现已交涉。"[5] 得知南京临时政府以沪汉铁路向太仓洋行和日本横滨正金银行贷款三百万元之后,英国外交大臣格雷于十二月初七日致电驻日本公使窦纳乐,指出"这笔借款违背了日本和其他政府迄今一直遵循

---

[1]《电报档》第 24 册,第 396 页。
[2]《孙中山全集》第 2 卷,第 123 页。
[3]《日本外交文书选译》,第 364—365 页。
[4] 张荫棠于宣统元年六月被任命为驻美墨古国大臣,宣统三年九月请辞获准。
[5]《电报档》第 24 册,第 574 页。

的严格的不干涉原则和禁止向双方提供任何借款的原则"[1]，要求窦纳乐查明日本政府采取的步骤及其所持的观点。

十二月十八日，窦纳乐奉国内指示拜会日本外务省，希望日方制止汉冶萍和招商局两项贷款：

> 据闻日本邮船公司及日清汽船公司现正与清国招商局之间进行一千万两之借款交涉；与此同时，三井物产公司及其他财团又与汉阳铁厂之间正在进行约一千五百万两之借款交涉。上述借款之一部分，无疑将提供革命军做为军费使用，希望贵国政府加以制止。英国政府将继续尽最大努力制止本国财团向官、革双方之任何一方提供借款，确信贵国政府亦应采取同样措施。[2]

而据清政府前驻美大臣张荫棠的报告，直到宣统三年十二月二十三日——距清帝宣布逊位只有两天的时间，美国还照会各国要在中国事务上保持中立：

> 美因别国在中国有所举动，与德商，德备文询美意见。美复文再表明并照会各国云：凡在中国行事，必须协商，不得独行干预，如各国人违犯中立，定必阻止。[3]

最终，汉冶萍借款半途而废。据孙中山1912年2月23日在答复参议院再次质询时的解释，原计划向三井洋行借五百万元，但只收到两百万元。由于各方反对，南京临时政府便以日方付款太慢为由，取消合办汉冶萍条款。[4]

南北双方互相拆台

各国中立表示不愿借款的同时，民军和清廷南北双方也是互相拆台，不愿对方借款成功。

---

[1]《辛亥革命史资料新编》第8卷，第195页。
[2]《日本外交文书选译》，第361页。
[3]《电报档》第24册，第599页。
[4]《孙中山全集》第2卷，第123—124页。

南北议和之前，南方议和谈判代表伍廷芳于十月十三日致电美国国务卿诺克斯，呼吁美国停止向清廷提供任何借款。十月二十日，他又代表南方各省致函汇丰银行，抗议贷款给清政府。伍廷芳在函件中说，这样的贷款"将给我们的事业造成直接损害，延长灾难"，并视之为"蓄意打击人民为之而战而且几乎取胜的秩序"。[1]南北议和开始后，南方代表始终反对清廷贷款。十一月初十日，唐绍仪、伍廷芳第三次会议时达成协议，在国民会议解决政体问题之前，"清政府不得提取已经借定之洋款，亦不得再借新洋款"。[2]在唐绍仪十一月十一日给清内阁的电报中，南方各要求中的第一条就是"清政府不得借外债"。[3]正是因为南方的反对，袁世凯十月间从四国银行团借款三百万两以应急的计划也落空了。

清宫档案表明，得知民军借款后，清廷也立即下令外务部同美驻华公使嘉乐恒、日驻华公使伊集院彦吉、署西班牙驻华公使嘎利德等进行交涉并提出反对，而这些国家也纷纷向清外务部保证并无借款给民军之事。[4]2月13日，清帝刚刚退位，北京邮传部立即致电招商局，要求认真保管财产、款项、册籍。邮传部为招商局的发起部门，此举无疑是要阻止南京临时政府以招商局为抵押的贷款计划。

其实，不仅国际上不肯答应借款，就是国内，对清廷不停借外债，也多有烦言：在清廷催促勾堆履行合同之际，十月初十日，顺直咨议局致电内阁指出此举违反《宪法重大信条十九条》，"戈堆（勾堆）借款，未经资政院通过，闻政府即欲要求实行，与宪法信条显相违背，太庙宣誓曾几何时而遽为此？非特无以对内对外，且无以对祖

---

[1]《辛亥革命史资料新编》第8卷，第129页。
[2]《辛亥革命》（八），第84页。
[3]《许宝蘅日记》第1册，第386页。
[4]《档案汇编》第66册，第176、201—202、326—327页。

宗，乞即行中止"[1]；十月二十四日，由洋商组成的上海商务总会反对袁世凯借款，"上海商务总会向电各国领事极力反对袁宫保所借之款"[2]；十一月十八日，有传言说清廷将以东三省岁入作抵押，借款一千五百万法郎（合六十万英镑），吉林咨议局及各团体立即给内阁发电报，表示吉林全体绝不承认。[3]

看来，即使清廷当时能获得外国银行的借款，也会招致国内民众的一片反对。

外国银行真的是不肯借钱给中国吗？显然不是。清帝甫一退位，四国银行团立即同意借款。这让袁世凯颇为无奈。1912年2月14日，清帝宣布退位后两天，袁世凯对入公署办事的内阁承宣厅行走许宝蘅抱怨，"外人亦助彼党。昨日宣布后，借款便交"[4]，并感慨："我五十三岁，弄到如此下场，岂不伤心？"

确实如此，2月28日，距清帝退位不过半个月，英、法、德、美四国银行团即同意借给民国政府银二百万两[5]，3月9日，四国银行团又同意立即借银一百一十万两。

五　袁世凯盗卖清宫瓷器真相

为缓解财政困局，在吁请隆裕太后动用内帑银、勒令亲贵大臣捐饷、发行爱国公债、尝试息借洋款等之外，袁世凯在出任内阁总理大臣后，还提出了变卖盛京大内和承德避暑山庄两处行宫瓷器的方案。

十一月十一日，袁世凯等奏请将盛京大内、热河行宫旧存瓷器发

---

[1]《电报档》第24册，第315页。
[2]《档案汇编》第72册，第68页。
[3]《电报档》第24册，第487页。
[4]《袁世凯全集》第19卷，第573页。
[5]《袁世凯全集》第19卷，第626页。

袁世凯等奏请变卖大内瓷器折

出变卖，以救财政之急：

> 查现在部库一空如洗，议借外款既经绝望、募集公债亦尚需时，特本月各军饷项丝毫无着，倘逾期不发，哗溃立见，可虑殊甚。昨已由臣世凯、臣绍昌（英）电商各督抚设法迅筹协济，惟除有事地方，所余不过数省，且屡经奏请拨款，恐内外艰窘一致，殊难望梅而止渴，讵因无米而停炊。臣等日夜焦思、计无所出，伏念盛京大内及热河行宫旧存上等瓷器多件，均属希世奇珍、全球罕觏。昔自列圣留贻，本应敬谨保藏、未敢轻议。奈已至存亡呼吸之际，不能不求权宜应变之方。万不得已，拟请俯念时艰，将此项瓷器赏准发出、变价充饷，或可化无用为有用，稍救目前之急。[1]

关于和袁世凯一起上折奏请者是谁，长期以来有两个版本：《袁

---

[1]《上谕档》，宣统三年十一月十一日。

世凯全集》、军机处上谕档抄录此奏折时都记为绍昌；十一月十一日的《大清宣统政纪》却说是绍英，"谕内阁，总理大臣、署度支大臣片奏库空如洗、军饷无着，请将盛京大内、热河行宫旧存瓷器发出变价充饷，以救目前之急等语。着照所请"。[1]

绍英时为署度支大臣；绍昌则为弼德院顾问，曾在宣统三年四月成立的"皇族内阁"中任司法大臣，袁世凯九月组阁后改任弼德院顾问——九月十六日吁请释放汪精卫等政治犯的著名奏折，就是由其领衔。如此看来，绍昌应为绍英之误，毕竟缓解财政紧张，是署度支大臣绍英的职责。

盛京又称奉天，盛京大内就是今天的沈阳故宫，从天命十年（1625）努尔哈赤决定迁都沈阳开始，直到顺治元年（1644）顺治皇帝入关迁都北京，将近二十年的时间，一直作为后金和大清的都城。清迁都入关后，盛京皇宫虽成为"陪都宫殿"，但因属"龙兴重地"而备受历代帝王重视。在康熙十年（1671）至道光九年（1829）的一百五十年间，康熙、乾隆、嘉庆、道光四朝皇帝曾先后十次巡幸至此。乾隆在对盛京皇宫进行多次改扩建的同时，还源源不断地从北京运来洋洋大观的皇家珍宝于此贮藏，使之成为当时与北京宫苑、热河行宫齐名的清代皇家三大文物宝库之一。

热河行宫就是今天的承德避暑山庄，自康熙朝起就成为清代皇帝避暑和处理政务的场所。中秋后清帝常由此至木兰围猎，并宴见蒙古王公，以示笼络和羁縻之意。咸丰十年（1860），英法联军攻入北京，咸丰皇帝仓皇逃往热河，最后也病逝于此。咸丰死后，行宫即归热河都统管理。

究竟是谁向袁世凯建议变卖大内瓷器，目前已不可考——光宣之际，曾将近二十万件承德避暑山庄所藏珍品运送进京。袁世凯等或是

---

[1]《宣统政纪》卷六七。

受此启发，也未可知。[1]

  大内藏品均是列祖列宗所遗留，在以祖宗家法为重的封建时代，按理说自应妥善保管。但变卖大内藏品，甚至是变卖瓷器，在清朝历史上，袁世凯并非第一人。早在嘉庆年间，内务府（广储司）总管就曾奏请"招商售变圆琢瓷器十五万件，头号高丽纸二十万张，均按上次售变过价值，照例招商认买，先将价银交纳广储司银库后再赴各库领取物件"。[2] 由此公告的"照例"可知，类似的售卖在嘉庆朝就不止一次。咸丰三年（1853）五六月间，为了筹集镇压太平天国的军费，咸丰帝还下令将宫中三口金钟熔化，制成金条、银条后变卖。根据负责此事的恭亲王奕䜣事后的报告，整个熔铸工作自六月初六日开工，至十二月初七日竣工，统共实得金三万二千四百九十七两九钱。[3]

  以往的史书，大多只记载袁世凯请求变卖大内瓷器一事，但是否变卖等后续进展，则鲜有记载。中国第一历史档案馆所藏的清宫档案，解开了这一历史之谜。

盛京大内藏品估价三千万元

  袁世凯、绍英此折十一月十一日当天就获隆裕太后批准。

  按计划，奏折获准后将通知东三省总督、热河都统并派妥员前往盛京和承德，清点大内瓷器，再运至京城变卖。

  十一月十二日，袁世凯接见了东三省总督赵尔巽在北京的代表。据该代表事后给赵尔巽的报告，会见中，袁世凯在告知隆裕太后已经批准变卖盛京大内瓷器计划的同时，表示由于他本人远在北京，希望在奉天的赵尔巽大力襄助："顷同谒袁，惟以款竭为辞，宗旨莫测，

---

[1] 周秋光编：《熊希龄集》，湖南出版社1996年，第626页。
[2] 中国第一历史档案馆：《宫中朱批奏折》，档号：05-0546-047。
[3] 中国第一历史档案馆、文化部恭王府管理中心编：《奕䜣密档》第1册，国家图书馆出版社2008年，第200—215页。

奉、热宫存各件，已有旨准售，第在京不易办，能由奉设法否？"[1]据《赵尔巽全宗案卷》，将此消息电告赵尔巽的时间是"十一月十二日上午八点二十五分"。十一日才获准，十二日一早电报就已发出，由此推知会见在获准当天或次日一早就进行了，袁世凯变卖大内瓷器的急切心情迫切，可见一斑。

十一月十七日，赵尔巽就此事第一次电奏内阁，提出将瓷器运送到京困难不少，希望在奉天进行登记和变卖等工作：

> 昨奉大咨，奏准以奉天御用瓷器变价充饷，具见皇上激励军心、不私一物之至意。惟派员估价运京售卖种种不便，拟请改为由奉天集外商商售。[2]

在电报中，赵尔巽还说，盛京所存大件瓷器并不多，即使全部变卖了，也筹不到多少钱。他进而提出变卖其他宝物的建议：

> 现已饬员勘估，奉库所存大件无多，亦恐难得多价。此外，别项宝物亦祈奏准变价，或大款方能有济，乞钧示。巽。筱。并乞示朱司使。[3]

"筱"为十七日的电报代码。从电报中可知，赵尔巽此时已经派人开始查验盛京大内藏品，而且查验的范围并不仅仅局限于袁世凯在奏折中所说的瓷器，还包括其他藏品。而电报最后的"并乞示朱司使"表明，此时袁世凯已指定人员（即朱司使）代表清廷和他一起负责盛京大内瓷器的变卖工作。

大内瓷器不多，这可能让袁世凯深感失望。但接下来的一封电报估计会让袁世凯喜出望外。它也表明，赵尔巽积极进行变卖准备，已经开始清点和估值。

十一月二十一日，赵尔巽进一步报告了盛京大内所存宝物的数量

---

[1]《赵尔巽全宗案卷》，案卷号592，胶卷编号110，电报第5件。
[2]《军机处电报档》，档号：2-02-13-003-0683。
[3]《军机处电报档》，档号：2-02-13-003-0683。

第六章 财政困局 | 367

和价值——数量超过万件，价值三千万元左右：

> 宝物一部，今尚秘不发表。据闻此项宝物为数颇多，至少亦有万件之谱。中有清朝创业以来之什器御物；又有即清国亦不易寻之书籍等，为数亦颇不少；如爱新觉罗氏佩剑、乾隆皇上所遗之石砚等，尤为贵重，合计价值若值三千万元左右。[1]

此电译出时间为"宣统三年十一月二十一日"，信末尾有"深望交涉司少注意焉"一句，可知它是赵尔巽发给负责与外国商人洽谈的"外务部交涉司"的。这与十一月十七日赵发给袁世凯相关电报中提到"朱司使"正好吻合。

法国商人出价太低遭拒

既然是由外务部交涉司负责，既然客户主要为外国人，清廷变卖大内瓷器的消息为外国人所知，也就不足为奇了。

十一月十八日，朱尔典在信中告知格雷：

> 北京报纸最近吁请人们注意，通过及时地贱卖在此地官廷内找到的珠宝、瓷器和古玩，可能得到几百万两。他们已经向一些外国人提出建议，目的在于变卖盛京皇宫内收集的瓷器和古玩，并把这些收入作为皇族侍从和较贫困成员的补助金。[2]

获悉清廷要变卖大内藏品后，不少外国人表现出浓厚的兴趣。宣统三年十二月初，通过法国驻奉天领事贝铎牵线，法国商人李那儿和魏武达都表达了全数购买盛京大内瓷器的意愿。

李那儿亲自调查后确认，这批瓷器大约十万三千件，并给出了银四十万两的收购价格：

> 日前法人资本家李那儿由本领事带同，恭谒宫殿、瞻仰各种磁器，约有十万零三千件。仓猝之间，未能逐细验看。兹接李

---

[1]《赵尔巽全宗案卷》，案卷号592，胶卷编号110，电报第1件。
[2]《英国蓝皮书》上册，第317页。

君函称，该磁器尽数购买，共给价银四十万两，请转达赵总督。如蒙许可，俟将磁器交到，即在天津付价。[1]

魏武达则没有李那儿性急，要赵尔巽提供清单后再开价：

> 日前法人资本家魏武达随本领事恭赴宫殿，遍观诸色磁器。顷接魏君函称，拟将该磁器全数购买，祈转请赵总督将磁器逐件开列详单，以便酌核给价。[2]

前文已述及，赵尔巽等对这批瓷器等藏品的估价是三千万元，而法国商人只肯给四十万两（当时银两与银元的比价约为 1∶1.2—1∶1.5，照此推算不超过六十万元）。这种过于露骨的趁火打劫行径，让赵尔巽无法接受，复电拒绝，"李君所开磁器价值相差太巨，未能允售，敬请转致"。[3] 不过，"生意不成仁义在"，尽管没有同意李那儿的开价，但赵尔巽还是将盛京大内藏品清单分送两位法商。或许，赵尔巽此举是为了让法商进一步明白这批藏品的价值。

孙中山过问，袁世凯叫停

十二月二十五日，即 1912 年 2 月 12 日，清廷颁布退位诏书，"即由袁世凯以全权组织临时共和政府"。经孙中山推荐，袁世凯于 2 月 15 日被参议院选为中华民国临时大总统，成为这个国家名义上的最高统治者。令人意外的是，刚刚担任临时大总统的第二天，日理万机的袁世凯即追问盛京大内这批藏品的下落——2 月 16 日下午，袁世凯给赵尔巽发去紧急电报，告知赵听说有人想私下将这批藏品卖给外国人，表示"此事关系甚巨"，要求赵尔巽迅速查明究竟有无其事并立即回复。

2 月 16 日为腊月二十九，马上就要到中国一年中最为隆重的春

---

[1]《赵尔巽全宗案卷》，案卷号 592，胶卷编号 110，电报第 7 件。其中的"本领事"指贝铎。
[2]《赵尔巽全宗案卷》，案卷号 592，胶卷编号 110，电报第 7 件。
[3]《赵尔巽全宗案卷》，案卷号 592，胶卷编号 110，电报第 7 件。

节，袁世凯为何要在此时追问盛京大内藏品的情况？

是因为孙中山的过问。

《孙中山全集》显示，孙中山过问大内瓷器变卖的电文于2月15日发出，标注为"万急"。在电文中，孙中山告诉袁世凯：

> 闻奉天行宫所藏器物，由私人订卖与外国，价值甚巨。按此种器物，实为民国公产，并非皇族私有，应行禁止私卖。特此奉告，请严饬禁阻。[1]

袁世凯收到后，赶忙于2月16日回电告知将让东三省总督赵尔巽查禁。与此同时，他还在当天下午一点十五分发电报向赵尔巽询问："风闻奉天所藏行宫器物有由私人订卖与外人之说，此事关系甚巨，究竟有无其事，请饬查明速复。"[2]

接到袁世凯的电报，赵尔巽也不敢怠慢，于当晚七点十一分给予了回复，表示如此重大的事情，谁敢自作主张就卖给外国人："此何等事，安有私人敢主？外人从何至受？"[3] 同时，赵尔巽要求袁世凯告知这"有人"究竟是谁，以便追查，"至私人是谁，祈密示便查"。

得到赵尔巽并无此事的答复后，袁世凯在除夕夜回电表示，既然没有此事，那就不必追究了，"前有所闻，特以奉询。既无此事，不必再究，凯。卅。"[4] 袁世凯的这封电报旁，还标注了"宣统四年正月初一日下午十一点五十分，北京来电"。这表明，正月初一，农历新年的第一天，袁世凯依然放不下此事。

孙中山的过问、袁世凯的追查意味着叫停了盛京大内瓷器的变卖。不晓内情的美国人，还继续打着购买的念头。1912年4月19日，美国驻奉天总领事给赵尔巽写信，希望赵尔巽能留几件上好瓷器给即

---

[1]《孙中山全集》第2卷，第98页。
[2]《赵尔巽全宗案卷》，案卷号592，胶卷编号110，电报第3件。
[3]《赵尔巽全宗案卷》，案卷号592，胶卷编号110，电报第3件。
[4]《赵尔巽全宗案卷》，案卷号592，胶卷编号110，电报第3件。

将调驻意大利的美国驻日大使欧布贲：

> 顷接前驻日本钦使、调驻义国美钦使欧布贲君来函，念悉东三省拟将皇宫宝器变价，请代达：售物若有磁器，希让出上好者二三件，恳乞代为酌购云云。兹特函贵督分心格外转饬检留示复为荷。[1]

和法国商人尽数购买的大手笔相比，欧布贲的胃口要小得多，他只希望赵尔巽能帮忙留意，拣出两三件上好瓷器。

袁世凯已经不准售卖这批瓷器成了赵尔巽拒绝美国人的最佳理由。他明确告知对方，变卖大内藏品的计划现在已经作罢，"即请贵总领事代为转达为荷"。[2]

中国第一历史档案馆所藏的这批《赵尔巽全宗案卷》说明，尽管变卖大内瓷器最初是袁世凯所动议的，孙中山过问后他紧急叫停也有些"贼喊捉贼"的意味，但简单而武断地将袁世凯定为大内瓷器盗卖者，并不准确——因为这批瓷器终究没有出售。

两处国宝的命运沉浮

1913 年 3 月，清帝逊位已有一年多，北洋政府财政总长熊希龄调任热河都统。为解决军队用房紧张等问题，他于 5 月 10 日向袁世凯呈文，请求修葺整顿承德避暑山庄部分房屋，作为热河都统公署办公室及驻军用房。熊希龄在呈文中说，承德避暑山庄所藏的物品，在光绪和宣统年间，已将珍贵物品十八万件运送入京，余下的都是不太重要的东西，"现在派员彻底清查，分别编次，装箱存库，将来或归皇室，或归内务部，均拟将瓷、玉各件运送入京，书籍工艺等项留备陈列，作图书馆及工艺陈列所之用"。[3] 袁世凯于当日批复同意，"据

---

[1]《赵尔巽全宗案卷》，案卷号 592，胶卷编号 110，电报第 6 件。
[2]《赵尔巽全宗案卷》，案卷号 592，胶卷编号 110，电报第 6 件。
[3]《熊希龄集》，第 626 页。

呈已悉,交院部查核办理"。[1]

很快,熊希龄于当年7月进京出任内阁总理。朱启钤在内阁中被提名为内务部总长。热爱传统文化的朱启钤,因担心盛京大内、热河避暑山庄所藏文物散佚,上任后便推动清点两处文物、运归京师的工作。

1913年10月,民国政府内务部派杨乃庚等会同清皇室内务府人员文绮、曾广龄等前往承德,办理文物进京事宜。因热河"三十六景"散在各处,便首先在承德设立"起运陈设处",将热河行宫及各园林陈设品、文物集中后再运往北京。在热河都统姜桂题的协助下,这批文物由承德经滦河水路运到滦州(今河北唐山滦州市),再转乘火车进京——从1913年11月18日至1914年10月28日,费时近一年,分七次将1949箱又1877件共计119500余件家具、陈设、铜器、玉器、书画、钟表、毡毯及其他杂物(其中还包括43只活鹿)运到北京。[2]

盛京大内藏品方面,1914年1月,内务部派治格等会同内务府人员曾广龄等往奉天,在奉天都督张锡銮的协助下,从1月23日至3月24日,分六次将1201箱共114600余件铜器、瓷器、书画、珠宝、文房用品等运到北京。[3]因有承德运送的经验,且专门带了北京奇宝斋古玩铺的十名工人一起前往负责包装古物,故此行相对顺利。

根据清室优待条件,这些藏品为逊清皇室私产。因有光绪年间承德避暑山庄藏品运送进京时频遭盗卖的前车之鉴,在清点藏品的同时,熊希龄就向袁世凯提出了由民国政府折价买下的建议:"但此项物品一旦解京,于清室全无补益,徒饱内务府人员之私囊。前光绪末

---

[1]《袁世凯全集》第22卷,第459页。
[2]吴十洲:《紫禁涅槃——从皇宫到故宫博物院》(以下简称《紫禁涅槃》),社会科学文献出版社2018年,第89页。
[3]《紫禁涅槃》,第89页。

叶，仅瓷器一项解京者有二十万件之多，乃解员尚未返热而物品已陈列于厂肆矣，此明证也。不如将原库瓷、玉各物延聘中外人士精于鉴赏者核实估价，再行酌送公债票于清帝，买归民国所有，以示优待皇室之意。似此一转移间实为两得其利。"[1]

于是，这批藏品抵京后，由民国政府与逊清皇室双方"约同古玩商家逐件审定，折中估价"。曾任逊帝溥仪英文老师的庄士敦在其著作《紫禁城的黄昏》中说，根据1914年9月11日签署的一份协议，二十多万件藏品折价4066047元，除去逊清皇室挑出的部分，民国应付3511476元，"由于财力紧缺，民国政府不能当即支付购买款项，这些宝藏暂被当作民国借自皇室的债款，直到民国财力允许彻底支付时为止"。[2]

来自奉天和热河行宫的宝藏

	总的估计价值	由皇室收回因而没有出售给民国政府的物品的价值	民国对清室的结欠金额
奉天	1984315元	520171元	1464144元
热河	2081732元	34400元	2047332元
（共计）	4066047元	554571元	3511476元

盛京大内藏品，当年赵尔巽的估价就为三千万元。如今，加上承德避暑山庄的藏品，估价才四百万元！应该说，估价并非实际价格的体现。庄士敦就透露，"有些物品由于是无价之宝和稀世珍品而无法估计"[3]，并认为，"从热河和沈阳运来的宝物无疑是贵重的（我有理由认为，官方的估价极低）"。[4]

为了保管两地运来的二十多万件珍贵文物，经内务部呈请，民国

---

[1]《熊希龄集》，第646页。
[2] 庄士敦：《紫禁城的黄昏》，陈时伟等译，求实出版社1989年，第241页。
[3]《紫禁城的黄昏》，第241页。
[4]《紫禁城的黄昏》，第242页。

政府用美国退还庚子赔款中的二十万元在武英殿以西的咸安宫旧基，新建了宝蕴楼，作为库房保存这些珍品。[1]

1914年，内务部成立古物陈列所，由民国内务部和逊清皇室内务府派员，共同管理这批藏品。之后，在武英殿、文华殿两座宫殿开辟展室并部分向公众开放。鲁迅就曾携友前往参观，并在1914年10月24日的日记中写道："下午与许仲南、季市游武英殿古物陈列所，殆如骨董店耳。"[2]

1925年，故宫博物院成立。由于故宫博物院隶属国务院，而古物研究所隶属于内务部；且当时故宫博物院从神武门到乾清门的范围与位于武英殿、文华殿一带的古物陈列所并不接界，因此二者之间往来甚少。1930年，以国民政府主席蒋介石领衔的十名故宫博物院理事联名提出《完整故宫保管办法》[3]，并经行政院第91次会议批准，将中华门至保和殿原属古物陈列所、国立历史博物馆的部分，全部交由故宫博物院接收管理；与此同时，决定将古物陈列所来自盛京大内的文物归还沈阳故宫，"这无疑是在向当时北平实权人物张学良示好"。[4]至于其他文物，行政院会议决定先由故宫博物院挑选配置旧藏，剩下的将来运往南京筹建新的博物院。

但接踵而至的日本侵华延缓了故宫与古物陈列所的合并进程，也延缓了奉天、承德两处运来的文物的交接。2006年沈阳故宫建院八十周年之际首度公开的档案显示，盛京皇宫被外运的十一万件文物中，唯一复还的是文溯阁《四库全书》和《古今图书集成》——这还

---

[1] 故宫博物院档案《古物陈列所大事年表初稿》中1915年2月22日这一天，也有相关记载："因清华学校曾就美国退还'庚子赔款'余款拨200000元给古物保存所，修建宝蕴楼库房及武英、文华两殿陈列室，古物陈列所乃给予该校师生来所优待参观。"转引自《紫禁涅槃》，第90页。

[2] 鲁迅：《鲁迅全集》第15卷，人民文学出版社2005年，第137页。

[3] 故宫博物院编：《故宫博物院早期院史（1925—1949年）》，故宫出版社2016年，第66页。

[4]《紫禁涅槃》，第311页。

中华门，旧名"大清门"，明代时为"大明门"

是奉天省教育会会长冯广民、奉天省省长王永江，以及张学良、张作霖等努力的结果。两书的复还当时被视为东三省文化界的一大喜事。

1932—1933年，和故宫南迁的大潮一道，古物陈列所南迁和西迁古物共5415箱，共计111549件。北平被日本占领期间，古物陈列所的主要管理人员失节附逆、投靠日本。于是，抗战胜利后的1946年12月3日，国民政府行政院做出决议——"古物陈列所房屋及其留北平之文物拨交故宫博物院"。[1]

至于古物陈列所西迁和南迁的文物，在抗战胜利后全部拨交中央博物院筹备处。1949年中央博物院筹备处挑选852箱精品运往台湾[2]，其余的，则成为今日南京博物院的藏品。今天南京博物院网站关于院史的介绍中，还有"1933年10月，按照中央政治会议377次会议决定，接收内政部所属古物陈列所。1933年2月南迁，原藏清朝奉天、热河行宫的宫廷文物，作为中央博物院筹备处基本藏品"之语。

由上我们得知：身为大清内阁总理时，袁世凯"崽卖爷田心不痛"，提出售卖大内瓷器；摇身变为中华民国临时大总统后，却愿意叫停售卖大内瓷器。其实，不论是昔日的晚清还是斯时的民国，财政依旧是那个紧张的财政，人依旧是那个人，身份的改变却带来截然不同的政策。个中的反差，令人深思。但无论如何，这些无价之宝没有流出国外，总是值得庆幸的。

武昌起义后，为了应对财政危机，清廷可谓多管齐下：下拨内帑银、发行爱国公债、向亲贵勒捐、向地方政府借款、变卖大内瓷器、息借洋款等。变卖大内瓷器未果、息借洋款基本未成暂可忽略不计外——其他各项，加上隆裕太后内帑银等1000多万元，不完全统计，

---

[1]《紫禁涅槃》，第312页。
[2]《紫禁涅槃》，第312页。

清廷筹集到的资金应该在2000万元左右。

这些款项,为何都没能帮助清廷度过武昌起义后的财政危机呢?前引民国新任财政总长熊希龄1912年4月27日的一份报告指出,据其估算:宣统三年,全国财政赤字高达2.6亿元,而外债总计达20亿元。[1]

这个数字其实已经给了我们答案——在2.6亿元的赤字和20亿元的债务面前,所筹的2000万元,实在是太微不足道了。

---

[1]《辛亥革命在上海史料选辑》,第1037页。

第七章

清帝退位

南北和谈陷入僵局，财政困局解决无望。随着时间的推移，清帝退位的愿景日趋明晰——伍廷芳、英商黎德露等吁请清廷接受共和，驻俄大臣陆征祥等电请宣统帝逊位，就连袁世凯、唐绍仪等也已同民军方面私下磋商清室优待条款，而隆裕、载沣等，也不得不召集皇室亲贵懿亲讨论退位问题。

一　御前商议退位

清帝溥仪宣统三年十二月二十五日（1912年2月12日）宣布退位前，曾召开过数次御前会议——隆裕太后召见主要皇室宗亲，征求意见。但退位之前究竟召开了几次御前会议，多种版本的材料所记并不统一。

据尚秉和的《辛壬春秋》，御前会议召开过六次，时间分别为十一月初七日、十一月二十八日、十二月初一日、十二月初四日、十二月十一日、十二月十二日。[1]

张国淦在《辛亥革命史料》一书中也说御前会议共开过六次，但召开时间和《辛壬春秋》所记却不同——十一月二十九日、十一月三十日、十二月初一日、十二月十二日；另外两次，则没有记录具体日期。[2]

时为恭亲王的溥伟，是御前会议的亲历者，后写有《让国御前会议日记》一文。文中记载了四次御前会议的情形，召开时间分别为十一月二十九日、十二月初一日、十二月初八日、十二月十二日。[3] 不过，溥伟并未参加全部御前会议：由于他"爱说冒失话"，第三次御前会议后就不通知他参加了，"翊日，闻有御前会议，不使余知，

---

[1]《辛壬春秋》，伍辑6-537至542。
[2]《辛亥革命史料》，第309—311页。
[3]《辛亥革命》（八），第110—115页。

无如之何"。[1]

上述三种说法提到的时间,并不统一。借助相关档案、史料厘清真相,不仅能弥补众多著述中尚无对御前会议做专门记述的空白,而且我们还发现:御前会议,其实分为御前国务会议和御前皇室宗亲会议两种。

第一次:同意召开国民大会

从十月二十八日开始的南北和谈,到十一月上旬已持续了十天左右的时间,随着独立省份的增多,南方主张共和的呼声越来越强烈。十一月初,代表清廷南下和谈的唐绍仪电告内阁,称南方民军和谈总代表伍廷芳"极言共和不可不成,君位不可不去"。[2]鉴于南方民军"坚持共和,不认则罢议,罢议则决裂"的态度,唐绍仪主张速开国民大会、征求各省意见。第一次御前会议,就是在这一背景下召开的。

关于此次会议,虽各方记载颇详,但尚有令人疑惑之处。

首先召开时间是十一月初七日还是十一月初九日?

尚秉和《辛壬春秋》记载:"庚午,国务大臣奏请如绍仪奏。皇太后即召集王大臣、国务员开御前会议。"十一月的庚午,即十一月初七日。

但据《中华民国史档案资料汇编》《袁世凯全集》等,袁世凯与内阁诸大臣是在十一月初九日才上《为革军力主共和、代表请开国会奏请召集宗支王公会议》折,其中说:"事关存亡,解决非阁臣所敢擅专。惟有吁恳召集宗支王公,速行会议,请旨裁夺,以定大计。"[3]

监国摄政王载沣虽已于十月十六日退居藩邸、声明不预政事。实际上,他全程参与了清帝决定逊位的几次御前会议。载沣日记记

---

[1]《辛亥革命》(八),第115页。
[2]《中华民国史档案资料汇编》第二辑,第51页。
[3]《袁世凯全集》第19卷,第210页;《中华民国史档案资料汇编》第二辑,第52页。

载：初八日，宗人府知会，内阁传出奏事处口传，奉旨："传庆亲王奕劻、醇亲王载沣、肃亲王善耆、载泽、载洵、载涛、溥伦着于初九日递牌子伺候召见。"[1]初八日才通知，显然这次会议不可能在初七日召开。

载沣日记之外，曾为内阁协理大臣的那桐和民政部左丞的汪荣宝的日记，也证实此次会议的召开时间为十一月初九日。《那桐日记》说："今日慈圣召见近支王公七人、国务大臣十人，奉懿旨一道：召集国会议君主立宪及共和政体。"[2]《汪荣宝日记》也说：十一月初七日，唐绍仪恳请将政体问题付诸国会公决。十一月初十日，见懿旨，允将君位、共和两问题付诸国会公决。[3]

这些都表明，《辛壬春秋》十一月初七日召开第一次御前会议的记载并不准确，十一月初七日为唐绍仪电奏恳请召开国会决定君宪、共和的时间，而御前会议则是十一月初九日召开的。

再者，御前会议，其实分为隆裕太后和溥仪召见王公、隆裕太后和溥仪召见国务大臣两个范围。也就是说，近支王公、国务大臣是分别讨论的，除非另有旨意，国务大臣和近支王公一般不在御前会议中碰面。这点，以往的论述中还较少关注。

时为内阁承宣厅行走的许宝蘅在十一月初九日的日记中说：

> 本日，皇太后御养心殿，先召见庆王等，旋召见总理大臣及各国务大臣。[4]

先召见近支王公，再召见国务大臣这一分批开会的办法，在载沣日记中也得到印证——"初九日……仰蒙皇太后召见臣等七人于养心殿两次，并命会同内阁总理大臣暨国务大臣等商议要政"。[5]

---

[1]《醇亲王载沣日记》，第423页。
[2]《那桐日记》下册，第706页。
[3]《汪荣宝日记》，第328、329页。
[4]《许宝蘅日记》第1册，第385页。
[5]《醇亲王载沣日记》，第423页。

载沣所说的"七人"就是参加此次会议的七位近支王公。他们究竟是谁呢?

《许宝蘅日记》中说,当日与会的,有"庆、醇、肃三王,洵、涛两贝勒,伦贝子、泽公"。[1]张国淦则转引徐世昌的话说:"庆邸首先发言,毓朗、载泽表示不赞成,然亦说不出理由。其余俱附庆议。"[2]照张国淦的记载,时为军咨大臣的毓朗也参加了会议。

据载沣日记,参加者并无毓朗——除他之外,还有庆亲王奕劻、肃亲王善耆、载泽、载洵、载涛、溥伦等,共七人。载沣所记,和许宝蘅的记载两相吻合,也和那桐日记中"今日慈圣召见近支王公七人、国务大臣十人"[3]相互印证。这些都证明,张国淦所记有误——毓朗并没有参加第一次御前会议,[4]与会者是奕劻、载沣、善耆以及载泽、载洵、载涛、溥伦七人。

近支王公被召见时说了什么呢?清廷十一月初九日同意召开国会的谕旨中,有"兹据国务大臣等奏请召集近支王公大臣会议,面加询问皆无异词"之语。这表明,对于召开国会决定政体,与会的近支王公并无反对意见。

近支王公同意召开国民大会的背后,有袁世凯、徐世昌的运作。接到唐绍仪要求召集临时国会来决定政体的来电后,袁世凯与徐世昌便密议,决定由徐世昌去游说庆亲王奕劻。得到奕劻同意后,再约近支王公在庆王府讨论。[5]也就是说,在召开御前会议之前,袁世凯、徐世昌等已经说服奕劻等亲贵同意召开国会。

至于当日召见各国务大臣的情形,各方记载差异不大。

---

[1]《许宝蘅日记》第1册,第385页。
[2]《辛亥革命史料》,第294页。
[3]《那桐日记》下册,第706页。
[4]毓长所撰、记述其哥哥毓朗事迹的《述德笔记》中,也没有毓朗参加御前会议的记载。
[5]详见本书第五章"上海和谈,唐伍磋商"节。

尚秉和的《辛壬春秋》记载：

> 皇太后即召集王大臣、国务员开御前会议。袁内阁自奏奉职无状罪万死。太后慰之曰："卿勿尔，国家大事既相付托，当勉为其难。即使挽回无术，吾决不咎卿也。将来皇帝成立，吾且以卿之忠荩艰难困苦情形告之。"言罢，与皇帝相抱而泣。大臣亦涕，不可仰。袁内阁出，语人曰："吾其何以对此孤儿寡妇哉？"闻者黯然。[1]

如果觉得尚秉和所记有些古奥，那许宝蘅日记所载则十分浅白：

> 皇太后谕："顷见庆王等，他们都说没有主意，要问你们。我全交与你们办，你们办得好，我自然感激，即使办不好，我亦不怨你们。皇上现在年纪小，将来大了也必不怨你们，都是我的主意。"言至此，痛哭，诸大臣亦哭，又谕："我并不是说我家里的事，只要天下平安就好。"诸大臣退出拟旨进呈，诸王公又斟酌改易数语，诸王公复入对一次，退出后，诸大臣向诸王公言及现在不名一钱，诸王公默然，候旨发下后各散。[2]

绍英作为署度支大臣，与其他国务大臣一道被隆裕召见。在其十一月初九日日记中，除记载隆裕哭诉外，还有袁世凯说国库只剩银二十余万两无力作战以及用优待条件拉拢、威胁隆裕的内容：

> 是日上先召见王公，次召见内阁国务大臣。皇太后垂泪谕袁总理大臣，云：汝看着应如何办即如何办，无论大局如何，我断不怨汝，即皇上长大，有我在，亦不能怨汝。袁对云：臣等国务大臣担任行政事宜，至皇室安危大计，应请上垂询皇族近支王公。论政体本应君主立宪，今既不能办到，革党不肯承认，即应决战。但战须有饷，现在库中只有廿余万两，不敷应用，外国又不肯借款，是以战亦无把握。今唐绍仪请召集国会公决，如议定

---

[1]《辛壬春秋》，伍辑6-536。
[2]《许宝蘅日记》第1册，第385—386页。

君主立宪政体，固属甚善。倘议定共和政体，必应优待皇室。如开战，败后恐不能保全皇室。此事关系皇室安危，请召见近支王公再为商议，候旨遵行。后召见近支王公。俟王公见过退下，遂定召集国会之议。[1]

袁世凯"吾其何以对此孤儿寡妇哉？"过于富有文学色彩，尚秉和所写是否属实，尚存疑窦。除此之外，三人关于隆裕太后和袁世凯的对话，大体相同，自应可信。但正因为隆裕之哭诉，也正因为袁世凯此语，使得第一次御前会议成为逊位前六次御前会议中最广为人知的一次。

此外，许宝蘅日记中的"先召见庆王等，旋召见总理大臣及各国务大臣……诸大臣退出拟旨进呈，诸王公又斟酌改易数语，诸王公复入对一次"的记载，以及绍英日记中"是日上先召见王公，次召见内阁国务大臣……后召见近支王公。俟王公见过退下，遂定召集国会之议"的记载，都表明：御前会议中，召见近支王公宗室和召见国务大臣是分开进行的。

第二次：奕劻主张共和未果

第二次御前会议是经袁世凯奏请于十一月二十九日（1912年1月17日）召开的。参与此次会议的溥伟在会议期间曾问代表袁世凯前来参会的署邮传大臣梁士诒、民政大臣赵秉钧等："总理大臣邀余等会议，究议何事，请总理大臣宣言之。"[2]

原来，清廷虽于十一月初九日同意召开国民大会以决定君宪还是共和政体，但此时双方正处于交战状态，各省实难和平选出国会代表，加上在代表员额、大会举行地点等问题上存在分歧，故一时难有进展。袁世凯奏请召开此次会议，主要有两个目的：一是由于"国体

---

[1]《绍英日记》第2册，第264—267页。
[2]《辛亥革命》（八），第111页。

未决以前，民党惧罹刑网，不敢来京会议"，[1]故希望同意在天津设立临时政府，以便同民国方面谈判，"赵秉钧曰：'革命党势甚强，各省响应，北方军不足恃。袁总理欲设临时政府于天津，与彼开议，或和或战，再定办法'"；[2]二是希望清室放弃召开国民大会，改由近支王公等决定实行共和。

之所以派梁、赵二人代表而袁本人不出席，是因为就在会议召开前一天的十一月二十八日中午，袁世凯及卫队下朝途经东华门丁字街时遭遇革命党炸弹。袁本人幸运逃过一劫，其侍卫官袁金标则被炸死。因此，二十九日的御前会议，"袁世凯以疾辞，遣赵秉钧、梁士诒为代表"。[3]《辛壬春秋》说御前会议召开当日"袁内阁罢朝出东安门，党人张先培、杨禹昌等掷弹击之不中"，[4]显然是搞错了时间。

第二次御前会议十一月二十九日召开，这点有众多可靠史料予以证实——溥伟写道，"十一月二十九日内阁会议，余力疾至内阁"；[5]载沣十一月二十九日日记说，"皇太后召见臣等十三人于养心殿"，[6]这都表明：隆裕太后这天主持召开了御前会议。

这是一次交锋激烈的御前会议。

贝子溥伦首先发言支持共和、吁请清帝逊位，理由是南京临时政府已于十一月十三日成立，北伐之声日益高涨："与待兵临城下，服从武力，何若自行逊让？"[7]溥伦还安慰隆裕太后说，南方已同意在清室逊位后推举袁世凯为总统，这样对皇室来说，更是好消息，"事

---

[1]《宣统政纪》卷六九。
[2]《辛亥革命》（八），第111页。
[3]《辛亥革命》（八），第111页。
[4]《辛壬春秋》，伍辑6-538。
[5]《辛亥革命》（八），第111页。
[6]《醇亲王载沣日记》，第426页。
[7]《辛壬春秋》，伍辑6-538。

若果成,岂但中国之幸,抑亦皇室之福"。[1]溥伦的发言得到庆亲王奕劻的支持,但遭到恭亲王溥伟以及载泽的反对,两方争议甚久。

和第一次不同,在分别召见之后,隆裕太后让王公大臣和国务大臣一起讨论。未料大家只是闲聊,无人发言。[2]忍无可忍的溥伟第一个站出来发言,他首先明确反对在天津另设政府的提议:"今朝廷在此,而复设一临时政府于天津,岂北京之政府不足恃,而天津足恃耶?"[3]之后,又批评袁世凯无能、没有趁汉阳收复之威乘胜追击:"朝廷以慰庭为钦差大臣,复命为总理大臣者,以其能讨贼平乱耳。……且汉阳已复,正宜乘胜再痛剿,乃罢战议和,此何理耶?……若遇贼即和,人尽能之,朝廷何必召袁慰庭耶?"[4]

梁士诒见状赶紧解释说:"汉阳虽胜,奈各省响应,北方无饷无械,孤危已甚。"而之所以提出在天津另设政府,是担心动荡之际变乱丛生,害怕惊吓到皇帝。[5]署外务大臣胡惟德则说:"此次之战,列邦皆不愿意,我若一意主战,恐外国人责难。"

溥伟则举太平天国及捻军作乱扰及近畿清廷也没有另设政府加以反驳,又声言"中国自有主权对内平乱,外人何能干预",并表示愿当面责问反对开战之国,但其他人并不支持,"群臣中无一人再开言为余助力者"[6]。胡惟德回忆当时情景也说,隆裕太后抱着皇帝大哭,载沣无言,溥伟、载泽反对甚力,却无结果。[7]

庆亲王见状,遂表示事关重大,需请旨办理,即结束会议。请旨的结果,是在两天后的十二月初一日再次开会——载沣在日记中写道:

  仰蒙皇太后召见臣等十三人于养心殿。肃王未到。面奉懿

---

[1]《辛壬春秋》,伍辑6-538。
[2]《辛亥革命》(八),第111页。
[3]《辛亥革命》(八),第111—112页。
[4]《辛亥革命》(八),第111—112页。"慰庭"即"慰廷",袁世凯表字。
[5]《辛亥革命》(八),第112页。
[6]《辛亥革命》(八),第112页。
[7]《辛亥革命史料》,第309页。

旨：于初一日令臣等同内阁各大臣再行会议。[1]

这再度证明，此次会议没有达成共识。

不过，这次会议的细节，很快传到了社会上——溥伟就说："后君主立宪会来书，谓有宗亲中人，而主张共和者。"[2]

第三次：主战派占了上风

第三次御前会议十二月初一日（1912年1月19日）召开。

会议召开的具体时间和地点，载沣和溥伟所记并不一致。据载沣日记，这次会议的召开地点是在内阁：

> 申刻，宗室王公十二人、蒙古王公七人，会同各部国务大臣等，在内阁旧署大堂会议时政。酉刻散。[3]

申刻为下午三点到五点，酉刻是下午五点到七点。看来这次会议为时两个小时左右。而溥伟则说会议是辰刻在养心殿召开：

> 辰刻入养心殿，皇太后西向坐，帝未御座。[4]

辰刻为上午七点到九点，申刻到酉刻为下午三点到七点。同一次会议，两人的记载为何在时间和地点上有这么大的差异呢？比较合理的解释是，溥伟所记的是隆裕太后召开的近支王公御前会议；而载沣所记的，是御前会议结束后当天下午在内阁举行的王公与国务大臣的会议，参加者有宗室王公十二人、蒙古王公七人，共十九人。

下午的会议，隆裕太后并未出席，因此载沣日记里，并无"仰蒙皇太后召见"之类的话语。至于袁世凯，由于在十一月二十八日下朝时遭遇炸弹袭击，从此不再上朝，也未出席此次御前会议。

载沣并未详记参加此次御前会议的十九人名单。按溥伟所记，具体列名者有十四人，"被召者有醇王（载沣）、伟（溥伟）、睿王（魁

---

[1]《醇亲王载沣日记》，第426页。
[2]《辛亥革命》（八），第111页。
[3]《醇亲王载沣日记》，第426页。
[4]《辛亥革命》（八），第112页。

斌）、肃王（善耆）、庄王（载功）、润贝勒（载润）、涛贝勒（载涛）、朗贝勒（毓朗）、泽公（载泽）、那王（蒙古族札萨克亲王那彦图）、贡王、帕王、宝图王、博公"[1]——没有庆亲王奕劻。

这天的两个会议，都分别讨论了什么呢？

上午的会议辰刻（早七点到九点）开始，溥伟卯正（六点）即到上书房。这时，载泽告诉溥伟：冯国璋昨天跟他说，革命党并不可怕，只要能给三个月军饷，他能保证打败民军。载泽为此和溥伟商定，御前会议时，由溥伟先奏请主战，载泽再详奏。会议开始后——

> 太后问曰："你们看是君主好，还是共和好？"皆对曰："臣等皆力主君主，无主张共和之理，求太后圣断坚持，勿为所惑。"谕："我何尝要共和，都是奕劻同袁世凯说，革命党太厉害，我们没枪炮，没军饷，万不能打仗。"[2]

此番对话，足见隆裕太后属没主见之人，如何能安邦定国？见此情景，溥伟按照事先和载泽的约定，说："乱党实不足惧，昨日冯国璋对载泽说，求发饷三月，他情愿破贼，问载泽有这事否？"载泽也紧接着说："是有。冯国璋已然打有胜仗，军气颇壮，求发饷派他去打仗。"但隆裕太后表示已经无钱可拨："现在内帑已竭，前次所发之三万现金，是皇帝内库的，我真没有。"[3]

溥伟又提议"将宫中金银器皿，赏出几件，暂充战费"，并表示愿意率兵应战。隆裕见状，问军咨大臣载涛："载涛你管陆军，知道我们的兵力怎么样？"载涛对曰："奴才没有打过仗，不知道。"[4]

隆裕太后听后，沉默良久，让近支王公们先下去。此次会议，无果而终。溥伟后来感慨："按是日被召凡十四人，惟四人有言，余皆

---

[1]《辛亥革命》（八），第112页。
[2]《辛亥革命》（八），第112页。
[3]《辛亥革命》（八），第113页。
[4]《辛亥革命》（八），第113—114页。

缄口，良可慨也。"[1]溥伟所说的四位发言者，是指自己、载泽、善耆和载涛，其他包括载沣等在内，全程一言不发，庆亲王奕劻则没有出席这次会议。

至于宗室王公下午在内阁与国务大臣开会的情形，《辛壬春秋》如此记载——上午没有参会的庆亲王奕劻出席了下午的会议，前一次会议还赞成共和、吁请皇帝退位的他和贝子溥伦为宗社党所吓，改为反对共和；出席的国务大臣有赵秉钧、胡惟德、梁士诒等：

> 庆王奕劻、贝子溥伦为宗社党所吓，复反对共和。溥伟、那彦图等持之尤力，各大臣相对默然。久之，民部大臣赵秉钧、外部大臣胡惟德、邮传大臣梁士诒等始合词言：主持共和本非初愿，但人心已去，恐君主难保存耳。时宗社党首领良弼等密说第一军及禁卫军军人合力反抗共和，更上书袁内阁恫以危词。袁内阁危甚，欲赴津避之者屡矣。[2]

看来，在宗社党的威吓之下，第三次御前会议上，主战派占了上风：不但原来赞成共和的奕劻、溥伦改变立场，就连阁臣赵秉钧、胡惟德、梁士诒等人态度也变得模糊。由于良弼等密谋禁卫军合力反对共和，袁世凯甚至一度有避往天津的想法——汪荣宝日记中所说的"北京来电将所有京奉铁路专车均调至北京"传言，就是在此背景下出现的。[3]

第四次：载沣出席，奕劻请假

第四次御前会议十二月初四日（1912年1月22日）举行。十二月初三日起，"庆王请假五日"[4]，因此这次会议，奕劻也没有出席。

按《辛壬春秋》记载，载沣行到半道，得知奕劻请假后即折回王

---

[1]《辛亥革命》（八），第114页。
[2]《辛壬春秋》，伍辑6-538。
[3]详见本书第一章"谣言整肃"节。
[4]《醇亲王载沣日记》，第426页。

府,没有出席此次会议:

> 丁酉(十二月初四日),太后复召集亲贵开御前会议。奕劻以病未赴,载沣行至后宰门,闻庆王未至也,亦返。[1]

但实际上,载沣参加了此次会议,并在日记中写道:"仰蒙皇太后召见臣等十七人。殿同前。"[2]所谓的"殿同前",即在养心殿。

此次会议,讨论了些什么呢?

据《辛壬春秋》所言,溥伟在会上仍力阻清帝逊位,反对共和:

> 恭亲王溥伟力谏太后勿惑流言,勿堕奸计,止君主立宪尚可求生;若一旦逊位,则万事瓦解,臣等宁决死殉国,不服共和。声色俱厉。太后曰:吾亦以逊位事大,尔等既不欲,吾敢擅专?言毕大哭。[3]

在溥伟的示范作用之下,各王公开始参劾奕劻之误国和袁世凯之奸猾:

> 各亲贵复群起参劾奕劻历年误国诸罪,及此次主张共和之非。最后载泽复奏劾袁世凯以军饷不足不能开战,后颁内国短期公债、勒捐亲贵大臣合内帑黄金八万两,款近千万,仍不开战,是何居心?[4]

《辛壬春秋》所记,错误颇多。

首先,恭亲王溥伟并没有参加此次会议。个中原因,据其所述,是由于第三次御前会议时言辞过于激烈,隆裕太后没再让他参加。溥伟在日记里写道:

> 越二日(十二月初三日),醇王叔谓伟曰:"你前奏对,语太激烈,太后很不喜欢。说时事,何至如此。恭亲王,肃亲王,那彦图三个人,爱说冒失话,你告知他们,以后不准再如此。"

---

[1]《辛壬春秋》,伍辑 6-538。
[2]《醇亲王载沣日记》,第 427 页。
[3]《辛壬春秋》,伍辑 6-538。
[4]《辛壬春秋》,伍辑 6-538 至 539。

伟曰:"太后深居九重,不悉时局,然既不准溥伟说话,则以后之会议,是否与闻?"醇王面现极忧色。良久曰:"你别着急。"余曰:"太后既有此旨,万无违旨说话之理。然而目睹危险,天颜咫尺之地,何忍缄默!"醇王曰:"我处嫌疑之地,也不能说话。"余曰:"五叔与溥伟不同,既是五叔为难,自好以后会议时,溥伟不来可也。"[1]

十二月初六日,袁世凯遵旨奏复与伍廷芳等继续磋商国会召集问题的变通办法,提出以天津、青岛、汉口三地为国会召开地点供民军选择。在奏折中,袁世凯说:"前日由国务诸大臣胡惟德等面传懿旨,饬仍按召集正式国会与革命接议。""国会选举暨开会地点,可酌量变通办理。"[2] "前日"即十二月初四日。这表明,那次御前会议上,宗室王公并没有同意清帝逊位,否则隆裕就不会要求袁世凯继续与伍廷芳磋商了。

第五次:隆裕亲定接受共和

就在清室近支王公为共和还是立宪、和还是战而争吵不休的时候,十二月初八日,署湖广总督、第一军总统段祺瑞联合姜桂题、张勋等各军将领合词奏言,"恳请涣汗大号,明降谕旨,宣示中外,立定共和政体……组织共和政府"。[3]

此次联名通电的将领人数,还有四十七人、五十人之说——据陶菊隐所著《北洋军阀史话》和《六君子传》二书,当时列名通电者为四十七人;黄毅《袁氏盗国记》说,列名通电北洋将领为四十余人;白蕉的《袁世凯与中华民国》只谈及段祺瑞等联名通电迫宣统退位,未列通电将领数字;钱基博的《辛亥南北议和别纪》则言北方诸军统

---

[1]《辛亥革命》(八),第114—115页。
[2]《宣统政纪》卷六九。
[3]《辛亥革命》(八),第174页。

兵大员四十二人；而张黎辉援引"武昌都督府收文电誊抄本，民国元年二月栏内电文一通"考证后认为，列名者为五十人。[1]应该说，张黎辉五十人之说更为可信。

段祺瑞等在通电中，点名批评载泽、溥伟干扰共和，"乃闻为辅国公载泽、恭亲王溥伟等一二亲贵所尼，事遂中沮。政体仍待国会公决"。[2]威胁说如今人心"不免出于共和之一途"，[3]如此将导致"兵气动摇……将心不固"进而"皇室尊荣，宗藩生计"难保。同在这天，革命党人彭家珍假扮奉天军官，前往反对共和的宗社党首领、军咨府军咨使良弼府前守候，并用炸弹现场将良弼一腿炸断。抢救两日后，良弼于十二月初十日因伤重去世。

段祺瑞等的通电和点名令清室大为恐惧，也就不敢再让反对共和的溥伟参加御前会议。溥伟在日记中说："越三日（十二月初八日），遂有段祺瑞等通敌请退政之电。人心大震。翊日，闻有御前会议，不使余知，无如之何。"[4]

第五次御前会议召开的时间，并非溥伟所说的十二月初九日，而是十二月十二日。载沣在日记中记载，收到段祺瑞等人的通电后，隆裕太后于十一日派他前往庆亲王府，通知奕劻准备十二日的召见。十二月十二日，隆裕太后召见了载沣和一瘸一拐的奕劻，"仰蒙皇太后召见奕劻及臣载沣。殿同前。奕劻跛步扶人以行耳"。[5]

除了召见奕劻、载沣外，十二日这天，究竟有没有召开御前会议、隆裕以及近支王公在会上说了什么，各方记载亦有出入。

---

[1]张黎辉：《迫清帝退位通电列名者考》，《近代史资料》，总74号。
[2]《辛亥革命》（八），第173页。
[3]《辛亥革命》（八），第174页。
[4]《辛亥革命》（八），第115页。同样据溥伟《让国御前日记》，段祺瑞通电发表之后，袁世凯曾派民政大臣赵秉钧、署外务大臣胡惟德、署海军大臣谭学衡到恭亲王府游说溥伟同意清室退位，但遭到溥伟的拒绝。十二日午后，突然有传言说赵秉钧等密请袁世凯要将宗室王公拘禁于紫禁城并除掉溥伟。惊惧之下，溥伟躲往西山。
[5]《醇亲王载沣日记》，第427页。

张国淦在《辛亥革命史料》中说:

> 十二月十二日,开御前会议,因段祺瑞电到,良弼被炸死,各亲贵王公对于共和,均不反对。[1]

《辛壬春秋》则说在此次会议上隆裕太后亲定宣统退位、接受共和:

> 乙巳(十二日)。太后复召集王公特开御前会议,各王公仍唯诺,无决词。太后曰:尔等反复推求,迁延不定,疑义繁生,将来必演同室操戈、涂炭生灵之惨剧。此后兹事由我一人担承耳。辞色甚厉。罢会,召袁内阁撰拟宣布共和诏旨尊藏,俟优待条件磋议讫颁布。内阁令近支王公署名诏纸尾也。[2]

署邮传大臣梁士诒则说当日会议并未做出退位决定。他于十二月十二日当天向唐绍仪透露:

> (隆裕太后)今日召见皇族,均不反对,亦不便遽言共和。[3]

真相究竟如何?

会后三天,十二月十五日,隆裕太后召见了载沣和载洵,[4]第二天,隆裕太后即"授袁世凯以全权,研究一切办法,先行迅速与民军商酌条件"。而同意与民军商酌优待条件,意味着隆裕接受清帝逊位的事实。

由此表明,十二日确实召开过御前会议,但此次会议并未如《辛壬春秋》所言隆裕当场决定接受共和。而是在会后三天,隆裕亲自和载沣、载洵商议后,才最后决定同意清帝逊位、接受共和。

第六次:交出退位诏书

十二月二十五日(2月12日)退位诏书颁布之前,隆裕太后是否还召开过御前会议?

---

[1]《辛亥革命史料》,第311页。
[2]《辛壬春秋》,伍辑6-540。
[3]《共和关键录》,第119页。
[4]《醇亲王载沣日记》,第427页。

据《辛壬春秋》：禅政诏之将下，隆裕太后率皇帝召近支王公大臣及内阁总理大臣、国务大臣开御前会议。太后哽咽流涕，各王公大臣亦哭失声。久之，太后谓皇帝曰："尔之所以得有今日者，皆袁大臣之力。"即敕皇帝降御座致谢。袁大臣惶恐顿首辞谢，伏地泣不能仰视。[1]《辛壬春秋》所记，至少有一处并不符实——十一月二十八日遭遇炸弹之后，直到清帝逊位，袁世凯都没有进宫，因此不可能"顿首辞谢"。

唐在礼作为侍卫武官，十二月二十五日这天曾护卫胡惟德、赵秉钧、绍英等前往乾清宫领清帝退位诏书，由此得以见证历史性的一幕：

> 隆裕出来之前，先出来两个太监分站两边，然后隆裕才出来，溥仪随着也出来了。胡惟德领着我们鞠了三个躬。这是大臣们上朝改变礼节的第一次。隆裕点了点头作为还礼。这时从后面又跟着走出来几个随扈太监。隆裕还礼以后，就落座在正中的宝座上，溥仪坐在旁边的另一把椅子上。这时胡惟德上前一步说："总理袁世凯受惊之后身体欠安，未能亲自见驾，所以叫胡惟德带领各国务大臣到宫里来给太后请安，给皇上请安。"隆裕说："是。"等了一会儿，隆裕把预先写好的诏书拿在手里，说："袁世凯世受皇恩，把这样的局面应付到今天，为国家、为皇室都出了不少力。如今议和能使南方满意，做到优待皇室等等的条件，也是不容易的。我和皇上为了全国老百姓早一天得到安顿，国家早一天得到统一，过太平日子不打仗，所以我按照议和的条件把国家的大权交出来，交给袁世凯办共和政府。今天颁布诏书，实行退位，叫袁世凯早点出来，使天下早点安宁吧。"隆裕说着，就慢慢地站了起来，把手里拿着的诏书递向胡惟德，说："胡惟德，你把我的意思告诉袁世凯，这道诏书也交给他吧。"这时胡惟德连忙惟恭惟谨地走到隆裕的座前，鞠着躬双手把诏书接过来，并说："现在大局是如此，太后睿明鉴远，顾全皇室，顾

---

[1]《辛壬春秋》，伍辑6-541。

全百姓。袁世凯和群臣、百姓岂有不知,绝不会辜负太后的一番慈衷善意。况且优待条件已经确定,今后必然做到五族共和。今后这个天下就是大家的太平天下了。敬祈太后保重,太后放心。"这时候气氛肃穆,太后脸上露出凄惨的样子,溥仪就呆在旁边。

胡惟德说完话以后,隆裕就退朝了。隆裕领着溥仪走在前面,太监跟着。这时胡也领着我们走出来,大家一时都没有言语。走出宫门,上了马车,直奔石大人胡同外交大楼而去。

……

(退位诏书到的)当天晚上,袁世凯就在外交大楼剪了发辫。在剪的时候袁自己不断哈哈大笑,谈话中显出异乎寻常的高兴。袁的这种情况很难见到,后来也未曾见到过。[1]

唐在礼属北洋系,也算袁世凯心腹——宣统三年时他在袁世凯手下任参议,1912年清帝逊位后,作为北方代表团成员,被袁世凯派去同中华民国南京临时政府方面协商统一南北政府;回京后改任袁世凯的侍从武官,同年获授陆军少将衔。之后,历任大总统府军事处副处长、处长乃至中华民国参谋次长、代理参谋总长。也正因如此,他近距离观察到了袁世凯这罕见的放浪形骸的一面。

不过,由于二十五日的会议只有国务大臣而并无宗室王公参加,因此并非严格意义上的御前会议。毕竟,逊位大计,在第五次御前会议后已决定。十二月二十五日的会议,更多是政权交接仪式。经过以民军威胁清廷、以清廷压制民军的权谋运作,袁世凯得偿所愿地将大权从清室转移到自己手中,难怪他"不断哈哈大笑"。

二 清室优待条件的南北磋商

磋商清室优待条件,其实就是商定清帝退位后,皇帝如何安置。

---

[1]《魂断紫禁城》,第91—95页。唐在礼所记有误。袁世凯剪辫子的时间应为2月16日,见骆惠敏编:《清末民初政情内幕》上卷,知识出版社1986年,第879页。

同盟会自成立之日起,就以"驱除鞑虏"为目标;辛亥革命爆发之初,还一度推行种族革命。也因此,汉族之外的满蒙回藏各族,在民国成立后享有何种权利,也是南北磋商的议程。

清帝退位五天后的1912年2月17日,全程参与南北和谈的南方和谈总代表伍廷芳感慨:"清帝辞位问题,彼此筹商一月有余,关于辞位以后优待条件,尤费筹画。"[1]伍廷芳所说的"一月有余",是从十一月初十日(12月29日)第三次和谈中他首次同北方和谈代表唐绍仪议及清室优待条款算起的。而更早的宣统三年九月十七日(1911年11月7日),在接见刘承恩派来的信使王洪胜时,黎元洪即提出另地安置清帝的想法。由此时算起,到十二月二十二日(1912年2月9日)终于确定各条款,清室优待条件磋商历时三个月,几乎贯穿辛亥革命全过程。

伍廷芳之所以为难,是因为清室优待条件不仅事关清帝是否愿意退位、能否和平退位,还会影响到满蒙回藏各族民意,如果"清帝辞位,得蒙优待,则皆以为清帝且如此,满蒙诸族更何所虑?设其不然,则皆以为清帝犹不免如此,满蒙诸族更无待言"。[2]稍有不慎,各族很可能产生"既不见容于汉人,不如托庇于外国"的想法,最终可能造成国家分裂。

南北双方关于清室优待条件的磋商,大体以十一月三十日、十二月十六日为界分为三期:袁世凯与黎元洪接触期、伍廷芳与唐绍仪谈判期、袁世凯与伍廷芳磋商期。其中,袁世凯与伍廷芳的磋商又分为秘密磋商和公开磋商两阶段——在秘密磋商阶段,双方争论的焦点为宣统帝溥仪退位后究竟叫"让皇帝"还是"逊皇帝";公开磋商阶段,争论的焦点则集中在清帝名号、可否居住于紫禁城、优待条件存放地点上。而在袁世凯与伍廷芳磋商清室优待条件时,孙中山又插入政权

---

[1]《共和关键录》,第148页。
[2]《共和关键录》,第148—149页。

上图：隆裕太后与溥仪在养心殿

下图：登基时的小溥仪

交接办法的谈判。如此，使得南北磋商反反复复、一波三折。

皇帝名号与安置之地

九月十七日，刘承恩派侦探王洪胜渡江到武昌面见黎元洪说和。其间，黎元洪谈到"现在要说和，须将皇族另置一地与他居住，管他的吃穿，不准他管我们汉人的事情"[1]——这，可谓清室安置方案的最早版本。

十月二十一日，北方和谈代表唐绍仪抵达武昌。在第二天与黎元洪见面时，双方也谈及清室安置问题。十月二十三日，跟随南下的外务部司员曾宗鉴向外务部汇报唐绍仪和副代表严修与黎元洪商谈的事项中，就有"优礼皇室"一条："在鄂议四条：一推翻满清，二优礼皇室，三厚待满人，四统一各省。"

由于南北双方和议地点很快由武汉改为上海，唐绍仪十月二十四日即放舟东下。因此，关于清室优待条件的磋商未再深入。

时局动荡，时人私拟停战条款、退位诏书者屡见不鲜。十月二十二日，南北双方和谈尚未开始，时为民政部左丞的汪荣宝就已私拟媾和条款九条：一、改大清帝国为中华民国；二、民国之统治权由国民依宪法组织各机关行之；三、大清皇帝及其继统之子孙永远享有皇帝之尊称及荣誉；四、皇帝驻跸热河；五、皇帝于皇室自治事宜，有制定法规之权；六、皇族之有爵者依旧世袭；七、皇族除特免兵役义务外，与国民有同一之权利义务；八、皇室经费年三百万元；九、本约与民国宪法有同一之效力。[2]

此条款，汪荣宝曾有意请徐世昌转呈袁世凯，但因好友陆宗舆反对而作罢。也因此，并没有为南北双方所采纳或付诸公开场合加以讨论。但诸如汪荣宝版等各式各样的清室安置条款，多多少少反映了当

---

[1] 卞孝萱辑：《闵尔昌旧存有关武昌起义的函电》，《近代史资料》，总1号。
[2]《汪荣宝日记》，第325—326页。

时民众对这一问题的关注和焦虑。

南北双方开始上海和谈后，根据会谈记录，十一月初十日第三次会谈时，唐绍仪和伍廷芳曾议及"优待清室条件"和"关于满蒙回藏之待遇"，并列出条款，首次将清室优待条件具体化：

  一、以待外国君主之礼待之；

  二、退居颐和园；

  三、优给岁俸数目，由国会定之；

  四、寝陵及宗庙，听其奉祀；

  五、保护其原有私产。[1]

十一月十三日唐绍仪辞职后，关于清室优待条件的秘密磋商仍在进行——由袁世凯心腹梁士诒将袁之意见电告唐绍仪，再由唐绍仪转达伍廷芳。唐绍仪由原来的北方议和全权代表专使，变成了袁世凯的密使。也因此，双方往返电报，并不收于作为操盘手的袁世凯名下。今天，我们若想还原双方秘密磋商的真相，还须借助《孙中山全集》、伍廷芳后来编撰的《共和关键录》等其他史料。

民军方面最早是什么时候给袁世凯正式递交清室优待条件的相关条款呢？就目前所看到的史料，是十一月十八日（1月6日）。十一月三十日一早，袁世凯方面通过唐绍仪给伍廷芳转来一封密电，对民军提出的清室优待条件进行修改。电报开头就写着：

  雨一电悉。第一款"世世相承"四字改为"统系相承"……

"雨一"二字表明清室优待条件是"雨日"发来的一封电报。"雨日"是哪一天呢？要想弄清楚这点，需要对清末和民国的电报知识有所了解。

清政府开通电报之初，因为发送电报非常昂贵，按字论价，"字字是金"，所以节约用字就非常重要，为此便发明了一种新的纪日办法，用十二地支（子、丑、寅、卯、辰、巳、午、未、申、酉、戌、

---

[1]《共和关键录》，第46页。

亥)代替月份,而用韵目代替日期——从金代编修的《平水韵》韵目中挑选出三十个字,分别代表三十天;后来使用公历,又添上一个"世",代表三十一日。这种方法在电报领域一直沿用到新中国成立初期,前后使用了七十余年。[1]

此外,还有一点需注意:逊位之前,清室依然使用阴历纪年,因此袁世凯电报中所用韵目仍按阴历韵目——比如,宣统三年十一月二十五日(1912年1月13日)他给东三省总督赵尔巽的电文,最后署的就是阴历二十五日的韵目"径",而不是13日的韵目"元"。[2]而自中华民国临时政府1912年1月1日成立后,民国方面即用阳历纪年。因此,袁世凯用阴历韵目而伍廷芳用公历韵目。于是,两人的电报往返中,即便是同一天的电报,也会出现韵目互异的现象:比如十一月二十一日(1月9日),民军安庆都督反映清方安徽巡抚朱家宝、河南布政使倪嗣冲等在停战期内进攻安徽亳州,伍廷芳去电抗议,电文最后落款为"佳"——"九"的韵目;而袁世凯当日复电否认,落款则为"箇(个)"——"二十一"的韵目。十二月初八日(1月26日)段祺瑞通电敦促清廷接受共和政体后给伍廷芳的电报中,日期落款为八日的韵目"齐";而伍廷芳当日将此电转给孙中山等人时,日期落款却是二十六的韵目"寝"。[3]

不过,电报日期代码中并无"雨"字韵目,但六日韵目为"鱼"。因此,"雨日"应为"鱼日"之误,也就是说伍廷芳发电报的日期为阴历十一月十八日(1912年1月6日)。这也是目前能查到的民军方面提交清室优待条款最早的正式记录。

袁世凯十一月三十日的修改,主要有以下几点:第一款"世世相承"四字改为"统系相承",如民军方面不满意,可改为"仍存不

---

[1]张福通:《民国时期电报日期代用字考察》,《浙江万里学院学报》,2007年第6期。
[2]《袁世凯全集》第19卷,第316页。
[3]《共和关键录》,第312页。

废";第二款"或仍居宫禁"五字实难删去……但可将"仍"字改为"暂"字;第三款改为"优定大清皇室费年支若干,由国会议定,惟至少亦须三百万两";第五款改为"德宗崇陵未完工程及奉安经费仍照实用数目支出"。[1]

在电报中,袁世凯强调修改意见"系商明皇族及阁僚乃发"[2],而且清室王公等还将于第二天开会决定是否接受此版优待条件。言外之意,如果民军方面能同意这些修改,优待条件将很快得以通过。一心想促成清帝退位的伍廷芳不敢怠慢,十一月三十日当天立即和孙中山、黄兴等"往返筹商"[3]。自然,在外交战场折冲樽俎大半生的伍廷芳,明白袁世凯所言不过是给己方施加压力的把戏。因此,他回传的清室优待条款,并非原封不动地照搬袁世凯版,而是又做了修改。此版本关系颇大,故抄录如下:

一、大清皇帝改称让皇帝,相传不废,以待外国君主之礼待之;

二、暂居宫禁,日后退居颐和园;

三、优定让皇帝岁俸年支若干,由新政府提交国会议决,惟不少于三百万两;

四、所有陵寝宗庙得永远奉祀并由民国妥为保护;

五、德宗崇陵未完工程及奉安经费仍照实用数目支出;

六、保护其原有之私产。

优待满蒙回藏人条件

一、满蒙回藏人与汉人平等,均享受一切权利,服从一切义务;

---

[1]《共和关键录》,第102页。
[2]《共和关键录》,第102页。
[3]《共和关键录》,第101页。

二、保护其应有之私产;

三、先筹八旗生计,于未筹定以前,原有口粮暂仍其旧;

四、从前营业之限制、居住之限制一律蠲除;

五、所有王公世爵概仍其旧。

以上条件列于正式公文,电达驻荷兰华使,知照万国和平会存贮立案。[1]

和十一月十八日版相比,此番优待条款由五款增至六款。修改意见方面,袁世凯共提出了五条,民军方面吸收了包括"暂居宫禁"、如实支付光绪寝陵及奉安经费等四条,但坚持大清皇帝退位后称"让皇帝"。可以说,此版优待条件已经涵盖了最终版本的主要内容。此后双方的磋商,即在此基础上——民军方面参与清室优待条件磋商的,除了伍廷芳、黄兴、汪精卫之外,还有孙中山;清廷方面除袁世凯,还有近支王公,甚至包括隆裕太后。

清帝退位后究竟应该如何称呼成为秘密磋商阶段双方争执的重点。十二月初一日,袁世凯的复电明确反对"让皇帝"的称呼,"此前对于宫廷及皇族力以保全皇号自任,今忽改为让皇帝。此字类于谥法又近于诙谐,皇族必大起反对"。[2] 袁世凯认为,民国成立则意味着已无君臣之说,而且优待条款中还有以待外国君主之礼待之的规定,因此,皇帝称号实际上是自娱自乐,不会影响民国大局,希望"勿争此一字"。

民军方面其实对此事早有主张——十一月二十六日,孙中山在回复直豫咨议局的电报中就曾说,"皇室可崇以尊号,给以年金,保其所有财产"。[3] 因此,面对袁世凯的坚持,十二月初二日,孙中山复电同意删去"让皇帝"中的"让"字。[4]

---

[1]《共和关键录》,第101—102页。

[2]《共和关键录》,第103页。

[3]《孙中山全集》第2卷,第20页。

[4]《孙中山全集》第2卷,第30页。

称号问题解决了,但清帝退位后,皇帝名号是世世相承还是只保留至溥仪一代?这也是双方争论的另一焦点。十一月三十日电报有"'世世相承'改为'统系相承'或'仍存不废'"之语,可以看出清廷方面希望是永远传袭。

但孙中山并不同意:十一月三十日提出的修改意见中,就删去"世世相承"四字等[1];十二月初一日,他更是明确告诉伍廷芳,"相传不废"当改为"终身不废"。[2]也就是说,仅限于溥仪这一辈,不能再延续。

清帝退位后,是否还能居住在紫禁城?很显然,清廷是希望继续在紫禁城居住。袁世凯方面十一月三十日的电报中"仍居宫禁"或"暂居宫禁"之语,都透露了此层含义。此电报甚至提到,隆裕太后曾有"予必死于宫内"[3]的说法,并为此解释说,故宫太和、保和、中和三殿,将来可作为博物馆;而乾清门以内,则由清室居住。这或许是后来清室只居住在乾清门以北说法之由来。而孙中山,则明确反对清帝退位后仍住在紫禁城,要求其"退居颐和园"。[4]

十二月初二日,伍廷芳复电袁世凯,传去清室优待条件修改版。其中第一款为"清帝退位之后,其名号仍存不废,以待外国君主之礼待之";第二款是"暂居宫禁,日后退居颐和园"。[5]

对比两版优待条件(见本节附录三、附录四)可发现,像孙中山要求皇帝退居颐和园的意见,以及袁世凯提出不必通过新政府而由国会决定皇帝岁俸的意见,都没有被伍廷芳完全采纳。而翻看历史档案,我们还可以发现,诸如此类孙中山、伍廷芳两人意见不一致的现象,在谈判过程中还有不少——孙中山十二月初二日才同意删去

---

[1]《孙中山全集》第2卷,第26页。
[2]《孙中山全集》第2卷,第28页。
[3]《共和关键录》,第102页。
[4]《孙中山全集》第2卷,第26页。
[5]《共和关键录》,第109页。

"让"字，而在前一天伍廷芳就告知孙中山，已答应对方用"清帝"的称号而不必称"让皇帝"。[1] 由此可知，作为南方议和总代表的伍廷芳，在和谈过程中，拥有相当大的自主权。

横生枝节的孙中山"最后通牒"

或许是觉得自己的意见没有得到充分的尊重，或许是觉得清室优待条件磋商大局已定，十一月三十日，孙中山在给伍廷芳的电报中提出了清帝退位后政权交接的五条件，并于十二月初二日发表了公开宣言。南北双方关于清室优待条件的磋商，因此一度陷于停滞。

孙中山所提政权交接五条件包括：

一、清帝退位，其一切政权同时消灭，不得私授于其臣。

二、在北京不得更设临时政府。

三、得北京实行退位电，即由民国政府以清帝退位之故电问各国，要求承认中华民国彼各国之回章。

四、文即向参议院辞职，宣布定期解职。

五、请参议院公举袁世凯为大总统。[2]

孙中山提此五条件之前，是否和袁世凯方面做过沟通呢？

十一月三十日，孙中山曾请伍廷芳来南京面商，并邀唐绍仪同来，"请即入宁面商，并邀请唐同来，以决大计"。[3] 孙中山此举，应是为了向唐绍仪通报五条件的内容。但唐绍仪并未赴南京。个中原因，据伍廷芳电报，主要是担心行程泄密，此后不便再居间调停，"唐不能来，有万不得已之故：一、唐已与北京往返电商，一入南京，诸多耽搁；二、唐入南京，无论如何秘密，必为人知，将为北京外人所疑，居中调停不能得力"。[4] 这表明，此前袁世凯方面并未知悉孙

---

[1]《共和关键录》，第107—108页。
[2]《孙中山全集》第2卷，第26页。
[3]《孙中山全集》第2卷，第27页。
[4]《共和关键录》，第102—103页。

中山此五条件。

十二月初三日，孙中山向袁世凯发出最后通牒式电文，要袁在二十日之前对自己所提的政权交接五条件以及清室优待条件做出切实答复，"务候袁回电，再行通告各国及各都督……告袁须于二十日悉将优待条件切实答复"。[1]

这个"二十日"颇为费解，按照惯例，中华民国已于1912年1月1日成立，此时孙中山的电文应该用公历。如果这个"二十日"是公历，孙中山十二月初三日（1月21日）才发的电文，要求袁世凯于1月20日答复，这显然无法办到；如果这个"二十日"是阴历，那阴历十二月二十日则为公历2月7日——尚在半个月之后，已无最后通牒的性质。而且，在此之后，孙中山再也没有提及这一最后通牒所要求的"二十日"。

孙中山说提出此五项条件是"为民国前途计"。[2]然而最主要的目的，或是杜绝袁世凯"政权来自清廷而不是民国"之念。出乎孙中山意料的是，伍廷芳对此持不同意见。

孙、伍二人的分歧，主要体现在两点：一是第三款南北政府过渡办法——孙中山主张各国承认民国政府后自己再辞职；伍廷芳则认为只有成立了统一政府外国政府才能承认，"清帝退位而统一政府尚未成立，外人无从承认也"。[3]二是南北磋商议题的顺序——在伍廷芳看来，当务之急是先解决清帝退位问题，"吾党所流血以求之者，只在共和者，清帝退位则共和目的已达，其他枝节似可从宽"[4]，而孙中山认为，清帝退位已成定局，更为迫切的，是南北政府的统一问题。

袁世凯方面呢？由于时间的错乱，孙中山那封最后通牒式电文，袁世凯自然无法在最后期限前做出答复。十二月初三日当天，在给伍

---

[1]《孙中山全集》第2卷，第33页。
[2]《孙中山全集》第2卷，第26页。
[3]《共和关键录》，第107页。
[4]《共和关键录》，第108页。

廷芳的密电中，袁世凯以外国干涉、北方军队不赞同为由，反对"在北京不得更设临时政府"条款，"如帝已退位而孙未退，是全国只有一南京政府，袁既不得更设临时政府又已脱去清政府所授之政权，则手下兵队听谁调度？北方秩序谁任维持？北京驻使向谁交接？所谓不接气也"。[1]

袁世凯此密电，表面上是担心北方秩序无人维持，实际上，他更担心如果清帝退位、自己又不得在北方组织临时政府，届时全国只有南京政府，一旦孙中山没有让位，自己可能将被架空并听候南京临时政府发落，"且最可虑者，是时袁则有受为南京政府部下之势，北方军士必出阻力"。[2]这种被动的局面，显然是袁世凯不能接受的。

在对孙中山所提条件表示反对的同时，在十二月初三日电报中，袁世凯方面还批评孙中山关于清室优待条件、辞职等表态的前后不一：

> 孙电第三条云向（参议）院辞职，则院可挽留，定期解职则期可延缓，与春一电伍致孙电即可发表让袁一语不符，与帆电孙即日解职一语不符，与第二电孙复伍电文即可正式宣布解职一语不符，又与议定降旨之日孙即行解职一语不符。[3]

孙中山是否真的如袁世凯所言频频更改辞职条件呢？

应该说，从十一月二十七日至十二月初三日，孙中山关于自己辞职等的表述，是有着细微变化的。

十一月二十七日给伍廷芳的电报中，孙中山表示："如清帝实行退位，宣布共和，则临时政府决不食言，文即可正式宣布解职，以功以能，首推袁氏。"[4]此处，用的是"即可正式宣布解职"。

十一月三十日给伍廷芳的电报中，孙中山提出了政权交接五条件。其中关于自己解职，他如此规定："得北京实行退位电，即由

---

[1]《共和关键录》，第110页。
[2]《共和关键录》，第110页。
[3]《共和关键录》，第110页。
[4]《孙中山全集》第2卷，第23页。

民国政府以清帝退位之故电问各国，要求承认中华民国彼各国之回章；文即向参议院辞职，宣布定期解职；请参议院公举袁世凯为大总统。"[1]此时，已由"即可正式宣布解职"改为"宣布定期解职"，且辞职的条件是各国承认中华民国。

十二月初一日，孙中山致电伍廷芳，将政权交接条件由原来的五条缩减为三条，即把原来的"第三、四、五条合并改为各国承认中华民国之后，临时总统即行辞职，请参议院公举袁为大总统"。[2]这一次，前一天的"定期解职"又变回"即行辞职"，但须经参议院选举后，袁世凯方可出任大总统。

十二月初二日，孙中山致电伍廷芳对所提五条件做出解释。和此前的电文相比，除强调清帝退位、北京不能有临时政府之外，又新增了内容："袁须受民国推举，不得由清授权；袁可对中外发表政见，服从共和……袁可被举为实任大总统，不必用临时字样。"[3]此番解释的重大变化，是袁世凯的职务，由临时大总统变为实任大总统。这是孙中山第一次明确选袁为实任大总统。

十二月初三日，唐绍仪告诉伍廷芳，本来清室已有当日退位的打算，但由于孙中山所提政权交接五条件和最后通牒式电报，退位没有如期宣布——"迨清帝退位之诏已定于初三日发布"[4]、"只差三十点钟便成，熙埠之民忽接孙电四款，将今日进行次第全行紊乱"[5]。

孙中山的反复，充分体现了其率真、坦荡的性格特点，与此同时，也暴露了他在治国理政方面经验的缺失——毕竟，朝令夕改乃为政之大忌。一心想尽快促成清帝退位的伍廷芳，对此显然颇为不满。他在十二月初四日给孙中山的复电中说："迨清帝退位之诏已定于初

---

[1]《孙中山全集》第2卷，第26页。
[2]《孙中山全集》第2卷，第27页。
[3]《孙中山全集》第2卷，第30页。
[4]《共和关键录》，第210页。
[5]《共和关键录》，第110页。

三日发布,而尊处巧电忽添入五条件,与前电不符,使廷失信,处两难之势……以此之故,所筹之事一时停滞进行。"[1]

孙中山的反复让伍廷芳一度提出要辞去议和全权总代表之职,"廷对于此事,心力已尽,自维受事以来,夙夜尽瘁,寝食不安,只为欲完全达到共和目的,不期于将近成局之时,又生此波折,进退维谷,不知所可。……惟有请另派贤能接议和全权代表之责,俾廷得奉身而退,以免愆尤"。[2]

而在孙中山看来,优待条件磋商之所以进展缓慢,并不是因为他的反复,而是由于袁世凯的拖延。在十二月初三日给伍廷芳的电报中,孙中山就指责袁世凯消极对待磋商,"现时期过半,和议只由唐辗转表其意见,非由正式。退位之言,日复一日,无以取信中外。请告北方,另派正式代表,或仍以全权畀唐君,从速解决"。[3]

第二天,孙中山又做出了异乎寻常的举措,把给伍廷芳的"万急"电文公诸各报馆,将此前与袁世凯方面秘密磋商的清帝退位问题公之于众。

在这封名为《致伍廷芳及各报馆》的电文中,孙中山解释之所以提出要先等各国承认民国政府再解职,不是因为自己的态度前后不一,而是因为袁世凯要取消南京临时政府:

> 嗣就后来各电观之,袁意不独欲去满政府,并须同时取消民国政府,自在北京另行组织临时政府,则此种临时政府将为君主立宪政府乎?抑民主政府乎?人谁知之?纵彼有谓为民主之政府,又谁为保证?[4]

这封电文起首即言"前电言清帝退位、临时大总统即日辞职",无疑将南北双方秘密磋商的清帝退位、袁世凯将出任民国总统等大白

---

[1]《共和关键录》,第210页。
[2]《共和关键录》,第210—211页。
[3]《孙中山全集》第2卷,第32页。
[4]《孙中山全集》第2卷,第34页。

于天下。此外，孙中山此次所提五办法中的最后一条，是选袁世凯为"临时总统"。这和十二月初二日给伍廷芳电文中所说的选袁为实任大总统的说法，又有着重大差别（见本节附录六和附录七）。

公开声明发表后，孙中山致电伍廷芳、汪精卫，告知此公开声明已获南京参议院同意，"今日复电五条，并由政府提出参议院，得其同意，盖尊重和平之极"。[1]这表明，此前孙中山并没有征求议和总代表伍廷芳的意见。

孙中山的公开声明和所许条件的前后不一，将伍廷芳置于尴尬的境地。十二月初五日，伍廷芳在遵嘱将孙中山此公开声明转交唐绍仪的同时，复电抱怨，"所开条件逐日变易，使廷亦茫无所措。而前后不符，受人疑驳，更无以取信于天下。恳请尊处筹一定之办法，始终坚持，不可随时更变"，[2]并再度请求辞职。

孙中山赶紧回电解释，说最新五条只是在手续上有所变更，并无实质变化，"只保（系）手续之少异，亦因于事实而来，更无有失信于贵代表之事"。[3]自然，也不同意伍廷芳辞职之请，"和议解决既在数日之内，请始终其事。另派全权一节，可无置议"。

孙中山的公开声明，也出乎袁世凯的意料——他先是在十二月初四日赶忙否认正在磋商清帝退位，"所称优待各条件，仅系从旁探询之事，未经彼此直接商定，自无庸电达各国政府"；[4]又于十二月初六日搁置清室优待条件的磋商，改为讨论召开国会地点等问题，"既须以国会公决国体，未决以前，自不能设共和政府，希就前议选举法及开会地点详细讨论，想出妥实办法"。[5]

袁世凯还通过外务部，否认和南方磋商清室优待条件，将责任推

---

[1]《孙中山全集》第2卷，第35页。
[2]《共和关键录》，第117页。
[3]《孙中山全集》第2卷，第38页。
[4]《共和关键录》，第110页。
[5]《共和关键录》，第112页。

给了孙中山的秘书：

> 外间所传内阁总理与孙逸仙之交涉，并非由内阁总理直接办理，亦未由其承认。凡可以臻和平解决之条件，内阁总理无不乐于从命。惟内阁总理从未尝抱欲任总统之奢愿，而其政策，不过欲维持国家之完全，确定巩固之政体，以期联合南北，恢复和平而已。此次孙逸仙之宣言，殆其秘书员误会内阁总理之政策。[1]

不仅如此，十二月初五日，袁世凯还授权美联社发表声明，否认要出任大总统，表明自己忠于清廷之志：

> 本人所有行为的出发点只有一个，即为了全中国老百姓的最大利益，而非革命党人的利益或者拥护帝制的那些人的利益。本人从不为一己私利出发，希望能够继续担任总理大臣，直到可以创建国会，选举产生议员，或者为大多数中国人探索出一条合适而正确的出路。[2]

袁世凯否认双方正进行清室优待条件磋商，让不明就里的伍廷芳很是困惑和不满。十二月初七日，他给袁世凯发去加急电，对袁世凯"开倒车"、重提十余天前所说的磋商国会开会地点表示不解：

> 国民会议选举法，前与唐代表议定。惟开会地点及日期与阁下电商未决，此乃十余日以前之事。迩来所切实磋商者为清帝退位办法立候解决，何乃忽提过去之事？实所不解。[3]

袁世凯则针锋相对，回电否认说：

> 本大臣与贵代表久商未决者为国会选举及地点日期，并未与贵代表筹商退位办法。来电尤不可解。请就选举及地点日期协商妥善办法，以期早日解决。[4]

十二月初八日，伍廷芳再次提出磋商清室优待条件："此事中外

---

[1]《袁世凯全集》第19卷，第443页。
[2]《袁世凯全集》第19卷，第374页。
[3]《共和关键录》，第112—113页。
[4]《袁世凯全集》第19卷，第386页。

皆知，岂能掩饰？"[1]袁世凯则于十二月初九日再度否认："至退位一层，并未与贵代表商及。昨已覆述，不敢置议。"[2]

一方言之凿凿，另一方矢口否认。为何会出现袁世凯还在商量国会选举办法而伍廷芳已经开始提清帝退位条件这种"驴唇不对马嘴""自说自话"的谈判"怪现状"？

其实，伍廷芳说双方曾筹商过清帝退位办法，并未撒谎——他与唐绍仪的第三次会谈记录足可为证。但这些都发生在袁世凯接手谈判之前，因此袁世凯说自己"并未与贵代表商及"清帝退位问题，也是实情。由于会谈期间北方和谈代表由唐绍仪让渡为袁世凯，而此前清室优待条件磋商也都是梁士诒出面，这便让伍廷芳、袁世凯这番本来互相矛盾的表述，都变得正确合理。历史的吊诡和有趣，尽在其中。

南北双方此时的分歧，不仅体现在清室优待条款上，更在于政权交接办法上；而且分歧不仅出现在袁世凯与伍廷芳之间，还出现在伍廷芳与孙中山之间。

在袁世凯看来，清廷并未授权，因此优待条件的磋商只能秘密进行，双方公开的谈判依然是国民代表产生办法以及国会召开地点；而在伍廷芳看来，既然双方已经就此进行过公开的和秘密的磋商，何必再遮遮掩掩？

伍廷芳和孙中山之间，观点也不完全一致：伍廷芳依然持先清帝退位再组织统一政府的观点——十一月三十日，唐绍仪曾邀孙中山来上海"协商统一政府办法，免致临时仓猝"。[3]伍廷芳对此深表赞同，并提出如果孙中山不能来上海，那南北政府统一之法，可在清帝退位之后再磋商，"如公必不能来，请俟清帝宣告退位之后，再商办法"。[4]而孙中山更倾向于清帝退位和政权交接同时解决。由于孙中

---

[1]《共和关键录》，第114—115页。
[2]《袁世凯全集》第19卷，第399页。
[3]《共和关键录》，第107页。
[4]《共和关键录》，第103页。

山在政权交接问题上的主张不断变化,让袁世凯有了暂停清室优待条件秘密磋商的借口,也使得伍廷芳对孙中山的不满与日俱增。

蹊跷电文暴露袁世凯心计

孙中山十二月初四日的公开声明,遭到袁世凯的矢口否认;伍廷芳十二月初九日的"最后通牒",[1]被袁世凯置之不理——在十二月初七日、初九日的电文中,依然表示目前磋商的只是国会选举及召开的地点、日期,"并未与贵代表筹商退位办法",[2]并煞有介事地"让步"表示可在天津召开国会,"至开会地点,如不能到北京,惟有改在天津,介北京、上海之间,于南、北议员均属便利"。[3]

一时间,磋商陷于僵局。

孙中山开始寻求武力解决。十二月初八日,他就提醒黎元洪要做好开战的准备,"和议难持。我军战斗准备,刻不可忽"。[4]而在答复参议院咨询时,更是提出了六路进兵、亲任统帅的北伐计划。[5]十二月初九日、十一日,他又告诉伍廷芳,停战到期后不再延期,并要求伍廷芳将袁世凯撤销唐绍仪代表资格、不承认已经签订的国民会议选举办法等"无心于平和"的做法公开发表,让天下人知道"若因而再启兵衅,全唯袁世凯是咎"。[6]在十二月十一日电报中,孙中山更有"举国军民,均欲灭袁氏而后朝食"这咬牙切齿之语。

袁世凯也语气强硬。十二月初九日,他表示国会未开之前,清帝万难退位:

---

[1] 当日伍廷芳给袁世凯发去带有最后通牒性质的电报:"阴历本月(十二月)十一日,如上午八时之前仍未得清廷宣布共和确报,则前交优待条件全行作废。"见《袁世凯全集》第19卷,第400页。
[2]《袁世凯全集》第19卷,第386页。
[3]《袁世凯全集》第19卷,第387页。
[4]《孙中山全集》第2卷,第41页。
[5]《孙中山全集》第2卷,第50—51页。
[6]《孙中山全集》第2卷,第50页。

> 现时外人所以承认我国者,实因朝廷尚在也。今政体未决,此间若即逊位,恐外人将否认我国,势必联袂干涉。故此间先行逊位一节,万难遵办。仍是先开国会,俟政体解决后,再议逊位,为最适当之办法。[1]

僵局该如何打破?

袁世凯所谓的强硬态度,其实更是做给清皇室看的表面文章。十二月初八日,袁世凯给伍廷芳发去一份电报,请伍转交唐绍仪。电文内容如下:

> 列一电悉。此次皇族及京内风潮,起点于"退位"二字。秩庸来正式电,万不可言"退位"二字,只言决定宣布共和可耳。豪电所拟稿亦有窒碍,但求实际,不必字字咬实也。项间,军队除甫华、子志外,均来电请共和。此事已有步武。望伍勿以十一前相逼。初八。[2]

给唐绍仪的电文,为何要由伍廷芳转交呢?毕竟,袁世凯和唐绍仪之间,有直接的电报沟通管道。纵观宣统三年十月至十二月南北和谈的整个过程,所有给唐绍仪的电文,包括十一月十三日唐绍仪辞职后袁世凯给他的电文,唯有这一封是由伍廷芳转交的。

我们先看看这封电报的内容。

清末民初电报日期代码中并无"列"字韵目,不知袁世凯此处所言"列一"电指哪一封、内容究竟是什么;"豪"为"四",按前文所说的电报日期代码,应是指十二月初四日——当天,袁世凯给伍廷芳发去的三封电报,第一封要求民军方面"应将选举及开会办法迅速议定";第二封否认与伍廷芳磋商优待条件,表示"所称优待各条件,仅系从旁探询之事";第三封是告知伍廷芳河南巡抚倪嗣冲并无南下

---

[1]《袁世凯全集》第19卷,第402页。
[2]《袁世凯全集》第19卷,第393页。"秩庸"为伍廷芳之号。

进兵之举。[1]

袁世凯十二月初八日发的电报,为何要说自己四天前所发的电报内容有"窒碍"、不妥,并就此致歉呢?显然,这是他的以退为进之法——既然要对方在电报中不提"退位"二字,那此时的自我批评也是一种姿态。

电文中的"甫华"应为"华甫"之误,即冯国璋;"子志"为时任帮办直隶防务兼天津镇总兵的张怀芝。"步武"是什么意思呢?六尺为步,半步为武,指很短的距离。袁世凯借此暗示:清帝退位之事很快将有结果。

显然,袁世凯让伍廷芳转交的目的,就是让伍廷芳看到此电报,明白北方军队将领已纷纷电请共和、清帝很快就要退位,希望民军方面"勿以十一前相逼"——在十二月十一日之前,切莫相逼。袁世凯之所以强调"十一日",是因为南北双方此番停战,这天就要到期。而之所以不能直接发给伍廷芳而采取此番掩耳盗铃的手法,是因为此时尚有皇室亲贵、督抚未能接受共和,袁世凯自不能让他们抓到自己正与民国政府磋商清帝退位的把柄。

这样的细节,充分表明袁世凯之工于心计。

袁世凯的表面文章与暗中运作

袁世凯为何突然否认正与民国政府磋商清室优待条件呢?谜底直到十二月初十日才揭开。这天,唐绍仪直截了当告诉伍廷芳:袁世凯此前的举动都是表面文章,只是做给清廷看的,"其实袁运动清帝退位未曾少轻"。[2]

那袁世凯为何要做此表面文章呢?主要是他觉得北方局势未稳、要布置妥协尚需时日。

---

[1]《袁世凯全集》第19卷,第362—363页。
[2]《共和关键录》,第212页。

第一是清室尚未完全接受共和。十二月初一日，隆裕太后召集王室亲贵举行御前会议，就究竟是实行君主立宪还是共和征询意见，支持和反对共和两派意见对立明显。十二月初四日的御前会议，同样未达成一致意见。主张保存帝制的宗社党等，在京师一度威胁主张共和的荫昌，荫昌被迫暂避往东北。十二月二十五日（2月12日）清帝退位后，袁世凯曾专门致电东三省总督赵尔巽，要他转告让荫昌回京："本日已奉懿旨，宣布共和，大局业经和平解决……请转致荫公，不必疑虑，似可回京，免启谣诼。"[1]

第二是北方将领需要安抚。孙中山十二月初四日的《致伍廷芳及各报馆电》等于将秘密进行的清室优待条件磋商公之于众。不仅如此，伍廷芳之后还致电各省都督、军队，告知停战一再延期是因为正在筹议清室退位，此事几天之内将有定论。这些消息，在北方引起轩然大波。初六日，袁世凯赶忙致电北方各军队将领，否认正在与民军方面磋商清帝退位之事，"国体须由国会公决，系遵懿旨办理，为国民所公认，本大臣岂容有与伍秘密磋商之事。诚恐军民因见伍电致滋疑讶，希切实晓谕，勿得轻听浮言，以免摇惑而维秩序"。[2]

第三是东三省局面需要稳定。以赵尔巽为总督的东三省，向来以拥护君主立宪、反对共和自居。十二月初二日，奉天咨议局给内阁的电报中，就声称"东省人士拥戴君主，矢死不能移"。[3]十二月初五日，奉天咨议局议员王荫棠在给朋友的信中，就透露在京运动逼迫袁世凯辞去内阁总理大臣，改由赵尔巽接任总理大臣、锡良出任东三省总督。王荫棠在信中还表示，袁党力主共和、让皇帝退位，应设法铲除，并透露有向日本借兵之议。[4]为了稳定东三省，自十二月初至中旬，袁世凯频频致电赵尔巽以及吉林、黑龙江巡抚，一方面驳斥"袁

---

[1]《袁世凯全集》第19卷，第566页。
[2]《袁世凯全集》第19卷，第383页。
[3]《袁世凯全集》第19卷，第503页。
[4]《档案汇编》第75册，第221—227页。

某阳持君主，阴谋共和"[1]的谣言，一方面否认赵尔巽来电中所说的"又传闻朝廷有逊位之举，大臣有赞成共和之说"，[2]还表态支持东三省方面组织勤王之师，"至逊位、赞成之说，概系谣传，万勿听信。勤王军队既经组妥，甚善。能集若干，望速开拔，进援徐、颍两州"。

但其实袁世凯早就和民军方面秘密磋商清室优待条件。他也多次向伍廷芳表示，清军没有进攻徐州、颍州，还多次下令要"张勋、倪嗣冲勿得异动"。[3]让东三省组织勤王之师开赴徐州、颍州的电报表明，为了安抚北方将领及东三省督抚，袁世凯不惜撒谎、玩两面派。

第四是京师禁卫军势力尚需安置。冯国璋十月十九日起虽已出任禁卫军总统，但或许是接统时间不长，尚未能完全驾驭。十二月十二日托唐绍仪转递的一封密电中，梁士诒就告诉伍廷芳，"因禁卫军反对极力，冯不能制前途。现正添兵布置也"。[4]十一月底十二月初的京师局势，可谓动荡：十一月二十八日，袁世凯进宫议事后乘马车回总理府，在东华门外遭遇炸弹袭击，虽侥幸未曾受伤，但人仰马翻，马队中一匹马被炸死，卫士袁金标身亡；十二月初十日，反对清帝退位的宗社党头目良弼在家门口被革命党人彭家珍炸伤致死。这些都表明当时京师局势不稳。

京师局势之紧张，从袁世凯对待受封的矛盾心态也可见一斑。为了酬赏袁世凯收复汉口、汉阳之功，也为了安抚受到惊吓的袁世凯，十二月初八日，清室下旨赐封袁世凯为一等侯爵。

除三藩之外，清廷从未封过异姓王，公侯伯子男为赏赐大臣的爵位。有清一代，获公爵的四人（明瑞、阿桂、福康安、兆惠）均为满人，一等侯爵是汉大臣的最高奖赏——曾国藩攻下太平天国首都天京，被封一等侯；收复新疆的左宗棠，也只是被赏为二等侯。此时隆

---

[1]《袁世凯全集》第19卷，第497页。
[2]《袁世凯全集》第19卷，第383页。
[3]《共和关键录》，第122页。
[4]《共和关键录》，第120页。

裕太后封爵之举，除了安抚之外，自然不乏拉拢之意——希望袁世凯努力将清王室、清政府、大清国留住，否则，大清国都不在了，一等侯爵还有什么意义呢？而一旦袁世凯受封，民军方面自然怀疑袁世凯赞成共和的决心——承认共和，岂能再接受侯爵这种帝制的封号？

心腹王锡彤生动记载了袁世凯获悉受封时的矛盾心态：十二月初八日，醇亲王载沣亲携诏书来通知袁世凯，"内旨已封侯，速入宫谢恩"。[1] 载沣一走，袁世凯急召王锡彤来见，让他速回河南。袁此举，颇有学孟尝君为自己营狡兔三窟之意。当时，王锡彤建议河南请愿实行共和。袁世凯回答说："甚善。君即日往。"[2] 慌乱之下，袁世凯早忘了自己本该坚持的"君宪"立场。

在受封一事上略显慌乱的袁世凯，其实也有着精明的一面——借北方局势向孙中山施压。与向伍廷芳曲为表白不同，十二月初八日，袁世凯直截了当地告诉孙中山：清室王公中有人正组建君主党、主张向外国借兵以维护帝制，希望孙中山等为大局考虑、做出让步：

> 本大臣现逼处嫌疑之地，倘和议仍不能成，即决意引退，决不愿见大局之糜烂。惟各君主党意见愤激，急而走险，如借用外兵等危险之举，恐难免于实行。应请互相迁就，以维大局，是为至要。[3]

京师人心不靖应是实情，而反对共和者向日本借兵、袁自己引退尚非确论——袁世凯此语，虽不是纯属虚构，但明显有夸大的成分。

十二月初八日段祺瑞联合五十位清军将领要求清廷早定共和大计的通电，打破了袁世凯与民国政府之间关于清室优待条件磋商的僵局。十二月十六日，隆裕太后下旨："授袁世凯以全权，研究一切办法，先行迅速与民军商酌条件，奏明请旨。"[4]——这，意味着清帝同

---

[1]《袁世凯全集》第 19 卷，第 395 页。
[2]《袁世凯全集》第 19 卷，第 395 页。
[3]《袁世凯全集》第 19 卷，第 394 页。
[4]《宣统政纪》卷七〇。

意退位，也意味着关于清室优待条件的秘密磋商从此公开。

段祺瑞此通电，是被誉为其一生中三度"再造共和"的通电之一。发通电者，为何是段祺瑞而不是冯国璋、曹锟等呢？

一生以职业军人标榜的段祺瑞（字芝泉）同治四年（1865）出生于安徽合肥。祖父段佩曾同刘铭传、张树声等淮军将领一道办团练、镇压太平军。段祺瑞八岁即随祖父过起了军营生活，后以文童考入天津北洋武备学堂。毕业后以第一名的成绩被李鸿章派到德国学习炮兵一年。回国后，在威海随营武备学堂任教习。甲午海战之前的湘淮将领多以行伍起家，通过实战博得功名，因此对军事院校毕业的青年军官并不重视。段祺瑞在学堂教习的位置上一干就是五年。直到袁世凯小站练兵，以西法编练"新建陆军"，段祺瑞等"知识技术型"军官才时来运转——光绪二十二年（1896），经荫昌推荐，他被袁世凯调用。因兼有北洋武备系高材生和留德陆军生两块牌子，加上业务过硬，他被誉为"炮兵专家"；加上通文墨——清末编练新军的许多重要文稿即出自他的手笔，于是很快被越级提拔为炮兵营统带兼炮兵学堂监督。此后，又先后担任武卫右军[1]各学堂总办、第六镇统制、江北提督、第二军总统等职，与王士珍、冯国璋同为"北洋三杰"。

"青少年时代的兵营生活和家庭屡遭变故的经历，使段祺瑞逐渐形成了冷峻、刚毅、敢任事的性格"[2]，段平生"从不巴结人"，按照近代军人的价值观念行事。据说当年慈禧太后从西安返回北京，沿途官员、将领及清军皆下跪迎接，唯有段祺瑞部皆站立持枪敬礼。这种西式军人礼节遭到载沣的严厉训斥，段却毫不退让，认为自己身为军人，军礼即表示最高敬意。[3]也正因为对近代军人价

---

[1] 光绪二十四年（1898），新建陆军改名武卫右军，归大学士、北洋大臣、直隶总督荣禄节制。见《段祺瑞年谱》，第10页。
[2] 马平安：《清末变局中的袁世凯集团》，福建教育出版社2016年，第136页。
[3] 《清末变局中的袁世凯集团》，第137页。

值观的执念，段祺瑞对君主专制政体也就不会完全赞同，发表赞成共和之通电，可谓情理之中。后来，对他有知遇之恩的袁世凯想称帝，段祺瑞也是称病退居西山，拒不劝进，直至被袁免去陆军总长之职也不改初衷。

此番段氏通电，是自作主张还是同袁世凯早有谋划呢？伍廷芳在《共和关键录》中收录了十二月初八日唐绍仪转来的一封段祺瑞来电，其中说：

> 瑞与各路统兵大员于今晨联衔电奏请定共和政体，都中已布置，切告各路民军万勿稍为冲突，以免贻误大局，瑞，齐。[1]

"都中已布置"表明，联名通电前，段祺瑞和袁世凯应该先有谋划。这也和前文所引的袁世凯当日给伍廷芳电报中所说的"此事已有步武"相吻合。

十二月十二日，梁士诒告诉唐绍仪，已准备明日请求清帝下旨以开始和民军方面正式磋商优待条件：

> 初二后忙甚、险甚。各电均未复。今日召见皇族，均不反对，亦不便遽言共和。上意亦活动，拟明日先觅一密旨。如可得，即与伍作正式谈商，稍迟数日乃宣布。[2]

"忙甚、险甚"——忙甚，就是忙着安抚东三省等地方督抚，忙着平靖京中反对共和的势力，忙着运作段祺瑞通电，忙着说服清帝退位之事；险甚，也是事实，毕竟如果袁世凯被炸死，或者如果没有段祺瑞等的联名通电，就难以威逼清帝退位，南北双方关于清室优待条件的磋商将依旧处于僵局。梁士诒在此电报中说了大实话：十二月十二日，隆裕太后确实召开了御前会议；十五日，她又单独召见了载沣和载洵，决定接受共和政体、同意逊位；十六日，授权袁世凯与民军方面磋商优待条件。

---

[1]《共和关键录》，第312页。
[2]《共和关键录》，第119—120页。

逊位、辞位、致政和辞政之争

十二月十六日，隆裕太后颁旨，授权袁世凯以全权研究"皇室之优礼、皇族之安全、八旗之生计、蒙古回藏之待遇"[1]，同时要袁世凯"研究一切办法，先行迅速与民军商酌条件，奏明请旨"。

同意磋商优待条件，则意味着清室已经接受退位、同意实行共和。接到此旨后，一直宣称"自始即坚决主张君主立宪"[2]、曾因清廷同意召开国会而扬言要辞去总理大臣职务[3]的袁世凯，立场发生180度大转弯，迅即转为赞成共和。

获得清室正式授权当天，袁世凯即致电向伍廷芳解释，此前之所以没敢公开磋商优待清室条件，是因为没有获得授权，"优礼条件事关皇室，本大臣以职在行政，谈不及此，是以两接来电，未便答复"。[4]并提议"自十七日早八钟起，至念四早八钟止，续停战一星期，以便磋商"。

与此同时，袁世凯还发来拟定的清室优待条件（见本节附录八）。共九款的清室优待条件不仅比此前的六七款多，不少内容也没有接纳孙中山、伍廷芳等此前的意见，颇有另起炉灶之意。比如孙中山等已明确表态大清帝号只是"终身不废"，即溥仪逝世后即告终止，而袁世凯还提"大清皇帝尊号相承不替"——即永远传袭；比如增加了"如遇大清皇帝恭谒陵寝，沿途所需费用由民国担任""大清皇帝有大典礼，国民得以称庆"[5]等内容。这些，民国政府方面显然无法接受。因此伍廷芳在次日的复电中，除表示"现在北洋军队已全体赞同共和，毋须再议停战"[6]外，并未直接答复袁世凯所提优待条件。

---

[1]《宣统政纪》卷七〇。
[2]《袁世凯全集》第19卷，第183页。
[3]《袁世凯全集》第19卷，第212页。
[4]《袁世凯全集》第19卷，第460页。
[5]《袁世凯全集》第19卷，第550页。
[6]《共和关键录》，第214页。

清廷正式授权袁世凯与民军方面磋商优待条件，无疑是个重大的变化。鉴于此事关系重大，十二月十七日，伍廷芳前往南京，就袁世凯版优待条件征询孙中山和参议院的意见，并邀唐绍仪同去。此前秘密磋商阶段，唐绍仪不肯去南京而是转邀孙中山来上海；此番，唐绍仪是欣然前往。十二月十七日，伍廷芳正式通知孙中山，并请南京方面安排人到车站迎接，"顷由袁内阁正式交来优待条件，廷今日午后二时偕唐少川、汪精卫坐专车来宁面商一切，七时半可到，祈饬人在车站招呼为荷"。[1] 这是南京民国政府方面首度与北方代表面对面磋商清室优待条件。

十二月十八日，伍廷芳给袁世凯传去南京临时参议院通过的清室优待条件文本（见本节附录九）。和袁世凯版相比，此八款优待条件主要做了如下修改：第一款的"大清皇帝"改为"清帝"，"相承不替"改为"仍存不废"；第二款退位后的岁用由"四百万两"改为"四百万圆"；第三款居住地由"大内宫殿或颐和园，由大清皇帝随意居住"改为"清帝逊位之后，暂居宫禁，日后移居颐和园"，"侍卫、护军官兵照常留用"改为"侍卫照常留用"；第四款谒陵费用由中华民国承担以及原来第八款"大清皇帝有大典礼，国民得以称庆"的内容则被删去。[2]

之所以如此修改，伍廷芳解释，清廷方面提出的条件，和民军方面相差甚大，不如此修改，恐怕各省难以接受，"故特与临时政府及参议院商酌，改定如下"。[3] 同时，伍廷芳强调，这些条件，已经参议院表决通过，可谓最终版本，断难更改。

如此大加删改，让袁世凯觉得"窒碍甚多"。十二月二十二日，他对南京方面十二月十八日版优待条件再做修改：保留"大清皇帝尊

---

[1]《共和关键录》，第128页。

[2]《共和关键录》，第124—125页。

[3]《共和关键录》，第124页。

号相承不替"的内容,"逊位"必须改为"致政"或"辞政";经费方面,新币未定以前仍用两,新币颁发以后改为"圆"。而之前提到的让民国如数支付特别大典经费、保留侍卫和护军等条款,则悉数保留,并反对民国方面提出的将禁卫军划归陆军部管理的方案。[1](见本节附录十)

概而言之,南北双方此番争论的焦点,在于清帝究竟是"逊位""退位"还是"致政""辞政"?

在十二月二十一日给唐绍仪的电报中,梁士诒就说,"第一款'逊位'二字最难者,即满蒙暨北方军队督抚多不谓然,改为'致政',人心稍安"。[2]他还透露,当日早朝,隆裕太后"逐条逐字讨论"了优待条款,并对"逊位"等说法最为关注:

> 弟等今早召对,上逐条逐字讨论……所最决意坚持而言之再四者:一、留大清皇帝尊号相承不替十字;二、不用逊位二字……;三、必须用仍居宫禁或日后退居颐和园时听便居住。盖除太庙外,乾清门外尚有许多殿庙供奉圣容,本未宜就令皇上迁出,将来尚须保护其宗庙也。此三层,如办不到,恐难以宣布共和,务必劝伍迁就。[3]

但民国方面对"逊位"二字同样敏感。十二月十二日,广东都督陈炯明给伍廷芳发来电报,反对继续保留清帝名号,"闻此次和议内有清帝仍居北京不去帝号,王公仍旧袭爵。此耗传来,令粤愤懑"。[4]十二月二十三日,张謇致电汪荣宝、陆宗舆,反对清方提出的"辞政"等说法:"要之种种,优待专为辞位二字之代价,若不说明,何以合南北赞同共和之心理?亦何以示将来政治之健全?"[5]

---

[1]《袁世凯全集》第19卷,第554—555页。
[2]《共和关键录》,第141页。
[3]《共和关键录》,第139—140页。
[4]《共和关键录》,第145页。
[5]《电报档》第24册,第600页。

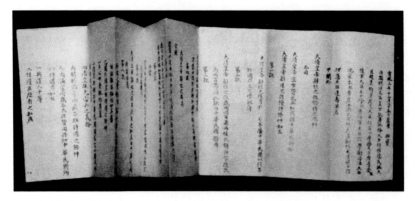

清室优待条件之清官抄本

此番争论中,伍廷芳、唐绍仪两位和谈代表的态度颇为有趣——在伍廷芳看来,"辞位""逊位""辞政"等争论多属细枝末节,民国政府不必过于坚持:

> 于共和国体似无所妨,法兰西为民主国,至今世爵仍存。至于已经去位之清帝,亦不过虚名之爵号,似无须过于争执。[1]

伍廷芳不仅持此观点,还亲自向孙中山及黎元洪、各省都督做解释说服工作。

来自清廷方面的唐绍仪,同样不赞成袁世凯和清廷在小处纠缠。但他主张的是清帝"辞位",反对使用"辞政"之说。十二月二十三日,他致电要袁世凯勿再坚持:

> 至优待条件发生于"辞位"。若何(论)"辞政",十九条已无政权,何待今日?十四省军民以生命财产力争,专在"位"字。明日入觐,务恳力持办到"辞位"二字即时发表,方能保全国防、保全满族。若少不忍,转生大乱。言尽意竭,乞勿再赐电商。[2]

本来清廷还想玩个花招——给外国人的照会里说"辞位",而在

---

[1]《共和关键录》,第146页。
[2]《电报档》第24册,第600页。

诏书中写"辞政"。但唐绍仪表示反对,原因是怕外国人抗议,"宣布谕旨与照会字样不符。外国人先阅谕旨、互相校对,必诘问。万不可行"。[1]显然,唐也深知清廷害怕外国人,因此搬出来吓唬清廷。

之后,尽管袁世凯故技重施——搬出了京师动荡、北方不稳等向民军施加压力,威胁说肃亲王善耆、恭亲王溥伟等正在东北筹划向日本借兵,明确表示奉天军民激烈反对共和,需安抚扬言要进京缔造共和的段祺瑞等理由[2],但民国方面未再做让步。

十二月二十二日,伍廷芳给袁世凯发去最终版清室优待条件(见本节附录十一),其中:"逊位"改为"辞位",未采纳"致政"之说;"侍卫、护军人等照常留用"妥协为"侍卫人等照常留用"。伍廷芳还在电文中表示"已至极点,决难再让矣"。[3]

这一版本,也成了十二月二十五日(2月12日)公布的最后定本。至此,南北双方关于清室优待条件的谈判,终于落下帷幕。

清廷最初设想,将清室优待条件、优待皇族条件、优待满蒙回藏人条件的文本存放于海牙万国和平会,"以上条件列于正式公文,照会各国,或电递驻荷华使,知会海牙万国和平会存案"。[4]但此举遭到孙中山的反对。孙中山认为,清帝退位属国内事件,不必牵涉国际。早在十二月初一日,孙中山曾专门致电伍廷芳,提出各优待条件用正式公文通告各国政府即可,"至交海牙存案,民国内阁反对者多,其理由:一、国内之事件,交列国国际公会,大伤国体;二、不信国民,必须存案于外,即为丧失外国人信用,牵涉于国际;三、惟有用正式公文通告各国政府,即可为将来之保证"。[5]十二月初二日,他重申此观点,"条件由民国临时政府用正式公文通告各国政府作为保

---

[1]《电报档》第24册,第600页。
[2]《共和关键录》,第139页。
[3]《共和关键录》,第141页。
[4]《袁世凯全集》第19卷,第551页。
[5]《孙中山全集》第2卷,第28页。

证，不交海牙存案"。[1]

十二月十六日重启优待条件磋商之后，袁世凯一开始仍坚持优待条件存放万国和平会[2]，但民国政府并未采纳，而是按孙中山等的意见修改为"以上条件列于正式公文，由两方代表照会各国驻北京公使，转告各国政府前"。[3]最终，清方未再坚持。

至于清皇族和满蒙回藏人优待条款的磋商，争论的焦点是王公世爵的封号是否可以沿袭。

清方最早的版本，皇族优礼条件主要有四条：

一、王公世爵概仍其旧，并得传袭。其袭封时，仍用大清皇帝册宝。凡大清皇帝赠封爵位，亦用大清皇帝册宝。

二、皇族对于国家之公权与国民同等。

三、皇族私产一体保护。

四、皇族免当兵之义务。[4]

一开始，民军方面并未接受清廷提出的皇族优待条件，伍廷芳在十一月三十日给孙中山、十二月初二日给袁世凯的版本中，都删去了清方版本中"关于皇族待遇之条件"。但最终，民军方面做了让步，同意满蒙回藏各族保留原有"王公世爵"，只是删去允许其传袭的条款。

关于此让步的原因，伍廷芳曾在2月17日（十二月三十日）的"通告"中给予解释——主要是为了安抚满蒙回藏等少数民族，"今我中华国体新定，而蒙古回藏各处，因于历史，部落之制未尽蠲除，一旦去其王公，各部惊疑，必滋大乱。故待遇满蒙回藏条件，有'王公世爵概仍其旧'一条"。[5]与此同时，民国政府也明确表示，中华民

---

[1]《孙中山全集》第2卷，第30页。
[2]《袁世凯全集》第19卷，第552页。
[3]《共和关键录》，第153页。
[4]《袁世凯全集》第19卷，第550页。
[5]《共和关键录》，第150—151页。

国成立之后，王公世爵只是私人爵号，不再享有任何特权；拥有爵号的王公，其公权私权与其他国民平等。

十二月二十二日（2月9日），南北双方就清皇族和满蒙回藏人优待条款达成一致。当天，伍廷芳告诉给袁世凯："关于皇族之待遇条件及关于满蒙回藏各族待遇条件，均无异议。"[1]

南北双方的进退得失

南北政府过渡和统一方法未能达成一致，是前一轮磋商失败的重要原因之一。十二月十六日磋商重启后，依然未能最终解决。

在十二月初四日的公开声明中，孙中山曾提出清帝退位后袁世凯来南京就任民国大总统，在袁离开京城时指定一人暂时维持北方秩序，"惟一转移间，不能无一接洽之法。文意拟请袁举一声名卓著之人……其中断之词（时）甚短，固无妨也"。[2]

朱尔典评价孙中山此举"造成了僵局，看来它似乎是行不通的"[3]，袁世凯也未接受此提议。在十二月二十二日给伍廷芳的电报中，梁士诒强调一旦北方陷于无政府状态，将为宗社党等反对共和的满族人以及外国干涉提供口实，"惟北方如无政府，满人必仍生变动，正中王公之计，外人言会如此。北方无政府，各国先须调自兵防卫，现蒙古满洲日俄频增兵以鼓祸，贵族连结胡匪，潜谋甚急，皆须就近抵御"。[4] 在梁士诒看来，孙中山此建议，于公不利，于私也有使袁世凯面临权力真空的尴尬，"是时业已退位，项城将听何人之命？"梁士诒的观点显然代表了袁世凯的态度。

十二月二十三日，在给孙中山、黄兴和伍廷芳的电报中，段祺瑞曾提出南北双方政府同时取消，另组织一临时政府的办法：

---

[1]《袁世凯全集》第19卷，第556页。
[2]《孙中山全集》第2卷，第34页。
[3]《英国蓝皮书》上册，第369页。
[4]《共和关键录》，第140页。

鄙见宣布共和之日，两方政府同时取消，临时大总统并须预行推定，临时政府必要人员及临时政府暂设地点，应由两方公同商定，即以退位之时为共和临时政府成立之日，庶统治机关不致中辍，两方不致陷于无政府之危险。[1]

但无论是段祺瑞的这一建议，还是孙中山"在北京不得更立临时政府……当清帝退位，民国临时政府当然统一南北"[2]的要求，包括孙中山提出由袁世凯指定一人暂时维持北方的主张，最后都没有被采纳。应该说，在这点上，袁世凯取得了胜利。清帝退位当天，诏书上明确写着："即由袁世凯以全权组织临时共和政府，与民军协商统一办法。"[3]

当然，袁世凯也做了让步，接受孙中山"对中外发表政见，服从共和"[4]的建议，于十二月二十四日（2月11日）致电孙中山等，在赞扬孙中山等革命党人功绩的同时，公开声明支持共和制度：

共和为最良国体，世界之公认。今由帝政一跃而跻及之，实诸公累年之心血，亦民国无穷之幸福。大清皇帝既明诏逊位，业经世凯署名，则宣布之日，为帝政之终局，即民国之始基。从此努力进行，务令达到圆满地位，永不使君主政体再行于中国。[5]

直到1912年4月，孙中山正式解职南京政府临时大总统、参议院迁往北京并选举袁世凯为中华民国临时大总统，南北临时政府的统一工作才算告一段落。只是，很快又出现二次革命、护国运动等，南北两个政府的状况再次重现。应该说，统一政府的工作，直到蒋介石北伐、东北易帜之前，始终未能真正完成。而严格意义上的中央统一政府，更是在1949年中华人民共和国成立之后。

---

[1]《共和关键录》，第169页。
[2]《孙中山全集》第2卷，第31页。
[3]《上谕档》，宣统三年十二月二十五日。
[4]《孙中山全集》第2卷，第30页。
[5]《袁世凯全集》第19卷，第531页。

清室优待条件的最终版本，由民国政府所拟定。清廷主张的"致政""辞政"说、要求的取消禁卫军归陆军部编制，以及袁世凯添加的"如有特别大典，经费由民国担任"等条款，民国政府均未接受。从这点上说，清室方面最终做了让步。但即便如此，据说隆裕太后仍对优待条件颇为满意："（十二月十五日）今日国务大臣又入对，商酌优礼皇室条件，闻太后仍甚为满意，亲贵亦认可。"[1]基本上达到南北双方都能接受的"双赢"局面，殊属不易。

清帝退位之后，2月17日，代表民国政府与北方谈判的伍廷芳、温宗尧、汪精卫等发表《通告全国文》，对优礼条件的最终条款和磋商过程中的让步做出解释。

伍廷芳等透露，由于"民国政府持人道主义，又值清帝赞成共和，自愿辞位"，因此，在谈判过程中，他们秉持的一个原则，就是"法汉高雍齿且侯之意，承明祖宽待元裔之风，予以优待"。[2]

"雍齿且侯"说的是刘邦封雍齿的典故。汉高祖刘邦登基后，首批先封有功之臣二十多人，其他尚未分封的功臣日夜争功不绝并渐有谋反之意。刘邦为此苦恼不已。这时张良献计，让刘邦先封曾两度背叛的雍齿为什方侯。其他将领一看，马上安心不再想谋反之事，"雍齿尚为侯，我属无患矣"。[3]在伍廷芳看来，民国政府优待清室，秉持的也是中国历史上的一贯原则，"中国历史上，凡遇鼎革，兴朝对于胜朝余裔，恒从优看待，既以成宽容之德，亦以安旧臣之心"。[4]

那民国政府方面究竟做了哪些让步呢？

清帝名号方面。伍廷芳透露，最初只许诺"以待外国君之礼待之"，并冠以"让皇帝"称号。但清廷方面认为"让皇帝"类似皇帝驾崩后的谥法，坚决反对。最终，民国政府略做让步，"始定为清帝

---

[1]《许宝蘅日记》第1册，第393页。
[2]《共和关键录》，第149页。
[3] 司马迁：《史记》，中华书局1982年，第2043页。
[4]《共和关键录》，第149页。

辞位之后，尊号仍存不废"。[1]至于袁世凯方"大清皇帝尊号相承不替"的要求则被拒绝。而据伍廷芳透露，袁世凯自己也担心保留这条有"虚君位之嫌"——恐外界认为虽然退位但实行的不是共和而是君宪，所以也就未再坚持。

清帝居住地方面。袁世凯提出"大内宫殿或颐和园随意居住"。在谈判中，以建立共和为底线的伍廷芳认为，紫禁城是君主专制的象征，清帝自应搬出，"且居城之中央，阻碍东西南北之交通，必当拆改"。[2]为此，民国政府坚持"清帝只居颐和园，不可仍留宫禁"。但袁世凯辩称，"严寒之际，仓猝之际，未能即行迁移，应听暂为居住，日后再退居颐和园"。[3]于是最后条款变为"大清皇帝辞位之后，暂居宫禁，日后移居颐和园"。[4]伍廷芳本以为，清帝居紫禁城"不过暂时之事"，但实际上，中华民国成立后，由于袁世凯、徐世昌等的照拂，逊帝溥仪一直住在紫禁城，直到1924年才被冯玉祥的部队赶出。

民国政府和袁世凯方面磋商的第三个焦点是禁卫军编制问题。袁世凯方面承认，清帝退位之后，确实不应再设禁卫军。但如果不妥善安置而立即解散上万禁卫军，无异于使他们处于失业境地，并很可能引发哗变，为此"要求将该军额数俸饷，仍如其旧"。[5]民国方面自然也不愿意看到兵变发生，便做出让步，在保留禁卫军的同时，将其划归陆军部节制而不再听命于清室。[6]

谈判的过程，就是双方妥协的过程。清室优待条件，重大而敏感，南北双方最终能以和平方式达成，使中华大地免却一场兵灾，确为"兴朝优待胜朝"之范例。这一优待条款，尽管其间曾略有修正，

---

[1]《共和关键录》，第150页。
[2]《共和关键录》，第150页。
[3]《共和关键录》，第150页。
[4]《袁世凯全集》第19卷，第547页。
[5]《共和关键录》，第150页。
[6]《共和关键录》，第150页。

但直到 1924 年被废止之前,一直为双方所遵守。

清帝退位、南北统一是此番磋商的两大重点,谈判中的一些细节表明:伍廷芳优先考虑的是清帝退位、帝制宣告结束,孙中山重点考虑的是政权交接、共和得以保证。只是,帝制结束是否就意味着共和必能确立呢?这两者之间无疑并不能画等号。宣统三年十二月二十五日,即 1912 年 2 月 12 日,清帝颁诏宣布退位,帝制正式宣告结束;而南北两个临时政府的交接,依然悬而未决。

附录 清室优待条件诸版本

附录一 十一月初十日(12月29日)唐绍仪、伍廷芳第三次会谈版清室优待条件

关于清皇帝之待遇:一、以待外国君主之礼待之;二、退居颐和园;三、优给岁俸数目,由国会定之;四、陵寝及宗庙,听其奉祀;五、保护其原有私产。

关于满蒙回藏之待遇:一、一律与汉人平等;二、保护其原有之私产;三、先筹八旗生计,于未筹定八旗生计以前,原有口粮,暂仍其旧;四、从前营业之限制,居住之限制,一律蠲除;五、所有王公等爵,概仍其旧。[1]

附录二 苏浙沪三省及黄兴、汪精卫版清室优待条件

苏浙沪三省公议版:优待清室本支(指宣统母子等),北京城或正定府另建洋式房屋安置(不宜近边地,如热河等处);近支愿随本支安置者听,或愿改汉姓与汉族相等;远支均改汉姓,杂居,与汉人同化;旗兵全行解散;旗丁(向支月饷金年约二千万)或递减或酌给一次截止,听其自谋生计,此项或给国内公债票取息;宫监一概遣散,自谋生计;北京城及向日宫廷一概让出;各府邸及田产再酌;颐

---

[1]《辛亥革命》(八),第 83—84 页。

和园、万牲园（现已为公园）均改为公园。[1]

黄兴版：帝位可仍与以岁金，但不能在北京，不能出上谕，以高丽之法待之；罢战之事，凡各方民军，均在其列，不得藉口土匪横行抵抗或侵略；又须划定北兵界限。[2]

汪精卫版：以外国君主之礼待之；退居颐和园；优给岁俸，数目由国会定之；所有陵寝宗庙听其奉祀；保护其原有之私产。[3]

附录三　伍廷芳十一月三十日（1月18日）版优待条件

一、大清皇帝改称让皇帝，相传不废，以待外国君主之礼待之；二、暂居宫禁，日后退居颐和园；三、优定让皇帝岁俸年支若干，由新政府提交国会议决，惟不少于三百万两；四、所有陵寝宗庙得永远奉祀并由民国妥为保护；五、德宗崇陵未完工程及奉安经费仍照实用数目支出；六、保护其原有之私产。

优待满蒙回藏人条件：一、满蒙回藏人与汉人平等，均享受一切权利，服从一切义务；二、保护其应有之私产；三、先筹八旗生计，于未筹定以前，原有口粮暂仍其旧；四、从前营业之限制、居住之限制一律蠲除；五、所有王公世爵概仍其旧。

以上条件列于正式公文，电达驻荷兰华使，知照万国和平会存贮立案。[4]

附录四　孙中山十一月三十日（1月18日）版优待条件

一、名号定为宣统皇帝，删去"世世相承"四字。二、退居颐和园。三、经费由国会定之。四、如议。五、包括在经费内。六、如议。[5]

附录五　伍廷芳十二月初二日（1月20日）版优待条件

一、清帝退位之后，其名号仍存不废，以待外国君主之礼待之。

---

[1]《共和关键录》，第63页。

[2]《共和关键录》，第62页。

[3]《共和关键录》，第63—64页。

[4]《共和关键录》，第101—102页。

[5]《孙中山全集》第2卷，第26页。

二、暂居宫禁，日后退居颐和园。三、优定清帝岁俸年支若干，由新政府提交国会议决，惟不少于三百万两之数。四、所有陵寝宗庙得永远奉祀并由民国妥为保护。五、德宗崇陵未完工程及奉安经费仍照实用数目支出。六、保护其原有之私产。[1]

附录六　孙中山十一月三十日（1月18日）版政权交接五条件

一、清帝退位，其一切政权同时消灭，不得私授于其臣。二、在北京不得更设临时政府。三、得北京实行退位电，即由民国政府以清帝退位之故电问各国，要求承认中华民国彼各国之回章。四、文即向参议院辞职，宣布定期解职。五、请参议院公举袁世凯为大总统。[2]

附录七　孙中山十二月初二日（1月20日）版政权交接五条件

一、清帝退位，系帝制消灭，非只虚名。二、袁须受民国推举，不得由清授权。三、袁可对中外发表政见，服从共和，以为被举之地。四、临时政府不容有两，以避竞争。今清帝退位后，民国政府当然统一。五、袁可被举为实任大总统，不必用临时字样。[3]

附录八　孙中山十二月初四日（1月22日）版政权交接五条件

一、清帝退位，由袁同时知照驻京各国公使电知民国政府，（言）现在清帝已经退位，或转饬驻沪领事转达亦可；二、同时袁须宣布政见，绝对赞同共和主义；三、文接到外交团或领事团通知清帝退位布告后，即行辞职；四、由参议院举袁为临时总统；五、袁被举为临时总统后，誓守参议院所定之宪法，乃能接受事权。[4]

附录九　袁世凯十二月十六日（2月3日）版清室优待条件

第一款　大清皇帝尊号相承不替，国民对于大清皇帝各致其尊崇之敬礼，与各国君主相等。

第二款　大清皇帝岁用，每岁至少不得短于四百万两，永不得减

---

[1]《共和关键录》，第109页。
[2]《孙中山全集》第2卷，第26页。
[3]《孙中山全集》第2卷，第30页。
[4]《孙中山全集》第2卷，第34页。

额。如有特别大典礼，经费由民国担任。

第三款　大内宫殿或颐和园，由大清皇帝随意居住，宫内侍卫、护军官兵照常留用。

第四款　宗庙、寝陵永远奉祀，由民国妥慎保护，负其责任，并设守卫官兵。如遇大清皇帝恭谒陵寝，沿途所需费用由民国担任。

第五款　德宗崇陵未完工程，如制敬谨妥修。其奉安典礼仍如旧制。所有经费，均由民国担任。

第六款　宫内所用各项执事人员由大清皇帝留用。

第七款　凡属大清皇帝原有之私产特别保护。

第八款　大清皇帝有大典礼，国民得以称庆。

第九款　禁卫军名额、俸饷仍如其旧。[1]

附录十　伍廷芳十二月十九日（2月6日）版清室优待条件

第一款　清帝逊位之后，尊号仍存不废，以待外国君主之礼相待。

第二款　清帝逊位之后，岁用四百万圆，由中华民国政府付予。

第三款　清帝逊位之后，暂居宫禁，日后移居颐和园。侍卫照常留用。

第四款　清帝逊位之后，其宗庙、陵寝永远奉祀，由中华民国酌设卫兵妥慎保护。

第五款　清德宗崇陵未完工程如制妥修，其奉安典礼仍如旧制。所有实用经费均由中华民国支出。

第六款　以前宫内所用各项执事人员可照常留用，惟以后不得再招阉人。

第七款　清帝逊位之后，其原有之私产由中华民国特别保护。

第八款　原有之禁卫军归中华民国陆军部编制，额数、俸饷仍如其旧。[2]

---

[1]《袁世凯全集》第19卷，第550页。

[2]《共和关键录》，第124—125页。

附录十一　袁世凯十二月二十二日（2月9日）版清室优待条件

第一款　大清皇帝致政之后，尊号相承不替。中华民国对于大清皇帝之礼节，与对于各国君主相等。

第二款　大清皇帝致政之后，岁用四百万两，俟改铸新币后，改为四百万圆，此款由中华民国拨用。如有特别大典，经费由民国国会议定拨用。

第三款　大清皇帝致政之后，仍居宫禁，日后或移居颐和园。侍卫、护军人等照常留用。

第四款　大清皇帝致政之后，其宗庙、陵寝永远奉祀，由中华民国酌设卫兵妥慎保护，负其责任。如遇大清皇帝恭谒陵寝，沿途所需费用由中华民国核实拨用。

第五款　德宗崇陵未完工程如制妥修，其奉安典礼仍如旧制，所有实用经费均由中华民国支出。

第六款　以前宫内所用各项执事人员可照常留用，惟以后不得再招阉人。

第七款　大清皇帝致政后，其原有之私产由中华民国特别保护。

第八款　原有之禁卫军，额数、俸饷仍如其旧。[1]

附录十二　伍廷芳十二月二十二日（2月9日）最终版清室优待条件

第一款　大清皇帝辞位之后，尊号仍存不废，中华民国以待外国君主之礼相待。

第二款　大清皇帝辞位之后，岁用四百万两，俟改铸新币后，改为四百万圆。此款由中华民国拨用。

第三款　大清皇帝辞位之后，暂居宫禁，日后移居颐和园。侍卫人等照常留用。

第四款　大清皇帝辞位之后，其宗庙、陵寝永远奉祀，由中华民

---

[1]《袁世凯全集》第19卷，第554—555页。

国酌设卫兵妥慎保护。

第五款　德宗崇陵未完工程如制妥修,其奉安典礼仍如旧制。所有实用经费均由中华民国支出。

第六款　以前宫内所用各项执事人员可照常留用,惟以后不得再招阉人。

第七款　大清皇帝辞位之后,其原有之私产由中华民国特别保护。

第八款　原有之禁卫军归中华民国陆军部编制,额数、俸饷仍如其故。[1]

三　退位诏书的百年疑云

宣统三年十二月二十五日（1912年2月12日）,清廷颁布"退位诏书"：

> 朕钦奉隆裕皇太后懿旨：前因民军起事,各省响应,九夏沸腾,生灵涂炭,特命袁世凯遣员与民军代表讨论大局,议开国会,公决政体。两月以来,尚无确当办法。南北暌隔,彼此相持。商辍于途,士露于野。徒以国体一日不决,故民生一日不安。今全国人民心理多倾向共和,南中各省既倡议于前,北方诸将亦主张于后。人心所向,天命可知,予亦何忍因一姓之尊荣,拂兆民之好恶？是用外观大势、内审舆情,特率皇帝将统治权公诸全国,定为共和立宪国体。近慰海内厌乱望治之心,远协古圣天下为公之义。袁世凯前经资政院选举为总理大臣,当兹新旧代谢之际,宜有南北统一之方。即由袁世凯以全权组织临时共和政府,与民军协商统一办法。总期人民安堵、海宇乂安,仍合满、汉、蒙、回、藏五族完全领土为一大中华民国。予与皇帝得以退处宽闲、优游岁月,长受国民之优礼、亲见郅治之告成,岂不懿

---

[1]《共和关键录》,第151—152页。

钦。钦此。[1]

这份三百五十字的退位诏书，颁布至今已有一百零八年，它的重要性不言而喻，但即便是如此重要的诏书，依然存有众多的疑点：比如，退位诏书究竟是谁起草的？先后有几个版本？经过谁的修改？再比如，"由袁世凯以全权组织临时共和政府"中的"袁世凯以全权"是不是袁世凯擅自加上的？

颁布日期一拖再拖

退位诏书的颁布，标志着清朝的覆亡，标志着帝制的终结，这是辛亥革命最大的成果。即便如此重要的时间节点，疑窦尚存。揆诸史料，我们发现退位诏书的颁布日期，至少有十一月二十四日（1月12日）、十二月初三日（1月21日）、十二月十一日（1月29日）、十二月十五日（2月2日）和十二月二十四日（2月11日）这几种说法。这点，尚未为外界所关注。

十一月下旬颁布说来自《泰晤士报》当时驻北京记者莫理循。十一月二十四日，他在一封信中乐观地表示："你收到这封信以前，我几乎肯定你已经得到皇帝退位的消息。正在为此进行安排。"[2]四天后，莫理循又写信告诉《泰晤士报》的布拉姆："退位诏书明天或后天就发布。"[3]但看来，莫理循的消息来源还不是十分可靠，因为同样是他，在十二月十九日（2月6日）给朋友的一封信中说到退位诏书时，又引用梁士诒的话说："在十天之内不可能颁发……"[4]

十二月初三日颁布说来源于唐绍仪给伍廷芳的电报。在当日的电报中，唐绍仪告诉伍廷芳，清室本有当日退位的打算，但由于孙中山所提政权交接五条件和最后通牒式电报，退位没有如期宣布，"只

---

[1]《上谕档》，宣统三年十二月二十五日。
[2]《清末民初政情内幕》上卷，第832页。
[3]《清末民初政情内幕》上卷，第835页。
[4]《清末民初政情内幕》上卷，第863页。

差三十点钟便成,熙埠之民忽接孙电四款,将今日进行次第全行紊乱"。[1]

十二月十一日颁布说是伍廷芳为清廷所定。十二月初九日,伍廷芳在给袁世凯的电报中斩钉截铁地说:"如阴历本月十一日上午八时以前,仍未得清廷宣布共和确报,则前交优待条件全行作废。"[2]尽管有十二月初八日段祺瑞等五十将领联衔通电要求共和,又有伍廷芳的"最后通牒",但由于袁世凯尚未完全把控禁卫军和京师局势,加上隆裕太后尚未下最后的决心,故退位诏书并未在十一日颁布。

十二月十五日颁布说见诸汪荣宝的日记。当天,汪荣宝在日记中说:"闻逊国诏书已于今日午后四时颁布,并闻京师各城门有炮队把守,以防暴动云。"[3]但此传言并不可信,仅仅过了两天,汪荣宝在碰到时任外务部考工司郎的陈箓[4]后,又在日记中说:"任先以本日早车出京,言比日与南京政府商榷各件,尚有未尽妥洽之处,故暂不发表云。"[5]

十二月二十四日颁布说为清廷所定。十二月二十三日,张謇在致汪荣宝、陆宗舆的电报中说,"二君明于时势,务望力助项城,必践廿四发表之约,万勿迁延两误、败破大局,追悔无及"。[6]张謇时为中华民国临时政府实业总长,汪荣宝、陆宗舆均为清廷官员——汪为资政院议员,陆为度支部副大臣。"必践廿四发表之约"表明,退位诏书原有在十二月二十四日发表之说。张謇给汪、陆两位在北京的清朝官员去电报,就是希望他们做袁世凯的工作,促使清廷履行约定。

十二月二十五日则是唐绍仪所建议。十二月二十二日,唐绍仪致

---

[1]《共和关键录》,第110页。
[2]《中华民国史档案资料汇编》第二辑,第59页。
[3]《汪荣宝日记》,第340页。
[4]陈箓,字任先,1938年出任南京汪伪政府外交部长,后被军统暗杀。
[5]《汪荣宝日记》,第341页。
[6]《电报档》第24册,第600页。

电内阁,告知外交商团明确反对退位诏书延迟颁布:"外交商团谓和议延缓,每日约亏损商务一百万两,兼以北方之阴谋、南方之阻力暗长潜滋,贻误极大。"[1]与此同时,唐绍仪还说,南方和谈总代表伍廷芳表示优待条件再无可退让,拖延已无意义;而且还可能节外生枝,比如广东都督陈炯明现在就反对和议,"有非杀袁唐伍不可之语"。

为此,唐绍仪吁请于十二月二十五日发布退位诏书:

> 若于廿五日早不降旨赞成共和,后事不堪设想矣。万勿再迟。[2]

最终,袁世凯和清室方面接受了唐绍仪此建议。

由上可知,退位诏书的颁布曾一再延期,从十二月初拖延到十二月底。而清廷在十二月二十五日宣布退位,不仅有南方民军的压力,还有外国势力的干涉。

退位诏书颁布日期一拖再拖,表明清室始终未下定退位的最后决心。十一月初九日,清廷正式下旨同意召集国会公决政体。将近一个月过去了,直到十二月初六日,清廷的主张还是召开国会,由代表决定是实行君主立宪还是共和立宪——一个明显的证据就是,这天,隆裕太后还下旨表示"国会选举办法暨开会地点可酌量办理",袁世凯为此还专门上折汇报国会地点拟选天津、青岛、汉口三地及议员代表分配的新方案。

但十天之后,清廷的态度发生了极大的转变。十二月十六日,隆裕太后授袁世凯全权与民军磋商优待条件。

清廷态度剧变的原因,各类史著多认为有两个:一是宗社党领袖良弼被革命党人彭家珍炸死,使得宗社党不敢再坚持抵抗;二是段祺瑞等带有"兵谏"性质的联名通电,逼迫清廷就范。

但过去的史家或夸大了彭家珍暗杀良弼的作用。从良弼死后的待

---

[1]《档案汇编》第77册,第157—158页。
[2]《档案汇编》第77册,第158页。

遇来看，他在清廷并不很受重视。十二月二十五日，清帝颁布退位诏书的同时，还颁发了两道和赐谥有关的谕旨：第一道是给和署四川总督端方同时遇害的其弟端锦赐谥，第二道是不给良弼赐谥。[1]

赐谥是朝廷对死者褒奖的一种重要手段。端锦生前的官衔只是河南候补知府，为四品官；良弼为副都统，属正二品。官阶低的端锦被准赐谥、官阶高的良弼却没有获准，足以表明清廷对良弼之死并不是十分重视。

十二月十六日授袁世凯全权与民军磋商优待条件的懿旨中，有"前据岑春煊袁树勋等、暨出使大臣陆征祥等、统兵大员段祺瑞等电请速定共和国体，以免生灵涂炭"等语，但岑春煊的《为开国会决定政体事宜陈述己见事》电报在十一月二十一日已上呈[2]，出使俄国大臣陆征祥电请共和的奏折更是早在十一月初就收到[3]，因此，清廷断不会拖至一个月后才重新予以考虑，在此只是托词而已。

促使隆裕太后态度立变、接受共和的真正原因，是段祺瑞的"兵谏"。

十二月初七日，段祺瑞以署湖广总督名义向内阁发去《为感懿旨公决政体及各将领来言请战事》的电报，威胁说前线部队得知共和受阻后颇有哗溃之势：

> 迩来各将领不时来言：人民进步非共和不可……昨闻恭王、泽公阻挠共和，多愤愤不平，要求代奏。各路统将亦来联衔，压制则立即暴动，敷衍亦必全溃。十九标昨几叛去。[4]

电报所说的恭王、泽公阻挠共和，是指在十二月初一日的第三次御前会议上恭亲王溥伟、镇国公载泽反对共和的言论。

紧接着，第二天，段祺瑞又联合姜桂题、张勋等五十位将领，联

---

[1]《宣统政纪》卷七〇。
[2]《电报档》第24册，第493页。
[3]《袁世凯全集》第19卷，第206页。
[4]《电报档》第24册，第538页。

名通电并请内阁转奏，"恳请涣汗大号，明降谕旨，宣示中外，立定共和政体"。[1]

段祺瑞的奏电和通电，令隆裕太后惊慌不已。在与载沣等相商后，她授权袁世凯与民军磋商优待条件，在实质上已同意了共和。十二月十二日的第五次御前会议后，清室便着手准备退位诏书。

退位诏书由谁所拟

关于退位诏书，有着公私等众多版本，而且究竟由谁所拟也有着众多传言。

洪述祖起草说。时为袁世凯属下参议的唐在礼，曾见证隆裕太后移交退位诏书过程。他在回忆文章中提及洪述祖起草退位诏书之事：

> 谈到退位诏书，我们总以为是袁世凯幕下专拟奏稿的文案阮忠枢所草拟的，因为当时所有重要的奏章，甚至是谕旨，几乎都是出自阮的手笔，后来听说最早的退位诏书是直隶候补道员洪述祖所拟的。洪是内政大臣赵秉钧的亲信秘书，夤缘赵而得到袁的赏识。那个诏书，是洪到袁的私邸去听袁面授要义而后着意撰写的。内容较为冗长，开头纵论上下古今，然后以停战议宪为要旨，说明"但求于中国土地人民多所保全，无论君主立宪、民主立宪，余（指隆裕）与皇帝均乐观厥成"，并未明诏退位。[2]

洪述祖是著名电影导演洪深的父亲，受袁世凯、赵秉钧等指使，曾策划组织刺杀宋教仁，1919年被判处绞刑。据其给赵凤昌的信，那份诏书，在九月初就已经写就。唐在礼文后还附录了洪述祖版退位诏书的原文[3]，两相比较，和后来的退位诏书毫无相同之处。但可以说，它是武昌起义之后出现的较早的退位诏书。

---

[1]《辛亥革命》（八），第174页。
[2]《魂断紫禁城》，第93—94页。
[3]《魂断紫禁城》，第96—97页。

梁士诒起草说。《泰晤士报》驻华记者莫理循十二月十九日给朋友的一封信中说:"这道谕旨正由梁士诒草拟中,昨天他还同我磋商这件事。"[1]三天后,莫理循又在信中告诉布拉姆,"梁士诒,邮传部长,正在撰写退位诏书"。[2]梁士诒当时确实负责南北议和重要细节的讨论,但退位诏书非他所起草。由梁士诒弟子编定的《民国梁燕孙先生士诒年谱》中明确说:"此诏实为有清一代之最后结束,原文系由南中将稿电来。该稿乃张季直手笔,后经袁左右增加授彼全权一笔而发表。"[3]

张锡銮起草说。1936年10月,曾经跟随梁士诒、阮忠枢等人在袁世凯内阁担任文案幕僚的叶恭绰,在袁世凯、梁士诒、阮忠枢等人相继离世后,于《越风》半月刊第20期发表《辛亥宣布共和前北京的几段逸闻》一文。其文说:逊位诏书,张锡銮(吴禄贞被刺后出任山西巡抚)早就叫人拟了一稿,大家认为冗长,不满意,交给叶恭绰修正。叶觉得为时还早,就密藏在衣袋中。拖到十二月二十日前后,他正准备动笔,而南方已拟好一稿,电知北京。叶恭绰听说,此稿系张謇、赵凤昌所拟。[4]叶恭绰所言在唐在礼的回忆中也得到印证:"其后张锡銮也找人拟过一稿交叶恭绰修正,叶迟迟未动笔。"[5]

华世奎、阮忠枢、徐世昌起草说。据天津《大公报》十二月十九日消息:退位诏书草案于十二月十五日呈进,执笔者为华世奎、阮忠枢。次日,又有消息称,此诏书是隆裕太后命徐世昌起草的,昨已将草案交袁内阁校阅。袁以此次皇上退出政权,断非历代亡国可比,等

---

[1]《清末民初政情内幕》上卷,第863页。
[2]《清末民初政情内幕》上卷,第870页。
[3]《民国梁燕孙先生士诒年谱》,第117页。
[4]《辛亥革命》(八),第123页。
[5]《魂断紫禁城》,第94页。

将来颁诏时，拟由内阁撰定，请旨颁布。[1]

张元奇起草、徐世昌修改说。逊位诏书颁布十天后，《申报》于2月22日以《清后颁诏逊位时之伤心语》为标题报道说："此次宣布共和，清谕系由前清学部次官张元奇拟稿，由徐世昌删订润色，于廿五日早九钟前清后升养心殿后，由袁世凯君进呈。"[2]张竞生《南北议和见闻录》也说："退位各诏，系学部副大臣张元奇拟稿进呈，清太后交世续、徐世昌斟酌，经徐世昌删订润色，然后盖用御宝。"[3]

袁世凯起草说。时为新疆布政使的王树楠说："其逊位之召皆世凯所拟也。"[4]

而流传最广的，是前清状元张謇起草说。唐在礼回忆，"传闻最盛的是南方张季直与赵竹君所拟之稿，用电报传至京，后经汪衮甫、徐世昌等修改"。[5]张季直，即张謇，辛亥革命期间常住上海赵凤山（字竹君）家；汪衮甫即时为民政部左丞、替袁世凯掌文案的汪荣宝。

张謇1926年8月去世之后，其子张孝若在《南通张季直（謇）先生传记》初稿中曾摘录了其家藏版逊位诏书一道。此诏书的开头，和退位诏书最终版几乎完全相同（见本节附录一）。虽和最终版退位诏书相比还有很多文字的不同，但意思已颇为相近。此版本最后有"内阁复电"四字，但张孝若并未明确指出此诏书是内阁所拟还是内阁对张謇所拟版本的修改，只是含混地说："不久，内阁即日逊位的复电，来到我父亲的手中了。"[6]

1930年2月18日，胡汉民读到此传记的初稿后给为该传记题写

---

[1] 转引自傅国涌：《百年辛亥——亲历者的私人记录》下册，东方出版社2011年，第303—305页。
[2]《申报》1912年2月22日，第1张，第2版。
[3] 张竞生：《张竞生文集》下卷，第362页。
[4] 王树楠：《陶庐老人随年录》，中华书局2007年，第74页。
[5]《魂断紫禁城》，第94页。
[6] 张孝若编：《南通张季直（謇）先生传记》，转引自《近代中国史料丛刊续编》第八十辑，台北文海出版社1974年，第154页。

书名的谭延闿去信,明确表示退位诏书是张謇写的,并透露是他请张謇起草的:

> 组安先生惠鉴:
>
> 季直先生传记第八章文字,似有可补充者:清允退位,所谓内阁复电,实出季直先生手。是时优待条件已定,弟适至沪,共谓须为稿予清廷,不使措辞失当,弟遂请季直先生执笔,不移时脱稿交来,即示少川先生,亦以为甚善,照电袁,原文确止如此,而袁至发表时,乃窜入授彼全权一笔,既为退位之文,等于遗嘱,遂不可改。惟此事于季直先生无所庸其讳避。今云"来到手中",颇为晦略,转觉有美弗彰,岂孝若君未详其事耶?有暇请试询之……(十九年二月十八日)[1]

1912年时,胡汉民为总统府秘书长。后来在其自传中,胡汉民重申了此说法,"清帝溥仪退位之宣言,由张謇起草,交唐绍仪电京使发之"。[2]

在正式版张謇传记中,张孝若对胡汉民来信给予了回应,并说起草诏书的原稿存于赵凤昌[3]先生处:

> 得此信不多日,又听说我父此项亲笔原稿,现存赵先生凤昌处。辛亥前后,赵先生本参预大计及建立民主之役。那时我父到沪,也常住赵先生家,此电即在彼处属稿,固意中事也。[4]

但和胡汉民说法相异,赵凤昌之子赵尊岳在《惜阴堂辛亥革命记》中则说,退位诏书是张謇应其父赵凤昌所请而起草的:

> 张初笑谢,以为不可,终于著笔,就其案头八行横笺,不具首尾,书数百字,文甚朴雅。先公以为可用,亟电京师。不出所料,北方前拟数诏,均不中体,袁正患无策,得之大事称许,

---

[1]《南通张季直(謇)先生传记》,第155页。"组安"即"组庵",是谭延闿之表字。
[2]《胡汉民自传》,第70页。
[3] 赵凤昌相关事迹见本书第五章"上海和谈,唐伍磋商"节。
[4]《南通张季直(謇)先生传记》,第155页。

一字不易，仅加由袁世凯办理一语颁行之。[1]

与此同时，赵尊岳"证实"了张孝若所说的退位诏书原稿存于赵家的说法，并透露在他们家还保存了好些年：

> 张手稿存"惜阴堂"有年，某年《申报》国庆增刊，嘱余记辛亥事，因影印以存其真，惟张谱失载其事。[2]

综上所述，张謇起草退位诏书说，在不同的记载中，可得到相互的印证，似已为确论。

但上述各种说法，或细节存在错误，或引述不够具体，种种原因，导致目前关于退位诏书究竟是谁所起草尚无确凿无疑的结论。

洪述祖版太早，和最后版本毫无关联；张锡銮版，叶恭绰尚未动笔修改，故此二说可以搁置不谈。莫理循的梁士诒起草说，本身就为梁士诒所否认，自不足信。《申报》2月22日的张元奇起草说，其中写道"于廿五日早九钟前清后升养心殿后，由袁世凯君进呈"，明显属于道听途说——因为无论是清宫档案还是各种当事人的回忆，隆裕太后交退位诏书的场所都是在乾清宫而非养心殿，而且袁世凯并未到场。

至于张謇起草说，虽然目前得到最广泛的认可，但尚未形成完整的证据链，更没有找到直接证据，即原稿尚未发现——无论是张謇的信札、日记还是后人编订的张謇年谱，对此都没有记载。2012年出版的《张謇全集》，编入了张謇的《柳西草堂日记》和《啬翁自订年谱》，但其中都没有提及起草清帝退位诏书之事。[3] 笔者曾先后参观过位于江苏南通常乐镇的张謇故里和位于南通市区张謇创办的南通博物苑，两处对张謇的介绍中，都没有提及其曾起草清帝退位诏书一

---

[1] 赵尊岳：《惜阴堂辛亥革命记》，《近代史资料》，总53号。
[2] 赵尊岳：《惜阴堂辛亥革命记》，《近代史资料》，总53号。
[3] 张謇宣统三年十二月二十八日日记中有"见逊位诏，此一节大局定矣，来日正难"之语。但整年日记未提及起草退位诏书之事。见《张謇全集》第8卷，第731—733页。

上諭朕欽奉

隆裕皇太后懿旨前因民軍起事各省響應九夏沸騰生靈塗炭特命袁世凱遣員與民軍代表討論大局議開國會公決政體兩月以來尚無確當辦法南北暌隔彼此相持商輟於途士露於野徒以國體一日不決故民生一日不安今全國人民心理多傾向共和南中各省既倡議於前北方諸將亦主張於後人心所嚮天命可知予亦何忍因一姓之尊榮拂兆民之好惡是用外觀大勢内審輿情特率皇帝將統治權公諸全國定為共和立憲國體近慰海内厭亂望治之心遠協古聖天下為公之義袁世凱前經資政院選舉為總理大臣當茲新舊代謝之際宜有南北統一之方即由袁世凱以全權組織臨時共和政府與民軍協商統一辦法總期人民安堵海宇乂安仍合滿漢蒙回藏五族完全領土為一大中華民國予與皇帝得以退處寬閒優游歲月長受國民之優禮親見郅治之告成豈不懿歟

事。《张謇全集》倒是收录了《拟清帝逊位诏》一文，诏书内容和张孝若在《南通张季直（謇）先生传记》初稿中所记相同，只是少"内阁复电"四字，而且所持论据依然是胡汉民给谭延闿的信，均非直接证据。[1] 此外，赵、胡两家都说是自己请张謇起草的，显然互相矛盾，甚至赵尊岳还批评胡汉民并不知情，"胡汉民初不知其事，以为别出他手，至孝若传记及影印本出，始爽然自愧失言矣"。[2] 赵尊岳还说赵家曾经将张謇此手稿的影印版发表于《申报》，但此影印版至今也未在《申报》找到。

袁世凯改了多少

和清帝众多诏书相比，退位诏书颇为特殊。从格式上看，退位诏书应是皇帝的谕旨，但文中"予与皇帝得以退处宽闲、优游岁月"明显是隆裕太后的口吻。尽管在摄政王载沣退归藩邸、隆裕太后主政后，也有以"朕钦奉隆裕皇太后懿旨"字样发布的谕旨，但宣布皇帝退位的诏书却以太后的口吻颁布，多少显得不合体例。造成这样局面的原因之一，就是此诏书在颁布之前曾经过多人修改。比如，袁世凯就亲笔做了几处修改。

2013年7月，由骆宝善、刘路生夫妇主编的《袁世凯全集》出版。煌煌三十六卷的《袁世凯全集》，无疑收录了迄今最全面的袁世凯文稿及相关史料。

据此版《袁世凯全集》，我们看到最终版退位诏书在公布之前，至少还有五个不同版本，其中的一版，袁世凯亲笔做了五处修改。

第一版中，有"惟是皇室关系重大，皇族支派蕃衍，即八旗兵丁亦素无恒产，生计均应妥为规画。着袁世凯一并筹商办理"字句。我们知道，清廷十二月十六日才正式下旨授权袁世凯与民国政府磋商清

---

[1]《张謇全集》第1卷，第238页。
[2] 赵尊岳：《惜阴堂辛亥革命记》，《近代史资料》，总53号。

室优待条件。这表明，在十二月十六日之后退位诏书才"公开合法化"。此版和最终版在文字上有很大的差异：如起笔为"前经降旨，召集国会，将国体付诸公决"，如退位原因之一是"转瞬春耕，长此兵连祸结，四民失业，盗贼蜂起，荼毒生灵，岂牧民者所忍膜视"；但一些关键内容已然确定，比如"定为共和立宪国体""着授袁世凯以全权，筹办共和立宪事宜"等（见本节附录二）。

最终版退位诏书结语"岂不懿欤"历来为人称道，在第二版的退位诏书中即已出现，此后各版，均予保留。但此四字的作者是谁，并不清楚——叶恭绰评论："此稿末句'岂不懿欤'四字，闻系某太史手笔，余甚佩之。盖舍此四字，无可收煞也。"[1]赵尊岳在《惜阴堂辛亥革命记》中也只说"有人"而无具体名字："又以张（謇）称言及皇帝长享优游之福，亲见郅治之告成而止，语气似不完整，于是复有人增'岂不懿欤'一语为虚结。雍容宏肆，神理俱足，通人之笔，洵可称已。"[2]梁士诒年谱则透露："又末三语为天津某巨公所拟，末一语尤为人所称道，盖分际轻重，恰到好处，欲易以他语，实至不易也。"[3]梁士诒年谱中所说的"天津某公"，一般公认为当时正避居天津的徐世昌。

第二版退位诏书，删去了第一版"近日东南留寓诸大臣及出使大臣并各埠商绅纷纷来电，咸称国会选举节目繁难，非一时能以解释，吁请明降谕旨，俯顺舆情，弭息战祸等语"这段解释逊位原因的文字；还出现了"应即由袁世凯以全权组织临时政府，与民军协商统一办法"这样的关键词句。此外，像将"何忍争君位之虚荣，贻民生以实祸"改为"何忍争一姓之虚荣，贻万民以实祸"，使语句更为对称（见本节附录三）。

---

[1]《辛亥革命》（八），第123页。
[2]赵尊岳：《惜阴堂辛亥革命记》，《近代史资料》，总53号。
[3]《民国梁燕孙先生士诒年谱》，第117—118页。

在第二版退位诏书的右侧空白处，有两行与内文修改笔迹相同的旁批，写道："略声出民军发起之功，袁为资政院所举。"[1]于是，修改后的第三稿开头变为"前因民军起事，各省响应，九夏沸腾，生灵涂炭"，文中有"袁世凯前经资政院选举为总理大臣，当兹新旧代谢之际，宜有南北统一之方"字句。此外，其中的"南中各省既倡议于前，北方诸将亦主张于后"透露，此版本出现的时间，不会早于段祺瑞等五十名将领十二月初八日联名通电之前（见本节附录四）。

第三版退位诏书，文字上和前两版差别甚大，比前两版更为顺畅和讲究，和最终版本已十分相近。关于临时共和政府的组织，第二稿写为"应即由袁世凯以全权组织临时政府，与民军协商统一办法"，而第三稿将"与民军"三个字前移了，成了"即由袁世凯以全权与民军组织临时共和政府，协商统一办法"。这意味着是由袁世凯和民军共同组织临时政府，而不是袁世凯先组织北方政府再与民国政府协商统一之法。由此推知，此版本的作者应该为民国政府或赞成共和政体之人。或许即为张謇，也未可知。

《袁世凯全集》中还收录了张謇家藏的退位诏书。和第三版相比，"南中各省""北方各将"选用"各"字，表明此版本退位诏书的文字尚不够讲究；但是将"今全国人民心理倾向共和"改为"今全国人民心理多倾向共和"，加了一个"多"字，更为准确。此外，还有一点值得注意，结尾的"岂不懿钦"改成了"岂不懿哉"。这些都表明，张謇家藏版非最后版本（见本节附录五）。

袁世凯的手批版，则是在第三版基础上加以修改的。其中最为关键的有两处：其一，"特率皇帝将统治权暨完全领土，悉行付畀国民，定为共和立宪国体"一句，改"悉行付畀国民"为"公诸全国"，而将"完全领土"四字后移至"仍合满、汉、蒙、回、藏五族"之后。

---

[1]《袁世凯全集》第19卷，第545页。

其二，更为关键的是，将"即由袁世凯以全权与民军组织临时共和政府，协商统一办法"一句，改为"即由袁世凯以全权组织临时共和政府，与民军协商统一办法"，再次把"与民军"三字后移（见本节附录六）。此三字后移，关系重大——梁士诒年谱认为，袁世凯"其所插入诸语，于后来发生不少影响"。[1]胡汉民更认为，这样一来，"袁殆自认为取得政权于满洲"。[2]

最终公布的退位诏书，完全遵照了袁世凯的修改版。这也意味着，袁世凯手批版即为退位诏书的最终版。

从上述对退位诏书各种修改稿的简要叙述，我们可以得知：

说退位诏书为张謇所起草，尚未能完全确认。但退位诏书从起草到颁布经过包括袁世凯等人在内的多轮修改，则是确凿无疑的。

赵尊岳的记述有不实之处。他说袁世凯拿到张謇起草的退位诏书后，一字不易，仅加了"由袁世凯办理"几个字就颁布，这并不属实——退位诏书显然经过多番修改，而非一字不易，第一、第二版的开头，和最终版更是差异明显。

张謇家藏版退位诏书并非张謇执笔的原稿或副本。因为家藏版中，像"即由袁世凯组织临时政府，与民军协商统一办法"显然是袁世凯修改稿的笔意，"组成民主立宪政治"的表述也和张謇及民国政府主张共和的宗旨相悖。

胡汉民在自传中的表述有误。他说袁世凯在最后关头才加上"授袁世凯全权"语句，"先生（孙中山）见之，则大怒责其不当；而袁与唐诿之清廷，且以其为遗言之性质，无再起死回生而使之更正之理"。[3]但由上我们得知，修改第二稿即有"应即由袁世凯以全权组织临时政府，与民军协商统一办法"，而非最后才窜入。

---

[1]《民国梁燕孙先生士诒年谱》，第117页。
[2]《胡汉民自传》，第70页。
[3]《胡汉民自传》，第70页。

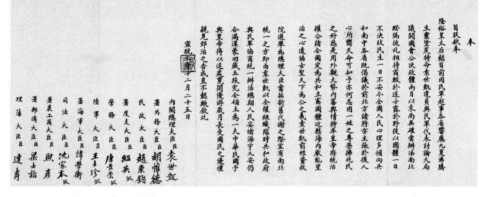

清帝退位诏书原件照片

更为关键的是，在退位诏书正式颁布前一天，即十二月二十四日，袁世凯曾给孙中山、黎元洪、伍廷芳等去电，发去退位诏书全文。与此同时，还另电告知："大清皇帝既明诏辞位，业经世凯署名，则宣布之日，为帝政之终局，即民国之始基。"[1]也就是说，如果孙中山等对此退位诏书有异议，完全有时间在十二月二十五日正式颁布之前再进行磋商和修改，但民国方面未再提出修改意见。这意味着，退位诏书的最终版，孙中山及民国政府方面当时是认可的。

还有一种说法是，"即由袁世凯以全权组织临时共和政府"这句是隆裕太后加上的。唐在礼回忆，诏书"稿内原无'即由袁世凯以全权组织临时共和政府'等语，隆裕阅后再三斟酌后认为：这样下诏，岂不是把天下双手交给革命党了吗，如果他们一翻脸，我们母子怎么活下去呢？因此她两次提出由袁世凯组织共和政府，并且说只有这样我才放心，如其把天下交给革命党，叫我束手无策，就不如和他们支撑一阵。经一再商量，才由袁叫人添写进了这个意思"。[2]但从前文可知，第一版的退位诏书中就有"着授袁世凯以全权，筹办共和立宪事宜"之语，可见并非后来才加入的。且隆裕太后是否有此水平，也令人怀疑。

---

[1]《袁世凯全集》第19卷，第531页。
[2]《魂断紫禁城》，第94页。

退位诏书现存何处

袁世凯手批清帝退位诏书的原件，据骆宝善先生介绍，他是经一位台湾学者的提示，在日本找到的。

当年参与隆裕太后授交退位诏书的唐在礼回忆，他们从隆裕太后那里拿到退位诏书之后，就前往袁世凯当时所住的位于石大人胡同的外交大楼，在那举行了隆重的接授诏书仪式："胡（惟德）首先站在上手……袁走到下手站好以后，恭恭敬敬地向诏书鞠躬。这时胡就把诏书递过去，袁略为鞠躬双手接过，随即将诏书打开，但并未宣读，就慢慢地把它放在大帖架上陈列起来。"[1]

这道诏书的原件为毛笔书写，后被内阁中书张朝墉收藏。张朝墉将其与令商议优待诏、同意优待条件诏、令袁世凯全权协商退位办法诏合裱一起，题名《逊清四诏》，每一件诏书都有内阁总理大臣等内阁阁员的亲笔署名。张殁后，北京师范大学老校长陈垣以很少的钱购得，交北京师范大学历史系收藏，1975 年拨交中国革命博物馆。如今珍藏于中国国家博物馆并亮相于该馆的"复兴之路"展，感兴趣的读者可以前往一观。

附录　清帝逊位诏书各版本

附录一　张孝若所辑张謇家藏版退位诏书

……前因民军起事，各省响应，九夏沸腾，生灵涂炭，特命袁世凯为全权大臣，遣派专使与民军代表讨论大局，议开国民会议，公决政体。乃旬月以来，尚无确当办法。南北睽隔，彼此相持，商辍于途，士露于野，徒以政体一日不定，故民生一日不安。予惟全国人民心理，既已趋向共和，……更何忍侭帝位一姓之尊荣，拂亿兆国民之好恶。予当即日率皇帝逊位……听我国民合满、汉、蒙、藏、回五族

---

[1]《魂断紫禁城》，第 94 页。

共同组织民主立宪政治……务使全国一致洽于大同，蔚成共和郅治，予与皇帝，有厚望焉。（内阁复电）[1]

附录二　第一版

上谕。朕钦奉隆裕皇太后懿旨：前经降旨，召集国会，将国体付诸公决。近日东南留寓诸大臣及出使大臣并各埠商团纷纷来电，咸称国会选举节目繁难，非一时能以解释，吁请明降谕旨，俯顺舆情，速定国体，弥息战祸等语。查比年以来，各省迭被灾祲，小民生计维艰。转瞬春耕，长此兵连祸结，四民失业，盗贼蜂起，荼毒生灵，岂牧民者所忍膜视。又何忍争君位之虚荣，贻民生以实祸，致与古圣民为邦本、先贤民贵君轻之训大相刺谬。用是，外观大势，内察舆情，自应将权位公诸天下，即定为共和立宪国体，以期回复秩序，海宇乂安。在朝廷无私天下之心，在中国当作新民之始。必须慎重将事，以谋幸福而奠初基。着授袁世凯以全权，筹办共和立宪事宜。惟是皇室关系重大，皇族支派蕃衍，即八旗兵丁亦素无恒产，生计均应妥为规画。着袁世凯一并筹商办理。予与皇帝但得长承天眷，岁月优游，重睹世界之升平，获见民生之熙皞，则心安意惬，尚何憾焉。钦此。[2]

附录三　第二版

上谕。朕钦奉隆裕皇太后懿旨：前经降旨，召集国会，将国体付诸公决。查比年以来，各省迭被灾祲，小民生计维艰。转瞬春耕，长此兵连祸结，四民失业，盗贼蜂起，荼毒生灵，岂牧民者所忍膜视。又何忍争一姓之虚荣，贻万民以实祸，致与古圣民为邦本、先贤民贵君轻之训大相刺谬。用是外观大势，内察舆情，自应将权位公诸天下，即定为共和立宪国体，以期回复秩序，海宇乂安。在朝廷无私天下之心，在中国当作新民之始。必须慎重将事，以谋幸福而奠初基。

---

[1]《南通张季直（謇）先生传记》，第154页。《袁世凯全集》中也收录了此版退位诏书，但二者文字上有出入。详见本节附录五。

[2]《袁世凯全集》第19卷，第545页。

即应由袁世凯以全权组织临时政府，与民军协商统一办法。总期人民安堵，领土保全。满、汉、蒙、回、藏五族仍能合为一大中国，即为至幸。予与皇帝但得长承天眷，岁月优游，重睹世界之升平，获见民生之熙皞，岂不懿欤。钦此。[1]

附录四　第三版

上谕。朕钦奉隆裕皇太后懿旨：前因民军起事，各省响应，九夏沸腾，生灵涂炭，特命袁世凯遣员与民军代表讨论大局，议开国会，公决政体。两月以来，尚无确当办法。南北睽隔，彼此相持。商辄于途，士露于野。徒以国体一日不决，故民生一日不安。今全国人民心理倾向共和，南中各省既倡议于前，北方诸将亦主张于后。人心所向，天命可知。予亦何忍因一姓之尊荣，拂兆民之好恶。是用外观大势，内审舆情，特率皇帝将统治权暨完全领土，悉行付畀国民，定为共和立宪国体。近慰海内厌乱望治之心，远协古圣天下为公之义。袁世凯前经资政院选举为总理大臣，当兹新旧代谢之际，宜有南北统一之方。即由袁世凯以全权与民军组织临时共和政府，协商统一办法。总期人民安堵、海宇乂安。仍合满、汉、蒙、回、藏五族为一大中华民国。予与皇帝得以退处宽闲、优游岁月，长受国民之优礼、亲见郅治之告成。岂不懿欤。[2]

附录五　《袁世凯全集》中张謇南通家藏本

朕钦奉隆裕皇太后懿旨：前因民军起事，各省响应，九夏沸腾，生灵涂炭，特命袁世凯遣员与民军代表讨论大局，议开国会，公决政体。两月以来，尚无确当办法。南北睽隔，彼此相持，商辄于途，士露于野，徒以国体一日不决，故民生一日不安。今全国人民心理多倾向共和，南中各省既倡议于前，北方各将亦主张于后，人心所向，天命可知。予亦何忍佟帝位一姓之尊荣，拂亿兆国民之好恶。是用外观

---

[1]《袁世凯全集》第19卷，第545—546页。
[2]《袁世凯全集》第19卷，第546页。

大势，内省舆情，特率皇帝将统治权归诸全国，定为共和立宪国体，近慰海内厌乱望治之心，远协古圣天下为公之义。袁世凯前经资政院选举为总理大臣，当兹新陈代谢之际，宜有南北统一之方，即由袁世凯组织临时政府，与民军协商统一办法，务使人民安堵、海内宁安，听我国民合汉、满、蒙、回、藏五族完全领土，组织民主立宪政治。予与皇帝得以退处宽闲、优游岁月，长受国民之优礼、亲见郅治之告成。岂不懿哉。钦此。[1]

附录六　袁世凯手批清帝逊位诏书稿

上谕。朕钦奉隆裕皇太后懿旨：前因民军起事，各省响应，九夏沸腾，生灵涂炭。特命袁世凯遣员与民军代表讨论大局，议开国会，公决政体。两月以来，尚无确当办法。南北睽隔，彼此相持。商辍于途，士露于野。徒以国体一日不决，故民生一日不安。今全国人民心理（此处加了一"多"字）倾向共和，南中各省既倡议于前，北方诸将亦主张于后。人心所向，天命可知。予亦何忍因一姓之尊荣，拂兆民之好恶。是用外观大势，内审舆情，特率皇帝将统治权暨完全领土，悉行付畀国民（此处删去"暨完全领土，悉行付畀国民"，改为"公诸全国"），定为共和立宪国体。近慰海内厌乱望治之心，远协古圣天下为公之义。袁世凯前经资政院选举为总理大臣，当兹新旧代谢之际，宜有南北统一之方。即由袁世凯以全权与民军（此处删去"与民军"三字）组织临时共和政府，（此处增加"与民军"三字）协商统一办法。总期人民安堵、海宇义安。仍合满、汉、蒙、回、藏五族（此处增加"完全领土"四字）为一大中华民国。予与皇帝得以退处宽闲、优游岁月，长受国民之优礼、亲见郅治之告成。岂不懿欤。[2]

---

[1]《袁世凯全集》第19卷，第546页。
[2]《袁世凯全集》第19卷，第544—545页。

第八章

一国二主

清帝退位了，但孙中山关于清"一切政权同时消灭，不得私授于其臣""在北京不得更设临时政府"的主张并未得到贯彻，袁世凯在北方组织临时政府，改称"前大清国内阁总理大臣全权组织中华民国临时政府首领"，使得当时的中国，事实上存在南北两个政府的情形。

常言一国不容二主，但从2月15日到4月1日的四十六天，当时的中国却出现了一南一北两个临时大总统的现象。两个政府、两个大总统，这样一来，大总统究竟由谁来当、孙袁之间的平衡与交接，就成了新的问题。

一 总统职务的流转与让渡

让渡大总统，那首先得有大总统之职。武昌起义后，革命党人为何不像当年太平天国那样称帝封王或者选择君主立宪制度呢？

共和宪政与君主立宪这两种近代民主政体形态的理念，在清末就已传入中国，但由于戊戌变法的夭折和清末仿行立宪的迂缓，使得共和制成为激进中国人的选择。

早在光绪三十一年，在东京《民报》创刊周年庆祝大会的演说中，孙中山就说："讲到那政治革命的结果，是建立民主立宪政体。……中国革命之后，这种政体最为相宜，这也是人人晓得的。"[1]值得注意的是，孙中山这里所说的民主立宪政体，就是民主共和制度而非君主立宪。光绪三十二年，同盟会拟订《中国同盟会革命方略》，明确提出推翻帝制、建立共和的政纲，并公示国人：

> 今者由平民革命以建国民政府，凡为国民皆平等以有参政权。大总统由国民公举。议会以国民公举之议员构成之，制定中华民国宪法，人人共守。敢有帝制自为者，天下共击之！[2]

---

[1]《孙中山全集》第1卷，第325—326页。
[2]《孙中山全集》第1卷，第297页。

经过革命民主派十多年的宣传，民主共和观念逐渐深入人心。所以，宣统三年八月二十二日（1911年10月13日）刚从丹佛抵达芝加哥的孙中山，立即提议在九月初三日"开预祝中华民国成立大会"。[1]宣统三年九月，尚未归国的孙中山在巴黎同《巴黎日报》记者谈话时就直言：

> 倘以一中国君主而易去满洲君主，与近世文明进化相背，决非人民所欲，故惟有共和联邦政体为最美备，舍此别无他法也。[2]

在孙中山看来，选择共和体制是民心所向。这也正如冯天瑜、张笃勤在《辛亥首义史》中所说：国内的湖北革命党人，先后组织湖北军政府、制定《鄂州约法》、成立中华民国临时政府等，可以说正是共和制、孙中山、同盟会等所代表的理念在中国的实践。[3]

即便是在清廷部分官员和有识之士当中，实行共和制也已成为共识。武昌起义后，以张謇为首的立宪派迅速倒向革命，各省督抚或作壁上观，或起而独立响应。武昌起义后，独立各省代表聚集上海开会，均主张建立共和政体，"上海各会复电，必用共和政体，意仍主推翻满洲王室"。[4]九月二十二日，伍廷芳、张謇、唐文治、温宗尧通过美国驻华使馆向监国摄政王载沣递文，指出：

> 川鄂事起……旬日之内，望风离异者，十有余省。大势所在，非共和无以免生灵之涂炭、保满汉之和平。国民心理既同，外人之有识者议论亦无异致，是君主立宪政体，断难相容于此后之中国。[5]

南北和谈开始后，作为南方和谈总代表的伍廷芳，除在谈判中坚持共和政体外，曾致函庆亲王奕劻，促其劝清帝退位、实行共和，并

---

[1]《孙中山全集》第1卷，第542页。
[2]《孙中山全集》第1卷，第562页。
[3]《辛亥首义史》，第612页。
[4]《郑孝胥日记》第3册，第1355页。
[5]《伍廷芳集》上册，第366—367页。

指出"舍此别无良策"。[1] 十一月十五日，驻俄公使陆征祥联合驻外各国公使，电请清帝退位。十一月二十七日，前两广总督袁树勋致电清廷，请早定共和政体；同日，前四川总督岑春煊亦电清廷，请认共和政体。十二月初一日，署外务大臣胡惟德、民政大臣赵秉钧、署邮传大臣梁士诒在奏折中也说"人心已去，君主制度，恐难保全，恳赞同共和，以维大局"。[2]

在共和已成当时举国上下、大江南北之共识的情况下，选举总统而不是推举皇帝，也就自然而然了。

南北"默契"举袁世凯为总统

我们知道，在南北和谈之初，黎元洪曾提出希望袁世凯率兵掉头北进，推翻清廷，如此，将来定能出任总统：

> 予为项城计，即今返旆北征，克复冀汴，冀汴都督非项城而谁？以项城之威望，将来大功告成，选举总统，当推首选。[3]

那时，胜利的天平正倾向革命党。黎元洪此番表态，虽有反间袁世凯与清廷关系之意，但显然并非出于军事压力。这也是南方民军方面最早提出以袁世凯为总统之动议。

九月二十六日，正在巴黎的孙中山，在给《民立报》转民国军政府的电报中，也对由袁世凯出任总统表示赞同：

> 总统自当推定黎君。闻黎有请推袁之说，合宜亦善。[4]

十月初清军进攻汉阳期间，袁克定密遣留日学生朱芾煌携汪精卫函到武昌，主南北联合，要求清帝退位，举袁世凯为总统。湖北军政府表示同意。[5] 十月十二日，各省代表在武昌议决，如袁世凯反正，

---

[1]《伍廷芳集》上册，第369页。
[2]《辛亥革命史料》，第310页。
[3]《辛亥革命始末记》，第173页。
[4]《孙中山全集》第1卷，第547页。
[5] 详见本书第五章。亦见《近代中国史事日志》，第1436页。

即公举其为临时大总统。[1] 十月十九日，黄兴电请汪精卫转告杨度，如袁世凯能令中国为完全民国，决举其为大统领。[2]

清军攻占汉阳后，原在武昌的各省代表被迫东下上海。十月二十五日，各省代表在南京开会商讨选举临时大总统之事。正在此时，浙江代表陈毅报告，袁世凯的代表唐绍仪到武汉同黎元洪见面时曾表示可运动清帝退位，"据唐代表称，袁内阁亦主张共和，但须由国民会议议决后，袁内阁据以告清廷，即可实行逊位"。[3] 南方代表原定十月二十六日在南京选举临时大总统，但因唐绍仪南来，湖北军政府恐有碍和议，力主慎重，准备以大总统予袁世凯。[4] 为此，各省代表会议通电决定缓举临时大总统。据当时南方各省代表之一、前奉天咨议局议长吴景濂回忆，选举临时大总统之前，北方派代表秘密与代表团协商，如举为临时大总统，袁可设法使北方军人赞助劝清帝退位。为此，各省代表曾征询孙中山的意见。孙复电云："袁如造成共和，情愿将所得之临时大总统退让与袁，以促共和实现。"[5]

这些都表明，南方民军方面此前确实答应：如能促成清帝逊位，将举袁世凯为总统。

孙中山的当选与让渡

十一月初六日，孙中山抵上海。第二天，各省代表会电告黎元洪，定期选举总统，再由被选者电告袁世凯，如和议成立，即当避席。[6]

十一月初十日，十七省代表在南京举行会议，以十六比一的票数

---

[1]《近代中国史事日志》，第1438页。
[2]《黄兴集》，第94页。
[3]《辛亥革命回忆录》第六集，第250页。
[4]《近代中国史事日志》，第1444页。
[5] 吴景濂：《吴景濂自述年谱（上）》，《近代史资料》，总106号。
[6]《近代中国史事日志》，第1448页。

孙中山就职临时大总统后与同僚合影

选举孙中山为中华民国临时大总统。根据各省代表会议的决定,也就在这天,孙中山致电袁世凯表示虚位以待袁世凯、希望袁早日运动清帝逊位。

就孙中山本身而言,他不想当总统,并非谦词。宣统三年九月下旬,尚在伦敦的孙中山曾对老师康德黎说:

> 余于共和政府之大统领毫不介意。惟维持中国前途之责任,余可担当。[1]

当选中华民国临时大总统后,十一月十三日孙中山即在就职誓词中表示,等到清廷专制政府被推翻,自己当即解职,"至专制政府既倒,国内无变乱,民国卓立于世界,为列邦公认,斯时文当解临时大总统之职"。[2]

就职翌日,孙中山再度致电袁世凯,重申将来让渡大总统之意:"倘由君之力,不劳战争,达国民之志愿,保民族之调和,清室亦得安乐,一举数善。推功让能,自是公论。"[3]

---

[1]《孙中山全集》第1卷,第559页。
[2]《孙中山全集》第2卷,第1页。
[3]《孙中山全集》第2卷,第5页。

据吴景濂回忆，选举临时大总统之前，民军方面曾告知袁方，此举是为了让袁世凯更能威逼清帝退位。[1]饶是如此，觊觎总统职位的袁世凯，仍不免对民国政府之"出尔反尔"感到生气，遂在十一月十四日复电中不承认民国政府，坚持在全国范围内普选代表、召开国会以决定政体："君主共和问题，现方付之国民公决。所决如何，无从预揣。"[2]对于孙中山让渡大总统之表态，他则酸酸地表示："临时政府之说，未敢与问。谬承奖诱，惭悚，至不敢当。"

为此，孙中山在复电中，不得不加以解释："若以文为有诱致之意，则误会矣。"[3]十一月二十七日在给伍廷芳的电报中，孙中山更是明确表示："如清帝实行退位，宣布共和，则临时政府决不食言，文即可正式宣布解职，以功以能，首推袁氏。"[4]

孙中山说到做到。清帝退位的第二天，他即向临时参议院请辞临时大总统职，并举袁以自代。辞职咨文说："现在清帝退位，专制已除，南北一心，更无变乱……本总统当践誓言，辞职引退。"[5]在推荐咨文中，孙中山说：

> 前使伍代表电北京，有约以清帝实行退位，袁世凯君宣布政见赞成共和，即当推让，提议于贵院，亦表同情。此次清帝逊位，南北统一，袁君之力实多，发表政见，更为绝对赞同，举为公仆，必能尽忠民国。且袁君富于经验，民国统一，赖有建设之才，故敢以私见贡荐于贵院。[6]

这再度证明此前南方确曾答应将大总统之位许以袁世凯。

孙中山愿意让位，除了各省代表此前已经议定之外，他本人也认

---

[1] 吴景濂：《吴景濂自述年谱（上）》，《近代史资料》，总106号。
[2] 《袁世凯全集》第19卷，第239页。
[3] 《孙中山全集》第2卷，第5页。
[4] 《孙中山全集》第2卷，第23页。
[5] 《孙中山全集》第2卷，第84页。
[6] 《孙中山全集》第2卷，第85页。

为，总统一职应当由富有政治经验之人出任，而自己在这方面还很欠缺。2月17日复电谭人凤及民立报馆时，孙中山就说，"建设之事，自宜让熟有政治经验之人""吾党不必身揽政权"。[1]

　　孙中山愿意让位，和他对总统职务的认识有关。受西方民主共和思想以及在欧美所见的影响，他认为"总统不过国民公仆，当守宪法，从舆论。文前兹所誓忠于国民者，项城亦不能改"。[2]为此，他还反劝陈炯明等要支持袁世凯的工作，"总统既非酬庸之具，袁君即为任劳之人。宜敬观其从容敷施"。[3]

　　黄兴也赞同孙中山辞让总统之职。除此前在给汪精卫的复电中的表态之外，孙中山当选临时大总统之后，黄兴依然持由袁世凯出任总统的观点。柏文蔚时为民军第一军军长，在1912年元旦面见黄兴时曾表达对袁世凯的担心，"袁世凯乃是不讲信义之人，戊戌变政，他能卖友向慈禧告密，我们对他不应相信太过"，[4]但黄兴当时告诉他：

　　　　革命目的是推翻满清，建立民国，只要袁世凯承认这种主张，我们就可以将总统让给他，他虽狡猾，也一定可以与我们合作。假若完全靠武力解决，将来鹿死谁手，尚难预料。[5]

　　柏文蔚说袁世凯"卖友告密"，指的是戊戌变法期间袁向顶头上司、直隶总督荣禄告发维新党人欲谋害慈禧之事。有趣的是，作为孙中山重要助手的胡汉民，早前也表现了对袁世凯的不信任——十一月初二日，胡汉民等到香港迎接孙中山，见面后，胡汉民曾说到对袁世凯的不信任："袁世凯实叵测，持两端，但所恃亦只此数万兵力。"[6]

　　孙中山当时回答说：

---

[1]《孙中山年谱》，第112—113页。
[2]《孙中山年谱》，第113页。
[3]《孙中山全集》第2卷，第112页。
[4] 柏文蔚：《五十年经历》，《近代史资料》，总40号。
[5] 柏文蔚：《五十年经历》，《近代史资料》，总40号。
[6]《胡汉民自传》，第60—61页。

谓袁世凯不可信，诚然；但我因而利用之，使推翻二百六十余年贵族专制之满洲，则贤于用兵十万。纵其欲断满洲以为恶，而其基础已远不如，覆之自易，故今日可先成一圆满之段落。[1]

由于孙中山对此态度颇为坚决，胡汉民自己也"觉所见不如先生之远大，乃服从先生主张"。

表示让渡总统职务后，由于南方民众尤其是广东各界对自己让位纷纷"来电相争"[2]，2月21日，孙中山专门复电五大洲华侨、陈炯明及广东各团体，不厌其烦地列举了袁世凯的种种优点：

一、深明大义，公开申明不再让君主立宪政体存在于中国；

二、不居功自傲，运动清室退位，使得国人免于同室操戈，即便已被推举为总统，依然表示只负责北方事务而不染指南方；

三、能委曲求全，一方面力争对清室予以优待，一方面又"屡次来电，自承为民国一公民，不受亡清之委任"。[3]

种种反制——落空

2月13日，伍廷芳致电孙中山及政府各总长，说袁世凯已将清室优待条件照会驻京各国公使、传来清帝辞位之诏、发表赞成共和宣言，至此已兑现了运动清帝逊位、发表声明支持共和等全部承诺。

但据史实可知，对于孙中山方面所提的条件，袁世凯并未全部落实。

十二月二十四日（2月11日），袁世凯确实声明"共和为最良国体，世界之公认"。[4]这点，符合了孙中山所说的"袁须宣布政见，绝对赞同共和主义"。但更关键的是，孙中山曾明确提出"清帝退位，

---

[1]《胡汉民自传》，第61页。
[2]《孙中山全集》第2卷，第112页。
[3]《孙中山全集》第2卷，第112页。
[4]《袁世凯全集》第19卷，第531页。

其一切政权同时消灭,不得私授于其臣""在北京不得更设临时政府"等条件,袁世凯并未遵守——经袁修改后的清帝退位诏书上明确写着"即由袁世凯以全权组织临时共和政府,与民军协商统一办法"。在2月14日将退位诏书抄送各国驻华公使的照会中,袁世凯的头衔即为"全权组织中华民国临时政府首领"。[1]这意味着,帝制消除的同时,南北双方的政府依然没有统一,孙中山"临时政府不容有两"[2]的主张并未实现。

对此,孙中山等其实是心有不满的。在2月14日给伍廷芳、唐绍仪的电报中,他就如此评价退位诏书:"惟退位诏内权组织临时政府一语,众不乐闻。"[3]只是在给五大洲华侨和给陈炯明等的电报中,孙中山隐忍未发。

民国方面的妥协,不仅体现在北方政权的交接上,也体现在此后的迎袁南下就职等行动中。

为了巩固辛亥革命推翻帝制、建立共和的成果,孙中山在2月13日的辞职咨文中曾提出:一、临时政府地点设于南京,为各省代表所议定,不能更改;二、辞职后,俟参议院举定新总统亲到南京受任之时,大总统及国务各员乃行解职;三、临时政府约法为参议院所定,新总统必须遵守颁布之一切法制章程。[4]

三大条件的当务之急,是促使袁世凯南下就职。

促袁南下的议题,在清帝退位之前就开始磋商,袁世凯在此问题上充分展示其"两面派"特性:2月11日清帝退位前夕,他向孙中山、黎元洪及南京政府各部总长表示,"世凯极愿南行,畅领大教,共谋进行之法"[5];另一方面,又找种种借口拖延南下。

---

[1]《袁世凯全集》第19卷,第572页。
[2]《孙中山全集》第2卷,第30页。
[3]《孙中山全集》第2卷,第94页。
[4]《孙中山全集》第2卷,第84页。
[5]《袁世凯全集》第19卷,第531页。

袁世凯的借口主要有三：一是担心引起动乱，在给孙中山、黎元洪的电报中，他多次表示北方局势未稳、军旅如林，且东三省支持共和有反复之危、外蒙运动独立有得逞之虞，认为目前"舍北而南，则实有无穷窒碍"。二是外国人不同意，他告诉孙中山，"北京外交团向以凯离此为虑，屡经言及"。三是一时难以找到合适的接替之人，"若举人自代，实无措置各方面合宜之人"。[1]

为了让袁世凯能安心南下，早在十二月初四日（1月22日），孙中山就提出由袁世凯举荐"一声名卓著之人"镇守北方再南下就职的方案。2月14日，孙中山再提此办法，"请即南来，并举人电知，畀以镇守北方全权。照此办法，众当贴然"。[2]针对袁世凯一时难以找到合适接替者的托词，2月17日，孙中山再次建议可以暂时委任多人，每人负责某一方面事务，最后由袁世凯总负责，"至公谓目前北方秩序，不能得措置各方面合宜之人，自不待言。然若分别诸要端，多电知数人，俾各受所委，得资镇摄……公应首肯"。[3]

孙中山这些建议，显非袁世凯所乐闻。为了实现北京就职的目的，袁世凯还采取了以退为进的策略——提出辞去大总统一职。他一面制造舆论，2月15日对黎元洪说："与其孙大总统辞职，不如世凯释权。"[4]一面向孙中山表示要辞职，"不如世凯退居……惟有由南京政府将北方各省及各军队妥筹接收以后，世凯立即退归田里，为共和之国民"。[5]

经孙中山提议，2月18日，民国政府派教育总长蔡元培为欢迎专使，外交部次长魏宸组、海军部顾问刘冠雄、参谋次长钮永建、法制局局长宋教仁、陆军部军需局长曾昭文、步兵第三十一团长黄恺元、

---

[1]《袁世凯全集》第19卷，第577页。
[2]《孙中山全集》第2卷，第94页。
[3]《孙中山全集》第2卷，第102页。
[4]《袁世凯全集》第19卷，第574页。
[5]《袁世凯全集》第19卷，第577页。

湖北外交司长王正廷、前议和参赞汪精卫为欢迎员,前往北京迎袁世凯南下就职。同日,孙中山致电袁世凯,解释说南京是新都,在此就职是为了显示新政权和旧日腐败官僚政治划清界限之意。如果临时政府继续设在北京,无法给人以咸与维新之感,"天下怀庙宫未改之嫌,而使官僚有城社尚存之感"。[1]同时孙中山让步表示:定都南京只是暂时之举,今后的正式首都还将由国会公决。[2]言外之意,将来定都北京,还是有相当大的可能。此外,促袁南下就职也有维持南方稳定之考虑。南京临时政府外交总长王宠惠当时曾告诉英国驻南京总领事伟晋颂,一旦首都迁出南京,所有南方各省可能会爆发新的叛乱。[3]

2月27日,迎袁专使蔡元培一行抵京,袁世凯特令内外城各商铺悬挂五色旗,在车站支搭松彩牌楼,开正阳门迎接,并盛宴招待——清制,非皇帝出入,不得开正阳门。袁世凯以这种办法招待欢迎专使,特示隆礼,但蔡元培等绕道未走,径入东门。[4]当天下午,在与蔡元培、汪精卫等人见面时,袁世凯慨允赴南京就职。第二天"茶话会"上,袁世凯又说:"极愿南行,一俟拟定留守人选,即可就道。"[5]会后,他即与陆军各统制及民政首领协商留守之人,讨论南下路线。

另一方面,袁世凯却在暗中运作:先是制造舆论反对南下,蔡元培等抵京后,北京、天津各团体代表纷纷往见,或投以函札,都以在北京建都及袁氏不能南下为言。[6]2月29日傍晚,驻扎在朝阳门外东岳庙的曹锟第三镇第九标炮营突然抢掠附近果摊、食铺,入夜即涌

---

[1]《孙中山全集》第2卷,第107页。
[2]《孙中山全集》第2卷,第107页。
[3]《英国蓝皮书》上册,第485页。
[4]《袁世凯传》,第203页。还有一种说法,正阳门正门非大婚或移梓宫不开,平时由左右两门出入,开则不利。见刘禹生(即刘成禺):《世载堂杂忆》,中华书局1960年,第171页。
[5]《正宗爱国报》,1912年3月14日。
[6]《袁世凯传》,第208页。

迎袁专使团合影
(前排左一 汪精卫、左二 刘冠雄、左四 魏宸组、左五 蔡元培、左六 钮永建)

入朝阳门。驻禄米仓的辎重营,及帅府园、煤渣胡同和东城土地庙所驻各队群起响应。变兵分路恣意剽掠国人财产。煤渣胡同法政学堂迎袁专使招待所首当其冲,变兵持枪破门而入,将"行李文件等物,掳掠一空"。[1]蔡元培等急忙避入东交民巷六国饭店。当晚,变兵在东城及前门一带焚掠达旦,众多金店、银钱店、首饰楼、手表铺等的财物被抢"十去八九"。

紧接着,3月1日晚七时,驻北京西城及丰台的部队兵变。3月2日,保定淮军及第二镇兵变。3月3日,段祺瑞、冯国璋、姜桂题等联名通电,提议政府设北京,总统不能离京受任,"临时政府必立设于北京,大总统受任暂难离京一步"。[2]在此期间,外国使馆借口保卫安全,纷纷调兵至京津一带:3月2日,英军一千人,美、法、

---

[1]《正宗爱国报》,1912年3月3日。
[2]《孙中山年谱》,第113页。

第八章 一国二主 | 469

德、日军各二百人到京；3月3日，美军五百人到京，另一队日军抵达天津。[1]

3月2日，蔡元培、汪精卫等致电南京临时政府，主张尽快建立统一政府，其他皆可迁就，"北京兵变，外人极为激昂……培等睹此情形，集议以为速建统一政府，为今日最要问题，余尽可迁就，以定大局"。[2]在3月4日的电报中，蔡元培、汪精卫说得更为直白，认为临时政府也可设在北京，袁世凯即在北京就职。同时派宋教仁、钮永建、王正廷等四人和袁世凯的代表唐在礼、范源濂赴南京向参议院做解释。

3月6日，袁世凯就北京兵变致电孙中山等，表示"经此变，北方商民愈不欲凯南行。函电吁留，日数千起"。[3]为此，他提议由黎元洪前往南京受职、代行大总统职权。这一提议自然遭到孙中山和黎元洪的反对。当日，孙中山即同意袁世凯在北京接任临时大总统：

> 因恐黎副总统镇守武昌，不能遽来，仍稽时日……当经院议决，（允）公在北京受职。……请黎副总统代行一节，可以取消。[4]

而黎元洪也断然拒绝了赴南京代行总统职权的建议，复电袁世凯说"元洪不能东下，犹公之不能南行"。[5]

同在3月6日，参议院准袁世凯在北京受职，并规定六条相应办法。按照此六条办法，袁世凯只需给南京参议院发去就职电、派国务总理及各国务员去南京接收临时政府，"孙大总统于交代之日始行解职"。[6]可以说，南京政府做出了巨大的让步。

3月9日，袁世凯向参议院电传大总统誓词，并提名唐绍仪为国务总理。3月29日，唐绍仪组成新内阁——新内阁中，原孙中山组

---

[1]《中华民国史事日志》第1册，第29页。
[2]《辛亥革命》（八），第552页。
[3]《袁世凯全集》第19卷，第618页。
[4]《孙中山全集》第2卷，第193页。
[5]《袁世凯传》，第206页。
[6]《袁世凯全集》第19卷，第618页。

1913年袁世凯和部分政府官员在总统府与美国公使合影

阁时的陆军、海军、司法、财政等要害部门的总长，悉数被换，仅存同盟会会员蔡元培、宋教仁等分任教育、农林等部总长。为此，《孙中山年谱》点评：军政大权完全落于袁世凯亲信的手中。[1]

根据参议院此前确定的孙中山于南北政府交代之日始行辞职的规定，4月1日，孙中山莅临参议院辞去总统一职。解职词中说，随着参议院批准唐绍仪内阁名单，"统一政府业已完全成立，于四月初一日在南京交代，本总统即于是日解职"。[2] 至此，辛亥革命的胜利果实完全落入袁世凯手中。

坊间传言，2月的"北京兵变"为袁世凯一手导演，欲借此来证明自己的确不能离开北京。刘禺生记载，兵变第二天，曹锟一大早就

---

[1]《孙中山年谱》，第114页。
[2]《孙中山全集》第2卷，第303页。

来向袁世凯报告。这一幕，被当时正在袁世凯处的唐绍仪撞见。唐绍仪后来告诉刘禺生：

> 当时兵变发生，南代表束手无策，促予黎明访袁。予坐门侧，袁则当门而坐，曹锟戎装革履，推门而入，见袁请一安。曰：报告大总统，昨夜奉大总统密令，兵变之事，已办到矣。侧身见予，亦请一安。袁曰：胡说，滚出去。予始知大总统下令之谣不诬。[1]

刘禺生所记是否可信，尚需更多史料佐证。但兵变前后袁世凯的表现，确实有些异常——参与变乱的队伍，为袁世凯嫡系，曹锟第三镇更是以"官兵素守纪律"著称。第二天，袁世凯召集陆军各将领开会，对第三镇统制曹锟及肇事各营军官不言惩办，只议善后。而且，变兵只要回营，"无论有无军械，概不追究"。[2] 而袁氏向来对于敢违抗军令的士兵，都是采取高压手段、酷刑峻法，多次表示"用命者，乃手足；违令者，即寇仇"。[3] 这次却一反常态，纵兵抢掠一昼夜，延至第二日下午才对再行抢劫者发出"格杀勿论"的警告。

所有这些，不能不让人对袁世凯与此次兵变的关系产生联想。

无论如何，兵变达到了震慑迎袁专使、使得袁世凯免于南下的效果。而孙中山之所以不得不让位、袁世凯之所以得逞，应该说还有着复杂的主客观原因。

客观方面：首先袁世凯的北洋各镇军事实力胜于民军。再者，袁世凯还得到外国的支持——各国驻华公使反对迁都南京。不仅如此，南方民军关于首都究竟选择武汉还是南京仍争持不下。2月14日，英国驻南京总领事伟晋颂在拜会南京临时政府外交总长王宠惠时就明确表示："邀请各国公使同他们的全体办事人员一起南迁，搬到那个可能只住几个月的地方，看来似乎是要求过高了，因为参议院是否最

---

[1]《世载堂杂忆》，第171—172页。
[2]《陆军执法处招抚变兵告示》，转引自《袁世凯传》，第205页。
[3] 陈赣一：《新语林》卷二，上海书店1997年，第15页。

后选定南京作为首都,这是绝无把握的事情。此外,还有另一个反对理由,即这座城市中没有可供各国使馆用的住房。"[1]王宠惠当时也表示,南京临时政府完全承认这个困难。第三,南京临时政府面临严重的财政困难,按时为南京临时政府秘书长胡汉民的说法,南京财政部金库存款,最惨时"仅存十洋"。[2]伟晋颂也告诉英国驻华公使朱尔典,由于缺乏现款,使得南京政府在内政方面的改组不能获得任何进展,"有人告诉我说:可供行政管理费用的税收甚至不够支付各部总长的薪金"。[3]

主观方面:民国政府内部意见的不统一,也让袁世凯的推诿得以乘隙。首先,对于民国是否定都南京,参议院与孙中山、孙中山与武昌的黎元洪等之间,意见并不一致。2月13日,身为同盟会重要成员的章太炎致电参议院,主建都北京,同盟会机关报《民立报》亦持相同主张。2月14日,临时参议院开会讨论临时政府设置地点问题,竟以多数通过了设置于北京的提议——如此一来,袁世凯则无须南下。经孙中山和黄兴等极力反对,参议院才于第二天通过临时政府设于南京的决议,并电袁前来受职。[4]这点,在以往的各书中,多不愿强调。1912年8月31日,孙中山北上进京时,在参议院的欢迎会上,再度反对定都北京,提出西安、开封、太原、武昌、南京等备选方案,但未被接受。[5]

再者,身为中华民国临时副总统的黎元洪,出于自身利益的考虑,也反对建都南京,甚至在2月14日提出以武汉为政府所在地:"现在组织中央政府,为刻不容缓之秋。而汇集之区,似以汉

---

[1]《英国蓝皮书》上册,第485页。
[2]《胡汉民自传》,第67页。
[3]《英国蓝皮书》上册,第454页。
[4]《孙中山年谱》,第112页。
[5]《孙中山全集》第2卷,第425页。

口为适中之地。"[1]黎元洪还调动湖北绅商各界在报纸上制造舆论，支持定都武昌——《中华民国公报》2月26日就刊发"旅鄂全体浙商"所呈的《拟请建都武昌折》，表示"夫武昌为首义之区，合二十余行省，实居全国之中心"。[2]为了达到反对建都南京的目的，黎元洪等甚至赞同定都北京和袁世凯一时难以南下的说法："电示不能南来情形，仰见老谋硕画，无日不为民国前途计安全，钦佩曷已。"[3]他在通电各省时更是直言"丁此时机，万分危迫，舍南京不至乱，舍北京必至亡"。[4]这些，都充分反映了民国内部关于定都问题的分歧。

4月2日，临时参议院正式议决临时政府迁北京。4月3日，孙中山离宁赴沪。4月4日，参议院议决该院迁至北京，4月29日在北京行开院典礼。至此，虽然像南京留守府留守黄兴依然在南京镇守并指挥民军，但中华民国的政治中心已由南京正式转移至北京。此前孙中山设计的对袁世凯的种种限制，一一落空。

二 孙袁共同治国的46天

宣统三年十一月十三日（1912年1月1日），孙中山在南京宣誓就任中华民国临时大总统；2月15日，南京临时参议院选举袁世凯为临时大总统。但有意思的是，孙中山并未立即解职。2月底"北京兵变"后，孙中山等被迫同意袁世凯在北京就职，同时要求袁世凯派国务总理和国务员来南京接收临时政府，并规定"孙大总统于交代之日始行解职"。[5]3月10日，袁世凯在北京宣誓就职，但唐绍仪内阁

---

[1]《袁世凯全集》第19卷，第574页。
[2]《中华民国公报》，1912年2月26日。
[3]《袁世凯全集》第19卷，第574页。
[4]《黎副总统（元洪）政书》卷八，第561页。
[5]《袁世凯全集》第19卷，第618页。

直到3月29日才获参议院通过并正式成立。孙中山于交接之后在4月1日正式解职。

这样一来，从2月15日到4月1日，在当时的中国，就出现了一南一北两个临时大总统的现象，为时46天。

常说"一山不容二虎"，又说"天无二日、国无二君"，在两个临时大总统执政的情况下，政务如何衔接、权力如何划分、冲突如何解决？

称谓、落款与衔名

宣统三年十一月初十日（1911年12月29日）当选临时大总统之后，根据各省代表会议决议，孙中山当天致电袁世凯，表示只是暂时出任，将来还要把大总统一职让给袁世凯。在给袁世凯的首封电报中，孙中山电文抬头为"北京袁总理鉴"，但袁世凯复电的抬头为"孙逸仙君鉴"。于是，孙中山复电的抬头迅速改成了"袁慰廷君鉴"。[1]

为何孙中山的第二封电报不再称袁世凯为"袁总理"呢？张国淦先生曾撰文指出：

> 自孙中山当选，即与袁通电表示"虚位以待"，上款为"北京袁总理"。袁复电称之曰"孙逸仙君"，即表示不认他的总统。孙再复电，即改称"袁慰亭君"，针锋相对。此是双方意见的开始。[2]

此后，直至清帝退位后的2月13日，孙中山和袁世凯之间才又直接通电报。此时，孙中山电文的抬头依旧为"袁慰廷先生"，这种状况一直保持到2月15日参议院选举袁世凯为临时大总统止。比如，2月14日，孙中山致电袁世凯，告知当日已同各部总长到参议院辞

---

[1]《袁世凯全集》第19卷，第239—240页。
[2] 张国淦：《孙中山与袁世凯的斗争》，《近代史资料》，总7号。

职,同时推荐袁世凯为临时大总统,该电文抬头为"北京袁慰庭先生鉴",落款为"孙文"。[1]而袁世凯于2月15日的复电做出了改变,抬头为"孙大总统鉴",落款则为"袁世凯"。[2]

由是,两人之间的称呼又发生了改变:2月15日袁世凯当选这天,孙中山给袁世凯发去贺电,并告知将派专使去北京迎袁来南京就职。和14日的电报不一样,孙中山此电抬头已变为"袁大总统慰亭先生鉴"。[3]有趣的是,袁世凯2月16日的复电中,也称孙中山为大总统,抬头为"孙大总统鉴",落款则是"袁世凯"。[4]两个临时大总统并存的奇怪现象出现在了刚刚革故鼎新的中国。

对外衔名方面。2月12日清帝退位,《袁世凯全集》所收《临时共和政府印玺单》表明,当日袁世凯即秘密启用了中华民国之玺、临时共和政府之印、大中华民国临时政府印、大总统印、前大清国内阁总理大臣全权组织中华民国临时政府首领袁、全权组织临时共和政府这六方玺印。[5]

2月13日,袁世凯致电北方各督抚及所辖各军队、各府州县,要求各地、各军维持地方公务和军务稳定。在这些电报,甚至包括给南方议和总代表伍廷芳的电报,以及将清帝退位诏书和优待清室条件抄送各国驻京公使的照会中,袁世凯的落款均为"全权袁"。[6]2月14日,驻意大利外交代表吴宗濂的贺电中就有"转袁首领,有电敬悉,民免涂炭,国以奠安,辛苦艰巨,中外称颂"[7]之语。这表明,此时的袁世凯,对外使用的是"前大清国内阁总理大臣全权组织中华民国临时政府首领袁"衔名,并认为自己的权力为清帝所让渡。与之

---

[1]《孙中山全集》第2卷,第93页。
[2]《袁世凯全集》第19卷,第574页。
[3]《孙中山全集》第2卷,第98页。
[4]《袁世凯全集》第19卷,第579页。
[5]《袁世凯全集》第19卷,第576页。
[6]《袁世凯全集》第19卷,第567、570、572页。
[7]《电报档》第24册,第614页。

相适应，2月13日，袁世凯下令将各部正副大臣暂时改称正副首领，"所有各部之正副大臣，应暂改称为正副首领，余均暂仍其旧"。[1]

2月13日，孙中山曾致电伍廷芳，告知清绥远将军调毅军来归绥攻打山西民军，要求伍廷芳交涉让清军全数退出，以免晋民涂炭。此电的落款为"总统孙文"。[2] 3月21日给四川军政府镇抚使夏之时的电报，落款署名也是"总统孙文"。[3] 这表明孙中山此时对外衔名仍为"中华民国临时大总统"。

更值得注意的是，孙袁二人此时的落款，存在着微妙的南北差别。

2月17日给伍廷芳、陈其美、孙道仁、吴绍璘等民国要员的电报中，孙中山均落款为"总统孙文"。[4] 而在致北方将领的电报中，他却未署总统衔名。比如2月15日，孙中山致电冯国璋、姜桂题、张勋等人，电贺清帝辞位，感谢各将领的同心协力，落款署名即为"孙文叩"，未加总统职衔。[5] 包括2月15日祝贺袁世凯当选总统的贺电，孙中山的署名也只是"孙文"。

袁世凯也是如此。2月16日给赵尔巽、2月19日给北方各省督抚的电报中，他署名为"新举大总统袁"。同在2月19日，他收到南京第二师师长杜淮川、第三师师长陈懋修，以及南京巡警总监吴忠信的贺电。但在复电中他只落款为"袁世凯"，并没有大总统字样。[6]

这些表明，无论是袁世凯还是孙中山，在署名中都保持着微妙的分寸——孙中山的总统身份，只用于南京临时政府部属及管辖的南方各省；同理，袁世凯的总统身份，也只在北方各省即原清廷所辖范围

---

[1]《袁世凯全集》第19卷，第571页。
[2]《孙中山全集》第2卷，第90页。
[3]《孙中山全集》第2卷，第274页。
[4]《孙中山全集》第2卷，第104—105页。
[5]《孙中山全集》第2卷，第99页。
[6]《袁世凯全集》第19卷，第589—590页。

内使用。

电报落款中如此,那签署政令时又是如何落款的呢?据《孙中山全集》,此期间孙中山签署的政令大致可分为三类,但都很少使用"临时大总统"样式:

一是给各部的训令,这基本不署名。如2月22日的《命教育部核办女子蚕桑学校令》《令财政部将江南造币厂归中央管理文》和《令交通部规定宁省铁路时刻表文》等。

二是颁发重要法规条文时会署名用印,但没有职衔,只署"孙文"二字。如3月10日颁行陆军补官任职及免官免职令、3月11日公布参议院议决的《中华民国临时约法》和4月1日公布参议院议决的《参议院法》,落款均为"孙文(印)"。[1]

三是一些批呈和委任状会使用临时大总统字样,如黄兴曾请示按照杨卓林[2]烈士标准给刘道一[3]烈士颁发抚恤金等,3月29日孙中山在批复同意时,就用了"临时大总统批"[4]字样;再比如3月9日委任梅乔林为总统府秘书员时,落款为"中华民国临时大总统孙文"。[5]但显然,并非所有的委任状都如此落款,3月29日委任陈干为三十九旅旅长时,落款就为"孙文、陆军部总长黄兴"。[6]

至于袁世凯方面,现有资料表明,袁世凯以大总统名义颁布政令,最早出现在2月16日的《致东三省总督赵尔巽电》。电报通知赵尔巽:南北双方同意改悬中华五色旗,此后见到挂同一国旗的军队,

---

[1]《孙中山全集》第2卷,第201、219、304页。
[2]杨卓林(1876—1907),湖南醴陵人,同盟会会员,参加过1906年萍浏醴起义。起义失败后策划暗杀两江总督端方,事泄被捕遇害。
[3]刘道一(1884—1906),湖南湘潭人,受黄兴委任为萍浏醴起义领导人,起义前被捕遇害。
[4]《孙中山全集》第2卷,第294页。
[5]《孙中山全集》第2卷,第200页。
[6]《孙中山全集》第2卷,第293页。

不得挑衅。电报最后署名为"新举大总统袁"。[1]

此期间袁世凯签署的政令并不多,据《袁世凯全集》基本上都用"临时大总统"名义。如2月19日通知北方各省督抚南北切实停战的电报、同日要求各省衙门改用阳历的政令,袁世凯都是以临时大总统的名义发出。[2]此外,3月10日颁布的《大赦令》《除免民国元年以前地丁钱粮漕粮令》和《暂行援用从前法律及新刑律令》,袁世凯也使用大总统名义,并盖"大总统"之印。[3]这和2月13日时署名"全权袁"有着明显的区别,也表明当选中华民国临时大总统之后,"全权袁"的衔名也就废弃不用了。

权力分配的微妙平衡

此期间两人所签署的政令,也保持着微妙的区域平衡。

根据《孙中山全集》,从2月12日到4月1日,孙中山签署的政令,几乎只针对临时政府管理的南方各省,如2月17日签发的《命财政部办理前清沪道交托比国存款令》,针对的是上海事务;2月22日签发的《命庄蕴宽取缔渔业公会令》,针对的是江苏、安徽事务——庄蕴宽时为江苏都督,事件缘起于江阴渔民要组织渔业公会,以垄断长江即近海一带渔业,但孙中山尚未批准,公会即开始工作。于是,孙中山下令要庄蕴宽与安徽都督协商处置。

最有代表性的,莫过于孙中山2月22日签发的令交通部制定江苏省铁路时刻表的政令。战乱初定,铁路运营十分混乱——冯耿光曾作为北方代表参加南北议和,在其回忆录中提到受唐绍仪委托,他和章宗祥曾从上海去南京拜会孙中山、胡汉民等,以了解南京临时政府对清室优待条件的态度。冯耿光回忆:

---

[1]《袁世凯全集》第19卷,第580页。
[2]《袁世凯全集》第19卷,第590、591页。
[3]《袁世凯全集》第19卷,第627页。

带有"临时中立"字样的邮票

当时铁路交通的秩序尚未恢复正常……沪宁刚才通车没有几时，每天不过一个车头往来开驶。所谓专车实则是一个车头挂个三等车厢，车厢既不整洁，站上也很凌乱。一切行车手续也不完备，沿途大小各站连个打旗的铁路员工也没有。……车行大约有十来个钟头才到了南京。[1]

尽管孙中山已经下令，但整顿效果显然不佳。3月10日，他再度签发了令交通部整顿江苏省铁路开车时间的政令，其中说道：

前因宁省铁路开车时刻参差不一，有碍交通，业经饬令设法整顿在案。乃令行未久，故态复萌，近来仍不按时开行，闻有较规定时刻迟至一小时之久者，疲玩至此，殊堪痛恨。[2]

为此，孙中山还语气强硬地表示，如果再度整顿依然效果不佳，将撤换相关人员。

整顿效果不佳，除了相关人员疲玩之外，也和当时的实际情形不

---

[1]《辛亥革命回忆录》第六集，第364—365页。
[2]《孙中山全集》第2卷，第218页。

无关系——黄河泺口大桥未建成，津浦铁路全线尚未开通，只是分南段、北段于1911年10月和11月开通。津浦路南段是从山东韩庄以南至南京浦口，也就是说，想要确保南京列车的正点率，除了上海的配合外，还需要当时属于北方管辖的山东支持。这并非民国临时政府交通部力所能及。

同样的情况也发生在邮政领域。清朝邮政总局虽划归邮传部，但实际上一直由外国人把持，邮政总办办公地点在北京。辛亥革命期间，大清邮政总办为法国人帛黎。清帝退位之前，由于南北双方名义上还处于交战状态，帛黎下令在前清邮票上加盖"临时中立"四字。清帝退位后，南京临时政府外交部、交通部曾令帛黎抹去此四字，但帛黎并未遵从，只是又加盖"中华民国"四字。如此，变成了"中华民国临时中立"。尽管觉得"'中华民国临时中立'八字实属有碍国体"[1]，但孙中山只能于1912年3月10日致电袁世凯，请袁"命令帛黎转电各处，必须无'临时中立'字样，方许发行"。3月22日，经袁世凯斡旋，帛黎才停止此批邮票的发行，"已由邮部饬知邮局，将此项邮票即日停发矣"。[2] 此事也表明，孙中山虽为中华民国临时大总统，但无法控制北方各省。

为节约成本、减少支出，上海日报公会曾呈请交通部，要求降低邮电费。经交通部研究，"拟嗣后关于报界之电费，悉照现时价目减轻四分之一，邮费减轻二分之一"。[3] 3月27日，孙中山批复同意。为此，他一方面让交通部通知上海电报总局为上海的报纸降低电报费，一方面又不得不致电袁世凯。为何要致电袁世凯呢？就是要袁世凯通知"北京邮电总局帛黎遵照"。[4] 这再次表明，孙中山对上海事务有发言权，却无力控制北方。

---

[1]《孙中山全集》第2卷，第257页。
[2]《袁世凯全集》第19卷，第652页。
[3]《孙中山全集》第2卷，第288页。
[4]《孙中山全集》第2卷，第288页。

"一国二主"引发的混乱

清帝逊位之前,为缓解财政紧张状况,袁世凯和署度支大臣绍英曾提出变卖奉天和承德避暑山庄皇室器物的建议。孙中山获悉后,于2月15日发"万急"电给袁世凯加以阻止。尽管变卖是袁世凯的主意,但孙中山干预之后,袁世凯立即叫停。[1]

除了叫停皇室器物拍卖这种紧急之事,孙中山和袁世凯此期间的沟通,不少是为了释放革命党人、要求南北双方的军队停止冲突等。

2月13日,袁世凯即下令禁止北方各督抚及所辖各军队缉拿革命党人,"嗣后各省及带兵官,务饬所属,勿得再拿党人,其已拿者,均须一律释放"。[2]但磨合时期,革命党人在北方被抓事件仍不时发生,尤以东三省为最。2月18日,孙中山致电袁世凯,通报革命党人柳大年为张作霖所捕,关在奉天,要求袁世凯下令让赵尔巽给予释放:

> 顷得安庆孙都督来电称,"有志士柳大年号曼清者,于阴历十月中旬,同吴莲伯组织急进会,事泄,为赵制台派张作霖于宁远逮捕去,与张涵初等同禁模范监狱。今清帝退位,民国统一,应电袁君慰亭电赵,各政治犯立释"等情。据此,即电使赵督释放。[3]

袁世凯当日即予回复,"已电赵督查明释放"。[4] 2月22日,被释放的柳大年、张涵初被送至秦皇岛坐船前往上海。[5]

袁世凯的爽快答应表明,一国二主,此时相处颇洽。此事也再次证明,孙中山并无直接指挥北方督抚的权力。

但显然,对于孙中山,袁世凯并非言听计从。以山西为例,由于北洋第三镇曹锟部队的进攻,起义后被推为山西都督的阎锡山,只好弃守太原、北退至绥远一带。南北议和期间,阎锡山所部的山西民军

---

[1] 详见本书第六章"袁世凯盗卖清宫瓷器真相"节。
[2]《袁世凯全集》第19卷,第567页。
[3]《孙中山全集》第2卷,第107—108页。
[4]《袁世凯全集》第19卷,第586页。
[5]《袁世凯全集》第19卷,第596页。

和清军时有战事。2月24日,孙中山致电袁世凯,要曹锟部退出太原,由阎锡山进驻并出任都督,北方任命的山西督抚李盛铎则改任民政长(民初所设,为一省最高行政长官):

> 山西屡电请转知撤退太原兵,召还晋省都督。查前清兵在晋,确有野蛮举动,大拂舆情。现在中国一家,秦兵既肯退出潼关,何独薄于晋省?若晋督还晋,李盛铎仍为民政长,则一是安谧矣。[1]

更换一省主官,显然比释放一个革命党人重要多了。对于孙中山此项要求,袁世凯就没有痛快答应,直到3月15日才任命阎锡山为山西都督,李盛铎为民政长。和其他各省都督为最高长官不同,袁世凯特意规定阎锡山"专管全省军事"、李盛铎"专管全省民政",并要求阎李二人"迅即会商分立权限,呈报候令"。[2]在此情况下,尽管李盛铎曾派人持信去请阎停战并催其返省,但"因袁世凯的阻挠,(阎锡山)到4月4日才返回太原,复任都督"。[3]

再比如,3月12日,孙中山应社会各界要求,曾致电袁世凯,要求袁惩办当年进攻汉口时惨杀湖北军民并谩骂共和政体的前清将领易迺谦、王遇甲、丁士源和徐孝刚。

> 据军商各界呈称:"易迺谦、王遇甲、丁士源、徐孝刚等前在汉口惨杀军民,绝灭人道,乡里切齿,咸欲得而甘心。共和成立以后,又对于南方代表谩诟共和,故意挑起南方恶感,南方将士皆称应行宣布死刑。应请径电袁总统,先行停止委用"等语。自系实在情形,即希查核办理。[4]

进攻汉口,实为陆军大臣荫昌、第一军总统冯国璋、第六镇统制李纯等所指挥。惩办易迺谦、王遇甲等而放过军阶更高的荫昌、冯国璋、李纯等,这个呈请本身就欺软怕硬,表明孙中山方面已经做出了

---

[1]《孙中山全集》第2卷,第128页。
[2]《袁世凯全集》第19卷,第638页。
[3]景占魁:《重新审视辛亥革命时期的阎锡山》,《东方早报》,2011年7月5日。
[4]《孙中山全集》第2卷,第231页。

很大的让步。但即便如此，在袁世凯等看来，易迺谦、王遇甲等还是有功之臣。因此，孙中山的这份电报，并无效果——1913年11月，易迺谦、王遇甲、丁士源均升任陆军少将。

同样地，孙中山此期间的某些政令，也会让袁世凯不快。3月4日，孙中山批准陆军部呈请，对原北洋第六镇统制吴禄贞"照大将军例，赐一时恤金一千五百元，遗族每年恤金八百元"。[1]众所周知，吴禄贞曾图谋与阎锡山组成燕晋联军对抗清廷、威胁袁世凯后路。一度还有传闻说吴禄贞是袁世凯暗中以重金购人所杀。如今，他却成了民国的功臣。

此期间在直隶都督的任命上，孙中山少有地插手了北方事务。此事更导致他与袁世凯之间的不快。3月20日，孙中山致电袁世凯，要求袁世凯依据地方咨议局选举结果，委任驻南京第三军军长王芝祥为直隶都督：

> 兹得参议员吴景濂、谷钟秀、彭占元、李槃、刘星南函称："前议决接收北方统治权案，当经咨由大总统照办。昨报载，袁总统今已将原有督抚各省改为都督，是议决案之第一项已施行。惟都督必须由本省人民公举，其如何公举，如何委任，皆于该议决案内载明。请将该案电达袁总统，以免施行时与议案龃龉。再，公举都督，必须为一般所属望之人，始能胜任。昨接直隶咨议局来电，已公举驻宁第三军军长，即广西副都督王君芝祥为直隶都督，并径电袁大总统。即请电致袁大总统，照案加以委任。不胜祷盼之至"等情。特此电闻。[2]

电文中提到的"接收北方统治权案"，是指2月16日南京临时参议院根据直隶代表谷钟秀提议，议决《中华民国接收北方各省统治权办法案》（以下简称《接收案》）。其中规定：东三省、直隶、河南、

---

[1]《孙中山全集》第2卷，第173页。
[2]《孙中山全集》第2卷，第266页。

山东、甘肃和新疆等省，废止原有督抚名称，一律改置临时都督；各省咨议局改为临时省议会，并限一个月内召集临时大会选举正式都督。[1]

但此前的2月3日，袁世凯已任命自己的心腹、襄办爱国公债的张镇芳署理直隶总督。由于张在直隶长芦盐运使任内，曾有以直隶路捐公款偿还盐商七百万亏空以及任用私人等事，导致直隶京官、士绅等对这一任命纷纷表示反对。《接收案》通过后，在南方各省的直隶、山东籍士绅基于不同目的，同时考虑到直隶绅民对张镇芳的不满，便致电顺直咨议局，要求公举直隶大城县人、江北都督蒋雁行为直隶都督，在蒋谦辞后又改选直隶人、前广西布政使王芝祥为直隶都督。

3月10日，袁世凯在京宣誓就任临时大总统。根据此前与迎袁专使蔡元培等达成的各省长官维持现状的协议，3月15日，袁世凯下令将北方各省督抚统一改为都督，并允准张镇芳辞职，改派张锡銮督直。袁世凯的这一让步，并未得到谅解——南京临时政府本就对袁世凯是否支持共和心存疑虑，也想借此采取一些举措加以防范；黄兴因王芝祥"机警，善应对"，便出面说服孙中山在3月20日致电袁世凯，要求照参议院《接收案》规定，接受顺直咨议局公举王芝祥为直隶都督的事实。

但直隶为京师肘腋，卧榻之旁，袁世凯岂能容南方染指？3月22日，袁世凯复电南京，强调各省都督兼有军政性质，不能视为行政长官，而且独立之初都督多由军队拥戴。在军政与民政权限尚未划清、政府妥定官制交参议院议决前，暂不实行公选制。对此，参议员吴景濂、谷钟秀、彭占元、刘星南等"异常骇异"，表示无论将来官制如何规定，参议院的决议案当然有效，自应实施。尽管国务总理唐绍仪也同意王芝祥出任直隶都督，但由于袁世凯的反对，王芝祥始终

---

[1]《南京临时政府公报》第45号，《近代史资料》，总25号。

未能到任。5月，经袁世凯和唐绍仪面商，王芝祥改往南京督办整理军队事宜。

袁世凯的强势，首先在于他已被选举为临时大总统，名正言顺；其次，他也得到了外国的支持：2月1日，沪军都督陈其美曾以招商局作抵押向日本借一千万日元，2月6日本已谈妥，2月28日日本驻上海总领事有吉明复恐招袁世凯之不满，请外务省中止进行。[1] 2月21日，南京临时政府财政总长陈锦涛与俄国道胜银行订立一百五十万镑借款草约，但借款迟迟未到。2月28日，袁世凯却与四国银行团达成协议，借到现银二百万两，拨交南京。[2] 3月2日，应袁世凯的要求，四国银行团又借款银一百一十万两。[3] 在财政奇绌的当时，袁世凯能借到钱，自然也就有了硬气的资本。

中华银行拨款事件更显示出袁世凯的"底气"。中华银行本是沪军起义时应沪军都督陈其美要求而成立的，用以支付沪军公款。按理，应该和南京临时政府关系更为密切。并且，按照原定章程，将由民国政府颁给该行公股一百二十五万元。1912年2、3月间，由于江苏、安徽一带受灾严重，经张謇呈请，袁世凯曾答应拨款三十万元赈济。由于该款项迟迟未到，3月16日张謇致电孙中山，请求孙帮忙将电报转给袁世凯，要袁世凯"先行电令上海中华银行借垫银十五万以救眉急"。[4] 向中华银行下令一事，张謇没有请求孙中山而是转请袁世凯，孙中山接到张謇此电没有直接要求中华银行划拨而是转给袁世凯，都表明袁世凯对中华银行的控制权大于孙中山。

或许，正是因为中华银行对南京临时政府的这一态度，当中华银行请求南京临时政府财政部按协议划拨公股、给予补助时，孙中山的前后态度也有着明显变化——2月29日，他还批示要财政部"认该

---

[1]《中华民国史事日志》第1册，第18页。
[2]《中华民国史事日志》第1册，第28页。
[3]《中华民国史事日志》第1册，第32页。
[4]《孙中山全集》第2卷，第241页。

行为商银行之性质，由国家补助股份一半。其办法如日本银行之对于正金银行。如目前无现金，可给以公债票一百二拾五万作抵"。[1]3月21日，他转而同意财政部不补助中华银行的请求，"所陈中华银行补助一节，颇有窒碍难行之处，尚属实在情形，应予照准"。[2]

清帝刚刚退位后的2月13日，袁世凯曾签署政令，要求各部门照前清规章如常运行，"所有旧日政务，目下仍当继续进行"[3]，"地方有司，在新官制未定以前，一切暂仍旧贯。所有各官署，应行之公务，应司之职掌，以及公款、公物，均应赓续进行"。[4]但即便如此，两个临时大总统并立还是不可避免地给政府部门带来混乱。2月21日，孙中山复电南京临时政府财政总长陈锦涛，告知南京政府此前执行的财政措施依然有效：

> 清帝退位，民国大定。新选总统系承受现在南京临时政府之事，凡民国现行财政事宜，如公债、外债、中国银行之创办，及一切财政之已经施行者，当然继续有效，绝无疑问。可由财政部宣布。[5]

2月15日袁世凯刚刚被参议院选为临时大总统，孙中山的这番重申无意中透露：陈锦涛对总统更换后财政政策能否沿袭心存疑窦，故来电询问。

此外，尽管不时函电交驰，但两个临时大总统之间，仍不免存在沟通不足之处。3月10日，袁世凯曾以新举大总统名义颁布大赦令，宣布该日之前的犯罪行为，除了命案和抢劫之外，一律赦免：

> 凡自中华民国元年三月初十日以前，我国民不幸而罹于罪者，除真正人命及强盗外，无论轻罪重罪，已发觉未发觉，已结

---

[1]《孙中山全集》第2卷，第138—139页。
[2]《孙中山全集》第2卷，第273页。
[3]《袁世凯全集》第19卷，第566页。
[4]《袁世凯全集》第19卷，第567页。
[5]《孙中山全集》第2卷，第114页。

正未结正者，皆除免之。[1]

但袁世凯的这一大赦令在南方明显遭到抵制——江宁地方审判、检查厅就此请示南京临时政府司法总长伍廷芳：

> 所有袁大总统此项命令，所定范围，是否包括南北一律施行？现在北京政府正在组织之中，南京政府又尚存在，是否认此命令为有效？本厅所受诉讼，三月初十日以前，除真正人命盗犯不在赦免之列，已结正未结正者共计五十八人，是否应遵袁大总统此项命令，并予除免？[2]

伍廷芳不敢做主，请示孙中山。孙中山认为，3月11日颁布并实施的《临时约法》第40条规定，临时大总统可以宣告大赦、特赦，但须经参议院同意。据此，袁世凯的《大赦令》须得参议院表决通过才有效：

> 袁总统前项命令，查系三月初十日所发布，在约法施行之前，须得贵院之追认，方能有效。[3]

需要参议院表决通过。孙中山等于宣告了袁世凯的《大赦令》在南方暂时无效。

微妙的平衡、难免的不快。孙中山和袁世凯，两位临时大总统并存的近五十天，是合作的偶然和对抗的必然、爽快的偶然和不快的必然。这一切，都随着4月1日孙中山的解职而结束。

---

[1]《袁世凯全集》第19卷，第627页。
[2]《孙中山全集》第2卷，第285页。
[3]《孙中山全集》第2卷，第286页。

尾声 | 妥协民国

随着孙中山在南京解职和袁世凯在北京就职，由革命党人发起的辛亥革命，其胜利成果最终为前清高官袁世凯所窃夺。

辛亥革命的爆发，有着相当的偶然性。然而辛亥革命的胜利，则可以说是一场政纲错位的胜利。鸦片战争以后，摆在中国人民面前最大的问题，是实现现代化、摆脱落后挨打的局面。而革命党借以宣传、鼓动民众的，却是推翻满族统治、建立汉人政权——1905年同盟会成立时所确立的"驱除鞑虏，恢复中华，创立民国，平均地权"政纲中，"驱除鞑虏"被摆在了首位。武昌起义的第二天，湖北军政府公布了第一份文告——《中华民国军政府鄂军都督黎布告》，其中就有"须知今满政府，并非我家汉儿"之语。[1] 与布告一同颁布的，还有以"黎都督"名义颁发的刑赏令十六条，其中第一条就是"本都督驱逐满奴，恢复汉族"。[2] 1912年2月15日即将解职前夕，孙中山还前往南京明太祖朱元璋孝陵祝告清帝退位，此举在外人看来，更是有"反清复明"的意味。

---

[1]《辛亥首义史》，第336页。
[2]《辛亥首义史》，第337页。

满族入关之后，确实曾有扬州十日、嘉定三屠等残杀汉人的血债，也有跑马圈地、外迁京师百姓等暴政；毋庸讳言，有清一代满汉之防始终如影随形。但为了拉拢汉人，清朝也采取了不少措施：比如开博学鸿儒科向汉人知识分子示好，再比如在部分中枢机构实行"均衡满汉"政策——内阁大学士，规定满汉各两人；协办大学士，满汉各一人；吏、户、礼、兵、刑、工六部尚书，满汉各一人；侍郎四人，满汉各半等。客观而言，经过两百多年的融合，满汉之间的民族矛盾在清末已非社会最主要的矛盾。因此，虽然革命党有出于政治宣传的考虑，虽然后来孙中山没有固执坚持"驱逐鞑虏"等原则转而同意对逊清皇室给予优待和礼遇，但也不容否认，过于强调满汉矛盾，"使本以现代化的追求为主要目标的中国改革运动，不幸而演化成一种民族解放运动，致使中国在相当长的一个时期里不得不陷入一种狭隘的民族主义误区"。[1]

辛亥革命的胜利也可以说是一场妥协的胜利。它虽然推翻了帝制、建立了民国，南京临时政府也确立了内阁、参议院等民主基本架构，但孙中山的行政、立法、司法、监察及考试等五权独立原则并未能体现在《中华民国临时约法》中，其军政、训政、宪政的三阶段构想也未能付诸实践。此后，为了捍卫辛亥革命的成果，孙中山先后发动过针对袁世凯和北洋军阀的二次革命、护法战争等，虽百折不挠但屡屡碰壁，以致临终前仍嘱咐"革命尚未成功，同志仍须努力"。

辛亥革命的妥协性使其表现出人情味的一面。辛亥革命前，主张君主立宪的康有为曾经以法国大革命为例吓唬人们说，革命会人头滚滚，血流成河，伏尸百万。然而，辛亥革命虽然有流血、有牺牲，但是并不大，社会更没有被大破坏，"是一次胜利迅速、代价很小的人道主义的革命。从这一意义上说，在世界革命史上，这是少见的例子"。[2]

---

[1]《重寻近代中国》，第148页。
[2]《帝制的终结》，第361页。

明朝灭亡之际，皇帝崇祯煤山上吊之前，逼迫皇后、贵妃等自缢，并斫死嫔妃数人，癫狂之态吓哭了一干儿女。在挥剑砍向自己年仅十六岁的女儿长平公主时，崇祯哀叹："汝何故生我家！"[1]凄绝场面令人不忍卒睹。近三百年后，满洲贵族召开御前会议讨论逊位问题时，尽管养心殿也曾响起过隆裕太后的哭泣声，但宣统皇帝既没有像法国国王路易十六那样被送上断头台，也没有像沙皇尼古拉二世全家那样在十月革命后被布尔什维克秘密处死，而是在紫禁城中关起门来继续当皇帝、享优待。

袁世凯为何没有杀死隆裕和宣统这对孤儿寡母、趁乱即取而代之，非要等到五年后再称帝？从内心上说，袁世凯叔祖袁甲三官至漕运总督、叔叔袁保恒曾任户部侍郎，二人死后清廷都赐谥、赐恤，宣付国史馆立传，荣典极盛，以致袁世凯后来在奏章中每每夸耀自己"三世受国恩深重"。[2]应该说这样的家庭出身，使袁氏对清廷尚怀感恩之心，也想借保存孤儿寡母来树立自己仁义宽厚的形象。就实力而言，不说南方民军当时并未归袁世凯所有，就连北方势力，诸如京师禁卫军、总督赵尔巽及其所辖东三省等，尚需袁世凯平抚。更何况，这样大的举措，还须英、美、日等外国势力的同意，也非短短的120天所能蒇事。

说辛亥革命具有妥协性，还表现在它建立的民国在一定程度上仍然依靠着旧有官僚来治理。苏州反正时，为了表示象征意义，只命人挑去了巡抚衙门屋顶上的几片瓦，旧巡抚程德全摇身一变而成新都督。仅不完全统计，辛亥革命后变身新政府都督的清廷督抚，还有出任广西都督的原广西巡抚沈秉堃、出任广东都督的原两广总督张鸣岐、出任安徽都督的原安徽巡抚朱家宝、出任山东都督的原山东巡抚孙宝琦等。对于辛亥革命的妥协性，鲁迅先生曾在《范爱农》《药》

---

[1] 张廷玉等：《明史·列传第九》，中华书局1974年，第3677页。
[2] 《袁世凯传》，第6—7页。

《自选集·自序》等作品中，以及与许广平的通信中进行过多次批判。在揭露最为深刻的《阿Q正传》中，鲁迅写道："革命党虽然进了城，倒还没有什么大异样。知县大老爷还是原官，不过改称了什么，而且举人老爷也做了什么——这些名目，未庄人都说不明白——官，带兵的也还是先前的老把总。"[1]

后来曾出任南京国民政府行政院长的何应钦，1930年以国民政府军政部长身份在"双十"纪念日上也直言辛亥革命的妥协性："辛亥革命懵懂算是挂上了一个民国的空招牌，并没有建设民国的实际，由推翻满清一点而论，固然算是成功。由全部革命的目的而论，究不能不谓为失败。革命的目的不只在推翻满清，不只在获得中华民国的虚名，而在造成一个三民主义自由平等的新中国。"[2]就最后一点而言，辛亥革命显然算不上成功。

这为数不多的辛亥革命成果，还因为革命党人的不断妥协，更因为袁世凯的蓄意破坏，而几乎被剥夺殆尽。

1912年2月14日孙中山辞职时曾申明临时政府定都南京、袁世凯赴南京就职总统、总统接受《临时约法》约束这辞职三条件。但种种反制一一落空。2月底曹锟部发动"北京兵变"，袁世凯借口局势不稳和列国反对，拒绝南下。南京方面被迫让步，同意建都北京、同意袁世凯在北京就职。1913年10月10日，袁世凯举行了隆重的大总统就职典礼。就职地点，特意选择了前清皇帝登基的紫禁城太和殿。

为了抑制袁世凯的野心，1912年3月中华民国临时参议院在制定《中华民国临时约法》时，将原《中华民国临时政府组织大纲》确立的总统制改为内阁制，使袁世凯成为虚位总统。但手握重兵的袁世凯，显然不肯做空心架子：在不到半年的时间里，他一气儿赶跑了唐

---

[1] 鲁迅：《鲁迅选集》第1卷，人民文学出版社1983年，第99页。
[2] 何广：《历史上对"辛亥革命"的纪念和解读》，《北京日报》，2011年2月21日。

绍仪、陆征祥两任国务总理,后任命自己的心腹赵秉钧代理总理。代理总理后不久,赵秉钧就把国务会议移至总统府召开,形式上国务院仍有会议,实权却已完全操于总统府,一切政务均秉承袁世凯的旨意行事。所谓"责任内阁"名存实亡。1914年5月袁世凯主导制定并通过的《中华民国约法》,更是毫不留情地撕碎了自己两年前信誓旦旦要遵守的《临时约法》——废除内阁制、改行总统制,各部总长直接对总统负责,总统有紧急命令、紧急财政处分等各项非常权力。

革命党人的让步尽管有实力不足等历史原因,但实际上助长了袁世凯专制独裁的野心。鲁迅先生就曾一针见血地指出"当时和袁世凯妥协,种下病根"。[1]新约法公布之日,袁世凯不胜喜悦地说:"予今日始入政治新生涯。"[2]且事实很快证明,袁世凯之意不止于此——1914年恢复前清的祭孔和祭天制度,1915年12月13日更是悍然恢复帝制,并于12月31日改民国六年为洪宪元年、废除中华民国,成立"中华帝国"。至此,辛亥革命的成果损失殆尽,中华民国仅剩的空招牌也荡然无存。

我们今天批判、反思辛亥革命的错位与妥协性,并不是否定其伟大意义。辛亥革命虽最后不免妥协与不彻底,但"易专制为民主,进独断为共和",[3]终结了在中国存续了两千多年的封建帝制,建立了亚洲第一个共和国——中华民国,让民主与共和的思想得以深入人心,已达到"敢有帝制自为者,天下共击之"[4]的效果。袁世凯称帝,引起了孙中山、蔡锷等有识之士的强烈反对和全国人民的一致声讨,就连北洋集团内部的段祺瑞、冯国璋以及外国列强也不予支持。内外交困之下,他不得不取消原定的登基大典,禁止再递呈吁请登基的文电。但这些"亡羊补牢"的举措,已无法平息外界滔天的反对声。

---

[1] 鲁迅:《鲁迅选集》第4卷,第374页。
[2] 马震东:《袁氏当国史》,1930年版,第367页。转引自《袁世凯传》,第276页。
[3]《辛亥首义史》,第615—616页。
[4]《孙中山全集》第1卷,第297页。

在忧惧和怨怼之中，只当了八十三天皇帝的袁世凯，于1916年6月6日上午十点逝世，归葬彰德"袁林"，年仅五十七岁。此时，距他1911年出山不过短短五年。

袁世凯无疑是晚清民初政治舞台上的佼佼者，也曾是锐意革新的先行者：当年在推行君主立宪时，他声言"有敢阻挠立宪者，即是吴樾，即是革命党"，甚至表示"官可不做，法不可不改""当以死力相争"。接受共和时，他曾公开声明，"共和为最良国体，世界之公认"，[1]最终却因妄图恢复帝制而背上"窃国大盗"的千古骂名。历史学家唐德刚曾评价说：袁世凯、汪精卫，一为能臣，一为才士……二人之错，错在晚节，错在一念之间。一失足成千古恨。[2]

袁世凯称帝前夕，警官崔启勋曾撰联批评——"匹夫创共和，孙中山不愧中华先觉；总统做皇帝，袁项城真乃民国罪人"。[3]崔后来因人告密而由袁世凯批准枪决，但类似的镇压手段遏制不住人民追求民主、向往共和的意志——不仅袁世凯，包括后来的张勋复辟闹剧，也都如电光石火、旋起旋灭。

辛亥革命之后的中国，民主共和的观念，已成不可逆转之潮流。这潮流，尽管时有曲折、间或回流，但正如孙中山先生所言，"浩浩荡荡，顺之则昌，逆之则亡"。

---

[1]《袁世凯全集》第19卷，第531页。
[2]《袁氏当国》，第151页。
[3]《袁世凯传》，第330页。

附 篇

汪精卫谋刺摄政王载沣案细节

末代摄政王载沣与最后一位太后隆裕

逊帝溥仪的禁宫生活

从通缉犯到座上宾——孙中山与晚清权贵的交往

汪精卫谋刺摄政王载沣案细节

宣统元年（1909）十一月，二十六岁的汪精卫偕喻培伦抵京，与先前抵达的黄复生、陈璧君会合，在琉璃厂火神庙夹道设立秘密机关，谋划暗杀清廷高官的行动。

汪精卫之所以急于采取暗杀行动，主要有两个方面的原因：从光绪三十三年（1907）到宣统元年孙中山所领导的革命行动，如潮安、黄冈、惠阳、钦廉、镇南关、上思、河口等起义，无一不以失败告终，同盟会接连遭遇重大打击，党内情绪消沉；《新民丛报》的梁启超等，为此讥讽革命党的首领徒驱人于死，自己则安享高楼华屋。另一方面，原属同盟会的光复会成员章太炎、陶成章等，也因政见分歧，开始攻击孙中山。在此情况下，汪精卫等决心以身作则，采取"直接激烈之行动"，[1]振起党内行动情绪。

为避人耳目，先期抵京的黄复生开设了守真照相馆，作为会所。抵京安顿好之后，汪精卫先后致书好友胡汉民、南洋诸同志和孙中山。写信的目的，是为谢绝孙中山、胡汉民的劝阻，说自光绪三十三年以来，"蓄此念于胸中，以至今日。千回万转而终不移其决心"。[2]如今决心已定，就如同螺丝钉一样"已循至螺旋尽处"。在给胡汉民、南洋同志的告别书中，汪精卫更是表明其甘为革命薪火、赴死行动的决心，"弟虽流血于菜市街头，犹张目以望革命军之人入都门也"。[3]

北上之前，汪精卫等曾想谋刺两江总督端方而未果。到北京后，他们的暗杀目标，先后有庆亲王奕劻和从欧洲考察海军归来的亲贵载涛、载洵。接连未成后，决心铤而走险，谋刺摄政王载沣。

但谋刺载沣的行动依旧是完全的失败。

---

[1]《汪精卫先生传》，第52页。

[2] 汪精卫：《致胡汉民书》，1910年3月19日。转引自张江裁：《汪精卫先生庚戌蒙难实录》，南京中华民国史料编刊会1943年铅印本，第6页。

[3]《汪精卫先生传》，第57页。

载沣所居的醇亲王府，离什刹海不远。汪精卫等探悉载沣每日上朝，必从鼓楼大街经过。楼前有短墙一道，他们便筹划在载沣经过时，将炸弹从短墙扔下，定可将载沣一行人炸毙。但事有不巧，此项计划方定，载沣因鼓楼大街修筑马路，变更行程。第一次计划遂宣告流产。后来他们又访知载沣取道烟袋斜街上朝，只是因租不到房子，不能下手。随后，他们改在载沣上朝必经的一座小石桥下面埋设炸药，人则藏于阴沟内，用电气发火，等载沣过桥时将其炸死。可惜的是，炸药刚刚埋好，便于宣统二年二月二十三日被察觉，三月初七日被抓获，随后于三月二十日被判处永远监禁，直至宣统三年九月十六日被释放，被关在狱中将近一年半。

汪精卫谋刺摄政王载沣，是晚清一重大事件。多年来，研究汪精卫的各种文章及传记，无论是蔡德金的《汪精卫评传》还是雷鸣的《汪精卫先生传》，在撰写这段历史时，引用的多是张江裁所著《汪精卫先生庚戌蒙难实录》、参与者黄复生的自传和自述，以及曾任载沣马队卫士的金祥瑞回忆录《我是怎样破获谋刺摄政王一案的》这几种史料。

黄复生、金祥瑞是亲历者，所说自然有不少可以采信；张江裁的《汪精卫先生庚戌蒙难实录》也有着大量的原始资料。但众多史料中，仍缺乏清廷关于该案的档案以及相关官员的记录等。

幸运的是，清宫档案和新近出版的《醇亲王载沣日记》《汪荣宝日记》《那桐日记》等，帮我们厘清了汪精卫谋刺案中一些鲜为人知的细节。

"捉奸报警说"之附会

汪精卫等议定在载沣上朝必经之石桥埋炸药后，在什刹海附近的清虚观租了一间屋，由喻培伦、黄复生负责安装，汪精卫负责引爆。

为增强爆炸力，陈璧君建议，以盛香油为名，让黄复生在宣武门外骡马市大街的"鸿泰永"铁匠铺定制了可装四五十磅炸药的铁罐。清廷起获铁罐和炸药后，曾配了约占铁罐容量百分之一的药品，在德胜门外校场进行试验,炸药爆炸后将地面炸出一间屋大的深坑。以此推测,倘原埋在桥下铁罐整个爆炸,掌握电钮的汪精卫亦难活命。

埋铁罐一事进展不顺。宣统二年二月二十一日午夜,汪精卫与黄复生、喻培伦在桥下掘土。铁镐声惊动了周围各家养的狗,一时犬声四起,使他们不得不撤走。第二天,他们将铁罐装好,雇了一辆骡车运到银锭桥附近的清虚观。过半夜后,黄复生、喻培伦将铁罐抬到桥下,放入头天晚上挖好的土坑内。刚一放好,便见桥上有人,喻培伦大惊,慌忙赶往清虚观,阻止汪精卫前来。黄复生则躲在桥旁大树后,观看究竟。不久,见一人手提小灯笼来到桥下,东照照,西照照,就走了。那人走后,黄复生赶紧跑到桥下,将电线拆卸。因炸药罐太重,不能取出,便用土埋了起来。然后,他又躲到树后观察。很快,来了一警察一宪兵还有先前那位平民,三人持两个小灯笼,下桥查看良久,方才离开。汪精卫等埋的炸药也因此被发现。

此人是谁?夜半到此桥做什么?关于这点,历来众说纷纭:一种说法是居民刘某到门外小便,发现桥下有人,便去报告在王府附近担任警卫的警察;一说是赶大车的陈某,因其妻已三日未归,便外出寻访,发现桥下有两人,以为是其妻与奸夫,立即去报告了警察。此外,关于发现炸药罐,还有另外一种说法——三月初七日上午载沣上朝时,在其前面清道的消防队员兼警卫队员,忽在桥附近发现新翻掘的泥土,即根据他们平素训练的经验,动手搜查,结果发现埋弹之处。

这样一件大案,自然免不了种种传说和臆测,但其实根据《汪荣宝日记》可确知,刘姓居民发现此事是最为准确的。而无论汪荣宝,还是载沣以及时任军机大臣的那桐,在日记中记载获悉埋炸药一事的时间都是"二月二十四日"。[1] 由此可知,汪精卫等被发现是二月二十三日晚,"三月初七日"发现之说自不可信。

---

[1]《汪荣宝日记》,第131—132页;《醇亲王载沣日记》,第355页;《那桐日记》下册,第654页。

时任民政部左参议的汪荣宝,全程参与了汪精卫案件的侦办、审理。他在二月二十四日的日记中记载:"发见极猛烈之爆裂弹,系英国格拉斯哥地方所制造,验之,内含甘油九十三分,绵火药七分,名胶状勃拉斯丁,用以炸矿石者。"[1]这与金祥瑞回忆录中所说的"据说这是英国产物,还有像皮糖的胶质药品"[2]相吻合。

发现炸弹的第二天,清廷立即给予举报者重赏。根据《汪荣宝日记》,此人名叫刘培真:"昨夕首先发现逆迹者,为该地居民刘培真,本日经内厅传询发见情形,并给相当之奖励。"[3]汪荣宝的日记中,并没有发现者因怀疑妻子偷情而外出侦访等记载,因此"捉奸报警而发现炸弹"的说法看来多是时人附会。一桩历史谜案因此得以解开。

至于汪精卫等埋藏炸药的地点,也非以前所传的银锭桥,而是其附近的一座无名小桥——载沣日记记载为东桥,"东桥搜得异物,饬地面密察";[4]《那桐日记》只说是一小石桥,"夜间摄政王府东小石桥下有炸药,幸寻获";[5]《汪荣宝日记》则更为含混,"在后门外监国摄政王邸第至禁城之道中桥下"。[6]"银锭观山"是燕京胜景,试想,如果是大名鼎鼎的银锭桥,他们的记载岂能不提?另一方面,当年埋炸药的黄复生以及负责侦办的金祥瑞,都记载为甘水桥南一无名小桥。而近年经北京史地学者杨良志先生考证,银锭桥并非载沣上朝必经之路。[7]

亲供、口供和自白

二月二十三日晚事发后,汪精卫等连夜返回住地,召集紧急会

---

[1]《汪荣宝日记》,第132页。
[2]《辛亥革命回忆录》第八集,第418页。
[3]《汪荣宝日记》,第132页。
[4]《醇亲王载沣日记》,第355页。
[5]《那桐日记》下册,第654页。
[6]《汪荣宝日记》,第131—132页。
[7] 杨良志:《汪精卫谋炸摄政王不是在银锭桥》,《北京晚报》,2011年9月20日。

议，研究再次进行的办法。由于剩余的炸药不多，决定由喻培伦往日本买炸药原料，陈璧君、黎仲实往南洋筹款，汪精卫与黄复生则留守北京待机，等待炸药。

三月初七日，黄复生、汪精卫被捕，同时被捕的还有罗世勋。罗世勋与喻培伦同为四川老乡，候补小官来京，正在吏部学制馆做事。罗并未参与谋炸，只因喻培伦邀其襄助照相馆而受牵连。三人同日被关在民政部内城左一区监所。

汪精卫被捕后，究竟有几份供词？长期以来，研究者多认为只有一份，即那份洋洋数千言，痛斥清廷和立宪派假立宪、伪国会，倡言非罢黜君权无以振兴国势的文章。

历史真相究竟如何？《汪荣宝日记》和清宫档案为我们解答了这一谜题。

根据汪荣宝日记，汪精卫被捕后，先后写了一份亲供，录了两份口供，还写了一份"自白"（即那篇洋洋数千言的长文）。

三月初七日被捕当天，即对汪精卫等进行了审讯：

> 顷之得一纸，乃汪季恂所书，略谓：别号精卫，曾在东京为《民报》主笔……兹以京师根本之地，思为震奋天下人心之举，故来……其他二人无供。[1]

由此可知，被捕当天，汪精卫即写了亲供一份。[2] 在亲供中，汪精卫对埋放炸弹一事供认不讳，声称此事全系他一人所为，与黄复生无关。[3]

口供方面。三月十二日，汪宝荣等到宪政馆密录汪精卫、黄复生供词，随后在日记中简要摘录了这份供词的内容——"此次举动，意在牺牲性命，震奋人心，并非预备暴动，亦无人为事后之接济"，

---

[1]《汪荣宝日记》，第136—137页。
[2]《清末汪兆铭被捕后的供单及有关史料》，《历史档案》，1983年第2期。
[3]《汪荣宝日记》，第137页。

"罪止兆铭一人,请勿株连";[1]黄复生在供词中则说是他和汪精卫所谋,与他人无关,"一切布置,均某与汪共同为之,此外更无关于其事者"。[2]汪荣宝所记,和黄复生后来在回忆录中说的"此次之事,纯予一人之所为,精卫不过客于予处"[3]略有不同。显然,辛亥革命胜利之后,黄复生在回忆录中将此事包揽过来,不免有自誉之处。

三月十九日,在内城总厅,内城巡警总厅厅丞(相当于现在的北京市公安局局长)章宗祥(字仲和)以及汪荣宝等再次提审汪精卫、黄复生二人,并根据二人当时的供述,对早前的供词"略改数语",让汪、黄二人画押。这就是汪精卫的第二份口供。

至于汪精卫那篇洋洋数千言的文章,看来是在三月十三日左右写就的。因为汪荣宝在三月十四日的日记中说:"见汪季新所书政见一篇,发挥革命宗旨,并痛论请愿国会之无益。"[4]

据清宫档案《谨将汪兆铭亲供抄录恭呈御览》所附清单,汪精卫此阐述政见的文章约三千五百字。[5]在汪荣宝的印象中,汪精卫此文"约七八千言",其他版本的记载更有长达万言之说。这些看来都有夸大。

汪精卫案判决尘埃落定之后,三月二十三日,汪荣宝曾将汪精卫等的供词送给时为军机大臣上行走的吴郁生(字蔚若)看,其中特别注明,"以汪兆铭、黄复生供词及亲笔原供往送蔚老一阅"。[6]可见,汪荣宝将汪精卫等的口供和亲笔原供区分得很清楚。

汪荣宝在日记中明确说,汪精卫被捕当日所写的供词,只有"一

---

[1]《汪荣宝日记》,第139页。
[2]《汪荣宝日记》,第139页。
[3]冯自由:《中华民国开国前革命史》,广西师范大学出版社2011年,第411页。
[4]《汪荣宝日记》,第140页。
[5]此文见《档案资料汇编》第80册,第373—391页;《清末汪兆铭被捕后的供单及有关史料》,《历史档案》,1983年第2期。
[6]《汪荣宝日记》,第143页。

纸"——毛笔书写,一页纸,无论如何也写不了三四千字。而且,对比《汪荣宝日记》所载及清宫档案所收录的汪精卫亲笔原供,二者内容十分相近。可以断定,汪精卫被捕当天所写,为亲笔原供而非"自白"。

既如此,后人为何多认为汪精卫被捕后只有一份供词呢?蔡德金先生在《汪精卫评传》中就说:"汪精卫被捕后,他索来纸和笔墨,奋笔疾书,写下了近四千字的供词,对埋放炸弹一事供认不讳。"[1]

清宫档案收录的《谨将汪兆铭亲供抄录恭呈御览》,是宣统三年九月释放汪精卫等人之前,由法部呈供的。1983年,中国第一历史档案馆在公布时,编选者曾有一段说明:"汪兆铭供单原存我馆军机处月折包内,系宣纸墨笔书写,长约313.5公分,宽约20.5公分,是清方之过录,非汪之亲笔。"[2]看来,很有可能是当初抄录时,将汪精卫的第一份供词和后来的政见长文一并抄录,并未加以区分,以致后人以讹传讹,错误地把汪精卫的政见长文移至其亲供之后,并把它当成了汪精卫的唯一供词。

肃亲王善耆的斡旋与难堪

三月初七日,汪精卫等被捕。三月二十日,清廷发布谕旨,将汪精卫、黄复生交法部永远牢固监禁,罗世勋交法部牢固监禁十年。

此案的判处,有两个特别之处:一是谋炸摄政王载沣,按律可处极刑,《国闻备乘》一书作者、时为御史的胡思敬,就力主从重治罪,其奏折中就有"汪黄二逆之罪,无论中律西律在所必诛"[3]之语,但最终汪精卫等人却能免于一死;再者,汪精卫等人只由内城总厅(相当于现在的公安部门)审讯,并没有经过法部等三法司审理就立即宣

---

[1]《汪精卫评传》,第43页。
[2]《清末汪兆铭被捕后的供单及有关史料》,《历史档案》,1983年第2期。
[3]《退庐全集》,第887—888页。

判,这在程序上也是颇不寻常的。

这些不同寻常的背后,活跃着时为民政部尚书的肃亲王善耆的身影。

三月初七日抓捕汪精卫当天,善耆就把汪荣宝等叫到肃亲王府开会、商酌办法,为如何向载沣汇报案情定调。[1]第二天,善耆和时为步军统领的贝勒毓朗面见载沣汇报此事。[2]但此时只有汪精卫所写的一份亲供,黄复生、罗世勋尚未交代口供。因此,按常理这次汇报的应该只讲案情,不太可能涉及汪精卫、黄复生等的具体处置。

三月十四日下午四时左右,善耆将汪荣宝以及负责侦办此案的内城巡警总厅厅丞章宗祥等叫到内城总厅,再次商榷办法。这次商谈,历时两小时,到"六时顷散"。[3]相信在这次商谈中,他们对汪精卫一案做了充分的讨论。

更值得注意的,是此前的三月初九日,汪荣宝曾同章宗祥"略谈此事发觉之始末,并处分办法"。[4]相信在十四日的会议上,两人会将商量的意见托出。此后直到三月十九日,汪荣宝日记中再无关于此案的记载。因此可以推断,尽管汪荣宝日记中没有记录和章宗祥所商量处置办法的具体内容,但两人商定的办法最终影响着善耆十九日向载沣的汇报。

三月十九日,善耆、毓朗再次面见载沣。[5]正是这次会见,最终确定了对汪精卫等的处置。这天下午,汪荣宝接到肃亲王府邸的电话,要他迅速前往内城总厅。到后得知,"汪、黄一案,已由两邸面请监国指示办法,监国仁恕宽大,不欲置诸极刑,拟以永远监禁处

---

[1]《汪荣宝日记》,第136页。
[2]《醇亲王载沣日记》,第356页。
[3]《汪荣宝日记》,第140页。
[4]《汪荣宝日记》,第137页。
[5]《醇亲王载沣日记》,第357页。

之"。[1]"两邸"指的肃亲王善耆和时为步军统领的贝勒毓朗,"监国"则是指监国摄政王载沣。善耆把汪荣宝叫来,是要他和内城总厅的人迅速草拟奏稿,以便第二天呈递请旨。照此所载,赦免汪精卫等的死刑,似乎是载沣主动提出的。

载沣的儿子溥仪在《我的前半生》中则认为,载沣不杀汪精卫是因为日本人的干预:

> 汪精卫被捕之后,受到肃亲王善耆的很好的招待。我父亲在自己的年谱中说这是为了"以安反侧之心",其实并非如此。我有位亲戚后来告诉过我,当时有个叫西田耕一的日本人,经过善耆那里的日本顾问关系告诉善耆,日本人是不同意杀掉汪精卫的。摄政王在几方面压力之下,没有敢对汪精卫下手。[2]

1933年,汪荣宝在北京病逝,其友章太炎在《故驻日本公使汪君墓志铭》中披露汪精卫是为汪荣宝所救,"宣统初,革命党人谋杀监国载沣,捕得将置极刑,君阴左右之,得毋死"。[3]这里所说的革命党人,自然就是指汪精卫他们。当时,汪精卫为中华民国政府行政院院长,章太炎在墓志铭中重提这段旧事,显然有给汪荣宝贴金之意。

汪荣宝的儿子们制作的《汪荣宝先生哀启》中也提到其父和章宗祥力救汪精卫等之事,且对汪荣宝所起的作用叙述更详:

> 先数月革命党人埋炸药道中,谋杀摄政王,事觉被逮,人心汹惧,诸满大臣尤忿怒,将置极刑,君与章仲和厅丞阴左右之,肃王善耆管民政部,方倚重君,即用君议密启摄政王,谓此曹皆政治犯,朝廷属欲收拾人心,宜从宽大,卒有旨着永远监禁,主其谋者则今行政院长汪季新先生也。侍郎乌珍以此大恨

---

[1]《汪荣宝日记》,第141页。
[2]《我的前半生》,第39—40页。
[3]《汪荣宝日记》,第513页。

君,遇事龃龉,君不为屈,亦无所芥蒂。[1]

按以上说法,在营救汪精卫中起重要作用的,是汪荣宝和章宗祥。汪荣宝因此还得罪了时为民政部左侍郎的乌珍。

但显然,即使汪荣宝等有救汪精卫之心,他们人微言轻,还得通过肃亲王善耆起作用。汪精卫本人也承认这点。他后来在《正月的回忆》一文中说:

> 救我的命的是肃亲王。肃亲王为使我抛弃革命的决心,用尽了种种的办法。曾经有一次,把我带到法场上,逼迫我变更革命的决心。他常常到监狱中来,与我谈论天下大事,谈论诗歌。[2]

宣统三年九月,面对武昌起义爆发、各省纷纷宣告独立的局面,清廷惊慌失措,接连采取了下皇帝罪己诏、公布宪法信条等举措,并于初九日同意了资政院关于速开党禁、赦免政治犯的呈请。九月十六日,经法部大臣绍昌奏请,清廷释放了已经监禁将近一年半的汪精卫、黄复生、罗世勋,并将汪、黄二人交两广总督张鸣岐差遣——原来的政治囚徒一变而成了朝廷可用之人。

黄复生出狱后,继续革命,民国成立后曾代理四川省长,当选过国民党中央执行委员、立法委员等;此前奉命前往日本买炸药的喻培伦南下后,很快参加了宣统三年的黄花岗起义,不幸壮烈牺牲。汪精卫和陈璧君后来结成夫妇。抗战期间,汪精卫背叛国家与民族,投靠日本,出任南京伪国民政府主席。为了报答当年不杀之恩,汪精卫曾准备派善耆的儿子宪立出任驻日大使。不料汪很快病死日本,事遂未成。

在回忆录中,汪精卫曾将善耆比作伟大政治家:"我是能免一死,也许是有一种政治的作用的。但是,我每回忆到这个时候的事,总想

---

[1]《汪荣宝日记》,第518—519页。

[2] 汪精卫:《正月的回忆》,汪馥泉(笔名正禾)译,《新中国报》,中华民国三十年(1941)四月二十五日。亦见于《汪精卫先生行实续录》,第10页。

到这位清朝末期的伟大的政治家。"[1]

善耆1922年病逝于辽宁旅顺。他如果泉下有知，看到当年曾赋下"慷慨赴燕市，从容作楚囚。引刀成一快，不负少年头"[2]的汪精卫，后来竟卖国求荣，不知会作何感想？

让善耆难堪的，还不止此。清帝逊位之后，善耆在其挚友、日本浪人川岛浪速等人的安排下，潜往旅顺的日本租借地。深感复辟无望后，他便把希望寄托在子女身上——他不许子女做民国的官，也不许其为民国的民。他的三十八个子女中，除三个儿子分别去了英国、德国、比利时外，其余全部进了日本学校。善耆去世后，他的一些子女与日本勾结，从事卖国活动。伪满洲国时，善耆的第七子金璧东（宪奎）曾任伪铁道守备队中将司令、黑龙江省长、长春特别市市长；其女金璧辉过继给川岛浪速后，改名川岛芳子，成了罪恶昭彰的日本间谍，抗战胜利后被枪决。

他救过的人，成了汉奸；他养育的子女，成了汉奸。这，不知是不是对这位开明政治家莫大的讥讽？

末代摄政王载沣与最后一位太后隆裕

载沣是光绪皇帝载湉的异母弟，也是清朝最后一个皇帝溥仪的父亲。自光绪三十四年十月光绪、慈禧逝世到宣统三年十月退居藩邸，他可以说是清朝日常政务的最高决策者。而光绪的皇后隆裕，除参与重大事务的决策外，在载沣归政之后，更由后宫走上前台，亲定接受共和与清帝逊位。他们二人，是光绪、慈禧之后大清最后的两位当家者。

---

[1] 汪精卫：《正月的回忆》，汪馥泉（笔名正禾）译，《新中国报》，中华民国三十年（1941）四月二十五日。亦见于《汪精卫先生行实续录》，第10页。

[2] 汪精卫：《被逮口占》，《双照楼诗词稿》，第1—2页。

载沣执政的合法性,来自慈禧的两道谕旨。

光绪三十四年十月二十一日,被慈禧囚禁在中南海瀛台十年之久的光绪去世,享年三十八岁。国不可一日无主,慈禧选定光绪弟弟载沣的儿子、年仅三岁的溥仪为皇帝,"继承同治兼祧光绪"。[1]同日,慈禧发布谕旨,以载沣为监国摄政王:

> 现值时事多艰,嗣皇帝尚在冲龄,正宜专心典学,着摄政王载沣为监国,所有军国政事,悉秉承予之训示,裁度施行。俟嗣皇帝年岁渐长、学业有成,再由嗣皇帝亲裁政事。[2]

关于光绪之死,不少人认为是病中的慈禧觉得自己将不久于人世,怕自己死后光绪翻案而派人谋害,使光绪死在自己之前。但十月二十一日谕旨中的"所有军国政事,悉秉承予之训示"之语表明这一说法值得商榷,因为按照这道谕旨,慈禧还在为自己长期执政做打算呢——载沣虽为摄政王、监国,但慈禧同时指出,所有军国政事还需要秉承她的训示裁度实行。

只是人算不如天算,第二天,慈禧病势加重,赶忙下旨交代后事:

> 现予病势危笃,恐将不起,嗣后军国政事,均由摄政王裁定。遇有重大事件,必须请皇太后懿旨者,由摄政王随时面请施行。[3]

这份谕旨赋予载沣相当大的权力。首先,摄政王地位的重要性众所周知,大清建国两百多年,只有清初入关时设有摄政王,即多尔衮,尊为"皇父摄政王",在顺治年幼之时实际执掌大清的最高权力。咸丰病逝后,慈禧联合恭亲王奕䜣发动"辛酉政变"后垂帘听政。即便如此,对在政变中立下汗马功劳的奕䜣,慈禧也只是封其为议政王,而非摄政王。

---

[1]《我的前半生》,第55页。
[2]《宣统政纪》卷一。
[3]《宣统政纪》卷一。

同治十三年十二月初五日，同治皇帝载淳病逝，没有留下子嗣。慈禧选定载湉为皇帝，即光绪皇帝，但并未让载湉的父亲醇亲王奕譞出任摄政王，而是自己垂帘听政——其时的皇帝遗诏中写有"兹钦奉两宫皇太后懿旨，醇亲王奕譞之子载湉着承继文宗显皇帝为子，入承大统，为嗣皇帝"。[1] 光绪二十四年，慈禧再度发动政变，软禁推行戊戌变法的光绪帝于中南海瀛台，既不另立新君，也不设摄政王，而是再次训政。

谕旨中的"遇有重大事件，必须请皇太后懿旨者，由摄政王随时面请施行"是否意味着载沣之上还有一个隆裕"垂帘听政"呢？

隆裕是光绪的皇后、慈禧的侄女，作为溥仪名义上的母亲，她有干政的可能。这种双雄并立的情形，历史上也曾出现过——唐高宗时，武则天和唐高宗并列"二圣"。683年，唐高宗病逝，临终遗诏中说："军国大事有不决者，兼取天后进止。"这是明确要求，军国大事要听取武则天的意见。

但慈禧的临终懿旨，没有让隆裕皇太后垂帘听政，而是让溥仪的父亲载沣出任摄政王监国，同时赋予载沣很大的权力——日常军国政事载沣自主裁定，虽然还有遇到大事时请示皇太后一条，但哪些是重要事件、该不该请示皇太后，实际上也由载沣决定。摄政王加上监国，则意味着此时刚刚二十七岁的载沣成了大清的实际当家人。

使德赔礼后进入慈禧视野

据说，当时曾有人劝慈禧，国事艰难，应该选一个成年者继任皇帝。但慈禧没听，而是采取了另外一种方式——选择未成年的溥仪出任皇帝，并让溥仪的父亲载沣实际掌权。

载沣得以进入慈禧的视野，公认的说法是因其在光绪二十七年（1901）使德期间的表现。光绪二十六年八国联军攻陷北京，慈禧、

---

[1] 中国第一历史档案馆：《大清穆宗毅皇帝实录》卷三七四。

光绪逃避西安后命庆亲王奕劻、大学士李鸿章为议和全权大臣，在北京与八国联军和谈。和谈内容，除赔款、惩办相关人等之外，还有德国驻华公使克林德及日本使馆书记官被戕案的善后。

所谓德国公使克林德被戕之案，是指义和团运动期间，德国公使克林德在赴总理衙门的路上，因与清军发生冲突而被杀。在议和期间，列强迫使清廷同意在克林德被杀之处树立"铭志之碑"，并以拉丁、德、汉等文书写"大清国大皇帝惋惜凶事之旨"。同时，德国方面在《辛丑条约》中明确要求派亲王为专使赴德，并指名由光绪帝之弟载沣前往——"钦派醇亲王载沣为头等专使大臣，赴大德国大皇帝前，代表大清国大皇帝暨国家惋惜之意"。当时，载沣只有十八岁。

载沣一行于光绪二十七年五月从北京出发，七月初行抵意大利时，接到清驻德公使吕海寰的电报。原来，德国外交部礼宾司突然通知吕海寰：八月十四日德皇威廉二世在白厅接见中国专使之时，德皇将端坐椅上，接受醇亲王行三鞠躬礼；载沣的随同参赞人等，必须"均照中国臣下觐君礼叩首"。[1]

此前，吕海寰曾多次向德方探询会见礼节，但德方未有任何表示。西方国家使臣来华后，一直对清廷要求外国公使以叩首礼觐见清帝一事大加反对，最后清廷改为行五鞠躬礼。三年前，德皇的弟弟亨利亲王来华时，光绪皇帝格外优礼，"出御座相见，并于纳陛上赐坐，此中国非常异数"。[2]而这次，要求代表大清皇帝而来的醇亲王行鞠躬礼，还要求使臣行参拜礼——完全没有外交上的平等之意。

得知德方的上述礼仪要求后，载沣认为"此为中外所无，当即图应付之策，以全国体"。[3]对策之一是推迟抵达柏林的时间，七月十二日抵达德国和瑞士边界的巴塞尔后，载沣让人通知德国方面，连

---

[1] 王开玺：《载沣使德期间的礼仪之争》，《紫禁城》，2002年第1期。
[2] 王开玺：《载沣使德期间的礼仪之争》，《紫禁城》，2002年第1期。
[3] 《醇亲王载沣日记》，第54页。

日船车颠簸颇觉倦怠，需略作休息，"余身体少有不适，不能即赴德京"。与此同时，一方面将情况通知朝廷，一方面派人前往柏林斡旋。经过一番努力，德国方面最终通知吕海寰，载沣等见德皇递国书时免去参随跪拜之礼。[1]

七月二十二日上午，载沣觐见德皇，"余（行）三鞠躬礼，进递国书，读颂词。德皇答词，成礼"。下午两点，德皇亲自来到载沣下榻处答拜，"未刻，德皇亲来答拜。坐谈二刻许，德皇辞去"。[2]载沣在德期间，德皇还邀请其游览德国地方名胜、参观工厂、观看德军操练等。

在这场外交交涉中，载沣为大清国挽回了面子，也使自己进入了大清国最高统治者慈禧的视野——她不惜撕毁载沣原订婚约，将其心腹荣禄的女儿瓜尔佳氏强行指婚给载沣。[3]同时，慈禧还进一步提拔、历练载沣，让其先后出任正白旗汉军都统、正红旗满洲都统、军机大臣学习行走、军机大臣等。

摄政时位同帝王

载沣执政史，以宣统三年十月十六日的辞职为分界线，在此之前，是载沣当国；之后，隆裕皇太后是名义上的最高统治者，但实权已落入袁世凯手中。

载沣的权力，在《摄政王礼节总目》中有着明确的规定。

光绪三十四年十一月初九日，三岁的溥仪在哭闹声中完成皇帝登基礼之后，宫中除照例办理光绪、慈禧丧事并尊封皇太后及前代嫔妃以外，一件重要的事情，就是筹议监国摄政王的礼节。根据清宫档案的记载，这一话题，从十一月初八日京师大学堂监督刘廷琛拟《摄政

---

[1]《醇亲王载沣日记》，第55页。
[2]《醇亲王载沣日记》，第56页。
[3] 金毓嶂：《生正逢时——清皇族后裔金毓嶂口述家族史》（以下简称《生正逢时》），人民出版社2013年，第11页。

王监国礼制》四条呈览开始，一直到宣统元年五月二十八日止，前后延续了半年多。

光绪三十四年十一月二十日，内阁及各部院衙门共同议奏了《摄政王礼节总目》。呈览后，载沣发出上谕："会议监国摄政王礼节一折，尚属周妥，业由监国摄政王呈请皇太后御览，应照所议办理，着各该衙门一体遵行。"[1]

《摄政王礼节总目》十六条，按其性质可归纳为如下四个方面：

首先，属于礼节性的规定共八条，如第三条关于称号的规定就有"监国摄政王在皇太后前称臣，行臣礼；谕旨内称监国摄政王时，不书名；监国摄政王称皇上曰皇帝，王对众自称曰本摄政王"。此外，第一条"告庙"、第四条"代行祀典"、第七条"朝会班次"、第八条"朝见坐位"、第九条"钤章署名"、第十条"文牍款式"等都是关于礼节方面的规定。

其次，关于摄政王个人待遇的规定有三条。舆服、护卫、从官均比照顺治年间摄政王多尔衮的体制（但后来载沣都改为"仍按亲王制度服用"）；个人用度经费，每年由度支部拨银十五万两，交内务府支应；邸第，则拟请于中海以西的集灵囿建监国摄政王府第，另以东华门内三所为监国摄政王随时起居休息之所。

第三是关于摄政王的两条义务：一是皇帝的学业，第六条典学规定，"皇上典学时，学业及师傅勤惰，均应由监国摄政王考察照料"；二是复政，也就是归还权力，第十六条规定，"俟皇上年长学成，届举行大婚典礼时，大小臣工集议，合词陈请皇上亲裁大政"。

第四是关于摄政王权力的规定，共三条。这三条虽然字数不多，但分量很重，如第二条中说，"军国政事及黜陟赏罚悉由监国摄政王裁定，仍以谕旨宣示施行。凡重大事件有必须请皇太后懿旨者，由监国摄政王面请施行，他人不得擅请擅传"。这是对慈禧十月二十二日

---

[1]《宣统政纪》卷三。

懿旨的具体化,慈禧规定"遇有重大事件,必须请皇太后懿旨者,由摄政王随时面请施行",但没有说明在什么情况下请示皇太后。《摄政王礼节总目》则规定了何时、在何种状况下需要向皇太后请示,完全由摄政王决定,他人不得擅请擅传。这不但规定了载沣的最高权力,而且限制了皇太后的权力。

第五条则赋予了载沣军权,"皇上有统率全国海陆军之权,凡宪法纲要内所定皇上大权关系军事者,即属之于摄政王。其京外旗绿各营、海陆各军,应归摄政王节制调遣";第十二条则将外交大权也赋予摄政王,"凡与各国订约遣使,均由监国摄政王主持"。

《摄政王礼节总目》最后一段说"以上各条,如有增减修改之处,均由监国摄政王裁度酌改施行,他人不得擅违擅改",这更赋予了载沣无限权力。[1]

由上我们得知,摄政王载沣的地位,除在某些纯礼节性的地方稍逊于皇帝(比如需称皇上为皇帝)以外,在实权方面,是与皇帝无异的。也就是说,在载沣辞职之前,宣统登基后近三年的时间里,大清国的军政外交等大权,是掌握在载沣手里的。也因此,载沣掌握着大清国的命运。

勤政宽厚但乏济变之才

作为大清国最后三年的实际当家人,载沣的性格、能力等毫无疑问对大清有着重要影响。这方面载沣有什么特点呢?

首先是勤政。人们常说清朝有庸主但没有暴君、怠君,载沣虽不是皇帝但实际上掌握着皇帝的权力。从记载上看,载沣可以说是一位勤政的当家人。

以接见下属官员为例。据宣统三年清宫档案所载部分日期,三月二十五日载沣当日接见73人——其中吏部31人,学部8人,领侍卫

---

[1]《宣统政纪》卷三。

内大臣8人，镶黄旗满洲4人，正黄旗蒙古2人，正白旗满洲10人，内务府10人；四月十二日57人；四月十五日77人；四月十九日43人；五月初十日，接见学部人员147人；五月十一日，接见学部人员148人；闰六月二十三日76人——其中内阁21人，学部3人，陆军部7人，农工商部6人，钦天监2人，镶黄旗汉军5人，正白旗汉军2人，正红旗蒙古2人，正红旗汉军4人，镶蓝旗满洲6人，内务府6人，中正殿2人，内务府护军营10人；七月初八日75人。[1]

官员引见制度为顺治时所定，事前由吏部和兵部向皇帝呈交被引见人的履历考核详单，届时，文官由吏部尚书或侍郎、武职由兵部尚书或侍郎，依次带领朝见皇帝。按顺治年间的规例，被引见者均要向皇帝跪奏履历。皇帝还不时会问一些地方的事情和在任情况，甚至当场出题进行考试。晚清时，引见虽已多成例行公事，但诸如宣统三年三月二十五日接见来自七个不同部门的73人——如果每人跪奏履历按一两分钟算，加上简单询问、引退等，再快也得一两个小时。更不用说，一次接见一百多人的情形。

据载沣日记，从光绪三十四年十一月二十一日首次以监国摄政王身份临朝，到宣统三年十月十六日退政归邸，三年的时间，他竟然没有请过一天假，日记中天天都写着"上门"——上班。

不过，有传言说载沣接见下属时经常出现无话可说的尴尬情形——载沣的儿子溥仪在《我的前半生》中曾写过这样一个例子：

> 李鸿章的儿子李经迈出使德国赴任之前，到摄政王这里请示机宜，我七叔载涛陪他进宫，托付他在摄政王面前替他说一件关于禁卫军的事，大概他怕自己说还没用，所以要借重一下李经迈的面子。李经迈答应了他，进殿去了。过了不大功夫，在外边等候着的载涛看见李经迈又出来了，大为奇怪，料想他托付的事必定没办，就问李经迈是怎么回事。李经迈苦笑着说："王爷

---

[1]《光绪宣统两朝上谕档》第37册，第73—212页。

见了我一共就说了三句话：'你哪天来的？'我说了，他接着就问：'你哪天走？'我刚答完，不等说下去，王爷就说：'好好，好好地干，下去吧！'——连我自己的事情都没说，怎么还能说得上你的事？"[1]

载沣处理政务的能力如何？宣统三年十月初十日军机处进呈摄政王载沣定夺的事件如下：谨拟上谕三道，谨拟旨一道，谨拟电旨四道，谨拟谕旨一道，拟旨内折两件，拟旨外折片三件（计二封），请安折二封，奏片二件，黄册电一本，内阁收发电一本，弼德院官制单一件，军咨处暂行章程单一件，代递典礼院折一件（附单一件）。[2] 统计发现，需要处理的事务就有二十三件，其中还有像弼德院官制单、军咨处暂行章程单这种较为费时的政务。而且这样的情况并非个例——四月十五日拟谕旨六道；[3] 四月二十四日接见五十五人之外，还下发包括推行铁路干线国有政策等谕旨九道；[4] 十月初九日进呈事件有"谨拟上谕二道，谨拟电旨五道，内折二件，黄册电一本，内阁收发电一本，汇奏九月份满汉谕旨折单一匣"。[5]

为了更清楚地说明问题，我们不妨将载沣与咸丰做一个对比。据清宫档案，咸丰十一年二月，咸丰所处理的政务分别为十四日颁旨九道，十五日颁旨五道，十七日两道，十八日三道，十九日三道，二十日一道。[6] 两相比较，不难看出咸丰晚期的懒政和载沣的勤勉。

八月二十一日接到湖广总督瑞澂关于武昌起义的奏报后，载沣立即做出了一系列决策：令陆军大臣荫昌率第一军两镇人马南下武昌，令萨镇冰率海军、程允和率水师赴鄂，同时由荫昌节制湖北军队和

---

[1]《我的前半生》，第25—26页。
[2]《光绪宣统两朝上谕档》第37册，第321页。
[3]《光绪宣统两朝上谕档》第37册，第101页。
[4]《光绪宣统两朝上谕档》第37册，第105—107页。
[5]《光绪宣统两朝上谕档》第37册，第320页。
[6]《上谕档》，咸丰十一年二月十五日至二十一日。

派往湖北的各路援军；给长江沿线各督抚下旨，要求加意防范长江沿岸；鉴于京汉铁路和黄河铁桥对于运送兵员、枪械和战备物资的重要性，让直隶总督陈夔龙、河南巡抚宝棻、湖广总督瑞澂加派军队，认真保护；通知署四川总督赵尔丰，湖北新军施南一标暂难进川，要赵尔丰一意坚持，等候黔湘援军；电复闽浙总督松寿，同意其暂免裁减福建防军预算的奏请。在这样紧急的军务处置中，载沣还不忘告诉代理川滇边务大臣的补用道傅嵩炑，"准其酌量添募营队"。[1] 这一系列令人眼花缭乱的部署，尽管效果如何有待检验，但还是比较冷静的。也因此，美国学者拉尔夫·尔·鲍威尔在认为这些举措属"徒然的努力"之余，也不得不承认其"惊人的速度"。[2]

其次是宽厚。光绪二十六年八国联军攻入北京、慈禧挟光绪西逃后，外国列强指镇国公载澜为"纵容拳匪，围攻堂馆"的祸首之一，要求清廷对其加以惩办。因载澜身为皇亲贵族，故免于极刑，但被撤职夺爵，发往新疆监禁。其间，他给载沣写了一封信。这封《载澜致载沣函》原藏于清宫大内，写于光绪二十八年，信的开头称载沣为"五弟"。其时载澜已在新疆迪化（今乌鲁木齐），信中说自己于去年来新疆途中，巧遇被谪戍边疆的原府上的几名家差及护卫——他们境遇都很惨。为此，载澜拜托载沣在他们被释、返回京城后，能帮忙请求朝廷通融，予以照顾，"再四筹思，无可为力，惟望吾弟念系本府奴隶，可否设法各归原旗当差，则出自鼎力成全，则该四人永图犬马之报也"。[3]

身为罪人，载澜首先想到不嫌弃自己的，是五弟载沣——他向载沣而没有向他人求情，侧面证明了载沣的宽厚。

光绪二十八年六月，奉慈禧太后之命，载洵过继给瑞敏郡王奕志

---

[1]《随手档》，档号：03-0337-2-1303-235；《宣统政纪》卷六一。
[2]《1895—1912年中国军事力量的兴起》，第185页。
[3] 丁进军：《载澜致载沣函》，《紫禁城》，1991年第2期。

为嗣，生活穷困潦倒。作为兄长的载沣得知后，慷慨地将位于北京西单丰盛胡同的适园送给载洵。[1]这个小小的例子也说明了载沣的慷慨。

宣统三年十月十六日，载沣因摄政三年来用人、举措等失当而辞去监国摄政王之位、退归藩邸。隆裕皇太后批准其辞职的上谕指出载沣才难济变的同时，也承认其勤政、宽厚，"监国摄政王性情宽厚、谨慎小心，虽求治綦殷而济变乏术，以至受人蒙蔽、贻害群生"。[2]

十月二十日，御史温肃也在奏折中为载沣鸣不平，"奕劻、载泽、那桐、徐世昌未闻有懿旨惩处，盛宣怀、瑞澂罪大恶极亦罚不及罪……而使摄政王一身当之，斯亦事之至不平者矣"。[3]为此，温肃还铺叙载沣之功、请隆裕皇太后收回成命。他说，光绪、慈禧相继逝世之时，"中外人心、彷徨无主，迨遗诏一下，天下大定。实因摄政王平日清名素著，妇孺皆知。委托得人，同声叹服"。

莽撞收权与无奈归政

出任监国摄政王时，载沣刚刚二十七岁，完完全全是一个年轻人。年轻人办事莽撞的特点，在载沣身上也表现得十分鲜明。

载沣监国伊始，做了两件大事：一是将袁世凯开缺回籍，二是将全国军权、财权等收归到满人尤其是近支王公手中。

光绪年间使德让他学到一条：军队一定要掌握在皇室手里，皇族子弟要当军官。这方面他比德国做得更彻底，不但要抓到皇室手里，而且还必须抓在自己家里。出任摄政王不久，他就派自己的兄弟载涛做专司训练禁卫军大臣，建立皇家军，并以载涛兼任军咨府大臣，负责军队调动；另一个兄弟载洵则为海军大臣。

载沣的这番安排，以及后来成立皇族内阁等举措，不可否认有着分汉人之权、加强满人权力之目的。但清朝自咸丰、同治朝以来，政

---

[1] 李国强：《九公主在适园》，《紫禁城》，1989年第4期。
[2] 《上谕档》，宣统三年十月十六日。
[3] 《宣统政纪》卷六六。

坛上的汉人高官就多于满人高官。这既是由于曾国藩、左宗棠、李鸿章等在平定太平天国中脱颖而出，也由于八旗子弟缺乏人才。载沣想在一朝之内扭转已经延续了半个多世纪的现状，毫无疑问显得急切而草率。如此，反而加剧了全国范围内的排满之风。宣统三年九月二十日，清廷曾颁布一道上谕："内阁奉上谕，近因各省纷扰、军人交战、谣诼繁兴，并有以满汉强分界限，意在激使相仇。"[1]以强分满汉之谣言宣传排满，可以说正是革命军对社会排满情绪的巧妙利用，也表明载沣加强皇权、加强满人权力的政策酿致了严重后果。

宣统三年十月十六日，在袁世凯组阁十天之后，载沣以施政不当为由，向隆裕太后请求辞去监国摄政王之位：

> 自摄政以来，于今三载。用人行政多拂舆情，立宪徒托空言，弊蠹因而丛积，驯致人心瓦解、国势土崩。以一人措施失当而令全国生灵横罹惨祸，痛心疾首，追悔已迟。倘再拥护大权、不思退避，既失国民之信用，则虽摄行国政，诏令已鲜效力，政治安望改良？泣请辞退监国摄政王之位，不再干预政事。[2]

这番话道出了载沣对自己摄政三年的评价，基本上是一无是处——用人、行政不当，立宪没有成功推行，全国陷入动乱。虽有谦逊的成分，但也基本属实。正如溥仪在《我的前半生》中评价："他对那三年监国是够伤脑筋的。那三年可以说是他一生最失败的三年。"[3]

也有说法认为载沣退政另有隐情——他并非全由自愿，而是有外力胁迫。载沣十月十六日宣布退政，此前三天，袁世凯就向英国驻华公使透露，载沣被罢黜已不可避免；同日，日本外务大臣内田康哉也致电驻华公使伊集院，"已接获英国驻清公使来电，略谓：袁世凯已向该公使秘密透露：各方情况愈益证明，为挽救时局，摄政王之废黜

---

[1]《上谕档》，宣统三年九月二十日。
[2]《上谕档》，宣统三年十月十六日。
[3]《我的前半生》，第23页。

已成为不可避免"。[1]载沣归政一个多月后，在宣统三年十二月初一日的御前会议上，面对一众宗室反对清帝退位的呼声，隆裕曾说了这样一段耐人寻味的话：

> 我何尝要共和，都是奕劻同袁世凯说，革命党太厉害，我们没枪炮、没军饷，万不能打仗。我说可否求外国人帮助，他说等奴才同外国人说看。过二天，奕劻说：外国人再三不肯，经奴才尽力说，他们始谓：革命党本是好百姓，因为改良政治，才用兵。如要我们帮忙，必使摄政王退位。你们问载沣，是否这样说。[2]

载沣当时的回答为"是"——只是载沣归政了，外国人最后并没有出兵帮助清廷对付革命军，而是保持中立。如果隆裕所言不虚，那看来在让载沣退政一事上，奕劻和袁世凯合谋欺骗了隆裕太后。

"退休"生活与下葬西郊

溥仪在《我的前半生》中写道：我的弟弟溥杰曾听母亲说过，辛亥那年父亲辞了摄政王位，从宫里一回来便对母亲说："从今天起我可以回家抱孩子了！"母亲被他那副轻松神气气得痛哭了一场，后来告诫弟弟："长大了万不可学阿玛那样！"[3]

尽管载沣一心只想抱孩子，但身为末代皇帝溥仪的生父，在清室风雨飘摇之际，不管是情愿还是不情愿，归政之后，他还是被裹挟在清室的系列大事之中——包括参与决定清帝逊位、代表逊清皇室宴请孙中山、运动清室优待条件入宪法等。[4]

---

[1]《袁世凯全集》第19卷，第110页。

[2]《辛亥革命》（八），第112—113页。而据黄兴回忆，1912年9月进京期间，袁世凯在"酒酣耳热"之际，曾亲口对他说："立调荫昌回，而以冯国璋代之，厥后摄政王之辞职，载涛之去军咨府，以及夸张民军种种流言之传播，皆余为之也。"见黄兴：《黄兴自述》，人民日报出版社2011年，第206页。

[3]《我的前半生》，第22—23页。满语中称父亲为阿玛。

[4]参见本书第七章"御前商议退位"节。以及附篇《从通缉犯到座上宾——孙中山与晚清权贵的交往》《逊帝溥仪的禁宫生活》。

1934年3月，投靠日本的溥仪在长春称帝，成立傀儡政府伪满洲国。7月，五十一岁的载沣曾以父亲的身份前往长春看望溥仪。回来之后，除了短暂居住在天津，绝大部分的时间，他都住在北京的王府里。严格说起来，自宣统三年年底，即1912年归政之后二十二年，载沣才真正开始其"退休"生活。

他开始发展自己在天文、地理方面的兴趣。光绪三十一年八月，清廷废科举、停武科，为解决八旗官员子弟的功名问题，决定开办陆军贵胄学堂。光绪三十二年五月十一日，时为醇亲王的载沣以及恭亲王溥伟等三十二人作为首批王公世爵到校听讲。载沣第四子溥任说：

> 我父亲载沣对于听讲非常重视，每次听讲均详细记笔记，认真做作业。我曾见到过他的听讲笔记和作业，在两年内所用本册就有一书箱之多，尤其对于天文、地理两课最感兴趣。[1]

另据载沣之孙金毓嶂回忆：醇亲王府里就有一个载沣向别的王公借来的日晷；他在家中购置有星球仪、地球仪、三球仪、天文望远镜及天文、地理挂图和多种书籍；有日食或月食的时候，他用蜡烛熏黑玻璃片作为观测工具，兴致勃勃地带领孩子们观看；他详细记录日食、月食的发生情况，并附有工笔图形，同时写下自己的分析和研究；他的日记中还记有关"哈雷"彗星的实地观测情况；当夏夜乘凉的时候，他常指着浩渺的天空教孩子们认识天上的星座。[2]

不少人认为，如果不是出生在那样的时代和那样的家庭，载沣可能会成为一名自然科学家。

随着民国停止支付优待费，醇亲王每年五万两的俸银也没了来源。天长日久，载沣家的生活水平逐渐下降。此外，由于嫡福晋、荣禄的女儿瓜尔佳氏花钱大手大脚，昔日的醇亲王府，不得不变卖古

---

[1] 溥任：《陆军贵胄学堂》，《紫禁城》，1988年第5期。
[2] 《生正逢时》，第13页。

玩、田产以度日。据溥仪回忆："母亲花起钱来，使祖母和父亲非常头痛，简直没办法……每次俸银到手不久，就被母亲花个精光……花得我祖母对着账房送来的账条叹气流泪，我父亲只好再叫管事的变卖古玩、田产。"[1]

好在载沣安于这种日渐贫困的生活。除长子溥仪之外，载沣还有次子溥杰、三子溥倛（幼殇）和四子溥任。金毓嶂是溥任之子、载沣的长孙，退休前曾任北京市东城区副区长、北京市政协民族宗教委员会主任，与载沣共同生活了七八年的时间。据其回忆，载沣的吃穿用度很简朴——早点主要吃玉米渣粥、白米粥、烧饼、炸圈、煎鸡蛋、小咸菜等；正餐很多时候吃片汤、面条，一顿饭顶多两三个菜。[2]逢年过节的时候，才从天福号等买点炉肉、丸子熬白菜等。

当然，载沣偶尔也会带全家人到外边饭馆吃饭——他最爱吃烩虾仁，每次到饭馆吃饭，都必点虾仁；他还爱吃凉拌西红柿，只是因为有糖尿病，不能吃糖，便将西红柿去皮去籽切片，用酱油蘸着吃；他也爱吃奶卷、奶酪等满族食品。金毓嶂记得，小时候，载沣曾坐黄包车带着他一起去地安门吃奶卷、奶酪，"那份醇厚仿佛至今还在唇齿之间留香"。[3]

金毓嶂出生于羊年，巧合的是，载沣以及金毓嶂的二伯父溥杰也属羊。一下子，家里有了三个成员属羊，按传统习俗属"三羊开泰"，非常难得，很吉祥。这让载沣不禁喜出望外。但金毓嶂是溥任结婚五年后才生的，因此一开始载沣曾疑心其是抱养的，叫人抱到他跟前去看，见长得很像自己才疑心尽释。为纪念长孙出生，载沣特意定做了一对纯金大碗，并刻字留念。"文化大革命"时，溥任把这对金碗上

---

[1]《我的前半生》，第32—33页。
[2]《生正逢时》，第14、18页。
[3]《生正逢时》，第20页。

交给了国家。金毓嶂之后，醇亲王府的孙辈陆续降临。对每个孩子，载沣都给定制了玉锁，玉锁上刻有各自的小名，上面系有绳子，可以挂在脖子上，"可惜这些玉锁在以后的岁月中都遗失了"。[1]

在金毓嶂的印象中，载沣对孙辈们很是溺爱——贪玩的他中午常常在载沣所住的北屋窗户外面推小车，跑来跑去，弄出很大声响，吵得载沣不能午睡。载沣虽然感觉很吵，却并不觉得烦，也没有责罚，只说："小孩子嘛，是爱玩的，就让他玩吧。"

1928年，载沣曾追随溥仪到天津住过一段日子，其间得了下肢萎缩症，以致行走不便。回京后，就很少与外人交往，也较少下地活动，最多是坐在轮椅里，让伺候他的下人推着在王府花园里走一走，呼吸呼吸新鲜空气或晒晒太阳。更多的时候，是在房中看书。

民国时期，载沣较早就剪掉了辫子，不穿长袍马褂，改穿新式服装。1949年时，他就废除了王府里沿袭多年的请安制，告诉家人"以后不用请安了，互相之间叫同志吧"。因为他的坚持，醇亲王府的人真的不穿长袍马褂，也真的不请安了。不过，他们没有就此称"同志"，还是按辈分相称。

在穿衣、称谓上体现开明一面的载沣，其实也有为人刻板、墨守成规的一面。金毓嶂回忆，即便是载沣的弟弟载涛到家中拜访，如果没有提前约好，哪怕是到中午十二点，载沣也不管饭，要载涛回自己家吃。[2]

更能体现载沣刻板的，是他的讳疾忌医和对西医始终不相信的态度。溥仪回忆，载沣的母亲曾患乳疮，请中医总不见好，他便听从载涛等的意见，请法国医生来看病。医生打算开刀，遭到了醇亲王府全家的反对，只好采取敷药的办法。敷药之前，医生点上了酒精灯准备给用具消毒，"父亲吓坏了，忙问翻译道：'这这这干么？烧老太

---

[1]《生正逢时》，第14—15页。
[2]《生正逢时》，第21页。

太？'"[1]医生无奈，只好放弃，开药后离开。后来医生发现老太太病情毫无好转，觉得十分奇怪，就叫把用过的药膏盒子拿来看看。载沣亲自把药盒都拿来了，医生一看，药品一律原封未动。

不仅对自己母亲如此，载沣自己生病，也不吃药——他相信命运，信奉"生死有命，富贵在天"。晚年患病时，虽也常请大夫来府中看病，可等吃药时间到了，他便叫身边的人把药倒掉。他有糖尿病，但不听医生的嘱咐仍然吃甜食，最后耽误了。[2]

载沣晚年，醇亲王府也经历了沧桑巨变：1949年，因为缺乏公众表演场所，他曾将部分王府开放为公众活动场所。据金毓嶂回忆："小时候王府的银安殿院内曾经表演过《赤月河》等话剧，很多人到王府里观看演出，我们也跑去凑热闹。"[3]为支持国家发展教育，1949年，载沣将王府及花园出售给"国立高级工业学校"，自己搬到东城魏家胡同46号。此后，醇亲王府成为卫生部机关所在地（现为国家宗教事务局机关所在地），西侧的花园则成了国家名誉主席宋庆龄的居所（现宋庆龄同志故居）。至于载沣新搬的魏家胡同46号则是一所三进院子，共有四十多间房。在魏家胡同才住了八个月，这房子又为政务院所收。1950年夏，载沣搬至离魏家胡同不远的利薄营13号。

1951年2月3日，六十八岁的载沣因糖尿病转尿毒症医治无效，在利薄营的家中去世。其时溥仪、溥杰尚在抚顺战犯管理所接受改造，丧事由四子溥任和弟弟载涛操办。一般人去世通常用黑色棺材，而据说装殓载沣的是六十四人抬杠的又红又亮的楠木棺材。[4]当时我国已经取消停灵暂厝制度，经请示有关部门，位于北海后门的嘉兴寺同意载涛提出的停灵二十一天的请求。二十一天后，本爱好天文地理、无心政治却阴差阳错实际统治大清国三年之久的载沣，归葬于北

---

[1]《我的前半生》，第27页。
[2]《生正逢时》，第21页。
[3]《生正逢时》，第21页。
[4]《生正逢时》，第22页。

京西郊福田公墓。

最后一位太后隆裕

宣统年间,清朝另一位名义上的最高统治者是皇太后隆裕。溥仪登基时才三岁,军政大权掌握在载沣和隆裕两人的手里。而根据慈禧遗旨,实际上,权力更掌握在载沣手里。翻看《光绪宣统两朝上谕档》和《大清宣统政纪》等清宫档案,不时可以看到"内阁奉上谕,监国摄政王面奉隆裕皇太后懿旨"的字样,这表明载沣有些事情是需要请示隆裕的。是哪些事情呢?

一类是内廷拨款,诸如拨付内帑银救灾赈济——"宣统三年八月二十九日,内阁奉上谕,监国摄政王面奉隆裕皇太后懿旨,近来南省迭被水灾,今年湖北又有匪党作乱,俯念饥民难民流离荡析,深为悯恻,亟宜加恩振抚。现将孝钦显皇后所遗宫中内帑内拨银二十万两,由内务府发交袁世凯派委妥员在湖北一带核实振济,以惠灾民"。[1] 隆裕为了救灾赈济而出面的记载,还在宣统三年三月十八日、六月二十八日、七月十四日、九月二十日等日的上谕中多次出现。

一类是关系禁卫军的。禁卫军负责皇宫和京畿的防卫,隆裕自然也格外上心,宣统三年十月初一日的上谕档里就有这样的记载:"十月初一日,内阁奉上谕,监国摄政王面奉隆裕皇太后懿旨,所有禁卫军左右翼、巡警、武卫左军各项兵丁,着每名赏银一两,由内帑拨交内务府发给。"[2]

一类是内务府事务。六宫之主本为皇后,但溥仪当时尚未大婚,内务府和六宫事务自然是由身为皇太后的隆裕做主,包括内务府总管的任免——宣统三年九月二十日,世续出任总管内务府大臣,就是隆

---

[1]《上谕档》,宣统三年八月二十九日。
[2]《上谕档》,宣统三年十月初一日。

裕的主意。[1]此外，由于溥仪兼祧光绪，隆裕也就"兼祧母后"，因此溥仪的读书等事宜，也属于她关注的事务——宣统三年六月十五日，隆裕选定陆润庠、陈宝琛和伊克坦为溥仪的汉文、满文老师，并令钦天监在七月选定吉日，让六岁的溥仪正式入学，"内阁奉上谕，监国摄政王面奉隆裕皇太后懿旨，皇帝冲龄践祚，寅绍丕基，现当养正之年，亟宜及时典学"。[2]

十月十六日载沣退居藩邸后，隆裕成为名义上的最高统治者。此后，清廷发布谕旨的格式由原来的"奉旨"变成了"奉旨，朕钦奉隆裕皇太后懿旨"。但此前的十月初二日，袁世凯以实行责任内阁为名，已奏请暂停"大臣奏事入对"，切断隆裕与众多大臣的直接联系——除国务大臣外，隆裕不得召见其他大臣，给皇帝的奏折必须通过内阁代递。因此，隆裕执政的两个月，基本上就是和袁世凯及国务大臣打交道。

隆裕本为慈禧的侄女，当年慈禧将其指配给光绪，很重要的目的就是监视光绪，以免光绪大婚亲政后自己大权旁落。光绪喜欢珍妃，对隆裕并不好。慈禧掌权时，就连光绪都无法染指权力，何况隆裕？可以说，隆裕始终没有得到政务上的历练。

不仅政务上缺乏历练，在学识上，隆裕也十分欠缺。光绪、慈禧去世之后，曾有人提出选派精通经史的有封号之女子入宫为隆裕授课，但因张之洞等人的阻挠而未果。胡钧《张文襄公（之洞）年谱》记载，光绪三十四年十二月十一日，"时有议请选命妇通经史者入宫为皇太后讲解者"，[3]时为军机大臣的张之洞之所以反对，是担心因此导致慈禧垂帘听政的历史再次上演，"苟如是，他日必有议及垂帘训政者矣，断不可行"。

---

[1]《上谕档》，宣统三年九月二十日。
[2]《宣统政纪》卷五五。
[3]《张文襄公（之洞）年谱》，第276页。

载沣引退后，隆裕太后"垂帘听政"说又起，但隆裕自己都迫不及待地加以批驳。针对吉林巡抚陈昭常"隆裕太后要垂帘听政"的疑虑，隆裕曾经给予回答，表明自己并无垂帘听政之野心，"凡用人行政一切，均责成内阁总理大臣及各国务大臣担负责任。惟有颁布诏旨、盖用御宝及觐见典礼，予率同皇帝将事，与先朝垂帘训政制度迥不相同"。[1]此时，权力已为袁世凯所掌，隆裕就是想垂帘听政也没有条件，但隆裕缺少政治历练和政治权谋，也是不争的事实。

滥赏，可以说是隆裕治术的一大特点，甚至是唯一手段。这在袁世凯身上更是表现得淋漓尽致。一个明显的例子，就是宣统三年十二月初八日封袁世凯为一等侯爵：

> 内阁总理大臣袁世凯公忠体国、懋著勤劳，自受任以来，筹画国谟、匡襄大局，厥功尤伟，着锡封一等侯爵，以昭殊奖，毋许固辞。[2]

古代大臣爵位可分为公、侯、伯、子、男五等。有明一代，文臣不拜公侯，大清开国以来，公侯极少：康熙年间，赵良栋、王进宝平定三藩之乱，不过封为子爵；乾隆时，傅恒平定准噶尔，两次被封一等公，并赏最高的太子太傅衔，但傅恒都坚辞不受；乾隆时，孙士毅平定台湾林文爽和安南之乱，被封一等谋勇公，也是坚辞不受；咸丰同治时期，平定太平天国和捻军之乱后，曾国藩封一等毅勇侯、左宗棠封二等恪靖侯、李鸿章封一等肃毅伯（死后才晋封一等肃毅侯）。

袁世凯有何军功呢？

袁世凯出山后，借镇压革命军之机，逐步获得节制湖北军队、京畿军队等大权，成为节制全国各路军队大臣、内阁总理大臣，实际掌控清廷军政大权。但战绩方面，也就是攻占了汉口、汉阳，此后即出于政治目的停止进攻武昌，也就是说武汉三镇都没有完全攻

---

[1]《上谕档》，宣统三年十月二十日。
[2]《上谕档》，宣统三年十二月初八日。

下。之后，全国更是有十四个省份宣告独立。对于自己出山后的业绩，袁世凯在奏折中说，"绵历数月，寸效未收。国势土崩，人心瓦解。千疮百孔，无术补苴。诚有如明臣史可法所言，但有罪之当诛，并无功之足录者"。[1] 而且，赵良栋、王进宝、傅恒等都是在战事已毕、玉宇澄清后才被封赏，正如袁世凯所言，"未有大局屯邅、舆情腾沸、宿师在野，而裂爵告功者也"。[2] 也因此，面对这一隆恩，即便是爱权如袁世凯者，也不敢贸然接受，先后于初十日、十一日、十三日接连上奏折请求隆裕收回成命，坚辞不受。但隆裕一再坚持，最后袁世凯只好表示"俟时局稍定，再行受封"——实际上，清帝不久之后即于十二月二十五日宣布逊位，这个封爵袁世凯始终没有接受。

隆裕滥赏，本想笼络袁世凯，但这一治术对袁世凯并未奏效：十一月二十八日袁世凯在东华门遭遇革命党人炸弹袭击，两天后即奏请病假。之后更是接二连三地请假：十二月初三日以受风寒为由请假三天："前因重受风寒蒙恩赏假三日，当即赶紧调治。今假期届满，身热少减，夜间仍不时作烧，四肢疼痛，不能成寐，拟恳恩再赏假三日以资调息。"[3] 十二月初六日续请三天："……臣病虽稍减，发烧未已，步履尚难照常，现赶加医治调养，二三日当可支撑销假。"[4]

但显然袁世凯食言了。十二月十一日，尽管隆裕下旨让其进宫，但袁世凯还是再请病假三天、不肯觐见，并言："臣久患心跳作烧及左腿疼痛等症，无暇静养，迄未就痊。因近日谣诼纷起，未敢再请续假，勉为支撑稍安人心。日前闻军心渐多摇动，异常焦灼，连夜不寐，心跳益剧，头眩尤甚，而腿疼牵及腰间，步履尤为不便。奉传今

---

[1]《宣统政纪》卷六九。
[2]《宣统政纪》卷六九。
[3]《上谕档》，宣统三年十二月初三日。
[4]《上谕档》，宣统三年十二月初六日。

日召见，仍难趋叩宫门。谨恳格外恩施，赏假二三日以资调养。"[1]

就这样一而再再而三地请假，直到清帝逊位，袁世凯都没再进过宫。隆裕滥赏，可谓并无成效。

隆裕既无慈禧的才具，也无慈禧的机遇，自然也就很难具备慈禧的治术，但她追求慈禧般的享受。

受慈禧影响，隆裕也喜欢听戏。宫中演戏一般习惯早晨开戏，下午一二时演毕。后来渐渐推迟，变成下午开戏，延长到晚七八时——但还是日场戏的延长，一般不演夜戏。隆裕执掌后宫之后，到宣统三年，就正式有日场和晚场了。[2] 看来，隆裕太后看戏的频次，比慈禧还高。

尽管宣统三年的《宣统帝起居注》写得非常简单，清一色几乎都是诸如"上诣仪鸾殿皇太后前请安"之类的内容，但我们从中也能看到后宫生活的点滴——每月初一、十五的看戏节目雷打不动。宣统三年八月，全国已是危机四伏，隆裕却于初四日、十四日、十五日、十六日看了四天的戏，起居注中言："上诣仪鸾殿皇太后前请安，奉皇太后幸纯一斋、侍早晚膳、看戏。戏毕，驾还庆云堂。"[3] 而据升平署档案，八月十四、十五、十六日是连演三天：十四日的戏单，除《天香庆节》二本外，还有《华容道》《失街亭》；十五日的节目单里有《南天门》等。[4] 连演三天，光是给戏班和升平署太监的赏银就高达1555两。隆裕太后原本计划在九月初二日再听戏，只是由于武昌起义爆发，才不得不弃置此计划。[5]

由前可知，四川保路运动引发的革命怒潮在六月就已点燃，七月

---

[1]《上谕档》，宣统三年十二月十一日。
[2] 朱家溍、丁汝芹：《清代内廷演剧始末考》，中国书店2007年，第477页。
[3]《宣统帝起居注》，第621—623页。
[4] 中国国家图书馆编：《中国国家图书馆藏清宫升平署档案集成》（以下简称《升平署档案》）第48册，中华书局2011年，第25779—25781页。
[5]《升平署档案》第48册，第25782页。

湖南长沙、四川成都罢市的消息早已传至朝廷。革命之火的燎原之势已是昭然若揭，隆裕却看戏如故。

武昌起义之后，前朝在忙于调兵遣将镇压各地起义，而后宫靡费如常。九月十五日，东三省总督赵尔巽、吉林巡抚陈昭常奏，继续进贡吉林深山采到的上好松子；[1]十二月初三日，民军要求清帝逊位几成定局之际，赵尔巽、陈昭常依然"进鲟鳇鱼十尾，鳟鱼九尾，各色鱼四百尾，以上各色鱼四百十九尾"。[2]松子、鳇鱼等之外，东三省还需向清室贡貂，由于山场开矿十余年破坏了貂的生存环境，使得貂日渐减少，加上武昌起义后东三省财政更趋紧张，"近来俸饷停发、价款无从筹措"，捕貂士兵生活极其艰难。没办法，九月二十五日，赵尔巽等上奏请暂缓进呈贡貂，至于是否获准，清宫档案里尚未找到相关记载。

宫外是炮火连天、生灵涂炭；宫内却依然是丝竹声声、歌舞升平。

根据宣统三年规划的全国财政预算案，清皇室的收支属单列，比照全国收入和支出按一定比例分配而定。宣统三年八月十一日，度支部报告，根据会议政务处奏定的宣统三年预算案，清宫收入列银780万余两。考虑"皇室事务隆重"应宽为筹备，度支部于是将宣统四年皇室收入改为共列库平银838.357万两，较宣统三年实增58万余两。[3]

838.357万两是个什么概念呢？纵向比较：八月二十七日，度支部正式上奏试办宣统四年全国预算案，全国财政收入2.339亿两——皇室经费占全国总收入的3.58%。横向比较：俄国皇室经费为853.3334万两，日本皇室经费为200万两。[4]也就是说，清皇室经费比俄皇室经费略少，但远比日本皇室经费多。

---

[1]《奏报恭进头次松子起程日期事》,《录副档》, 档号：03-7469-037。
[2]《呈进贡鲟鳇鱼等数目清单》,《录副档》, 档号：03-7469-064。
[3]《宣统政纪》卷六〇。
[4]秦国经：《逊清皇室秘闻》, 故宫出版社2014年, 第105页。

清帝逊位时，民国政府参考宣统三年内务府的预算，议定每年拨付400万两，作为逊清皇室经费。这个数字，不及退位前皇室经费的一半！但据说隆裕太后还挺满意："今日国务大臣又入对，商酌优礼皇室条件，闻太后甚为满意，亲贵亦认可。"[1]

清帝逊位后的花销，溥仪在《我的前半生》中曾略有披露，从中可窥一斑：

> 据内务府编的材料，《宣统七年放过款项及近三年比较》记载：民国四年的开支竟达279万余两，以后民国八、九、十各年数字逐年缩减，最低数仍达189万余两。[2]

最高279万两，最低189万两，看来在民国时期，皇室花费大约为逊位前的四分之一。但在当时，一年830多万两的收入，清室竟然还入不敷出！根据度支部的报告，宣统四年（即1913年）皇室支出预计为1024.6万多两，较宣统三年增加240万多两。收支相抵，皇室赤字将近186.3万两。[3]

这么多钱，都花哪里去了呢？溥仪在《我的前半生》中提到，隆裕太后每顿的菜肴有百样左右，他的也有三十多种。据其在书中所引的《宣统二年九月初一至三十日内外膳房及各等处每日分例肉斤鸡鸭清册》，溥仪这一家六口（溥仪、隆裕，同治的瑜、珣、瑨三妃，光绪的瑾妃），在这年九月用掉3960斤肉、388只鸡鸭，其中810斤肉和240只鸡鸭是溥仪这个五岁孩子用的。这一家六口，一个月仅在肉禽上的花费，就达14794多两！[4]浪费程度可想而知。

即位之初，面对"近来仕途习气，踵事增华，日益奢侈"的局面，溥仪曾下旨要求百官"崇尚节俭，摒戒浮华"，并表示"朝廷轸

---

[1]《许宝蘅日记》第1册，第393页。
[2]《我的前半生》，第55页。
[3]《宣统政纪》卷六〇。
[4]《我的前半生》，第52页。

念物力，躬行节俭，为天下先"。[1]可看看溥仪在《我的前半生》中的回忆，看看清室每年高达上千万两的花费预算，看看《九年立宪筹备清单》中皇室经费迟至第八年才改革的规划，我们可以相信，"崇尚节约"这一套，更多只是清室骗人的把戏。

1913年2月22日凌晨，隆裕太后因病医治无效去世，享年四十六岁。此时，距清帝退位刚刚过去仅一年，"临危遗命醇亲王载沣、太保世续以冲主为托"。[2]隆裕当皇后时，既未得光绪恩宠，又畏惧慈禧权势，过得小心压抑；做太后之后，全国局势动荡，自然也不会顺心；载沣退位，隆裕被迫走到前台，接见王公大臣时，动辄垂泪——六次御前会议期间，不时有隆裕抱着溥仪痛哭的画面；1912年2月14日，冯国璋在一份禁卫军赞成共和的通报中透露，隆裕太后接见他时痛哭不已："十一日蒙懿旨召见，谕人心已去，着国璋等力顾大局，维持北京秩序、保全禁宫安宁，庶不负为忠臣，永以弗忘，声泪俱下。"[3]长期压抑，短命也就不足为奇了。

据溥仪当日颁布的哀旨，隆裕身体自1912年冬天起就不好。至于具体病因，据中华民国国务院在隆裕去世后所发布的通告，为"虚阳上升，症势丛杂，气壅痰塞，至二十二日丑时，痰壅薨逝"。[4]2月27日，逊帝溥仪照旧例尊谥大行隆裕皇太后曰"孝定"。据《逸周书·谥法考》解释，安民大虑曰定。

按照清室优待条件，中华民国给隆裕太后"以外国君主最优礼待遇"，国务院下令全国下半旗志哀，文武官员穿孝二十七日。[5]2月28日为"头七"祭奠，大总统袁世凯派国务员荫昌为代表前往

---

[1]《宣统政纪》卷三。
[2]《恽毓鼎澄斋日记》，第631页。
[3]《档案汇编》第77册，第243页。袁世凯《驳斥升允信函檄文令》中也有"大清孝定景皇后临朝涕泣，悲惨万状"之语。见《袁世凯全集》第24卷，第318页。
[4] 远波：《紫禁城里的特别丧礼》，《紫禁城》，2007年第4期。
[5] 远波：《紫禁城里的特别丧礼》，《紫禁城》，2007年第4期。

皇极殿灵堂代读祭文致祭，自己则在中南海臂戴黑纱举哀，并特备赙仪三万元。[1]之后，"总理（赵秉钧）、议长（吴景濂）及各署人员二百四十余共同来致祭……衍圣公亦来叩谒"。[2]为表示沉痛哀悼，3月19日在太和门广场还举行了国民哀悼大会，由议长吴景濂主祭；军界在中华门举行全国陆军哀悼大会，由段祺瑞领衔。[3]许宝蘅就曾前往太和门广场参加国民哀悼大会，"诣太和门国民哀悼会，士女杂沓"。[4]

由徐树铮起草的祭文将大清帝国转向共和之功归于隆裕太后："大清帝廷胡为而宣布共和也？则以太后闵同室之操戈，惜生灵之涂炭，俯从民志，毅然从陆军将领联电奏请故。是中华民国成于太后，而以其荣施被之陆军也。"[5]民国副总统黎元洪发来唁电称隆裕太后"德至功高，女中尧舜"；其所送挽联更是高度评价隆裕太后之功——片语息兵戈，民国酬恩应第一；全军为墨绖，深宫弭乱更何人？[6]

4月3日，隆裕太后的灵柩奉移梁各庄（今河北易县梁各庄村），恽毓鼎在宣武门西跪送："孝定景皇后梓宫由铁路奉移梁各庄，臣毓鼎青长袍褂，摘缨冠，在宣武门西跪送……午正二十分，火车经过，道旁叩送。"[7]据许宝蘅所载，因为围观的人太多以致发生死伤事故，"正阳桥栏杆为人多挤折，跌伤、压伤人甚多，有死者"。[8]

因观丧礼而丢掉性命，可谓"痛何如哉"！但据溥仪的观察，隆裕太后丧礼期间，清宫弥漫的，更多的不是悲痛而是兴奋，"被赏穿

---

[1]《逊清皇室秘闻》，第173页。
[2]《绍英日记》第2册，第407页。"衍圣公"指孔子后裔孔令贻。
[3]《我的前半生》，第87页。
[4]《许宝蘅日记》第2册，第431页。
[5]徐道邻编述：《徐树铮先生文集年谱合刊》，台湾商务印书馆1962年，第4页。转引自《百年辛亥——亲历者的私人记录》下册，第322页。
[6]远波：《紫禁城里的特别丧礼》，《紫禁城》，2007年第4期。
[7]《恽毓鼎澄斋日记》，第637页。
[8]《许宝蘅日记》第2册，第434页。

孝服百日的亲贵们，这时脸上洋溢着得意的神色"。[1]是呀，被冷落一年多的清室重新成为社会关注的中心，这无疑会让时时感慨"无限江山，别时容易见时难"的遗老遗少们兴奋一阵。只是，不管他们肯不肯承认，这些，不过是逊清皇室的回光返照而已，昔日荣光，已是"流水落花春去也"。

逊帝溥仪的禁宫生活

按照清室优待条件，溥仪1912年2月12日退位后仍"保持原来尊号不变"，"暂居宫禁"，继续着小朝廷的生活。这种状况，一直持续到1924年溥仪被冯玉祥部队赶出紫禁城。与此同时，袁世凯从1912年到1916年去世，一直居住、工作在紫禁城附近的中南海。溥仪这位昔日皇帝，与袁世凯这位今朝新贵，毗邻而居。

关于逊位后在故宫的生活，溥仪在《我的前半生》一书中略有记载。此外，像溥杰、庄士敦等人的回忆录和总管内务府大臣绍英的日记中，也有所反映。本篇所述，并非溥仪退位后在紫禁城生活的全貌，而是根据《中国国家图书馆藏清宫升平署档案集成》和《清宫辛亥革命档案汇编》所做的还原。

清宫升平署之名出现于道光时期，前身为康熙时成立的南府，是清代掌管宫廷戏曲演出活动的机构。《升平署档案》共108册，收档案1803件，记载的时间，从1911年（宣统三年）一直持续到1923年（宣统十五年）[2]；《档案汇编》共80册，所收档案主要从1909年（宣统元年）到1911年（宣统三年），但也收录了溥仪逊位后的部分档案。由于中国第一历史档案馆所藏的《溥仪档》并未公开，故宫

---

[1]《我的前半生》，第87页。
[2]《升平署档案》所记均按宣统纪年，为阅读方便，此处一律改为民国后使用的公元纪年，在必要处括注宣统纪年，以备读者查考。

博物院所藏的溥仪档案也只对少数专家学者开放,已公开的《溥仪日记》多为其读书上学的简单记录,因此《升平署档案》和《档案汇编》就成了时下了解溥仪退位后在紫禁城生活的最原始记载。从中,我们得以了解到溥仪和袁世凯之间一些耐人寻味的人生交集,以及溥仪在紫禁城十多年生活的一些细节。

与袁世凯的交往和交易

溥仪虽然逊位了,但每逢传统节日及清室庆典,袁世凯都会派员致贺。《我的前半生》中就记载,1913年元旦和阴历正月十四日溥仪生日之际,袁世凯都曾派朱启钤等礼官前来祝贺。[1]

一手笼络一手限制是袁世凯对待前清皇室的两面。在接连发布《禁售排满及诋毁前清书籍令》《保护旗人公私财产文》《保护皇室宗庙陵寝令》等示好举措的同时,他又把紫禁城太和殿、保和殿、中和殿收归民国,1913年还敦促皇室履行优待条件第三款,拟将逊清小朝廷迁往颐和园。

1913年10月6日,挟"二次革命"中击败孙中山之威,袁世凯强迫国会选他为中华民国正式大总统。10月9日,袁世凯发公文将此事告知溥仪。

中华民国大总统和大清逊位皇帝究竟是一种什么关系,优待条款并没有规定。这份报告的抬头,写着"中华民国大总统谨致书大清皇帝陛下",结尾是"用特报告,并祝万福"。一面称溥仪为大清皇帝,一面用"报告"而不是"奏报"——由此看来,那时的袁世凯是将溥仪和自己视作平等关系的。一个统一国家,同时有着两个性质截然相反的政权,且毗邻而居;其管理范围和权力有天壤之别,却又似乎彼此平等。这样的怪诞存在,可谓前所未闻。

袁世凯在报告中,一方面告知溥仪自己于10月6日经国民公举

---

[1]《我的前半生》,第86页。

为正式大总统并将于 10 月 10 日就任；另一方面感激 2 月刚刚病逝的隆裕太后去年将政权交给自己。袁同时表示就任之后，将"恪守优待条件，使民国巩固，五族协和，庶有以慰大清隆裕皇太后在天之灵"。[1] 接到袁世凯的报告，溥仪也不敢怠慢，第二天即特派"清前大臣、贝勒衔固山贝子溥伦"率领禁卫军军官四员，带着《大清皇帝致大总统函稿》，代表自己前往参加袁世凯就职典礼并致贺。在贺函中，溥仪还摆着皇帝的派头，夸耀自己和隆裕太后当年将政权交给袁世凯可谓"付托之得人"，对袁世凯的当选，"朕深慰之余，尤乐企盼深"。[2]

袁世凯对溥仪派来的祝贺使者如何？从溥伦 10 月 11 日汇报中"接待如礼"的词句可知，袁世凯的接待应该是相当客气的。不仅如此，袁世凯还授予溥伦一等嘉禾章，作为他前来道贺的回报。[3]

但在《我的前半生》中，溥仪并没有记述他自己向袁世凯致贺之事——或许是觉得有失身份而有意淡忘？

逊帝溥仪与袁世凯的人生交集，既有这样的礼尚往来，更有苦涩和悲凉：

> 紫禁城中的早晨，有时可以遇到一种奇异的现象，处于深宫但能听到远远的市声。有很清晰的小贩叫卖声，有木轮大车的隆隆声，有时还听到大兵的唱歌声。太监们把这现象叫做"响城"。离开紫禁城以后，我常常回忆起这个引起我不少奇怪想象的响城。响城给我印象最深的，是有几次听到中南海的军乐演奏。
>
> "袁世凯吃饭了。"总管太监张谦和有一次告诉我，"袁世凯吃饭的时候还奏乐，简直是'钟鸣鼎食'，比皇上还神气！"
>
> 张谦和的光嘴巴抿得扁扁的，脸上带着忿忿然的神色。我

---

[1]《我的前半生》，第 88 页。
[2]《档案汇编》第 78 册，第 171 页。
[3]《档案汇编》第 78 册，第 174—176 页。

这时不过九岁上下,可是已经能够从他的声色中感到类似悲凉的滋味。军乐声把我引进到耻辱难忍的幻象中:袁世凯面前摆着比太后还要多的菜肴,有成群的人伺候他,给他奏乐,扇着扇子……[1]

溥仪的这段记载,说的是1916年(宣统八年)之事,其中带着明显的感情色彩,让人能够真切感受到一个逊帝失国之后的悲凉。当时袁世凯已经准备称帝,派人油缮太和殿、保和殿、中和殿三大殿,还让溥伦来借皇帝的仪仗以及玉玺等,溥仪称"这些消息使我感到心酸、悲忿,也引起了我的恐惧"。[2]

而其实,在更早的1913年(宣统五年),袁世凯就已经开始尝当皇帝的滋味了。根据《升平署档案》的记载,在这一年,袁世凯至少找清室借过三次"行头":

八月十九日,奴才狄盛宝奏为请旨教导事。八月十九日醇亲王、内务府大臣世续交谕,袁总统借用行头、切末、管箱人等,奴才不敢自专,请旨教导。[3]

"行头"指演戏用的道具、衣服,"切末"又称"砌末",是京剧各种道具的统称,狄盛宝当时是升平署总管太监。借行头等,袁世凯并没有出面,而是通过醇亲王载沣和内务府总管世续来借。头一天借,第二天归还:

八月二十日,奴才狄盛宝奏,内务府大臣世续传到奴才处,袁总统借用行头、切末收存库内,谨此奏闻。[4]

二十多天后,袁世凯再次商借,"九月十三日袁总统再借,十五日归还"。[5]可知这次是借用了两天。三个月后的十二月初七日,世

---

[1]《我的前半生》,第84页。
[2]《我的前半生》,第91页。
[3]《升平署档案》第49册,第25904页。
[4]《升平署档案》第49册,第25905页。
[5]《升平署档案》第49册,第25906页。

续传话,"袁总统又来借行头、切末、管箱人等"。[1]这次是否归还,清宫档案没有记载。

清廷流行看京剧,此风流布,影响到袁世凯。据袁世凯女儿袁静雪回忆,当年被摄政王罢官、回籍养疴期间,袁世凯还多次传京城名角如谭鑫培等到他隐居的河南洹上村唱堂会,足见其对京剧的喜欢。[2]当上民国大总统后,袁世凯在延续这一爱好的同时,开始迫不及待地借清宫升平署的行头等到中南海供其所请戏班使用,一尝"御用"的滋味。

升平署向来只为皇家服务,如今却为袁世凯所享用!还有一点更让溥仪气愤——1913年2月22日(宣统五年正月十七日),隆裕去世。按照大清礼制,三年(实际上是二十七个月)内属于国丧期间,哪怕是皇帝登基大典也是"设乐不作"。可1914年袁世凯就在中南海听戏了,1915年,中南海更是鼓乐喧天,袁世凯连吃饭都有军乐队演奏。这难免让溥仪心生"只见新人笑,不闻旧人哭"的凄惨之感。

1915年12月12日,袁世凯宣布实行帝制。

称帝之前,袁世凯与逊清皇室做了交易——简单地说,是让清室表示拥护袁世凯称帝,袁世凯则承诺将清室优待条件写入宪法。12月13日,清室总管内务府大臣世续、绍英、景丰联名给袁世凯上了一个公文:

> 前于辛亥十二月钦奉孝定景皇后懿旨,委托今大总统以全权组织共和政府。旋由国民推举今大总统临御统治,民国遂以成立。乃试行四年,不适国情,长此不改,后患愈烈。因此,代行立法院据国民情愿,改革国体……现由全国民代表决定君主立宪,并推戴今大总统为中华民国大皇帝,为除旧更新之计,作长

---

[1]《升平署档案》第49册,第25912页。
[2]《魂断紫禁城》,第11页。

治久安之谋，凡我皇室极表赞成。[1]

逊清皇室的这一表态，换得袁世凯亲笔在民国给清室的优待条件上写下这样一段话：

> 先朝政权，未能保全，仅留尊号，至今耿耿。所有优待条件各节，无论何时，断乎不许变更，容当列入宪法。袁世凯志，乙卯孟冬。[2]

"乙卯"即1915年，中华民国四年。在很长一段时间，袁世凯这一亲笔批示被外界误读为是在辛亥革命刚刚结束时为安慰隆裕太后而写的。如今，通过清宫档案，我们终于看到了这一文件的原貌，还原了历史真相。

袁世凯的这段话，确实是亲笔写在优待条件上的，所述优待条件的内容，和1912年清帝退位时公布的清室优待八条件完全一样。"先朝政权……容当列入宪法"一段写在优待条件的封面上，最后的落款"袁世凯志，乙卯孟冬"则写在优待条件的最后一页。

为了笼络清室，袁世凯还有将女儿许配给溥仪做皇后的建议。1915年时，绍英得知世续曾代表逊清皇室前往提亲：

> ……廿四日至大总统处提议联姻之事。大总统甚赞成，惟云须俟国体定后再为办理。[3]

但人算不如天算。在全国一片反对声中，只做了八十三天皇帝的袁世凯忧惧交加，于1916年6月6日因膀胱结石加重而去世，与溥仪结亲的提议也未克实现。

袁世凯虽在1915年12月才称帝，但据载沣日记可知，早在十月初十日（11月16日），载沣就看到了袁世凯的这段话，只是当时还秘而不宣：

---

[1]《逊清皇室秘闻》，第46页。
[2]《档案汇编》第80册，第369—375页。
[3]《绍英日记》第3册，第196页。

偕世太傅公见四皇贵妃，禀商皇室与袁大总统结亲事宜，均承认可，命即妥行筹办一切云。在内观秘件，甚妥，一切如恒。[1]

"世太傅公"即内务府总管世续，因负责光绪崇陵工程而被加封太傅。载沣所说的"秘件"，就是袁世凯所写的那段话。1915年12月16日，袁世凯以"大总统令"的形式，对外公布了清廷赞成君主立宪的声明。强调优待条件"永不变更"。[2] 12月18日，大总统府政事堂还发布公报，通报国民代表大会满蒙回藏国民代表一致同意实行君主立宪、改帝制，拥立大总统袁世凯为中华帝国皇帝，并表示原来的各项优待条件中，"所有满蒙回藏待遇条件载在约法，将来制定宪法时自应一并列入宪法，继续有效"。[3]

清室优待条件的存与废

1914年5月1日，袁世凯曾公布《中华民国约法》，以取代孙中山等当年颁布的《中华民国临时约法》。和后者相比，袁氏约法以总统制取代内阁制，趋于保守。该约法第65条写入了清室优待条件——"中华民国元年二月十二日所宣布之大清皇帝辞位后优待条件、清皇族待遇条件、满蒙回藏各族待遇条件，永不变更其效力。其与待遇条件有关系之蒙古待遇条件，仍继续保有其效力；非依法律，不得变更之"。

但《中华民国约法》依然只是临时宪法，在此约法中就明确规定，要成立宪法起草委员会起草宪法。袁世凯1915年所写那段话，就是在此背景之下产生的。只是随着袁世凯的去世，优待条件入正式宪法沦为空言。

袁世凯病逝，黎元洪继任总统，不久即宣布将"召集国会，速定

---

[1]《我的前半生》，第93页。
[2]《袁世凯全集》第33卷，第615页。
[3]《档案汇编》第80册，第366页。

宪法"。同年8月，在北京召开的国会决定继续1913年的制宪工作。与此同时，逊清皇室也开展了一系列运动优待条件入宪法的活动。1917年1月15日，农历小年前一天，载沣等逊清皇室代表在那家花园宴请包括议长汤化龙在内的民国议员一百七十余人。载沣不仅亲自出马，还请来徐世昌帮忙关说。具体经办此事的绍英在日记中记载：

> 徐中堂宣言请将优待条款加入宪法，以为保障、永远有效等语。汤议长化龙答词，大意可用制定宪法手续规定优待条件永远有效，我辈可担任云云。座中全体鼓掌。徐中堂遂举杯称谢。[1]

一番宴请的结果，换来了议长汤化龙等支持将清室优待条件写入宪法，绍英高兴地写道："此会尚为欢畅，可望达到目的，诚可庆幸。"

黎元洪出任总统时，冯国璋被选为副总统。为了保住自己在江苏的地盘，冯国璋并未前往北京赴任，而是于1916年11月在南京宣布就职、设立副总统办事机构，仍兼江苏督军。1917年2月，为调解黎元洪与段祺瑞因对德断交而引起的"府院之争"，冯国璋进京。

《醇亲王府档案》中收录了禁卫军守备队队长索仁[2]3月1日给载沣的一封信。据信的内容可知，载沣曾托索仁秘密打听冯国璋来京的目的，同时想探知冯国璋对清室优待条件入宪的态度。堂堂醇亲王为何要找一个守备队长打探消息呢？原来，冯国璋到京后，住在禁卫军司令部——这也难怪，宣统时期，冯国璋就是禁卫军总统，禁卫军可谓其旧部，知根知底，自然放心。也正因为如此，禁卫军守备队队长索仁就成了办理此事的合适人选。而且，索仁看来也颇受冯国璋信任——冯2月23日抵京，在京逗留至3月11日。2月25日，他就派索仁代表自己去紫禁城向溥仪行礼。[3]

---

〔1〕《绍英日记》第3册，第347—348页。
〔2〕索仁即索崇仁，曾任禁卫军标统，相当于团长。
〔3〕《冯国璋年谱》，第79—81页。

而冯国璋和清室也素有渊源，当年清廷创办陆军贵胄学堂，主要招收满族亲贵为学生，载沣、载洵等九十六人作为第一批学员入校就读，当时的学堂总办就是冯国璋。

索仁的办事能力还是相当高的。很快，索仁告诉载沣，虽然冯国璋来京"无非为国家大计，事关秘密"一时无法得知，但他拿到了冯国璋写给参议院议长的信件。在信中，冯国璋明确表态支持将清室优待条件写入宪法——这应该说是载沣更为关注的内容。

据清宫档案，冯国璋信的抬头只是笼统地写"议长大鉴"而没有署议长之名。考之相关资料，可知此信是写给时任国会参议院议长王家襄的。在信中，冯国璋说"现当制宪大法瞬告厥成，若将优待条件加以十分保障，实为全国人民心理所同"[1]，希望各位议员"制宪法时将前项条件切实加以保障，国家前途不胜大幸"。只是因国会在制宪问题上分歧很大，不久又发生张勋复辟事件，黎元洪主导的这次制宪工作再次流产，逊清皇室将优待条件写入宪法的愿望因此落空。

1924年10月冯玉祥发动北京政变，11月对清室优待条款进行重大修改，宣布废除溥仪皇帝尊号，并令溥仪立即迁出紫禁城。至此，关于清室优待条件的争论，终告落幕。

"国丧"的悲戚与大婚的最后辉煌

1915年5月30日（宣统七年四月十七日），升平署接到这样一道指令：

> 知会五处，卢老爷传旨，六月初一日，漱芳斋伺候戏。[2]

无论是对升平署还是对当时的紫禁城而言，这道指令都有些非同寻常——因为自宣统三年三月初三日以来，在三年多的时间里，紫禁城没有传过戏，一直为压抑、沉闷的气氛所笼罩。

---

[1]《档案汇编》第80册，第329—330页。
[2]《升平署档案》第49册，第25994页。

宣统三年清帝逊位、江山易主，当年春节的气氛自是压抑的——没有了惯常的王妃命妇前来祝贺，就连正月初十日隆裕太后的生日、正月十三日溥仪的生日[1]，都没有奏乐。根据《升平署档案》的记载：

> 正月初十日巳初二刻，老佛爷皇极殿受贺，中和乐伺候，中和韶乐。十三日辰正，万岁爷长春宫给老佛爷行礼，中和乐伺候丹陛乐。乾清宫伺候中和韶乐。（注：撤，未伺候）[2]

也就是说，隆裕太后、溥仪皇帝过生日，本应奏丹陛乐、中和韶乐的，但由于刚刚逊位，都没有心情了，于是便撤乐不奏。

祸不单行。1913年2月22日（宣统五年正月十七日），刚过四十六岁生日的隆裕皇太后病逝，升平署的太监变身为丧礼的领哭者：

> 正月十七日子初，隆裕皇太后慈驭上宾（摘缨子）。未正金棺奉移皇极殿。申初殓入。总管首领太监八十四名，领孝布八十四匹。金棺前举哀之人分两班，一班四十一名，二班四十二名。[3]

4月3日（二月二十七日）卯正三刻，隆裕太后灵柩由皇极殿奉移西陵，等待与光绪合葬。国丧期间，紫禁城暂时用不着设乐之类礼仪。此前的3月19日，升平署总管狄盛宝已奏请"带领内学、钱粮处、中和乐、档案房里外人等挪移景山居住"，并于隆裕出殡的第二天正式搬回景山。

三年过去了，1915年7月12日（宣统七年六月初一日）在漱芳斋的这次演戏，是为同治的妃子瑜妃庆祝生日。瑜妃是同治的皇妃，根据慈禧遗命，溥仪应该是"继承同治兼祧光绪"，即以同治这边为主。但据溥仪回忆，身为光绪皇后的隆裕，"使用太后权威，把敢于和她争论这个问题的同治的瑜、珣、瑨三妃，打入了冷宫，根本不把她们算做我的母亲之数。光绪的瑾妃也得不到庶母的待遇。遇到一家

---

[1]溥仪生日为正月十四日，为图吉利改在十三日过。
[2]《升平署档案》第49册，第25818页。
[3]《升平署档案》第48册，第25872—25874页。

人同座吃饭的时候，隆裕和我都坐着，她却要站着"。[1]隆裕去世当日，同治的三个妃子和瑾妃联合起来找载沣等宗室王公们说理，这才给她们明确了太妃的身份。从那天起，溥仪才一律管她们叫"皇额娘"。

或许出于弥补的心理，瑜妃的这次生日，办得颇有排场：

> 漱芳斋伺候戏，连演三天。之后，内殿总管交下拟赏银一百两，总管狄盛宝尺头二件，首领四名尺头各一件，外学等九十三名三处共银一千六十七两。[2]

但好景不长。1921年（宣统十三年），同治的珣妃和溥仪的亲生母亲瓜尔佳氏相继逝世，溥仪不得不守丧一年。瓜尔佳氏为慈禧宠臣荣禄的女儿。荣禄一生"久直内廷，得太后信仗。眷顾之隆，一时无比。事无巨细，常待一言决焉"。[3]刚明果决的家风与载沣"有书真富贵，无事小神仙"[4]的信条形成鲜明的对比。瓜尔佳氏还是慈禧的养女。慈禧曾评价说，"这姑娘连我也不怕"。为了谋求复辟帝制，瓜尔佳氏时常悄悄变卖自己贵重的陪嫁首饰，通过荣禄的旧部如民国时步兵统领衙门的总兵袁得亮之流，去运动奉天的将领。[5]这些努力，自然都付诸东流。1921年，因为御医范一梅被辞之事，溥仪和主管后宫的瑾妃大吵了一架。瑾妃生气之下，宣称第二天要将瓜尔佳氏召进宫加以责罚。"天不怕地不怕"的瓜尔佳氏显然不愿遭此羞辱，便于当晚吞鸦片自杀。[6]

亲生母亲的去世使得溥仪甚至取消了春节前给臣工们赏"福"字的惯例："十二月十四日，上传今年赏福字未赏，明年照例赏。"[7]并

---

[1]《我的前半生》，第55页。
[2]《升平署档案》第49册，第26031页。
[3]《清史稿·列传二二四》，第12373页。
[4]《我的前半生》，第23页。
[5]《我的前半生》，第33页。
[6]《我的前半生》，第60页。
[7]《升平署档案》第49册，第26321页。

且下令在春节期间受贺典礼时不得奏乐。[1]紫禁城这种压抑的气氛,直到第二年溥仪大婚时才被冲淡。

关于溥仪大婚,1922年(宣统十四年)12月出版的《宣统大婚记》介绍了其迎娶等的盛况,溥仪自己在《我的前半生》中写了新婚之夜的内幕。不过,《升平署档案》里还是有不少鲜为人知的内容。

大婚日期是1922年11月30日、12月1日(宣统十四年十月十二日和十三日)两天,按照妃子提前一天进宫的祖宗成例,淑妃即文绣在十二日进宫,皇后即婉容是十三日这天进宫。

从《升平署档案》我们得知,溥仪大婚典礼,这年3月就开始启动。3月10日(宣统十四年二月十二日)颁旨册立皇后、淑妃:

> 候选道、轻车都尉荣源之女郭博罗氏着立为皇后,候选同知端恭之女额尔德特氏着封为淑妃。[2]

3月15日确定以溥仪七叔载涛为办理大臣,"大婚典礼事宜着派载涛、朱益藩、绍英、耆龄敬谨办理",[3]按照依祖宗成例治国的传统,谕旨要求此四人"查照成案,覆实妥筹,随时具奏请旨"——之后,载涛等查了同治十一年、光绪十五年大婚典礼成案,确定文绣于11月30日大婚前一天进宫。

宫中上下对大婚事宜抓得很紧。

大婚,自然少不了奏乐、演戏。负责此事的升平署也开始忙碌起来。4月8日,升平署总管太监武长寿奏请进库房查验乐器、唱戏行头等:

> 皇上大婚典礼,向例各宫安设中和韶乐伺候礼节。现在库存乐器内有年久未用,奴才再四思维,恐有不敷应用,有误要差。奴才带领中和乐首领太监、写字人、匠役等进内查看以及行

---

[1]《升平署档案》第49册,第26321—26322页。
[2]《升平署档案》第49册,第26394—26395页。
[3]《升平署档案》第49册,第26395页。

头切末一并查看,以备承差。如蒙允准,奴才定日带领进库。奴才不敢自专,请旨教导。[1]

内务府很快予以批准——4月27日进库查看,并更换损坏的乐器。

为溥仪大婚,内务府成立了专门的大婚典礼处。档案中收录了不少催促各部门加紧准备的"堂谕"——比如3月28日要内务府各司处列出各自应负责的事务,10月29日要中和乐首领加紧演习大婚典礼所用音乐。[2]典礼处还规定,大婚期间,宫中人员一律穿朝服,"十月初二日知会三处首领:十月初二日敬事房传旨,由十月初九至二十日穿蟒袍补褂,为此知会"。[3]

大婚礼节更是相当繁琐:10月21日纳采礼,11月12日大征礼,12月1日册立礼、奉迎礼、大婚等;婚后第二天还要到寿皇殿拜列祖列宗,第三天皇帝升乾清宫接受文武百官的朝贺。而且规定得十分具体——仅十三日册立礼的规定,就多达一千五百字,具体到人员站位、出入顺序等。[4]

为了给大婚营造喜庆气氛,11月3日,溥仪将同治的瑜妃、瑨妃,以及主持后宫的光绪瑾妃晋为皇贵太妃,并赐尊号。[5]甚至升平署的太监也有封赏——总管武长寿赏五品总管、内学首领李惠山赏给六品,并赏升平署太监李升水等二十四人每人银二两。[6]大婚之际,12月2日至12月4日,在漱芳斋唱戏三天。大婚当日,民国政府还派警察负责维持秩序,派礼官前来祝贺,外国公使也进宫前来祝贺。可以说,大婚前后成了溥仪逊位后最风光、最辉煌的日子。

---

[1]《升平署档案》第50册,第26358页。
[2]《升平署档案》第49册,第26394、26469页。
[3]《升平署档案》第49册,第26473页。
[4]《升平署档案》第49册,第26400—26415页。
[5]《升平署档案》第49册,第26416页。
[6]《升平署档案》第50册,第26431、26432页。

嫁入皇宫、做"母仪天下"的皇后，在很多人看来，是风光无限的事情。但个中的无奈，我们从档案中也能探微一二。就在婉容入宫前不久，溥仪专门发布了一道谕旨：

> 九月二十七日皇后千秋，是日恭遇孝慈高皇后忌辰，所有应行礼节着改于九月二十六日。[1]

孝慈高皇后为大清开国皇帝努尔哈赤之妻、皇太极之母，于万历三十一年九月二十七日病逝。

婉容虽做了皇后，可连自己的生日是哪天都不能做主。第二年，皇后的生日又改为九月十七日。这天，储秀宫伺候太平歌词等，以示庆贺。

其实，不仅仅是皇后，溥仪自己的生日，他也不能做主——溥仪本是正月十四日出生的，当了皇帝之后，为图吉利，就改成正月十三日过生日。于是，我们在《升平署档案》里经常看到"正月十三日皇上万寿圣节，在太极殿给三位皇贵太妃行礼，在乾清宫受贺"之类的记载。

正可谓：禁宫深深深几许，一入皇家不自由。

太监逃亡的混乱与月例拖欠的困顿

尽管宫禁森严，但由于劳作辛苦、挨打受骂等，太监逃亡的事情在各朝都有发生。清咸丰时，即使远在承德避暑山庄，也不时会发生太监逃亡的事情。而且，可以肯定的是，溥仪逊位后居住在紫禁城期间，太监逃亡现象的发生更为频繁——这从升平署档案中也可见一斑。

1912年（宣统四年），溥仪退位的第一年，是太监逃走的第一个高峰：

> 五月初六日，中和乐太监王全兴点名未到，上头报逃走；十九日，奴才魏成禄谨奏，档案房首领报到，奴才处今有本处太监丁春广于五月十七日无故初次逃走，应交内务府派番役拿

---

[1]《升平署档案》第49册，第26417页。

获,谨此奏闻;二十五日,内学太监王广和上头点名未到,报逃走。[1]

五月走了三名,七月、九月、十一月又各走了一名。[2]这年年初,升平署总管首领太监九十五名,年底只剩下八十九人。

据载,太监每人每月开支的钱粮有二十四两、十二两、十一两、十两、八两、六两、五两、四两半、四两、三两五钱、二两等十三个等级。总管或首领太监的月银相当于最低等太监的十多倍。[3]按《我的前半生》中的说法,大多数太监收入很少,"如果犯了过失撵了出去,那就惟有乞讨和饿死的一条路了"。[4]可为什么还会有这么多太监逃亡呢?很重要的一点,就是大清亡国让他们觉得前途无望,甚至担心有性命之虞。清室优待条件的第三款写着,"大清皇帝辞位之后,暂居宫禁。日后移居颐和园",但当时却有传言说要杀太监。溥仪说:"这时太监逃亡的事经常发生。太监们纷纷传说,到了颐和园之后,大伙全都活不成。"[5]

如前所述,发现太监逃亡,一开始除了上报之外,还要让内务府派人去缉拿。后来,由于逃亡的越来越多,加上可能走了之后也抓不回来了,慢慢就变成报告一下了事。

类似太监逃亡的记载,从1912年到1923年(宣统十五年)时有出现。根据档案,从溥仪逊位到搬出紫禁城这十多年间,升平署太监(包括总管、首领、官职太监和普通太监)的人数逐年减少——宣统二年正月时为一百名;三年十二月二十二日时为九十五名;四年十二月二十六日减为八十二名;六年十二月时急剧减少为五十七名;七年十二月时为五十名;八年十二月时为四十四名;十四年是溥仪大婚之

---

[1]《升平署档案》第48册,第25833页。
[2]《升平署档案》第48册,第25835、25848、25850页。
[3]《逊清皇室秘闻》,第27页。
[4]《我的前半生》,第73页。
[5]《我的前半生》,第85页。

年，升平署差事大增，但即便如此也没有增加人数，十二月的统计人数为二十八名；宣统十五年十一月统计时，只剩下十一名。

其实，不仅升平署，整个紫禁城太监的数量也在逐年减少。溥仪回忆他十六岁以后（即宣统十三年、1921年之后），曾将除了太妃、皇后宫中之外的太监全部遣散，人数从原来的一千多人减为二百多人。[1]昔日前呼后拥的皇帝，开始领略"庭前冷落鞍马稀"的滋味。

档案还显示：溥仪逊位居住在紫禁城期间，太监的月例发放开始变得不及时。宫中的规矩，一般是每月初一、初二日递敬事房月例单，十一、十二日领。根据《知会档》的记载，从宣统七年三月开始，月例发放变得不准时。以宣统七年的月例发放为例，三月、五月的太监月例，都没有按时发放，"三月初九日知会三处首领，三月初九日敬事房传旨，十二日月例再听传，为此知会"[2]，"五月初十日知会三处首领，敬事房传旨，十二日月例再听传"。[3]"再听传"就是再等通知的意思。六月、九月、十一月、十二月的月例，均为再听传。[4]

宣统七年《恩赏日记档》中，也有"三月十八日领月例""六月初五日领五月十二日月例""六月二十八日领十二日月例""九月二十八日领十二日月例"等记载。这表明太监月例确实延迟发放，从而也印证了《知会档》所言非虚。

月例发放不规律的情况，从此一直持续。即便是溥仪大婚的宣统十四年，根据《知会日记簿》记载，当年的月例没有一个月是按时发放的——十二个月都是"敬事房传旨，十二日月例再听传"。不过，

---

[1]《我的前半生》，第72页。
[2]《升平署档案》第49册，第25992页。
[3]《升平署档案》第49册，第25994页。
[4]《升平署档案》第49册，第25999、26007页。

一般拖一到两个月都能补发，倒是没有拖欠不给的现象。[1]

溥仪裁撤太监，按照他自己的说法，是怕太监偷东西，是出于紫禁城安全的考虑。不过，从紫禁城经济紧张以致延发月例的事实来看，裁撤太监是不是也有减轻逊清皇室财政负担的考量呢？

从通缉犯到座上宾——孙中山与晚清权贵的交往

光绪二十一年（1895），孙中山及兴中会在广州发动第一次反清武装起义，由于事机不密而失败。十月二十一日，广东悬赏缉拿起义在逃要员，孙中山名列榜首，赏格为花红银一千元。[2] 清宫档案中关于孙中山的第一条记载，就是接到孙中山等试图在广州起事的奏报后，清廷下旨要两广总督谭钟麟等"严密购拿孙文、杨衢云，务获到案"。[3]

清廷的通缉，使孙中山开始了海外流亡的生涯，也使其名字为国人所知。孙中山本名孙文，光绪二十三年旅居日本时才改名中山。[4] 不过，在清廷的官书报纸以及宫廷档案中，我们经常看到的是"孙汶"二字，这是因为清廷习惯在人名旁加三点水表示污称和"洪水猛兽"[5]之意，如同治、光绪时陕甘起义领导者之一马化隆就经常被写成"马化潞"、同治年间刺杀两江总督马新贻的张文祥被写为"张汶祥"等。

对孙中山的通缉，直至清帝退位也未见撤销。光绪三十年，鉴于国内蓬勃发展的立宪运动，慈禧太后曾借自己七十大寿之机颁布谕

---

[1]《升平署档案》第49册，第26477页。
[2]《孙中山评传》，第144页。
[3]《德宗实录》卷三七八。
[4] 黄宇和：《三十岁前的孙中山——翠亨、檀岛、香港1866—1895》，生活·读书·新知三联书店2012年，第128页。
[5] 董丛林：《曾国藩传》，人民出版社2011年，第399页。

旨，赦免了部分戊戌党人，但与此同时也强调，"谋逆立会之康有为、梁启超、孙文三犯实属罪大恶极，无可赦免"[1]；宣统三年武昌起义爆发后，惊慌失措的清廷于九月初九日颁旨开党禁赦免党人："所有戊戌以来因政变获咎，与先后因犯政治革命嫌疑、惧罪逃匿，以及此次乱事被胁、自拔来归者，悉皆赦其既往，俾齿齐民。"[2]但孙中山也不在名单之列。

有趣的是，1912年清帝逊位、民国成立后，孙中山这位清廷的通缉犯，后来却成了摄政王载沣的座上宾。1912年8月辛亥革命后孙中山第一次进京时，就得到了载沣的热情款待。之后，孙中山还参观了颐和园、北海、中海、南海以及景山等前清禁地。

从通缉犯到座上宾，孙中山与晚清权贵，有哪些交往，又有着怎样的心路历程呢？

两度与李鸿章无缘

光绪二十年一月，孙中山草就了《上李鸿章书》[3]，同年六月在上海改定。此文长达八千余言，中心思想是：欧洲富强之本，不尽在于船坚炮利、垒固兵强，而在于人尽其才、地尽其利、物尽其用、货畅其流。

如何才能把"上书"送到李鸿章手中？孙中山想到了自己行医过程中认识的地方官员。他首先找到了已退休的澳门海防同知魏恒。魏非常赏识孙中山的学识和医道，欣然致书盛宙怀，请他推荐给其堂兄盛宣怀，然后由盛宣怀将孙中山介绍给李鸿章。光绪十九年四、五月间，孙中山在挚友陆皓东的陪同下，持魏恒书信至上海，见到了盛宙怀。盛宙怀立即写了一封致盛宣怀的引荐信，请求盛宣怀给孙中山以

---

[1]《德宗实录》卷五三〇。
[2]《上谕档》，宣统三年九月初九日。
[3] 全文载《孙中山全集》第1卷，第8—18页。

帮助。

孙中山留沪期间,与同乡、著名的改良派人士郑观应相遇,并在郑宅见到了王韬。除了帮助孙中山修改《上李鸿章书》外,王韬还给在李鸿章幕下当文案的好友罗丰禄写信,介绍孙中山。长期在盛宣怀手下办洋务的郑观应,也写信给盛宣怀,称赞孙中山"少年英俊",请盛予以帮助。

六月下旬,孙中山持盛宣怀、郑观应、王韬的三封信,抵达天津。盛宣怀接信后"曾致函李鸿章,介绍孙中山往见"。[1]但据孙中山香港西医书院同窗,即与孙中山、尤列、杨鹤龄一起被清政府称为"四大寇"的陈少白说,孙中山是通过罗丰禄的关系把"上书"送给李鸿章的:"老夫子把孙先生的大文章送到李鸿章那边去,李鸿章是否看过,就不得而知了。"其时,中日战争即将爆发,李鸿章忙于外交和军事的准备工作,根本没有时间和心情接见孙中山,只留下一句话:"打仗完了以后再见吧。"[2]孙中山一听,知道没有希望,在京津、武汉游历一番后,于十月间闷闷不乐地回到上海。

就这样,孙中山精心准备的"上书"遭到了冷遇,他预想中与李鸿章的第一次合作宣告流产。"上书"失败,孙中山对清廷的态度迅即由改良合作变为革命推翻,很快即发动了第一次武装起义——光绪二十一年的广州起义。光绪二十二年初,在《伦敦被难记》一书中,孙中山就说投书失败,从此"知和平之法无可复施";[3]同年,在另一次谈话中,他又说中国的制度以及清政府"决不会搞什么改革,只能加以推翻,无法进行改良"。[4]

之后的光绪二十六年,孙中山与李鸿章本有一次"合作"的机

---

[1]《孙中山评传》,第102页。

[2]《孙中山评传》,第102页。

[3]《孙中山全集》第1卷,第52页。

[4]《孙中山全集》第1卷,第86页。

会,但最终还是失之交臂。这一年,香港议政局议员何启[1]向陈少白建议:兴中会通过香港总督卜力的力量,劝说两广总督李鸿章独立,与孙中山合作。何启还表示,他愿意做卜力的工作。

光绪二十六年的中国政局复杂动荡:孙中山积极联络会党准备起义,义和团运动日益高涨,各派政治力量都乘机活动。就英国而言,如果能够促成李鸿章与孙中山合作以及两广独立,对它争夺战略优势、在中国攫取更大的权益,自然是有利的。就李鸿章而言,义和团起事以后,李鸿章恐孙中山与康有为合作举事,遂对孙中山采取怀柔态度——根据孙中山在日本的好友内田良平等的记载,李鸿章曾派遣特使刘学询接近孙中山,切实劝说,并给孙中山送去五千元路费。[2]

光绪二十六年五月十二日,孙中山与郑士良、杨衢云、陈清、宫崎滔天、清藤幸七郎乘法国轮船"烟迪斯号"离开横滨赴香港。孙中山此行的任务有四个:一是与李鸿章会晤,二是会见法驻越南总督,三是与康有为联合,四是在广东发动会党起义。

五月二十一日,"烟迪斯号"抵香港海面。按英国《安保条例》规定的期限,香港仍禁止孙中山上岸。此时李鸿章方面派出"安澜"炮舰前来迎接,邀孙中山、杨衢云去商谈合作事宜。由于对李鸿章的合作动机和合作的前景尚存疑虑,孙、杨并未亲赴广州,改派内田良平、宫崎滔天、清藤幸七郎三位日本人代表自己前去谈判。宫崎一行到广州后入住刘学询宅,双方密谈一夜。在会谈中,宫崎提出:"一、对孙中山所定的罪名应予特赦,并保障他的生命安全。二、希给予贷款十万两。"刘学询当即回答:"贵方的意见将马上回禀总督。至于贷

---

[1] 何启,广东南海人,民军谈判总代表伍廷芳妻弟。毕业于英国林肯法律学院,后在香港执业律师,并创办医院、涉足房地产。与同乡区德(原名显德)创办了启德地产投资公司,经营九龙湾地产拓建民居,成绩显著。后港府收回该公司的其余地段,建筑机场,定名启德机场,沿用至今。见丁贤俊、喻作凤:《伍廷芳评传》,人民出版社2005年,第104页。

[2] 李吉奎:《孙中山与日本》,广东人民出版社1996年,第98页。

款十万两的事,学询可以办理,明天即可在香港面交五万两,其余部分容后送上。"会谈结束后,刘学询设宴招待内田良平一行。据内田良平回忆,宴会结束时,清方翻译带回了李鸿章的答复——"关于对孙中山的生命保障我不仅要向三位日本人士保证,而且要奏请西太后予以特赦"。[1]

但形势很快发生了变化。这年五月中旬,八国联军直趋北京,就在双方会晤后四天——五月二十五日,清廷对各国宣战。六月十二日,清廷任命李鸿章为直隶总督兼北洋大臣。二十日,李鸿章乘招商局的"安平号"离开广州经港北上,港督隆重迎接了李鸿章。二十一日,此前往西贡会见法驻越总督后去新加坡的孙中山,也乘"佐渡丸"轮由新加坡抵达香港。同一天,何启的朋友韦玉以议政员身份往见卜力,请卜力向李鸿章提出安排二十二日十一时与孙中山密晤的要求。在与李鸿章的会谈中,卜力游说李鸿章趁八国联军攻打清廷之机宣布两广独立,并表示事后支持李鸿章主政两广,推荐孙中山为顾问。只不过,

> 李鸿章表示无意仍留广州,不能抗命,北上极盼皇上亲政,太后此次误听人言,致拳匪猖獗,责有攸归。今后时局趋势,徐徐处理。要求港督防止颠覆分子利用香港作基地。[2]

卜力知趣,未再提及孙李会晤之事。与此同时,陈少白也登"安平号"访晤刘学询、曾广铨。刘表示"傅相意志坚决,无法劝阻"。[3]

由于李鸿章态度的变化,李鸿章与孙中山的见面未克成功。六月二十二日,李离港北上,孙中山也返回日本。孙李的第二次"合作"尝试宣告流产。

其实,此时李鸿章笼络孙中山只是迫于形势的需要。虽然光绪

---

[1] 内田良平:《中国革命》,《近代史资料》,总66号。
[2] 《孙中山评传》,第248页。
[3] 吴相湘编撰:《孙逸仙先生传》,远东图书公司1982年,第270页。

二十一年《马关条约》签订后,他曾因被指为卖国贼而投闲四年多,心中不免有怨恨之意,但本质上,李鸿章还是清廷的忠臣,自然不会也不敢有独立之心。随着光绪二十六年七月二十一日八国联军攻占北京以及慈禧、光绪出逃,李鸿章作为议和全权大臣,受命于危难之际,进京与各国商议停战议和。最终,清廷秉持"量中华之物力,结与国之欢心"的妥协原则,于光绪二十七年七月二十五日与各国签订了丧权辱国的《辛丑条约》。李鸿章因忧郁积劳,于九月二十七日病逝。

莅京与袁世凯的十三次会谈

1912年4月1日,孙中山辞去临时大总统职务,让渡于袁世凯。此时,袁世凯极想利用孙中山在国内外的威望与影响,便积极约其到北京面晤,以巩固和扩大自己的政治势力。4月初孙中山访问武汉时,袁世凯就派员南下,欲迎孙中山进京。孙中山以"急回故乡"为由,婉言谢绝。孙中山在广州期间,袁又派其长子袁克定到上海迎迓。孙中山回到上海后,袁世凯又发电报相催,孙遂决意北上。

8月18日,应袁世凯邀请,孙中山自上海前往北京;8月24日下午经天津抵北京,受到特别隆重的欢迎——乘坐朱漆金轮马车,入正阳门赴石大人胡同迎宾馆。他对接待人员说:"此次北来,惟一宗旨在赞助袁大总统谋国利民之政策,并疏通南北感情,融和党见。"[1]

当晚袁世凯设宴欢迎。在致辞中,袁世凯放下身段,谦虚求教于孙中山:"刻下时事日非,边警迭至,世凯识薄能鲜,深望先生有以教我。"又说:"财政外交,甚为棘手,尤望先生不时匡助。"孙中山在答词中则开出了大修铁路的药方:"惟自军兴以来,各处商务凋敝,民不聊生,金融滞塞,为患甚巨。挽救之术,惟有兴办实业,注意拓殖,然皆恃交通为发达之媒介。故当赶筑全国铁路,尚望大总统力为

---

[1]《孙中山全集》第2卷,第406页。

赞助。"[1]宴后，袁世凯对人说："不图中山如此嘹亮！"孙中山亦在事后对人说："袁总统可与为善，绝无不忠民国之意，国民对袁总统，万不可存猜疑心，妄肆攻讦，使彼此诚意不孚，一事不可办，转至激迫袁总统为恶。"[2]

　　孙中山此番进京，居留至9月17日，将近一个月，曾先后十三次与袁世凯晤谈——初到北京头几天几乎每天都见面详谈。据当时参加会谈的梁士诒所述，每次谈话时间大多在下午四时至晚上十时，有几次延至凌晨二时。这十三次的谈话内容，并没有详细资料留下，根据有关报刊发表之部分内容，至少涉及政务、财政、实业、铁路等方面。比如，孙中山曾劝袁世凯迁都，说"北京万不可居，将来须急速迁移"。至于新都地点，可在西安、开封、太原、武昌、南京等地选择一处。再比如交谈中得知孙中山建设二十万公里铁路的宏伟愿景后，9月9日，袁世凯便授孙中山以"筹划全国铁路全权"等。

　　由于袁世凯的极力笼络，此番进京，孙中山自认与袁世凯相谈甚欢。8月28日他在答《大陆报》记者问时说："余已与袁世凯开诚布公，面商一切。倘公举袁世凯为正式总统，余亦愿表同情。"[3]当晚在袁世凯的宴会上，袁举杯说："孙中山先生万岁！"孙中山亦报以"袁大总统万岁"！

　　只是谁能料到，仅仅不到一年，由于宋教仁被刺引发"二次革命"，孙中山和袁世凯遂至交恶——1913年7月22日，孙中山发布"告全体国民书"促令袁世凯辞职，并致电袁世凯历数其罪。第二天，袁世凯即宣布撤销孙中山"筹划全国铁路全权"之职。"二次革命"失败后，10月15日，袁世凯更是下令通缉孙中山、黄兴等人。孙中山则于1914年成立中华革命党，讨伐袁世凯。

---

[1]《申报》，1912年8月29日，第1张，第3版。
[2]《民立报》，1912年8月27日。转引自陈锡祺主编：《孙中山年谱长编》上册，中华书局1991年，第715页。
[3]《孙中山全集》第2卷，第413页。

载沣的宴请与赠答

据孙中山原配夫人卢慕贞所述，1912年孙中山辞去大总统一职后，曾游历各省名胜及前清宫殿名园，"此盖先生六十年中所最优游清闲之岁月也"。[1]但是，各种版本的孙中山传记以及孙中山年谱，多未有孙中山游览前清宫殿名园的记载。是否卢夫人所述不确呢？

收入《清宫辛亥革命档案汇编》的部分《溥仪档》，就有孙中山1912年8月进京后参观北海、中海、南海这三海，以及参观颐和园和景山的记载，表明卢夫人所述非虚。根据清室优待条件，中华民国成立之后，这些地方仍归逊清皇室所有。因此，孙中山要参观这些前清禁地，得先由中华民国外交部提前一天去函，经逊清小朝廷代向溥仪奏请获准后方可成行：

> 外第一百四十二号。八月初一日，代外交部奏孙文请于初二日瞻仰颐和园，初三日瞻仰三海事。[2]

由此可知，八月初二日（9月12日）全天孙中山参观颐和园，八月初三日（9月13日）一天参观三海（中海、南海、北海）和景山。逊清皇室关于接待孙中山的记载十分简略。9月11日，黄兴和陈其美抵京。25日，黄兴以及陆军上将徐绍桢、姚雨平等先后参观三海。比照其接待黄兴参观三海的记载，我们可以推知逊清皇室接待孙中山等的细节：

> 掌稿笔帖式双林、常存、恒泽谨启司长台前。敬启者，今日内务府传奉世中堂谕：外交部来函，陆军上将黄兴请于本月十六日瞻仰三海，着本苑预备船只茶水并在军机处、德昌门外东朝房预备坐落处所等谕。本苑已将各项遵谕办理。其坐落处所，今日参谋部派人踏看，该二处均不敷坐落。随由本苑带领踏看，

---

[1]贺岳僧：《孙中山年谱》（第三版），世界书局1927年，第52页。
[2]《档案汇编》第80卷，第353—354页。

改在瀛台内瑞曜楼下屋内坐落。所有本苑预备桌椅等项亦预备妥齐并照例报海司房，知照禁卫军守卫处，今已禀覆中堂并已禀启知王爷大人讫。为此谨启。八月十五日。[1]

档案中所说的"世中堂"，是指总管内务府大臣世续。由此可知，无论是中华民国政府还是逊清皇室，都为接待黄兴等做了相当周密的安排：预备游览船只、茶水，提前踏勘上岸后的休息场所，并通知禁卫军注意防卫和放行。可能是陪同黄兴参观的人太多，原定安排茶歇的军机处、东朝房两处地方狭小，最后改在瀛台瑞曜楼。相信孙中山参观时的准备工作，比起黄兴是有过之而无不及。

除遍览前清宫殿名园外，孙中山进京后还和一干晚清贵胄有着交集。

曾任内阁协理大臣的那桐，在日记中记载了1912年京城团体、晚清贵胄多次借其金鱼胡同府邸西花厅设宴欢迎孙中山的情形：8月29日，内务总长赵秉钧以国务员名义借金鱼胡同府邸西花厅公宴孙中山先生，主客有四五十人；9月4日，荣竹农、阿安甫并五族同进等会借那桐宅西院宴中山先生，主客三十余人；9月11日，皇族等借那桐宅西院公宴孙中山先生，黄兴、陈其美在座，主客三十人。[2]

9月11日的这次宴请，是以逊清醇亲王载沣的名义安排的。载沣为何要宴请孙中山呢？

在2003年的春季书刊资料拍卖会上，中国书店曾拍卖了绍彝写给其弟绍英的二十五封书札。绍彝曾任清民政部右丞，官至三品，清帝逊位后，他奉母避居天津。经与庆亲王奕劻等避居天津的皇室要员商议后，绍彝9月4日在信中提出逊清皇室出面宴请孙中山的建议："孙中山各界均欢迎，惟皇族无之，似乎缺点，总以略为周旋为妥……日后皇室以及旗族均为有益也。王意以伦四爷代表尤为得

---

[1]《档案汇编》第80卷，第377—378页。
[2]《那桐日记》下册，第727—728页。

法。"[1]

绍彝信中所说的"王",是当时也避居天津的庆亲王奕劻;所说的"伦四爷",是指贝子溥伦。除建议由溥伦出面接待外,在随信附纸中,绍彝还提醒绍英:为节省开支,可参照总统府或外务部的标准而不必仿照御膳标准接待孙中山:"以愚见:此次恭请孙中山,预备酒筵或仿照大总统府或仿照外交部样子办理尤妥。若用膳房菜品,此次开支又不得了之事。"[2]或许觉得此事传扬出去有损皇室颜面,因此绍彝在信中强调"此条千万不可对外人言也"。至于宴请地点,更是提出了"城内或借那宅均可"的明确建议。"那宅",即那桐的宅院。

宴请当日的白天,孙中山亲往后海北河沿醇亲王府拜访载沣(巧合的是,此王府的一部分,后来成了孙中山夫人宋庆龄的府邸)。载沣亲自将其迎入宝翰堂会晤。此番会晤,进行了约一小时,气氛颇为融洽。

会谈中,孙中山说,1901年载沣出使德国时,曾以御弟的身份向德皇赔礼道歉,处在十分尴尬和被动的地位,却能做到不卑不亢,国外评论不错,是十分难得的。之后,孙中山高度赞扬载沣在辛亥革命时自动退位,承认共和,避免了国内一场大血战,历史罕见,是明智之举。又说:载沣身为皇帝的生父和摄政王,在逊位问题上,能把国家和民族的利益放在第一位,而把家族的利益摆在第二位,极其难能可贵,这是有益于革命、有政治远见的爱国行动。[3]

告别之际,孙中山还特意将一幅自己的照片赠送给载沣,并在照片背面亲笔题写"醇亲王惠存,孙文赠"。1952年载沣去世后,这张照片上交了国家。[4]

---

[1] 晓尧:《几页书札 一段历史》,《艺术市场》,2003年第5、6期合刊。
[2] 晓尧:《几页书札 一段历史》,《艺术市场》,2003年第5、6期合刊。
[3] 北京市政协文史资料委员会编:《辛亥革命后的北京满族》,北京出版社2002年,第238页。
[4] 《生正逢时》,第12页。

清皇室宴请孙中山，身为逊清皇室内务府大臣的绍英亲自操持。据其日记所载，"醇邸因小恙未到"[1]，诚如绍彝在信中所"安排"——宴请由贝子溥伦代表载沣出面主持。其他出席者，有孙中山、黄兴、陈其美及国务院各员，参议院吴景濂、汤化龙，还有执掌京城治安大权的江朝宗、禁卫军统领等；世续、绍英、景丰三位总管内务府大臣均在座。在替载沣所作的祝词中，溥伦盛赞孙中山、黄兴为非常之人，所以能建非常之业，并希望能赖孙、黄二人之力，使皇室得永享优待：

> 从来有非常之人始能建非常之功，其孙中山先生之谓乎。今改数千年专制政体而为共和，固由孙中山先生及诸位先生之功，亦由我皇太后、皇上至公无私，以天下之政权公诸天下。惟自改变共和政体以来，而天下事变乃愈亟。语云"世界能造英雄，英雄亦能造世界"，此后政治日进文明，不第我皇族得享优待之荣，而天下人民常享升平之福，均惟诸位先生是望。[2]

光绪三十四年，慈禧临终之际，遗命溥仪为皇帝、溥仪的父亲载沣为摄政王监国。上任不久的载沣，就在一份谕旨中指出"国家新遭大故"，而"孙汶有来华之说"，要求各地督抚严密防范查拿。[3]四年的光阴，形势陡转，孙中山这位清廷昔日的通缉犯，成了逊清皇室的座上宾！

此次欢迎宴会上，孙中山并未发言，由黄兴代作祝词。祝词在表达"热心改革"的决心之余，还将隆裕太后比作女中尧舜：

> 今者五族共和，实由皇太后、皇上圣明，德同尧舜，我辈均甚感激。[4]

在随后的餐叙中，孙中山表示，对于清室优待条件，民国当"永

---

[1]《绍英日记》第2册，第345页。
[2]《绍英日记》第2册，第346—347页。
[3]《宣统政纪》，卷一。
[4]《绍英日记》第2册，第347—348页。

远履行，与民国相终始"。[1] 当时的孙中山肯定没有想到，十多年之后，逊清皇室会拿自己此番表态做文章。

1924年9月，第二次直奉战争爆发。10月，直系的冯玉祥倒戈回师，发动北京政变，包围总统府，迫使直系军阀控制的北京政府下令停战并解除吴佩孚的职务、监禁总统曹锟。11月5日，冯玉祥部下、北京警备司令鹿钟麟奉命将溥仪驱逐出宫。

政变后冯玉祥无法控制北京局面，与张作霖商推皖系军阀段祺瑞担任"中华民国临时政府"执政的同时，电请孙中山入京共商国是。此前，为了打倒直系军阀、实现统一中国的目标，孙中山曾与直系内部的冯玉祥、胡景翼、孙岳等密约进攻直系掌握的江西，与此同时又与皖系的卢永祥、奉系的张作霖组成"反直三角联盟"。北京政变成功后，段祺瑞、张作霖认为这是以三角联盟为中心的反直各军的共同胜利，亦电请孙中山北上。参与北京政变的国民党人也盼望孙中山早日北上，以把握有利时机。

鉴于此，孙中山决定北上，第三次进京。清宫档案中还记载了孙中山此番进京后与载沣交往的一些细节：载沣"送燕筵一席，绍酒一埕，为孙文洗尘"。之后，孙中山还派马超俊代表自己前往醇王府答谢。载沣亲自接见了马超俊，表示本应在孙中山进京之日即亲自登门问候，只是听说孙中山"清恙尚未复原，未便造次"，祝愿孙中山身体早日告愈，协同段祺瑞认真整理中国，使中国成为富强之邦。[2]

段祺瑞任临时执政后，与张作霖一起给溥仪以种种庇护。一些前清遗老也纷纷通函谴责冯玉祥等"毁信弃义"，并四出奔走，要求完全恢复清室优待条件，甚至还函请各国政府出面干预。孙中山抵京后，绍英等给孙中山来信，引用孙中山1912年进京时的那番表态，以及《中华民国约法》第六十五条优待条件"永不变更其效力"的相

---

[1]《孙中山秘书处致溥仪内务府绍英等人函》，《历史档案》，1981年第3期。
[2]《档案汇编》第80卷，第384页。

关内容，要求孙中山"主持公道，力践前言"，恢复"最初之信条"。[1]

当时已身患重病的孙中山命其秘书处代为复函。信中列举了逊清皇室继续占据紫禁城、不用民国纪年、支持张勋复辟等违犯清室优待条件原则之举动，严正指出"优待条件之效用"已被清室的非法行为"完全毁弃无余"，"清室已无再责民国政府践履优待条件之理"，明确表示"修改优待条件及促清室移宫之举，按之情理法律，皆无可议"。[2]

与张作霖、段祺瑞不愉快的"结盟"

北上的孙中山于1924年12月4日中午抵达天津，入住张园的平远楼，至12月31日离津赴京，在张园共住了二十八天。

张园坐落于天津日租界的宫岛街，占地二十一亩，是当时天津比较有名的园林建筑。有趣的是，其主人张彪曾任大清湖北提督和陆军第八镇统制，为武职从一品大员，因武昌起义镇压不力被免职，之后在天津过着退隐的生活。张彪对清朝抱有愚忠，对革命党非常反感，所以对孙中山的借住是不大情愿的。专程来津迎接孙中山的段祺瑞代表许世英，以及曹锟、张怀芝和日本驻华公使芳泽纷纷出面劝说，张彪才勉强应允。但他严禁家里的孩子与孙中山有任何接触。而且，在孙中山入住的二十八天中，两人竟然没见过一次面。[3]

更有趣的是，孙中山离津五十四天后，被冯玉祥赶出紫禁城的溥仪逃到天津，入住张园。为迎接溥仪，张彪不仅亲自到英租界英商惠罗洋行花了将近三千银元购买高级家具、地毯等，将大楼内旧家具全部撤掉，布置一新，还不辞劳苦地亲率家丁每日打扫庭院。

话题回到孙中山。12月4日抵津入住张园后，稍事休息，孙中

---

[1]《孙中山秘书处致溥仪内务府绍英等人函》，《历史档案》，1981年第3期。
[2]《孙中山秘书处致溥仪内务府绍英等人函》，《历史档案》，1981年第3期。
[3]《文史资料选编》第三十二辑，北京出版社1987年，第206页。

山即在住处接见天津各界代表并与其合影留念,直到下午二时才用午餐。之后,孙中山在孙科、汪精卫、李烈钧等陪同下前往曹家花园拜访张作霖。一番寒暄之后,张作霖迫不及待地探询孙中山对时局的看法及今后行止。孙中山态度明确地表示:现在收拾时局,除段氏之外实无第二人可当此任。又说入京后约逗留两星期,一俟时局稍定,即作欧美之游。[1]会谈中,张作霖对孙中山软硬兼施,一方面劝孙中山放弃联俄主张并与各国修好,另一方面公然对孙中山声称:"我是一个捧人的,可以捧他人,即可以捧你老。但我反对共产,如共产实行,我不辞流血。"[2]当张作霖向孙中山提出暂缓废除不平等条约时,孙中山当即表示不同意。两人此番会面,可谓不欢而散。

由于劳累和受寒,孙中山自张作霖处返回后,便感身体不适,发冷发热,肝部隐隐作痛。原打算在天津稍事停留、"7日早车入京"的孙中山,不得不遵医嘱在天津暂作休养再择日赴京。

是否要废除与西方列强签订的不平等条约,以及是否召开善后会议或国民会议来应对当下时局,是孙中山北上面临的两个重大问题。尽管孙中山已在多个场合表示要完全废除不平等条约,但12月7日,段祺瑞与日本记者谈话中公然宣称:"孙所言之废除不平等条约,余殊不能赞同。"[3]翌日,段又发表宣言,表示尊重与列强所签订的不平等条约。[4]孙中山则表示明确反对段祺瑞等主导的善后会议,声明除主持国民会议外,决不参加任何会议。

与张作霖、段祺瑞等存在如此对立的观点,意味着孙中山此次北上,将无功而返。

12月27日,段祺瑞致电催请孙中山入京,30日又通电全国宣布

---

[1] 孙中山:《孙中山全集》第11卷,中华书局1986年,第451—452页。
[2] 陈锡祺主编:《孙中山年谱长编》下册,第2088页。
[3] 上海《民国日报》,1924年12月9日。
[4] 王芸生:《六十年来中国与日本》第8卷,生活·读书·新知三联书店1982年,第84—85页。

明年 2 月 1 日召开善后会议。其时孙中山"连日热度升降无定，尤虞冒寒"，[1] 医生与随侍人员亦力劝孙中山进京就医。孙中山遂定于 12 月 31 日入京。

31 日下午四时左右，孙中山一行抵达北京前门车站，受到北京政府全体阁员及市民等约计十万多人的热烈欢迎。孙中山发表了《入京宣言》，说明此次入京，"不是为争地位，不是为争权利……为的是求中国人的自由平等"。[2] 之后，入住北京饭店。当日，因身体不适，孙中山未再露面，只派代表喻毓西向各界表示谢意。

1925 年 1 月 4 日，段祺瑞亲赴北京饭店看望孙中山。1 月 26 日，孙中山入协和医院治疗，确诊为肝癌。孙中山住院期间，时为中华民国临时执政的段祺瑞于 1 月 31 日亲赴医院探视。由于孙中山卧病在床，只是由宋庆龄"陪谈数语"。黎元洪的代表黎澍、张作霖的代表郑谦，也分别于 2 月 7 日和 2 月 10 日前来探望。[3]

这些礼节性的探望和寒暄，并未能调和彼此之间的矛盾，自然也无法解开孙中山的心结。至于孙中山的病情，虽经各方尽力医治，但终因病势过重、回天乏力。3 月 12 日上午九时三十分，壮志未酬的孙中山，病逝于北京铁狮子胡同行辕。他与昔日晚清权贵的交往，至此也画上了句号。

---

[1]《孙中山评传》，第 857 页。
[2]《孙中山全集》第 11 卷，第 532 页。
[3]《文史资料选编》第四十三辑，北京出版社 1992 年，第 16—34 页。

参考书目

档案与史料

- 中国第一历史档案馆藏:《军机处上谕档》《军机处随手登记档》《军机处录副档》《军机处电报档》《大清宣统政纪》《雨雪粮价情形单》《赵尔巽全宗案卷》《大清德宗景皇帝实录》《大清穆宗毅皇帝实录》《宫中朱批奏折》
- 故宫博物院明清档案部编:《清末筹备立宪档案史料》,中华书局,1979年
- 中国第一历史档案馆编:《光绪宣统两朝上谕档》,广西师范大学出版社,1996年
- 中国第一历史档案馆编:《清代军机处电报档汇编》,中国人民大学出版社,2005年
- 中国第一历史档案馆、海峡两岸出版交流中心编:《清宫辛亥革命档案汇编》,九州出版社,2011年
- 中国第一历史档案馆编:《宣统帝起居注》,广西师范大学出版社,2007年
- 中国第一历史档案馆、文化部恭王府管理中心编:《奕訢密档》,国家图书馆出版社,2008年
- 中国第二历史档案馆编:《中华民国史档案资料汇编》第一、二辑,江苏人民出版社,1979、1981年

563

- 北京市档案馆编：《那桐日记》，新华出版社，2006 年
- 陈夔龙：《梦蕉亭杂记》，中华书局，2007 年
- 陈旭麓、顾廷龙、汪熙主编：《辛亥革命前后——盛宣怀档案资料选辑之一》，上海人民出版社，1979 年
- 陈旭麓、郝盛潮主编：《孙中山集外集》，上海人民出版社，1990 年
- 丁文江、赵丰田编：《梁启超年谱长编》，上海人民出版社，1983 年
- 丁士源：《梅楞章京笔记》，中华书局，2007 年
- 丁贤俊、喻作凤编：《伍廷芳集》，中华书局，1993 年
- 端方：《端敏忠公奏稿》，《近代中国史料丛刊》第十辑，台北文海出版社，1966 年
- 宓汝成编：《中华民国铁路史资料（1912—1949）》，社会科学文献出版社，2002 年
- 公孙訇：《冯国璋年谱》，河北人民出版社，1989 年
- 观渡庐编：《共和关键录》，《近代中国史料丛刊续编》第八十六辑，台北文海出版社，1989 年
- 郭廷以编著：《中华民国史事日志》，台北"中央研究院"近代史研究所，1979 年
- 郭廷以编著：《近代中国史事日志》，中华书局，1987 年
- 黄兴：《黄兴自述》，人民日报出版社，2011 年
- 黄兴：《黄兴集》，中华书局，1981 年
- 胡滨译：《英国蓝皮书有关辛亥革命资料选译》，中华书局，1984 年
- 胡钧：《张文襄公（之洞）年谱》，《近代中国史料丛刊》第五辑，台北文海出版社，1966 年
- 胡适：《胡适留学日记》，上海书店，1947 年
- 胡思敬：《退庐全集》，《近代中国史料丛刊》第四十五辑，台北文海出版社，1983 年
- 计六奇：《明季北略》，中华书局，1984 年
- 李新总编，韩信夫、姜克夫主编：《中华民国史·大事记》，中华书局，2011 年
- 刘晴波主编：《杨度集》，湖南人民出版社，1985 年

- 鲁迅:《鲁迅全集》第 15 卷,人民文学出版社,2005 年
- 鲁迅:《鲁迅选集》,人民文学出版社,1983 年
- 骆宝善、刘路生主编:《袁世凯全集》,河南大学出版社,2013 年
- 罗尔纲:《晚清兵志》,中华书局,1997 年
- 全国政协文史资料研究委员会编:《辛亥革命回忆录》第二至四集,文史资料出版社,1962、1963 年
- 全国政协文史资料研究委员会编:《辛亥革命回忆录》第五至六集,中华书局,1963 年
- 全国政协文史资料研究委员会编:《辛亥革命回忆录》第八集,中国文史出版社,2012 年
- 荣庆:《荣庆日记》,谢兴尧整理,西北大学出版社,1986 年
- 尚秉和:《辛壬春秋》,中国书店,2010 年
- 上海社会科学院历史研究所编:《辛亥革命在上海史料选辑》,上海人民出版社,1966 年
- 绍英:《绍英日记》,国家图书馆出版社,2009 年
- 沈云龙等:《张知本先生访问纪录》,台北"中央研究院"近代史研究所,1997 年
- 寿臣:《辛亥革命始末记》,《近代中国史料丛刊》第四十二辑,台北文海出版社,1969 年
- 司马迁:《史记》,中华书局,1982 年
- 孙中山:《孙中山全集》,中华书局,1981—1986 年
- 天津市档案馆、天津市社会科学院历史研究所、天津市工商业联合会主编:《天津商会档案汇编(1903—1911)》,天津人民出版社,1989 年
- 铁道人:《铁庵笔记》,中国社会科学院近代史研究所藏
- 汪荣宝:《汪荣宝日记》,韩策、崔学森整理,王晓秋审订,中华书局,2013 年
- 王云五主编、凤冈及门弟子编:《民国梁燕孙先生士诒年谱》,台北商务印书馆,1978 年
- 王树楠:《陶庐老人随年录》,中华书局,2007 年
- 吴廷燮:《段祺瑞年谱》,中华书局,2007 年

- 夏东元编著：《盛宣怀年谱长编》，上海交通大学出版社，2004年
- 熊炳琦：《武汉战纪初稿》，《辛亥革命史丛刊》编辑组：《辛亥革命史丛刊》第三辑，中华书局，1981年
- 许宝蘅：《许宝蘅日记》，许恪儒整理，中华书局，2010年
- 易国干、宗彝、陈邦镇辑：《黎副总统（元洪）政书》，上海古今图书局，1915年
- 毓长：《述德笔记》，《近代中国史料丛刊》第十六辑，台北文海出版社，1966年
- 苑书义等主编：《张之洞全集》，河北人民出版社，1998年
- 袁克文：《辛丙秘苑》，上海书店，2000年
- 恽毓鼎：《恽毓鼎澄斋日记》，史晓风整理，浙江古籍出版社，2004年
- 载沣：《醇亲王载沣日记》，群众出版社，2014年
- 章开沅、罗福惠、严昌洪主编：《辛亥革命史资料新编》，湖北人民出版社，2006年
- 张国淦编著：《辛亥革命史料》，龙门联合书局，1958年
- 《张謇全集》编纂委员会编：《张謇全集》，上海辞书出版社，2012年
- 张江裁：《汪精卫先生行实录续》，中国风土学会，1943年
- 张江裁：《汪精卫先生庚戌蒙难实录》，南京中华民国史料编刊会，1943年
- 张竞生：《张竞生文集》，广州出版社，1998年
- 张廷玉等：《清朝文献通考》，商务印书馆，1936年
- 张廷玉等：《明史·列传第九》，中华书局，1974年
- 张孝若编：《南通张季直（謇）先生传记》，《近代中国史料丛刊续编》第八十辑，台北文海出版社，1974年
- 《张亚农先生讣告暨哀启》（附像赞），1934年铅印版
- 赵尔巽等：《清史稿》，中华书局，1977年
- 中国国家图书馆编：《中国国家图书馆藏清宫升平署档案集成》，中华书局，2011年
- 中国科学院近代史研究所中华民国史组、广东省哲学社会科学研究所历史研究室编：《孙中山年谱》，中华书局，1976年
- 中国历史博物馆编：《郑孝胥日记》，劳祖德整理，中华书局，1993年

- 中国人民政治协商会议湖北省暨武汉市委员会等编：《武昌起义档案资料选编》，湖北人民出版社，1981年
- 中国社会科学院近代史研究所近代史资料编辑组编：《辛亥革命资料类编》，中国社会科学出版社，1981年
- 中国史学会主编：《辛亥革命》，上海人民出版社，1957年
- 中国人民政治协商会议湖北省委员会编：《辛亥首义回忆录》第一至四辑，湖北人民出版社，1957—1961年
- 周秋光编：《熊希龄集》，湖南出版社，1996年
- 宗方小太郎：《辛壬日记》，中华书局，2007年
- 邹念之编译：《日本外交文书选译——关于辛亥革命》，中国社会科学出版社，1980年
- 左宗棠：《左宗棠全集·奏稿八》，岳麓书社，1996年

- 《大公报》
- 《南京临时政府公报》
- 上海《民国日报》
- 《盛京时报》
- 《申报》
- 《时报》
- 《新中国报》
- 《正宗爱国报》
- 《中华民国公报》

论　著

- 白钢主编：《中国政治制度通史》（第十卷 清代），人民出版社，1996年
- 北京市东城区人民政府东华门街道办事处主编：《故宫墙外那些事儿》，新华出版社，2013年
- 北京市义务教育课程改革实验教材《历史》第2册，北京出版社，2005年
- 北京市政协文史资料委员会编：《辛亥革命后的北京满族》，北京出版社，

2002 年

- 北京市政协文史和学习委员会编:《读辛亥前后的徐世昌日记》,北京出版社,2011 年
- 卞孝萱、唐文权编:《辛亥人物碑传集》,团结出版社,1991 年
- 蔡德金:《汪精卫评传》,四川人民出版社,1988 年
- 曹雪芹:《红楼梦》,周汝昌汇校,人民文学出版社,2006 年
- 陈晨编:《袁世凯轶事》,人民日报出版社,2011 年
- 陈赣一:《新语林》,上海书店,1997 年
- 陈锡祺主编:《孙中山年谱长编》,中华书局,1991 年
- 丁贤俊、喻作凤:《伍廷芳评传》,人民出版社,2005 年
- 董丛林:《晚清社会传闻研究》,人民出版社,2007 年
- 董丛林:《曾国藩传》,人民出版社,2011 年
- 费正清、刘广京编:《剑桥中国晚清史(1800—1911 年)》,中国社会科学出版社,1985 年
- 冯天瑜、张笃勤:《辛亥首义史》,湖北人民出版社,2011 年
- 冯自由:《中华民国开国前革命史》,广西师范大学出版社,2011 年
- 傅国涌:《百年辛亥——亲历者的私人记录》,东方出版社,2011 年
- 故宫博物院编:《故宫博物院早期院史(1925—1949 年)》,故宫出版社,2016 年
- 贺岳僧:《孙中山年谱》(第三版),世界书局,1927 年
- 胡汉民:《胡汉民自传》,台北传记文学出版社,1982 年
- 黄宇和:《三十岁前的孙中山——翠亨、檀岛、香港 1866—1895》,生活·读书·新知三联书店,2012 年
- 贾英华:《末代皇帝的非常人生》,人民文学出版社,2012 年
- 姜鸣:《天公不语对枯棋:晚清的政局和人物》,生活·读书·新知三联书店,2006 年
- 金毓嶂:《生正逢时——清皇族后裔金毓嶂口述家族史》,人民出版社,2013 年
- 拉尔夫·尔·鲍威尔:《1895—1912 年中国军事力量的兴起》(《中华民国史资料丛稿》译稿 第一辑),陈泽宪、陈霞飞译,中华书局,1978 年
- 雷鸣:《汪精卫先生传》,政治月刊社,1944 年

- 李吉奎:《孙中山与日本》,广东人民出版社,1996年
- 李宗一:《袁世凯传》,中华书局,1980年
- 刘厚生:《张謇传记》,上海书店,1985年
- 刘禺生:《世载堂杂忆》,中华书局,1960年
- 骆惠敏编:《清末民初政情内幕》,知识出版社,1986年
- 马平安:《清末变局中的袁世凯集团》,福建教育出版社,2016年
- 马勇:《重寻近代中国》,线装书局,2014年
- 马勇:《清亡启示录》,中信出版社,2012年
- 茅海建:《天朝的崩溃——鸦片战争再研究》(修订版),生活·读书·新知三联书店,2014年
- 茅海建:《戊戌变法史事考》,生活·读书·新知三联书店,2005年
- 茅家琦等:《孙中山评传》,南京大学出版社,2001年
- 溥仪:《我的前半生》,群众出版社,1964年
- 秦国经:《逊清皇室秘闻》,故宫出版社,2014年
- 台湾中华书局编辑部编:《袁世凯窃国记》,东方出版社,2008年
- 唐德刚:《袁氏当国》,广西师范大学出版社,2004年
- 仝冰雪编著:《北洋总统府大礼官》,中国人民大学出版社,2012年
- 王芸生:《六十年来中国与日本》,生活·读书·新知三联书店,1979—1982年
- 《文史资料选编》第三十二辑,北京出版社,1987年
- 《文史资料选编》第四十三辑,北京出版社,1992年
- 吴长翼编:《魂断紫禁城——袁世凯秘事见闻》,中国文史出版社,2001年
- 吴十洲:《紫禁涅槃——从皇宫到故宫博物院》,社会科学文献出版社,2018年
- 吴相湘编撰:《孙逸仙先生传》,远东图书公司,1982年
- 夏东元:《盛宣怀传》,四川人民出版社,1988年
- 徐忱、徐彻:《黎元洪全传》,中国文史出版社,2013年
- 徐铸成:《徐铸成传记三种》,学林出版社,1999年
- 雪珥:《辛亥:计划外革命——1911年的民生与民声》,中国画报出版社,2011年
- 杨天石:《帝制的终结》,岳麓书社,2013年
- 杨玉如编:《辛亥革命先著记》,科学出版社,1958年

- 庄士敦：《紫禁城的黄昏》，陈时伟等译，求实出版社，1989年
- 张德泽：《清代国家机关考略》，故宫出版社，2012年
- 张海林：《端方与清末新政》，南京大学出版社，2007年
- 张鸣：《辛亥：摇晃的中国》，广西师范大学出版社，2011年
- 张社生：《袁世凯旧影》，北京日报出版社，2018年
- 张永久：《革命到底是干吗？1911，辛亥！辛亥！》，天津社会科学院出版社，2011年
- 章开沅、林增平主编：《辛亥革命史》，东方出版中心，2010年
- 中华民国史料研究中心编印：《中国现代史专题研究报告》第三辑，中华民国史料研究中心，1973年
- 周叶中、江国华主编：《博弈与妥协——晚清预备立宪评论》，武汉大学出版社，2010年
- 朱家溍、丁汝芹：《清代内廷演剧始末考》，中国书店，2007年

- 柏文蔚：《五十年经历》，《近代史资料》，总40号
- 卞孝萱辑：《闵尔昌旧存有关武昌起义的函电》，《近代史资料》，总1号
- 丁进军：《载澜致载沣函》，《紫禁城》，1991年第2期
- 何广：《历史上对"辛亥革命"的纪念和解读》，《北京日报》，2011年2月21日
- 计约翰：《辛亥武昌战守闻见录》，《近代史资料》，总72号
- 景占魁：《重新审视辛亥革命时期的阎锡山》，《东方早报》，2011年7月5日
- 李丹阳译注：《英国外交档案摘译：武昌起义后袁世凯父子与英国公使的密谈》，《档案与史学》，2004年第3期
- 李国强：《九公主在适园》，《紫禁城》，1989年第4期
- 李国镛：《李国镛自述》，《近代史资料》，总25号
- 《两江总督张人骏辛亥电档选辑》，《历史档案》，1981年第3期
- 骆宝善、刘路生：《袁世凯与辛亥革命》，《史学月刊》，2012年第3期
- 马延玉：《绍英奕劻两家联姻记》，《紫禁城》，2003年第3期
- 马勇：《袁世凯罢官归隐说》，《史学集刊》，2011年第4期
- 马忠文：《从清帝退位到洪宪帝制——〈许宝蘅日记〉中的袁世凯》，《北

京师范大学学报·社会科学版》，2012年第2期
- 《南京临时政府公报》第45号，《近代史资料》，总25号
- 内田良平：《中国革命》，《近代史资料》，总66号
- 溥任：《陆军贵胄学堂》，《紫禁城》，1988年第5期
- 《清末汪兆铭被捕后的供单及有关史料》，《历史档案》，1983年第2期
- 《清政府镇压武昌起义档案》，《历史档案》，2011年第3期
- 《清政府镇压武昌起义电文一组》，《历史档案》，1981年第3期
- 《日本驻汉口总领事馆情报》，《近代史资料》，总25号
- 如如、建华：《辛亥南北议和与朱芾煌——缅怀祖父朱芾煌先生》，《两岸关系》，2011年第8期
- 《孙中山秘书处致溥仪内务府绍英等人函》，《历史档案》，1981年第3期
- 王开玺：《武昌起义后清政府财政的彻底崩溃》，《历史档案》，1993年第4期
- 王开玺：《载沣使德期间的礼仪之争》，《紫禁城》，2002年第1期
- 魏振民：《辛亥革命爆发后四个月间的交通银行》，《历史档案》，1981年第3期
- 吴景濂：《吴景濂自述年谱（上）》，《近代史资料》，总106号
- 晓尧：《几页书札 一段历史》，《艺术市场》，2003年第5、6期合刊
- 《辛亥滦州兵谏函电选》，《近代史资料》，总91号
- 徐进：《"南北"与"猜嫌"》，《读书》，2018年第7期
- 严文凯口述、周利成整理：《一代人师——严修》，《天津日报》，2017年2月21日
- 阎锡山：《阎锡山早年回忆录》，《近代史资料》，总55号
- 杨良志：《汪精卫谋炸摄政王不是在银锭桥》，《北京晚报》，2011年9月20日
- 《袁克定致冯国璋函》，《近代史资料》，总45号
- 远波：《紫禁城里的特别丧礼》，《紫禁城》，2007年第4期
- 张福通：《民国时期电报日期代用字考察》，《浙江万里学院学报》，2007年第6期
- 张国淦：《孙中山与袁世凯的斗争》，《近代史资料》，总7号
- 张黎辉：《迫清帝退位通电列名者考》，《近代史资料》，总74号
- 张振鹤、丁原英：《清末民变年表》，《近代史资料》，总49、50号
- 赵尊岳：《惜阴堂辛亥革命记》，《近代史资料》，总53号

后 记

家住东华门附近。从南阳台西望，故宫的红墙黄瓦、垂檐庑殿尽入眼帘。出门南去不远的锡拉胡同，是当年袁世凯私宅所在地，可惜今天已难觅踪迹。再往南一点，就是连接东华门和王府井步行街的东安门旧址，距宣统三年袁世凯下朝遇炸处咫尺之遥。如今，东安门早已被拆，昔日的玉河也被填平成今天的南河沿、北河沿大街。出门往北不远，则是翠花胡同，当年黎元洪寓所即位于此，后为翠园，今为中国民主同盟中央机关所在地；出门往南，南河沿一带，则是张勋宅院所在地。可以说，我举目所望，很容易就能找到与当年辛亥革命有关的痕迹。

2016年9月，在前一本书《左宗棠传》交付出版社之后，我开始动手将五年前写的有关辛亥革命的四五万字文章重新加以整理扩充。当时绝没有想到：这一猛子扎进去，竟用了三年的时间。

这四五万字的文章，是2011年辛亥革命爆发一百周年之际，为所供职的《北京青年报》撰写的。为此，我曾经用半年的时间到故宫西华门附近的中国第一历史档案馆查阅有关辛亥革命的清宫档案。名为"清宫档案里的辛亥年"系列文章在当年国庆期间刊出之后[1]，曾谬承档案界和史学界一些朋友的关注。但时间短暂的查档，也让这系列文章多少显得仓促，留下不少遗憾。

幸运的是，就在2011年，中国第一历史档案馆出版了八十卷的《清宫辛亥革命档案汇编》——尽管此前由中国史学会主编、煌煌八册的《辛亥革命》也收录了不少有关辛亥革命的清方档案，但远不及这八十卷本集中和全面。此后的几年，我利用业余时间，将这八十卷"档案汇编"，尤其是武昌起义后的四千多件档案一一浏览并做相关的摘录。之后才敢动笔对此前的系列文章进行扩充，最终构成本书重点关注的八大板块内容。

在研究辛亥革命时，让我感慨运气如此之好的，还不止于此——也是在2011年之后，《袁世凯全集》《醇亲王载沣日记》《读辛亥前后的徐世昌日记》等资料相继推出。它们，加上此前出版的《盛宣怀档案资料选辑》《那桐日记》《汪荣宝日记》《绍英日记》《恽毓鼎澄斋日记》《许宝蘅日记》《中国国家图书馆藏清宫升平署档案集成》等，为相关史事的考订、为本书的撰写，提供了权威的第一手资料。

百多年来，辛亥革命的研究早已成为显学：研究前贤比比皆是，相关资料卷帙浩繁，终一生也未必能穷尽。但以笔者不算精深、不算广博的阅读所见，辛亥革命若干重大史实中莫衷一是的情形亦可谓比比皆是。

本书虽非辛亥革命全景式研究，但沿着清廷处置武昌起义的时间链条，基本涵盖了武昌起义爆发后的重大历史事件，并辅以字里行间的交代，让读者阅后能对武昌起义后的历史全貌有所了解。

---

[1] 此系列文章曾以《民心向共和 君主难立宪》《发六成工资 卖大内瓷器》《袁世凯弄权 唐绍仪辞职》《诏书延几度 退位岂成空》等为题，刊发于《北京青年报》。其他章节，诸如《袁世凯变卖大内瓷器真相》《慈禧究竟留下了多少内帑银》等，曾在《凤凰周刊》《北京晚报》《南方都市报》等报刊发表。自然，随着所掌握的档案及史料的增加，在收入本书时，各篇均进行了扩展、补充和订正。

作为一本新作,自然要有新意。借助前文所说的权威史料,我们得以在史实真相的基础上厘清清朝最后120天的历史脉络,并提出若干新论——这主要体现在探索新领域、确立新发现、提出新论断、进行新梳理上。

新领域方面。比如《动荡京师》章重点关注了武昌起义爆发的消息在清廷中枢的传递链条,专门考察了京师、金融、社会、官场乃至全国随之而来的动荡;再比如《财政困局》章对清宫内帑银、爱国公债发行的探讨。

新发现方面。比如袁世凯出山条件,历史著作多以李剑农《戊戌以后三十年中国政治史》为蓝本,采信其中所提的六条件。但《袁氏出山》章证明,袁所提条件实为八条;还有袁世凯变卖大内瓷器,以往多说其上折奏请而再无下文,让公众以为这批国宝被卖掉了,《财政困局》章则揭露了其并未卖成的历史真相。

新论断方面。如在以往史书中,南下督师的清陆军大臣荫昌一直是怯战的角色:传说他在火车上指挥部队,火车一前一后都挂着车头,以便随时逃跑,还因害怕而南下止步于河南信阳、未入湖北境内等。《调兵南下》章考证发现,荫昌最南抵达湖北滠口——后来袁世凯也止步于此;抵达前线后,荫昌积极筹饷、筹粮、筹军械,为后来冯国璋攻下汉口、汉阳奠定了基础。

新梳理方面。以《南北议和》章南北双方究竟停战几次,《清帝退位》章隆裕太后究竟有多少内帑银、御前讨论退位的会议究竟开了几次等为典型。

这些,我想在别的书里或许是读不到的。而之所以这样做,更重要的旨趣,在于"史实重建"——通过清宫档案以及其他第一手史料,通过证实、证伪和梳理,最大程度地还原辛亥革命史事的真相。

历史学中,长期以来存在史论高于史实的偏见。持此论者,往往忽视了史实的准确是历史研究的基石,忽视了历史事实是在特定历史环境下发生的,忽视了历史事实发生的时间顺序。如此,使得史实成了为结论服务的工具,历史变成了任人打扮的小姑娘。

史实重建,意味着要对历史事件的细节做深入的考订。其态度可概括为"宜粗更宜细",其方法可总结为"求同更考异"。

"历史宜粗不宜细""求同存异"是我们熟知的两句话。但我认为,"宜粗不宜细"是政治家着眼大局、搁置争议的治国方略,而对于治史者来说,应是"宜粗更宜细"。从粗的角度,了解历史大势、事件全貌,以弥补档案多为一时一事、琐碎反复之弊;从细的角度,就是由档案、第一手的史料入手,凭借可靠的史实,通过扎实的考订,得出确凿的结论。

为达"史实重建"之目的,则采用的方法不能是"求同存异",而是"求同更考异"——重点关注未有定论的史事,分析细微的差别,辅以新史料,穿过重重历史迷雾,找出新发现、得出新结论,尽可能地还原历史真相。

本着"宜粗更宜细"的态度,采取"求同更考异"的方法,利用清宫档案等第一手史料还原辛亥革命史事的真相,做一点关于辛亥革命的史实重建工作,是本书的旨趣所在。这种史实重建,虽不免琐碎,但切关宏旨。

在《天朝的崩溃——鸦片战争再研究》一书中,茅海建先生曾对清廷在鸦片战争中的应对进行了毫不留情的批评。个中原因,他解释道:"历史学家生来俱有无可排遣的民族情结,不应当演化为历史研究中对本民族的袒护。抱着这一观念,我在对清王朝的批判上,无论是妥协的主张,还是抵抗的主张,都是不留情面的。"[1] 同理,本书点评清廷在武昌起义后所采取措施之得失,并不是如同晚清遗老遗少那样为清王朝唱挽歌、与民主共和制度唱反调,而是试图找出当年清廷犯下的错误,为后来者鉴。正如茅海建先生所说:"所谓'以史为鉴',正是面对错误。""历史学最基本的价值,就在

---

[1]《天朝的崩溃——鸦片战争再研究》,第30页。

于提供错误,即失败的教训。"[1]

二十多年前,我有幸考入北京大学,本科所读的考古专业之一大特色,就是利用田野发掘资料考证历史。但那时年轻的自己,对就读于这样一个冷僻的学科颇有不甘,时常懊悔高考时的选择。此后囿于就业和生存压力,改学了新闻。如今人到中年,却发现自己在业余时间注力最多的,竟然是历史,尤其是和考古有些相通的史实考证——在无知和无意的彼时,竟播下了自己内心里最钟爱的种子;在人生路上转了一圈,似乎又回到了原点。回望这些,自不是后悔之意,但也不免感慨:已经回不到从前。好在韶华虽逝,探索未知的初心犹存。

只是无论如何努力,历史研究总会留有令人无奈的空白。仅就清朝最后这短短的120天而言,诸如袁世凯究竟在什么情况下见的汪精卫,两人聊了什么;袁世凯是否曾给冯国璋下过"不破汉阳,不足以寒民军之胆"的电文;清帝退位诏书最初蓝本究竟为谁所拟等悬念,只能求之于高明了。

本书能蒙三联垂青,首先要感谢三联书店前副总编辑、国家清史编撰委员会传记组组长潘振平老师——此前拙著《左宗棠传信录》出版时,潘先生慷慨作序,精当评点并殷殷冀望,而我竟然忘记在后记中加以致谢。好在潘先生君子雅量、不以为忤。本书成稿后,他不仅积极向三联推荐,还不辞辛劳义务审读、提出中肯修改意见并再度作序。如此厚爱,更令我这位后学感佩莫名。还要感谢本书的责任编辑钟韵博士。钟博士言语温婉,但常常一语中的,有非常好的文字感,与之合作,受教良多。三联是公认的高水平学术出版机构,"能在三联出书是我这个小书生的大荣幸"——同事陈国华(陈徒手)兄在三联为其出版的《故国人民有所思》中所说此语,于我心亦有戚戚焉。报社相见时,国华兄总不忘热情鼓励。抄录此语,也借以表达对长我

---

[1]《天朝的崩溃——鸦片战争再研究》,第29—30页。

一轮的国华兄之谢意。

由于水平有限,书中自有不少讹误之处,敬祈读者朋友们不吝指正。如果读者朋友们有时间和兴趣,将宝贵意见发至 laojiangziliudi@qq.com 进行交流,那更是作者本人的荣幸。

刘江华

2018 年 11 月 28 日于北京东华门寓所